고전 신화 백과

CLASSICAL MYTHOLOGY A TO Z

한 권으로 끝내는 그리스 로마 신화 속
신·영웅·님페·괴물·장소

아네트 기제케 지음 • 짐 티어니 그림 • 이영아 옮김

知와 사랑

목차

일러스트

이 책은 그리스 로마 신화에 등장하는 신, 영웅, 괴물, 그리고 그들의 이야기가 펼쳐지는 장소를 담은 모음집이다. 고대 작가들의 작품으로 보존되어 온 신화는 그 양이 실로 방대하며, 거기에 등장하는 인물과 장소의 수 또한 어마어마하다. 『고전 신화 백과』는 신화 백과사전이라 할 수 있지만, 신화의 모든 것이 총망라되어 있지는 않다. 그보다는, 이 책과 한 짝이라 할 수 있는 이디스 해밀턴의 고전 『그리스 로마 신화: 신과 영웅의 영원한 이야기』에 등장하는 인물과 장소로 범위가 한정되어 있다. 해밀턴은 『그리스 로마 신화』(1942년판) 서문에서 다음과 같은 희망을 밝힌 바 있다. "〔그리스 로마 세계에 익숙지 않은 독자들이 이 책을 읽으면서〕 신화에 대한 지식을 얻을 뿐 아니라, 그 신화를 들려준 작가들에 대해서도 조금은 알게 되길 바란다. 2000년이 넘는 세월과 함께 그들의 불멸성이 증명되었다." 해밀턴은 원전에 충실하면서도 어느 시대에나 공감을 얻을 수 있는 생생한 문체와 표현을 사용하여 고대 신화를 들려줌으로써 소기의 목적을 달성했다. 이런 이유로 해밀턴의 저서는 초판이 나온 이후 75년이 넘도록 아주 복잡한 그리스 로마 신화의 세계에 대한 권위 있고 대중적인 안내서 역할을 톡톡히 해오고 있다.

이 책의 범위는 해밀턴의 『그리스 로마 신화』로 정해졌지만, 그 내용은 신화 속 인물들의 혈통과 위업, 그리고 그들이 머물렀던 곳을 궁금해하며 신화의 세계를 더 깊이 파고들고 싶어 하는 모든 이에게 도움이 될 것이다. 처음 탄생한 후로 수천 년 동안 생명력을 유지해온 그리스 로마 신화는 고대의 의미를 유지하고 새로운 의미를 축적하는 동시에, 문화적 기억의 토대로서 온갖 창의적 매체를 통해 다양한 방식으로 언급되어 왔다. 이런 신화의 인물과 장소를 명확히 파악하고 싶은 사람들, 혹은 문학·음악·그림 더 나아가 대중문화와 신화가 어떻게 연결되어 있는지 알고 싶은 사람들에게 이 책은 필독서가 될 것이다. 해밀턴의 저서를 위한 안내서이지만 그 이상의 가치를 지니고 있다.

이 책의 내용은 크게 네 부문으로 나뉘어 있다. 신, 인간, 괴물, 그리고 장소. 신 부문에는 불사의 신과 필멸의 신 모두 포함된다. 예를 들어, 님페는 산천초목에 깃들어 있다고 여겨지는 정령들이었지만 노쇠와 죽음을 피하지 못했다. 인간 부문은 여성 전사들 아마조네스 같은 집단뿐만 아니라 영웅 개개인도 아우른다. 거대한 몸집의 인물과 반인반수는 유순하든 포악하든 상관없이 괴물로 분류했다. 여기에서 '괴물monster'이란, 기이하지만 반드시 악하지만은 않은 것 혹은 사람을 칭하는 라틴어 '몬스트룸monstrum'의 의미를 띤다. 지형지물, 지역, 바다, 강, 산, 도시 등은 당연히 장소 부문에 포함했다. 신화 속 인물과 장소의 특히 흥미로운 측면을 하나 꼽자면, 엄격한 분류가 어렵다는 것이다. 범주들은 불가피하게 서로 겹친다. 인간 영웅이 신으로 격상하기도 하고, 강은 자연물인 동시에 강을 의인화한 신이기도 하다. 헤라클레스와 아스클레피오스는 전자, 페네오스 강과 아켈로오스 강은 후자의 사례에 속한다. 가이아는 대지인 동시에 대지의 신이다. 사냥꾼 오리온은 거인이라는 점에서 괴물이라 할 수 있지만, 완전한 인간도 완전한 신도 아니다. 대개 괴물로 분류되는 반인반수 사티로스족은 숲의 정령이기도 하다. 이 외에도 다수의 사례가 있다. 여러 범주에 속하는 항목들은 상호 참조하여 확인할 수 있도록 따로 표기했다.

신화 속 인물의 일생과 위업에 관해 전승되는 이야기들은 가지각색이며 가끔은 서로 모순되기도 한다. 인물뿐만 아니라 신화 자체도 수천 년에 걸쳐 진화해 왔다. 변형되고 모순된 부분을 발견할 때마다 우리가 명심해야 할 사실은, 다수 또는 대부분의 신화가 미술 작품에서의 묘사 같은 문화적 변동과 요인에 영향을 받으며 구전되었다는 점이다. 트로이 전쟁을 둘러싼 신화들을 예로 들어보자. 이 이야기들이 트로이 전쟁 당시인 청동기 시대(기원전 1800년~기원전 1150년경)에 처음 지어졌다는 사실은 오래전부터 알려져 있었다(그렇다, 트로이 전쟁, 아니 좀 더 정확히 말하면 다수의 트로이 전쟁이 실제로 벌어졌다). 호메로스의 『일리아스』를 통해 우리에게 아주 익숙한 아킬레우스, 그리고 그의 전우와 적수 들에 얽힌 활극은 글로 남겨질 당시(대략 기원전 750년이나 이후) 이미 수백 년은 묵은 이야기였으니, 그 오랜 세월 구전되는 과정에서 분명히 어느 정도 변형되었을 것이다. 수백 년 동안 그리스 세계는 강력한 왕국들의 번영과 몰락, 암흑시대, 그리고 더 이상 군주가 다스리지 않는 도시국가의 탄생을 거치며 극적으로 변화했다.

인물과 장소를 둘러싼 여러 버전의 신화들을 전부 이 책에 담지는 않았다. 책에 실린 특정 내용은 오늘날 가장 잘 알려진 원전들에서 따온 것이다. 호메로스, 헤시오도스, 로도스의 아폴로니오스, 베르길리우스, 오비디우스 등의 서사시인들, 사포, 스테시코로스, 핀다로스, 바킬리데스 등의 서정시인들, 아이스킬로스, 소포클레스, 에우리피데스 등의 비극 작가들, 역사가인 헤로도토스, 지리학자인 스트라본, 여행 작가이자 민족지학자인 파우사니아스, 박물학자인 대 플리니우스, 신화 기록가인 아폴로도로스와 히기누스 등의 저작들을 들 수 있다. 이 책에 언급된 모든 고대 작가들은 쉽게 찾아볼 수 있도록 신상 기록과 함께 책 말미에 모아놓았다. 많은 작가들이 한 신화에 대해 여러 버전의 기록을 남기면서, 자신도 확신하지 못하는 내용까지 같이 담았다. 한 예로 디오도로스 시켈로스(기원전 1세기)는 헤라클레스의 기둥이 만들어진 연유에 대해 여러 가지 이야기를 들려준다. 헤라클레스가 세상 끝자락으로의 특별한 여정을 기념하여 세운 그 기둥들은 지중해 너머의 바다 괴물들이 침범해 오지 못하도록 막기 위한 수단이었을 수도 있고, 선박들이 다닐 수 있는 바닷길을 트기 위한 방책이었을 수도 있다는 것이다. 이런 디오도로스 시켈로스의 정신에 입각하여, 이 책을 읽는 독자들도 가장 재미있는 버전, 신빙성 있는 버전, 설득력 없는 버전을 각각 골라보며 즐기기 바란다.

1부

신
·
정령
·
님페

주요 신들

헤시오도스의 『신들의 계보』 참고

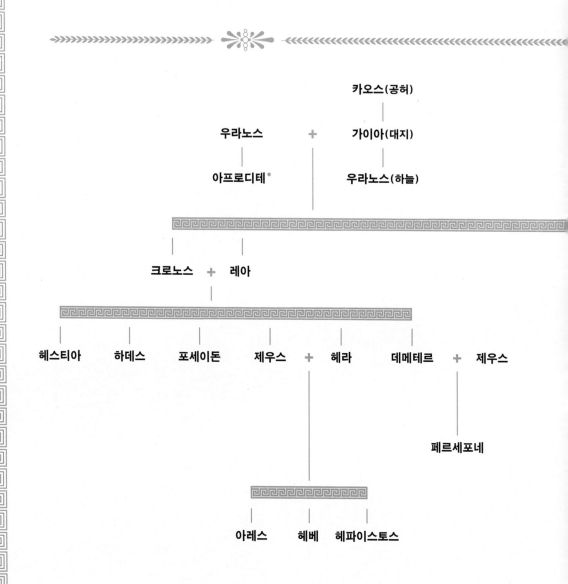

카오스(공허)
|
우라노스   +   가이아(대지)
|
아프로디테˙   우라노스(하늘)

크로노스 + 레아

헤스티아   하데스   포세이돈   제우스 + 헤라   데메테르 + 제우스

페르세포네

아레스   헤베   헤파이스토스

•   헤시오도스에 따르면, 아프로디테는 우라노스의 성기가 바다로 떨어지며 생긴 거품에서 태어났다.

••   호메로스에 따르면, 아프로디테는 제우스와 디오네의 딸이었다.

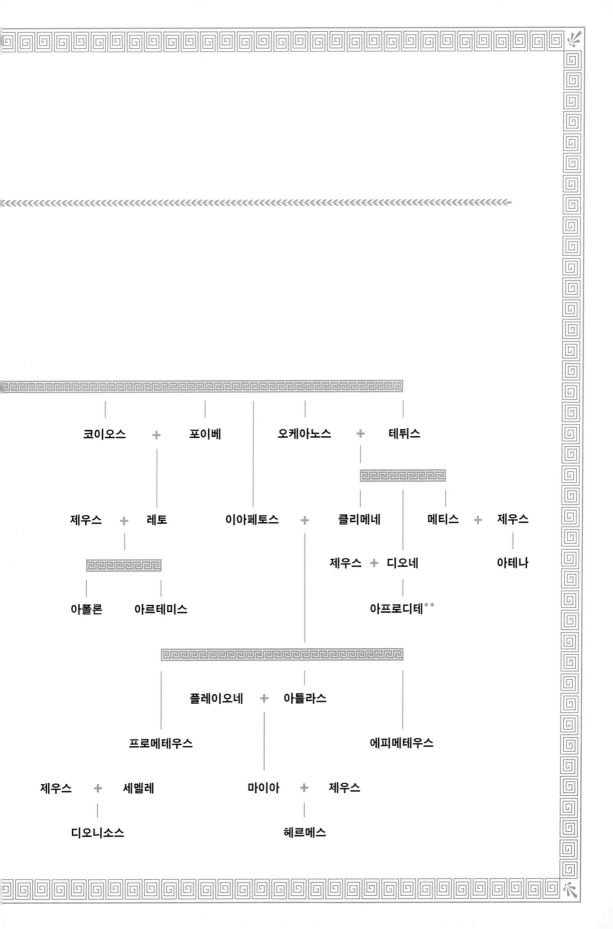

코이오스 + 포이베   오케아노스 + 테튀스

제우스 + 레토   이아페토스 + 클리메네   메티스 + 제우스

제우스 + 디오네   아테나

아폴론   아르테미스

아프로디테[••]

플레이오네 + 아틀라스

프로메테우스   에피메테우스

제우스 + 세멜레   마이아 + 제우스

디오니소스   헤르메스

가이아Gaia(Ge, Gaea) 원초적 자연신으로 탄생한 가이아(또는 게)는 다양하게 인격화되면서 대지의 여신이 되었다. 로마인은 그녀를 텔루스라 불렀다. 가이아의 유구한 역사와 종교적 중요성은 아무리 강조해도 지나치지 않다. 가이아는 호메로스와 헤시오도스의 작품들에 신화적 인물로 등장하기 훨씬 전부터 그리스와 근동을 비롯한 여러 지역에서 수천 년 동안 숭앙받아왔던 그리스의 지모신이다.『호메로스 찬가』는 가이아를 만물의 어머니이자 가장 오래된 신으로 찬양한다. 그녀는 모든 생명체가 양분을 얻는 원천이기도 하며, 따라서 인류 문명과 번영의 버팀목이다. 모든 혹은 대부분의 여신들은 가이아의 전능함이 여러 형태로 분산되어 탄생한 것이라 할 수 있다. 그녀는 최초의 여신이었고, 그 뒤에 나온 여신들은 그녀의 능력을 일부분씩 지니고 있다.

가이아의 중요성을 감안하면, 그녀가 그리스 세계 전역의 밀교에서 추앙받은 것도 그리 놀라운 일이 아니다. 여행 작가 파우사니아스는 펠로폰네소스 반도 북부의 아카이아에 있는 가이아의 성소와, 그전에 올림피아 성역 내에 있었던 가이아 신탁소의 잿더미 제단을 특별히 언급한다. 신탁에 관해 이야기하자면, 가이아의 능력이 예언의 영역에까지 뻗어 있었다는 사실에 주목해야 한다. 사람들은 가이아의 예언이 땅속에서 시작돼 바위틈이나 다른 경로를 통해 새어 나온다고 생각했다. 아폴론이 유명한 델포이 신탁소를 손에 넣은, 혹은 빼앗은 경위에 대해서는 설이 분분하지만, 그 신탁소의 첫 주인이 (독점이었든 공동 소유였든) 가이아였다는 데에는 이견이 없다. 피톤(혹은 피토)이라는 용을 신탁소의 감시인으로 세워둔 이도 가이아였다.

우주의 탄생을 설명하는 헤시오도스의『신들의 계보』에 가이아의 기원과 그녀의 자식들에 관한 이야기가 최초로 기록되었다. 태초에 거대한 공허 카오스가 있었으며, 뒤이어 대지 가이아, 지하의 심연 타르타로스, 욕망 에로스가 탄생했다. 그 후 카오스라는 원소로부터 암흑 에레보스와 밤이 나타났고, 밤은 에레보스와 결합하여 밝은 상층 대기 아이테르와 낮을 낳았다. 가이아는 먼저 그녀를 감싸고 보호해줄 하늘 우라노스를, 그다음엔 그녀의 형태를 빚어줄 산들 우레아와 바다 폰토스를 차례로 낳았다. 가이아와 우라노스는 오케아노스, 코이오스, 히페리온, 이아페토스, 레아, 테미스, 므네모시네, 포이베, 테튀스, 그리고 막내 크로노스를 비롯한 티탄 12신의 부모가 되었다. 이다음 가이아와 우라노스 사이에서 태어난 자식들은 두 무리의 괴물이었다. 우선, 이마에 눈알 하나가 박혀 있는 거인들 키클로페스. 그들의 이름은 각각 브론테스('천둥을 일으키는 자'), 스테로페스('번개'), 아르게스('광휘')로, 이들은 훗날 신들의 왕이 된 제우스에게 벼락과 천둥을 만들어주었다. 그들에게는 괴물 형제가 또 있었으니, 100개의 팔과 50개의 머리를 가진 세 명의 헤카톤케이레스

('100개의 손을 가진 자들')였다. 코토스, 브리아레오스, 기에스라는 이름의 그들은 하나같이 오만하고 폭력적이며 힘이 굉장히 셌다. 이 여섯 명의 괴물 아들들을 끔찍이도 싫어한 우라노스는 그들을 가이아 속으로 다시 밀어 넣었고, 이 탓에 가이아는 큰 고통을 겪었다. 참다못한 가이아는 낫을 만든 다음, 자녀들인 티탄족에게 복수를 부탁했다. 그녀를 돕겠다고 선뜻 나선 자식은 막내 크로노스뿐이었다. 낫으로 무장한 그는 밤까지 기다렸다가 가이아와 동침하기 위해 찾아온 아버지 우라노스를 기습하여 거세해버렸다. 핏방울들이 땅으로 떨어졌고, 그 자리에서 복수의 정령들인 에리니에스, 완전무장한 기간테스, 님페들인 멜리아데스가 태어났다. 우라노스의 잘려나간 성기가 바다로 떨어지며 일으킨 거품에서는 성性과 욕망의 여신 아프로디테가 태어났다. 아버지를 거세한 크로노스는 신들의 왕으로 군림하다가 훗날 자신의 아들 제우스에게 왕위를 찬탈당했다. (기간테스, 델포이, 레아, 므네모시네, 아폴론, 아프로디테, 에레보스, 에로스, 에리니에스, 오케아노스, 올림피아, 우라노스, 이아페토스, 제우스, 카오스, 크로노스, 키클로페스, 타르타로스, 테미스, 테튀스, 텔루스, 티탄족, 포이베, 피톤, 헤카톤케이레스, 히페리온)

갈라테이아Galatea　바다의 님페 갈라테이아는 도리스(오케아니스)와 바다의 신 네레우스 사이에서 태어난 50명의 딸들을 일컫는 네레이데스 중 한 명이다. 그녀는 포세이돈의 아들 폴리페모스(키클롭스)와 관련된 이야기로 가장 잘 알려져 있다. 갈라테이아를 지독히 원한 폴리페모스는 우락부락하고 흉측한 거인 손에 어울리는 거대한 갈대 피리를 연주하며 그녀에게 구애했다. 전원의 즐거움, 그의 동굴, 양 떼, 주렁주렁 열리는 사과와 산딸기와 포도를 그녀에게 선물하겠노라 약속했다. 포세이돈이 그녀의 시아버지가 되리라, 의기양양하게 노래했다. 이 모든 노력에도 갈라테이아의 마음은 움직이지 않았다. 그녀는 전원의 신 파우누스(ⓖ판)의 아들 아키스를 사랑하는 만큼 폴리페모스를 혐오했다. 연인들의 즐거운 모습을 보고 질투에 눈이 먼 폴리페모스는 산에서 떼어낸 바위를 던져 아키스를 죽였다. 시인 오비디우스에 따르면, 갈라테이아의 기도가 응답을 받아 아키스가 쓰러졌던 땅이 갈라지면서 그는 강의 신으로 부활했다. 전생보다 더 커진 몸은 청록 빛을 띠었으며, 머리에는 뿔이 자라 있었다.

피그말리온이 만든 '살아 움직이는' 조각상의 이름 역시 갈라테이아였다. (네레우스, 네레이데스, 도리스, 아키스, 오케아니데스, 키클로페스, 파우누스, 포세이돈, 폴리페모스, 피그말리온)

게 Ge 게는 그리스의 대모지신 가이아의 별칭이다. (가이아)

글라우코스 Glaucus 글라우코스는 원래 필멸의 인간이자 어부였으나, 어떤 약초를 먹은 후 다리 대신 물고기 꼬리가 달린 바다의 신이 되었다. 뱃사람들을 돕는 수호신이기도 했다. 그는 스킬라를 연모했지만, 이 때문에 뜻하지 않은 비극을 초래하고 말았다. 질투심에 휩싸인 마녀 키르케가 스킬라를 괴물로 만들어버린 것이다. (스킬라(괴물), 키르케)

나이아데스 Naiads 나이아데스(단수형은 나이아스)는 샘과 분수, 강, 호수, 개울에 깃든 물의 님페들이다. 신화에서 나이아데스는 개개인의 이름이 거론되기보다는 한 무리로 등장하는 경우가 많다. 하지만 눈에 띄는 예외들이 있으니, 전원의 신 프리아포스에게 구애받은 로티스와 판에게 구애받은 시링크스가 바로 그들이다. 둘 모두 남신들을 피해 달아나다 결국 나무로 변한다. (님페, 로티스, 시링크스, 판, 프리아포스)

네레우스 Nereus 고대의 해신 네레우스는 형제인 포르키스처럼 자유자재로 변신할 수 있고 예언력을 가진 '바다의 노인'으로 묘사되는 경우가 많다. 네레우스와 포르키스의 부모는 폰토스('바다')와 가이아('대지')로 알려져 있다. 헤시오도스에 따르면, 네레우스는 오케아노스의 딸 도리스와의 사이에 네레이데스라 불리는 50명의 딸을 자식으로 두었다.

네레우스는 열한 번째 과업으로 헤스페리데스의 황금 사과를 구해야 했던 헤라클레스에게 도움을 준다. 헤라클레스의 강요에 못 이겨 헤스페리데스의 정원이 어디에 있는지 알려주고 만 것이다. (가이아, 네레이데스, 도리스, 오케아노스, 포르키스, 폰토스, 헤라클레스, 헤스페리데스)

네레이데스 Nereides 네레이데스(단수형은 네레이스)는 바다의 님페들로, 오케아노스의 딸 도리스와 바다의 신 네레우스 사이에 태어난 50명의 딸들이다. 그들이 세운 유명한 공적을 꼽자면, 황금 양피를 손에 넣고 귀환하던 이아손의 아르고호 원정대가 심플레가데스('충돌하는 바위들')를 무사히 통과할 수 있도록 안내해 준 것이다. 로도스의 아폴로니오스에 의하면, 이때 앞장선 네레이스가 테티스였다고 한다. 아폴로도로스는 그리 유쾌하지만은 않은 이야기를 전한다. 에티오피아의 왕비이자 안드로메다의 어머니인 카시오페이아는 자신이 네레이데스보다 더 아름답다고 떠벌렸다. 네레이데스가 당한 수모를 갚아주기 위해 포세이돈은 홍수를 일으키고 바다 괴물을 보내어 에티오피아를 쑥대밭으로 만들어놓았다. 유피테르 아몬〔ⓖ제우스 아몬〕은 괴물을 달래려면 안드로메다를 제물로 바치는 수밖에 없다고 예언했고, 결국 공주는 쇠사슬로 바닷가 바위에 묶였다. 그녀를 발견한 영웅 페르세우스는 고르곤의 머리를 손에 든 채 그녀를 구해주었다. 네레이데스 가운데 일부는 개별적인 신화를 갖고 있다. 예를 들어, 테티스는 아킬레우스의 어머니로 가장 잘 알려져 있다. 갈라테이아는 폴리페모스(키클롭스)의 마음을 사로잡았으며, 암피트리테는 포세이돈과의 사이에 바다의 신 트리톤을 낳았다. (갈라테이아, 고르고네스, 메두사, 심플레가데스, 아르고호 원정대, 아몬, 아킬레우스, 안드로메다, 암피트리테, 에티오피아, 이아손, 카시오페이아, 키클로페스, 테티스, 트리톤, 페르세우스, 포세이돈, 폴리페모스)

네메시스Nemesis 네메시스는 보복의 여신이다. 헤시오도스에 따르면, 그녀는 닉스('밤')의 딸로, 모로스('피할 수 없는 비운'), 암흑의 케르('잔혹한 죽음'), 타나토스('죽음'), 히프노스('수면'), 오네이로스('꿈'), 모모스('비난'), 오이시스('고통'), 모이라이('운명'), 아파테('속임수'), 에리스('불화')를 형제자매로 두었다. 네메시스가 맡은 역할은 여러 가지다. (인간으로서의 한계를 모르는) 오만을 응징하고, 응징받을 행위를 막았다. 그래서 아이도스(공경 또는 수치심)와 짝을 이루어 함께 다닌다. 고전 문학에서 네메시스는 오만과 관련된 이야기에 자주 등장하는데, 특히 트로이 전쟁에서 그 활약이 두드러진다. 신화 기록가들인 히기누스와 아폴로도로스, 그리고 분실된 서사시『키프리아』의 남은 단편들에 따르면, 제우스는 백조로 둔갑하여 강제로 네메시스를 덮쳤다. 이 결합으로 네메시스는 신성한 쌍둥이 형제 카스토르와 폴룩스〔ⓖ폴리데우케스〕, 그리고 한 개의 알을 낳았으며, 레다에게 전해진 그 알에서 아름다운 헬레네가 태어났다. 네메시스의 의미를 상징적으로 보여주기라도 하듯, 헬레네는 제우스가 지상의 인구 과잉 문제를 해결하고 인간의 불경함을 단죄하기 위해 일으킨 트로이 전쟁의 원인이 된다. (레다, 모이라이, 에리스, 제우스, 카스토르, 타나토스, 트로이, 폴룩스, 헬레네, 히프노스)

네펠레Nephele '구름'을 뜻하는 네펠레는 제우스가 아내인 헤라의 형상으로 만든 구름이다. 제우스가 이렇게 한 데에는 구체적인 목적이 있었다. 테살리아의 왕 익시온이 자신을 유혹하려 한다는 헤라의 주장을 증명하기 위해서였다. 그래서 제우스는 아내와 닮은 네펠레를 만들었다. 익시온은 그녀와 동침했고, 둘 사이에 켄타우로스족이 태어났다. 이 혼종 괴물들의 상체는 인간, 몸통은 말이었다. 시인 핀다로스는 네펠레가 낳은 것은 켄타우로스족의 아비인 켄타우로스라고 말한다. 한편 익시온은 영원히 굴러가는 불타는 수레바퀴의 바큇살에 묶이는 벌을 받았다.

이 네펠레가 보이오티아의 왕 아타마스의 첫 아내인 네펠레와 동일인인지에 관해서는 고대 작가들 사이에서도 의견이 엇갈린다. 만약 그렇다면, 그녀는 프릭소스와 헬레의 어머니가 된다. 남매는 아타마스의 두 번째 아내 이노의 음모에 걸려들어 제물로 바쳐질 뻔하다가 네펠레가 보내준 날개 달린 황금 숫양을 타고 달아난다. (네펠레(인간), 디오니소스, 레우코테아, 보이오티아, 아타마스, 이노, 익시온, 제우스, 켄타우로스족, 테살리아, 프릭소스, 헤라, 헬레)

넵투누스Neptunus(Neptune) 물을 다스린 고대 이탈리아의 신으로, 그리스의 바다 신 포세이돈과 연결되고 융합되어 그의 신화를 취했다. (포세이돈)

노토스Notus(Notos) 노토스는 남풍을 의인화한 신으로, 그와 연관된 신화는 그리 많지 않다. 그리스 시인 헤시오도스에 의하면, 다른 바람의 신들인 보레아스, 제피로스와 함께 그도 에오스와 아스트라이오스의 아들이었다. 로마 시인 베르길리우스는 노토스와 보레아스, 제피로스, 에우로스(동풍), 아프리쿠스(남서풍)가 바람의 제왕인 아이올로스의 지배를 받았다고 쓴다. 기상학적으로 이야기하자면, 노토스는 늦가을과 겨울에 비와 폭풍우를 일으키는 바람으로 묘사되었다. (보레아스, 아이올로스, 에오스, 에우로스, 제피로스)

니사의 님페들 Nysaean Nymphs 니사의 님페들은 니사이라는 신화적 장소에 거하는 일곱 자매로, 히아데스라고도 불렸다. 그들은 제우스의 허벅지에서 기적적으로 다시 태어난 아기 디오니소스에게 젖을 먹였다. (니사, 디오니소스, 제우스, 히아데스)

니케Nike 니케는 승리를 의인화한 여신이다. 날개를 달고, 야자수 가지와 화관 같은 승리의 상징물을 들고 있는 모습으로 묘사된다. 헤시오도스의 『신들의 계보』에 따르면, 오케아노스의 딸인 스틱스와 티탄족 팔라스 사이에 발목이 가느다란 니케뿐만 아니라, 승리에 필요한 자질들을 의인화한 신들, 젤로스('경쟁심'), 크라토스('힘'), 비아('폭력')도 태어났다. 헤시오도스가 덧붙이기를, 그들은 늘 제우스를 따라다녔다고 한다. 또한 아테네 아크로폴리스의 유적들, 특히 파르테논과 가까이 있는 아테나 니케 신전, 그리고 파르테논에 세워진 거대한 아테나 신상이 손에 쥐고 있는 날개 달린 작은 니케로 판단컨대 니케는 아테나의 수행원이기도 했던 것 같다. (스틱스[장소], 아크로폴리스, 아테나, 아테네, 오케아노스[신], 제우스, 티탄족)

님페Nymph 님페(영어로 님프)들은 산천초목에 깃든 하급 신이나 정령 들이다. 사람들은 님페를 젊은 여성으로 상상했으며, 그리스어 '님페'는 정령뿐만 아니라 젊은 인간 여성을 의미하기도 했다. 샘과 강 같은 민물을 관장하는 나이아데스, 산에 깃든 오레아데스, 나무의 님페인 드리아데스, 자신들이 거하는 나무와 생사를 함께하는 하마드리아데스 등 다양한 부류의 님페가 있었다. 신화에서 중요한 역할로 등장하는 님페들을 꼽자면, 대양강大洋江의 신 오케아노스의 딸들인 오케아니데스, 바다의 신 네레우스의 딸들인 네레이데스를 들 수 있다. 님페들은 하급 신이었음에도 영원히 살지는 못했다. (나이아데스, 네레이데스, 네레우스, 드리아데스, 오케아니데스, 오케아노스, 오레아데스, 하마드리아데스)

데메테르Demeter 데메테르는 곡물과 수확, 그리고 농경 전반을 관장하는 그리스 여신이다. 대지가 풍요를 누리려면 데메테르뿐만 아니라 밀교에서 그녀와 함께 추앙받은 딸 페르세포네의 호의가 필요했다. 데메테르의 기원에 관해서는 설이 분분한데, 이름의 유래도 마찬가지다. 어머니를 뜻하는 '메테르meter'와 대지 또는 보리를 뜻하는 단어의 조합이라는 설도 있다. 그리스 시인 헤시오도스에 따르면, 올림포스 신들 가운데 한 명인 데메테르는 티탄 신인 레아와 크로노스 사이에 태어난 자식이다. 그녀의 형제자매로는 헤스티아, 헤라, 포세이돈, 하데스, 제우스가 있다. 데메테르와 연관된 가장 중요한 신화는 그녀의 딸 페르세포네가 하데스에게 납치된 사건이다. 하데스는 페르세포네를 자신의 아내이자 지하세계의 여왕으로 삼으려 했다. 『호메로스 찬가』데메테르 편에 상세히 설명되어 있듯이, 페르세포네가 납치되자 데메테르는 딸을 찾아 아흐레 동안 지상을 떠돌아다닌 끝에 하데스가 범인이라는 사실을 알아냈다. 제우스와 올림포스 신들에게 분노한 그녀는 노파로 둔갑한 후 엘레우시스의 켈레오스 왕에게 의탁하여 그의 궁에서 어린 왕자 데모폰의 유모로 지냈다. 왕비 메타네이라는 데메테르가 아이를 깜부기불 속에 집어넣는 모습을 보고는, 그것이 아들을 불사의 몸으로 만드는 의식임을 알지 못한 채 공포에 질려 비명을 질렀다. 데메테르는 아기를 떨어뜨리고, 변장을 벗어 신으로서의 본모습을 드러냈다. 그리고 켈레오스와 엘레우시스 백성들에게 그녀를 경배하는 신전과 제단을 짓도록 명했다. 그들은 그녀의 명을 따랐지만, 잃어버린 딸에 대한 절망과 분노에서 헤어나지 못한 데메테르는 신들이 내미는 온갖 선물을 마다했다. 그녀가 슬폼에 잠겨 있던 일 년 내내 어떤 곡물도 자라지 못했다. 사람들은 굶주렸고, 신들이 받던 제물도 끊겼다. 사태가 이 지경에 이르자 제우스가 개입하여, 하데스에게 페르세포네를 풀어주라고 설득했다. 하데스는 그러겠다고 했지만, 페르세포네를 속여 석류씨를 먹게 만들었다. 이로써 페르세포네는 한 해의 일부(겨울)를 지하세계에서 그와 지낼 수밖에 없게 되었다.

데메테르의 신화는 그녀에게 바쳐진 제의들과 밀접하게 연관되어 있다. 그중 가장 유명한 것이 엘레우시스 비의Eleusinian Mysteries로, 그 의식에 입문하는 자들은 행복한 내세와 현재의 번영을 약속받았다. 비의의 많은 부분이 비밀에 싸여 있긴 하지만, 제의적 목욕과 새끼돼지 공양, 아테네에서 엘레우시스로 성물을 운반하는 행진 의식, 그리고 페르세포네가 납치되고 데메테르가 딸을 찾아 헤매는 이야기의 재연 등이 행해졌다고 한다. 테스모포리아* 라는 가을 축제도 있었는데, 풍작을 기원하기 위해 여성들이 거행하였으며 농업의 도입에 따른 법률 제정과도 연관되어 있었다.

데메테르는 씨앗이 아주 많아 다산을 상징하는 양귀비 열매, 곡물 다발, 헌주잔 獻酒盞, 딸을 찾아다닐 때 쓴 횃불 등을 들고 있는 모습으로 다양하게 묘사되었다. 머리에는 곡물 줄기나 도금양 화관을 쓰고 있기도 했다.

로마인은 농업을 주관하는 여신 케레스를 데메테르와 동일시했다. (데모폰, 레아, 메타네이라, 아테네, 엘레우시스, 올림포스 산, 제우스, 케레스, 켈레오스, 크로노스, 티탄족, 페르세포네, 포세이돈, 하데스, 헤라, 헤스티아)

도리스Doris 도리스는 바다의 님페로, 티탄 신들인 오케아노스와 그의 누이 테튀스 사이에서 태어난 딸들 오케아니데스〔단수형은 오케아니스〕 중 한 명이다. 그녀는 바다의 신 네레우스와 결합하여 50명의 님페들인 네레이데스를 낳았는데, 그중 세 명이 가장 유명하다. 키클롭스〔복수형은 키클로페스〕 폴리페모스에게 사랑받은 갈라테이아, 영웅 아킬레우스의 어머니가 된 테티스, 그리고 몇몇 전승에 따르면 포세이돈의 구애를 받아 그의 자식인 트리톤과 로데를 낳았다고 하는 암피트리테가 그들이다. (갈라테이아, 네레우스, 네레이데스, 로데, 아킬레우스, 암피트리테, 오케아노스, 오케아니데스, 키클로페스, 테티스, 트리톤, 티탄족, 포세이돈, 폴리페모스)

•   테스모포리아Thesmophoria: 데메테르 테스모포로스Demeter Thesmophoros('입법자 데메테르')를 기리는 축제

드리아데스Dryads 드리아데스〔단수형은 드리아스〕는 특정한 유형의 님페들이
다. 님페란 물(나이아데스)이나 산과 들(오레아데스), 수목 등 자연계의 여러 부분이
나 요소에 깃들어 생기를 불어넣는 여성 '정령'들이다. 님페들은 예언력을 가진 경
우도 있었으며, 신성한 존재로서는 특이하게 생명이 유한했다. 드리아데스는 나무,
특히 참나무와 연관된 님페들이었지만 그리스어 '드리스drys'는 참나무를 비롯한
전반적인 나무를 통칭하는 단어로 쓰였다. 하마드리아데스 역시 나무의 님페들이
지만, 자신들이 깃든 나무와 하나가 되어 운명을 함께한다는 점에서 드리아데스와
달랐다. (나이아데스, 님페, 오레아데스, 하마드리아데스)

디스Dis(Dis Pater) 디스 혹은 디스 파테르('부富의 아버지')는 지하세계를 다스리
는 로마 신으로, 그리스의 하데스에 해당한다. 하데스는 플루톤〔®플루토〕이라고도
불렸는데, 디스라는 이름은 플루톤과 마찬가지로 부유함을 의미하는 단어('디비티
아이divitiae'), 혹은 그 형용사('디베스dives')에서 유래했다. 지하세계의 왕은 부유한 신
으로 여겨졌다. 모든 물건과 인간이 결국엔 그의 차지로 돌아갔거니와, 더욱 중요한
이유는 땅이 풍요로움, 특히 풍작의 원천이었기 때문이다. 하데스와 마찬가지로 디
스라는 이름은 지하세계 자체를 가리키는 지명이 되었다. (지하세계, 플루톤, 하데스〔신
과 장소〕)

디아나Diana '빛나는 자'라는 뜻의 로마 여신 디아나는 일찍부터 사냥과 야생의
그리스 여신 아르테미스와 동일시되어 그녀의 신화와 특성을 그대로 취했다. (아르
테미스)

디오네Dione 디오네에 관해서는 알려진 바가 별로 없지만, 중요한 여신이었던
것으로 보인다. 호메로스를 비롯한 몇몇 저자들이 그녀를 아프로디테의 어머니로
언급한 데다 그리스 북서부에 있는 유명한 도도나 신탁소에서 제우스와 함께 숭배
되고 있는 걸 보면 그녀가 제우스의 첫 아내라는 주장이 아주 허황한 소리 같지만
은 않다. 호메로스에 의하면, 트로이에서 영웅 디오메데스에게 부상을 입은 아프로
디테는 디오네를 찾아갔고, 디오네는 딸을 위로해 주며 다친 팔에 흐르는 이코르
ichor(신의 피)를 닦아 치료해 주었다. (도도나, 디오메데스, 아프로디테, 제우스, 트로이)

디오니소스Dionysus 디오니소스는 바쿠스라고도 불렸다. 포도주의 신인 그는
데메테르와 함께 인간에게 기본적인 자양물을 제공하는 역할로 크게 추앙받았다.

디오니소스 제우스의 허벅지에서 태어난 포도주의 신

하지만 그를 그저 포도주의 신으로만 알아서는 곤란하다. 그는 가장 오래된 그리스 신들 중 한 명으로, 청동기 시대(기원전 1250년경)의 점토판에서도 그의 이름이 발견된다. 비극 작가 에우리피데스의 희곡 『바쿠스의 여신도들』은 디오니소스와 그 숭배의 성격, 특히 그리스 초기 시절 행해졌던 제의를 가장 광범위하게 보여주는 자료다. 디오니소스는 가장 오래전에 그 존재가 확인된 신에 속하긴 하지만, 본래는 그리스 신이 아니었다. 리디아 혹은 프리기아 같은 근동 지역의 신이었다가 트라키아와 마케도니아, 또는 그리스의 섬들을 통해 그리스로 넘어갔을 가능성이 크다. 원래 디오니소스는 생명수, 특히 수액樹液의 신이었다. 초목의 성장을 주관한 까닭에 덴드리테스('나무의 신'), 안티오스('꽃을 피우는 자'), 카르피오스('열매를 가져오는 자')라 불리기도 했다. 더 나아가, 식물의 즙뿐만 아니라 포도주, 우유, 꿀 등 여러 자연물에서 뽑아낸 액들도 관장했다. 그리스에서 이 신의 인기는 실로 대단하여, 디오니소스 신앙은 들불처럼 전역으로 퍼져나갔다. 그럴 만도 했던 것이 그는 가장 민주적인 신이었다. 경계를 넘나들었고 여성스러운 모습으로 변신하기도 했는데, 의심할 여지없이 어느 정도는 그의 신주神酒인 포도주의 영향 때문이었다. 그래서 질서의 신인 이복형제 아폴론과는 상극이었지만, 둘은 성스러운 파르나소스 산을 공유했다. 디오니소스의 눈에는 모두가 평등했다. 남성과 여성, 젊은이와 노인, 노예와 자유인, 심지어는 인간과 짐승까지도. 디오니소스 신앙은, 그리스 사회에서 활동 범위가 크게 제한되어 집만 지키고 있어야 했던 여성들 사이에서 특히 인기가 많았다. 숭배 의식을 통해 신도들은 틀에 박힌 일상에서 해방을 맛보았고, 신도 중 대부분을 차지하고 있던 여성들에게는 베틀과 북을 떠날 수 있는 반가운 기회였다. 디오니소스 숭배자들은 포도주 형상을 한 신을 마시고 광란의 춤을 추며, 열정적인 마이나데스〔®바칸테스, '광란하는 여자들'〕가 되어 신과 교감했다. 말 그대로, 그들 안에 신이 머무는 '엔 테오스en theos' 상태가 되는 것이다. 그들은 자연과 '하나'가 되기 위해 산과 들로 향했다. 작거나 어린 짐승들을 붙잡아 갈가리 찢어서 날것으로 먹었다. 짐승의 피 역시 신성을 띤 것으로 여겼다. 시골에서는 이런 의식들이 유사 시대까지 쭉 이어졌지만, 도시 아테네에서는 극장 공연을 통해 디오니소스를 찬미하는 형태로 바뀌었다. 이로써 디오니소스는 극장의 수호신이라는 지위도 얻게 되었다.

신화 속의 디오니소스는 바람둥이 제우스와 테베 공주 세멜레 사이에서 태어난 아들이다. 흔히 그랬듯, 남편의 외도에 질투를 느낀 헤라는 세멜레에게 그녀가 동침하고 있는 자가 신이 아닐지도 모른다는 의혹을 불러일으켰다. 다음에 또 찾아온 제우스에게 세멜레는 신으로서의 본모습을 보여달라고 부탁했다. 제우스는 맹세에 묶여 그녀의 부탁을 들어줄 수밖에 없었다. 결국 세멜레는 불에 타서 재가 되어버렸다. 제우스는 그녀가 잉태하고 있던 디오니소스를 구해내 자신의 허벅지에 집어넣었다. 아홉 달 후 태어난 디오니소스는 니사의 님페들에게 맡겨졌다. 또 다른 전승에서는 디오니소스를 키운 자가 세멜레의 자매인 이노라고도 한다. 장성한 디오니소스는 낙소스 섬으로 가고 싶은 마음에 항해를 떠났지만, 두둑한 몸값을 받을 수 있으리라 착각한 해적들에게 붙잡히고 말았다. 해적 우두머리인 아케테스는 그의 신성을 알아보고 공손히 대했다. 디오니소스는 배를 포도 넝쿨로 뒤덮어 꼼짝 못 하게 만들고, 으스스한 피리 소리로 허공을 가득 메웠다. 디오니소스의 곁에 호랑이, 스라소니, 표범 들의 혼령이 나타나자 아케테스를 제외한 해적들은 겁에 질려 배 밖으로 뛰어내렸다. 트라키아에 도착한 디오니소스 일행은 그곳의 왕 리쿠르고스에게 공격당하며 또 한 번 난관에 부닥치지만, 리쿠르고스는 그에 응당한 벌을 받았다. '고향'인 테베에 도착했을 땐 그의 사촌인 젊은 왕 펜테우스가 그의 신성을 부정하며 디오니소스 신앙을 금지했다. 오만을 부리던 펜테우스는, 키타이론 산에서 디오니소스 숭배 의식 중에 광란 상태에 빠져 그를 새끼 사자로 착각한 어머니와 이모들에게 갈가리 찢겨 죽었다. 하지만 디오니소스가 이렇듯 폭력적인 행적만 남긴 건 아니다. 낙소스 섬에 버려져 있던 아리아드네(크레타 섬의 왕 미노스의 딸)를 구해 불멸의 존재로 만들어주기도 했다.

디오니소스에게 봉헌된 성스러운 식물은 영원한 삶을 상징하는 포도와 담쟁이였다. 일반적으로 그의 곁을 지킨 자들은 음탕한 반인반수 사티로스족과 실레노이, 그리고 여성 신도들인 마이나데스였다. 디오니소스와 그 추종자들은 그리스 예술, 특히 포도주용 잔과 주전자에 자주 등장한다. 대개 디오니소스는 긴 머리에 턱수염을 기르고, 담쟁이 화관을 쓰고, 새끼 사슴 가죽을 걸치고, 포도주 잔을 들고 있는 모습으로 묘사된다.

로마인은 그들의 포도주 신인 리베르와 디오니소스를 동일시했다. (낙소스 섬, 니사의 님페들, 리디아, 리베르, 리쿠르고스, 마이나데스, 미노스, 바칸테스, 바쿠스, 사티로스족, 세멜레, 실레노이, 아리아드네, 아케테스, 아테네, 아폴론, 이노, 제우스, 크레타 섬, 키타이론 산, 테베, 트라키아, 파르나소스 산, 펜테우스, 프리기아, 헤라)

디오스쿠로이Dioskuroi 고전 신화와 사상에는 대표적인 디오스쿠로이(제우스의 쌍둥이 아들)가 두 쌍 등장한다. 스파르타의 카스토르와 폴룩스(ⓖ폴리데우케스), 그리고 테베의 제토스와 암피온. 이중 더 중요한 쪽은 카스토르와 폴룩스이며, 일반적으로 디오스쿠로이라 하면 이들을 가리킨다. 카스토르와 폴룩스의 아버지가 스파르타의 틴다레오스 왕이라고 주장하는 작가도 있지만(예를 들면, 호메로스), 두 형제의 아버지가 서로 다르게 묘사되는 경우가 더 많다. 그들의 어머니인 레다가 같은 날 제우스와 남편 틴다레오스 모두와 동침한 결과, 각기 아버지가 다른 두 아들을 낳았다는 것이다. 카스토르와 클리타임네스트라는 틴다레오스의 자식이었고, 따라서 필멸의 인간이었다. 폴룩스와 아름다운 헬레네는 제우스의 자식으로, 따라서 불멸의 존재였다. 이 쌍둥이 형제의 수많은 모험담 중에 아테네의 영웅 테세우스에게 납치된 누이 헬레네를 구해낸 일화가 가장 유명하다. 디오스쿠로이는 칼리돈의 멧돼지 사냥에 참여했고, 황금 양피를 찾아 떠난 이아손의 아르고호 원정대에도 합류했다. 이 원정에서 폴룩스는 마르마라 해의 동쪽 끝에 사는 베브리케스족의 적대적인 왕 아미코스와 권투 실력을 겨루어 승리하고 그를 죽였다. 카스토르와 폴룩스는 사촌들인 이다스와 린케우스가 역시 사촌들인 레우키포스의 딸들(레우키피데스)과 결혼하는 의식에 참석했다가 신부들을 납치했다. 이 악명 높은 사건은 '레우키피데스의 겁탈'로 불린다. 디오스쿠로이는 신랑들에게 쫓겼고, 이어 벌어진 싸움에서 카스토르와 린케우스가 목숨을 잃었으며, 이다스는 제우스가 내리친 벼락에 맞아 죽었다. 신화 기록가 아폴로도로스에 의하면, 제우스는 폴룩스를 하늘로 올려 보내려 했지만 형제 카스토르를 잃은 폴룩스는 불멸의 생을 원치 않았다. 그러자 제우스는 두 형제가 하루는 신들 사이에서, 하루는 필멸의 인간들 사이에서 지내도록 허락했다. 몇몇 전승에서는 형제가 올림포스 산과 인간 세상(지상 혹은 망자들의 종착지인 하데스)을 차례로 오가며 지냈다는 뜻으로 풀이된다. 카스토르와 폴룩스가 사촌들과 함께 소 떼를 훔친 후 배분에 불만을 품고 그들과 싸웠다는 설도 있다.

신이 된 디오스쿠로이는 주로 말을 탄 모습으로 묘사되었다. 그들은 하늘로 올라가 쌍둥이자리의 별들이 되었다. 뱃사람들이 곤경에 처하면 형제는 별들로 나타나거나 성 엘모의 불St. Elmo's fire이라는 대기 현상을 일으켜 그들을 도와주었다. 구원자로서의 이런 능력은 바다를 넘어 지상 전투에까지 영향을 미쳤다. (레다, 레우키포스, 스파르타, 쌍둥이자리, 암피온, 올림포스 산, 제우스, 제토스, 카스토르, 칼리돈, 클리타임네스트라, 테베, 틴다레오스, 폴룩스, 하데스(장소), 헬레네)

디케Dike 디케는 정의를 의인화한 여신으로, 인간계의 풍습과 법률에 따른 권리를 보장해 주는 역할을 했다. 시인 헤시오도스의 설명에 따르면, 그녀는 신들의 법과 질서를 구현하는 티탄족 여신 테미스와 제우스 사이에서 태어났다. 디케는 시민의 신이기도 했던 제우스와 함께 인간을 심판했다. 그녀의 자매들로는 에우노미아('질서 정연')와 에이레네('평화')가 있었다. 디케는 혈족 범죄를 응징하는 여신들 에리니에스, 그리고 분노에 찬 복수의 여신 네메시스와도 필연적으로 연관되었다. (네

라레스Lares 라레스(단수형은 라르)는 정확한 기원이 불분명한 로마 토착신들로, 아마 신격화된 조상이나 농장의 수호신에서 발전되었을 것이다. 그들의 세력권은 가정에서 국가로, 사적 영역에서 공적 영역으로 확대되었다. 라르 파밀리아리스('가정의 라르')는 그가 수호하는 가정과 동의어가 되었다. 로마인은 집집이 '라라리움' 이라는 사당을 만들어 날마다 제물을 바치고, 라르와 또 다른 수호신들인 페나테스의 신상을 모셨다. 라레스를 페나테스와 융합해서, 양쪽을 통틀어 라레스나 페나테스라 부르기도 했다. 공적 영역의 라레스는 도시, 촌락, 도로, 교차로 등의 구역과 원정군을 수호했다. 신화에서는 영웅 아이네이아스의 라레스와 페나테스가 가장 유명하다. 아이네이아스는 화염에 휩싸인 트로이에서 탈출할 때 노쇠한 아버지 안키세스와 함께 그 신상들을 모시고 이탈리아로 떠난다. (아이네이아스, 안키세스, 트로이, 페나테스)

라케시스Lachesis '제비뽑기를 하는 자' 라케시스는 운명의 세 여신인 모이라이 중 한 명이다. 모이라이는 태어나는 모든 인간의 운명을 여러 방법으로 결정했다. 이를테면 생명의 실을 잣거나, 인간들의 운명을 노래하거나, 결정된 운명을 명판 같은 곳에 새겨 넣었다. (모이라이, 운명의 세 여신)

라토나Latona 라토나는 아폴론과 아르테미스의 어머니인 레토의 로마식 이름이다. (레토)

레아Rhea 신화에서 레아는 티탄족 여신이자, 가이아('대지')와 우라노스('하늘')의 딸이다. 형제 크로노스와 결혼했으며, 그리스 시인 헤시오도스에 따르면 크로노스와의 사이에 헤스티아, 데메테르, 헤라, 하데스, 포세이돈, 제우스를 낳았다. 부모를 지켜보며 자신 또한 아들에게 권력을 빼앗길 운명임을 예감한 크로노스는 자식이 태어나는 족족 집어삼켰다. 제우스는 예외였다. 제우스를 낳을 때가 다가오자 레아는 크로노스를 속여 막내 아이를 지킬 수 있는 방법을 부모에게 물었다. 그들의 조언에 따라 레아는 갓 태어난 아기를 크레타 섬의 한 동굴에 숨겨놓고, 크로노스에게는 포대기에 싼 돌을 주었다. 그는 아무런 의심 없이 돌을 집어삼켰다. 장성한 제우스는 레아(몇몇 전승에 따르면, 제우스의 첫 아내 메티스)의 도움으로 크로노스를 속여 돌과 그의 형제자매를 모두 토해내게 한 다음, 티탄족과 전쟁을 벌여 승리를 거두었다. 신화 기록가 아폴로도로스는 레아의 제우스 출산기를 좀 더 자세히 전한다. 레아는 딕테 산의 동굴에 제우스를 숨기고, 쿠레테스와 님페들인 아드라스테이아와 이다에게 아이를 맡겨 보살피게 한다. 님페들은 아말테이아라는 염소의 젖을 아기에게 먹이고, 쿠레테스는 크로노스가 아기의 울음소리를 듣지 못하도록 창과 방패를 서로 두들기며 춤을 춘다.

좀 더 광범위한 그리스 종교와 문화에서 레아는 대모지신으로 받들어졌다. 헤라와 데메테르, 아프로디테도 어느 정도는 그 부류나 화신으로 여겨졌다. 대모신 레아는 본질적으로 생명과 다산의 신으로, 동시에 죽음과도 연관되었다. 신화가 암시하듯 그녀는 특히 크레타 섬에서 중요한 신으로 대접받았던 것으로 보이며, 프리기아에서 광란과 황홀경의 비밀 의식으로 숭배받은 풍요의 여신 키벨레에 융합된 이유는 둘 모두 아나톨리아(아시아 서부)에서 기원한 신이기 때문이다. 로마 종교에서 레아는 옵스와 동일시되었다. (가이아, 데메테르, 메티스, 아드라스테이아, 아프로디테, 옵스, 우라노스, 이다[님페], 제우스, 쿠레테스, 크레타 섬, 크로노스, 키벨레, 티탄족, 포세이돈, 프리기아, 하데스, 헤라, 헤스티아)

레우코테아Leucothea 여행 작가 파우사니아스에 따르면 '백색의 여신'이라는 뜻의 레우코테아는 그리스에서 널리 숭배받았다. 정확히 어떤 이유로 숭배받았는지는 알기 어렵다. 성년식과 연관되었던 것으로 보이며, 신화 기록가 아폴로도로스는 그녀가 바다에서 폭풍우를 만난 뱃사람들을 도왔다고 이야기한다. 신화에서 레우코테아는 영웅 오디세우스를 구해준 일화로 가장 유명할 것이다. 오디세우스는 여신 칼립소의 섬에서 만든 뗏목을 타고 항해하다가, 분노한 포세이돈이 일으킨 거센 폭풍우 때문에 바닷물에 빠지고 말았다. 그때 바다의 여신 레우코테아가 바닷새의 모습으로 파도 속에서 나타났고, 호메로스에 따르면 오디세우스에게 뗏목을 버리고 그녀의 베일로 몸을 띄워 친절한 파이아케스족의 섬으로 헤엄쳐 가라고 일러주었다.

레우코테아가 처음부터 신이었던 것은 아니다. 원래는 필멸의 존재였다가 신의 반열에 올랐다. 그녀의 첫 신분은 테베를 세운 카드모스 왕의 딸 이노였다. 인간 이노의 극적인 생애와 변신에 관해서는 다양한 이야기가 전해지는데, 일부는 서로 모순되기도 한다. 간단히 요약하자면, 그녀는 디오니소스를 키웠고, 그녀의 조카 펜테우스를 토막 내어 죽이는 데 가담했으며, 질투심에 휩싸여 의붓자식들인 프릭소스와 헬레를 제물로 바치도록 음모를 꾸몄고, 분노하여 그녀를 죽이려는 남편 아타마스를 피해 절벽에서 바다로 뛰어내렸다가 디오니소스 혹은 포세이돈에 의해 여신이 되었다. (디오니소스, 오디세우스, 이노(인간), 카드모스, 테베, 파이아케스족, 펜테우스, 포세이돈, 프릭소스, 헬레)

레토Leto 레토는 아폴론과 아르테미스의 어머니로 가장 잘 알려져 있다. 그녀는 코이오스와 포이베 사이에서 태어난 2세대 티탄 신으로, 제우스의 아내 혹은 연인이 된다. 『호메로스 찬가』 아폴론 편에는 잉태한 레토가 겪은 고초들이 상세히 묘사되어 있다. 산달이 거의 다 찼을 때 그녀는 이 섬에서 저 섬으로 계속 떠돌아다녀야 했다. 그녀가 막강한 힘을 가진 아들을 낳으리라는 예언을 두려워한 섬들이 그녀가 머무는 것을 허락지 않았기 때문이다. 결국 델로스 섬까지 간 레토는 그녀가 낳을 아들이 그 섬을 가장 중요한 성지로 삼으리라 약속했다. 그러자 델로스 섬(오르티기아 섬으로 불리기도 했다)은 레토를 받아들였지만, 질투심에 휩싸인 헤라의 방해로 레토는 아흐레 낮 아흐레 밤 동안 산통을 앓았다. 이를 보다 못한 다른 여신들이 출산을 돕는 여신 에일레이티이아를 아름다운 목걸이로 매수하여 레토의 해산을 도왔다. 마침내 레토는 아폴론과 아르테미스를 낳았고, 그때 붙들었던 야자수는 아폴론의 신목神木이 되었다. 갓난아기들을 안고서 리키아까지 간 레토는 더위에 지쳐, 작은 호수 옆에서 일하고 있던 농부들에게 호수 물을 마시게 해달라고 부탁했다. 그들이 거절하자 레토는 못된 심보의 농부들을 개구리로 둔갑시켜 그들의 물을 영원히 '누릴' 수 있게 했다. 얼마 후 리디아의 왕 탄탈로스의 딸인 니오베는 아들과 딸을 일곱 명씩 낳아 더 많은 자식을 가진 자신이 레토보다 훌륭하다고 떠벌렸다. 이 오만하기 그지없는 자랑을 들은 레토는 아폴론과 아르테미스에게 니오베의 자식들, 이른바 니오비데스를 화살로 죽이게 했다. 레토와 연관된 또 다른 이야기에는 티티오스가 등장한다. 거인 티티오스는 레토를 겁탈하려다 그 벌로 죽임을 당하고, 죽어서도 독수리들에게 심장(또는 간)을 영원히 물어뜯기는 고문을 받게 된다. (니오베, 델로스 섬, 아르테미스, 아폴론, 에일레이티이아, 오르티기아 섬, 제우스, 코이오스, 탄탈로스, 티티오스, 포이베)

로티스Lotis 로티스는 샘과 개울과 분수의 님페들인 나이아데스 중 한 명이다. 로마 시인 오비디우스의 『변신 이야기』에서 로티스는 음탕한 전원의 신 프리아포스의 구애를 피해 도망가다 로토스 나무로 변한다. 오비디우스는 어떻게 그런 일이 벌어졌는지, 로토스 나무가 무엇인지 명확히 밝히지 않는다. 오비디우스가 묘사하는 로토스는 진홍색 꽃이 피고, 장과漿果가 열리며, 물속에서 자란다. 오랫동안 학자들은 로티스의 로토스가 대추나무일 거라고 추측했지만, 대추나무는 수생 식물이

아닐뿐더러 진홍색 꽃이 피지도 않는다. 문제의 로토스는 수련일 수도 있지만, 로토스가 나무라는 오비디우스의 설명에 맞지 않는다. 또 다른 저작 『로마의 축제들』에서 오비디우스는 변형된 이야기를 들려준다. 호색한 프리아포스가 잠들어 있는 로티스를 취중에 겁탈하려 하지만, 실레노스의 당나귀가 로티스에게 경고하기 위해 시끄럽게 울부짖었다. 이 소리에 깨어난 로티스는 무사히 달아나 나무가 된다. (나이아데스, 실레노스, 프리아포스)

루나Luna 라틴어로 '달'을 뜻하는 루나는 로마 신화에 등장하는 달의 여신으로, 그리스 신화의 셀레네에 해당한다. 루나 신앙은 그리스를 거쳐 이탈리아로 넘어간 듯하다. 한 지역 전승에 따르면, 로마가 막 건설되었을 때 로물루스와 함께 도시를 다스렸던 사비니족의 초기 왕 티투스 타티우스가 루나에게 바치는 제의를 열기 시작했다고 한다. (로마, 로물루스, 사비니족, 셀레네)

루키나Lucina 로마 신화에서 루키나('빛을 가져오는 자')는 그 이름이 암시하듯 새로운 생명을 어두컴컴한 자궁에서 밝은 빛으로 데리고 나오는 출산의 여신이다. 그녀는 독자적인 신이라기보다는, 여신 유노(ⓖ헤라)를 아내들의 수호신으로 모실 때 부르던 호칭이다. 그러나 사냥과 야생 동물의 여신 디아나(ⓖ아르테미스) 역시 아기를 낳는 인간과 짐승을 수호할 때 루키나라 불렸다. 루키나와 동일시되는 그리스 여신 에일레이티아는 로마 신화의 유노와 디아나에 대응하는 헤라와 아르테미스의 면모들을 반영할 뿐만 아니라, 독자성을 지닌 개별적인 신이기도 했다.

로마 시인 오비디우스는 루키나의 도움을 받아 출산한 수많은 여성들 가운데 주목할 만한 인물들을 들려준다. 훗날 무사이에게 도전하는 아홉 딸을 낳은 피에로스의 아내 에우이페, 아기를 잉태한 채 몰약 나무로 변해 아도니스를 낳은 미르라 등이 그들이다. (디아나, 무사이, 미르라, 아도니스, 아르테미스, 에일레이티아, 유노, 피에로스, 헤라)

루키페르Lucifer 루키페르는 새벽에 뜨는 샛별을 의인화한 신으로, 포스포로스('빛을 가져오는 자') 혹은 에오스포로스('아침 햇살을 가져오는 자')라고도 불렸다. 그리스 시인 헤시오도스에 따르면, 루키페르(에오스포로스)와 그의 형제 헤스페로스는 새벽의 여신 에오스와 2세대 티탄족 아스트라이오스 사이에서 태어났다. 로마 신화에서는 율리우스 카이사르가 신의 반열에 올라 루키페르(별)가 되었다고 하며, 고대 후기에 루키페르는 사탄과 동일시되었다. (에오스, 티탄족, 헤스페로스)

리베르Liber 리베르는 자연과 풍요와 포도주를 관장하는 이탈리아 신이다. 그 이름은 신주 따르기 혹은 자유(포도주는 사람들을 평소의 제약에서 해방시켜준다)를 뜻하는 단어에서 유래했을 것이다. 리베르는 그리스의 신 디오니소스와 동일시되었다. 풍요의 신으로서 자연스럽게 곡물과 농경의 여신인 케레스(ⓒ데메테르)와 긴밀한 유대를 맺고 있었다. (디오니소스, 케레스)

리아이오스Lyaeus '구원자' 또는 '해방자'를 의미하는 리아이오스는 디오니소스의 별칭이다. 디오니소스는 인간들에게 고되고 근심 걱정 많은 일상으로부터의 해방이라는 축복을 내려주었다. 또한 젊은이와 노인, 남성과 여성, 노예와 자유인을 구분하지 않고 모든 인간을 평등한 존재로 보았다. (디오니소스)

마그나 마테르Magna Mater 마그나 마테르('대모')는 프리기아의 지모신이자 풍요의 여신인 키벨레의 라틴식 이름이다. (키벨레, 프리기아)

마네스Manes(Di Manes) 로마의 종교와 사상에서 마네스, 더 정확히 말해 디 마네스('조상의 영혼들')는 신격화된 망혼들이었다. 마네스는 지하세계에 거하는 것으로 여겨졌지만, 화관, 소금, 빵, 과일 등의 제물을 바치며 그들을 숭배하는 지상 세계의 인간들을 지켜주고 긴밀한 관계를 유지했다. 마네스 중에는 디 파렌테스('신격화된 조상의 혼들')도 있었다. 로마인은 매년 2월 파렌탈리아Parentalia라는 위령제를 다 함께 올리며 세상을 떠난 부모나 친척을 애도했고, 기일이 돌아오면 개인적으로도 제사를 지냈다. 로마 시인 베르길리우스와 오비디우스에 따르면, 영웅 아이네이아스가 아버지 안키세스의 기일을 제물과 함께 기념한 것이 파렌탈리아의 시초였다고 한다. (아이네이아스, 안키세스, 지하세계)

마르스Mars 마르스는 로마 세계에서 가장 오래되고, 유피테르(ⓒ제우스)와 함께 가장 유력한 신으로 손꼽혔다. 전쟁과 전사의 신으로서 로마 군사력을 대변했지만, 들판과 가축을 수호하는 농경의 신이기도 했다. 그의 이름을 딴 3월(라틴어로 '마르티우스martius')에 군사 활동이 시작되면 마르스에게 바치는 일련의 축제가 열렸다. 예를 들어, 군 지휘관들은 로마를 떠나기 전에 레기아(고왕古王의 집)라는 건물에 모셔진 마르스의 창에 두 손을 얹어 신을 깨웠다. 로마 황제들도 전쟁에서 승리했거나 승리가 임박했을 때 마르스에게 기도를 올렸다.

로마 신화에서 마르스는 그리스의 군신 아레스와 동일시되었고, 따라서 그의 연인 역시 그리스 신화의 아프로디테에 대응하는 베누스였다. 그러나 마르스는 독자적인 신화도 갖고 있었다. 특히 베스타를 섬기는 무녀 레아 실비아의 두 아들 로물루스와 레무스의 아버지라 하여, 로마인의 전설적인 조상으로 숭배받았다. 아레스와 마찬가지로 마르스도 투구를 쓰고 무장한 채 무기를 휘두르는 모습으로 묘사되었다. (레무스, 레아 실비아, 로마, 로물루스, 베스타, 아레스, 아프로디테)

마이아Maia 님페 마이아는 오케아노스의 딸 플레이오네와 2세대 티탄족 아틀라스 사이에 태어난 자식들, 즉 플레이아데스 중 한 명이다. 그녀는 주로 헤르메스의 어머니로 알려져 있다. 『호메로스 찬가』 헤르메스 편을 보면, 그녀는 수줍음이 많아 신과 인간을 모두 피해 아르카디아의 한 동굴에 숨어 지내는 모습으로 그려진다. 밤에 동굴을 드나들던 제우스와의 사이에 헤르메스가 태어났다. 태어난 순간부터 조숙했던 헤르메스는 잔꾀가 많고 교활했으며 도둑질을 했지만, 음악적인 재능도 있어서 리라를 발명했다. 헤르메스는 이 모든 자질을 이용하여 갓난아기의 몸으로 아폴론의 소들을 훔쳤다. 마이아는 고작 젖먹이가 그런 짓을 할 리 없다며, 무력한 아기처럼 보이는 헤르메스를 들어 올려 아폴론에게 보여주면서 아들의 죄를 숨기려 했지만 소용없었다. 신화 기록가 아폴로도로스에 따르면, 훗날 마이아는 제우스의 골치 아픈 고민을 해결해 주기도 했다. 제우스의 인간 연인인 칼리스토가 자식 아르카스를 낳은 후 곰으로 변해버린 것이다(살해되었다는 설도 있다). 마이아는 어머니를 잃은 아르카스를 데려다 키웠다.

로마 세계에서 마이아는 풍요를 관장하는 이탈리아 토착신 보나 데아('좋은 여신')와 융합되고 동일시되었다. 라틴계 작가들은 키르쿠스 막시무스*의 메르쿠리우스[⑥헤르메스] 신전에서 그 여신에게 바치는 축제가 열렸다고 전한다. 이 축하 의식은 매년 5월(라틴어로 마이우스maius)에 열렸는데, 몇몇 작가들의 주장에 의하면 마이아가 그 달에 자신의 이름을 부여했다고 한다. 밀교에서 마이아는 불카누스[⑥헤파이스토스]와도 연관되었다. (메르쿠리우스, 보나 데아, 불카누스, 아르카디아, 아르카스, 아틀라스, 아폴론, 오케아노스[신], 칼리스토, 티탄족, 플레이아데스, 헤르메스)

메가이라Megaera '시기하는 자' 혹은 '원한을 품은 자' 메가이라는 뱀 머리카락

---

* 키르쿠스 막시무스Circus Maximus: 고대 로마의 대규모 전차 경기장이자 집단 오락 시설

을 가진 무시무시한 복수의 정령들〔ⓖ에리니에스 ⓡ푸리아이〕 중 한 명이다. 알렉토, 티시포네와 자매간이다. (알렉토, 에리니에스, 티시포네, 푸리아이)

메로페Merope 메로페는 오케아노스의 딸 플레이오네와 2세대 티탄족 아틀라스 사이에 태어난 일곱 님페들 중 한 명이다. 일곱 자매를 통틀어 플레이아데스라 불렀다. 전설에서 메로페라는 이름을 가진 인간들도 여럿 등장하지만, 님페 메로페는 죽음의 신을 속이려다 내세에서 바위를 언덕 위로 쉼 없이 밀어 올려야 하는 영벌을 받은 시시포스의 아내이다. 그녀의 손자는 천마 페가수스를 길들여 혼종 괴물 키마이라를 죽인 영웅 벨레로폰이다. (메로페〔인간〕, 벨레로폰, 시시포스, 오케아노스, 키마이라, 티탄족, 페가수스, 플레이아데스)

메르쿠리우스Mercurius(Mercury) 메르쿠리우스는 기원이 불분명한 로마 신이다. 그리스 신 헤르메스와 동일시되기 전에는 상업 분야에서 중요한 역할을 하는 신으로서 상인들이나 물품을 수송하는 자들과 긴밀하게 연관되어 있었다. 그러나 2세기 즈음 길손들을 지켜주고 망자의 혼을 지하세계로 안내하는 전령 신 헤르메스의 성격과 신화를 취하기 시작했다. (지하세계, 헤르메스)

메티스Metis '지혜' 혹은 '교활함'을 의미하는 메티스는 오케아노스와 그의 누이 테튀스 사이에 태어난 오케아니데스 중 한 명으로 2세대 티탄족에 속한다. 신화 기록가 아폴로도로스에 따르면, 제우스는 메티스에게 구애했고, 메티스는 여러 모습으로 변신하며 그의 포옹을 피하려 애썼다. 하지만 결국엔 아이를 잉태했다. 나중에 제우스는 자신보다 더 강한 아이가 태어나리라는 예언을 가이아로부터 듣고는 태아를 가진 메티스를 통째로 삼켜버렸다. 하지만 산달이 차자 제우스는 끔찍한 두통에 시달렸고, 헤파이스토스(프로메테우스라는 설도 있다)에게 고통을 덜어달라고 부탁했다. 헤파이스토스가 제우스의 머리를 도끼로 쪼개자 그 속에서 장성한 아테나가 완전 무장을 한 채 튀어나왔다. 아테나의 탄생은 아테네의 파르테논 신전 동쪽 페디먼트˚에 생생하게 묘사되어 있었다. 아폴로도로스는 메티스와 관련해 덜 알려진 이야기도 전한다. 제우스는 크로노스에게 약을 먹여 제우스의 형제자매들을 토해내도록 만드는데, 그 약을 만들어준 이가 바로 꾀 많은 메티스였다. (아테나, 아테네,

---

• 　페디먼트pediment: 고대 그리스의 건축물에서 정면 상부에 있는 박공 부분

오케아노스, 오케아니데스, 제우스, 크로노스, 테튀스, 파르테논, 프로메테우스, 헤파이스토스)

멜포메네Melpomene '노래 부르는 자' 멜포메네는 무사이 중 한 명이다. 비극의 수호신으로 알려져, 흔히 비극 가면을 들고 있는 모습으로 묘사된다. 신화 기록가 아폴로도로스에 따르면, 세이렌들의 어머니였다. (무사이, 세이렌)

모르스Mors 로마 신화에서 모르스는 죽음의 신으로, 생명이 빠져나간 상태뿐만 아니라 죽음을 일으키는 힘도 대변했다. 그리스 신화의 타나토스에 해당한다. (타나토스)

모르페우스Morpheus 꿈을 의인화한 신 모르페우스는 수면의 신 히프노스의 수많은 아들 중 한 명이다. 모르페우스는 사람들의 걸음걸이와 말투, 몸짓을 흉내내는 재주가 뛰어나 인간의 모습으로 꿈에 나타났다. 로마 시인 오비디우스에 따르면, 그의 형제 포베토르(혹은 이켈로스)는 짐승의 형상을, 판타소스는 바위, 나무, 물같은 무생물의 형상을 띠었다고 한다. 모르페우스와 연관된 가장 유명한 신화는 서로에게 헌신적인 부부 케익스와 알키오네의 이야기이다. 트라키아의 왕 케익스가 바다에서 죽음을 맞자, 헤라는 밤낮없이 남편의 무사 귀환을 비는 알키오네의 기도를 끝내기 위해 모르페우스에게 케익스의 모습으로 그녀의 꿈에 나타나 그의 죽음을 알리게 했다. 꿈을 통해 진실을 알게 된 알키오네는 실의에 빠져 해변으로 달려갔다가 파도에 떠밀려 온 남편의 시신을 보고는 바닷물로 몸을 던졌다. 그녀를 가엾이 여긴 신들은 그녀와 케익스를 바닷새로 만들어 여생을 함께할 수 있게 해주었다. (솜누스, 알키오네, 케익스, 헤라, 히프노스)

모이라이Moirae(Moirai) 모이라이는 운명을 관장하는 그리스 여신들로, 로마 신화의 파르카이와 함께 운명의 세 여신이라 불린다. 그리스 시인 헤시오도스에 따르면, 삶의 '할당된 몫'이라는 뜻을 지닌 모이라이는 닉스('밤')의 딸들로 아주 오래된 신들이다. 호메로스가 밝힌 그들의 이름은 각각 클로토, 라케시스, 아트로포스이며, 그들은 인간들이 태어날 때 선과 악의 양을 배분한다. 반면, 헤시오도스는 모이라이가 제우스와 티탄족 테미스의 딸들이라고 말한다. 그들의 이름은 인간의 운명을 정할 때 각자가 맡은 역할과 관련되어 있다. '실을 잣는 자' 클로토가 '생명의 실'을 뽑으면, 뒤이어 자매들이 길이를 정하고 잘랐다. '제비를 뽑는 자' 라케시스는 사람의 운명을 결정하는 제비를 뽑았다. '되돌릴 수 없는 자' 아트로포스는 사람의 운명을 돌이킬 수 없는 불변의 것으로 만들었다. 죽음과 연관된 신들인 만큼, 복수의 정령들인 에리니에스나 죽음의 정령들인 케레스와 긴밀한 관계를 이루었다.

항상 그런 건 아니지만 신들의 입김이 모이라이에게 통하기도 했는데, 인간들은 정해진 운명에 속수무책으로 당할 수밖에 없었다. 모이라이가 영웅 멜레아그로스의 수명과 인생행로를 결정한 사례는 그들의 위력을 보여준다. 신화 기록가 히기누스에 따르면, 그들은 갓 태어난 멜레아그로스의 운명을 다음과 같이 노래했다. 클로토는 아기가 고귀한 남자로 자라리라 말하고, 라케시스는 그가 용맹할 것이라고 말했지만, 아트로포스는 화로 속에서 타고 있는 장작을 보고는 이렇게 말했다. "이 아이는 저 장작이 다 탈 때까지만 살 것이다." 이 말을 들은 아기 어머니는 아들의 목숨을 지키기 위해 허겁지겁 화로로 가서 장작을 꺼내어 숨겼다. 하지만 훗날 멜레아그로스가 장성했을 때 홧김에 그 치명적인 장작을 도로 꺼내든 사람도 어머니였다. 이때 모이라이는 아무런 방해도 받지 않았다. 그에 반해 아폴론은 고결한 아드메토스를 위해 개입하여, 대신 죽어줄 사람을 찾으면 그가 살 수 있도록 손을 썼다. 안타깝게도, 아드메토스 대신 죽겠다고 나선 이는 그의 아내 알케스티스였다. (멜레아그로스, 아드메토스, 알케스티스, 에리니에스, 제우스, 테미스, 티탄족, 파르카이)

무사이 Mousai(Muses) 무사이(단수형은 무사, 영어로는 뮤즈)는 문학과 예술의 수호신으로, 인간의 예술적 활동에 영감을 준다. 제우스와 티탄족 므네모시네('기억') 사이에 태어난 아홉 명의 딸들로 알려져 있다. 헤시오도스의 『신들의 계보』에는 그들의 이름이 다음과 같이 소개되어 있다. '칭찬하는 자' 클리오(또는 클레이오), '기쁨을 가져오는 자' 에우테르페, '너그러운 자' 탈리아(또는 탈레이아, 삼미신 중에도 같은 이름의 여신이 있다), '노래 부르는 자' 멜포메네, '춤을 즐기는 자' 테르프시코레, '사랑스러운 자' 에라토, '수많은 찬가' 폴리힘니아, '천상에 있는 자' 우라니아, '아름다운 목소리를 가진 자' 칼리오페. 그들은 올림포스 산 기슭의 피에리아, 그리고 보이오티아의 헬리콘 산에서 많은 시간을 보낸다 하여 피에리데스나 헬리콘 산의 아가씨들로 불리기도 했다. 음악과 시의 신 아폴론이 그들을 소집하거나 이끌었다.

무사이는 원래 특정 세력권이 정해져 있지 않았지만, 시간이 흐르면서 각자 다른 형태의 예술을 담당하게 되었다. 클리오는 역사, 에우테르페는 플루트 연주, 탈리아는 희극, 멜포메네는 비극, 테르프시코레는 춤, 에라토는 서정시와 연애시, 폴리힘니아는 성가, 우라니아는 천문학, 칼리오페는 서사시를 관장했다.

무사이가 주인공으로 등장하는 신화는 그리 많지 않으며, 그들에게 도전했다가 항상 비극적인 최후를 맞는 인물들에 초점이 맞추어져 있다. 트라키아의 뛰어난 음유시인 타미리스는 어리석게도 자신의 실력이 무사이보다 낫다고 떠벌리고 다녔다. 이 오만함에 무사이는 그의 시력과 재능을 빼앗았다. 피에로스의 아홉 딸들도 이와 비슷한 운명을 맞았다. 아버지의 이름을 따 피에리데스라 불린(그래서 무사이와 혼동되기도 한다) 그들은 자신들이 무사이보다 노래를 잘 부른다고 주장하며 신들을 모욕했다가 시끄럽게 지저귀는 까치로 변하고 말았다. 여행 작가 파우사니아스에 따르면, 세이렌들도 헤라의 설득에 넘어가 무사이와 노래 대결을 펼쳤다. 언제나 그렇듯 대결에서 이긴 무사이는 세이렌들의 깃털을 뽑아 왕관으로 만들어 머리에 썼다. 한편 신화 기록가 히기누스에 따르면, 마르시아스(사티로스)와 아폴론 간에 펼쳐진 끔찍한 플루트 연주 대결의 심사관들이 바로 무사이였다고 한다.

무사이 중 몇몇은 남성 신들이나 인간의 구애를 받아 아이를 낳는 내용의 독자적인 신화를 갖고 있다. 클리오는 오이발로스(혹은 피에로스) 왕과의 사이에 히아킨토스를, 칼리오페는 아폴론과의 사이에 음악가들인 오르페우스와 리노스를, 칼리오페 혹은 에우테르페는 강의 신 스트리몬과의 사이에 훗날 트라키아의 왕이 될 레소스를, 멜포메네 혹은 테르프시코레는 강의 신 아켈로오스와의 사이에 세이렌들을 낳았다. (레소스, 리노스, 마르시아스, 멜포메네, 므네모시네, 오르페우스, 세이렌, 아켈로오스〔신, 장소〕, 아폴론, 에라토, 에우테르페, 오이발로스, 올림포스 산, 우라니아, 제우스, 칼리오페, 클리오, 타미리스, 탈리아, 테르프시코레, 폴리힘니아, 피에로스, 피에리데스, 피에리아, 헬리콘 산, 히아킨토스)

므네모시네Mnemosyne '기억'이라는 뜻의 므네모시네는 기억을 의인화한 여신이다. 태초의 자연신들인 가이아('대지')와 우라노스('하늘')의 딸로, 티탄족이라 불리는 구세대 신들 중 한 명이다. 그녀는 피에리아에서 아흐레 밤 동안 제우스와 동침하여 예술의 수호신들인 아홉 명의 무사이를 낳았다고 한다. (가이아, 무사이, 우라노스, 제우스, 피에리아)

미네르바Minerva 미네르바는 예술과 수공예를 관장하는 이탈리아 여신으로, 이탈리아와 그리스 전통의 융합을 통해 일찌감치 전쟁의 여신이자 국가 수호신의 역할도 맡았다. 그 결과 그리스의 아테나와 동일시되었다. 미네르바의 기원에 관해서는 여전히 설이 분분하다. 이탈리아 토착신이었을 수도 있고, 그리스로부터 에트루리아를 통해 넘어왔을지도 모른다. 미네르바는 카피톨리노 언덕에 지어진 로마의 가장 중요한 신전에서 유피테르〔Ⓖ제우스〕, 유노〔Ⓖ헤라〕와 함께 받들어지며, 로마의 주요 신으로 자리 잡았다.

신화 속에서의 외양과 속성은 아테나와 동일하다. (로마, 아테나, 유노, 유피테르, 카피톨리노 언덕)

바쿠스Bacchus 바쿠스는 디오니소스의 또 다른 이름이다. 원래는 황홀경의 광기를 불러일으키는 신의 특성을 설명하는 표현이나 별칭으로 사용되었다. 하지만 디오니소스를 숭배하여 심한 황홀경 상태에 빠지거나 디오니소스 비의祕儀에 입문하는 남성을 바쿠스라 부르기도 했다. 바쿠스를 모시는 무녀들은 바칸테스(Ⓖ마이나데스)라 불렀다. (디오니소스, 바칸테스)

베스타Vesta 로마 신화에서 베스타는 화로의 여신으로, 그리스의 헤스티아에 해당한다. 베스타와 연관된 독자적인 신화는 없다. 로마 세계에서 베스타는 가정의 화로뿐만 아니라 도시와 국가의 중앙 화로도 관장했기 때문에, 한 가족과 가족들의 공동체에 심장과도 같은 존재였다. 로마에서는 베스타를 모시는 여섯 명의 신녀들이 포로 로마노의 원형 신전에서 계속 타오르는 그녀의 성화聖火를 지켰다. 이 여섯 명의 신녀들은 6~10살의 소녀들 가운데 뽑혔으며, 30년 동안 베스타를 모신 후에는 자유롭게 결혼할 수 있었다. 드문 일이지만 순결 서약을 깼다가 발각된 신녀는 산 채로 땅속에 묻혔다. (로마, 헤스티아)

벨로나Bellona 전쟁을 의미하는 라틴어 '벨룸bellum'에서 그 이름이 유래한 벨로나는 전쟁을 관장하는 로마 여신으로, 그리스의 군신 에니오와 동일시되었다. 예술 작품에서 그녀는 투구를 쓴 모습으로 등장한다. 방패, 검이나 창, 그리고 전사들을 전쟁터로 집결시킬 때 부는 나팔을 들고 있으며, 고르곤처럼 머리카락이 뱀이다. 벨로나는 전쟁의 파멸적인 면을 의인화한 신이기 때문에, 로마인은 도시의 종교적·법적 경계선인 포메리움 밖에 그녀의 신전을 지었다. (고르고네스, 에니오)

보레아스Boreas 보레아스는 북풍을 의인화한 신이다. 새벽의 여신 에오스와 2세대 티탄족 아스트라이오스 사이에서 남풍 노토스, 서풍 제피로스와 함께 태어났다. 그리스 시인 핀다로스에 따르면, 그는 히페르보레오이족의 땅 너머에 살았다고 한다. 그래서 그들 종족은 보레아스의 얼어붙을 듯 차가운 겨울 숨결을 피할 수 있었다. 일리소스 강 근처에서 꽃을 따다가 보레아스에게 납치되어 그의 신부가 된 오레이티이아는 전설상의 아테네 왕 에레크테우스의 딸이었다. 그녀와 보레아스 사이에서 태어난 쌍둥이 형제 제테스와 칼라이스는 훗날 아르고호 원정대에 합류하여 이아손과 함께 황금 양피를 찾아 떠난다. 오레이티이아와 보레아스는 두 딸 키오네와 클레오파트라도 낳았다. 이 자녀들을 모두 아울러 보레아다이라 불렀다.

보레아스와 그의 형제들은 날개가 달린 모습으로 묘사되었고, 심지어는 말로 그려질 때도 있었다. 실제로 보레아스와 그의 형제들이 아주 날쌘 말들의 아버지라는 전설도 있다. 그중에는 트로이의 왕 에리크토니오스의 암말들이 낳은 수망아지들도 있었다. 로마인은 보레아스를 아퀼로와 동일시했다. (노토스, 아르고호 원정대, 아퀼로, 아테네, 에레크테우스, 오레이티이아, 이아손, 일리소스 강, 제테스, 제피로스, 트로이, 히페르보레오이족)

불카누스Volcanus(Vulcan) 로마 신화에서 불카누스는 불, 특히 그 파괴적인 면을 관장하는 신이다. 사람들은 큰불과 그 발생을 제어할 수 있는 그를 물키베르('누그러뜨리는 자'), 퀴에투스('평화로운 자'), 미티스('온화한 자') 등으로 부르며 기도를 올렸다. 불카누스는 로마의 아주 오래된 신이었지만 그 기원은 정확히 알 수 없다. 원래 에트루리아의 신이었다가 지중해 동부를 통해 이탈리아로 넘어간 듯하다. 그의 아내는 마이아(아틀라스의 딸이자 헤르메스의 어머니인 마이아와 혼동해서는 안 된다)라는 여신이었다. 불카누스는 로마인에게 중요한 신이었기에, 카피톨리노 언덕 밑의 포로 로마노에 그를 모시는 사당 불카날Volcanal이 있었고, 후에는 캄푸스 마르티우스*에 신전도 지어졌다. 매년 8월 23일에 그를 기리며 열린 축제 불카날리아Volcanalia에서는 티베르 강에서 잡아 온 물고기를 산 채로 불카누스의 불길에 던져 제물로 바쳤다.

기원전 4세기에 이미 불카누스는 땅속의 불, 대장간, 화산을 관장한 그리스 신 헤파이스토스와 동일시되었고, 따라서 그의 개성과 신화를 그대로 취했다. 헤파이스토스와 마찬가지로 직공의 모자를 쓴 채 대장간의 집게, 모루, 망치를 다루고 있는 모습으로 묘사되었다. (로마, 마이아, 아틀라스, 카피톨리노 언덕, 티베르 강, 헤르메스, 헤파이스토스)

브로미오스Bromius 브로미오스는 디오니소스의 별칭으로, '천둥처럼 소리 지르는 자' 혹은 '소란스러운 자'로 번역된다. 무아지경에 빠져 춤을 추고 의례적인 절

• 캄푸스 마르티우스Campus Martius: '마르스의 들판'이라는 뜻으로, 고대 로마의 투기 훈련장으로 사용되었다.

차로 고함을 질러대는 디오니소스 숭배의 소란스럽고 떠들썩한 성격을 묘사하는 이름이다. 더 나아가 이 호칭은 디오니소스의 아버지인 뇌신 제우스에게 경의를 표하는 동시에, 디오니소스가 마음만 먹으면 포효하는 짐승으로 둔갑할 수 있다는 사실을 암시하기도 한다. (디오니소스, 제우스)

사투르누스Saturnus(Saturn) 사투르누스는 이탈리아인이 섬기던 풍요의 신으로, 에트루리아족이나 사비니족에서 기원했을 가능성이 있다. 로마 작가들은 이 이름의 유래를 '사토르sator'(씨 뿌리는 자)로 짐작했고, 이 사실이 암시하듯 그는 들판의 풍요와 농경을 관장했다. 동시에 그는 작물을 심는 풍습뿐만 아니라 법, 글쓰기, 화폐 제도 등 사회 질서를 뒷받침하는 대들보를 확립한 문화 영웅으로 간주되었다. 따라서 로마의 카피톨리노 언덕에 지어진 사투르누스 신전은 법 기록 보관소와 국고 보관 창고로도 쓰였다.

사투르누스는 그리스 신화에서 제우스를 비롯한 올림포스 신들의 아버지인 크로노스와 동일시되었다. 이에 따라 그의 아내 옵스('부유함' 혹은 '자원')는 그리스의 대모신 레아와 동격이었다. 사투르누스는 이탈리아를 다스리다가, 크로노스와 제우스의 사례를 본받기라도 하듯 아들의 손에 하늘에서 쫓겨났다고 한다. 그의 치세는 평화롭고 풍요로운 황금기를 이룩했다. 로마 시인 베르길리우스에 따르면 사투르누스의 아들은 피쿠스였고, 피쿠스의 손자는 라티움의 왕 라티누스였으며, 라티누스의 딸 라비니아는 트로이의 영웅 아이네이아스와 결혼했다.

12월에 이레 동안 사투르누스에게 올렸던 축제 사투르날리아Saturnalia는 겨울철 농사의 끝을 기념한 농신제農神祭로, 이로부터 크리스마스가 유래했다. (라비니아, 라티누스, 레아, 올림포스 산, 옵스, 제우스, 카피톨리노 언덕, 크로노스, 피쿠스)

사티로스족Satyrs 사티로스족은 원래 반인반마로 구상되었던 삼림 지대의 정령들이다. 시간이 흐르면서 점차 염소의 특성을 띠게 되었다. (사티로스족[반인반수])

삼미신Charites(Graces) 그리스에서 카리테스라 불린 삼미신은 아름다움, 환희, 우아함을 의인화한 여신들이다. 그리스 시인 헤시오도스에 따르면, 그들은 아름다운 에우리노메(오케아니스)와 제우스 사이에서 태어났으며, 이름은 각각 아글라이아('눈부시게 빛나는 자'), 에우프로시네('기쁨'), 탈리아('활짝 피는 자')였다. 무사이 중에도 탈리아라는 이름의 여신이 있다. 시인 헤시오도스는 세 여신의 눈으로부터 사랑과 아름다움이 흘러나왔다고 쓴다. 또 그는 삼미신이 올림포스 산에서 히메로스

('욕망')와 함께 무사이 곁에서 살았으며, 인류 최초의 여성인 판도라를 만드는 데 일조했다고 전한다. 후대 작가들의 작품에서는 가끔 세 명 이상으로 등장하기도 하는데, 개개인은 카리스('우아함')라 불렸다. 그들의 부모는 제우스와 에우노미아('질서정연')라고도 하고, 태양신 헬리오스와 나이아스(물의 님폐) 아이글레 또는 헤라와 디오니소스라고도 한다.

삼미신은 다른 여신들, 특히 아프로디테의 시녀들로 가장 잘 알려져 있다. 바다의 거품에서 태어난 아프로디테가 제일 처음 해안에 발을 디뎠을 때 그들이 도금양 가지들로 그녀의 알몸을 가려주었다고 한다. (나이아데스, 디오니소스, 무사이, 아프로디테, 오케아노스, 오케아니데스, 올림포스 산, 제우스, 탈리아, 판도라, 헤라, 헬리오스)

셀레네Selene 그리스 시인 헤시오도스는 달을 의인화한 여신 셀레네가 티탄족 태양신인 히페리온의 딸이라고 전한다. 형제자매로는 헬리오스('태양')와 에오스('새벽')가 있다. 신화 기록가 아폴로도로스에 따르면, 그녀는 엘리스를 창건한 아이틀리오스 왕의 아들이라고도 하고 제우스의 아들이라고도 하는 미소년 엔디미온과 사랑에 빠졌다. 신들이 엔디미온에게 한 가지 소원을 들어주겠다고 하자, 그는 죽지도 않고 나이 들지도 않은 채 영원히 잠들게 해달라고 빌었다. (엔디미온, 제우스, 티탄족, 헬리오스, 히페리온)

솔Sol 라틴어로 '태양'을 뜻하는 솔은 그리스 신화의 태양신 헬리오스에 해당한다. 로마 세계의 종교와 문화에서 솔은 심판관이자 법의 대변자였지만 태양과 불과 빛의 신이기도 했으며, 비를 내려 식물의 성장을 촉진하는 역할도 맡았다. (아폴론, 헬리오스)

솜누스Somnus 솜누스는 수면을 의인화한 로마 신이다. 그리스 신화의 히프노스와 동일시되었다. (히프노스)

스테로페Sterope 스테로페는 오케아노스의 딸인 플레이오네와 아틀라스 사이에 태어난 일곱 명의 님폐들, 플레이아데스 중 한 명이다. 신화 기록가 아폴로도로스에 의하면, 그녀는 여인의 얼굴에 새의 몸을 가진 세이렌들의 어머니이며, 전쟁의 신 아레스와의 사이에 오이노마오스를 낳았다. 피사의 왕 오이노마오스는 자신의 딸을 탐한 나머지 그녀의 구혼자들을 모두 죽일 방법을 찾았지만, 마지막 구혼자인 펠롭스는 없애지 못했다. (세이렌, 아레스, 아틀라스, 오이노마오스, 오케아노스[신], 펠롭스, 플

시링크스Syrinx 나이아스(물의 님페) 시링크스는 자연의 신 판이 연주한 갈대 피리의 이름이자 그 기원이다. 로마 시인 오비디우스에 따르면, 어느 날 판은 아르카디아의 산에서 시링크스를 발견하고는 그녀에게 욕정을 품었다. 아르테미스처럼 처녀로 남고 싶었던 시링크스는 판을 피해 달아나다가 라돈 강에 이르자 자매인 물의 님페들에게 도움을 청했다. 그녀의 소원은 이루어져, 판의 손길이 닿는 순간 그녀는 한 줌의 갈대로 변해버렸다. 판이 갈대에 입김을 불자, 갈대는 감미로운 소리로 바스락거리며 응답했다. 그 소리에 매혹된 데다 이런 식으로라도 계속 그녀와 함께하고 싶었던 판은 갈대들을 서로 다른 길이로 잘라서 한데 묶은 다음 밀랍으로 붙였다. 그 결과 나온 것이 바로 팬파이프, 그리스어로 시링크스였다. (나이아데스, 아르카디아, 아르테미스, 판)

실바누스Sylvanus 실바누스는 로마 신화에 등장하는 숲의 정령이자 농경, 경작지, 가축의 신이다. 자연과 문화의 경계선에서 가교 역할을 했다. 그의 기원에 관해서는 의견이 분분하다. 마르스〔ⓖ아레스〕가 들판과 농업의 신으로 가장한 모습이라고도 하고, 그의 이름이 '숲'을 뜻하는 라틴어 '실바silva'에서 유래한 것을 그대로 반영하여 목신 파우누스의 현신이라고도 한다. 그는 가끔 전원의 신 판과 동일시됐으며, 고대에는 짐승 가죽을 입고 솔방울, 과일, 소나무 가지 혹은 낫을 들고 있는 수염난 노인으로 묘사되었다. (마르스, 파우누스, 판)

쌍둥이자리Gemini 신성한 쌍둥이 형제, 즉 디오스쿠로이인 카스토르와 폴룩스〔ⓖ폴리데우케스〕가 하늘로 올라가 쌍둥이자리라는 별자리가 되었다. 카스토르와 폴룩스는 트로이의 헬레네, 부정한 클리타임네스트라와 남매 사이였다. (디오스쿠로이, 클리타임네스트라, 트로이, 헬레네)

아글라이아Aglaia(Aglaea) '빛나는 자' 혹은 '찬란한 자'라는 뜻의 아글라이아는 카리테스(삼미신) 중 한 명이다. 보통 제우스의 딸들로 알려져 있는 세 명(그 이상이라는 설도 있다)의 카리테스는 아름다움과 환희, 우아함의 화신들이다. 아글라이아는 세 자매 중 막내로, 그리스 시인 헤시오도스와 핀다로스에 따르면 헤파이스토스와 결혼한다. 쌍둥이 형제 아크리시오스와 프로이토스의 어머니인 아글라이아는 동명의 인간이다. (삼미신, 아글라이아〔인간〕, 아크리시오스, 제우스, 카리테스, 헤파이스토스)

아드라스테이아Adrasteia(Adrastea, Adrastia) 님페 아드라스테이아는 크레타 섬의 닥타이온 동굴에 살았다. 신화 기록가 아폴로도로스가 전하는 바에 따르면, 크로노스가 자기 자손에게 권력을 빼앗긴다는 예언을 듣고 자식이 태어나는 족족 삼켜버리자, 그의 아내이자 누이인 레아는 마지막 아이인 제우스를 출산하기 직전 비밀리에 크레타 섬으로 간다. 그곳에서 레아는 갓 태어난 아들을 자매간인 아드라스테이아와 이다, 그리고 쿠레테스에게 맡긴다. 반신반인의 쿠레테스는 노래를 부르고 무기를 쨍쨍 울려 아기의 울음소리를 감춘다. (님페, 레아, 제우스, 쿠레테스, 크로노스)

아레스Ares 아레스는 그리스의 군신으로, 폭력적인 전쟁과 살인 충동, 공포, 그리고 죽어가는 자들의 비명과 연관되었다. 그리스 시인 헤시오도스에 따르면, 그는 자신의 자식들인 포보스('공황')와 데이모스('두려움')를 수행원으로 데리고 다녔다. 아테나 역시 전쟁의 신이었지만, 유형이 달랐다. 아테나는 도시를 수호하기 위한 방어전에만 관여했다. 이런 이유로 아레스는 숭배의 대상인 동시에 두려움의 대상이었으며, 다른 형제자매들에 비해 종교와 밀교에서의 입지가 좁은 편이었다. 제우스와 헤라의 아들로 올림포스 12신 중 한 명이었던 그는 여러 상대와 정을 통하여 수많은 자식을 두었다. 헤파이스토스의 아내인 아프로디테와의 간통 사건이 가장 유명한데, 헤파이스토스는 대장간 신으로서의 실력을 제대로 발휘하여 그들의 불륜 현장을 잡아냈다. 아레스와 아프로디테 사이에 데이모스와 포보스뿐만 아니라 에로스('사랑'), 안테로스('보답받는 사랑'), 하르모니아('조화')도 태어났다. 그 외에 키크노스, 트라키아의 왕 디오메데스, 사악한 테레우스, 아마존 전사 펜테실레이아, 그리고 테베 공략 7장군 중 한 명인 파르테노파이오스 등도 아레스의 자식이다.

아레스를 표현한 예술 작품들은 비교적 적은데, 당연히 투구와 방패를 갖추고 칼이나 창을 든 모습으로 묘사된다. 로마에서는 이탈리아의 군신 마르스와 동일시되었다. (디오메데스, 마르스, 아마조네스, 아테나, 아프로디테, 안테로스, 에로스, 올림포스 산, 제우스, 키크노스, 테레우스, 테베 공략 7장군, 파르테노파이오스, 펜테실레이아, 헤라)

아레투사Arethusa 님페 아레투사는 시칠리아의 항구 도시 시라쿠사의 오르티기아 섬에 솟아오르는 어느 샘의 이름이다. 사실 이 이름을 지닌 샘과 님페는 여럿 있지만, 그중 시칠리아의 아레투사에 얽힌 신화가 가장 유명하다. 로마 시인 오비디우스가 그녀의 극적인 이야기를 생생하게 들려준다. 무척 아름다운 아레투사는 아르카디아에서 태어났으며, 낮에는 사냥을 하며 시간을 보냈다. 어느 무더운 날 집으로 돌아가던 그녀는 몸을 식히려 알페이오스 강으로 들어갔다. 그 강의 신 알페이오스는 그녀를 보고는 강렬한 욕정에 휩싸였다. 아레투사는 강물에서 뛰쳐나가 달아났고, 알페이오스는 그녀를 뒤쫓았다. 결국 지쳐버린 아레투사가 아르테미스에게 도움을 청하며 울부짖었다. 아르테미스가 이에 응답하여 그녀를 엷은 안개로 에워싸자 갑자기 아레투사는 물줄기가 되어버렸고, 다른 형상으로 변한 그녀를 발견한 알페이오스는 인간의 몸에서 강으로 변신하여 그녀와 한데 뒤섞이려 했다. 이를 본 아르테미스는 땅을 갈랐고, 아레투사는 그 틈으로 파고들었다가 시칠리아에서 다시 밖으로 나왔다. 그러나 알페이오스 역시 땅속으로 뛰어들어 그곳까지 그녀를 뒤따라갔다. (님페, 시칠리아, 아르테미스, 알페이오스(신과 장소))

아르테미스Artemis 아르테미스는 산과 협곡에서 지내며 님페들을 거느리고 야생을 관장한 그리스 신이다. 사냥의 여신이자 짐승들의 수호자였다. 사냥꾼들도 자신들의 목숨을 이어가기 위해 다른 피조물의 생명을 빼앗고 있으므로 짐승과 아르테미스에게 고마운 마음을 가져야 한다는 사실을 알고 있었으며 그녀의 보호를 받았다. 올림포스 12신 중 한 명인 아르테미스는 동물과 인간의 출산도 관장하여, 산모와 아이를 지켜주었다. 다른 한편으로는 분만 중인 여성에게 갑자기 황금 화살을 날려 죽이기도 했다. 그 자신은 처녀성을 영원히 지켰지만, 통과의례의 신이기도 해서 소녀와 소년의 성인식을 주관했다. 특히 출산과 관련된 능력이 겹치는 그리스 신들 에일레이티아, 헤카테, 셀레네가 그녀와 동일시되었고, 로마로 건너간 아르테미스는 디아나가 되었다.

아르테미스는 제우스와 2세대 티탄족 레토 사이에서 태어났다. 레토가 임신하자 헤라의 질투는 걷잡을 수 없이 커졌다. 몇몇 전승에 따르면 아르테미스와 그녀의 쌍둥이 형제인 아폴론은 델로스 섬에서 태어났으며, 레토는 야자수를 꼭 붙든 채 분만했다고 한다. 그러나 로마 역사가 타키투스는 에페수스 근처의 오르티기아 섬에 있는 사이프러스 숲에서 아르테미스가 태어났다고 썼다. 에페수스는 아르테미스 신앙의 중요한 성지가 되어, 고대 7대 불가사의 중 하나로 꼽히는 아르테미스 신전이 세워진다. 반면 아르테미스의 출생지가 크레타 섬이라고 말하는 작가들도 있다. 아르테미스의 역사적 기원은 다소 불명확하다. 아나톨리아에서 그리스로 건너간 신이었음을 암시하는 증거가 있긴 하지만, 어쨌든 그녀는 청동기 시대(대략 기원전 3000년~기원전 1150년)부터 알려져 있었다. 아르테미스를 모시는 성소들은 그리스 전역에서 발견할 수 있는데, 그중 아테네의 브라우론과 스파르타가 가장 유명하다. 브라우론에서는 곰으로 분장한 소녀들의 성인식이 열렸고, 스파르타의 아르테미스 신전에서는 소년들이 통과의례를 거쳐 전사이자 시민이 되었다.

아르테미스와 관련된 신화에는 그녀의 복잡다단한 면모가 잘 드러나 있다. 리디아의 공주 니오베가 레토보다 더 자식을 많이 낳은 자신이 더 숭배받아야 한다고 떠벌리고 다녔을 때, 아르테미스와 아폴론 남매는 어머니를 위해 활과 화살로 복수해 주었다. 아르테미스에게 희생당한 자로는 사냥꾼 악타이온도 있다. 그에게 알몸을 목격당한 아르테미스는 그의 사냥개들이 그를 공격하게 만든다. 신화 기록가 히기누스에 따르면, 제우스에게 겁탈당해 아이를 가진 아르테미스의 시녀 칼리스토를 곰으로 만들어버린 것은 헤라가 아니라 아르테미스였다고 한다. 사냥꾼 오리온은 아르테미스에게 고리 던지기 대결을 신청했다가 그녀의 손에 죽고, 레토를 강제로 덮치려 했던 티티오스는 아르테미스와 아폴론에게 살해당한다. 그녀의 헌신적인 숭배자 중에는 아마조네스의 여왕 히폴리테의 아들로서, 순결하지만 비참한 최후를 맞는 히폴리토스가 가장 유명하다. 아르테미스는 그녀에게 봉헌된 성스러운 동물인 사슴을 죽인 아가멤논에게 그의 딸 이피게네이아를 제물로 바치라고 요구한다. 이피게네이아가 아르테미스의 제단에서 죽었다는 설도 있고, 아르테미스에게 구조되어 야만인 타우로이족의 나라로 가서 아르테미스에게 바칠 인간 제물을 준비하는 사제가 되었다는 설도 있다.

그리스 미술에 묘사된 아르테미스는 활과 화살통, 화살로 무장하고 있다. 가끔은 헤카테와 에일레이티아이아처럼 횃불(들)을 들고 있을 때도 있다. 모든 동물이 그녀에게 봉헌되었지만 특히 사슴과 곰, 수퇘지가 중요했다. 동생인 아폴론과 마찬가지로, 야자수와 사이프러스가 그녀의 주요 신목神木이었다. (니오베, 델로스 섬, 디아나, 레토, 셀레네, 스파르타, 아가멤논, 아마조네스, 아테네, 아폴론, 악타이온, 에일레이티이아, 오르티기아 섬, 오리온, 올림포스 산, 이피게네이아, 제우스, 칼리스토, 타우로이족, 티탄족, 티티오스, 헤라, 헤카테, 히폴리테, 히폴리토스)

아리스타이오스Aristaeus 아리스타이오스는 인간들에게 농경을 가르쳤다고 전해지는 전원의 신이다. 그리스 시인인 로도스의 아폴로니오스에 따르면, 그는 양치기 키레네가 아폴론에게 납치당한 후 잉태한 아들이었다. 이에 대한 보답으로 아폴론은 그녀를 불사의 님페로 만들어주었다. 아폴론은 아기 아리스타이오스의 양육을 현명한 켄타우로스 케이론에게 맡겼다. 무사이는 장성한 아리스타이오스에게 신부를 찾아주고, 아폴론의 기술인 의술과 예언을 가르쳤으며, 그들의 무수한 양들을 돌보게 했다. 베르길리우스의 『농경시』에 등장하는 아리스타이오스는 농사를 짓고 포도를 재배하며 꿀벌을 기른다. 벌들이 뚜렷한 이유 없이 갑자기 죽어버리자 아리스타이오스는 페네오스 강으로 흘러드는 어머니(키레네 샘)에게 가서 도움을 청한다. 그녀는 변신술에 능한 해신 프로테우스를 찾아가라 조언하고, 아리스타이오스는 프로테우스로부터 꿀벌들이 죽는 이유를 듣게 된다. 그의 실수로 죽은 님페 에우리디케의 남편 오르페우스와 그녀의 자매들인 드리아데스 때문이라는 것이었다. 키레네는 아들에게 드리아데스와 오르페우스, 에우리디케에게 제물을 바쳐 속죄하라고 말한다. 그렇게 하자 제물로 바친 황소들의 사체에서 꿀벌들이 나타나 아리스타이오스의 벌집들을 다시 채운다.

또한 아리스타이오스는 테베의 왕 카드모스의 딸인 아우토노에와 결혼하여 악타이온을 아들로 두었으며, 시인 핀다로스에 따르면 호라이('시간')와 가이아가 그를 영원불멸의 존재로 만들어주었다고 한다. (가이아, 드리아데스, 무사이, 아우토노에, 아폴론, 악타이온, 에우리디케, 오르페우스, 카드모스, 케이론, 켄타우로스족, 키레네[인간], 테베, 페네오스, 프로테우스)

아몬Ammon 이집트의 최고 신으로서 태양신이자 창조신, 풍요의 신인 아문은 그리스로 건너와 아몬이 된다. 신들의 왕인 아몬은 제우스와 동일시되면서, 제우스 아몬이라는 이름으로 불렸다. 안드로메다의 아버지 케페우스 왕이 자신의 왕국인 에티오피아를 유린하던 바다 괴물에게 딸을 제물로 바치기로 한 이유가 바로 리비아에서 들은 아몬의 신탁 때문이었다. 아몬의 신탁은 알렉산드로스 대왕을 제우스의 아들로 공표한 것으로도 유명하다. 제우스 아몬의 외모는 제우스처럼 턱수염이 난 성인 남성의 몸에 아문처럼 숫양의 뿔이 달린 모습으로 묘사되었다. (안드로메다, 에티오피아, 제우스, 케페우스)

아스클레피오스Asclepius(Aesculapius) 아스클레피오스(또는 아이스쿨라피우스)는 아폴론의 아들이며, 명의로 이름을 날리다 신격화되었기 때문에 일반적으로는 치유와 의학의 신으로 알려져 있다. 그리스 시인 헤시오도스는 인간 여성인 아르시노에(레우키포스의 딸)가 그의 어머니라고 말하지만, 보통은 테살리아의 왕 플레기아스의 딸인 코로니스를 아스클레피오스의 어머니로 간주한다. 그의 출생에 관해서도 여러 다른 이야기가 전해진다. 일설에는, 코로니스가 자신의 임신 사실을 모르는 아버지 몰래 에피다우로스에서 아스클레피오스를 낳아 산에 버렸다고 한다. 그곳에서 염소들이 아기에게 젖을 먹이고, 개 한 마리가 아기를 지켜주었다. 개의 주인인 목자가 나중에 아기를 발견하고는 가까이 다가가자 아기에게서 번갯불이 번쩍였고, 겁에 질린 목자는 아기를 그 자리에 두고 떠났다. 또 다른 설에 따르면, 임신한 코로니스에게 인간 연인이 생기자 분노한 아폴론(혹은 그의 누이 아르테미스)이 그녀를 죽였다고 한다. 그러나 코로니스의 시신이 장작더미 위에서 화장되려는 순간, 아폴론의 지시를 받은 헤르메스가 그녀의 자궁에서 아기를 꺼냈다. 아스클레피오스는 고귀한 켄타우로스 케이론에게 맡겨져 의술을 배우며 자랐다. 신화 기록가 아폴로도로스가 전하기를, 아스클레피오스는 의술에 능한 나머지 산 사람을 구했을 뿐만 아니라 아테나에게 받은 괴물 고르곤의 피를 사용하여 죽은 자까지 되살렸다. 히기누스는 죽은 자를 소생시키는 아스클레피오스의 능력에 대한 다른 이야기를 들려주는데, 거기에는 예언자 폴리이도스도 등장한다. 미노스의 아들인 글라우코스를 되살리라는 명을 받은 아스클레피오스가 어떻게 할까 고민하고 있을 때, 뱀한 마리가 그의 지팡이를 휘감으며 올라왔다. 아스클레피오스는 뱀을 죽였지만, 또한 마리가 입에 약초를 물고 나타나더니 죽은 짝의 머리 위에 올려두었다. 이윽고 뱀 두 마리는 달아났고, 아스클레피오스는 똑같은 약초를 사용하여 글라우코스를 살려냈다. 불멸의 신들과 필멸의 인간들 사이의 구분이 모호해질 것을 염려한 제우스는 아스클레피오스에게 벼락을 내리쳤고, 이에 분노한 아폴론은 벼락을 만든 키클로페스를 죽였다. 이 보복 범죄에 대한 벌로 아폴론은 일 년 동안 인간 아드메토스의 하인 노릇을 해야 했다. 제우스는 아폴론의 요청을 받아들여 아스클레피오스를 하늘로 올려 보내 별자리로 만들어주었다.

아스클레피오스 숭배의 가장 중요한 성지는 펠로폰네소스 북동부의 에피다우로스였지만, 그를 모시는 성소들(현대식 병원의 전신이라 할 수 있는 아스클레페이온을 말하며, 병의 치유를 원하는 사람들의 순례지였다)은 그리스 전역과 그 너머에서도 발견되었다. 기원전 293년, 로마인은 역병을 피하기 위해 에피다우로스에서 성행하던 아스클레피오스 신앙을 받아들였다. 아스클레피오스 신앙의 독특한 점은 성소의 배치도와 그 안에서 행해진 의례들이 비교적 균일했다는 것이다. 신전과 제단, 공동 침실을 갖춘 성소는 사람들의 거주 구역을 벗어나 수원지와 가까운 곳에 위치하는 경우가 많았다. 아스클레페이온에서는 아스클레피오스에게 봉헌된 동물인 뱀과 개를 길렀다. 아기 아스클레피오스에게 젖을 먹여 성스럽게 여겨진 염소들을 제물로 바칠 수 없었으며, 성소 안에서는 염소 고기를 먹을 수 없었다. 실제 '치료'는 환자들이 누워서 잠든 사이 수면 의식을 통해 행해졌다. 아스클레피오스 혹은 그의 대리인이 환자의 꿈속에 나타나 병을 고쳐주거나 적당한 치료법을 알려주었다. 일반적으로 아스클레피오스는 기다란 망토를 입은 채 뱀이 휘감긴 지팡이를 들고 있는 모습으로 묘사된다. (고르고네스, 레우키포스, 미노스, 아드메토스, 아르시노에, 아테나, 아폴론, 제우스, 케이론, 켄타우로스족, 코로니스, 키클로페스, 테살리아, 폴리이도스, 헤르메스)

아스트라이아Astraea 아스트라이아는 정의를 의인화한 여신이다. 별자리에 관해 노래한 아라토스의 『파이노메나』(하늘의 현상)와 이 작품에 영향을 받은 로마 작가들에 따르면, 아스트라이아는 처녀자리가 되었다고 한다. 이런 연유로 아스트라이아는 처녀자리이자 디케(정의)로 알려졌다. 2세대 티탄족 아스트라이오스와 새벽의 여신 에오스의 딸이라는 설도 있고, 제우스와 테미스('신성한 율법')의 딸이라는 설도 있다. 오비디우스와 히기누스 등의 로마 작가들은 인류가 금의 종족에서 은의 종족, 청동의 종족을 거쳐 사악한 철의 종족으로 타락하자 아스트라이아가 공포에 질려 지상을 떠나 하늘로 올라간 것이라 전한다. (디케, 에오스, 제우스, 테미스)

아우로라Aurora 아우로라는 새벽의 여신 에오스의 로마식 이름이다. (에오스)

아우스테르Auster 아우스테르는 그리스 남풍의 신 노토스에 해당하는 로마 신이다. (노토스)

아이기나Aegina 님페 아이기나는 강의 신 라돈의 딸 메토페와 시키온 지역의 강을 다스리는 신 아소포스 사이에 태어난 딸이다. 이 부부는 두 명의 아들과 스무 명의 딸을 낳았는데, 그중 한 명이 아이기나였다. 제우스는 아리따운 아이기나를 오이노네 섬으로 납치해 가서 그녀와 동침한다. 딸을 찾아 코린토스까지 간 아소포스는 아이기나를 납치한 자가 제우스라는 사실을 시시포스로부터 듣는다. 시시포스는 이 정보를 발설한 대가로 끔찍한 형벌을 받는다. 아소포스는 추적 끝에 제우스를 찾아내지만, 제우스는 벼락을 날려 그를 강으로 돌려보낸다. 한편 아이기나는 아이아코스라는 아들을 낳고, 제우스는 오이노네 섬의 이름을 아이기나로 바꾼다. 그곳은 지금까지도 아이기나 섬으로 불리고 있다. (님페, 시시포스, 아이기나[장소], 아이아코스, 제우스, 코린토스)

아이도스Aidos 아이도스는 겸손함, 수치심, 공손함, 타인에 대한 존중의 의미를 담고 있는 그리스어 '아이도스aidos'를 의인화한 여신이다. 시인 핀다로스는 아이도스를 2세대 티탄족인 프로메테우스의 딸이자 환희와 용기의 원천으로 묘사하고 있다. 시인 헤시오도스에 따르면, 인류가 고결한 황금의 종족에서 온갖 악행을 저지르는 철의 종족으로 타락하자 아이도스와 네메시스는 인간 세상에서 달아나 불멸의 신들과 함께 살아갔다고 한다. 그 결과 우리 인간들에게 남겨진 것은 비통한 슬픔뿐

이었고, 악을 치료할 방법은 사라지고 말았다. (네메시스, 티탄족, 프로메테우스)

아이올로스Aeolus '바람의 지배자' 아이올로스가 문학사에 처음 등장했을 때, 그는 신들의 총애를 받으며 아이올리아 섬에서 가족과 함께 사는 인간이었다. 호메로스의 서사시에서는 아이올로스가 바로 그 섬에서 영웅 오디세우스와 만난다. 하지만 시간이 흐르면서 아이올로스는 모든 바람을 지배하는 신으로 여겨졌다. (아이올로스〔인간〕, 오디세우스)

아켈로오스Achelous 아켈로오스는 그리스에서 가장 길고 큰 강이자 그 강을 다스리는 신의 이름이다. 특정 강과 연관되어 있기는 하지만, 강들(과 그 신들)의 통칭으로 사용되기도 한다. 다시 말해, 그는 모든 강들의 신으로도 통한다. 그리스 시인 헤시오도스에 따르면, 수많은 다른 강들과 마찬가지로 아켈로오스 역시 태초의 자연신들이자 티탄 신들인 오케아노스와 테튀스의 자식이다. 아켈로오스의 자식들로는, 아름다운 목소리를 가졌지만 잔인하기 그지없는 세이렌들, 그리고 아버지로부터 물을 끌어다 썼다는 몇몇 님페들이 있다. 무사이에게 바쳐진 성스러운 샘인 델포이 근처의 카스탈리아 샘에 깃든 정령 카스탈리아, 페가수스가 코린토스의 땅을 발굽으로 쳐서 터뜨린 페이레네 샘의 정령 페이레네 등도 아켈로오스의 자식이다.

아켈로오스는 아마 영웅 헤라클레스와 엮인 일화로 가장 유명할 것이다. 그는 칼리돈의 왕 오이네우스의 딸인 데이아네이라를 아내로 맞기 위해 헤라클레스와 씨름 대결을 펼친다. 아켈로오스는 뱀에 이어 황소로 변신하지만, 헤라클레스는 그의 뿔을 부러트려 이긴다. 로마 시인 오비디우스에 따르면, 이 뿔은 풍요의 뿔이 되었다. 물의 님페들인 나이아데스가 그 뿔을 가져가, 아켈로오스의 물 덕분에 풍요로워진 대지에서 난 과일과 꽃으로 뿔 속을 가득 채웠기 때문이다. 일설에는, 헤라클레스가 아켈로오스에게 뿔을 돌려주고 그 보답으로 받은 아말테이아(아기 제우스에게 젖을 먹인 염소)의 뿔이 풍요의 뿔이 되었다고도 한다. (나이아데스, 님페, 데이아네이라, 델포이, 무사이, 세이렌, 아켈로오스〔장소〕, 오이네우스, 오케아노스, 제우스, 카스탈리아 샘, 칼리돈, 코린토스, 티탄족, 페이레네 샘)

아퀼로Aquilo 아퀼로는 북풍을 의인화한 그리스 신 보레아스의 로마식 이름이다. 그와 관련된 일화 중 두 가지가 가장 유명하다. 그는 아테네 공주 오레이티이아를 납치했으며, 트로이인에게 분노하여 바람의 지배자 아이올로스를 매수한 유노〔ⓖ헤라〕의 명령에 따라 트로이 전사 아이네이아스의 함대를 전멸하다시피 했다.

(보레아스, 아이네이아스, 아이올로스, 아테네, 오레이티아아, 유노, 트로이)

아테Ate 아테는 경솔한 어리석음을 의인화한 여신이다. 시인 헤시오도스는 아테가 에리스('불화')의 딸이라 하고, 호메로스는 제우스의 딸이라 한다. 아테를 주인공으로 내세운 신화는 딱히 없지만, 어떤 인물에게 극도로 경솔하거나 망상적이고 파멸적인 행동을 불러일으키는 원인으로서 수많은 전설에 등장한다. 미케네의 아가멤논 왕은 아름다운 브리세이스를 아킬레우스로부터 빼앗아 트로이 전쟁의 결정적인 시기에 최고의 전사를 전장에서 내쫓아놓고는, 아테 때문에 판단력이 흐려진 탓이라고 말한다. 아가멤논의 아내 클리타임네스트라는 남편을 살해한 이유 중의 하나로 어리석음을 든다. 아가멤논의 자식 오레스테스와 엘렉트라는 아버지의 죽음에 대한 복수로 어머니를 경솔하게 죽여버린다. (미케네, 브리세이스, 아가멤논, 아킬레우스, 에리스, 엘렉트라(인간), 오레스테스, 제우스, 클리타임네스트라)

아테나Athena 아테나는 전쟁, 지혜, 공예를 관장하는 그리스 여신으로, 아테네를 비롯한 도시들의 수호자였다. 침략과 폭력적인 전쟁을 대변하는 아레스와는 상당히 다른 부류의 군신이었다. 아테나는 방어적이고 불가피하며 신중한 전쟁에 관여했다. 공예와 장인의 후원자로서 특히 여성의 기술인 방직과 강하게 연결되어 있었지만, 그녀의 영향력은 목공과 금속 세공에까지 뻗어 있었다. 금속 세공은 헤파이스토스와의 공통 영역인지라 밀교에서 그와 함께 숭배되기도 했다. 아테나의 추종자들이 그녀에게 붙인 수많은 호칭 가운데 에르가네('장인' 혹은 '만드는 자'), 니케('승리자'), 프로마코스('앞장서 싸우는 자'), 폴리아스 또는 폴리오우코스('도시들의 수호자'), 파르테노스('처녀', 아테네의 파르테논 신전에서는 이 이름으로 모셔졌다)가 특히 유명하다. 아테나는 '팔라스 아테나' 혹은 간단하게 '팔라스'라고도 불렸는데, 고대 작가들에 따르면 아테나가 실수로 죽여버린 절친한 벗 혹은 그녀가 고의로 죽인 거인에게서 따온 이름이다. 아테나와 그 이름의 기원에 관해서는 의견이 분분하지만, 이름의 초기 형태는 청동기 시대(기원전 3000년~기원전 1150년경)부터 그리스에 알려져 있었던 것으로 보인다. 그녀에게 봉헌된 가장 중요한 도시 아테네의 이름이 신의 이름보다 먼저 지어졌는지 아닌지도 알 수 없다.

신화에서 아테나는 제우스와 그의 첫 아내이자 지혜를 의인화한 여신인 메티스 사이에서 태어났다. 그리스 시인 헤시오도스에 따르면, 제우스는 메티스가 낳는 자식들(지혜롭고 강력한 딸과 용감하고 강인한 아들)이 그의 제왕 자리를 위협하리라는 가이아와 우라노스의 예언을 듣고는, 출산을 얼마 앞두지 않은 메티스를 집어삼켜 버렸다. 머지않아 제우스는 끔찍한 두통에 시달리고, 도움을 요청받은 헤파이스토스가 도끼로 제우스의 머리를 내리쳤다. 갈라진 두개골 틈에서 다 자란 몸에 완전 무장한 아테나가 튀어나왔다. 아테나는 결혼하지 않고 처녀로 남았지만, 헤파이스토스가 그녀를 겁탈하려 했을 때 대지로 쏟아진 정액에서 태어난 뱀-인간이자 전설 속의 아테네 왕인 에리크토니오스의 수양모가 되었다. 그녀의 지원과 보호를 받은 영웅들 중에는 페르세우스도 있었다. 그는 아테나에게 받은 윤 나는 방패 덕분에 메두사를 똑바로 쳐다보지 않고도 그 위치를 파악할 수 있었다. 페르세우스는 고마움의 표시로 아테나에게 메두사의 머리를 주었고, 아테나는 그것을 흉갑에 붙였다. 영리한 오디세우스 역시 그녀의 총애를 받았다. 호메로스가 쓴 바에 따르면, 인간들 중에 정신적인 예리함이 그녀와 가장 가까웠기 때문이다. 또 아테나는 미케네의 왕자 오레스테스의 수호신으로서, 그의 모친(클리타임네스트라) 살해에 무죄 판결을 내렸다. 그런가 하면 아테나의 분노에 된통 당한 이들도 있었다. 그중 숙련된 직공 아라크네는 스승인 아테나보다 자기의 실력이 더 뛰어나다고 오만하게 주장했다가 큰 벌을 받았다. 그리고 아테나는 자신의 성소가 있는 도시임에도 트로이를 싫어했다. 헤라와 마찬가지로, 트로이의 왕자 파리스가 아프로디테를 가장 아름다운 여신으로 심판한 일 때문에 앙금이 남아 있었던 것이다.

경이로운 출생 이외에 아테나와 관련된 가장 중요한 신화는 아테네의 수호신 자리를 두고 포세이돈과 대결을 벌인 일이다. 포세이돈은 아크로폴리스에 삼지창을 날려 해군력의 상징인 해수海水 샘을 터뜨렸고, 아테나는 올리브 나무를 만들어 냈다. 아테네 경제의 주축인 올리브가 더 귀한 선물이라 여겨져 아테나가 이겼다.

아테나는 뱀이 테두리를 두르고 메두사의 머리가 박혀 있는 흉갑인 아이기스('염소 가죽')와 투구로 무장하고, 방패와 기병용 장창이나 단창을 들고 있는 모습으로 묘사되었다. 아테나에게 봉헌된 성스러운 동물은 뱀과 지혜의 상징인 올빼미였고, 가장 중요한 신목神木은 올리브 나무였다.

로마인은 미네르바를 아테나와 동일시했다. (가이아, 메두사, 메티스, 미네르바, 미케

네, 아라크네, 아크로폴리스, 아테네, 아프로디테, 에리크토니오스, 오디세우스, 오레스테스, 우라노스, 제우스, 파리스, 팔라스, 페르세우스, 포세이돈, 헤파이스토스)

아트로포스Atropos '되돌릴 수 없는 자'라는 뜻의 아트로포스는 운명의 세 여신 모이라이 중 한 명이다. 그들은 인간의 운명을 분배하거나 할당한다. 아트로포스라는 이름이 암시하듯, 모이라이가 운명의 실타래를 뽑아내고 자르는 순간 그들의 결정은 절대 바뀌지 않는다. (모이라이, 운명의 세 여신)

아틀라스Atlas 아틀라스는 부계로 따지면 2세대 티탄족이다. 1세대 티탄족 이아페토스가 자신의 형제 오케아노스의 딸인 클리메네(오케아니스)와 결합하여 낳은 아들이다. 아틀라스는 이모인 플레이오네(오케아니스)와의 사이에 플레이아데스, 히아데스(또 다른 오케아니스인 아이트라가 이들의 어머니라고도 한다), 칼립소를 자식으로 두었다. 아틀라스의 형제들은 프로메테우스, 에피메테우스, 메노이티오스다.

신화 기록가 히기누스는 올림포스 신들과 티탄족 간의 권력 다툼에서 아틀라스가 티탄족을 이끌었고, 이를 괘씸히 여긴 제우스가 그에게 하늘을 짊어지는 벌을 내렸다고 전한다. 아틀라스는 오케아노스 강의 서쪽 끝 기슭(리비아라고도 하고, 히페르보레오이족이 살던 머나먼 북쪽 혹은 동쪽 땅이라고도 한다)에 있는 헤스페리데스의 정원 근처에 살았다고 한다.

헤라클레스는 헤스페리데스의 사과를 따러 갔을 때 아틀라스의 도움을 받았다. 하늘을 대신 짊어져 잠시 쉬게 해줄 테니 그 대가로 사과를 따달라는 부탁이었다. 하지만 사과를 손에 쥔 아틀라스는 이 과업을 내린 에우리스테우스에게 자신이 직접 사과를 전달해 주겠다며, 힘든 임무로 돌아갈 시간을 미루려 했다. 헤라클레스는 어깨에 받칠 푹신한 물건을 찾는 동안만 잠깐 짊어지고 있으라며 하늘을 아틀라스에게 넘겼고, 두말할 필요 없이 그대로 내뺐다. 아틀라스는 영웅 페르세우스의 전설에도 등장한다. 페르세우스는 자신을 박대한 아틀라스에 대한 보복으로 메두사의 잘린 머리를 그의 앞으로 들어 올렸고, 아틀라스는 동명의 산맥으로 굳어버렸다. (에우리스테우스, 에피메테우스, 오케아노스, 오케아니데스, 칼립소, 클리메네, 티탄족, 페르세우스, 프로메테우스, 플레이아데스, 헤라클레스, 헤스페로스, 헤스페리데스, 히아데스, 히페르보레오이족)

아폴론Apollon 아폴론은 예언, 치유, 궁술, 음악, 시를 관장하는 그리스 신이다. 기원전 5세기에 태양신 헬리오스의 역할을 맡으면서 그와 동일시되었다. 아폴론은 호메로스와 헤시오도스의 시대인 기원전 8세기에 이미 주요 신으로 확실히 자리를 잡았지만, 그의 기원은 불분명하다. 그는 숭배자들에게 수많은 별칭으로 불렸다. 아폴론의 어느 면모를 지칭하는지는 알 수 없는 포이보스('밝게 빛나는 자'), 궁수 신으로서의 역할을 강조한 헤케볼로스('멀리서 쏘는 자'), 괴수 피톤을 죽인 공적을 암시하는 피티안, 히아토르('치유자'), 무사이와의 친밀한 관계를 부각한 무사게테스('무사이를 이끄는 자'), 아폴론의 신목神木인 월계수와 관련된 다프네포로스('월계관을 쓴 자'). 아폴론은 그리스 전역에서 숭배받았지만, 델로스 섬과 그의 가장 중요한 신탁소가 있던 델포이가 주요 성지였다.

올림포스 12신 중 한 명인 그는 제우스와 2세대 티탄족 레토 사이에서 태어났다. 야생과 사냥의 여신 아르테미스가 그의 쌍둥이 누이이다. 아폴론과 아르테미스는 델로스 섬에서 태어났으며(아폴론만 그랬다는 설도 있다), 레토는 야자수를 꼭 붙잡은 채 그들을 낳았다. 그러나 레토가 아기 아폴론에게 젖을 먹이지 않고, 티탄 신 테미스가 그에게 신들의 음식인 암브로시아와 넥타르를 먹였다.『호메로스 찬가』의 아폴론 편에 따르면, 아폴론은 델포이에 있던 뱀 피톤을 죽인 후 그곳에 신탁소를 세웠다. 아폴론에게는 수많은 연인과 자식이 있었다. 님페 다프네와 트로이 공주 카산드라는 그의 구애에 퇴짜를 놓았다. 다프네는 그를 피하기 위해 월계수가 되었지만, 변함없이 그녀를 사랑한 아폴론은 월계수를 자신의 최고 신목으로 삼았다. 카산드라는 아폴론의 애정을 받아들이는 대가로 예지능력을 선물받은 후 그를 거부했다. 그러자 아폴론은 그녀가 미래를 내다볼 수 있지만 그 누구의 신뢰도 받지 못하게 만들어버린다. 그의 자식들 중에는 그에게 치료술을 배운 아스클레피오스, 신성한 음유시인들인 오르페우스와 리노스가 가장 유명하다. 당시 그리스에서는 흔한 일이었는데, 아폴론은 연애 대상으로 남성과 여성을 가리지 않았다. 그가 본의 아니게 원반으로 죽여버린 히아킨토스와 자신이 아끼는 사슴의 죽음으로 비탄에 잠긴 키파리소스가 특히 그의 총애를 받았다. 아폴론은 키파리소스가 영원히 슬퍼할 수 있도록 그를 애도의 나무 사이프러스로 만들어주었다. 히아킨토스가 죽은 곳에서 자란 꽃 히아신스는 그의 이름으로 불리게 된다. 아폴론에게 음악 대결을 신청한 마르시아스(사티로스)와 판은 그의 노여움을 샀다. 마르시아스는 그 자신이 끔찍한 벌을 받았지만, 판의 경우에는 승패를 결정한 미다스가 벌을 받았다. 트로이 전쟁이 벌어졌을 때 트로이인 또한 아폴론의 미움을 받았다. 예전에 아폴론이 트로이 성벽을 지어주었는데 라오메돈 왕이 약속했던 보수를 주지 않았고, 그래서 앙심이 남아 있던 것이다. 반면, 테살리아의 아드메토스 왕은 아폴론의 총애를 받았다. 거인족 키클로페스를 죽인 죄로 제우스에게 벌을 받아 일정 기간 아드메토스의 하인으로 일해야 했던 아폴론을 아드모테스가 친절하게 대접해 주었기 때문이다.

기원전 5세기 무렵 로마에 역병이 돌자 로마인은 아폴로〔ⓖ아폴론〕를 치유자로 숭배하기 시작했다. 로마의 작가와 예술가 들도 그의 신화를 알고 활용하긴 했지만, 로마인이 그를 숭배한 주된 이유는 치유 능력 때문이었다. 결과적으로 아폴로는 치유자로서 아스클레피오스에게 밀려났지만, 아우구스투스 시대에는 특별히 중요한 위치를 차지했다. 황제가 그를 개인적인 수호신으로 삼았기 때문이다.

아폴론의 외모는 턱수염이 없는 탄탄한 몸의 청년으로 묘사되었다. 그가 좋아한 악기는 리라와 키타라, 그가 선택한 무기는 활과 화살이었다. 그의 신목神木이라면 단연 월계수와 야자수였지만, 사이프러스도 거기에 포함되었다. (다프네, 델로스 섬, 델포이, 라오메돈, 레토, 로마, 리노스, 마르시아스, 무사이, 미다스, 사티로스족, 아드메토스, 아르테미스, 아스클레피오스, 오르페우스, 제우스, 카산드라, 키클로페스, 키파리소스, 테살리아, 트로이, 티탄족, 판, 피톤, 헬리오스, 히아킨토스)

아프로디테Aphrodite 아프로디테는 성애적 사랑, 성性, 아름다움을 관장하는 그리스 여신이다. 올림포스 12신 중 한 명으로, 인간과 동물의 생식, 토양의 비옥함, 식물의 번식과 연관되어 있다. 로마인은 베누스라는 이름으로 불렀다.

아프로디테의 탄생에 관해서는 두 가지 이야기가 전해져 내려온다. 호메로스는 그리 유명하지 않은 티탄족 디오네와 제우스 사이에서 아프로디테가 태어났다고 말한다. 반면 시인 헤시오도스의 『신들의 계보』는 정반대의 극적인 이야기를 들려준다. 크로노스는 어머니 가이아를 학대하는 아버지 우라노스에 대한 복수로 그를 거세했고, 그렇게 잘려나간 우라노스의 성기는 하늘에서 바다로 떨어져 바닷물을 마구 휘젓고 거품을 일으켰다. 이름의 어원인 '거품의 선물'에 걸맞게, 아프로디테는 파도의 거품에서 완전히 성장한 몸으로 태어났다. 아프로디테가 해변에 첫발을 디뎠을 때 모래밭에서 갑자기 장미들이 피어나 대지를 아름다운 색채로 물들이고, 삼미신이 향기로운 도금양 가지를 그녀에게 주어 알몸을 가리게 했다고 한다. 어떤 이들은 아프로디테가 태어난 곳이 키테라 섬이며, 그래서 그녀에게 '키테레이아'라는 별칭이 붙었다고 믿었다. 또 어떤 이들은 그녀가 '키프리스'라고도 불리는 이유는 그녀의 고향이 키프로스 섬이기 때문이라고 주장했다.

그리스 신들 가운데서도 영향력이 아주 컸던 아프로디테는 그리스 세계에서 굉장히 널리 숭배되었다. 그리스 북부의 테베, 아티카 지역의 아테네, 그리고 메가라와 코린토스 등지에서 아프로디테 신앙의 물적 증거가 발견되었다. 펠로폰네소스 반도의 시키온, 헤르미오네, 에피다우로스, 아르고스, 아르카디아, 엘리스 등의 도시에서도, 키프로스 섬, 크레타 섬, 키테라 섬 등의 섬들에서도, 소아시아의 그리스

아프로디테 바다 거품에서 태어난, 성욕과 풍요의 여신

식민지들에서도, 그리고 이탈리아의 시칠리아 섬, 이집트의 나우크라티스, 스페인의 사군툼 등 그리스와 밀접하게 관련된 외지에서도 아프로디테를 숭배한 흔적을 찾을 수 있다. 하지만 실은 아프로디테가 그리스의 토착신이 아니라는 의혹은 고대에도 있었다. 아프로디테와 그 신앙의 기원은 명확하지 않지만, 키프로스 섬이 그녀의 탄생에 중요한 역할을 했다는 데에는 이견이 거의 없다. 아마도 그리스와 근동의 영향이 융합된 결과일 것이다. 청동기 시대(기원전 2500년~기원전 1050년경)에 키프로스 섬 사람들은 이주와 교역을 통해 아나톨리아와 레반트에서 성행하고 있던 새로운 형태의 풍요신 숭배를 접하게 되었다. 메소포타미아의 이난나(수메르 신화 속 금성의 신)를 계승한 여신들 이슈타르와 아스타르테가 그 주인공들이었다. 그리스인이 이 둘을 융합한 아프로디테를 신으로 모셨을 가능성이 크다. 특히 키프로스 섬과 키테라 섬에 일찌감치 세워진 아프로디테 신전들은 그녀의 탄생 설화에 확실히 영향을 미쳤다.

사랑과 정욕의 신인 아프로디테는 무수한 신과 인간의 얽히고설킨 연애사에 간섭할 뿐만 아니라, 그녀 자신도 수많은 상대와 정을 통했다. 대장간의 신 헤파이스토스와 결혼했지만 그가 자리를 비울 때마다 전쟁의 신 아레스의 품을 찾았다. 아레스와의 사이에 에로스, 데이모스('두려움'), 포보스('공황'), 하르모니아('조화', 훗날 테베의 왕인 카드모스와 결혼한다)를 낳았다. 헤르메스의 구애를 오랫동안 거부했지만, 그의 아들 헤르마프로디토스를 낳았다. 일설에는 아프로디테가 디오니소스와의 사이에 다산의 신 프리아포스를, 포세이돈과의 사이에 시칠리아의 왕 에릭스를 낳았다고도 한다. 그녀의 인간 애인들 가운데 가장 유명한 이는 미소년 아도니스였다. 그는 키프로스 섬의 미르라 공주와 그녀의 아버지인 키니라스의 근친상간으로 태어났다. 주목할 만한 점은, 미르라가 수많은 남자들의 구혼을 거절하자 이를 괘씸히 여긴 아프로디테가 이에 대한 벌로 어린 미르라 공주에게 근친애의 감정을 불어넣었다는 것이다. 아프로디테가 항상 축복을 내리는 신은 아니며 오히려 무시무시한 처벌자가 될 수도 있음을 보여주는 여러 일화 중 하나이다.

아프로디테의 도움으로 연애에 성공한 인간 영웅도 많다. 발이 재빠른 사냥꾼 아탈란타에게 홀딱 반한 히포메네스, 황금 양피를 손에 넣기 위해 마법사 메데이아의 도움이 절실히 필요했던 이아손, 아프로디테에게 황금 사과를 준 대가로 아름다운 헬레네를 얻고 그 결과 트로이 전쟁을 촉발한 트로이 왕자 파리스. 반면, 아프로디테의 농간에 피해를 당한 자들도 있었다. 테세우스의 후처 파이드라는 의붓아들인 히폴리토스와 비극적인 사랑에 빠진다. 아르고스의 왕 틴다레오스의 딸들은 전부 남편을 죽인다(목욕 중이던 남편 아가멤논을 죽인 클리타임네스트라가 가장 악명 높다). 크레타 섬의 파시파에 왕비는 황소에게 강렬한 욕정을 품는다. 렘노스 섬의 여인들은 남자 가족들을 살해한다.

아프로디테와 관련된 상징 식물로는 향기로운 장미와 도금양, 다육과라서 사랑과 생식을 연상시키는 사과, 그리고 아도니스의 피에서 태어난 양귀비꽃(혹은 아네모네) 등이 있다. 비둘기, 참새, 제비, 거위, 백조, 토끼, 염소, 숫양, 돌고래, 거북이 등은 아프로디테에게 바쳐진 성스러운 동물들이다. 이들은 사랑이나 다산을 상징하거나 혹은 그녀가 태어난 물과 관련되어 있다. (가이아, 디오네, 디오니소스, 렘노스 섬의 여인들, 메가라, 메데이아, 미르라, 삼미신, 아가멤논, 아도니스, 아르고스, 아르카디아, 아탈란타, 아테네, 안키세스, 올림포스 산, 우라노스, 이아손, 제우스, 코린토스, 쿠피도, 크레타 섬, 크로노스, 클리타임네스트라, 키니라스, 키프로스 섬, 테베, 테세우스, 트로이, 티탄족, 틴다레오스, 파리스, 파시파에, 파이드라, 프리아포스, 하르모니아, 헤르메스, 헤파이스토스, 헬레네, 히포메네스, 히폴리토스)

안테로스Anteros '보답받는 사랑' 안테로스는 사랑에 대한 보답을 관장하는 신으로, 사랑을 경멸하는 자를 벌하고 사랑에 응답하지 않는 이에게 복수하기도 한다. 형제이자 동료인 쿠피도〔Ⓖ에로스〕와 마찬가지로, 베누스〔Ⓖ아프로디테〕혼자 낳은 아들 혹은 베누스와 마르스〔Ⓖ아레스〕의 아들로 여겨졌다. (마르스, 쿠피도)

알렉토Alecto '무자비한 자' 알렉토는 복수의 세 여신인 푸리아이〔Ⓖ에리니에스〕중 한 명으로, 베르길리우스의 서사시 『아이네이스』에 중요한 인물로 등장한다. '밤으로부터 태어나' 지하세계에 살고, 변신술에 능하며, 폭력과 전쟁을 선동하고, 아버지인 플루토〔Ⓖ하데스〕에게조차 미움받을 만큼 고약한 신으로 묘사된다. 분기탱천한 유노〔Ⓖ헤라〕의 명령을 받은 알렉토는 이탈리아 도시 라우렌툼의 왕비 아마타를 부추겨 백성들을 선동하게 만든다. 그 결과, 얼마 전 이탈리아에 도착한 트로이의 아이네이아스 일행과 시민들 사이에 싸움이 붙는다. 아마타는 딸 라비니아를 루툴리족의 왕자 투르누스가 아닌 아이네이아스와 결혼시키려는 남편 라티누스 왕에게 이미 화가 나 있는 상태였다. 알렉토가 아마타의 가슴 속에 뱀을 집어넣자 왕비의 광기는 더욱 심해졌다. 알렉토가 던진 횃불에 맞은 투르누스도 분노의 화신이 되어 라티누스를 공격하기 시작했다. 그다음에 알렉토는 아이네이아스의 아들 아스카니우스의 개들을 흥분시켜, 실비아라는 처녀가 기르던 사슴을 뒤쫓게 만들었다. 아스카니우스에게 사슴을 잃은 실비아가 트로이인들에 맞서 싸울 농부들을 모을 때, 알렉토가 직접 군대 동원을 알리고 다녔다. (라비니아, 라티누스, 루툴리족, 실비아, 아마타, 아스카니우스, 아이네이아스, 에리니에스, 유노, 지하세계, 투르누스, 푸리아이, 플루톤)

알페이오스Alpheius(Alpheus) 알페이오스(혹은 알페오스)는 강의 이름이자 그 강을 의인화한 신이기도 하다. 펠로폰네소스 반도에서 가장 길고 큰 강인 알페이오스는 아르카디아와 엘리스를 관통한다. 신화 속 인물로서의 알페이오스는 님페 아레투사를 아르카디아에서 시칠리아 섬까지 쫓아간 일화로 가장 유명하다. 아레투사는 그를 피하기 위해 시칠리아 섬에서 샘으로 변하고, 그 샘에는 그녀의 이름이 붙었다. (시칠리아 섬, 아레투사, 아르카디아, 알페이오스 강)

암피트리테Amphitrite 암피트리테는 바다의 여신으로, 그 이름이 곧 바다를 지칭하기도 했다. 테튀스와 오케아노스의 딸들인 3,000명의 바다 님페들 오케아니데스〔단수형은 오케아니스〕중 한 명이라고도 하고, 오케아니스인 도리스와 해신 네레우스의 딸 네레이스라고도 한다. 신화 기록가 아폴로도로스에 따르면, 그녀는 포세이돈과 결혼하여 바다의 신 트리톤과 태양 숭배의 중요한 중심지 로도스 섬을 의인화한 님페 로데를 낳았다. 신화 기록가 히기누스는 암피트리테가 자의로 포세이돈의 아내가 된 것이 아니라, 오히려 신의 구애를 피해 티탄족 아틀라스에게 도망쳤다고 전한다. 포세이돈은 돌고래 한 마리를 보내 그녀를 설득하게 했고, 임무를 성공적으로 수행한 그 돌고래를 하늘로 올려 보내 별로 만들었다. 여행 작가인 파우사니아스는 테세이온(테세우스의 신전)에 남겨진 한 그림을 묘사한다. 그 그림에는 아테네의 테세우스 왕이 겪은 중요한 사건이 담겨 있었다. 크레타 섬의 미노스 왕은 테세우스에게 그가 포세이돈의 아들임을 증명해보라면서 자신의 인장 반지를 바닷속으로 던졌다. 깊은 바다에서 반지를 찾아오지 못하리라는 계산에서였다. 그러나 테세우스는 반지를 찾았을 뿐만 아니라, 암피트리테로부터 받은 황금 왕관을 쓰고 나타났다. 그의 신성한 혈통을 증명해 주는 또 다른 증거였다. 고전 시대 이후 12세기의 비잔틴제국에서 활동한 그리스 작가 이오안네스 트제트제스에 따르면, 암피트리테는 포세이돈이 아름다운 처녀 스킬라에게 관심을 보이자 이를 질투하여 그녀를 괴물로 만들어버렸다고 한다. (네레이데스, 네레우스, 미노스, 스킬라〔괴물〕, 아테네, 아틀라스, 오케아노스, 오케아니데스, 테세우스, 트리톤, 포세이돈)

야누스Janus(Ianus) 문을 뜻하는 라틴어 '이아누아ianua'에서 이름을 따온 야누스는 문과 출입구의 신으로, 물리적·시간적·은유적 의미의 '통과'와 시작을 관장했다. 고대 문헌에 따르면, 사람들은 신들에게 제사를 올릴 때마다 야누스에게 제물을 바쳤으며 한 해의 첫 달을 그에게 봉헌했다. 통과의 신으로서 앞과 뒤(또는 안과 밖)

를 동시에 보는 야누스는 정반대 방향으로 향한 두 얼굴을 가진 모습으로 묘사된다. 야누스 신앙의 가장 중요한 성소는 포로 로마노*에 있는 이중 성문이었다. 성문은 동쪽과 서쪽에 문이 하나씩 달린 신전으로 개조되어, 신상(백과사전 집필자인 대★ 플리니우스에 따르면 로마 초기의 전설적인 왕 누마가 봉헌했다고 한다)이 양쪽을 모두 바라볼 수 있었다. 야누스의 문은 평화로운 시기에는 닫혀 있고 전쟁이 일어나면 열렸다.

야누스와 관련한 신화라면, 그가 이탈리아의 토착민을 다스린 초기 왕이었다는 전설이 있다. 그가 사투르누스 신을 기꺼이 맞아들이면서 원시적인 이탈리아는 농경에 관한 지식을 얻고 문명화되었다. (누마, 사투르누스)

에게리아Egeria 에게리아는 샘의 님페 혹은 여신으로, 예언과 출산을 관장했다. 로마 전승에서는 전설상의 로마 2대 왕 누마 폼필리우스(기원전 715년~기원전 673년 재위)의 연인이자 아내, 조언자로 가장 잘 알려져 있다. 로마 역사가 리비우스에 따르면, 누마는 왕위에 오르자마자 호전적인 백성들을 가라앉히고 교화하기 위해 법률과 관습을 확립하는 작업에 착수했다. 중요한 것은 여기에 밀교, 사제직, 종교적 제의를 창설하는 일도 포함되었다는 것이다. 종교 조직에 신뢰를 더하고 백성들에게 신에 대한 두려움을 불어넣기 위해, 누마는 자신이 밤마다 님페 에게리아와 만나 조언을 받고 있다고 공공연히 알리고 다녔다. 시인 오비디우스의 이야기에 따르면, 누마의 죽음으로 비탄에 빠진 에게리아는 슬픔을 가누지 못하고 아리키아의 숲으로 떠나 하염없이 눈물만 흘렸다고 한다. 이를 불쌍히 여긴 여신 디아나(Ⓖ아르테미스)가 에게리아를 샘으로 만들었다. 라티움의 아리키아 부근에 있는 디아나 신전에서 그리 멀지 않은 곳에 그 샘이 있다.

밀교에서 에게리아는 디아나와 카메나이 모두와 연계되었으며, 로마에 있는 카메나이의 숲에서 숭배받았다. (누마, 님페, 디아나, 라티움, 로마, 카메나이)

에니오Enyo 에니오는 전쟁, 특히 근접 전투를 의인화한 그리스 여신이다. 호메로스의 『일리아스』에서 에니오는 전쟁과 그 공포의 신 아레스, 그리고 방어전의 신 아테나를 모두 수행한다. 후대 작가들의 작품에서 에니오는 아레스의 어머니나 유모, 심지어는 누이로 등장한다. 피투성이 몸에 음산한 분위기를 풍기며 횃불을 들

• 포로 로마노Foro Romano: '로마인들의 광장'이라는 뜻으로, 고대 로마 시민의 생활 중심지였다.

고, 에리니에스처럼 뱀의 머리카락을 가진 모습으로 묘사된다. 로마인은 그들의 전쟁의 여신 벨로나와 그녀를 융합하여 동일시했다. (벨로나, 아레스, 아테나, 에리니에스)

에라토Erato 무사이 중 한 명인 에라토는 '사랑스러운 자'(그래서 욕망의 대상이 되는 자)라는 뜻의 이름이 암시하듯, 사랑을 주제로 한 서정시를 담당했다. 그녀가 주관하는 영역을 감안하면, 시인 베르길리우스가 서사시 『아이네이스』의 중간 지점에서 그녀에게 영감을 청한 사실에 주목할 만하다. 이 서사시는 후반부에서 엇갈린 사랑에 의해 촉발되는 전쟁 이야기로 넘어간다. 카르타고의 여왕 디도, 루툴리족의 왕자 투르누스, 그리고 이탈리아의 공주 라비니아가 그 주인공들이다. (디도, 라비니아, 루툴리족, 무사이, 카르타고, 투르누스)

에로스Eros 로마에서는 쿠피도와 아모르라 불리는 에로스는 성욕을 의인화한 신이다. 원래 그는 우주의 다양한 요소와 신들의 탄생에 절대적으로 필요한 원시적이고 물리적인 자연력으로 구상되었다. 그리스 시인 헤시오도스가 신들의 기원을 이야기한 『신들의 계보』에 따르면, 에로스는 거대한 카오스('공허')로부터 가이아('대지'), 타르타로스('지하의 심연')와 함께 생겨났으며, 인간과 신 모두를 제압할 만한 힘을 가진 가장 아름다운 혹은 잘생긴 신이다. 그리스의 서정시인들이 상상한 그는 황금빛 머리칼과 날개를 가졌으며 머리에 화관을 쓴 아름다운 청년이었다. 그러나 사랑하는 마음을 불러일으키는 활과 화살로 무장한 그는 변덕스럽고 가끔은 잔혹하기도 했다. 그를 우주적인 '자연력'보다는 다산을 관장하는 인격신으로 보는 견해가 우세해지면서, 아레스와 사랑의 여신 아프로디테가 그의 부모로 간주되었다. 에로스는 포토스('갈망'), 히메로스('욕망'), 카리테스('삼미신'), 페이토('설득')와 함께 아프로디테의 시중을 들었다.

에로스는 수많은 신화에서 인물들을 사랑에 빠뜨리는 역할을 한다. 에로스의 농간으로 인해 마녀 메데이아는 이아손에게, 아폴론은 다프네에게, 냉혹한 하데스는 페르세포네에게 마음을 빼앗긴다. 그러나 에로스 자신 역시 사랑스러운 프시케에게 반해버린다. (가이아, 다프네, 메데이아, 아레스, 아프로디테, 이아손, 카리테스, 카오스, 쿠피도, 타르타로스, 페르세포네, 프시케, 하데스(신), 히메로스)

에리니에스Erinyes 에리니에스는 혈족 범죄를 응징하는 복수의 정령들이다. 헤시오도스는 우라노스가 성기를 잘렸을 때 그 핏방울들이 떨어진 대지(가이아)에서 기간테스(거인족)와 함께 에리니에스가 태어났다고 쓴다. 우라노스의 거세로부터 탄생했다는 점에서 아프로디테를 그들의 자매로 볼 수도 있다. 신화 기록가 아폴로도로스에 따르면, 이 세 자매의 이름은 메가이라('질투하는 자'), 티시포네('살인을 복수하는 자'), 알렉토('무자비한 자')였다. 에리니에스는 오이디푸스와 모친 살해범 오레스테스의 신화에서 중요한 역할을 한다. 아가멤논 왕과 클리타임네스트라 왕비의 아들 오레스테스는 아버지의 죽음을 복수하기 위해 어머니를 살해한다. 비극 작가 아이스킬로스의 작품에 등장하는 에리니에스는 오레스테스가 아폴론과 아테나의 도움으로 죄를 씻을 때까지 그를 쫓아다니며, 외모는 고르고네스와 하르피이아이와 비슷하여 뱀 머리카락을 가지고 있지만 날개는 없다. 그들의 눈에서는 선혈이 흐르고 옷은 지저분하며, 그들이 코를 골면 악취가 진동한다. 오레스테스의 시련이 정점에 달하자 아테나는 무시무시한 에리니에스를 에우메니데스('친절한 자들')로 바꾸어버린다. 가축과 인간의 번식, 들판의 비옥함을 관장하는 이 정령들은 아레오파고스('아레스의 신성한 언덕') 밑에서 살았다. 혈족 범죄를 저지른 오이디푸스가 스스로 눈을 찔러 맹인이 되고 테베에서 추방당한 뒤 아테네의 콜로노스에 있는 성역에 실수로 발을 들여놓았을 때 마주친 것이 바로 이 에우메니데스였다. 무단 침입으로 오이디푸스의 죄는 한층 더 무거워졌지만, 아테네의 왕 테세우스는 이 죄를 씻어주었다. 이 호의에 대한 보답으로 오이디푸스는 죽어서 콜로노스에 묻힌 후에도 아테네를 수호해 주었다.

　　로마인은 이들을 푸리아이라 불렀다. (가이아, 기간테스, 고르고네스, 아가멤논, 아테나, 아테네, 아폴론, 아프로디테, 알렉토, 에우메니데스, 오레스테스, 오이디푸스, 우라노스, 콜로노스, 클리타임네스트라, 테베, 테세우스, 푸리아이, 하르피이아이)

에리스Eris 불화를 의인화한 여신 에리스는 주로 트로이 전쟁에서의 역할로 기억되고 있다. 따지고 보면 그 전쟁의 근본적인 원인은 바로 에리스였다. 영웅 펠레우스와 바다의 여신 테티스의 결혼식에 모든 신들이 초대되었지만, 분위기를 망칠 에리스만은 초대받지 못했다. 이 모욕을 갚아주기로 작정한 에리스는 선물을 하나 들고서 결혼식에 나타났다. '가장 아름다운 이에게'라는 글귀가 새겨진 황금 사과였다. 사과의 주인을 자처하고 나선 세 여신이 있었으니, 아테나, 헤라, 아프로디테였다. 이 미모 대결을 심판할 적임자로 트로이의 왕자 파리스가 지목되었다. 최고의 미남자였던 그는 이다 산에서 양 떼를 돌보고 있었다. 여신들은 그의 결정을 운에 맡기지 않고, 뇌물 공세를 펼쳤다. 헤라는 넓은 땅을 다스리는 통치자의 지위를, 아테나는 전쟁에서의 승리를, 그리고 그를 가장 잘 파악한 아프로디테는 세상에서 가장 아름다운 여인을 주겠노라 제안했다. 파리스는 아프로디테를 선택했고, 그 보상을 받기 위해 스파르타로 향했다. 아프로디테의 선물은 스파르타의 왕 메넬라오스의 아내 헬레네였다. 헬레네가 자발적으로 파리스와 함께 트로이로 떠났다는 설도 있고, 아니라는 설도 있다. 어쨌거나 메넬라오스와 그의 형인 미케네의 왕 아가멤논은 1,000척의 함선에 그리스 최고의 전사들을 싣고 트로이로 향했다. 그 후 헬레네를 차지하기 위한 전투가 10년 동안 이어진다. (메넬라오스, 미케네, 스파르타, 아가멤논, 아테나, 아프로디테, 이다[장소], 테티스, 트로이, 펠레우스, 헤라)

에오스Eos 에오스는 새벽과 아침 햇빛의 여신이다. 로마인은 그녀를 아우로라라고 불렀다. 호메로스가 그녀에게 붙인 '장밋빛 손가락을 가진' '사프란 빛의 옷을 입은' '황금 보좌에 앉은' 등의 수식어가 유명하다. 티탄 신인 테이아와 히페리온 사이에 태어난 에오스는 2세대 티탄족이다. 헬리오스('태양'), 셀레네('달')와 형제자매 사이이며, 첫 남편은 역시 2세대 티탄족인 아스트라이오스였다고 한다. 에오스와 아스트라이오스는 바람의 신들인 제피로스, 보레아스, 노토스, 그리고 샛별인 에오스포로스(루키페르)를 비롯한 여러 별들을 자식으로 두었다.

그러나 에오스는 인간들과도 사랑에 빠졌으며, 마음에 드는 자가 눈에 띄면 납치했다. 그중 한 명이 갓 결혼한 케팔로스였다. 그는 어린 아내 프로크리스에게 돌려보내 달라며 빌었다. 분노한 에오스는 비극적인 사건들을 일으켜, 프로크리스가 케팔로스의 손에 죽게 만들었다. 에오스가 사랑에 빠진 또 다른 이는 사냥꾼 오리온이었다. 세 번째 인간 연인은 트로이 왕 라오메돈의 아들이자 후대 왕 프리아모스의 형제인 미남자 티토노스였다. 『호메로스 찬가』 아프로디테 편에 따르면, 에오스는 제우스에게 티토노스를 불사의 존재로 만들어달라 청했고, 제우스는 선뜻 그 부탁을 들어주었다. 하지만 에오스는 티토노스의 젊음도 영원케 해달라고 부탁하는 것을 깜빡 잊고 말았다. 티토노스의 젊음이 아직 시들지 않았을 땐 오케아노스 강 곁에서 둘이 행복하게 살았지만, 그가 늙자마자 에오스는 그를 자기 침실에 들이지 않았다. 하지만 그에게 신들의 음식인 암브로시아와 아름다운 옷을 챙겨주었다. 세월이 흘러 노쇠한 티토노스가 거동도 하지 못하고 아기처럼 웅얼거리자 에오스는 그를 구석방에 가두어버렸다. 고전 시대 이후인 10세기의 전승에 따르면, 그는 매미가 되었다고 한다.

에오스와 티토노스 사이에는 두 아들 에마티온과 멤논이 태어났다. 에마티온은 아라비아의 왕이 되지만 헤라클라스에게 죽임을 당한다. 멤논은 트로이 전쟁에서 아킬레우스에게 살해당한다. 멤논이 죽었을 때 에오스는 하루 동안 지상이 암흑 속에 잠겨 있도록 내버려두었다. (노토스, 라오메돈, 보레아스, 셀레네, 아킬레우스, 오리온, 오케아노스〔장소〕, 제피로스, 케팔로스, 트로이, 티탄족, 티토노스, 프로크리스, 프리아모스, 헤라클레스, 헬리오스)

에우로스Eurus 에우로스는 동풍을 의인화한 신이다. 헤시오도스는『신들의 계보』에서 보레아스, 노토스, 제피로스 같은 바람들의 탄생을 이야기할 때 에우로스는 언급하지 않았다. 로마 건축가 비트루비우스는 동풍이 아침의 산들바람에서 시작되기 때문에 에우로스라는 이름이 붙었다고 썼으며, 백과사전을 저술한 대★ 플리니우스는 에우로스의 건조하고 따뜻한 속성이 벌집과 포도밭의 생산성에 도움이 된다고 주장했다. (노토스, 보레아스, 제피로스)

에우리노메Eurynome '기쁨' 에우리노메는 아름다움, 환희, 우아함을 상징하는 삼미신(세 명 이상이라는 설도 있다)의 어머니이다. (삼미신)

에우리디케Eurydice 신화에 등장하는 에우리디케 중 가장 유명한 이는 트라키아의 음유시인 오르페우스와 결혼한 드리아스(나무의 님페)이다. 로마 시인인 베르길리우스와 오비디우스는 그녀의 이야기를 아주 생생하게 들려준다. 에우리디케는 그녀를 범하려 하는 유명한 목자이자 양봉가 아리스타이오스를 피해 달아나다가 독사에게 물리고 만다. 비탄에 잠긴 오르페우스는 밤낮으로 그녀에 대한 사랑을 노래하다가, 그녀를 찾아 지하세계까지 내려간다. 그곳의 망혼들마저 그의 노래에 매료되고, 하데스의 아내인 프로세르피나〔Ⓖ페르세포네〕왕비는 오르페우스에게 에우리디케를 지상으로 돌려보내주겠노라 약속하면서, 그녀를 데려가는 동안 절대 뒤돌아보지 말라는 조건을 내건다. 하지만 에우리디케가 뒤처졌을까 봐 염려한 오르페우스는 그만 뒤를 돌아보고, 그의 아내는 죽은 자들의 세계로 다시 사라져버린다. 오르페우스는 애통해하며 아홉 달 동안 정처 없이 떠돌아다닌다. 트라키아의 몇몇 바칸테스〔Ⓖ마이나데스〕가 그를 발견하고 탐하지만, 그에게 거절당하자 그의 사지를 찢어놓는다. 오르페우스의 유해는 헤브로스 강에 던져져 떠내려가고, 잘린 머리는 에우리디케를 향한 애가를 계속 부른다.

동명의 다른 인물도 있다. 테베의 섭정 크레온의 아내인 에우리디케는 자신의 아들 하이몬과 그의 연인 안티고네가 죽자 스스로 목숨을 끊는다. (드리아데스, 바칸테스, 아리스타이오스, 안티고네, 에우리디케〔인간〕, 오르페우스, 크레온, 테베, 트라키아, 프로세르피나, 하데스, 하이몬, 헤브로스 강)

에우메니데스Eumenides 복수의 정령들인 에리니에스는 상냥한 에우메니데스('친절한 자들')로 거듭난다. 가축과 인간의 번식, 논밭의 풍작을 관장한 에우메니데스는 그리스의 여러 지역, 특히 아테네의 콜로노스 성역에서 숭배받았다. 그 성역은 오이디푸스가 죄를 용서받기 전에 우연히 침범하여 더럽힌 곳으로 유명해졌다. (아테네, 에리니에스, 오이디푸스, 콜로노스)

에우테르페Euterpe '기쁨을 가져오는 자' 에우테르페는 제우스와 므네모시네의 딸들인 무사이 중 한 명이다. 에우테르페의 담당 영역은 플루트 음악이었다. 그녀와 그녀의 두 자매 칼리오페와 클리오는 트라키아의 왕 레소스의 어머니로 거론된다. (레소스, 무사이, 므네모시네, 제우스, 칼리오페, 트라키아)

에우프로시네Euphrosyne '환희' 혹은 '기쁨'을 의미하는 에우프로시네는 아름다움과 환희와 우아함을 의인화한 삼미신 중 한 명이다. (삼미신)

에일레이티이아Eileithyia(Ilithyia) '도와주러 오는 자' 에일레이티이아(또는 일리티아)는 여성의 출산을 돕는 그리스 여신이다. 시인 헤시오도스는 그녀를 제우스와 헤라의 자식으로 묘사하지만, 다른 원전들에는 그녀의 양면성, 심지어는 여러 명의 에일레이티이아가 언급되어 있다. 출산하는 여성들을 안도시켜 분만을 빨리 끝낼 수 있도록 도와주는 에일레이티이아, 그리고 출산을 늦추어 불편함과 고통을 초래하는 에일레이티이아. 이런 양면적인 역할과 더불어 아내들의 수호신인 헤라와의 친밀한 관계 때문에 그녀는 헤라클레스의 유명한 탄생 설화에도 등장한다. 여기서 에일레이티이아는 펠롭스의 딸 니키페가 에우리스테우스를 빨리 낳도록 돕고, 알크메네의 헤라클레스 출산을 지연시킨다. 제우스의 피를 물려받은 아이가 곧 태어나 아르고스 지방의 통치자가 되리라는 예언 때문에 헤라가 그런 명령을 내린 것이다. 질투심 많은 헤라는 남편 제우스의 친자식인 헤라클레스보다는 좀 더 먼 친척인 에우리스테우스에게 그 영광이 돌아가기를 원했다.

아르테미스와 헤라는 출산을 관장하는 역할을 할 때 에일레이티이아라는 별칭으로 불리기도 했다. 로마에서는 루키나가 에일레이티이아와 동일시되었다. (루키나, 아르고스, 아르테미스, 에우리스테우스, 제우스, 펠롭스, 헤라, 헤라클레스)

에코Echo 형체 없는 목소리가 된 님페 에코는 다른 누군가가 내뱉은 말의 마지막 부분만 그대로 따라 했다. 이렇게 된 사연은 로마 시인 오비디우스의 『변신 이야기』

에 나온다. 유피테르〔G제우스〕가 산의 님페들을 희롱하며 노는 사이 유노〔G헤라〕의 정신을 딴 곳으로 돌리는 임무를 맡은 에코는 유노와 쉴 새 없이 수다를 떨었다. 그러다 결국 유노에게 벌을 받아, 남들의 말만 토막토막 따라 하는 신세가 되어버렸다. 그녀의 불행은 여기서 그치지 않았으니, 그 누구의 마음도 받아주지 않는 나르키소스와 사랑에 빠지고 말았다. 상사병과 그의 무관심으로 점점 야위어가던 그녀는 결국 목소리만 남게 되었다. (나르키소스, 님페, 유노, 유피테르)

엘렉트라Electra 엘렉트라라는 이름의 하급 신이 둘 있다. 한 명은 바다의 신인 오케아노스와 테튀스의 딸이다. 그녀는 폰토스와 가이아의 아들인 타우마스와 결합하여, 무지개의 여신인 이리스와 무시무시한 하르피이아이를 낳았다. 또 다른 엘렉트라는 플레이아데스 중 한 명이다. 제우스의 구애를 피해 달아나다 아테나 신상에 몸을 숨기지만 결국 그와 정을 통하여, 트로이의 조상인 다르다노스와 훗날 데메테르의 연인이 되는 이아시온을 낳았다.

이들과 구분되는 인간 엘렉트라도 있었으니, 미케네의 왕 아가멤논의 딸이다. (가이아, 다르다노스, 데메테르, 아가멤논, 아테나, 엘렉트라〔인간〕, 오케아노스, 이리스, 제우스, 타우마스, 테튀스, 트로이, 플레이아데스, 하르피이아이)

오레아데스Oreads 오레아데스는 산의 님페들로, 산을 의미하는 그리스어 '오로스oros'와 그 형용사형인 '오레이오스oreios' '오레이오사-a' '오레이오손-on'('산에서 사는')에서 그 이름이 유래했다. (님페)

오르쿠스Orcus 오르쿠스는 죽음의 신이자 저승을 다스리는 왕이었다. 그리스 신화의 타나토스('죽음')와 하데스('망자들의 왕', 플루톤이라고도 불렸다)에 해당한다. 하데스와 마찬가지로, 오르쿠스의 이름은 지하세계를 가리키는 지명으로 사용되기도 했다. (지하세계, 타나토스, 플루톤, 하데스〔신〕)

오케아노스Oceanus 부모인 가이아('대지')와 우라노스('하늘')처럼, 티탄족 오케아노스 역시 태초의 자연신으로서 지형지물인 오케아노스 강인 동시에 그 강을 의인화한 신이기도 했으며, 부모와 아내, 자식이 있었다. 누이 테튀스와의 사이에 무려 3,000명의 님페들인 오케아니데스를 딸로 두었다. 그중 도리스와 암피트리테, 메티스가 가장 유명하다. 오케아노스와 테튀스는 세계의 모든 강들도 낳았는데, 스틱스 강을 제외하고는 전부 남성이었다. 오케아노스는 수염을 기른 성인 남자로 묘사되는 경우가 많으며, 가끔은 뿔과 물고기 꼬리를 달고 있을 때도 있다.

자연력으로서의 오케아노스는 평평한 원반 모양의 세계를 에워싸고 흐르며 바깥 경계를 짓는 강으로 그려졌다. 한 예로, 호메로스의 『일리아스』에 등장하는 아킬레우스의 방패에는 바로 그런 모습의 오케아노스가 묘사되어 있다. 오케아노스는 모든 강들의 근원으로 여겨졌다. 사람들은 헬리오스('태양')와 에오스('새벽')가 오케아노스의 동쪽 기슭에서 날아올라 하루의 여정을 마친 후 서쪽의 강물 속으로 다시 들어간다고 생각했다. 호메로스는 엘리시온과 하데스가 오케아노스 너머, 그러니까 세상의 경계 너머에 있다고 쓴다. 어떤 의미에서 오케아노스는 우리가 아는 세상과 모르는 세상, 현실과 비현실 사이의 경계선과도 같았기 때문에, 수많은 괴물과 '이국적인' 인간 종족들이 그 부근에 살았다고 한다. 헤스페리데스, 고르고네스, 게리온, 헤카톤케이레스, 에티오피아족 등이 여기에 속한다.

시간이 흘러 지리적 탐사와 추측이 발전함에 따라, 오케아노스를 하나의 강으로 보기보다는 지브롤터 해협 너머의 거대한 바다 혹은 서로 연결된 모든 대양을 둘러싸는 '세계의 바다'로 여기게 되었다. (가이아, 게리온, 고르고네스, 메티스, 암피트리테, 에오스, 에티오피아, 엘리시온, 오케아노스[장소], 오케아니데스, 우라노스, 테튀스, 티탄족, 하데스, 헤스페리데스, 헤카톤케이레스, 헬리오스)

오케아니데스Oceanides 오케아니데스[단수형은 오케아니스]는 바다의 님페들로, 티탄족 오케아노스와 그의 누이 테튀스 사이에 태어난 무려 3,000명의 딸들이다. 이들 중 소수만이 단독 신화를 갖고 있다. 네레우스와 결합하여 50명의 네레이데스를 낳은 도리스, 몇몇 전승에 포세이돈의 아내로 등장하는 암피트리테, 그리고 제우스와의 사이에 아테나를 잉태한 메티스가 그들이다. (네레우스, 네레이데스, 도리스, 메티스, 아테나, 암피트리테, 오케아노스[신], 제우스, 테튀스, 티탄족, 포세이돈)

옵스Ops '도움' 혹은 '자원'이라는 뜻의 옵스는 수확과 풍요를 관장하는 로마의 여신으로, 대지를 비옥하게 할 뿐만 아니라 군사 활동과 출산도 도왔다. 옵스는 곡물 저장고의 신 콘수스와 함께 숭배되었으며, 사투르누스의 아내로도 알려져 있었다. 로마인은 원래 파종의 신이었을 사투르누스를 올림포스 신들의 아버지인 태초신 크로노스와 동일시했다. 이에 따라 사투르누스의 아내인 옵스는 크로노스의 아내인 그리스 여신 레아와 동일시되기도 했다. (레아, 사투르누스, 올림포스 산, 크로노스)

요베Jove(Iovis) 라틴어 이오비스의 영어형인 요베는 로마의 최고 신 유피테르의

또 다른 이름이다. (로마, 유피테르)

우라노스Uranus 우라노스는 천상이나 하늘을 의인화한 신으로, 하늘 자체이기도 하다. 시인 헤시오도스의 『신들의 계보』에 따르면, 태초의 대지신 가이아는 그녀를 완전히 뒤덮어 (아직 태어나지 않은) 신들의 거처가 되어줄 우라노스를 낳았다. 가이아와 우라노스 사이에서 여러 무리의 자식들이 태어났다. 티탄 12신, 외눈박이 삼형제 키클로페스, 세 명의 헤카톤케이레스('100개의 손을 가진 자들'). 우라노스는 갓 태어난 여섯 명의 괴물들을 보고는 너무도 혐오스러워 그들을 어머니 속으로 다시 밀어 넣었고, 이 때문에 가이아는 끔찍한 고통에 시달려야 했다. 복수의 칼을 갈던 가이아는 티탄족 막내인 크로노스에게 그녀의 계략을 실행에 옮겨달라고 설득했다. 우라노스가 밤에 그녀와 동침하기 위해 찾아오자 크로노스는 숨어 있던 곳에서 기어나가 아버지를 거세했다. 이로써 우라노스는 가장 강력한 남성 신으로서의 자격을 박탈당했다. 잘려나간 그의 성기는 바다로 떨어졌고, 그 주위로 부글부글 끓어오른 거품에서 아프로디테가 태어났다. 땅으로 떨어진 피에서는 기간테스와 복수의 정령들인 에리니에스가 튀어나왔다. 결국엔 크로노스 역시 아들 제우스에게 신들의 제왕 자리를 빼앗긴다. 이런 계승 신화(우라노스-크로노스-제우스)가 근동 지역에서도 발견되는 걸 보면, 모두 공통된 기원에서 유래했음을 알 수 있다. (가이아, 기간테스, 아프로디테, 에리니에스, 제우스, 크로노스, 키클로페스, 티탄족, 헤카톤케이레스)

우라니아Urania(Ourania) '천상에 있는 자' 우라니아는 예술적 영감을 주는 여신들인 무사이 중 한 명이다. 천문학과 점성술의 수호신으로 여겨졌고, 따라서 자연과학이나 철학과도 관련되었다. 그녀는 결혼 축가를 의인화한 신 히멘과 유명한 음유시인 리노스를 낳았다. 리노스는 그녀의 자매 칼리오페의 아들이라는 설도 있다.

고전 신화에는 여러 명의 다른 우라니아도 존재한다. 그중 한 명은 오케아노스와 테튀스의 딸인 오케아니스였다. 여신들인 헤라와 헤카테, 헤베, 아르테미스, 네메시스 등도 '천상'의 올림포스 산에 거한다는 의미에서 우라니아라 불렸다. 또 밀교에서 아프로디테는 우라니아라는 별칭으로 불리기도 했는데, 다산의 여신이자 우라노스의 자식이라는 지위 때문이었을 것이다. (네메시스, 아르테미스, 아프로디테, 오케아노스[신], 오케아니데스, 올림포스 산, 우라노스, 테튀스, 헤라, 헤베, 헤카테)

운명의 세 여신Fates 운명의 세 여신은 예견된 운명을 관장한다. 영어 단어 'fate(운명)'는 '말하다'라는 의미의 라틴어, 'for(나는 말한다)' 'fari(말하다)' 'fatum(말해졌다)'에서 유래한다. 따라서 운명이라는 개념의 중심에는 앞으로 벌어질 일을 결정하거나 예언하는 형태의 말이 있을 수밖에 없다. 운명의 세 여신을 그리스인은 모이라이, 로마인은 파르카이라 불렀다. 그리스에서든 로마에서든 운명의 여신들과 다른 신들 사이에 기 싸움이 벌어진다. 가끔은 신들의 입김이 통할 때도 있지만, 그렇지 못할 때도 있다. (모이라이, 파르카이)

유노Juno 로마 신화에서 유노는 신들의 왕비이자 유피테르의 아내, 그리고 사투르누스의 딸이다. 그리스의 여신 헤라와 동일시되어 헤라의 신화를 취하긴 했지만, 유노는 영향력 있고 존경받는 이탈리아의 토착신이었다. 그리스의 헤라와 비슷하게, 도시의 신인 동시에 아내와 어머니의 수호신이었다. 출산을 관장하는 역할을 할 때는 유노 루키나, 국가 차원의 종교 의식에서는 유노 레기나('왕비')라 불렸다. 징병 연령의 청년들을 수호하는 신으로서는 유노 쿠리티스('창의 신'), 소스피타('안전하게 지키는 자'), 모네타('경고하는 자') 등의 명칭이 붙었다. 그리스 신화의 헤라에 대응되는 로마 여신 유노는 여러 이유로 트로이에 뿌리 깊은 원한을 품고 있었다. 유피테르(ⓖ제우스)는 트로이의 잘생긴 왕자 가니메데스를 납치해 술 시중을 들게 했고, 파리스는 '가장 아름다운 이에게'라는 글귀가 새겨진 황금 사과의 주인이 아프로디테라는 악명 높은 판결을 내렸다. 트로이에 대한 그녀의 증오는 아이네이아스에게까지 이어졌다. 그가 트로이에서 이탈리아로 달아나 새로운 도시를 세우려 할 때 그녀는 맹렬하게 방해 공작을 펼쳤다. 반면, 아이네이아스와 사랑에 빠진 고귀한 카르타고 여왕 디도는 유노의 총애를 받았다. 그러나 아이네이아스가 비열하게 떠난 뒤 디도가 맞은 슬픈 운명은 유노도 바꾸어주지 못했다. (디도, 루키나, 사투르누스, 아이네이아스, 유피테르, 카르타고, 트로이, 파리스, 헤라)

유벤투스Juventus(Juventas) 유벤투스(또는 유벤타스)는 젊음을 의인화한 로마 여신으로, 이탈리아 밀교와의 연관성을 그대로 유지한 채 점차 젊음의 그리스 여신인 헤베의 면모까지 취하기 시작했다. 로마 종교에서 차지한 유력한 지위를 증명하듯, 유벤투스는 로마 도시 내의 여러 중요한 장소에서 숭배되었다. 예를 들어, 신성한 카피톨리노 언덕의 유피테르(ⓖ제우스) 신전 안에 그녀의 공간이 마련되었으며, 로마의 대형 원형경기장 키르쿠스 막시무스에는 그녀를 모시는 신전이 따로 지어져 있었다. 그녀가 특별히 관장한 영역은 소년들의 성년식이었다. 성년식을 치른 남자는 병역의 조건을 갖춘 것으로 간주되고, 흰색 토가* 비릴리스('남자들의 토가')를 받았다. (로마, 유피테르, 카피톨리노 언덕, 헤베)

유투르나Juturna 로마 신화에서 유투르나는 분수와 샘 같은 수원을 관장하는 님페이다. 베르길리우스의 『아이네이스』에 따르면, 유투르나는 그녀의 처녀성을 빼앗은 유피테르(ⓖ제우스)로부터 영원불멸의 생과 '세력권'을 선물 받아 연못과 강의 주인이 되었다. 그녀의 이름은 도움을 의미하는 라틴어 '이우바레iuvare'와 루툴리족 영웅 투르누스의 이름을 합친 것이다. 시인 베르길리우스는 유투르나를 투르누스의 누이이자 조력자로 설정한다. 유투르나는 유노(ⓖ헤라)의 명령에 따라 트로이인과 라틴인 간의 휴전을 깨뜨렸으며, 마부 대신 투르누스의 전차를 몰아 오빠를 구하려 했으나 성공하지 못했다. 투르누스는 그가 사랑하는 공주 라비니아와 결혼할 운명인 트로이의 아이네이아스에게 살해된다.

포로 로마노에는 카스토르와 폴룩스(ⓖ폴리데우케스)의 신전 근처에 유투르나에게 봉헌된 연못이 하나 있었다. 역사가 할리카르나소스의 디오니시오스가 기록하기를, 레길루스 호수에서 벌어진 전설적인 전투(기원전 496년경)에서 신성한 쌍둥이 형제가 로마인을 도와 라틴인과 싸운 후 그 연못에서 말에게 물을 먹였다고 한다. (라비니아, 라틴인, 로마, 루툴리족, 아이네이아스, 유노, 유피테르, 카스토르, 투르누스, 트로이, 폴룩스)

유피테르Jupiter(Juppiter, Jove) 유피테르(또는 요베)는 로마의 최고 신으로, 그리스 신화의 제우스처럼 하늘과 기상 현상의 신이자 정치적·사회적 질서를 유지하는 도시와 정치의 신이기도 했다. 또 제우스와 마찬가지로 유피테르('천상의 아버지')라는 이름은 '광휘'를 의미하는 인도유럽어족의 단어에서 유래하여 하늘의 밝음을 나타낸다. 유피테르의 경우에는 아버지를 의미하는 단어 '파테르pater'가 '하늘'에 붙었다. 로마가 국가 차원으로 섬긴 유피테르는 유피테르 옵티무스 막시무스('최고의 위대한 자')로 숭배받았으며, 로마의 카피톨리노 언덕에 지어진 그의 가장 중요한 신전은 이른바 카피톨리노 삼주신三主神인 유피테르, 유노(ⓖ헤라), 미네르바(ⓖ아테나)를 함께 섬겼다.

유피테르는 제우스와 완전히 다른 별개의 신이었지만, 제우스의 신화를 그대로

---

* 토가toga: 고대 로마 시민이 입던 헐렁한 겉옷.

취했고, 예술 매체에서 제우스와 똑같은 모습으로 묘사되었다. (로마, 미네르바, 유노, 제우스, 카피톨리노 언덕)

이나코스Inachus 이나코스는 펠로폰네소스의 동부 지역인 아르골리스에 흐르는 이나코스 강의 신이며, 티탄 신들인 테튀스와 오케아노스의 아들이다. 님페인 멜리아와 결합하여, 훗날 제우스의 구애를 받다가 헤라의 질투로 인해 흰 암소로 변하는 사랑스러운 이오를 딸로 두었다.

여행 작가 파우사니아스는 아르골리스에 대한 지배권을 두고 포세이돈과 헤라가 펼친 대결에서 이나코스가 한 역할을 들려준다. 이나코스는 아르골리스의 또 다른 강의 신들인 케피소스, 아스테리온과 함께 이 대결의 심판을 맡았다. 그들이 헤라의 승리를 선언하자, 포세이돈은 그들의 물을 바싹 말려버렸다. 이후로 그 강들은 비가 내린 후에만 흘렀다. 파우사니아스가 전하는 변형된 전설에 따르면, 이나코스는 신이 아니라 아르고스의 왕으로, 강에 자신의 이름을 붙였다고 한다. (아르고스, 오케아노스, 이오, 제우스, 케피소스〔신〕, 테튀스, 티탄족, 포세이돈, 헤라)

이노Ino 레우코테아('백색의 여신')라고도 불린 이노는 뱃사람들의 수호신이었다. 본래는 필멸의 존재였으나 신들의 뜻에 따라 신의 반열에 올랐다. 신화에서 그녀는 영웅 오디세우스의 목숨을 지켜주는 중요한 역할을 한다. (레우코테아, 오디세우스, 이노〔인간〕)

이다Ida 신화 기록가 아폴로도로스에 의하면, 레아는 갓 태어난 아들 제우스를 멜리세우스의 딸들이자 님페들인 아드라스테이아와 이다, 그리고 쿠레테스에게 맡겨 크레타 섬의 딕테 산에 있는 한 동굴에서 보살피게 했다. 시인 칼리마코스와 오비디우스는 제우스가 크레타 섬의 이다 산에서 쿠레테스의 손에 자랐다는 또 다른 전설을 전한다. (레아, 아드라스테이아, 이다〔장소〕, 제우스, 쿠레테스, 크레타 섬)

이리스Iris 이리스는 무지개의 신이자 신들의 전령으로, 지상의 필멸자들과 천상의 신들을 연결하는 가교 역할을 했다. 그러나 호메로스 이후의 작품들에서 이 역할의 대부분은 헤르메스에게 넘어갔으며, 가끔 황금빛 날개를 달고 하늘을 나는 모습으로 묘사되는 발 빠른 이리스는 헤라의 사자로 등장한다. 헤시오도스에 따르면, 그녀는 오케아노스의 딸인 엘렉트라와 타우마스('경이') 사이에 태어났다. 바람처럼 빨리 날아다니며 이아손과 아이네이아스 같은 영웅들과 맞닥뜨리는 하르피이아이

와 자매간이다. 몇몇 전승에서는 이리스가 서풍 제피로스와 결합하여 여신 포토스
('욕망')를 낳았다고도 한다.

다양한 빛깔의 꽃을 피우는 260~300종의 다년초 아이리스는 이리스에서 그
이름이 유래했다. (아이네이아스, 엘렉트라[님페], 오케아노스[신], 이아손, 제피로스, 하르피이
아이, 헤르메스)

이아페토스Iapetos 이아페토스는 티탄 신으로, 형제 크로노스가 아버지 우라노
스를 거세할 때 도와주었다고 한다. 이아페토스는 형제 오케아노스의 딸인 클리메
네와 결혼하였으며, 그리스 시인 헤시오도스에 의하면, 이아페토스의 자식으로는
인류의 용감한 은인 프로메테우스('선견지명'), 판도라를 아내로 맞은 어리석은 에피
메테우스, 어깨에 하늘을 짊어진 아틀라스, 그리고 티탄족과 올림포스 신들 사이의
전쟁에 끼어들었다가 제우스가 던진 벼락에 맞은 메노이티오스가 있다. 이아페토
스 역시 그 전쟁에 참여하여, 티탄족의 패배 후 메노이티오스, 크로노스와 함께 제
우스에게 벌을 받아 타르타로스에 감금되었다. (아틀라스, 에피메테우스, 오케아노스[신],
올림포스 산, 우라노스, 제우스, 크로노스, 타르타로스, 티탄족, 판도라, 프로메테우스)

이악코스Iacchus 고대에도 이악코스라는 이름은 포도주와 유동적인 삶의 신 디
오니소스의 별칭으로 쓰였지만, 본래는 별개의 신이었다. 데메테르와 페르세포네
의 숭배 의식인 엘레우시스 비의秘儀에서 밀교적 활동의 일부로 신도들이 지르던 함
성 '이악케'를 의인화한 신으로 추정된다. 아니면 농경의 신이었을 수도 있다. 엘레
우시스 비의를 통해 이악코스와 얽힌 데메테르나 페르세포네가 그의 어머니로 간
주되기도 했다. (데메테르, 디오니소스, 엘레우시스, 페르세포네)

제우스Zeus 제우스는 종교와 신화 모두에서 그리스의 최고 신으로, 그와 함께
올림포스 산에 사는 신들뿐만 아니라 다른 모든 신들보다 우위에 있었다. 즉, 그는
'히파토스('가장 높은 자')'였다. 호메로스는 그를 '신과 인간의 [전능한] 아버지'로 묘
사한다. 제우스가 인도유럽어계에서 기원했다는 데에는 이론이 없으며, 그의 이름
은 '빛나다'라는 뜻의 어근 '디에우dieu'에서 유래한다. 무엇보다 제우스는 비와 천
둥, 번개 같은 대기 현상과 하늘을 다스리는 빛나는 신이었다. 대지에서 하늘과 가
장 가까운 지형인 산, 그중에서도 높다랗게 우뚝 솟은 올림포스 산은 그에게 성스
러운 곳이었다. 또한 제우스는 도시의 신이기도 해서, 도시를 질서 정연한 공동체
로 정착시키고 유지하며, 개개의 가정과 그 구성원의 안녕을 지키는 일에 관심이 지

대했다. 사람들 사이의 관계를 지속시키는 신으로서, 탄원자들을 수호하고 서약의 보증인이 되어주며, 낯선 자에 대한 환대를 중시했다. 맡은 역할이 많은 만큼 제우스에게 붙여진 별칭과 에피클레시스epikleseis(기도나 밀교 의식에서 불린 이름)도 많다. 그중 옴브리오스('비를 내리는 자'), 네펠레게레테스('구름을 모으는 자'), 케라우니오스('천둥의 신'), 올림피오스('올림포스 산의'), 아고라이오스('집회의 신'), 크세니오스('환대의 신'), 히케시오스('탄원자들의 신'), 호르키오스('서약의 신') 등이 유명하다. 제우스는 그리스 전역에서 숭배받으며 모든 도시를 동등하게 보호했다. 이런 까닭에 특정 도시의 수호신은 아니었다. 그에게 바쳐진 가장 중요한 밀교 축제는 범그리스 제전과 함께 펠로폰네소스 반도의 올림피아에서 열렸으며, 바로 그곳에 제우스 신전도 지어졌다. 신전 안에는 유명한 조각가 페이디아스가 금과 상아로 제작한 거대한 신상이 모셔져 있었다. 제우스는 날씨와 도시를 관장하는 최고 신이었을 뿐만 아니라 예언력도 가지고 있어서, 에페이로스 지방의 도도나에 그의 가장 오래되고 유명한 신탁소가 있었다. 그의 신목神木인 참나무의 이파리들이 파르르 떨리는 소리, 그리고 그 나무에 앉은 비둘기들의 비행이나 울음소리를 통해 제우스의 예언이 전달되었다고 한다.

신화에서 제우스는 티탄 신들인 크로노스와 레아의 아들이며, 형제자매로는 포세이돈, 하데스, 헤스티아, 헤라, 데메테르가 있다. 크로노스는 자식들 중 한 명에게 왕좌를 빼앗기리라는 사실을 알고는 아이들이 태어나는 족족 집어삼켰다. 제우스만은 살아남았다. 레아가 포대기에 싼 돌을 제우스 대신 크로노스에게 준 것이다. 아기 제우스는 크레타 섬의 이다 산(혹은 딕테 산)에서 님페들인 아드라스테이아와 이다의 보살핌을 받았고, 쿠레테스는 무기들을 쩅쩅 울려 제우스의 울음소리를 감추었다. 제우스가 장성하자, 구세대 티탄족과 올림포스 신들(제우스와 형제자매들) 사이에 10년 전쟁이 벌어졌고, 제우스는 키클로페스와 헤카톤케이레스의 도움으로 승리를 거두었다. 이제 티탄족은 타르타로스에 감금되고, 제우스와 형제들이 세상을 나누어 갖게 되었다. 제비뽑기로 세력권을 정한 결과, 제우스는 하늘의 주인, 하데스는 지하세계의 주인, 포세이돈의 바다의 주인이 되었다.

제우스는 자신의 누이인 헤라와 결혼했고, 그들 사이에서 군신 아레스, 출산의 여신 에일레이티아, 청춘의 여신 헤베가 태어났다. 제우스에게는 다른 배우자와 연인도 굉장히 많았는데, 신과 인간을 가리지 않았다. 여신 메티스도 그중 한 명이다. 제우스는 임신한 그녀를 집어삼켰고, 그렇게 태어난 자식이 바로 아테나. 쌍둥이 신들인 아폴론과 아르테미스는 2세대 티탄족 레토와의 사이에 태어난 자식들이다. 님페 마이아와의 사이에는 헤르메스, 테베의 공주 세멜레와의 사이에는 디오니소스, 데메테르와의 사이에는 페르세포네, 므네모시네와의 사이에는 아홉 명의 무사이를 자식으로 두었다. 몇몇 전승에서는 그가 디오네와 결합하여 아프로디테를 낳았다고도 한다. 그의 가장 유명한 인간 자식은 헤라클레스다. 헤라클레스의 어머니인 알크메네가 같은 날 밤에 제우스와 암피트리온 모두와 동침했기 때문에 헤라클레스의 아버지는 두 명인 셈이었다. 제우스가 자식을 직접 낳은 놀라운 사례도 두 번 있었다. 아테나는 그의 머릿속에서 튀어나왔으며, 제우스의 벼락을 맞고 죽은 세멜레의 배 속에 있던 디오니소스는 제우스의 허벅지 안에서 달을 채운 후 바깥세상으로 나왔다.

제우스는 온갖 특이한 방식으로 상대를 유혹했는데, 특히 감금된 다나에에게 접근하기 위해 황금빛 소나기로 변신하여 그녀로부터 아들 페르세우스를 얻은 일화가 유명하다. 또한 티레의 공주 에우로페를 납치하기 위해 어여쁘고 온순한 흰 소로 둔갑했으며, 아르테미스의 순결한 신도인 칼리스토에게 다가가기 위해 아르테미스의 모습을 취했다. 트로이의 헬레네를 낳게 될 레다를 유혹할 때에는 백조로 변신했다. 한편 트로이의 잘생긴 왕자 가니메데스를 납치한 것은 제우스 자신이 아니라 그의 신조神鳥인 독수리였다.

제우스의 분노를 산 자들로는 2세대 티탄족 프로메테우스, 리카온, 그리고 철의 종족(현재의 타락한 인간 종족)이 있다. 프로메테우스가 인간들에게 너무 많은 걸 베풀었다고 생각한 제우스는 그를 쇠사슬에 묶어놓고 영원히 독수리에게 간을 쪼아 먹히게 했다. 사악한 왕 리카온은 짐승만도 못한 만행을 저지른 대가로 늑대가 되었으며, 제우스가 보기에 완전히 타락해버린 인간들은 독실했던 데우칼리온과 피라를 제외하고 모두 대홍수로 죽었다.

제우스의 상징물은 왕홀, 번개, 독수리였다. 식물 중에는 위풍당당한 참나무가 가장 중요한 신목이었다.

로마인은 그들의 최고 신인 유피테르와 제우스를 동일시했다. (가니메데스, 다나에, 데메테르, 데우칼리온, 도도나, 디오네, 디오니소스, 레다, 레아, 레토, 로마, 리카온, 마이아, 메티스, 무사이, 므네모시네, 세멜레, 아레스, 아르테미스, 아테나, 아폴론, 아프로디테, 알크메네, 암피트리온, 에우로페, 에일레이티이아, 올림포스 산, 올림피아, 유피테르, 이다(장소), 지하세계, 칼리스토, 쿠레테스, 크레타 섬, 크로노스, 키클로페스, 트로이, 티탄족, 페르세우스, 페르세포네, 포세이돈, 프로메테우스, 피라, 하데스, 헤라, 헤라클레스, 헤르메스, 헤베, 헤스티아, 헤카톤케이레스, 헬레네)

제피로스Zephyros 제피로스는 반가운 봄의 도래와 초목의 부활을 예고하는 따스하고 온화한 서풍을 의인화한 신이다. 로마인은 그를 파보니우스와 동일시했다.

그리스 시인 헤시오도스의 설명에 따르면, 바람의 신들인 제피로스, 보레아스, 노토스는 새벽의 여신 에오스와 그녀의 남편 아스트라이오스 사이에 태어났다. 호메로스는 제피로스가 오케아노스 강변의 초원에서 풀을 뜯고 있던 난폭한 포다르게('빠른 발')와 정을 통했다고 쓴다. 이 결합으로 아킬레우스의 신마神馬들인 크산토스와 발리오스가 태어났다. 다른 원전들에서는 포다르게가 하르피이아이의 한 명으로 등장한다는 사실이 주목할 만하다. 반인반조인 하르피이아이는 적어도 처음엔 돌풍의 갑작스럽고 탐욕스러운 성질을 의인화했던 것으로 보인다. 바람은 가끔 말로 묘사되기도 했으니, 말로 둔갑한 포다르게와 제피로스 사이에서 재빠른 불멸의 말들이 태어난 것도 이상한 일은 아니다.

신화 기록가 아폴로도로스는 제피로스와 연관된 또 다른 이야기를 전한다. 제피로스와 아폴론은 스파르타의 미소년 히아킨토스의 애정을 얻고자 서로 경쟁을 벌였다. 아폴론에게 기운 히아킨토스의 마음을 눈치채고 질투심에 휩싸인 제피로스는 아폴론이 던진 원반이 히아킨토스의 머리로 날아가게 만들었다. 히아킨토스가 쓰러져 죽은 땅에서 그를 추모하는 히아신스 꽃이 애도의 말을 꽃잎에 새긴 채 피어났다. 꽃과 관련된 이야기가 또 하나 있다. 님페 클로리스('푸른 잎')에게 반한 제피로스는 그녀를 납치해서 결혼한 후 꽃의 여신 플로라로 만들었다. 시인 오비디우스의 『로마의 축제들』에 따르면, 실제로 히아신스를 만든 이는 플로라였다고 한다. (노토스, 보레아스, 스파르타, 아킬레우스, 아폴론, 오케아노스〔장소〕, 파보니우스, 플로라, 히아킨토스)

카론Charon 그리스 로마 신화에서 카론은 죽은 자들을 실어 나르는 뱃사공이다. 숨을 거둔 후 적절하게 매장된 자들을 작은 배에 태우고 아케론 강(혹은 스틱스 강)을 건너, 산 자의 세계에서 지하세계로 옮겼다. 헤르메스가 망혼들을 아케론 강까지 데려가면 카론이 그들을 맞았다. 뱃삯으로 오볼(고대 그리스의 초기 통화로 쓰였던 쇠꼬챙이인 오벨로스 하나에 해당하는 값의 은화)을 하나 내면 강을 건널 수 있었고, 이런 이유로 망자들은 입에 동전을 문 채 매장되었다. 하지만 죽지 않고도 카론을 설득하여 저승에 들어간 자들이 있었으니, 테세우스, 페이리토오스, 헤라클레스, 아이네이아스 같은 영웅들이었다. 시인 베르길리우스의 『아이네이스』에 카론의 모습이 가장 생생하게 묘사되어 있는데, 덥수룩한 턱수염을 기르고, 더러운 망토를 입고, 눈이 불길처럼 이글거리는 음침하고 무시무시하며 지저분한 노인이다.

카론은 원래 죽음을 의인화한 하급 신이었던 것으로 보인다. 지리학자 스트라본에 따르면, 흥미롭게도 밀교에서는 치유의 신으로 숭배받았다고 한다. (스틱스〔장소〕, 아이네이아스, 아케론 강, 지하세계, 테세우스, 페이리토오스, 헤라클레스, 헤르메스)

카리테스Charites 그리스인은 아름다움, 환희, 우아함을 상징하는 여신들인 삼미신을 카리테스라 불렀다. 시인 헤시오도스에 따르면, 그들은 오케아노스의 딸인 사랑스러운 에우리노메와 제우스 사이에 태어났으며, 각각의 이름은 아글라이아('눈부시게 빛나는 자'), 에우프로시네('기쁨'), 탈리아('활짝 피는 자')였다. (삼미신, 오케아노스(신), 제우스)

카메나이Camenae 카메나이는 과학, 시, 예술을 관장하는 그리스의 무사이와 동일시된 로마의 네(혹은 세) 여신들이다. 님페 또는 여신인 에게리아가 가끔 여기에 포함될 때도 있다. 고대 전기 작가인 플루타르코스에 따르면, 전설상의 로마 2대왕 누마 폼필리우스는 카메나이에게 바치는 성스러운 숲을 로마에 만든 후 이곳에물을 대어주는 샘이 거룩하다 공표하며, 베스타(ⓖ헤스티아)의 무녀들이 신전을 정화할 때 그 샘물을 사용하도록 했다. (누마, 님페, 무사이, 베스타, 에게리아)

카스토르Castor(Kastor) 카스토르와 그의 형제 폴룩스(ⓖ폴리데우케스)는 '제우스의 쌍둥이 아들', 즉 디오스쿠로이로 불렸다. 고전 시대의 일부 자료에 따르면, 카스토르의 아버지는 사실 스파르타의 왕 틴다레오스였고, 폴룩스의 아버지가 제우스였다고 한다. 스파르타의 왕비 레다가 같은 날 둘 모두와 동침한 것이다. 두 형제모두 말과 연관되었지만, 그리스 시인 알크만은 카스토르를 승마의 명수이자 말 조련사로 부른다. 반면 폴룩스는 권투 실력이 뛰어났다. 수많은 모험을 마친 후 두 형제는 쌍둥이자리를 이루는 주요 별들이 되었다. (디오스쿠로이, 레다, 스파르타, 쌍둥이자리, 제우스, 틴다레오스, 폴룩스)

카오스Chaos 그리스 신들의 기원에 대한 현존하는 가장 오래된 이야기인『신들의 계보』에서 시인 헤시오도스는 거대한 공허 카오스가 제일 먼저 생겨났고, 뒤이어 대지 가이아, 지하의 심연 타르타로스, 욕망 에로스가 탄생했다고 쓴다. 태초의자연적인 힘 카오스로부터 어둠 에레보스와 밤이 태어났으며, 그런 다음 밤이 에레보스와 사랑을 나누어 상층부의 밝은 대기 아이테르와 낮을 낳았다. 가이아는 하늘(우라노스)과 산들(우레아)과 바다(폰토스)를 차례로 낳아 물리적인 '형태'를 갖추었다. 그 후 가이아와 우라노스 사이에 다양한 무리의 자식들이 태어났다. 신들의 계보는 우주와 그 구성 요소들이 어떻게 탄생했는지 알려주는 우주 기원론이기도 하다. 태초의 신들은 자연 그 자체이지만, 서사의 진행을 위해 어느 정도 의인화된다.

(가이아, 에레보스, 에로스, 우라노스, 타르타로스)

칼리오페Calliope '아름다운 목소리를 가진' 칼리오페는 무사이 중 한 명으로, 가끔 그들의 우두머리로 묘사되기도 한다. 서사시의 무사(무사이의 단수형)로 알려지긴 했지만, 전반적인 시의 수호자로 간주되기도 했다. 신화 기록가 아폴로도로스에 따르면, 칼리오페는 트라키아의 왕 오이아그로스(혹은 아폴론)와의 사이에 두 아들을 낳았다고 한다. 제자 헤라클레스의 손에 죽음을 맞은 유명한 음악가 리노스, 그리고 음악으로 나무와 돌까지 감동시켰다는 오르페우스가 그들이다. 상징적인 의미인 것 같기는 하지만, 심지어 호메로스도 그녀의 아들로 거론되었다. (리노스, 무사이, 아폴론, 오르페우스, 트라키아, 헤라클레스)

칼립소Calypso '그대를 숨겨주리'라는 뜻의 이름을 지닌 여신 칼립소는 호메로스의 『오디세이아』에서 2세대 티탄족 아틀라스의 딸로 등장한다. 자연 혹은 대지의 신인 칼립소는 나무들과 무성하게 뻗은 덩굴, 푸르른 초원 같은 호화로운 초목에 둘러싸인 동굴에서 살았다. 칼립소가 살던 오기기아 섬에 오디세우스가 도착했을 때 그는 함선과 부하를 모두 잃은 채 혼자였다. 칼립소는 7년 동안 그를 사랑하고 돌봐주며 그에게 불사의 생을 주겠다고 제안했지만, 오디세우스는 아내와 고향을 그리워했다. 그를 보살펴준 칼립소가 오히려 그와 그의 귀향에 위협이 되기도 했다. 그녀의 동굴을 에워싼 특정 식물과 짐승 들 때문이었는데, 호메로스가 언급한 검은 포플러, 오리나무, 사이프러스, 제비꽃, 올빼미, 갈매기, 매 등은 모두 죽음과 상징적으로 관련되어 있었다. 칼립소가 가하는 위협을 알게 된 아테나는 제우스에게 헤르메스를 보내 칼립소를 설득해달라고 부탁한다. 오디세우스를 풀어주기로 마음먹은 칼립소는 뜻밖에도 기술에 대한 해박한 지식을 발휘하여 그와 함께 뗏목을 만든다. (아테나, 아틀라스, 제우스, 티탄족, 헤르메스)

케레스Ceres 이름 자체가 곡물이나 빵을 의미하는 케레스는 농작물의 성장을 관장한 고대 로마의 여신이다. 그녀의 기원은 불분명하지만, 성격이 비슷하여 일찍부터 동일시된 그리스 여신 데메테르의 신화를 취했다. 로마 밀교에서 케레스는 그리스 신화의 디오니소스처럼 동식물의 번식과 포도주를 관장한 고대 로마의 신 리베르(ⓖ디오니소스), 그리고 로마의 대지 여신 텔루스(ⓖ가이아)와 함께 숭배받았다. (데메테르, 디오니소스, 리베르)

케피소스Cephissus 그리스에 흐르는 몇몇 강과 그 강을 다스리는 신들을 케피소스라 불렀다. 보이오티아에 하나, 아테네에 둘, 그리고 아르고스에 하나 있었다. 보이오티아의 케피소스 강을 의인화한 신은 자기 자신과 사랑에 빠지고 마는 미소년 나르키소스의 아버지라고 전해진다. 아르고스의 케피소스는 아르고스의 수호신 자리를 두고 헤라와 포세이돈이 벌인 대결의 심판관으로 유명하다. 이 대결의 승자는 헤라였다. (나르키소스, 보이오티아, 아르고스, 아테네, 케피소스 강, 포세이돈, 헤라)

코레Kore(Kora) '처녀'를 뜻하는 코레(혹은 코라)는 수확의 여신인 데메테르의 딸 페르세포네의 다른 이름이다. 지하세계의 신 하데스는 이 처녀를 납치하여 자신의 왕비로 삼는다. (데메테르, 지하세계, 페르세포네, 하데스)

코리반테스Corybantes 코리반테스〔단수형은 코리반트〕는 쿠레테스와 혼동되기도 하고 동일시되기도 하는 신성한 존재들이다. 그들의 부모로는 아폴론과 무사 탈리아(그리스 시인 헤시오도스), 헬리오스와 아테나, 제우스와 무사 칼리오페, 혹은 크로노스와 레아 등등 설이 분분하다. 프리기아의 대모지신 키벨레를 모시는 사제이자 시종인 코리반테스는 광란의 춤을 통한 황홀경 속에 여신을 숭배했다. 키벨레가 레아와 동일시되면서, 코리반테스도 쿠레테스와 동일시되었다. 쿠레테스가 아기 제우스를 지켜주었듯이, 코리반테스는 아기 디오니소스의 수호자였다고 한다. (디오니소스, 레아, 무사이, 아테나, 아폴론, 제우스, 칼리오페, 쿠레테스, 크로노스, 키벨레, 탈리아, 헬리오스)

코이오스Coeus 코이오스는 가이아('대지')와 우라노스('하늘') 사이에서 태어난 열두 명의 티탄 신족 가운데 한 명이다. 그는 누이 포이베와 결합하여 2세대 티탄족 여신들인 아스테리아('별처럼 반짝이는 자', 헤카테의 어머니)와 레토(후일 쌍둥이 남매 아폴론과 아르테미스의 어머니)의 아버지가 된 것으로 가장 유명하다. (가이아, 레토, 아르테미스, 아폴론, 우라노스, 포이베, 헤카테)

쿠레테스Curetes 그리스 역사가 디오도로스 시켈로스는 쿠레테스〔단수형은 쿠레스〕가 아홉 명의 신성한 존재들이라고 썼다. 몇몇 전승에 따르면, 그들은 땅에서 태어났으며 나무가 빽빽하게 우거져 있어 숨어 지내기 좋은 산지에서 살았다고 한다. 그들은 스스로 발견한 기술들인 농업과 양봉, 사냥, 공동생활 등을 인간에게 가르쳤다. 또 검과 투구도 발명했다고 하는데, 레아가 크레타 섬의 이다 산(혹은 딕테 산)에서 쿠레테스에게 아기 제우스를 맡겼을 때 그 무기들로 시끄러운 소리를 내고 춤을 추면서 아기의 울음소리를 감추었다. 쿠레테스는 여신 키벨레의 시종들인 코리반테스와 혼동되고 융합되었다.

칼리돈의 멧돼지 사냥에서 영웅 멜레아그로스와 대적하는 동명의 다른 종족과 구별해야 한다. (레아, 멜레아그로스, 이다[장소], 제우스, 코리반테스, 크레타 섬, 키벨레)

쿠피도Cupido 쿠피도는 사랑을 관장하는 그리스 신 에로스의 로마식 이름이다. 에로스와 마찬가지로 쿠피도 역시 욕망을 의인화한 신이다. (에로스)

퀴리누스Quirinus 전설상의 로마 창시자 로물루스는 죽은 후 퀴리누스라는 신으로 추앙받았다. 퀴리누스는 원래 사비니족이 섬기던 전쟁의 신이었으나, 로마 종교로 통합되면서 로마 시민을 대변하는 수호자가 되었다. (로마, 로물루스, 사비니족)

크로노스Cronus(Kronos) 크로노스는 태초의 자연신들인 가이아('대지')와 우라노스('하늘')의 아들이다. 가이아와 우라노스 사이에는 막내 크로노스를 비롯한 티탄 12신과 더불어 괴물 같은 헤카톤케이레스('100개의 손을 가진 자들')와 키클로페스도 태어났다. 우라노스는 흉측하게 생긴 자식들을 싫어하여 이들을 어머니 속으로 다시 밀어 넣었고, 이로 인해 가이아는 큰 고통을 겪었다. 그리스 시인 헤시오도스의 『신들의 계보』에 따르면, 도와달라는 가이아의 요청에 선뜻 응한 자식은 크로노스뿐이었다. 가이아는 그에게 불멸의 금속 아다만트로 만든 낫을 주었고, 해가 떨어져 우라노스가 가이아와 동침하기 위해 찾아오자 크로노스는 기습 공격으로 그를 거세했다. 잘려나간 우라노스의 성기로부터 아프로디테와 에리니에스(복수의 세 여신)가 태어났다. 이로써 크로노스는 아버지를 몰아내고 신들의 왕이 되었다. 신화 기록가 아폴로도로스가 전하는 이야기도 크게 다르지 않다. 그 후 크로노스는 키클로페스와 헤카톤케이레스를 풀어주었다가 지하의 심연인 타르타로스에 도로 가두어놓고, 누이 레아를 아내로 취했다. 자식에게 왕위를 찬탈당할 수도 있다는 교훈을 부모로부터 얻은 크로노스는 자식들이 태어나는 족족 집어삼켰다. 그러나 제우스가 태어났을 때 레아는 포대기에 싼 돌을 크로노스에게 대신 주고 아들을 구했다. 구세대 신들인 티탄족과 올림포스 신들(제우스와 그의 형제자매들) 사이에 격렬한 전쟁이 10년간 이어졌고, 키클로페스와 헤카톤케이레스의 도움을 얻은 제우스가 승리를 거두었다. 티탄족은 타르타로스에 갇히고, 제우스는 신들의 왕이 되었다.

헤시오도스가 썼다고 하는 또 다른 서사시 『노동과 나날』에 따르면, 크로노스가 신들의 왕이었던 시절에 지상에는 황금의 종족이라는 인류가 살았으며, 은의 종족, 청동의 종족, 철의 종족(지금의 죄 많은 종족)이 차례로 그 뒤를 이었다고 한다. 따라서 크로노스가 군림하던 기간은 황금의 시대로 불리는데, 이러한 개념은 로마에서 크로노스와 동일시되는 사투르누스의 신화에도 등장한다. 플라톤은 왕위에서 쫓겨난 크로노스가 훗날 엘리시온의 왕이 되었다는 내용을 추가한다. (가이아, 레아, 사투르누스, 아프로디테, 에리니에스, 엘리시온, 올림포스 산, 우라노스, 제우스, 키클로페스, 타르타로스, 티탄족, 헤카톤케이레스)

클로토Clotho '실 잣는 자' 클로토는 운명의 세 여신 모이라이 중 한 명이다. 클로토가 '생명의 실'을 뽑으면, 이어서 동생들이 길이를 재고 가위로 잘랐다. (모이라이, 운명의 세 여신)

클리메네Clymene 여러 클리메네 중 현존하는 고전 신화에서 가장 유명한 클리메네는 오케아니스(오케아노스의 딸)이자 2세대 티탄족이다. 1세대 티탄족인 오케아노스와 테튀스 사이에서 태어났기 때문이다. 그리스 시인 헤시오도스는 그녀가 아틀라스, 에피메테우스, 프로메테우스의 어머니라 하고, 로마 시인 오비디우스는 그녀가 헬리오스(혹은 태양신으로서의 아폴론)와의 사이에 비극적인 인물 파에톤을 낳았다고 한다. (아틀라스, 아폴론, 에피메테우스, 오케아노스, 오케아니데스, 테튀스, 티탄족, 파에톤, 프로메테우스, 헬리오스)

클리오Clio(Cleio) '찬양하는 자' 클리오(또는 클레이오)는 아홉 명의 무사이 중 하나로, 문학과 예술의 수호신이었다. 수사학과 역사를 담당했다. 특히 인간들의 훌륭한 공로와 도시들의 업적, 진취적인 행보를 이야기하는 작품을 후원했다. 신화 기록가 아폴로도로스가 들려주는 놀라운 일화에 따르면, 클리오는 아도니스에게 푹 빠진 아프로디테를 조롱한다. 아프로디테의 노여움을 산 클리오는 그 벌로 피에로스와 사랑에 빠지고, 미소년 히아킨토스를 낳는다. 히아킨토스는 음유시인 타미리스와 아폴론의 사랑을 받다가 비극적인 최후를 맞는다. (무사이, 아도니스, 아프로디테, 타미리스, 피에로스, 히아킨토스)

키르케Circe 키르케는 마법을 부릴 줄 아는 여신이었다. 호메로스가 묘사하는 그녀는 이방의 땅 콜키스를 다스린 아이에테스 왕의 누이이자, 페르세(오케아니스)와 태양신 헬리오스 사이에 태어난 딸이다. 키르케는 아이아이아 섬에서 반들반들

하게 닦은 돌로 지은 집에서 살며, 마법에 걸린 늑대와 사자, 그리고 님페 들을 거느리고 있었다. 그녀는 섬을 살피러 온 오디세우스의 부하들에게 약을 탄 포도주를 대접했다. 그런 다음 마법 지팡이를 휘둘러 그들을 돼지로 둔갑시켰고, 나중에 오디세우스의 강요로 마법을 풀어주었다. 역시 키르케의 묘약을 먹은 오디세우스가 둔갑을 피할 수 있었던 이유는 그 해독제인 약초 몰리를 헤르메스에게 받아두었기 때문이다. 오디세우스 일행이 키르케와 함께 지낸 지 어언 일 년, 마침내 키르케는 그 영웅에게 세상 끝 망자의 땅으로 가서 예언자 테이레시아스에게 귀향 방법을 물어보라고 일러주었다. 호메로스 이후의 전승에 따르면, 키르케는 오디세우스와의 사이에 텔레고노스(또는 나우시토오스, 아그리오스, 라티노스)를 낳았다고 한다.

키르케와 마주친 영웅들이나 신화 속 인물들 중에는 바다의 신 글라우코스도 있다. 아름다운 처녀 스킬라를 사랑한 그는 키르케에게 사랑의 묘약을 얻어내려 하지만, 이를 질투한 키르케는 스킬라를 괴물로 만들어버린다. 키르케는 조카딸 메데이아를 둘러싼 이야기들에도 등장한다. 메데이아는 남동생 압시르토스를 죽인 죄를 씻기 위해(이 희망은 결국 이루어지지 않는다) 영웅 이아손과 함께 키르케를 찾아온다. (글라우코스, 메데이아, 스킬라(괴물), 아이아이아 섬, 아이에테스, 압시르토스, 오디세우스, 오케아노스(신), 이아손, 콜키스, 테이레시아스, 헤르메스, 헬리오스)

키벨레 Cybele '대모신(그리스어로는 '메테르 메갈레Meter Megale', 라틴어로는 '마그나 마테르Magna Mater')'이라고도 불리는 키벨레는 서아시아에서 숭배받던 풍요의 여신이다. 촌락과 도시의 수호, 치유와 예언 등 광범위한 영역에서 큰 영향력을 발휘했다. 그리스인과 로마인에게 이방의 신으로 인식되고 있던 키벨레는 적어도 기원전 6세기 무렵 프리기아에서 그리스로 넘어왔지만, 그녀의 기원은 훨씬 더 멀리 메소포타미아까지 거슬러 올라간다. 그리스에서 키벨레는 제우스, 헤라, 포세이돈, 하데스, 데메테르, 헤스티아의 어머니인 레아와 동일시되었다. 관장 영역이 겹치는 데메테르, 아르테미스, 아프로디테 같은 여신들과도 밀접한 관계에 있었다.

키벨레를 추앙하는 밀교는 환각적이고 광란적인 성격을 띠었다.

신도들은 플루트가 구슬프게 울부짖고 심벌즈와 북이 울리는 소리에 맞추어 춤을 추며 노래를 불렀다. 키벨레를 모시는 사제들은 갈리('수탉들')라 불렸고, 그들 중 일부는 신화 속에서 키벨레의 '배우자' 혹은 연인인 아티스가 스스로 거세했던 일을 따라 자발적인 거세를 치렀다. 로마인은 카르타고의 한니발 장군에게 시달리고 있던 기원전 205~204년에 키벨레 밀교에서 신상으로 모시던 거대한 운석을 들여오면서 키벨레 신앙을 도입했다. 프리기아의 여신 키벨레를 받아들이기로 한 결정은 쿠마이의 시빌레가 남긴 예언집에 근거한 것이었다. 로마 전설에 따르면, 신상이 로마로 들어올 수 있었던 것은 귀부인 클라우디아 퀸타의 노력 덕분이었다. 이 운석을 싣고 가던 배가 티베르 강의 어귀에서 바닥에 처박히고 말았는데, 로마 시인 오비디우스가 기록하기를 클라우디아가 배에 붙어 있던 밧줄을 살짝 당겨 손쉽게 배를 빼냈다고 한다. 이로써 악질적인 소문으로 의심받고 있던 그녀의 정숙함이 증명되었다.

키벨레와 관련된 가장 유명한 신화는 그녀의 탄생과 아티스를 향한 사랑에 얽힌 이야기이다. 여행 작가 파우사니아스에 따르면, 어느 날 제우스의 정액 한 방울이 땅으로 떨어졌고, 얼마 후 그 땅에서 남녀 양성을 모두 지닌 아그디스티스라는 정령이 태어났다고 한다. 가장 운 좋고 강력한 이 다이몬〔신에 가까운 존재 또는 신과 인간과의 중간격 존재〕을 두려워한 신들은 아그디스티스의 남근을 잘라버려 여신 키벨레로 만들었다. 한편 잘려나간 남근에서는 편도나무가 자랐다. 이 나무의 과일이 그 지역 하천 신의 딸인 나나의 허벅지에 떨어졌고, 그 접촉으로 인해 나나는 아티스라는 아름다운 사내아이를 낳았다. 아티스가 장성하자 키벨레는 그와 사랑에 빠졌지만, 그녀의 애정은 보답받지 못했다. 아티스가 결혼하는 날, 신부 대신 키벨레가 식장에 나타나자 아티스는 발광하여 스스로 거세했다. 키벨레의 탄원으로 그는 불멸의 생을 부여받고 소나무가 되었다. 물론 키벨레와 연관된 다른 전설들도 있다. 젊은 연인 히포메네스와 아탈란타가 경솔하게 그녀의 신전을 더럽히자, 키벨레는 그들을 사자로 만들어 그녀의 전차를 몰게 한다. 또 다른 전승에는, 지나치게 운이 좋아 황금 손을 갖게 된 미다스 왕의 어머니로 등장하기도 한다. 패망한 트로이에서 이탈리아로 건너가 로마의 시조가 되는 영웅 아이네이아스의 함선들은 키벨레에게 봉헌된 이다 산의 소나무들로 만들어졌다고 한다.

숭배 의식의 환락적인 성격 때문에 키벨레는 디오니소스와 그 추종자들과도 연결되었다. 또한 키벨레와 동일시되는 그리스 여신 레아가 아기 제우스를 맡긴 쿠레테스는 키벨레를 모시는 사제들 코리반테스와 혼동되었다.

키벨레는 사자를 양옆에 거느리고 옥좌에 앉아 있거나, 사자들이 모는 전차에

탄 모습으로 묘사되었다. 머리에는 작은 탑들이 달린 성벽 모양의 관이나 바구니를 쓰고, 손에는 헌주잔獻酒盞이나 제의용 북을 들고 있다. (디오니소스, 레아, 로마, 미다스, 아르테미스, 아탈란타, 아프로디테, 이다(장소), 제우스, 카르타고, 코리반테스, 쿠레테스, 쿠마이의 시빌레, 트로이, 포세이돈, 프리기아, 하데스, 헤스티아, 히포메네스)

키테레이아Cytherea 키테레이아는 파도에서 태어난 아프로디테가 제일 처음 밟은 땅이 키테라 섬이라는 주장에 따라 그녀에게 붙은 별칭이다. (아프로디테, 키테라 섬)

키프로스 섬의 여신Cyprian goddess 아프로디테는 가끔 '키프리스'라 불리기도 했다. 키프로스 섬과의 연관성을 암시하는 별칭으로, 그 주민들은 바다에서 태어난 아프로디테가 제일 처음 발을 디딘 땅이 바로 자기네 섬의 해안이라고 주장했다. 키테라 섬의 주민들도 자기네 섬에 대해 이와 똑같이 주장했다. (아프로디테, 키테라 섬, 키프로스 섬)

킨티아Cynthia '킨토스 산의, 혹은 킨토스 산과 연관된'이라는 뜻의 킨티아는 야생의 여신 아르테미스의 별칭이다. 아르테미스는 킨토스 산이 있는 델로스 섬에서 태어났다고 전해진다. 그러나 밀교에서는 헤라 역시 킨티아라 불렸다. 킨토스 산에 헤라를 모시는 신전이 있었기 때문이다. (델로스 섬, 아르테미스, 킨토스 산, 헤라)

타나토스Thanatos 타나토스는 죽음을 의인화한 그리스 신이다. 닉스('밤')의 아들이자 히프노스('수면')의 형제이다. 초기에는 날개 달린 청년으로 묘사되었지만, 시간이 흐르면서 점점 반백의 노인으로 그려졌다. (히프노스)

타르타로스Tartarus 타르타로스는 땅속의 가장 어둡고 음침한 심연에 붙여진 이름으로, 지하세계에서 죄인들이 거하는 곳이었다. 타르타로스는 대개 '장소'로 알려져 있었지만, 헤시오도스의 『신들의 계보』에 따르면 그는 (최소한 어느 정도는) 인격화된 태초신이다. 헤시오도스는 카오스('공허')로부터 세상의 첫 요소들인 타르타로스와 가이아('대지')가 생겨났다고 말한다. 인격신 타르타로스는 가이아와 결합하여, 괴물들인 티폰과 에키드나의 아버지가 되었다. 후대의 작가들은 그가 제우스의 신성한 독수리, 타나토스('죽음'), 심지어는 마법사 여신 헤카테의 아버지라고 썼다. (가이아, 에키드나, 제우스, 지하세계, 카오스, 타나토스, 티폰, 헤카테)

탈리아Thalia(Thaleia) '활짝 피는 자' 탈리아(혹은 탈레이아)라는 이름의 신들이 여럿 있다. 그중 가장 유명한 이는 (비극이나 서사시와 대비되는) 희극 같은 가벼운 문학 장르의 수호신인 무사 탈리아다. 그녀의 상징물은 희극 가면이었다.

네레이데스 중 한 명, 삼미신 중 한 명, 그리고 시칠리아 섬의 신들인 팔리키를 낳은 님페의 이름도 탈리아였다. (네레이데스, 무사이, 삼미신)

테르미누스Terminus 테르미누스는 경계 표지를 의인화한 로마 신으로, 그 자신과 법이 정하고 수호하는 소유지의 경계를 엄격하게 다스렸다. 로마 전승에 따르면, 로마의 카피톨리노 언덕에 유피테르〔ⓖ제우스〕 신전이 지어지고 있을 때 테르미누스만은 유피테르에게 자신의 자리를 양보하지 않았고, 그 결과 유피테르 신전은 테르미누스의 신성한 경계석을 에워싸는 형태를 띠게 되었다고 한다. 전설상의 로마 왕 누마(혹은 티투스 타티우스)가 테르미누스 신앙을 도입하여, 그 신에게 바치는 축제 테르미날리아Terminalia를 2월 23일마다 열기 시작했다고 한다. (누마, 로마, 유피테르, 카피톨리노 언덕)

테르프시코레Terpsichore '윤무를 즐기는 자' 테르프시코레는 아홉 명의 무사이 중 한 명이다. 그녀는 특히 노래하고 춤추는 가무단과 합창곡을 수호하는 역할을 맡았으며, 상징물은 플루트와 리라였다. 자매들인 칼리오페, 에우테르페, 우라니아와 마찬가지로 유명한 음유시인 리노스의 어머니로 거론되며, 그녀와 우라니아는 결혼의 신 히멘의 어머니로도 알려졌다. 테르프시코레 혹은 그녀의 자매 멜포메네가 세이렌들을 낳았다고도 한다. (리노스, 멜포메네, 무사이, 세이렌, 에우테르페, 우라니아, 칼리오페, 히멘)

테미스Themis '관습' 혹은 '성스러운 법'이라는 뜻의 테미스는 그 이름이 암시하듯 (법적 절차로 탄생한 인간의 법과 대비되는) 자연이나 신들에 의해 확립된 관습과 율법을 의인화한 신이다. 그녀는 가이아('대지')와 우라노스('하늘') 사이에 태어난 티탄 신족의 한 명이다. 그리스 시인 헤시오도스에 따르면, 메티스의 뒤를 이어 제우스의 두 번째 아내가 된 테미스는 호라이('계절'), 에우노미아('질서 정연'), 디케('정의'), 에이레네('평화'), 그리고 인간들의 인생행로에 닥칠 행운과 불운을 결정 짓는 모이라이('운명')를 낳았다. 그녀의 자식들은 모두 질서 있는 실존에 필요한 원칙이나 메커니즘을 반영한다. 비극 시인 아이스킬로스는 테미스가 유명한 델포이 신탁소를 그 원래 주인인 가이아로부터 물려받았다고 썼다. 훗날 테미스는 포이베에게, 포이베는 아폴론에게 신탁소를 넘겨준다. 테미스는 정의와 올바른 통치를 보장하는 역할을 맡은 제우스와 긴밀한 관계에 있었고, 시인 핀다로스에 따르면 제우스의 바로 옆 옥좌를 차지했다. 테미스는 어머니 가이아와도 아주 밀접한 관계여서, 대지 혹은 풍요의 여신이자 예언력을 가진 신으로도 대접받았다. 신화에서 그녀의 예언력에 도움을 받은 자들 중에는 대홍수에서 유일하게 살아남은 데우칼리온과 피라가 있다. 아틀라스는 헤스페리데스의 사과를 훔치려는 시도가 있으리라는 경고를 받았다. 제우스는 테티스의 자식이 제 아버지의 능력을 뛰어넘으리라는 예언을 테미스에게서 듣고는 테티스를 포기했다. 테미스가 티탄족 형제인 이아페토스와 결합하여 2세대 티탄족이자 인류의 은인인 프로메테우스를 낳았다는 설도 있다. (가이아, 데우칼리온, 델포이, 디케, 메티스, 모이라이, 아틀라스, 우라노스, 제우스, 테티스, 티탄족, 포이베, 프로메테우스, 피라, 헤스페리데스)

테튀스Tethys　테튀스는 가이아('대지')와 우라노스('하늘') 사이에 제일 처음 태어난 자식들인 티탄족의 한 명이다. 그녀는 형제인 오케아노스와 결합하여 3,000명의 오케아니데스 님페들과, 강의 신들인 아들들을 낳았다. 그녀는 가끔 바다의 여신으로 묘사되기도 하지만, 일설에는 오케아노스의 담수가 그녀에게서 흘러나왔다고도 한다. 테튀스와 오케아노스 부부는 제우스가 자신의 아버지 크로노스와 전쟁을 벌이는 동안 헤라를 돌봐주었다. (가이아, 오케아노스〔신〕, 오케아니데스, 우라노스, 제우스, 크로노스, 티탄족, 헤라)

트리톤Triton　바다의 신 트리톤은 포세이돈과 암피트리테(오케아니스) 사이에 태어난 아들로, 깊은 바닷속에 살았다. 리비아의 트리토니스 호수(그의 이름을 딴 호수)에서 지냈다고도 하는데, 바로 그곳에서 이아손과 아르고호 원정대를 만나게 된다. 트리톤은 인간의 몸에 물고기의 꼬리가 달린 반인반수의 모습을 하고 있었다. 로마 시인 오비디우스의 묘사에 따르면, 수염을 기른 트리톤은 청록색을 띠고 있었고, 어깨가 따개비에 뒤덮여 있었으며, 인간의 타락으로 온 세상이 물바다로 변했을 때 소라고둥을 불어 대홍수를 물러나게 했다고 한다.

　여행 작가 파우사니아스는 보이오티아에서 들은 두 편의 기이한 이야기를 전하며, 여러 명의 트리톤을 언급한다. 우선, 소를 훔치고 작은 선박들을 공격한 트리톤이 있다. 결국 사람들은 포도주를 먹여 그를 잠재운 다음 그의 목을 베어버렸다. 파우사니아스의 의견에 따르면, 보이오티아에 있는 머리 없는 트리톤 조각상은 그를 불사신으로 여기지 않은 이 이야기에 영감을 받은 듯하다. 두 번째 이야기는 디오니소스에게 바치는 제의를 준비하기 위해 바닷물에 몸을 씻으려 했던 여인들과 관련되어 있다. 트리톤은 그들을 공격했다가, 도움을 청하는 여인들의 소리를 들은 디오니소스에게 쫓겨난다. 파우사니아스가 덧붙이기를, 로마에서는 늪지 개구리 형상에 텁수룩한 녹색 머리를 기른 트리톤을 봤다고 한다. 돌고래 꼬리가 달린 그의 몸은 물고기처럼 비늘에 뒤덮여 있고 귀 밑에는 아가미가 있었지만, 코는 인간의 코였다. 크게 벌어진 입은 마치 짐승의 것 같았고, 눈동자는 파랬으며, 손과 손가락, 손톱은 소라고둥 같았다. (디오니소스, 로마, 보이오티아, 아르고호 원정대, 암피트리테, 오케아니데스, 이아손, 포세이돈)

티시포네 Tisiphone '살인을 응징하는 자'라는 뜻의 티시포네는 뱀 머리카락을 가진 무시무시한 복수의 정령들 에리니에스 중 한 명이다. 메가이라('질투하는 자'), 알렉토('무자비한 자')와 자매간이다. 로마 시인 베르길리우스에 의하면, 티시포네는 지하세계에서 죄인들이 머무는 타르타로스의 입구를 지켰으며, 지하세계의 재판관 라다만토스가 판결한 형벌을 자매들과 함께 집행했다고 한다. (라다만토스, 알렉토, 에리니에스, 지하세계, 타르타로스, 푸리아이)

티탄족 Titans 우주와 신들이 탄생했을 때 가이아('대지')는 자신을 완전히 덮어 줄 우라노스('하늘')를 낳았고, 이 남성 자연신과 결합하여 여러 무리의 자식들을 낳았다. 외눈박이 삼형제 키클로페스, 100개의 손을 가진 헤카톤케이레스, 그리고 열두 명의 티탄족이었다. 티탄족은 오케아노스, 코이오스, 크리오스, 히페리온, 이아페토스, 크로노스 등 6명의 남자 형제와 테이아, 레아, 테미스, 므네모시네, 포이베, 테튀스 등 6명의 여자 형제로 이루어져 있었다. 자연신과 인격신이 뒤섞인 티탄 신족 가운데 유명한 이들을 꼽자면, 세계를 에워싸며 흐르는 강 오케아노스, 형제 크로노스와 결혼하여 제우스와 그 형제자매를 낳은 레아, 테미스('신성한 율법'), 무사이의 어머니가 되는 므네모시네('기억'), 오케아노스와 결혼하여 오케아니데스를 낳는 테튀스, 그리고 아틀라스, 프로메테우스, 에피메테우스의 아버지가 되는 이아페토스 등이 있다.

그리스 시인 헤시오도스는 티탄족의 기원과 권력 투쟁을 꽤 상세히 묘사했다. 우라노스는 헤카톤케이레스와 키클로페스를 보자마자 질색하며, 갓 태어난 괴물들을 그들의 어머니 가이아 속으로 다시 밀어 넣어버렸다. 극심한 고통에 시달리던 가이아는 티탄족에게 도움을 청했고, 배짱 좋게 나선 자식은 막내 크로노스뿐이었다.

그는 밤에 우라노스가 가이아와 동침하기 위해 찾아올 때까지 숨어서 기다리고 있다가 아버지를 거세했다. 이 행위로 인해 아프로디테와 무시무시한 에리니에스가 태어나고, 크로노스는 신들의 왕이 되었다. 그 후 크로노스는 누이 레아와 결혼하여, 올림포스 신들로 알려지게 될 제우스와 그 형제자매를 낳았다. 아들 중 한 명에게 권력을 빼앗길 거라는 예언을 들은 크로노스는 자식들이 태어나는 족족 집어삼켰지만, 제우스는 살아남았다. 레아가 아기 대신 돌을 싼 포대기를 크로노스에게 주어 제우스를 구한 것이다. 그 결과, 티탄족과 올림포스 신들 사이에 10년간의 권력 싸움, 이른바 티타노마키아Titanomachia(고대에도 티타노마키아는 '신들과 기간테스 간의 전쟁' 기간토마키아와 혼동되기 일쑤였다)가 벌어졌다. 그 싸움이 어찌나 격렬했던지, 하늘과 땅과 바다가 뒤흔들릴 정도였다. 헤카톤케이레스의 도움으로 전쟁에서 승리를 거둔 제우스는 티탄족을 타르타로스에 감금하고, 헤카톤케이레스에게 그들을 감시하는 일을 맡겼다. 후대의 문헌들에는 티탄족 전원이 티타노마키아에 참전한 것은 아니며, 따라서 모두 감금되지는 않았다고 설명되어 있다.

티탄족의 자식과 손주 역시 '티탄족'이라 불리기도 하지만, 엄밀히 말하면 그들은 2세대 혹은 경우에 따라선 3세대 티탄족에 해당한다. (가이아, 기간테스, 레아, 무사이, 므네모시네, 아틀라스, 아프로디테, 에리니에스, 에피메테우스, 오케아노스, 오케아니데스, 올림포스 산, 우라노스, 이아페토스, 제우스, 코이오스, 크로노스, 키클로페스, 테미스, 테튀스, 포이베, 프로메테우스, 헤카톤케이레스, 히페리온)

파르카이Parcae 라틴어로 '파타Fata'라고도 불리는 파르카이는 숙명이나 예언된 운명을 관장하는 로마의 세 여신으로, 그리스 신화의 모이라이에 해당한다. 그들의 이름은 각각 노나('아홉 번째'), 데키마('열 번째'), 파르카('산파')이며, 이는 원래 그들이 갓 태어난 생명의 인생행로를 결정 짓는 출산의 신들이었음을 강하게 암시한다. 파르카이는 그들이 맡은 일에 따라 운명의 실을 잣고, 운명의 노래를 암송하거나 부르고, 한 사람의 운명을 명판에 새기는 모습으로 다양하게 묘사되었다. 그들의 상징물은 물렛가락과 종이 두루마리다. (운명의 세 여신, 모이라이)

파르테노스Parthenos '처녀' 파르테노스는 아테나의 별칭 혹은 수식어였지만, 헤스티아나 아르테미스 같은 다른 처녀 신들에게도 사용되었다. (아르테미스, 아테나, 아테네, 헤스티아)

파보니우스Favonius 로마인에게 파보니우스는 서풍을 의인화한 신으로, 그리스식 이름은 제피로스다. 따뜻하고 온순한 바람 파보니우스는 휴면 중인 식물의 재생을 관장하는 봄의 신으로 여겨졌다. (제피로스)

파우누스Faunus 파우누스는 이탈리아에서 숭배받던 숲과 야생의 자연신으로, 가축의 번식과 풍작을 주관했다. 그리스 신인 판의 염소 같은 외모를 빌려오면서 그와 융합되거나 동일시되었다. 파우누스는 자연과 풍요의 신일 뿐만 아니라 예언력도 갖고 있었다. 한 예로, 베르길리우스의 서사시『아이네이스』에서 이탈리아 라티움의 왕 라티누스는 신성한 숲에 있는 파우누스의 신탁소를 찾아간다. 성채의 신목神木인 월계수에 갑자기 벌 떼가 나타나고 딸 라비니아의 머리카락이 불타오르는 사건들이 벌어졌는데, 그 진정한 의미를 알고 싶었기 때문이다. 그리하여 내려진 신탁의 내용은 라티누스의 딸이 루툴리족 왕자 투르누스가 아닌 더 먼 곳의 누군가와 결혼할 운명이라는 것이었다. 그 외지인은 바로 영웅 아이네이아스였다. 베르길리우스는 파우누스가 농경의 신 피쿠스의 아들이자 사투르누스〔G크로노스〕의 손자라고 쓴다. (라티누스, 라티움, 루툴리족, 사투르누스, 아이네이아스, 투르누스, 판, 피쿠스)

파우니Fauns 파우니는 숲을 보호하는 반인반수의 정령들이다. 거의 인간의 모습이긴 하지만, 염소의 꼬리와 귀, 뿔이 달려 있다. (파우니〔반인반수〕)

판Pan 판은 염소지기의 신으로, 아르카디아의 산지, 수풀, 목초지에서 살았다고 전해진다. 그의 이름은 양 떼의 수호자를 의미하는 어근 '파pa-'에서 유래했으며, 양치기를 뜻하는 라틴어 '파스토르pastor'에 그 흔적이 남아 있다. 원래 아르카디아 신이었던 판은 점차 그리스의 다른 지역에서도 숭배받기 시작했고, 델포이와 아테네 같은 곳에 그를 모시던 성지들이 남아 있다. 이 전원의 신의 부모에 대해서는 설이 분분하다. 드리오페와 헤르메스라고도 하고, 오디세우스의 아내인 페넬로페와 제우스라고도 한다. 판은 인간의 몸통과 팔, 염소의 머리와 다리, 꼬리를 가진 반인반수의 모습으로 묘사되었다.『호메로스 찬가』판 편에 등장하는 그는 드리오페와 헤르메스의 아들로, 뿔과 갈라진 발굽을 가진 기이한 외모에 시끄럽고 웃음이 많다. 판의 어머니가 그의 얼굴과 수염을 보고는 두려워하며 달아나 버리는 바람에 헤르메스가 그를 토끼 가죽에 싸서 올림포스 산으로 데려갔다고 한다. 모든 신, 특히 디오니소스가 기뻐하며 그를 '판'이라 불렀다. 판이라는 이름이 '모두'를 뜻하는 단어 '판테스pantes'와 연결되어 있다는 오해가 생긴 것도 이 때문이다. 주로 전원에서 시간을 보낸 판은 님페들뿐만 아니라 자신과 마찬가지로 반인반수인 사티로스족과 함께 다녔고, 그래서 디오니소스의 추종자 무리에 합류하게 되었다. 판을 상징하는 악기는 로마 시인 오비디우스에 의하면 그가 발명했다고 하는 갈대 피리이다. 그는 시링크스라는 님페에게 반했고, 그녀가 그의 구애를 피해 한 묶음의 갈대로 변하자 그 갈대들로 피리를 만들었다. 나중에 그는 아폴론에게 음악 대결을 신청해 피리를 연주했고, 프리기아의 왕 미다스는 판의 승리로 판정했다가 아폴론에게 벌을 받아 귀가 당나귀 귀로 변하고 만다. (님페, 델포이, 디오니소스, 미다스, 사티로스족, 시링크스, 아폴론, 아르카디아, 아테네, 오디세우스, 올림포스 산, 제우스, 페넬로페, 헤르메스)

팔라스Pallas 팔라스는 아테나에게 사용된 별칭 혹은 수식어구다. 다시 말해, 아테나를 '팔라스'나 '팔라스 아테나'로 부를 수도 있다. 트로이의 아테나 신전에 모셔져 있다가 오디세우스와 디오메데스에게 도난당한 오래된 아테나 목각상은 팔라디온Palladion이라 불렸다. '팔라스'라는 이름의 기원은 불분명하지만, 젊은이(그리스어) 혹은 여성 통치자(셈어)를 의미하는 단어들에서 유래했을 가능성이 있다. 신화기록가 아폴로도로스는 이 이름의 두 가지 다른 기원을 전한다. 그에 따르면, 팔라스는 아테나가 전투 기술을 함께 연마하다 실수로 죽인 어릴 적 친구일 수도 있고, 아니면 아테나가 고의로 죽인 거인의 이름일 수도 있다.

아르카디아의 왕 에반드로스의 아들이자 아이네이아스의 전우였던 어린 영웅의 이름도 팔라스였다. (디오메데스, 아르카디아, 아이네이아스, 아테나, 에반드로스, 오디세우스, 트로이, 팔라스〔인간〕)

팔레스Pales 팔레스는 양치기와 양을 보호하고 양들의 다산을 관장한 로마 신이다. 가끔은 여성 신으로, 가끔은 남성 신으로 언급되며, 전원의 신들인 판과 파우누스와 연관되어 있다. 팔레스와 그 신앙의 성격에 대해서는 명확히 알려진 바가 거의 없지만, 로마의 시골과 도시에서 4월 21일에 열렸던 양치기들의 축제 팔릴리아Palilia(혹은 파릴리아)는 팔레스에게 올려진 제의로 보인다. (파우누스, 판)

페나테스Penates 페나테스는 가정과 나라를 수호한 로마 신들이다. 그들과 긴밀한 관계에 있는 라레스〔단수형은 라르〕와 마찬가지로 사적 영역과 공적 영역을 모두 맡았다. 가정에서는 집의 내부와 식량, 창고를 책임졌으며 공적으로는 로마를 수호했다. (라레스)

페네오스Peneus(Peneios) 페네오스(혹은 페네이오스)는 그리스 북부 테살리아의 템페 계곡을 흐르는 페네오스 강의 신이다. 티탄 신들인 오케아노스와 테튀스 사이에서 태어났다. 신화에서 그는 아폴론의 끈질긴 구애를 받는 아름다운 처녀 다프네의 아버지로 가장 유명하다. 처녀이자 사냥꾼으로 남고 싶었던 다프네는 아폴론에게서 도망치다 지쳐 아버지에게 구해달라 빌었다. 이 기도가 이루어져 그녀는 아폴론의 눈앞에서 월계수가 되었다. (다프네, 아폴론, 오케아노스〔신〕, 테살리아, 테튀스, 템페계곡, 티탄족, 페네오스 강)

페르세포네 Persephone(Kora) 코라('처녀')라고도 불리는 페르세포네는 하데스의 아내이자 지하세계의 왕비이다. 곡물과 수확의 여신 데메테르와 제우스 사이에서 태어났다. 『호메로스 찬가』 데메테르 편에 따르면, 하데스는 아리따운 페르세포네에게 반해 그녀를 아내로 맞고 싶었다. 그래서 제우스가 꾸며준 계획을 가이아('대지')의 도움으로 실행하여 신부를 납치했다. 가이아는 니사 계곡의 초원에 장미, 크로커스, 제비꽃, 붓꽃, 히아신스, 수선화를 아름답게 피웠다. 페르세포네가 시간 가는 줄 모르고 꽃을 꺾고 있을 때 하데스가 그녀를 자신의 전차에 태워 땅속으로 뛰어들었다. 실의에 빠진 데메테르는 곡식을 심고 수확하는 일은 내팽개친 채 온 세상을 헤맸다. 그 결과 씨들은 싹을 틔우지 않았고, 인간들은 굶주렸으며, 신들은 평소에 받던 제물을 누리지 못했다. 제우스를 비롯한 모든 신이 온갖 멋진 선물로 데메테르를 위로하며 올림포스 산으로 돌아오라고 설득했지만, 슬픔을 달랠 길 없던 데메테르는 딸을 돌려달라고 고집스럽게 요구했다. 하데스는 결국 그러겠다고 약속했지만, 먼저 페르세포네를 속여 석류씨를 몇 알 먹였다. 이로써 페르세포네는 일 년 중 3분의 1(어떤 전승에 따르면 절반)을 하데스와 함께 보내야 했다. 페르세포네가 하데스와 함께 지내는 늦가을과 겨울 동안 데메테르는 슬픔에 잠기고, 씨앗들은 흙속에 잠들었다. 봄이 되어 페르세포네가 다시 지상으로 올라오면 그녀의 어머니는 활기를 되찾았으며, 씨앗들은 싹을 틔웠다.

페르세포네는 어머니 데메테르와 함께 다산과 풍작, 그리고 행복한 내세를 보장해 주는 신으로 숭배받았다. 그들에게 바쳐진 가장 중요한 제의로는 테스모포리아 Thesmophoria 와 엘레우시스 비의가 있었으며, 둘 모두 그 참가자들은 의식의 내용을 비밀에 부쳐야 했다.

예술 작품에서 페르세포네는 횃불이나 곡물 줄기를 들고 있는 젊은 여성의 모습으로 묘사되었다. (가이아, 니사, 데메테르, 엘레우시스, 올림포스 산, 제우스, 지하세계, 하데스〔신, 장소〕)

포르키스Phorcys 바다의 신 포르키스는 태초신들인 폰토스('바다')와 가이아('대지') 사이에서 태어났다. 호메로스의 『오디세이아』에서 그는 바다의 노인이라는 별명으로 불리며, 이타카 섬에는 그의 이름을 딴 피난항이 있다. 올리브 나무와 신성한 동굴이 있는 포르키스 항은 전쟁과 여행에 지친 몸으로 20년 만에 귀향한 오디세우스를 제일 처음 맞은 곳이다. 포르키스와 그의 누이인 케토가 결합하여, 그라이아이와 고르고네스라는 괴물들이 태어났다. 몇몇 전승에 따르면, 헤스페리데스의 황금 사과를 지킨 뱀 라돈과 뱀 처녀인 에키드나도 그의 자식이라고 한다. 포르키스는 폴리페모스(키클롭스)의 할아버지이자, 괴물들인 세이렌과 스킬라의 아버지로도 알려졌다. (가이아, 고르고네스, 그라이아이, 라돈, 세이렌, 스킬라(괴물), 에키드나, 오디세우스, 이타카 섬, 키클로페스, 폴리페모스, 헤스페리데스)

포모나Pomona 로마 신화에서 포모나는 과실(라틴어로 포뭄pomum)의 여신이다. 로마 시인 오비디우스에 따르면, 아름다운 포모나는 정원과 과수원을 정성껏 돌보며 나무에 물을 주고 가지치기를 해주었다. 그녀는 정원 밖의 세상에는 무관심했고 사랑에도 흥미가 없었지만, 프리아포스, 실레노스, 사티로스들을 비롯해 그녀의 사랑을 갈구하는 전원의 신과 정령 들이 줄을 이었다. 그녀를 보고 첫눈에 반한 신 베르툼누스는 농부, 양치기, 포도주 상인, 사과 따는 사람, 어부, 병사 등으로 여러 번 모습을 바꾸어 가며 그녀에게 접근하려 했다. 급기야는 노파로 둔갑하여, 포도 넝쿨이 휘감긴 느릅나무를 가리키며 그녀에게 말했다. 나무에서 떨어진 포도 넝쿨이 시들어버리듯, 그녀도 혼자여서는 안 된다고 말이다. 그리고 이피스와 아낙사레테의 비극적인 사랑 이야기도 들려주었다. 결국 그는 포모나의 마음을 얻어 아내로 맞았다. (베르툼누스, 사티로스족, 실레노스, 아낙사레테, 이피스, 프리아포스)

포세이돈Poseidon 포세이돈은 바다를 다스린 그리스 신으로, 자연스레 항해와 해전의 수호신 역할도 맡았다. 그는 바다를 진정시킬 수도, 사납게 휘저어놓을 수도 있었기에 뱃사람과 어부의 구원자인 동시에 잠재적인 적이었다. 포세이돈은 지진의 신이기도 해서, 호메로스는 그를 삼지창으로 땅을 쳐서 진동시키는 '대지를 흔드는 자'로 묘사한다. 또한 포세이돈은 그가 창조했다고 여겨지는 말들의 신으로, 말 사육과 경마와도 밀접하게 연관되어 있다. 그의 이름이 어떤 의미인지는 불분명하지만, 포세이돈은 청동기 시대(대략 기원전 3000년~기원전 1050년) 유적에서도 이름이 발견될 만큼 그리스에서 아주 오래된 신이었다. 포세이돈의 세력권에 어울리게, 그를 모시는 신전과 성역은 대부분 해안에 있었다. 예를 들면, 아테네의 수니온 곶,

포세이돈　오디세우스를 징벌한 바다의 신

그리고 포세이돈을 기리는 범그리스 이스트미아 제전Pan-Hellenic Isthmian Games이 열린 코린토스 지협 등이 있다. 그러나 그의 성지는 내륙에 땅이 갈라지거나 샘이 솟아나는 곳들에도 있었다.

신화 속에서 포세이돈은 티탄 신들인 크로노스와 레아의 아들이다. 그의 형제자매인 제우스, 하데스, 헤스티아, 데메테르, 헤라 중에 제우스를 제외한 모두가 태어나는 족족 아버지에게 잡아먹혔다가 나중에 토해져 나왔다. 크로노스의 자식들이 그와 구세대 티탄족들을 이기고 세상의 통치권을 빼앗았을 땐 누가 신들의 제왕이 될지, 각각의 형제들이 세상의 어느 부분을 다스릴지 정해져 있지 않았다. 그래서 하데스와 포세이돈, 제우스는 투구 안에 제비를 넣고 흔든 다음 한 명씩 뽑았다. 그 결과 하데스는 지하세계를, 제우스는 하늘을, 포세이돈은 바다와 더불어 에게 해의 에우보이아 섬 근처에 있는 수중 궁전을 세력권으로 얻었다. 그 후 포세이돈은 그리스의 여러 지역을 두고 다른 올림포스 신들과도 경쟁을 벌인다. 아테나와는 아테네 땅을 차지하고 그 도시의 수호신이 되기 위한 대결을 펼쳤다. 아테나는 올리브 나무를 자라게 했고, 포세이돈은 아크로폴리스의 바위를 삼지창으로 내리쳐서 해군력의 상징인 해수海水 샘을 만들어주었다. 아테나의 선물이 더 귀하다는 판정을 받아 그녀가 아테네의 수호신이 되었다. 헬리오스와는 코린토스를 두고 다투었고, 그 결과 포세이돈은 지협을, 헬리오스는 아크로코린토스Acrocorinthos를 차지했다. 아르고스를 손에 넣기 위한 대결에서 포세이돈은 헤라에게 패했다.

바다의 여신인 암피트리테가 포세이돈과 결혼하여 아들 트리톤을 낳았다고 하지만, 포세이돈은 수많은 상대와 외도를 일삼았다. 특히, 슬픔에 잠겨 딸을 찾아 헤매던 데메테르를 쫓아다닌 이야기가 유명하다. 데메테르는 그를 피하려 암말로 둔갑했지만 속지 않은 포세이돈은 종마로 변신했고, 결국 불멸의 말 아리온의 아버지가 되었다. 아리온은 헤라클레스의 손에 넘어갔다가 나중에는 영웅 아드라스토스의 차지가 된다. 포세이돈은 아름다운 아미모네(다나이스)가 사티로스에게 겁탈당하려 하자 삼지창으로 그 반인반수를 물리쳐 그녀를 구해준다. 하지만 그 과정에서 포세이돈 자신도 아미모네에게 반해 강제로 그녀를 취하고 나우플리오스라는 아들을 낳게 한다. 또 포세이돈은 메두사도 임신시키는데, 벨레로폰이 그녀의 머리를 자르자 그녀의 목에서 페가수스와 크리사오르가 솟아 나왔다. 그리고 테세우스의 아버지인 아이게우스가 아이트라와 동침한 바로 그날 밤 포세이돈도 그녀와 동침하고, 이로써 포세이돈은 아테네의 영웅 테세우스의 또 다른 아버지가 된다. 바다의 신 포르키스의 딸인 님페 토오사와도 정을 통하여 그들 사이에 폴리페모스(키클롭스)가 태어난다.

포세이돈의 노여움을 산 이들 중에는 트로이인과 오디세우스가 있다. 포세이돈이 트로이인을 증오하게 된 이유는 성벽을 쌓아준 그와 아폴론에게 대가를 지불하지 않은 트로이 왕 라오메돈을 향한 원한 때문이었다. 오디세우스는 괴물 폴리페모스의 눈을 멀게 하여 포세이돈에게 미운털이 박히는 바람에, 트로이에서 고향으로 돌아가는 동안 바다에서 온갖 위험과 마주하며 길고도 험난한 여정을 겪었다. 크레타 섬의 왕 미노스는 포세이돈에게 바다에서 황소를 보내어 자신의 왕위를 정당화해달라고 청하고는 포세이돈이 부탁을 들어주자 그 짐승을 제물로 바치겠다는 약속을 깨어 포세이돈의 심기를 건드렸다. 이에 대한 벌로 포세이돈은 미노스의 아내 파시파에가 황소에게 욕정을 품어 미노타우로스를 낳게 만들었다.

포세이돈은 수염을 기르고 삼지창을 든 성인 남성으로 묘사되었다. 그에게 바쳐진 성스러운 동물은 황소, 말, 돌고래다. 그의 신목神木은 배의 돛대를 만들기에 특히 적합한 소나무다.

로마인은 그들의 해신 넵투누스와 포세이돈을 동일시했다. (넵투누스, 다나이데스, 데메테르, 라오메돈, 레아, 메두사, 미노스, 미노타우로스, 사티로스족, 아드라스토스, 아르고스, 아미모네, 아이트라, 아테나, 아테네, 아폴론, 오디세우스, 제우스, 코린토스, 크레타 섬, 크로노스, 크리사오르, 테세우스, 트로이, 티탄족, 파시파에, 페가수스, 페르세포네, 포르키스, 폴리페모스, 하데스, 헤라, 헤라클레스, 헤스티아, 헬리오스)

포이베Phoebe '빛나는 자' 혹은 '예언하는 자'라는 뜻의 이름을 가진 티탄족 포이베는 남매간인 코이오스의 아내이자 2세대 티탄 신들인 아스테리아와 레토의 어머니로 유명하다. 헤카테, 아폴론, 아르테미스가 포이베의 손주들이다. 그리스 극작가 아이스킬로스에 따르면, 포이베는 예언력도 가지고 있어서 어머니 가이아와 자매 테미스의 뒤를 이어 유명한 델포이 신탁소의 주인을 맡았다고 한다. 훗날 그녀는 손자인 아폴론에게 신탁소를 넘겨준다. (가이아, 델포이, 레토, 아르테미스, 아폴론, 코이오스, 테미스, 헤카테)

포이보스Phoebus 포이보스는 아폴론의 별칭이나 수식어로 쓰였다. 그래서 아폴론은 포이보스 혹은 포이보스 아폴론으로 불렸다. '빛나는 자'라는 의미로 이 이름이 선택되었지만, 그의 외모, 신성, 순수성, 태양과의 연관성 중 어느 것을 염두에 둔 것인지는 분명치 않다. (아폴론)

폴룩스Pollux(Polydeuces) 그리스에서는 폴리데우케스로 알려진 폴룩스는 최

후에 쌍둥이자리라는 별자리가 된 신성한 쌍둥이, 디오스쿠로이 중 한 명이다. 폴룩스와 그의 형제 카스토르는 스파르타 왕비 레다의 두 아들이다. 또한 트로이의 헬레네, 미케네의 왕 아가멤논의 부정한 아내 클리타임네스트라와 남매간이다. 두 형제 모두 승마의 명수로 묘사되지만 폴룩스의 특기는 권투로, 이아손의 원정대와 함께 황금 양피를 찾아 떠난 여정에서 그 솜씨가 유감없이 발휘된다. (디오스쿠로이, 레다, 미케네, 스파르타, 쌍둥이자리, 아가멤논, 이아손, 클리타임네스트라, 트로이, 헬레네)

폴리힘니아Polyhymnia '수많은 찬가'라는 뜻의 폴리힘니아는 무사이 중 한 명으로, 많은 노래 혹은 많은 목소리가 부르는 노래를 관장했다. 그녀의 담당 분야는 합창곡과 무언극에서 역사 기록학과 수사학으로까지 확장되어, 클리오와 겹치게 되었다. 폴리힘니아가 누구의 어머니인가에 관해서는 이런저런 애매모호한 전설들만 남아 있다. 그녀의 아들이 영웅 트리프톨레모스라는 설도 있고, 음유시인 오르페우스(무사 칼리오페의 아들이라고도 한다)라는 설도 있으며, 심지어 플라톤은 그녀가 에로스를 낳았다고 전한다. (무사이, 에로스, 칼리오페, 클리오, 트리프톨레모스)

푸리아이Furiae '무서운 자들' 푸리아이는 디라이라고도 불린 로마 여신들로, 그리스의 에리니에스와 동일시되었다. 푸리아이라는 이름은 그들의 무시무시한 성질을 반영한다. 고대 작가들은 '푸레레furere'(격노)와 '푸리아furia'(노여움)에서 그 이름을 끌어냈다. 에리니에스와 마찬가지로 푸리아이도 복수의 정령들이었다. 문학과 예술 작품에서 그들은 다양하게 묘사되는데, 고르고네스처럼 뱀 머리카락을 가지고 있거나, 가끔은 팔과 몸통이 뱀들에게 휘감겨 있을 때도 있다. 날개를 달고 횃불과 채찍을 든 모습으로 등장하기도 한다. 세 명의 푸리아이 중에 티시포네와 알렉토가 가장 잘 알려져 있다. 티시포네는 지하세계에서 죄인들이 거하는 타르타로스의 입구를 지켰고, 알렉토는 트로이 유민들을 이끌고 이탈리아로 건너간 아이네이아스와 이탈리아 사람들 사이에 불화를 일으켜 전쟁을 촉발하는 데 주요한 역할을 했다. (고르고네스, 아이네이아스, 에리니에스, 타르타로스, 트로이, 티시포네)

프로메테우스Prometheus 프로메테우스는 부계로 따지면 2세대 티탄족이다. 그리스 시인 헤시오도스에 따르면, 그는 티탄 신인 이아페토스와 클리메네(이아페토스의 형제인 오케아노스의 딸) 사이에 태어났다. 어깨에 하늘을 짊어지게 되는 아틀라스, 단명하는 죄인 메노이티오스, 경솔한 에피메테우스와 형제였다. '사전 숙고'라는 뜻의 이름을 가진 프로메테우스는 교활하고 영악하며 인간을 사랑한 자로 유명하다. 한번은 신들과 필멸의 인간들 사이에 불화가 일어났을 때 프로메테우스는 공동의 식사를 준비한 다음 제우스에게 먹고 싶은 부분을 고르게 했다. 프로메테우스의 짐작대로, 제우스는 살코기만 달랑 있는 부분보다는 윤기 흐르는 비계가 동물 뼈를 감싸고 있어서 더 크고 풍성해 보이는 부분을 선택했다. 프로메테우스에게 속아 영양가 높은 부분을 인간들에게 빼앗긴 제우스는 분노하여 인간들에게 불을 주지 않기로 했다. 이때에도 프로메테우스는 속이 빈 회향 줄기에 약간의 불씨를 숨기는 계략으로 제우스를 속여 불을 훔쳤다. 도둑질을 한 프로메테우스에게 제우스는 좀 더 영속적인 벌을 내렸다. 헤파이스토스에게 인류 최초의 여성을 만들게 하여, 프로메테우스의 형제인 에피메테우스에게 선물한 것이다. 프로메테우스라면 선물에 감추어진 위험을 짐작할 터였다. 판도라라는 이름의 그 여성은 인간 세상에 온갖 좋은 것들과 더불어 모든 종류의 악도 가져왔다. 이번에는 프로메테우스 차례였다. 제우스는 그를 쇠사슬로 묶은 다음 말뚝으로 험준한 바위에 박아 놓았고, 독수리 한 마리가 영원히 되살아나는 그의 간을 끊임없이 쪼아 먹었다. 결국 프로메테우스를 이 고문에서 풀어준 이는 제우스와 헤라클레스였다. 헤라클레스는 캅카스 산맥에서 프로메테우스를 발견하고는 헤스페리데스 정원의 위치를 물었고, 그의 조언에 대한 보답으로 그를 괴롭히고 있던 독수리를 죽였다. 한편 제우스는 테티스에게서 태어날 아들이 제 아버지보다 더 강력하리라는 예언이 있었다면서 테티스를 단념하라고 프로메테우스가 충고하자 그 대가로 쇠사슬을 풀어주었다. 신화 기록가 히기누스가 전하기를, 제우스는 프로메테우스가 묶여 있었던 바위의 파편을 박아 넣은 쇠 반지를 그의 손가락에 끼워 과거에 그가 저질렀던 오만을 잊지 않도록 했다고 한다.

인류 문명과 문화의 진보에서 불은 무척이나 중요한 역할을 했기에 프로메테우스는 마땅히 인류의 은인으로 대접받았으며, 비극 작가 아이스킬로스에 따르면 그는 건축과 농경, 수학, 글쓰기, 짐승 길들이기, 항해 등의 기술을 인간에게 전수해 준 문화 영웅이기도 했다. 어떤 전승에서는 프로메테우스가 흙과 물로 인간을 창조했다고도 한다. (아틀라스, 에피메테우스, 오케아노스〔신〕, 이아페토스, 제우스, 캅카스 산맥, 클리메네, 티탄족, 판도라, 헤라클레스, 헤스페리데스, 헤파이스토스)

프로세르피나Proserpina 프로세르피나는 망자들의 왕 하데스에게 납치되고 그의 왕비가 되어 어머니 데메테르를 두려움에 떨게 했던 페르세포네의 로마식 이름이다. (지하세계, 페르세포네, 하데스〔신〕)

프로테우스Proteus 프로테우스는 바다의 신인 만큼 필연적으로 포세이돈과 밀접한 관계에 있었다. 포세이돈의 바다표범들을 돌봤다고 하며, 신화 기록가 아폴로도로스는 포세이돈이 그의 아버지라고 전한다. 프로테우스는 노인으로 묘사되었으며, 바다의 신들인 네레우스나 포르키스와 마찬가지로 변신술에 능하고 미래를 내다볼 수 있었다. 프로테우스의 예언을 들으려면, 예언하기 싫어 끊임없이 다른 모습으로 둔갑하는 그를 꽉 붙잡고 있어야 했다. 끝까지 놓치지 않으면 그는 본래 모습으로 돌아와 진실을 말해주었다. 프로테우스의 예언을 듣는 데 성공한 자들 중에는 트로이에서 귀향하던 중 파로스 섬에 발이 묶였을 때 프로테우스의 딸 에이도테아의 조언을 따른 스파르타의 왕 메넬라오스가 있다. 메넬라오스는 바다표범으로 변장한 세 부하의 도움을 받아, 바다표범들과 함께 동굴에서 낮잠을 자고 있던 프로테우스를 붙잡을 수 있었다. 프로테우스는 사자, 뱀, 표범, 멧돼지, 물, 거대한 나무로 연이어 변신했지만, 메넬라오스 일행은 그를 꼭 붙들고 있었다. 그러자 프로테우스는 소의 머리 100개를 신들에게 바쳐야 무사히 귀향할 수 있으리라 예언하고, 그의 형제 아가멤논과 오디세우스를 비롯해 트로이 전쟁에서 함께 싸웠던 전우들의 운명도 알려주었다. 벌을 기르던 아리스타이오스도 벌들이 죽는 이유를 알아내기 위해 프로테우스를 찾아갔다.

신화에는 프로테우스라는 이름의 이집트 왕도 등장하는데, 신과 혼동되다가 같은 이름으로 불리게 되었을 것이다. 헬레네와 트로이에 얽힌 변형된 이야기에 따르면, 트로이 전쟁이 일어나는 동안 헤르메스가 그녀를 프로테우스 왕에게로 피신시

켰다고 한다. (네레우스, 메넬라오스, 스파르타, 아가멤논, 아리스타이오스, 오디세우스, 트로이,
포르키스, 포세이돈, 헤르메스, 헬레네)

프리아포스Priapus 프리아포스는 원래 프리기아에서 숭배되던 풍요의 신으로,
소아시아 북서부에서 그리스와 이탈리아로 넘어왔다. 그래서인지 소아시아에서 인
기가 더 많았다. 그는 인간뿐만 아니라 동물과 식물의 번식도 주관했기 때문에, 축
산업과 농업에 중요한 신으로 여겨졌다. 풍요의 신으로서 행운을 보장해 주는 존재
이기도 했다. 사람들은 그의 신상을 모시면 풍년이 들 뿐만 아니라 양과 염소, 벌, 포
도나무, 정원에 기른 채소를 도둑과 시기심 많은 악마의 눈으로부터 지킬 수 있다고
믿었다.

　이 음탕한 신은 유난히 크게 발기한 성기를 가지고 있었으며, 님페들, 사티로스
족, 실레노이와 함께 디오니소스를 따라다녔다. 프리아포스의 '본성'을 반영하듯 그
의 부모는 대개 아프로디테와 디오니소스로 알려져 있지만, 그의 아버지로 헤르메
스와 제우스와 판이, 그의 어머니로 어느 님페가 거론되기도 한다. (님페, 디오니소스,
사티로스족, 실레노이, 아프로디테, 제우스, 판, 프리기아, 헤르메스)

프시코폼포스Psychopompus 프시코폼포스('영혼의 안내자')는 망혼들을 이끄
는 헤르메스에게 붙여진 이름 혹은 별칭이다. 헤르메스는 죽은 자들을 지하세계로
데려가는 역할을 맡았다. (지하세계, 헤르메스)

플레이아데스Pleiades 일곱 자매 플레이아데스는 오케아노스의 딸 플레이오
네와 아틀라스 사이에 태어난 님페들이다. 형제자매로는 역시 님페들인 히아데스
와 유일한 남자 형제인 히아스가 있었다. 플레이아데스의 이름은 각각 알키오네, 켈
라이노, 엘렉트라, 마이아, 메로페, 스테로페(또는 아스테로페), 타이게테이다. 그들
대부분은 여러 신들과 결합하여 자식을 낳았다. 그중 가장 중요한 사례들을 보자면
다음과 같다. 스테로페와 아레스 사이에 오이노마오스가 태어났으며, 엘렉트라와
제우스 사이에는 다르다노스가, 마이아와 제우스 사이에는 헤르메스가 태어났다.
그러나 메로페는 필멸의 인간인 시시포스와 관계하여 글라우코스(동명의 신이 아닌
인간)를 낳았다. 제우스가 플레이아데스를 하늘로 올려 보내 성단으로 만들었는데,
그들을 덮치려는 거인 오리온으로부터 그들을 구하기 위해서였다는 설도 있고, 자
매들인 히아데스의 죽음을 슬퍼하는 그들을 위로하기 위해서였다는 설도 있다. 일
곱 별들 중 여섯 개만 눈에 띄는데, 자매들 중 한 명이 수치스러워서 혹은 슬퍼서 몸

을 숨겼기 때문이라고 한다. 만약 그 별이 비탄에 젖은 엘렉트라라면, 그 슬픔은 그녀의 아들 라오메돈이 건설한 트로이의 몰락에서 비롯되었을 것이다. 반면 그 별이 메로페라면, 인간의 아이를 낳은 것이 수치스러워 숨었을 것이다.

'플레이아데스'라는 이름의 어원에 관해서는 그리스어 단어 중 '항해하다' 혹은 '눈물을 흘리다' 등으로 의견이 다양하다. 어느 쪽이 맞건 간에, 플레이아데스가 하늘에 뜨는 시기에 맞추어 항해 철과 봄의 파종이 시작되었다. 그 성단이 지는 시기는 수확 철과 일치했다. (글라우코스〔인간〕, 다르다노스, 라오메돈, 마이아, 메로페〔님페〕, 아틀라스, 엘렉트라〔님페〕, 오리온, 오케아노스, 히아데스)

플로라Flora 플로라는 꽃을 피우는 곡물과 식물, 그리고 풍요의 여신이다. 그리스에서 넘어온 신이 아니라 이탈리아의 토착 신인 듯하다. 그녀는 수확의 여신 케레스〔ⓖ데메테르〕, 그리고 케레스의 딸인 프로세르피나〔ⓖ페르세포네〕와 밀접하게 연관되었으며, 프로세르피나와는 가끔 동일시되기도 했다. 그녀를 경배하는 축제 플로랄리아Floralia가 매년 4월 28일부터 5월 초까지 열렸다.

로마 시인 오비디우스의 『로마의 축제들』에서 플로라는 자신의 신성한 능력을 설명하고 그런 힘을 갖게 된 연유를 들려준다. 그녀는 원래 클로리스('푸른 잎')라는 님페였는데, 그녀에게 반한 서풍의 신 제피로스에게 납치되어 그의 신부가 되었다. 그 후 그녀는 '꽃들의 주인' 플로라로서, 온갖 꽃이 흐드러진 정원들에 둘러싸인 채 영원한 봄 속에 살았다. 호라이('시간')가 와서 그녀의 꽃들을 꺾었고, 삼미신은 이 꽃들로 엮은 화관을 머리에 썼다. 플로라가 말하기를, 그녀가 다양한 씨앗들을 뿌리기 전까지 대지는 오직 한 가지 빛깔만 띠고 있었다고 한다. 또 그녀는 히아킨토스, 나르키소스, 아티스, 크로코스, 아도니스 같은 청년들을 꽃으로 둔갑시킨 이가 바로 자신이라고 설명한다. 제비꽃(아티스)과 아네모네(아도니스)를 제외하고는 모두가 '인간'일 때의 이름을 그대로 지니고 있다. 플로라는 헤라가 고대의 농경 신 마르스를 낳는 데 일조하기도 한다. 그녀의 이야기는 자신의 세력하에 있는 화초들을 요약하는 것으로 마무리된다. 곡물, 포도, 올리브, 강낭콩, 렌틸콩, 클로버, 제비꽃, 백리향 모두 그녀의 지배를 받는다. (나르키소스, 마르스, 삼미신, 아도니스, 제피로스, 케레스, 페르세포네, 프로세르피나, 헤라, 히아킨토스)

플루톤Pluton 플루톤은 지하세계의 신 하데스의 또 다른 이름이다. '부富'를 의미하는 그리스어 '플루토스ploutos'에서 유래한 이 화신은 하데스와 긴밀한 관계에 있는 지하세계, 즉 깊은 땅속을 풍요의 원천으로 보는 시각을 반영한 것이다. (지하세

계, 하데스)

피에리데스Pierides 예술가들에게 영감을 주는 여신들 무사이는 올림포스 산 기슭의 피에리아에서 태어났다 하여 피에리데스라 불리기도 했다. 엄밀히 말해 피에리데스는 아버지의 이름에 접사를 붙인 형태로, '피에로스의 아이들'이라는 뜻이다. 여행 작가 파우사니아스가 기록하기를, 마케도니아의 왕 피에로스가 무사이 신앙을 도입하면서 그 여신들을 은유적 의미의 딸들로 여겼다고 한다. 로마 시인 오비디우스에 따르면, 우연히도 피에로스에게는 노래하는 목소리가 무척 고운 아홉 명의 딸들이 있었다. 이 딸들은 무사이에게 노래 실력을 겨루자며 도전장을 내미는 치명적인 실수를 저질렀고, 이변 없이 대결에서 패한 후 시끄럽게 지저귀는 까치들로 변했다. (마케도니아, 무사이, 올림포스 산, 피에로스, 피에리아)

피티안Pythian 피티안은 예언과 음악, 궁술, 치유, 빛의 신 아폴론의 별칭이다. 『호메로스 찬가』 아폴론 편에 따르면, 이 어구는 아폴론이 죽인 거대한 뱀 피톤과 직접 연결되어 있다. 아폴론은 델포이에 살고 있던 그 뱀을 죽이고 그곳의 신탁소를 차지했다. 델포이 신탁소에 예언을 들으러 온 사람들에게 신의 말씀을 대신 전하는 무녀를 피티아라 불렀고, 피토는 델포이의 또 다른 이름으로 통했다. (델포이, 아폴론, 피톤)

하데스Hades 하데스는 지하세계의 신, 망자들의 왕, 죽음의 신이며, 죽음의 의인화로 통하기도 한다. 지하세계는 가끔 하데스의 집으로 불렸지만, 신의 이름 자체가 지하세계와 동일시되어 지명으로도 사용되었다. 누구나 언젠가는 하데스와 대면할 수밖에 없다 해도, 그의 이름을 불렀다가는 화를 부를 수 있었다. 그래서 사람들은 그를 '땅속의 제우스'나 '지하세계의 왕'이라 에둘러 불렀다. 하데스라는 이름의 기원에 관해서는 설이 분분하지만, 아마 '보이지 않는 자'라는 의미일 것이다. 호메로스가 '혐오스러운' '냉혹한'이라는 수식어를 붙인 하데스는 밀교에서 기도나 숭배의 대상은 되지 못했다. 그러나 좀 더 유순한 일면도 있어서 '부유한 자'라는 의미의 플루톤이라 불리기도 했다. 대지에서 생겨나는 모든 좋은 것들의 원천이 땅속이었기 때문이다. 플루톤은 그의 아내이자 망자들의 왕비인 페르세포네와 그녀의 어머니인 여신 데메테르와 함께 숭배받았다.

신화에서 하데스는 티탄 신들인 크로노스와 레아의 아들이다. 따라서 제우스, 포세이돈, 헤스티아, 헤라, 데메테르와 형제자매 사이이다. 이들이 아버지 크로노스를 왕좌에서 쫓아냈을 때 누가 세상의 어느 부분을 다스릴지 아직 결정되어 있지 않았다. 이를 정하기 위해 형제들은 투구 안에 제비를 넣어 하나씩 뽑았고, 하데스는 지하세계를 세력권으로 얻었다. 하데스와 그가 다스리는 왕국의 성격을 생각하면, 그가 초원에서 꽃을 꺾고 있던 페르세포네를 납치하여 신부로 삼은 것도 그리 놀라운 일이 아니다. 데메테르가 딸을 잃고 실의에 빠지자, 결국 하데스는 페르세포네를 지상 세계로 돌려보내기로 약속하되 기간을 제한했다. 그녀에게 석류씨를 먹이는 속임수를 써서 해마다 일정 기간은 지하로 돌아오도록 만들었던 것이다. 하데스와 관련된 신화 중에서는 페르세포네 납치가 가장 유명하다.

두려움의 대상이었던 만큼 하데스는 미술 작품에 잘 등장하지 않았다. 마케도니아의 한 왕족 무덤에 남아 있는 프레스코화에 그가 풍성한 턱수염을 기른 성인 남성으로 그려져 있는데, 울부짖으며 손을 흔드는 페르세포네를 품에 안은 채 전차를 몰고 있다. 하데스는 풍요의 뿔이나 석류 또는 왕홀을 들고 있는 모습으로 묘사되기도 했다. (데메테르, 레아, 제우스, 지하세계, 크로노스, 티탄족, 페르세포네, 포세이돈, 플루톤, 하데스 〔장소〕, 헤라, 헤스티아)

하르모니아Harmonia 조화의 의인화인 하르모니아는 일반적으로 아프로디테와 아레스의 딸로 여겨진다. 아프로디테는 헤파이스토스를 남편으로 두고 아레스와 불륜 행각을 벌였다. 하르모니아는 제우스의 뜻에 따라 영웅 카드모스와 결혼했으며, 역사가 디오도로스 시켈로스는 테베를 창건한 왕 카드모스와 하르모니아의 결혼식에서 최초로 신들의 피로연이 열렸다고 쓴다. 이 연회에서 무사이는 노래를 부르고, 아폴론은 리라를 연주했다. 카드모스는 신부에게 화려한 예복과 목걸이를 선물했다. 헤파이스토스가 만든 그 목걸이는 아름다웠지만, 아내 아프로디테의 부정에 대한 신의 분노가 깃든 탓인지 카드모스 가문에 우환을 일으키는 골칫거리가 된다. 하르모니아와 카드모스 사이에는 아들 폴리도로스와 네 딸 이노, 아우토노에, 세멜레, 아가우에가 태어났는데, 딸들은 하나같이 악명을 얻었다. 목걸이에 관해 이야기하자면, 그것을 물려받은 오이디푸스의 아들 폴리네이케스는 당시 테베의 섭정이었던 형제 에테오클레스를 왕위에서 몰아내기로 마음먹었다. 형제가 교대로 나라를 통치하기로 했던 약속을 에테오클레스가 깨어버렸기 때문이다. 폴리네이케스는 이 모반에 암피아라오스를 끌어들이기 위하여 그의 아내인 에리필레에게 목걸이를 뇌물로 주었다. 그 후 일어난 전쟁에서 에테오클레스와 폴리네이케스 모두 죽었고, 폴리네이케스를 수행했던 암피아라오스와 나머지 다섯 장군들(테베 공략 7장군)도 전사했다. 목걸이(몇몇 전승에 따르면 예복이라고도 한다)는 이후 다시 한번 이용되는데, 테베 공략 7장군의 아들들이 아버지의 죽음을 복수하기 위해 테베를 공격하기로 결정했을 때였다. 폴리네이케스의 아들은 에리필레의 아들 알크마이온을 군대 지휘관으로 합류시키기 위해 에리필레에게 목걸이(혹은 예복)를 뇌물로 주었다. 알크마이온은 아버지의 죽음을 초래한 어머니를 죽이라는 델포이의 신탁을 들었고, 그 지시를 따른 결과 모친 살해범이 되어 광기에 사로잡혔다. 알크마이온의 인생은 프소피스의 공주 아르시노에(혹은 알페시보이아)와 결혼하면서 한층 더 꼬이게 된다. 그는 신부에게 하르모니아의 목걸이를 선물했다. 나중에 알크마이온이 아켈로오스의 딸 칼리로에와 결혼했을 때, 그녀 역시 그 목걸이를 원했다. 알크마이온은 첫 아내에게서 목걸이를 되찾으려고 술수를 쓰다가 발각되어 살해당했다. 칼리로에가 낳은 알크마이온의 아들들은 아버지의 원수를 갚고 목걸이를 델포이에 바쳤다.

한편, 하르모니아와 카드모스는 자식들의 비극적인 운명을 목격한 후 테베를 떠나 일리리아로 향했다. 극작가 에우리피데스에 따르면, 두 사람은 뱀으로 변하고 이방인 군대를 이끌었으며, 죽어서는 복 받은 자들의 땅으로 갔다.

이 이야기의 변형된 형태도 많은데, 그에 따르면 2세대 티탄족 아틀라스의 딸 엘렉트라와 제우스가 하르모니아의 부모이며, 그 불길한 목걸이는 아테나 혹은 아프로디테의 선물이었다고 한다. (세멜레, 아가우에, 아레스, 아르시노에, 아우토노에, 아테나, 아틀라스, 아프로디테, 알크마이온, 암피아라오스, 에리필레, 에테오클레스, 엘렉트라(님페), 오이디푸스, 이노, 제우스, 카드모스, 테베, 테베 공략 7장군, 티탄족, 폴리네이케스, 헤파이스토스)

하르피이아이Harpies '가로채는 자들' 또는 '강탈자들'이라는 뜻의 하르피이아이는 예측 불허의 사납고 악마적인 힘을 가진 폭풍을 의인화한 다이몬 혹은 정령들(엄밀히 따지면 신들)이다. 두 명 혹은 세 명이라고도 한다. 초기 원전들에는 그들의 외양이 설명되어 있지 않지만, 점차 여인의 머리에 새의 몸을 가진 반인반수로 묘사되었다. (하르피이아이(괴물))

하마드리아데스Hamadryades 하마드리아데스(단수형은 하마드리아스)는 자신들이 깃든 나무와 운명을 같이하는 나무의 님페들이다. 나무의 님페를 통칭하는 드리아데스의 한 부류인 듯하지만, 가끔은 그들과 동일시되기도 한다. (님페, 드리아데스)

헤라Hera 헤라는 신들의 왕인 제우스의 아내이자 신들의 왕비다. 태초의 티탄 신들인 크로노스와 레아의 자식으로, 제우스, 포세이돈, 하데스, 헤스티아, 데메테르 등과 형제자매간이다. 제우스를 제외한 모든 형제자매처럼 태어나자마자 아버지에게 삼켜졌다가 나중에 토해져 나왔다. 광범위한 영역을 관장했지만, 특히 아내들과 어머니들을 지켜주는 역할을 했기 때문에 결혼식, 결혼 생활, 출산과 밀접한 관계에 있었다. 따라서 헤라와 제우스의 결혼은 인간의 결혼에 대한 신성한 원형이었다. 그런가 하면 헤라는 도시와 촌락, 그리고 그 주민들의 수호신이기도 했다. 그녀의 정확한 기원과 이름의 의미는 밝혀지지 않았지만, 에게 해의 원형적 지모신으로부터 진화했을 가능성이 크며, 청동기 시대(대략 기원전 3000년~기원전 1150년)부터 이미 제우스와 연관되었다. 헤라를 모시는 성역은 그리스에서 가장 오래된 성역 중 한 곳이며, 그녀는 그리스 전역에서 숭배받았지만 가장 중요한 성지는 아르고스와 사모스 섬, 페라코라와 올림피아, 그리고 이탈리아 남부의 그리스 식민 도시들이었던 파이스톰과 메타폰툼, 크로토네였다. 아르고스와 사모스 섬은 저마다 자기네들이 헤라의 고향, 아니 좀 더 정확히는 그녀가 크로노스의 뱃속에서 나온 곳이라고 주장했다. 헤라는 아르고스 지배권을 놓고 포세이돈과 경쟁을 벌였고, 그 대결에서 이겼다고 한다.

헤라와 제우스의 결혼에 관해서, 여행 작가 파우사니아스는 헤라가 순한 뻐꾸기로 둔갑한 제우스에게 유혹당해 그를 무릎에 앉혔고, 그 후 두 신이 부부의 연까지 맺었다고 전한다. 가이아('대지')는 헤라에게 황금 사과가 열리는 나무를 결혼 선물로 주었고, 나중에 이 나무는 세상 끝에 있는 헤스페리데스의 정원에 심겨 그들의 보살핌을 받는다. 헤라와 제우스 사이에는 젊음의 여신 헤베, 출산의 여신 에일레이티이아, 전쟁의 신 아레스, 대장간의 신 헤파이스토스(제우스의 머리에서 아테나가 태어나자 헤라가 보란 듯이 혼자 힘으로 헤파이스토스를 낳았다는 설도 있다)가 태어났다. 헤라는 여신, 님페, 인간을 가리지 않는 남편의 바람기 때문에 항상 골치를 앓았고, 그녀와 관련된 신화 중에는 그녀가 제우스의 연인들을 박해하는 내용이 많다. 제우스의 아이를 가졌다가 헤라의 잔인한 방해로 제때 출산하지 못한 여신 레토, 결정적인 순간에 말을 걸어 헤라의 주의를 딴 데로 돌린 님페 에코, 곰이 되어버린 칼리스토, 헤라의 농간에 넘어가 스스로 불타 죽어버린 디오니소스의 어머니 세멜레, 헤라가 보낸 쇠파리에게 쏘인 암송아지 모습의 처녀 이오. 헤라클레스는 태어나는 순간부터 화장되어 죽을 때까지 평생토록 헤라에게 핍박당했다. 정황을 조작하여 그를 그 유명한 과업들로 몰아넣은 장본인도 헤라였다. 제우스가 헤라클레스의 어머니인 알크메네와 동침했기 때문이다. 트로이인들 역시 헤라에게 고통받았다. 헤라는 '가장 아름다운 이에게'라는 글귀가 새겨진 황금 사과의 주인으로 그녀가 아닌 아프로디테를 택했던 트로이 왕자 파리스를 결코 용서하지 않았다. 하지만 트로이에 대항해 싸우는 그리스 전사들을 비롯하여, 자신이 총애하는 자들에게는 아낌없이 애정을 쏟았다. 예를 들어, 노파로 변장한 헤라에게 친절을 베푼 영웅 이아손이 황금 양피를 얻기 위한 원정을 떠나자, 헤라는 마녀 메데이아가 그와 사랑에 빠지게 만들어 그를 지켜주었다.

헤라의 상징물에는 그녀에게 봉헌된 성스러운 동물과 식물이 포함된다. 파우사니아스의 설명에 따르면, 아르고스의 헤라이온Heraion(헤라 성역)에 상아와 황금으로 만들어진 유명한 우상이 있었는데, 한 손에는 제우스의 유혹을 상징하는 뻐꾸기가 꼭대기에 앉아 있는 왕홀을, 다른 한 손에는 많은 종자를 품어 다산을 상징하는 석류를 쥐고 있는 모습이었다고 한다. 헤라에게 봉헌된 식물들에는 결혼의 상징인 도금양, 역시 많은 씨를 품고 있는 양귀비, 헤라의 젖에서 탄생했다고 하는 향기로운 흰 백합 등이 있는데, 이 모두는 사랑의 여신 아프로디테의 신목神木이기도 했다. 뻐꾸기 이외에 말과 소, 공작도 헤라에게 바쳐진 성스러운 동물로 여겨졌다.

로마인은 헤라의 신화를 들여오면서 유노를 그녀와 동일시했다. (가이아, 데메테르, 디오니소스, 레아, 레토, 메데이아, 세멜레, 아레스, 아르고스, 아프로디테, 알크메네, 에일레이티이아, 에코, 올림피아, 유노, 이아손, 이오, 제우스, 칼리스토, 크로노스, 트로이, 티탄족, 파리스, 포세이돈, 하데스, 헤라클레스, 헤베, 헤스티아, 헤파이스토스)

헤르메스Hermes 로마에서 메르쿠리우스라 불리는 헤르메스는 천상과 지상을 오가며 신의 뜻을 인간에게 전하는 전령의 신이다. 주목할 만한 점이라면, 헤르메스는 청동기 시대(기원전 3000년~기원전 1150년경)에 이미 그리스 세계에 알려져 광범위한 능력과 세력권을 갖고 있었으며, 그의 출생지인 아르카디아와의 특별한 인연에 구애받지 않고 그리스 전역에서 숭배되었다는 사실이다. 그는 목자들의 수호신으로, 가축의 번식을 도왔다. 나그네, 상인, 전령, 도둑 들을 지켜주는 신이기도 했다. 또한 프시코폼포스('영혼의 안내자')로서, 망자의 혼을 지상에서 지하세계로 안내했다. 도시의 경계선과 사유지 영역, 가택의 입구를 표시하는 헤르마Herma(헤르메스의 흉상을 얹어놓은 기둥들)가 보여주듯, 그는 경계의 신이었다. 불과 리라를 발명하여 문화에 기여하는가 하면 짓궂은 사기꾼이기도 했으며, 이런 면모가 『호메로스 찬가』의 헤르메스 편에 잘 묘사되어 있다. 찬가에 따르면, 헤르메스는 제우스와 님페 마이아의 아들로 아르카디아의 한 동굴에서 태어났다. 태어나자마자 요람에서 벌떡 일어나 동굴 밖으로 나갔다가 우연히 거북이 한 마리를 만났다. 헤르메스는 냉큼 거북이의 속을 도려내고 등껍질에 줄을 달아 리라를 만든 다음 연주하기 시작했다. 바로 그날 피에리아로 가서 이복형 아폴론의 소 50마리를 훔치고, 쉽게 추적당하지 않도록 소들을 옆으로 뒤로 몰았다. 헤르메스는 발을 보호해 줄 샌들을 발명하여 소들의 속도를 따라잡았으며, 불길을 피우는 방법도 알아냈다. 결국 어쩔 수 없이 소들을 돌려주어야 했을 때 아폴론은 소들을 헤르메스에게 주는 대신 리라를 받기로 했고, 그 후로 리라는 아폴론의 악기가 되었다. 헤르메스는 신들의 전령이자 신과 인간 사이의 중재자인 만큼 수많은 이야기에 휘말릴 수밖에 없었다. 그중 몇 가지를 보자. 그는 헤라, 아테나, 아프로디테를 트로이의 왕자 파리스에게 데려가고, 파리스는 그들 중 누가 가장 아름다운지 심판했다가 치명적인 결과를 낳는다. 그리고 헤르메스는 인심 좋은 농민 부부 바우키스와 필레몬의 누추한 집을 방문하는 제우스와 동행한다. 제우스의 사자 신분으로 칼립소의 섬으로 가서 오디세우스를 고향으로 보내주도록 그녀를 설득하고, 오디세우스에게 몰리moly라는 약초를 주어 키르케의 마법에 걸려들지 않도록 도와준다. 헤라클레스와 페르세포네를 지하세계에서 데리고 나온 이도 헤르메스였다. 헤르메스는 암소로 변한 제우스의 연인 이오를 감시하고 있던 괴물 아르고스를 죽여 아르게이폰테스Argeiphontes라는 유명한 별칭을 얻었으며, 영웅 페르세우스에게는 고르곤 메두사의 머리를 벨 수 있는 낫을 주었다.

헤르메스는 카두케우스 혹은 케리케이온(전령의 지팡이)을 들고, 챙이 넓은 여행자 모자를 쓰고, 빠른 이동을 가능케 하는 날개 달린 샌들을 신은 모습으로 묘사되었다. (고르고네스, 마이아, 메두사, 메르쿠리우스, 바우키스, 아르고스, 아르카디아, 아테나, 아폴론, 아프로디테, 오디세우스, 이다(장소), 이오, 제우스, 지하세계, 칼립소, 키르케, 파리스, 페르세우스, 페르세포네, 피에리아, 헤라클레스, 헤르메스)

헤베Hebe '청춘'이라는 뜻의 헤베는 젊음의 아름다움과 활기를 의인화한 여신이다. 그리스 시인 헤시오도스는 그녀를 제우스와 헤라의 딸로 묘사하며, 호메로스의 작품 속 헤베는 올림포스 신들의 시녀로서 그들의 잔에 넥타르를 채워주고, 아레스를 목욕시키고 옷을 입혀주며, 헤라의 말들을 전차에 매어준다. 헤베는 신들의 반열에 오른 헤라클레스와 결혼했다고 전해진다. 그녀는 또한 결혼과 연관된 신들인 헤라, 아프로디테, 카리테스(삼미신), 하르모니아('조화')를 수행하기도 했다.

로마 신화에 등장하는 젊음의 여신 유벤투스와 동일시되기도 했다. (삼미신, 아레스, 아프로디테, 유벤투스, 제우스, 하르모니아, 헤라, 헤라클레스)

헤스티아Hestia 헤스티아는 화로를 의인화한 그리스 여신이다. 그녀의 출생 이야기에는 그리스 문명과 문화에서 그녀가 차지한 중요한 입지가 반영되어 있다. 헤시오도스의 『신들의 계보』에서 헤스티아는 티탄 신들인 레아와 크로노스 사이에 태어난 맏이이다. 고전 문헌에서 그녀는 처녀 신으로 묘사되는데, 포세이돈과 아폴론이 그녀에게 구애했다가 모두 거절당한다. 이 결정이 올림포스 산의 평화를 지키는 데 중대한 역할을 했기에 제우스는 이에 대한 보답으로 그녀에게 최고의 영예를 안겨주었다. 모든 집의 중심을 차지하고서 가장 풍요로운 제물이 바쳐지는 곳을 담당하게 해준 것이다. 그뿐 아니라 그녀는 모든 신들의 신전에서 제물을 받았으며, 여신들 중에 가장 중요한 위치를 점했다.

그리스인에게 화로란 가족의, 더 나아가 가족들 간 '정치적' 연합의 물리적인 안정과 존속을 대변하는 동시에 보장해 주는 존재였다. 그것은 온기와 요리, 무기, 연장의 원천으로서 사람을 살리고 생명을 지탱해 주었다. 제물 공양이 이루어지는 곳인 만큼, 나약한 인간과 무적의 전능한 신을 연결하는 역할도 했다. 화로는 가정, 그리고 도시에 군집해 있는 가족들의 상징적 중심이었다. 이런 연유로 헤스티아의 불이 깃든 화로는 일반 가정뿐만 아니라 그리스 도시들의 성스러운 중심지인 프리타네이온prytaneion이라는 공관에도 모셔졌다. (레아, 아폴론, 올림포스 산, 제우스, 크로노스, 포세이돈)

헤스페로스Hesperus(Hesper) 헤스페로스는 저녁샛별을 의인화한 신으로, 아침 샛별 루키페르와 짝을 이루었다. 헤스페로스는 사후에 새로 변한 케익스 왕의 아버지이자 헤스페리데스의 할아버지로 알려졌다. (루키페르, 케익스, 헤스페리데스)

헤스페리데스Hesperides 헤스페리데스는 고전 신화에서 아주 유명한 황금 사과들이 열린 나무를 돌본 님페들이다. 머리가 백 개 달린 뱀 또는 용 라돈이 헤스페리데스의 나무들을 지켜주었다.

헤스페리데스의 수는 4~7명이며, 그들의 이름은 아이글레, 에리테이아, 헤스티아, 아레투사, 헤스페레, 헤스페루사, 헤스페레이아 등으로 다양하다. 그들의 출생과 헤스페리데스 정원의 위치에 대한 설도 분분하다. 초기 작가인 시인 헤시오도스는 태초의 자연신들인 닉스('밤')와 에레보스('암흑')가 그들의 부모라고 이야기하지만, 후대의 전승들은 바다의 신 포르키스와 그의 누이 케토, 혹은 올림포스의 제왕 제우스와 정의의 여신 테미스, 혹은 어깨에 하늘을 짊어진 2세대 티탄족 아틀라스와 헤스페리스(샛별 헤스페로스의 딸)를 그들의 부모로 본다. 헤스페리데스의 정원도 그 위치를 정확히 짚기 어려운데, 아틀라스 산맥 근처의 리비아(고대의 북아프리카),

지중해 서쪽 끝의 오케아노스 강변, 동쪽 끝이나 북쪽 끝에 있는 히페르보레오이족의 땅 등등 여러 장소가 거론된다. 이곳들의 공통점은 '세상의 끝'이라는 것이다.

황금 사과가 열리는 나무는 대지의 여신 가이아가 신들의 왕비 헤라에게 준 결혼 선물이었다. 사과는 영생의 원천으로서 아주 귀하게 여겨졌다. 이 사과들 중 한 알이 트로이 전쟁의 표면상 구실이 되었다. 세 여신 헤라, 아프로디테, 아테나는 '가장 아름다운 이에게'라는 글귀가 새겨진 황금 사과를 탐냈다. 가장 아름다운 여신을 결정할 심판관으로 선택된 자는 트로이의 왕자 파리스였다. 객관적인 판단이 불가능한 상황에서 파리스는 가장 탐나는 뇌물을 제안한 아프로디테를 선택했다. 그 뇌물은 세상에서 가장 아름다운 여인 헬레네였다. 문제는 헬레네가 스파르타의 왕 메넬라오스의 아내라는 사실이었다. 파리스가 헬레네를 데리고 트로이로 달아나자 1,000척의 배가 그를 뒤쫓았다. 아탈란타를 아내로 얻고 싶어 하는 히포메네스를 돕기 위해 아프로디테가 그에게 준 황금 사과들 역시 헤스페리데스의 나무에서 딴 것이라 한다.

헤라클레스의 열한 번째(디오도로스 시켈로스에 따르면 열두 번째) 과업은 헤스페리데스의 정원에서 딴 사과를 에우리스테우스에게 가져가는 것이었다. 정원의 위치를 몰랐던 헤라클레스는 먼저 에리다노스 강의 님페들에게 물었고, 예언력을 가진 바다의 신 네레우스를 찾아가 보라는 답을 들었다. 헤라클레스는 잠들어 있는 네레우스를 부둥켜안았고, 네레우스가 변신을 거듭하는 동안에도 절대 그를 놓치지 않았다. 헤라클레스의 손아귀에서 벗어나지 못한 네레우스는 결국 예언을 들려줄 수밖에 없었다. 네레우스가 일러준 대로 여정을 시작한 헤라클레스는 도중에 티탄 신족 프로메테우스를 우연히 만나, 영원히 독수리들에게 간을 뜯어 먹히는 고통으로부터 벗어나게 해주었다. 프로메테우스는 헤라클레스에게 과업 완수를 위한 조언을 한 가지 해주었다. 헤스페리데스의 이웃인 아틀라스에게 사과를 대신 따달라고 부탁하라는 것이었다. 이 조언에 따라 헤라클레스는 아틀라스를 찾아가, 잠깐 하늘을 대신 짊어지고 있을 테니 사과를 가져다 달라고 부탁했다. 사과를 따온 아틀라스는 당연히도 어깨로 하늘을 받치는 힘든 노동으로 복귀하지 않으려 미적거렸지만, 헤라클레스는 어깨에 받칠 푹신한 물건을 찾을 때까지만 잠깐 하늘을 내려놓고 있게 해달라는 부탁으로 그를 속여 넘겼다. 변형된 이야기에서는 헤라클레스가 정원을 감시하는 뱀 라돈을 죽이고 스스로 사과를 딴다. 결국 에우리스테우스는 성스러운 사과들을 헤라클레스에게 돌려주고, 헤라클레스는 아테나에게 부탁하여 사과를 헤스페리데스에게 돌려보낸다.

헤스페리데스는 또 다른 영웅 이아손과 아르고호 원정대의 이야기에도 등장한다. 서사시인 로도스의 아폴로니오스에 따르면, 황금 양피를 손에 넣은 아르고호 원정대(와 메데이아)는 폭풍우를 만나 리비아의 해안으로 떠밀려갔다. 배를 짊어진 채 리비아의 사막을 건넌 후 갈증에 허덕이던 원정대원들은 라돈의 죽음과 도둑맞은 황금 사과 때문에 슬퍼하고 있는 헤스페리데스와 마주쳤다. 헤스페리데스는 그들이 두려워 흙먼지로 둔갑했지만, 이아손 일행에 끼어 있던 오르페우스가 감사의 선물을 주겠다며 그들을 달랬다. 원정대원들의 고통에 마음이 움직인 헤스페리데스는 신력을 발휘하여 푸릇푸릇한 초원을 만들어내고, 셋이서 각각 포플러나무, 느릅나무, 버드나무로 땅에 뿌리를 내렸다. 그중 아이글레가 변신한 나무는 신비롭게도 말을 하며, 헤라클레스가 만들어놓은 샘을 가리켰다. 과업을 수행하던 헤라클레스가 목이 말라 트리톤의 호수 부근 돌투성이 땅을 발로 차서 터뜨린 샘이었다. 아르고호 원정대원 중에 헤라클레스가 있었으니, 이는 이중으로 좋은 징조였다. (가이아, 네레우스, 라돈, 메넬라오스, 메데이아, 스파르타, 아르고호 원정대, 아탈란타, 아테나, 아틀라스, 아프로디테, 에리다노스 강, 에우리스테우스, 오르페우스, 오케아노스(장소), 이아손, 제우스, 테미스, 트로이, 트리톤, 티탄족, 파리스, 포르키스, 프로메테우스, 헤라, 헤라클레스, 헬레네, 히페르보레오이족, 히포메네스)

헤카테 Hecate 헤카테는 2세대 티탄 신들인 아스테리아와 페르세스의 딸이다. 시인 헤시오도스에 따르면, 제우스는 자애로운 여신인 헤카테를 신들 중에 가장 예우하여, 천상뿐만 아니라 지상과 바다에서도 광범위한 권력을 행사할 수 있게 해주었다. 그녀는 부와 행운, 전쟁과 운동 경기에서의 승리, 어부들의 풍획, 가축의 번식, 어린아이의 성장과 건강, 왕들의 사리 판단, 민회에서의 분별 있는 논의를 관장했다. 이렇듯 가정과 정치에 그녀의 영향력이 뻗치지 않은 곳이 거의 없었다. 그럼에도 보통 헤카테와 함께 연상되는 단어들은 마법과 주술, 마녀의 시간(한밤중)이다. 후대의 고전 작가들이 그녀의 어두운 측면을 강조했기 때문이다. 그녀는 교차로와 이행의 여신이기도 했다. 헤카테는 다양한 모습을 지닌 만큼 아르테미스, 데메테르, 헤르메스, 셀레네, 페르세포네 등과 연관되었으며, 하데스가 페르세포네를 납치하는 현장을 목격했다고 전해진다. 로마에서는 교차로의 여신으로서의 이미지가 부각되어 '세 갈래 길의 여신' 트리비아로 불리기도 했다. 미술 작품에서 그녀는 흔히 개 한 마리를 데리고 횃불을 들고 있으며, 심지어 세 개의 몸체를 지닌 형상으로 등장하기도 한다.

신화 속의 헤카테는 이아손의 원정 이야기에서 중대한 역할을 한다. 이아손은 헤카테를 모시는 무녀 메데이아의 도움을 받아 황금 양피를 손에 넣는다. 헤카테에게서 마법을 배우고 신비의 약초를 다루는 법도 익힌 메데이아는 이 약초들로 불을 끄고, 강과 별과 달의 경로까지 바꿀 수 있었다. 메데이아는 검과 불의 공격에도 끄떡없는 몸으로 만들어줄 연고를 이아손에게 주었다. 그 연고는 끊임없이 되살아나는 프로메테우스의 심장을 쪼아 먹은 독수리가 흘린 피에서 자란 사프란색 약초의 뿌리에서 추출한 것이었다. 이 약초를 성공적으로 채취하기 위해 메데이아는 밤에 목욕재계를 한 후 그 뿌리를 잘라야 했다. (데메테르, 메데이아, 셀레네, 아르테미스, 이아손, 페르세포네, 프로메테우스, 하데스, 헤르메스)

헤파이스토스Hephaestus 헤파이스토스는 대장간과 화산 불을 관장한 그리스 신이다. 대장장이와 장인, 특히 불을 사용하여 작품을 만드는 조각가와 도공의 수호신이기도 했다. 그는 올림포스 12신 중 한 명이었으며, 호메로스에 따르면 제우스와 헤라의 아들이었다. 주요 신에 속하긴 하지만, 나머지 신들과 달리 육체노동을 하여 땀을 흘렸으며, 좀 더 눈에 띄는 차이점이라면 다리가 온전치 못했다는 것이다. 이런 까닭에 호메로스의 『일리아스』에서 '발을 질질 끌며 걷는 신'으로 묘사되며, 이런 결점 때문에 헤라는 그를 천상에서 내던져 버린다. 오케아노스로 떨어진 헤파이스토스는 바다의 여신들인 테티스와 에우리노메에게 구조된 후 꼬박 9년 동안 그들과 함께 지내며 대장간에서 핀, 목걸이, 컵, 그리고 그들을 위한 장신구를 만들었다. 올림포스 산으로 복귀한 후 그는 다시 한번 하늘에서 떨어졌다. 헤라와 제우스 간에 다툼이 일어났을 때 헤라의 편을 들었다가 분노한 제우스에게 내던져진 것이다. 헤파이스토스는 렘노스 섬에 떨어졌고, 섬 주민들에게 보살핌을 받다가 그를 데리러 온 디오니소스와 함께 올림포스로 돌아갔다. 『일리아스』에서 헤파이스토스는 삼미신 중 한 명과 결혼한다. 그러나 『오디세이아』에서는 아프로디테와 결혼하고, 아프로디테는 아레스와 악명 높은 불륜 행각을 벌이다가 손재주 좋은 남편이 만든 덫에 아레스와 함께 걸려들어 신들의 웃음거리가 된다. 한편 헤파이스토스는 아테나를 억지로 덮치려다 정액을 흘리고, 그것이 떨어진 땅에서 에리크토니오스가 태어난다.

올림포스 산에 지어진 모든 신들의 궁전은 헤파이스토스의 경이로운 작품이었다. 그 자신의 궁전도 청동으로 손수 짓고, 정교한 청동 삼각대로 장식했다. 그는 제우스의 명령으로 인류 최초의 여성인 판도라를 만들었으며, 테티스의 요청으로 아킬레우스에게 성스러운 갑옷을 만들어주었다. 신들에게 사랑받은 파이아케스족의 왕 알키노오스의 궁전을 지킨 황금빛 개들, 테베의 왕 카드모스가 신부 하르모니아에게 결혼 선물로 준 아름답지만 저주받은 목걸이 역시 헤파이스토스의 솜씨였다.

이 놀라운 작품들이 탄생한 작업장이 올림포스 산에 있었다는 설도 있고, 땅속에 있었다는 설도 있다.

로마에서 헤파이스토스와 동일시된 불카누스는 헤파이스토스의 신체적 특징과 신화를 그대로 취했다. 로마 작가들의 작품에서 헤파이스토스의 작업장은 올림포스 산이 아닌 볼카니아Volcania라는 화산섬 밑에 있으며, 키클로페스가 그의 조수로 등장한다.

예술 작품에서 헤파이스토스는 턱수염을 기른 얼굴에 모자를 쓰고, 대장간 집게와 망치를 든 모습으로 묘사되며 가끔은 기형인 발들도 함께 그려진다. (디오니소스, 렘노스 섬, 불카누스, 삼미신, 아레스, 아킬레우스, 아테나, 아프로디테, 알키노오스, 에리크토니오스, 오케아노스(장소), 올림포스 산, 제우스, 카드모스, 키클로페스, 테베, 테티스, 파이아케스족, 판도라, 하르모니아, 헤라)

헬리아데스Heliades 헬리아데스(단수형은 헬리아스)는 태양의 신 헬리오스와 2세대 티탄족 클리메네 사이에 태어난 님페들이자 딸들이다. 우리는 오비디우스의 『변신 이야기』를 통해 그들의 운명을 잘 알고 있다. 그들의 어린 남동생 파에톤은 헬리오스의 전차를 빌려 탔다가 비극적인 최후를 맞고, 동생의 죽음을 슬퍼하던 헬리아데스는 에리다노스 강(아마도 이탈리아의 포 강)을 따라 늘어선 포플러나무로 변했다. 나뭇가지들에서 하염없이 떨어진 그들의 눈물은 햇빛에 굳어 호박琥珀이 되었다. (에리다노스 강, 클리메네, 티탄족, 파에톤, 헬리오스)

헬리오스Helios 헬리오스는 티탄 신들인 히페리온과 테이아 사이에 태어난 그리스의 태양신으로, 셀레네('달'), 에오스('새벽')와 남매간이다. 그는 여러 명과 사랑을 나누어 수많은 자식을 보았다. 예를 들어, 오케아노스의 딸 페르세와의 사이에는 마녀 메데이아의 아버지인 아이에테스, 오디세우스의 부하들을 돼지로 둔갑시킨 마법사 키르케, 크레타 섬의 왕 미노스의 아내로 황소와 정을 통하여 무시무시한 미노타우로스를 낳는 파시파에가 태어났다. 클리메네와의 사이에는 헬리아데스라는 딸들이 태어났다. 클리메네는 헬리오스의 아들 파에톤도 낳았는데, 파에톤은 아버지의 전차를 몰다가 우주 전체를 위험에 빠뜨려 비극적인 죽음을 맞는다. 파에톤의 죽음을 슬퍼하던 누나들은 신비로운 변신을 겪는다. 포세이돈의 딸이자 로도스 섬의 시조인 로데와 헬리오스가 결합하여 태어난 일곱 명의 아들은 신화적으로 그리 중요하진 않다. 이 아들들의 후손은 로도스 섬을 다스리면서 헬리오스에게 바치는 로도스의 거상을 세우는데, 이 신상은 고대 7대 불가사의 중 하나가 된다.

『호메로스 찬가』헬리오스 편에는 이 신의 외모와 힘에 대한 최초의 묘사가 담겨 있다. 헬리오스는 네 마리의 멋진 종마들이 끄는 전차를 타고 다닌다. 그의 몸으로부터 눈부시게 뻗어 나가는 빛살은 인간과 불사의 신 모두를 비춘다. 만물을 꿰뚫어 보는 그의 두 눈은 불처럼 번쩍이고, 그의 황금빛 머리칼은 얼굴선을 따라 우아하게 흘러내린다. 그는 황금 투구를 쓰고 있으며, 그가 입고 있는 섬세하고 화려한 옷은 바람에 펄럭이며 반짝인다. 후대의 자료들에는 세부 내용이 추가되어 있다. 헬리오스는 오케아노스 동쪽의 늪지 혹은 호수에서(오비디우스를 비롯한 몇몇 시인들에 따르면, 화려한 황금 궁전에서) 전차를 몰고 하늘로 올라가 정오에 꼭대기까지 이른 다음 포물선을 그리며 서쪽으로 내려간다. 밤에는 헤파이스토스가 만들어준 작은 황금 배 혹은 '잔'에 몸을 실은 채 오케아노스의 물결을 타고 서쪽에서 동쪽으로 여행을 떠난다.

헬리오스는 하늘을 나는 동안 지상에서 벌어지는 모든 일을 볼 수 있었기 때문에, 자신이 알고 있는 사실들을 통해 몇몇 사건들의 경과에 영향을 미치기도 했다. 함께 누워 있는 아레스와 아프로디테를 목격한 그는 아프로디테의 남편인 헤파이스토스에게 그들의 간통을 알렸다. 헬리오스는 하데스가 페르세포네를 납치하는 현장도 목격했다. 헬리오스의 분노를 산 자들 중에는 오디세우스가 있다. 그의 부하들은 트리나크리아 섬의 해안에 닿았을 때 헬리오스에게 봉헌된 350마리의 성스러운 소를 먹어치웠다. 그리고 헬리오스는 지나친 열기를 참다못해 자신에게 화살을 겨누었던 영웅 헤라클레스를 도와주기도 했다.

고대에도 헬리오스는 태양신으로서의 역할 때문에 아폴론이나 자신의 아버지인 히페리온과 혼동되거나 융합되었다. 로마에서는 라틴어로 '태양'을 의미하는 솔과 동일시되었다. (메데이아, 미노스, 셀레네, 아레스, 아이에테스, 아프로디테, 에오스, 오디세우스, 오케아노스〔장소〕, 크레타 섬, 클리메네, 키르케, 트리나크리아 섬, 티탄족, 파시파에, 파에톤, 페르세포네, 포세이돈, 하데스, 헤파이스토스, 헬리아데스, 히페리온)

히기에이아Hygea 히기에이아는 아스클레피오스의 딸로, 건강을 의인화한 신이다. 그러나 몇몇 전승에 따르면, 아스클레피오스의 아내였다고도 한다. 건강의 화신으로서 아스클레피오스와 함께 밀교에서 숭배받았으며, 여행 작가 파우사니아스는 아스클레피오스 성역에서 이 여신의 신상도 흔히 발견되었다고 전한다. (아스클레피오스)

히메로스Himeros 히메로스는 욕망이 의인화된 신이다. 그리스 시인 헤시오도스에 따르면, 그는 에로스와 함께 아프로디테의 탄생을 지켜보며, 신들의 집회에 참석하는 그녀를 수행한다. (아프로디테, 에로스)

히멘Hymen(Hymenaios)   히멘(또는 히메나이오스)은 결혼의 신, 좀 더 정확히는 결혼식 축가를 의인화한 신이다. 로마 시인 카툴루스는 그가 무사이 중 한 명인 우라니아의 아들이라고 말한다. 문헌에서 히멘은 화관을 쓰고 축복의 횃불을 든 모습으로 묘사되며, 고전 미술에서는 에로스나 에로테스(사랑을 관장하는 다수의 신)와 함께 등장하는 경우가 많다. (무사이, 에로스)

히아데스Hyades   히아데스는 플레이아데스 자매들처럼 동명의 별자리가 된 일곱 명의 님페들이다. 히아데스의 부모는 오케아노스와 그의 누이 테튀스라고도 하고, 아틀라스와 플레이오네 혹은 아이트라(둘 모두 오케아노스의 딸들이다)라고도 한다. 그들의 변신에 관해서도 다양한 이야기가 전해져 내려온다. 로마 작가 히기누스는 히아데스가 멧돼지나 사자에게 목숨을 잃은 오라비 히아스의 때 이른 죽음을 슬퍼하다 하늘로 올라갔다고 전한다. 오라비와 누이들은 황소자리의 일부가 되었으며, 이들 히아데스성단은 황소의 얼굴에 자리를 잡았다. 히기누스와 아폴로도로스는 소크라테스 이전의 철학자인 페레키데스를 따라, 히아데스가 별자리로 변하게 된 사연을 다르게 설명하기도 한다. 이 이야기는 테베의 공주이자 제우스의 인간 연인이었던 세멜레의 아들 디오니소스와 연관되어 있다. 세멜레가 아이를 가진 상태로 불에 타 비극적인 죽음을 맞았을 때 제우스는 태내의 아기를 구해냈고, 아이가 그의 아내 헤라의 분노를 피해 잘 자랄 수 있도록 니사의 님페들에게 맡겼다. 이 님페들이 바로 히아데스였고, 제우스는 도움에 대한 보답으로 그들을 별로 만들었다.

히아데스라는 이름('비를 내리는 자들')은 그들의 오라비인 히아스에서 따온 것이기도 하고, 히아데스성단이 나타나면 우기가 시작되는 자연 현상과도 연관되어 있다. (니사, 님페, 디오니소스, 세멜레, 아틀라스, 오케아노스, 제우스, 테베, 테튀스, 플레이아데스)

히페리온Hyperion   히페리온('높이 있는 자' 혹은 '위에서 걷는 자')은 태초의 자연신들 가이아('대지')와 우라노스('하늘') 사이에 태어난 티탄 12신 중 한 명이다. 누이인 '보는 자' 테이아('멀리 반짝이는 자'라는 뜻의 에우리파이사라고도 불렸다)와 결혼했으며, 둘 사이에 에오스('새벽'), 헬리오스('태양'), 셀레네('달')가 태어났다. 히페리온의 정체성과 능력에 관해 이야기하자면, 그는 태양신이므로 헬리오스와 동일시되었으며, 후대로 가면서는 아폴론과도 같은 신으로 여겨졌다. 히페리온이 원래 맡았던 '역할'은 '자식들'인 태양, 달, 새벽의 주기를 정함으로써 낮과 밤, 월月의 순환적 리듬을 확립하는 것이었을지도 모른다. (가이아, 셀레네, 아폴론, 에오스, 우라노스, 티탄족, 헬리오스)

히프노스Hypnus 히프노스는 수면을 의인화한 그리스 신이다. 그리스 시인 헤시오도스에 따르면 그는 밤의 자식이며, 따라서 가장 오래된 신들 중 한 명이다. 호메로스의 『일리아스』에 히프노스와 연관된 아주 인상적인 이야기들이 등장한다. 헤라는 트로이 전쟁의 형세가 그리스 쪽으로 기울 때까지 제우스의 개입을 막기 위해 히프노스를 매수한다. 그 대가로 삼미신 중 한 명을 신부로 주겠노라 약속한다. 히프노스는 형제인 타나토스('죽음')와 함께 성벽 밖의 전장에서 제우스의 아들 사르페돈의 시신을 수습하여 그의 고향 리키아로 돌려보내기도 한다. 로마 시인 오비디우스에 따르면, 히프노스에게는 꿈의 신인 모르페우스를 비롯하여 수천 명의 아들이 있었다고 한다. 로마 신화에서는 솜누스가 히프노스와 동일시되었다. (리키아, 모르페우스, 사르페돈, 삼미신, 솜누스, 제우스, 타나토스, 트로이, 헤라)

2부

영웅
·
인간

아트레우스 가의 계보

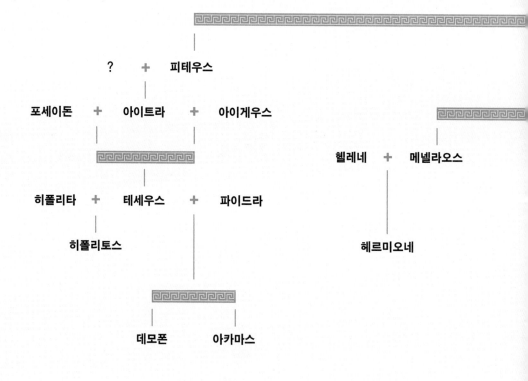

```
                                            ?    ✚    피테우스

포세이돈   ✚   아이트라   ✚   아이게우스                    헬레네   ✚   메넬라오스

히폴리타   ✚   테세우스   ✚   파이드라

    히폴리토스                                                      헤르미오네

            데모폰         아카마스
```

* 펠로페이아는 티에스테스의 딸이었다.

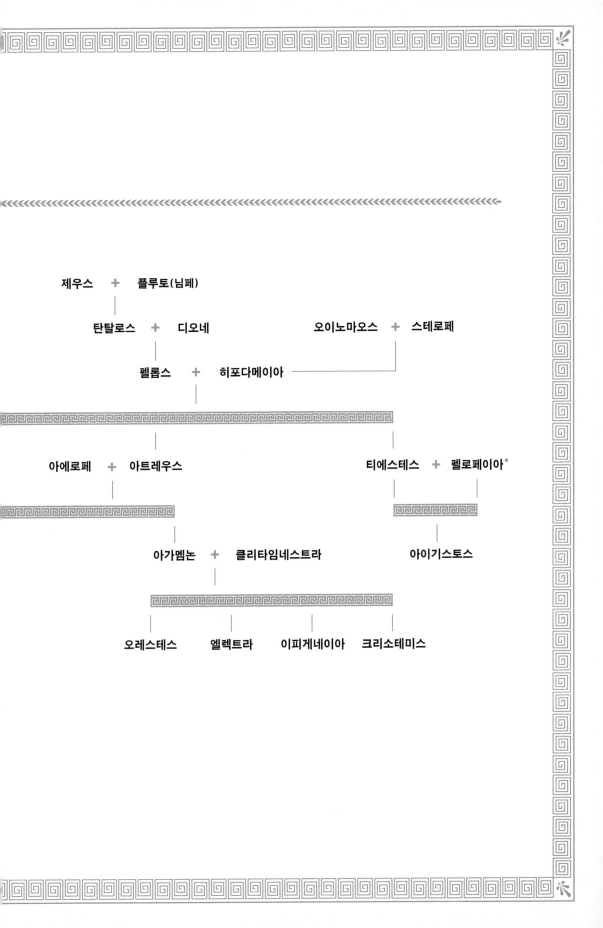

제우스 ✛ 플루토(님페)

탄탈로스 ✛ 디오네

펠롭스 ✛ 히포다메이아

오이노마오스 ✛ 스테로페

아에로페 ✛ 아트레우스

티에스테스 ✛ 펠로페이아˚

아가멤논 ✛ 클리타임네스트라

아이기스토스

오레스테스   엘렉트라   이피게네이아   크리소테미스

헤라클레스 가의 계보

48명의 다른 딸들

에우리디케(아가니페) ✦ 아크리시오스

제우스 ✦ 다나에

안드로메다 ✦ 페르세우스

? ✦ 알카이오스　　　　　　　　스테넬로스 ✦ 니키페

암피트리온 ✦ 알크메네 ✦ 제우스　　　　　에우리스테우스

이피클레스

메가라 ✦ 헤라클레스 ✦ 많은 여인들

수많은 헤라클레이다이

3(혹은 5)명의 아들

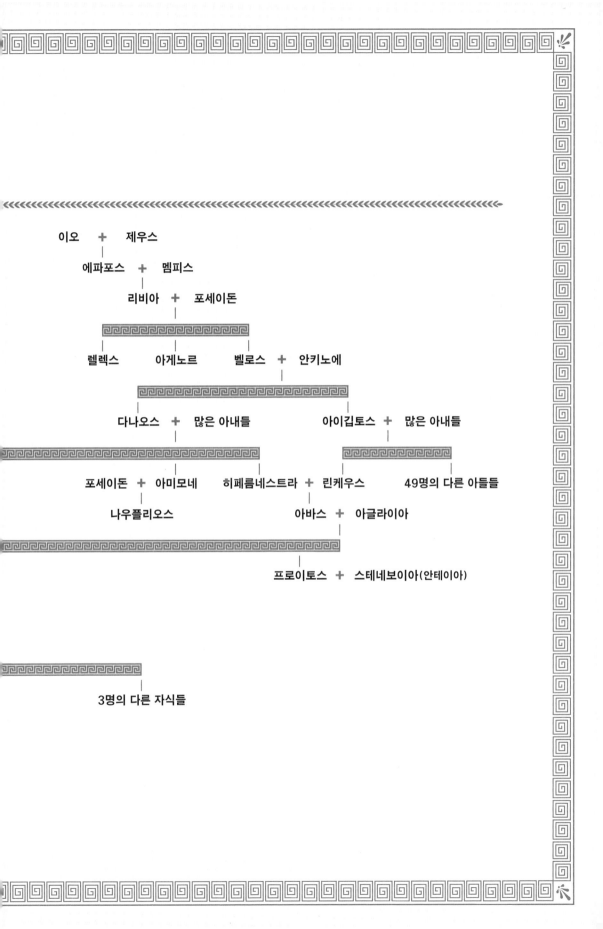

오이디푸스 가의 계보

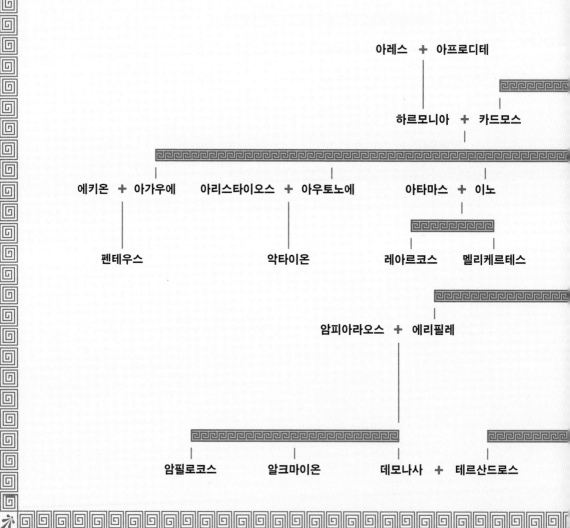

아레스 ✛ 아프로디테

하르모니아 ✛ 카드모스

에키온 ✛ 아가우에　　아리스타이오스 ✛ 아우토노에　　아타마스 ✛ 이노

펜테우스　　　　　　　　　악타이온　　　　　레아르코스　　멜리케르테스

암피아라오스 ✛ 에리필레

암필로코스　　　알크마이온　　　데모나사 ✛ 테르산드로스

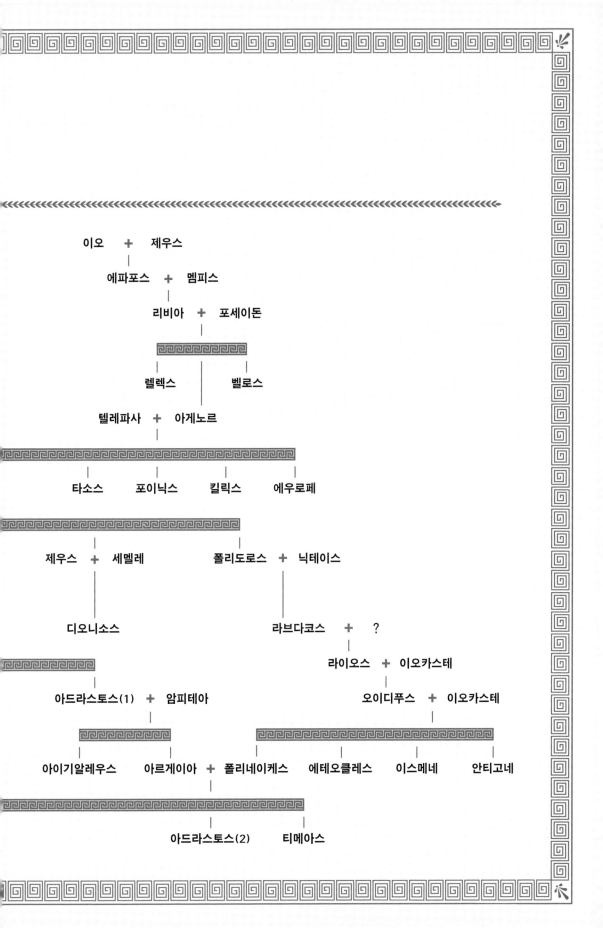

트로이 왕가의 계보

스카만드로스 ✛ 이다이아
|
테우크로스
|
바티에이아 ✛ 다르다노스
|
일로스(1)

에우리디케 ✛ 일로스(2)
|
플라키아(?) ✛ 라오메돈
|
티토노스   다른 아들들   프리아모스 ✛ 헤카베
|
수많은 다른 자식들   헬레노스   안드로마케 ✛ 헥토르   파리스
|
아스티아낙스
[트로이의 마지막 왕손]

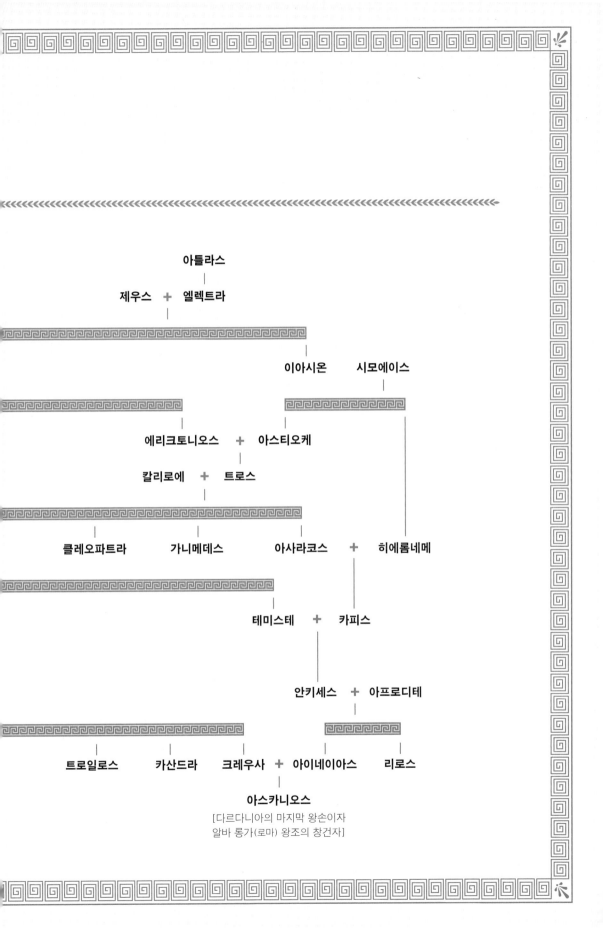

아틀라스

제우스 + 엘렉트라

이아시온   시모에이스

에리크토니오스 + 아스티오케

칼리로에 + 트로스

클레오파트라   가니메데스   아사라코스 + 히에롬네메

테미스테 + 카피스

안키세스 + 아프로디테

트로일로스   카산드라   크레우사 + 아이네이아스   리로스

아스카니오스
[다르다니아의 마지막 왕손이자
알바 롱가(로마) 왕조의 창건자]

가니메데스Ganymedes 가니메데스는 트로이의 왕 라오메돈 혹은 트로이의 명조 트로스의 미소년 아들이다. 그는 제우스의 독수리, 또는 사랑에 빠져 자신의 신조神鳥 독수리로 둔갑한 제우스에게 납치되어 올림포스 산에서 제우스의 술 시중을 들었다. 가니메데스의 아버지가 실의에 빠지자 제우스는 특별한 선물로 보상해 주었다. 고대의 원전에 따라 이 선물이 한 쌍의 아름다운 암말이었다고도 하고, 황금빛의 포도 덩굴이었다고도 한다. 가니메데스는 죽은 후 하늘로 올라가 물병자리가 되었다고 전해진다. (라오메돈, 올림포스 산, 제우스, 트로스, 트로이)

고르디아스Gordias(Gordius) 고르디아스(또는 고르디오스)는 프리기아 왕국과 그의 이름을 딴 수도 고르디온을 건설했다고 하는 전설상의 왕이다. 고르디아스는 가진 재산이라곤 쟁기와 달구지를 끄는 수소 두 마리뿐인 가난한 농부였다. 어느 날 그가 밭을 갈고 있을 때 독수리 한 마리가 쟁기에 내려앉더니 그가 일하는 내내 떠나지 않았다. 이를 어떤 징조로 받아들인 고르디아스는 예언자 부족의 한 소녀에게 이 이야기를 들려주었다. 소녀는 그 일이 벌어진 곳으로 돌아가 제우스에게 제물을 바치라고 했다. 이 소녀는 고르디아스의 아내가 되었으며, 두 사람은 미다스의 부모가 되었다. 후에 프리기아에서 내전이 벌어졌을 때 고르디아스는 왕으로 지명되었다. 제일 처음 소달구지를 끌고 들어오는 자를 새로운 왕으로 모시라는 제우스의 신탁이 있었기 때문이다. 고르디아스는 제우스의 신전에 소달구지를 바치면서, 산딸나무 껍질로 만든 밧줄을 사용해 단단히 고정한 뒤 쉽게 풀리지 않는 매듭(고르디아스의 매듭)을 지었다. 이 매듭을 풀 수 있는 자가 아시아 전역을 지배하게 되리라는 신탁도 내려졌다. 그 사람은 바로 알렉산드로스 대왕이었다. (미다스, 제우스, 프리기아)

글라우코스Glaucus 신화에는 글라우코스라는 이름의 인물이 여럿 등장한다. 그중 한 명은 코린토스의 왕으로, 2세대 티탄족 아틀라스의 딸인 메로페와 시시포스 사이에 태어났다. 그는 자신의 아내가 포세이돈과 관계하여 낳은 영웅 벨레로폰을 친자식처럼 키웠다. 신화 기록가 히기누스에 의하면, 글라우코스는 이올코스의 전왕 펠리아스를 기리는 장제 경기에 참가했다가 전차 경주에서 헤라클레스의 동료 이올라오스에게 패한 후 자신의 암말들에게 잡아먹혔다.

또 다른 글라우코스는 원래 어부였는데 어떤 풀을 맛본 후 하급 해신이 되었다. 또 한 명의 글라우코스는 크레타 섬의 왕 미노스의 어린 아들이었다. 그는 쥐를 뒤쫓다가 커다란 꿀단지에 빠지고 말았다. 신화 기록가 히기누스가 전하는 바에 따르면, 낙담한 그의 부모가 아폴론에게 도움을 청하자, 아폴론은 최근에 기괴한 일이 하나 벌어졌는데 그것을 설명할 수 있는 자가 그들의 아들을 찾아 되살려줄 것이라고 일렀다. 그 기괴한 일이란, 흰색에서 붉은색으로, 그다음엔 검은색으로 하루에 세 번 색깔이 변하는 갓 태어난 수소였다. 오직 한 사람, 예언자 폴리이도스만이 그 소가 뽕나무와 같다는 설명을 내놓았다. 나무의 흰 열매가 익을수록 붉어졌다가 마지막엔 까맣게 변하기 때문이다. 폴리이도스는 징조를 올바르게 해석함으로써 글라우코스가 있는 곳도 밝혀냈다. 벌들에게 에워싸인 포도주 단지에 올빼미(그리스어로 '글라욱스glaux') 한 마리가 앉아 있는 모습을 본 것이다. 그러나 그가 글라우코스를 되살릴 수 없다고 말하자, 미노스 왕은 자신을 아들과 함께 묻으라고 명했다. 그때 무덤 안에 뱀 한 마리가 나타나 폴리이도스가 죽였는데, 다른 뱀이 짝을 찾으러 왔다가 죽어 있는 것을 보고는 약초를 가져와 죽은 뱀을 살렸다. 폴리이도스는 그 약초를 사용하여 글라우코스를 되살린 후 두둑한 사례를 받았다.

네 번째 글라우코스는 트로이 전쟁에서 트로이의 동맹자로 싸웠다. 그는 제우스의 아들 사르페돈과 함께 리키아군을 이끌었다. 그가 디오메데스와 일대일로 맞붙게 되었을 때, 두 사람은 그들의 할아버지들인 벨레로폰과 오이네우스를 시작으로 가문끼리 친분이 있음을 깨닫고는 싸우지 않고 갑옷을 교환했다. (글라우코스[신], 디오메데스, 리키아, 메로페[님페], 미노스, 벨레로폰, 사르페돈, 시시포스, 아틀라스, 아폴론, 오이네우스, 이올코스, 제우스, 코린토스, 크레타 섬, 트로이, 티탄족, 펠리아스, 포세이돈, 폴리이도스, 헤라클레스)

나르키소스Narcissus 나르키소스는 강의 신 케피소스가 자신의 물결로 리리오페(나이아스)를 껴안아 잉태시킨 미소년이다. 로마 시인 오비디우스에 따르면, 예언자 테이레시아스에게 아들의 수명을 물어본 리리오페는 나르키소스가 자신을 알게 될 때까지 살 것이라는 답을 얻었다. 이런 자각은 열여섯의 나이에 찾아왔다. 그는 처녀들과 청년들 모두에게 흠모의 대상이었지만, 구애를 모두 무시했다. 님페 에코는 나르키소스 때문에 상사병을 앓다가 형체 없는 메아리가 되었다. 이렇게 모든 이들의 사랑을 오만하게 거절하던 나르키소스는 네메시스에게 벌을 받아, 연못에 비친 자신의 모습과 사랑에 빠지고 말았다. 자신의 얼굴이라는 사실을 모른 채 그 환영을 만지고 입 맞추려 했지만, 부질없는 짓이었다. 에코처럼 점점 시들어가던 그는 예전 모습을 완전히 잃어버리고, 그의 이름을 지닌 꽃으로 남게 되었다. (나이아데스, 네메시스, 에코, 케피소스[신과 장소], 테이레시아스)

나우시카Nausicaa 나우시카는 파이아케스족의 왕 알키노오스와 왕비 아레테

사이에 태어난 딸이다. 오디세우스가 스케리아 섬의 해안으로 떠밀려 왔을 때 마침 그곳에 나우시카가 있었다. 오디세우스의 수호신이었던 아테나가 나우시카에게 바로 그 시간에 해변으로 가보라는 계시를 내렸기 때문이다. 오디세우스를 남편감으로 점찍은 나우시카는 그를 아버지의 궁으로 데려갔고, 그곳에서 오디세우스는 극진한 대접을 받았다. 알키노오스가 나우시카를 신부로 주겠다고 제안하자, 오디세우스는 이미 아내가 있다는 사실을 밝히며 큰 갈등 없이 능숙하게 문제를 피해갔다. (나우시카, 스케리아 섬, 아레테, 아테나, 알키노오스, 오디세우스, 파이아케스족)

네스토르Nestor 네스토르는 암피온의 딸 클로리스와 필로스의 왕 넬레우스 사이에 태어난 열두 명의 아들 중 한 명이다. 네스토르는 필로스의 왕위를 물려받아 3세대가 넘는 세월 동안 나라를 다스렸다. 젊은 시절 뛰어난 전사였던 그는 헤라클레스, 켄타우로스족 등의 다양한 상대들과 싸웠다. 노년에는 90척의 함선을 끌고 트로이로 가서, 그리스군의 든든한 자문 역할을 했다. 네스토르는 트로이 전쟁에서 살아남았으며, 아버지의 행방을 수소문하기 위해 필로스에 찾아온 오디세우스의 아들 텔레마코스를 극진히 대접했다. (넬레우스, 암피온, 오디세우스, 켄타우로스족, 텔레마코스, 트로이, 필로스, 헤라클레스)

네오프톨레모스Neoptolemus 네오프톨레모스('젊은 용사')는 스키로스 섬의 왕 리코메데스의 딸인 데이다메이아와 그리스의 영웅 아킬레우스 사이에 태어난 아들이다. 아킬레우스를 트로이 전쟁에 내보내고 싶지 않았던 그의 어머니 테티스는 아들을 스키로스 섬으로 보냈고, 아킬레우스는 공주들 사이에 숨어 지냈다. 그때 아킬레우스와 데이다메이아 사이에 네오프톨레모스가 잉태되었다. 트로이 전쟁 10년째에 아킬레우스가 죽자, 전세는 그리스군에게 불리해졌다. 트로이의 예언자 헬레노스는 네오프톨레모스와 필록테테스가 그리스 편에서 싸워야 트로이가 멸망할 것이라고 일렀다. 비극 작가 소포클레스의 작품에서는 네오프톨레모스와 오디세우스가 렘노스 섬에 버려졌던 필록테테스를 찾아가 그리스군에 합류하도록 설득한다. 네오프톨레모스는 용맹한 전사였지만, 잔인하고 무자비한 면모도 있었다. 그는 트로이의 목마 속에 숨어 있다가 트로이 안으로 들어가자마자 도시에 불을 지른 그리스 병사들 중 한 명이었다. 로마 시인 베르길리우스에 의하면, 그는 제우스의 제단에 숨어 있던 프리아모스 왕을 살해하여 신성모독을 범했으며, 프리아모스의 딸 폴릭세네를 아킬레우스의 혼에게 제물로 바친 자도 네오프톨레모스 혹은 오디세우스였다. 트로이의 왕자 헥토르의 어린 아들 아스티아낙스를 트로이 성벽에서 떨어뜨려 죽인 자 또한 네오프톨레모스 혹은 오디세우스였다. 헥토르의 아내 안드로마케는 네오프톨레모스의 첩이 되었다. 몇몇 전승에서는 네오프톨레모스가 스파르타의 왕 메넬라오스와 헬레네의 딸 헤르미오네와 결혼한 후 안드로마케를 헬레노스에게 주었다고도 한다. 네오프톨레모스의 최후에 관하여, 비극 작가 에우리피데스는 헤르미오네와 약혼한 사이였던 아가멤논의 아들 오레스테스가 델포이에서 네오프톨레모스를 죽였다고 쓴다. (데이다메이아, 델포이, 렘노스 섬, 리코메데스, 메넬라오스, 미케네, 스키로스 섬, 스파르타, 아가멤논, 아스티아낙스, 아킬레우스, 안드로마케, 오디세우스, 오레스테스, 제우스, 트로이, 폴릭세네, 프리아모스, 필록테테스, 헤르미오네, 헥토르, 헬레네, 헬레노스)

네펠레Nephele 네펠레는 보이오티아의 왕 아타마스의 첫 아내로, 프릭소스와 헬레를 낳았다. 아타마스의 두 번째 아내 이노에게는 왕위 계승자가 될 네펠레의 자식들이 눈엣가시였다. 그래서 이노는 간계를 꾸며, 아타마스가 네펠레의 자식들을 죽일 수밖에 없는 상황을 만들었다. 그러나 네펠레는 위급한 순간에 아이들을 안전하게 피신시켜 줄 날개 달린 황금 숫양을 보냈다. 프릭소스는 흑해의 콜키스까지 무사히 도착했지만, 헬레는 바닷물에 떨어져 죽었다.

몇몇 고대 작가들은 제우스가 죄인 익시온을 속이기 위하여 구름으로 만든 여신 네펠레와 인간 네펠레를 같은 인물로 융합하기도 했다. (네펠레[신], 보이오티아, 아타마스, 익시온, 제우스, 콜키스, 프릭소스, 헬레)

넬레우스Neleus 넬레우스는 티로와 포세이돈의 아들이다. 넬레우스와 그의 형제 펠리아스는 태어나자마자 어머니에게 버림받았다가 훗날 어머니와 재회하고 그녀의 사악한 계모를 죽였다. 훗날 넬레우스는 펠리아스와 다툰 후 테살리아를 떠나 펠로폰네소스 반도로 갔으며, 신화 기록가 아폴로도로스에 따르면 필로스라는 도시를 세우고 왕이 되었다. 넬레우스는 암피온의 딸 클로리스와 결혼하여, 한 명의 딸과 열두 명의 아들을 자식으로 얻었다. 그중 네스토르는 필로스에서 가장 유명한 전설상의 왕이 된다. 세월이 흘러 넬레우스는 헤라클레스와 엮인다. 헤라클레스는 이올레를 신부로 삼으려다 실패한 후 그녀의 오라비 이피토스를 죽였다. 헤라클레스가 넬레우스에게 그 죄를 씻어달라 청했지만 거절당하자, 넬레우스와 그의 아들 열한 명을 죽이고, 필로스의 왕위를 물려받을 네스토르만 살려두었다. (네스토르, 암피온, 이올레, 테살리아, 트로이, 티로, 펠리아스, 포세이돈, 필로스, 헤라클레스)

누마Numa Pompilius 누마라는 간단한 이름으로 더 자주 불리는 누마 폼필리우스는 전설에 등장하는 일곱 명의 로마 왕들 가운데 2대 왕으로, 로물루스를 계승했다고 한다. 역사가 리비우스와 전기 작가 플루타르코스가 그의 생애와 업적을 상세히 기록했다. 전승에 따르면, 누마는 이탈리아 사비니족의 땅에 있는 도시 쿠레스에서 태어났다. 그의 생일은 기원전 753년 4월 21일로, 로마의 건국일과 일치했다고 한다. 누마는 사비니족의 왕인 티투스 타티우스의 딸 타티아와 결혼했으며, 어릴 때부터 신법과 인간의 법 모두에 정통한 것으로 명성이 높았다. 그래서 로마의 원로원은 누마를 섭정으로 추대했다. 누마는 먼저 유피테르(ⓖ제우스)의 뜻을 물어보자고 청했다. 유피테르는 호의적인 징조로 답했고, 그제야 누마는 원로원의 제안을 수락했다. 누마는 로마에 평화의 시대를 열었을 뿐만 아니라, 로마의 종교법과 국가 차원의 제의를 확립한 왕으로 기억되고 있다. 종교적 관행과 사제직, 제례 등을 제도화하면 그 가치를 보지 않으려 하거나 보지 못하는 자들의 반대에 부닥치리라는 사실을 알고 있었던 누마는 그가 신들의 지시를 받고 있다는 이야기를 지어냈다. 밤이 되면 여신 에게리아를 만나, 각각의 신들에게 가장 적절한 의식과 사제에 관한 조언을 듣고 있다고 말이다. 43년의 재위 후 누마는 로마의 일곱 언덕 중 하나인 야니쿨룸에 묻혔다. (로마, 로물루스, 사비니족, 에게리아)

니소스Nisus 신화에 등장하는 다수의 니소스 중 한 명은 전설상의 아테네 왕 판디온의 아들이다. 판디온은 아테네에서 메가라로 피신해 있던 중에 니소스를 얻었다. 결국 판디온은 메가라의 섭정이 되었고, 니소스가 아버지의 뒤를 이었다. 크레타 섬의 왕 미노스가 니소스의 형제 아이게우스가 통치하고 있던 아테네에 눈독을 들였는지 아니면 다른 이유 때문이었는지, 미노스의 군대가 메가라를 공격했다. 니소스의 딸 스킬라는 전장을 지켜보다가 적군의 총사령관인 미노스에게 첫눈에 반해버렸다. 그녀는 미노스의 마음을 얻기 위해, 메가라를 무적의 왕국으로 지켜준다는 니소스의 자주색 머리카락 한 올을 잘라 미노스에게 선물하기로 했다. 그래서 밤의 어둠을 틈타 니소스의 자주색 머리칼을 잘라서 미노스에게 주었지만, 미노스는 그녀의 행동에 진저리치며 그녀를 거부했다. 스킬라는 바다로 뛰어들어 미노스의 함선을 뒤쫓아 갔지만, 물수리(혹은 흰꼬리수리)로 변한 니소스가 그녀를 위협적으로 쪼아대며 배에 오르지 못하도록 막았다. 스킬라의 최후에 관해서는, 익사했다는 설도 있고 바닷새나 물고기로 변했다는 설도 있다.

또 다른 니소스는 베르길리우스의 『아이네이스』에서 젊고 잘생긴 전사 에우리알로스의 충실한 벗으로 등장한다. 베르길리우스에 따르면, 그는 님페 이다와 히르타코스 사이에 태어난 아들이었다. 니소스는 트로이가 멸망한 후 아이네이아스와 함께 트로이를 떠났다. 아이네이아스의 군대와 루툴리족 사이에 전쟁이 벌어졌을 때 그와 에우리알로스는 포위된 트로이 진영을 밤에 몰래 빠져나가 아이네이아스를 찾아보겠다고 자발적으로 나섰다. 그 과정에서 그들은 많은 적군을 죽였는데, 에우리알로스는 젊은 혈기에 치명적인 실수를 저지르고 말았다. 루툴리족 지휘관의 갑옷을 벗길 때 투구에 빛이 반사되는 바람에 적군에게 발각되고 만 것이다. 에우리알로스는 포로로 붙잡혔고, 니소스는 그를 구하기 위해 목숨까지 바쳤지만 둘 모두 살해되었다. (루툴리족, 메가라(장소), 미노스, 스킬라(인간), 아이게우스, 아이네이아스, 아테네, 에우리알로스, 크레타 섬, 트로이, 판디온)

니오베Niobe 니오베는 리디아의 왕 탄탈로스의 딸이자, 형제 제토스와 함께 테베를 다스린 왕 암피온의 아내이다. 그녀는 명문가 출신에 사회적 지위와 미모를 겸비했을 뿐만 아니라 자식들도 많았다. 호메로스는 열두 명이라 말하고, 오비디우스에 따르면 열네 명으로 그중 절반은 아들, 절반은 딸이었다고 한다. 니오베는 이렇게 복이 많은 자신이 쌍둥이 남매 아르테미스와 아폴론밖에 낳지 못한 레토보다 더 숭배받아 마땅하다고 공공연히 떠들고 다녔다. 이런 모욕을 받고 분개한 레토는 자식들에게 도움을 구했다. 아르테미스와 아폴론은 활과 화살로 니오베의 자식들을 모조리 죽였다. 암피온은 슬픔에 젖어 스스로 목숨을 끊었고, 니오베는 애끓는 모정으로 괴로워하다 돌이 되었다. 리디아의 시필로스 산에 있는 '영원히 눈물 흘리는 바위'가 그것이라 한다. (레토, 리디아, 아르테미스, 아폴론, 암피온, 제토스, 탄탈로스, 테베)

다나에Danae 다나에는 아르고스의 왕 아크리시오스와 에우리디케(또는 아가니페) 사이에 태어난 딸이다. 아크리시오스는 손자의 손에 죽으리라는 예언이 실현되는 것을 막기 위해서, 다나에가 아이를 가질 수 있는 나이에 이르자 아무도 뚫고 들어갈 수 없는 방(지하실이라는 설도 있고 탑이라는 설도 있다)에 가두었다. 그러나 제우스는 황금빛 물줄기의 형상으로 그곳에 스며들어 다나에를 잉태시켰고, 그녀는 아들 페르세우스를 낳았다. 손에 피를 묻히지 않고 아이를 없애고 싶었던 아크리시오스는 다나에와 아기를 나무 궤에 넣어 바다로 던져버리라고 명했다. 나무 궤와 그 속에 든 귀중한 내용물은 세리포스 섬에 무사히 당도하여, 친절한 어부 딕티스에게 발견되었다. 이 어부의 형제인 폴리덱테스 왕은 다나에와 혼인하기로 마음먹고, 이제 청년이 된 페르세우스를 제거하기 위해 고르곤 메두사의 머리를 베어 오라 명했다. 이 과제를 완수한 페르세우스는 메두사의 잘린 머리를 들어 올려 폴리덱테스를 돌로 만들고, 다나에와 딕티스를 섬의 섭정 자리에 앉혔다. 로마 시인 베르길리우스에 따르면, 다나에는 결국 세리포스 섬을 떠나 아르고스로 돌아갔으며, 나중에는 이탈리아로 건너가 아르데아를 건설했다고 한다. 트로이 영웅 아이네이아스의 강적인 루툴리족의 왕 투르누스가 바로 그녀의 후손으로, 아르데아를 왕국의 중심지로 삼았다. (고르고네스, 딕티스, 루툴리족, 메두사, 세리포스 섬, 아르고스, 아이네이아스, 아크리시오스, 에우리디케(인간), 제우스, 투르누스, 트로이, 페르세우스, 폴리덱테스)

다나오스Danaus 이집트의 왕 벨로스는 닐루스의 딸 안키노에와 결혼하여, 쌍둥이 아들 다나오스와 아이깁토스를 얻었다. 다나오스에게는 리비아를, 아이깁토스에게는 아라비아를 물려주었다. 벨로스가 숨을 거두자 형제는 영토 분할을 놓고 다투었고, 아이깁토스는 자신의 아들 50명과 다나오스의 딸 50명(다나이데스)을 결혼시켜 세력을 통합하자고 제안했다. 그러나 형제의 저의가 의심스러웠던 다나오스는 딸들을 데리고 펠로폰네소스 반도의 아르고스로 달아났다. 몇몇 전승에 따르면, 다나오스는 기존의 왕을 몰아내고 아르고스의 왕이 되었다고 한다. 늑대 한 마리가 나타나 도시 최고의 황소를 죽이는 사건이 일어나자, 다나오스에게 유리한 징조로 해석된 것이다. 정확한 이유는 알 수 없지만, 다나오스는 결국 자신의 딸들을 형제의 아들들과 결혼시키는 데 동의했다. 그러나 딸들에게 결혼 첫날밤 각자의 남편을 죽이라는 지시를 내렸다. 자신을 정중하게 대하는 남편을 살려준 히페름네스트라를 제외하고 모두가 아버지의 명령에 따랐다. 다나이데스는 남편들의 머리는 아르고스의 아크로폴리스에, 나머지 시신은 레르나에 묻었다. 신화 기록가 아폴로도로스에 의하면, 헤르메스와 아테나가 그들의 살인죄를 씻어주었다고 한다. 다나오스는 후에 다시 한번 딸들을 결혼시키기 위해 경주를 열었다. 참여자들은 경기 결과에 따라 신부를 선택할 수 있었다. 우승자가 제일 먼저 선택권을 갖고, 2위를 차지한 자가 그다음으로 신부를 고르는 식이었다. 다나이데스는 현세에서 죄를 용서받았지만, 내세에 하계로 내려가서는 밑 빠진 항아리에 물을 채워야 하는 영벌을 받았다. (다나이데스, 레르나, 벨로스, 아르고스, 아이깁토스, 아테나, 헤르메스, 히페름네스트라)

다나이데스Danaides 다나이데스는 다나오스 왕(리비아의 왕이었지만, 나중에 가족과 함께 그리스로 피신해 아르고스의 왕이 되었다)의 딸 50명을 가리키는 명칭이다. 다나이데스는 아버지의 명령에 따라 결혼 첫날밤 각자의 남편을 살해한 일화로 가장 잘 알려져 있다. 죽은 후 저승에서 다나이데스는 밑 빠진 항아리에 물을 채워 넣어야 하는 영벌을 받았다. 다나이데스 중 두 명이 특히 유명하다. 유일하게 남편을 죽이지 않은 히페름네스트라, 그리고 포세이돈의 구애를 받아 그의 아이를 잉태한

아미모네가 그들이다. (다나오스,
아르고스, 아미모네, 포세이돈, 히페름
네스트라)

다르다노스Dardanus 다르다노스는 트로
이인의 선조이다. 트로이인의 별칭인 다르다니아
인은 그들의 혈통을 암시한다. 신화 기록가 아폴로도로
스에 의하면, 다르다노스는 아틀라스의 딸 엘렉트라와 제
우스 사이에 태어난 아들이었다. 그러나 호메로스는 제우스가
어느 인간 여성과 관계하여 다르다노스를 얻었으며, 자식들 중 그
를 가장 아꼈다고 전한다. 다르다노스는 아르카디아에서 사모트라키 섬
을 거쳐, 혹은 이탈리아에서 이다 산 부근의 영토로 들어갔다고 전해진다. 그가 당
도했을 때 그곳은 강의 신 스카만드로스와 님페 이다이아의 아들인 테우크로스가
다스리고 있었고, 그 주민들은 왕의 이름을 따 테우크로이인이라 불렸다. 테우크로
스는 다르다노스를 반갑게 맞으며, 그의 땅 일부와 딸 바티에이아(또는 바티아)를 주
었다. 땅을 얻은 다르다노스는 이다 산 기슭에 도시를 세웠고, 테우크로스가 숨을
거두자 나라 전체의 이름을 다르다니아로 바꾸었다. 그와 바티에이아 사이에 일로
스와 에리크토니오스가 태어났으며, 에리크토니오스는 트로스(트로이의 명조)의 아
버지가 된다. (아르카디아, 아틀라스, 에리크토니오스, 엘렉트라[님페], 이다[장소], 일로스, 제우
스, 테우크로스, 트로스, 트로이)

다이달로스Daedalus 다이달로스는 뛰어난 조각가이자 발명가였다. 몇몇 전
승에서는 인류 최초의 조각가이자 발명가였다고도 한다. 그의 부모는 메티온의 아
들 에우팔라모스(또는 팔라몬)와 알키페라고도 하고, 에레크테우스의 아들 메티온
과 이피노에라고도 한다. 어느 쪽이든 다이달로스가 아테네 왕 에레크테우스의 직
계 자손이었음을 알 수 있다. 신화 기록가 아폴로도로스에 따르면, 다이달로
스는 자신의 누이 페르딕스의 아들인 탈로스를 살해한 뒤 아테네에서
크레타 섬으로 달아났다고 한다. 크레타 섬에서 지내는 동안에는 왕
비 파시파에에게 속이 빈 목조 암소를 만들어주었다. 포세이
돈이 미노스 왕을 벌하기 위해 보낸 황소에게 욕
정을 품고 있던 왕비가 그 속으로 기어들어가
황소와 정을 통할 수 있게 한 것이다. 뒤이어

다이달로스는 파시파에와 황소 사이에 태어난 식인 괴물 미노타우로스를 가둘 미궁을 만들었다. 나중에 미노스 왕이 다이달로스와 그의 아들 이카로스를 감금했을 때, 다이달로스는 탈출하기 위해 새의 깃털과 밀랍으로 날개를 만들었다. 그러나 이카로스는 태양에 가까워질 만큼 너무 높이 날아오르다 바다로 떨어져 죽었다. 다이달로스는 시칠리아 섬에 무사히 당도했다. 시칠리아까지 그를 추격한 미노스 왕은 교묘한 계략으로 그를 적발해 냈다. 시칠리아의 왕 코칼로스에게 소라 껍데기에 실을 꿰면 상을 내리겠다고 제안한 것이다. 다이달로스의 재간이 아니면 거의 불가능한 과제였다. 코칼로스가 성공하자 미노스는 다이달로스가 그 배후에 있음을 알았다. 미노스는 다이달로스의 항복을 요구했지만, 코칼로스의 딸들이 다이달로스를 지키기 위해 크레타 섬의 왕을 죽였다. (미노스, 미노타우로스, 시칠리아 섬, 아테네, 에레크테우스, 이카로스, 크레타 섬, 파시파에)

다프네Daphne '월계수'라는 의미의 다프네는 테살리아에 흐르는 페네오스 강의 신 페네오스의 딸이었다. 무척이나 아름다워 구혼자들이 줄을 섰지만, 다프네는 여신 아르테미스처럼 처녀 사냥꾼으로 지내는 편이 더 좋았다. 그러나 구혼자 무리에는 거절을 참지 못하는 아폴론도 끼어 있었다. 로마 시인 오비디우스는 그들의 만남을 생생하게 들려준다. 델포이의 신탁소를 지키는 용 피톤을 죽이고 한껏 의기양양해진 아폴로[Ⓖ아폴론]는 쿠피도[Ⓖ에로스]의 화살이 아이 장난감에 불과하다며 조롱했다. 아폴로가 틀렸다는 걸 증명하기 위해 쿠피도는 아폴로와 다프네에게 화살을 날렸다. 아폴로는 화살에 맞고 욕정이 끓어올랐지만, 다프네가 맞은 화살은 달아나고픈 마음을 부추겼다. 다프네를 발견한 아폴로는 자신의 신성한 혈통과 권능, 재산을 줄줄이 읊으며 끈질기게 그녀를 쫓아다녔다. 그러나 아폴로가 빠르게 쫓아올수록 더 빠르게 달아나던 다프네는 결국 기진맥진 지쳐 아버지 페네오스에게 구해달라 빌었다. 그래서 아폴로가 마침내 그녀에게 닿았을 때 다프네는 지금도 그녀의 이름으로 불리는 나무로 변했다. 그녀는 그 자리에 뿌리를 내렸고, 몸은 나무껍질로 뒤덮였다. 머리칼은 나무 이파리가, 두 팔은 우아한 나뭇가지가 되었다. 그래도 여전히 그녀를 사랑한 아폴로는 이 나무를 자신의 신목으로 삼았다. 그날부터 아폴로는 월계관을 쓰고 다녔으며, 월계수는 그리스인과 로마인의 일상에 아주 중요한 예언, 순수, 시, 음악, 치유, 승리의 강력한 상징물이 되었다.

그리스 시인 파르테니오스와 여행 작가 파우사니아스는 이 이야기의 덜 알려진 버전을 들려준다. 여기에서 에로스가 하는 역할은 아무것도 없다. 다프네가 나무로 변하게 된 이유는 그녀가 피사의 왕 오이노마오스의 아들인 레우키포스와 가까이

다프네　페네오스 강의 신 페네오스의 딸

지내는 것을 아폴론이 질투했기 때문이다. 다프네에게 반한 레우키포스는 그녀가 남자에게 아무런 관심도 없다는 걸 알고는 처녀로 변장해 그녀의 신뢰를 얻었었다. 다프네가 친구들과 함께 수영을 하러 갔을 때 레우키포스만 옷을 벗으려 하지 않아 이 술책은 들통나고 말았다. 그러자 소녀들은 레우키포스를 잔인하게 공격했고, 아폴론은 다프네를 쫓아다니기 시작했다. (델포이, 레우키포스, 아르테미스, 아폴론, 오이노마오스, 쿠피도, 테살리아, 페네오스(신과 장소), 피톤)

다프니스Daphnis 다프니스는 전설에 등장하는 시칠리아 섬의 목자로, 역사가 디오도로스 시켈로스에 따르면 목가牧歌의 창시자였다. 그는 헤르메스와 어느 님페의 아들이었는데, 울창한 월계수('다프네daphne') 숲에서 태어났기(혹은 그 숲에 버려졌기) 때문에 다프니스라는 이름을 갖게 되었다. 그리스 시인 파르테니오스가 쓰기를, 그와 사랑에 빠진 한 님페가 그에게 정절의 서약을 시키면서 딴 여자에게 눈을 돌렸다간 앞을 보지 못하게 되리라 경고했다고 한다. 그는 오랫동안 유혹을 잘 뿌리쳤지만, 그에게 너무 많은 포도주를 먹인 공주와 동침하고 말았다. 그 결과 다프니스는 맹인이 되었다. 로마 작가 아엘리아누스는 다프니스가 바로 이 공주를 위해 최초의 목가를 지었다고 덧붙인다. 그러나 테오크리토스의 『목가』에서 다프니스는 젊은 나이에 상사병으로 죽고, 수많은 사람이 그의 죽음을 애도한다. (시칠리아 섬, 헤르메스)

데모폰Demophoon 데모폰은 엘레우시스의 왕 켈레오스와 왕비 메타네이라 사이에 태어난 아들이다. 여신 데메테르는 인간으로 변장한 채 페르세포네를 찾아 떠돌다 켈레오스의 궁에 다다랐다. 데메테르는 왕실의 환영을 받으며, 왕의 젖먹이 아들 데모폰의 유모로 일하게 되었다. 데메테르는 데모폰을 불사의 존재로 만들기 위해 몸에 암브로시아를 발라주고 밤마다 불 속에 집어넣었다. 이를 목격한 메타네이라는 놀라서 비명을 질렀고, 분노한 여신은 아이를 떨어뜨렸다. 데메테르는 신성을 완전히 드러내며 데모폰의 유모 노릇을 그만두었다. 데모폰은 불사의 몸이 되지는 못했지만, 자라서 신과 같은 외모를 지니게 되었다. (데메테르, 엘레우시스, 켈레오스, 페르세포네)

데우칼리온Deucalion 데우칼리온은 2세대 티탄족 프로메테우스의 아들이며, 그의 아내 피라는 프로메테우스의 형제 에피메테우스와 판도라 사이에 태어난 딸이었다. 이 부부의 모험담에 관해서는 로마 시인 오비디우스의 이야기가 가장 잘 알려져 있다. 인간의 타락을 목격하고 분노한 제우스는 지상에 홍수를 일으켜 인간의 흔적을 모조리 지워버리기로 마음먹었다. 그때 데우칼리온과 피라만 살아남았는데, 우연이었을 수도 있고 신화 기록가 아폴로도로스의 주장대로 프로메테우스의 도움 덕분이었을지도 모른다. 어쨌거나 그들이 탄 배는 지상을 온통 뒤덮은 광대한 바다에서 툭 튀어나와 있던 파르나소스 산 꼭대기에 멈춰 섰다. 신심 깊은 부부는 무사함에 감사하며, 그곳의 님페들과 테미스(근처에 이 여신의 신탁소가 있었다)에게 제물을 바쳤다. 친절하고 공정하기로 명성이 높은 선량한 부부만 살아남은 것을 보고 마음이 움직인 제우스는 홍수를 거두어들였다. 그러자 부부는 어려운 상황에 처한 그들을 도와달라고 테미스에게 빌었다. 여신이 내려준 신탁은 그들 어머니의 뼈를 어깨 뒤로 던지라는 것이었다. 피라는 불경한 짓이라며 거부했지만, 데우칼리온은 테미스가 그들에게 금기시되는 일을 요구할 리 없다고 생각했다. 그들의 어머니란 대지 가이아이며, 땅에 뒹구는 돌들이 그녀의 뼈가 아닐까 짐작했다. 그리고 그의 추론은 옳았다. 두 사람이 어깨 뒤로 돌을 던지자, 그 돌들에서 인간들이 생겨났다. 돌에서 태어난 만큼 튼튼한 현재의 인류 종족이었다. 피라가 던진 돌은 여성이, 데우칼리온이 던진 돌은 남성이 되었다. (가이아, 에피메테우스, 제우스, 테미스, 티탄족, 파르나소스 산, 판도라, 프로메테우스, 피라)

데이다메이아Deidamia 데이다메이아는 스키로스 섬의 왕 리코메데스의 일곱 딸들 중 한 명이다. 아킬레우스가 스키로스 섬에서 공주들 사이에 숨어 지내는 동안 데이다메이아는 그의 아이를 잉태했다. 아킬레우스가 트로이로 떠난 후 그녀는 아들 네오프톨레모스를 낳았다. 그는 훗날 트로이 전쟁의 막바지에 아버지를 따라 그리스 연합군에 합류한다. 아킬레우스가 죽은 후 네오프톨레모스는 그리스로 돌아오자마자 트로이의 예언자 헬레노스에게 데이다메이아를 신부로 주었다. (네오프톨레모스, 리코메데스, 스키로스 섬, 아킬레우스, 트로이, 헬레노스)

데이아네이라Deianeira 데이아네이라 공주는 칼리돈의 왕 오이네우스와 왕비 알타이아의 딸이다. 그러나 디오니소스가 그녀의 아버지로 언급되기도 한다. 그녀의 오라비들인 티데우스와 멜레아그로스는 모두 비극적인 운명을 맞는다. 데이아네이라 자신은 우연히도 '남편을 살해하는 자'라는 뜻의 이름에 걸맞은 인생을 살게 된다. 헤라클레스는 씨름 대결에서 강의 신 아켈로오스를 이겨 그녀를 아내로 맞았다. 지하세계에서 케르베로스를 데려 나올 때 마주쳤던 멜레아그로스의 혼령과 했던 약속을 지킨 것이다. 후에 헤라클레스가 실수로 장인의 친척을 죽여 그와 데이아네이라는 자발적으로 유배를 떠났고, 어느 날 에우에노스 강에 이르렀다. 그곳에서 마주친 켄타우로스 네소스가 강의 물살이 거세니 자신이 데이아네이라를 건네주겠다고 제안했다. 그러나 헤라클레스가 강을 건너는 사이 네소스는 데이아네이라를 겁탈하려 했다. 헤라클레스는 괴물 히드라의 독이 묻은 치명적인 화살을 날려 네소스를 쓰러뜨렸다. 네소스는 숨이 넘어가기 직전 자신의 피가 담긴 병을 데이아네이라에게 주면서, 이 사랑의 묘약이 있으면 영원히 헤라클레스의 사랑을 잃지 않을 것이라고 말했다. 훗날 헤라클레스가 오이칼리아의 왕 에우리토스와의 전쟁에서 이긴 후 공주 이올레를 첩으로 데려오자, 질투에 휩싸인 데이아네이라는 헤라클레스의 웃옷을 켄타우로스의 피로 적셨다. 이 옷이 헤라클레스의 살을 태우자 그는 영웅 필록테테스의 도움으로 생을 마감했고, 자신의 행동이 의도치 않은 결과를 초래하자 공포에 질린 데이아네이라 역시 스스로 목숨을 끊었다. (네소스, 디오니소스, 레르나의 히드라, 멜레아그로스, 알타이아, 에우리토스, 오이네우스, 이올레, 지하세계, 칼리돈, 케르베로스, 켄타우로스족, 티데우스, 필록테테스, 헤라클레스)

도로스Dorus 신화 기록가 아폴로도로스에 의하면, 도로스는 그리스인의 시조라고 하는 헬렌이 님페 오르세이스와 결혼하여 얻은 아들이다. 크수토스, 아이올로스와 형제간이다. 헬렌이 세 아들에게 그리스 영토를 나누어주었을 때, 크수토스는 펠로폰네소스 반도를 받았고, 그 맞은편의 땅(파르나소스 산 부근)을 받은 도로스는 자신의 이름을 따 그 주민들을 도리아인이라 불렀으며, 테살리아를 물려받은 아이올로스는 백성들을 아이올리스인으로 명명했다. 훗날 도리아인은 헤라클레스의 후손들(헤라클레이다이)의 도움으로 펠로폰네소스 반도를 침략하여, 아르고스, 스파르타, 메세니아, 메가라, 코린토스를 차지했다. (메가라[장소], 메세니아, 아르고스, 아이올로스, 코린토스, 크수토스, 테살리아, 파르나소스 산, 헤라클레스, 헬렌)

드리오페Dryope 드리오페는 테살리아 지방의 오이칼리아를 다스린 에우리토스 왕의 딸이다. 아름답기로 유명했던 드리오페는 아폴론의 구애를 받아 그의 아이를 잉태한 후 안드라이몬과 결혼했다. 로마 시인 오비디우스의 이야기에 따르면, 드리오페는 아기 암피소스를 데리고 나가 님페들에게 화환을 만들어주기 위해 꽃을 꺾고 있었다. 도금양 덤불에 둘러싸인 어느 호수에서 그녀는 아들에게 주려고 로토스 나무의 진홍색 꽃을 한 줌 꺾었다. 그런데 나무에서 피가 흘렀다. 나이아스인 로티스가 이제 막 변신한 나무였던 것이다. 무심코 죄를 짓고 만 드리오페는 겁에 질려 기도를 올리고 님페들에게 제물을 바쳤지만, 이미 늦었다. 그녀는 땅에 뿌리를 내리며 온몸이 나무껍질로 뒤덮였고, 한때 아름다웠던 머리칼은 이파리가 되었다.

이젠 그녀도 로토스 나무였다. 오비디우스가 말하는 로토스의 정체가 무엇인지는 정확히 알기 어렵다. 학자들은 대추나무일 거라 추측했지만, 대추나무는 물에서 자라지 않고 꽃이 붉지 않을뿐더러 눈에 잘 띄지도 않는다.

후대의 신화 기록가 안토니노스 리베랄리스는 변형된 이야기를 들려준다. 여기서 드리오페는 드리옵스('참나무의 남자')의 딸로, 아폴론에게 사랑받는다. 아폴론은 그녀에게 접근하기 위해 거북이로 둔갑하고, 그녀는 그 거북이를 무릎에 올려놓는다. 그러자 거북이는 뱀으로 변하고, 아폴론은 이 형상으로 그녀를 잉태시킨다. 산달이 되어 드리오페는 암피소스를 낳지만, 후에 옛 친구들인 하마드리아데스(나무의 님페들)에게 납치된다. 그녀가 납치당한 곳에는 검은 포플러나무 한 그루와 샘 하나가 남는다. 하마드리아데스는 드리오페를 님페로 만든다. (나이아데스, 로티스, 아폴론, 에우리토스, 테살리아, 하마드리아데스)

디도Dido 엘리사라고도 불리는 디도는 카르타고를 세운 전설상의 여왕이다. 로마 시인 베르길리우스는 서사시 『아이네이스』에서 그녀의 극적인 일생을 들려준다. 디도의 남편 시카이오스는 그의 재산을 탐낸 디도의 오라비, 페니키아 티레의 왕 피그말리온에게 살해당했다. 디도는 자신처럼 피그말리온을 증오하거나 두려워하는 사람들을 데리고 달아났다. 리비아의 해안에 닿자 디도는 카르타고를 세울 땅을 샀다. 후에 아이네이아스가 바로 그 해안에 도착했을 때 카르타고는 한창 건설 중이었다. 그때까지만 해도 디도는 세상을 떠난 남편을 여전히 사랑하고 있었기에 아프리카 왕 이아르바스의 구혼도 거절했다. 그러나 여신 베누스[G아프로디테]가 계략을 꾸며 디도를 함정에 빠뜨렸다. 쿠피도[G에로스]를 보내어, 그녀의 마음에 아이네이아스를 향한 정염의 불을 지핀 것이다. 디도는 아이네이아스와 트로이 유민들을 받아주었고, 아이네이아스와 연인 사이가 되자 자신들의 관계를 부부로 오해했다. 아이네이아스가 한마디 예고도 없이 떠날 준비를 하자, 디도는 그녀의 명성과 도시 모두 성장과 번영을 멈춘 채 희생당했다는 사실을 깨닫고는 절망에 빠져 그에게 대항했다. 그러나 이탈리아로 가는 것이 그의 숙명임을 신들로부터 계시받은 아이네이아스는 떠나겠다는 결심을 바꾸지 않았다. 트로이의 배들이 떠나자, 디도는 아이네이아스와 동침했던 침대와 그의 갑옷을 태울 것이니 장작더미를 쌓으라고 자매인 안나에게 지시했다. 그래야 절망적인 사랑에서 벗어날 수 있을 것이라고 말이다. 그러나 안나가 짐작도 못했던 일이 벌어졌다. 불타오르는 장작더미에 디도가 몸소 기어 올라가더니 검으로 자신의 가슴을 찌른 것이다. 넋이 빠져나가기 전 디도는 아이네이아스와 그의 후손인 미래의 로마인에게 저주의 말을 뱉었다. 훗날 카르타고의 장군 한니발이 디도의 원수를 갚기 위해 이탈리아를 공격하면서 그 저주가 실현된다. 장작불이 활활 타오르자, 디도를 아꼈던 여신 유노(ⓖ헤라)는 이리스에게 명하여 여왕의 머리칼을 한 타래 자르게 했다. 그 덕에 디도의 혼은 육신에서 풀려나 지하세계로 들어갈 수 있었다. (로마, 시카이오스, 아이네이아스, 유노, 이리스, 지하세계, 카르타고, 쿠피도, 트로이, 피그말리온)

디르케Dirce 테베의 섭정 리코스의 아내인 디르케는, 남편이 감금한 조카딸 안티오페를 학대한 죄로 벌을 받은 인물이다. 탈출에 성공한 안티오페는 이미 죽었다고 믿었던 아들들 제토스와 암피온을 우연히 다시 만났다. 용맹한 두 청년은 리코스를 죽이고(혹은 왕국에서 쫓아내고), 디르케를 황소에 매었다. 그녀는 황소에게 질질 끌려다니다 죽었다. 신화 기록가 아폴로도로스는 디르케의 시신이 샘에 던져졌으며, 그 후 샘의 이름이 디르케가 되었다고 썼다. (리코스, 안티오페, 암피온, 제토스, 테베)

디오메데스Diomedes 디오메데스라는 이름의 중요한 인물이 둘 있다. 그중 한 명은 티데우스(칼리돈의 왕 오이네우스의 아들)와 데이필레(아드라스토스의 딸) 사이에 태어난 아들 디오메데스이다. 그는 에피고노이가 테베에 보복하기 위해 벌인 전쟁에 참여했다. 테베 공략 7장군 가운데 한 명이었던 자신의 아버지 티데우스의 원수를 갚기 위해서였다. 훗날 트로이 전쟁에서도 가장 용맹한 그리스 전사들 중 한 명으로 대단한 활약을 펼쳤다. 트로이 전쟁 중에 그는 아프로디테가 그녀의 아들 아이네이아스를 구하려 할 때 그녀에게 상처를 입혔다. 그뿐 아니라 아레스에게도 상처를 입혔고, 리키아의 왕 글라우코스와 결투를 벌이려다 가문끼리의 인연 때문에 그만두고 갑옷을 교환했으며, 오디세우스와 함께 트로이 진영을 정탐했고, 파리스의 공격에 부상을 입었고, 오디세우스를 도와 필록테테스를 렘노스 섬에서 데려오고, 팔라디온Palladion이라는 아테나 신상을 훔쳤으며, 오디세우스를 비롯한 여러 전사들과 함께 트로이 목마 안에 숨었다. 오디세우스 같은 병사들과 달리 디오메데스의 귀향길은 순탄했다.

또 다른 디오메데스는 트라키아의 호전적인 종족 비스토네스족의 왕이었다. 헤라클레스의 여덟 번째 과업이 디오메데스의 악명 높은 암말들을 에우리스테우스에게 가져가는 것이었다. 디오메데스는 자신의 말들에게 인육을 먹이고 있었다. 헤라클레스가 디오메데스를 죽여 그 시신을 말들에게 던져주자, 말들은 그 비정상적인 먹이에 대한 입맛을 잃어버렸다. 신화 기록가 히기누스에 따르면, 에우리스테우스는 헤라클레스가 데려온 암말들을 풀어주었고, 결국 그 말들은 올림포스 산의 비탈에서 맹수들에게 잡아먹혔다. (글라우코스, 렘노스 섬, 리키아, 아드라스토스, 아레스, 아이네이아스, 아테나, 아프로디테, 에우리스테우스, 에피고노이, 오디세우스, 오이네우스, 올림포스 산, 칼리돈, 테베, 테베 공략 7장군, 트라키아, 트로이, 티데우스, 파리스, 필록테테스, 헤라클레스)

딕티스Dictys 딕티스는 어부이자, 세리포스 섬의 왕 폴리덱테스의 쌍둥이 형제였다. 형제는 바람의 신 아이올로스와 물의 님페의 자손이었다. 나무 궤에 갇힌 채 바다로 던져져 세리포스 섬의 해안까지 떠밀려온 다나에 공주와 그녀의 아들 페르세우스를 구해준 이가 바로 인정 많은 딕티스였다. 딕티스는 그 모자를 지켜주며, 페르세우스를 어부로 키웠다. 한편, 다나에에게 눈독을 들인 폴리덱테스는 그녀에게 혼인을 강요했다. 페르세우스는 고르곤 메두사를 죽인 후, 고르곤의 잘린 머리를 이용하여 폴리덱테스를 돌로 만들어 복수했다. 폴리덱테스가 죽자 딕티스가 세리포스 섬의 섭정이 되었다. (고르고네스, 다나에, 메두사, 세리포스 섬, 아이올로스, 페르세우스, 폴리덱테스)

라다만토스Rhadamanthus(Rhadamanthys) 라다만토스(또는 라다만티스)는 제우스와 에우로페 공주의 아들이다. 호메로스에 의하면 미노스의 형제였으며, 헤시오도스에 의하면 미노스와 아이아코스의 형제였다. 여러 전승에서 세 형제 모두 죽은 후 지하세계의 재판관이 된다. 역사가 디오도로스 시켈로스는 라다만토스가 그의 고향인 크레타 섬에서 공정한 판결을 내리고 죄인들에게 적절한 처벌을 가하는 왕으로 이름을 날렸다고 전한다. 후에 그가 소아시아로 건너갔을 때, 본토와 섬의 주민들 모두 그의 명성 높은 공명정대함을 믿고 그를 왕으로 섬겼다. (미노스, 아이아코스, 에우로페, 제우스, 지하세계, 크레타 섬)

라브다코스Labdacus 라브다코스는 라이오스의 아버지이자 오이디푸스의 할아버지이다. 라브다코스 자신은 테베의 창건 왕 카드모스와 하르모니아 사이에 태어난 유일한 아들 폴리도로스의 아들이었다. 폴리도로스가 죽었을 때 라브다코스가 너무 어려 통치를 할 수 없었으므로, 그의 종조부인 리코스가 그를 대신하여 테베를 다스렸다. 훗날 라브다코스는 왕위에 올랐지만, 아테네와의 영토 분쟁에서 목숨을 잃은 탓에 재위 기간은 짧게 끝나고 말았다. 리코스가 다시 섭정 자리에 올라 도시를 다스리다가 제토스와 암피온에게 살해당했다(또는 도시에서 쫓겨났다). (라이오스, 리코스, 아테네, 암피온, 오이디푸스, 제토스, 카드모스, 테베, 폴리도로스, 하르모니아)

라비니아Lavinia 라비니아는 라티움의 왕 라티누스와 왕비 아마타 사이에 태어난 딸이다. 아이네이아스와 트로이 유민들이 이탈리아에 도착하기 전, 루툴리족의 왕 투르누스를 비롯한 수많은 남자들이 그녀의 구혼자로 줄을 섰다. 라비니아의 어머니 아마타는 투르누스를 사윗감으로 점찍었지만, 라티누스는 그의 아버지 파우누스(ⓒ판)로부터 그 혼인을 막으라는 신탁을 받았다. 파우누스는 라우렌툼의 성목인 월계수에 갑자기 벌 떼가 몰려드는가 하면 라비니아의 머리에 불이 붙는 등 연이어 나타나는 징조들을 거론하며, 라티움에 당도할 이방인들이 라티누스 가문과 결합하면 그 후예들이 위대한 명성을 누리리라 예언했다. 또 덧붙이기를, 라비니아는 명예를 얻겠지만 백성들을 전쟁에 끌어들일 것이라고 했다. 과연 얼마 지나지 않아 트로이인과 라틴인 사이에 전쟁이 벌어졌다. 트로이인이 승리하자 아이네이아스는 라틴인과 화해하고, 라비니아와 결혼한 후 새 신부의 이름을 딴 도시 라비니움을 건설했다. (라티누스, 라티움, 라틴인, 루툴리족, 아마타, 아이네이아스, 투르누스, 트로이, 파우누스)

라에르테스Laertes 라에르테스는 이타카 섬의 왕으로, 안티클레이아와 결혼하여 오디세우스를 아들로 얻었다. 호메로스의 『오디세이아』에 따르면, 오디세우스가 20년 만에 이타카로 돌아와 아버지와 재회했을 때, 라에르테스는 고령으로 왕위에서 물러나 시골의 어느 농장에서 살고 있었다. 나중에 오디세우스가 페넬로페의 구혼자들을 살해한 후 그들의 친척들이 공격해 왔을 때 라에르테스도 아들과 함께 전장에 나가 싸울 수 있었다. 부자의 재회 후 여신 아테나가 라에르테스에게 원기를 불어넣어준 덕분이었다. (아테나, 오디세우스, 이타카 섬, 페넬로페)

라오메돈Laomedon 라오메돈은 일로스의 아들이자 트로이의 왕이었다. 그의 자식들로는 트로이 전쟁 당시 트로이를 통치하고 있었던 프리아모스, 여신 에오스에게 사랑받은 티토노스, 헤시오네 등이 있으며, 몇몇 전승에 따르면 제우스의 술시중을 든 가니메데스도 그의 아들이었다고 한다. 라오메돈은 아폴론과 포세이돈을 속여 무보수로 부려먹은 일화로 가장 유명하다. 두 신이 반란을 꾀한 죄로 제우스에게 벌을 받아 라오메돈을 위해 일 년간 일해야 했다는 설도 있고, 라오메돈의 악명 높은 사악함을 직접 시험해 보려 했다는 설도 있다. 대부분의 전승에 따르면, 아폴론과 포세이돈은 라오메돈에게 고용되어 트로이의 성벽을 지었다. 라오메돈이 약속했던 보수를 주지 않자 아폴론은 역병을 내렸고, 포세이돈은 사람을 잡아먹는 바다 괴물을 보내어 트로이 땅을 유린했다. 라오메돈은 그의 딸 헤시오네를 바다 괴물에게 바쳐야 한다는 신탁을 받았다. 그때 마침 트로이를 지나가고 있던 헤라클레스는 라오메돈의 불사의 말들(제우스가 가니메데스를 데려간 데 대한 보상으로 라오메돈에게 준 선물)을 받기로 하고 헤시오네를 구해주었지만, 이번에도 라오메돈은 약속을 어겼다. 후에 헤라클레스는 트로이를 공격하여 라오메돈을 죽이고 헤시오네를 잡아갔다. 바로 이때 프리아모스가 트로이의 왕이 되었다. (가니메데스, 아폴론, 에오스, 일로스, 제우스, 트로이, 티토노스, 포세이돈, 프리아모스, 헤라클레스, 헤시오네)

라오콘Laocoon 로마 시인 베르길리우스에 따르면, 라오콘은 넵투누스(ⓖ포세이돈)를 섬기는 사제로, 트로이의 목마가 미네르바(ⓖ아테나)에게 바치는 제물이 아닐 것이라고 의심한 유일한 트로이인이었다. 그리스군에서 탈영한 시논의 주장과는 달리, 그 목마가 트로이의 성벽을 뚫는 공성攻城 무기로 쓰이거나 아니면 그 뱃속에 그리스 병사들이 숨어 있을지도 모른다고 생각했다. 그래서 그는 목마의 배를 향해 창을 날렸지만, 의심할 만한 소리는 전혀 들리지 않았다. 그가 염려를 표한 뒤 넵투누스에게 바칠 제물을 준비하고 있을 때, 거대한 뱀 두 마리가 바다에서 나타나 라오콘의 두 아들을 휘감더니 세 부자를 죽여버렸다. 뱀들은 이 끔찍한 임무를 끝낸 다음 미네르바의 신전으로 숨었다. 라오콘과 아들들의 참담한 죽음을 목격하고 겁에 질린 트로이인은 라오콘의 생각이 틀렸으며 목마가 정말로 미네르바에게 바치는 선물임을 의미하는 징조로 잘못 해석했다. 그래서 그들은 목마를 트로이 성채 안으로 들였다. (넵투누스, 미네르바, 시논, 트로이)

라우수스Lausus 라우수스는 에트루리아의 왕 메젠티우스의 아들이다. 이탈리아에 갓 당도한 트로이인과 라틴인 사이에 전쟁이 일어났을 때, 라틴인 편에서 싸운 메젠티우스는 트로이 영웅 아이네이아스에게 큰 부상을 당했다. 라우수스는 메젠티우스가 더 다치지 않도록 방패로 그를 막으며, 용맹하고 고결하게 아버지의 목숨을 지켜냈다. 메젠티우스가 무사히 빠져나간 후 전장으로 돌아간 라우수스는 아이네이아스의 손에 전사했다. 라우수스의 효심에 깊이 감동한 아이네이아스는 그의 갑옷을 전리품으로 강탈하지 않았다. 아들을 잃은 메젠티우스는 비통한 심정으로 전투에 복귀했다가 아들과 마찬가지로 아이네이아스의 검에 쓰러졌다. (라틴인, 메젠티우스, 아이네이아스, 에트루리아, 트로이)

라이오스Laius 라이오스의 아버지 라브다코스, 할아버지 폴리도로스, 증조부 카드모스 모두 테베의 왕이었다. 라브다코스가 세상을 떠났을 때 라이오스는 너무 어려 왕위를 물려받을 수 없었기에 그 대신 리코스가 테베를 다스렸다. 리코스가 안티오페를 핍박했다는 이유로 그녀의 두 아들 제토스와 암피온에게 살해된 후, 라이오스는 도시에서 쫓겨나 피사의 왕 펠롭스에게 몸을 의탁했다. 펠롭스의 아들 크리시포스에게 전차 모는 법을 가르치다가 그에게 매혹된 라이오스는 그를 데리고 테베로 달아났다. 그곳에서 라이오스는 왕이 되었고, 그의 진짜 곤경이 시작된 것은 표면상 크리시포스를 납치한 데 대한 응징이었다. 라이오스는 이오카스테와 결혼하여 아들 오이디푸스가 태어났을 때, 아들에게 살해되리라는 예언 때문에 아기를 내다 버렸다. 그러나 오이디푸스는 구조되어 코린토스에서 성장했고, 훗날 어느 갈림길에서 라이오스의 정체를 모른 채 그를 죽여버렸다. 그 후 테베의 왕이 된 오이디푸스는 자신의 어머니 이오카스테와 결혼하여, 에테오클레스, 폴리네이케스, 안티고네, 이스메네를 자식으로 두었다. (라브다코스, 리코스, 안티고네, 안티오페, 암피온, 에테오클레스, 오이디푸스, 이스메네, 이오카스테, 제토스, 카드모스, 코린토스, 테베, 펠롭스, 폴리네이케스)

라티누스Latinus 라티누스는 이탈리아 중서부의 라티움에 터를 잡고 살았던 라틴인의 왕이다. 로마 시인 베르길리우스에 따르면, 그는 전원신 파우누스(⒢판)와 한 님페 사이에 태어난 아들이며, 사투르누스(⒢크로노스)의 손자였다. 그러나 그의 부모가 오디세우스와 마녀 키르케라는 설도 있고, 오디세우스의 아들인 텔레마코스와 키르케라는 설도 있다. 베르길리우스의 『아이네이스』에서 라티누스는 성채를 지을 때 아폴론에게 바쳤던 성스러운 월계수의 이름을 따서 수도를 라우렌툼이라 명명했다. 바로 그 나무에 벌 떼가 날아들고, 이는 라비니아 공주가 이국의 남자와 결혼해야 한다는 계시로 받아들여졌다. 그 남자가 아이네이아스로 정해지자, 라티누스의 왕비 아마타는 그 혼인을 격렬하게 반대했다. 라티누스는 라티움의 해안에 나타난 아이네이아스와 트로이 유민들을 반갑게 맞으며 그들과의 평화로운 공존을 원했지만, 라우렌툼의 백성들과 트로이인들 사이에 일어나는 불화를 막지 못했다. 결국 라비니아는 아이네이아스와 결혼하고, 라티누스의 후예인 로마인들은 그의 이름을 따서 그들의 언어를 라틴어라 불렀다. (라비니아, 라티움, 로마, 사투르누스, 아마타, 아이네이아스, 아폴론, 오디세우스, 키르케, 텔레마코스, 파우누스)

라틴인Latins 라틴인은 라티움에서 살았던 이탈리아인이다. 베르길리우스의 『아이네이스』에 따르면 그들의 왕은 라티누스이며, 라틴인은 아이네이아스가 이끌고 온 트로이 유민들과 결합하여 로마인의 선조가 된다. (라티누스, 라티움, 로마, 아이네이아스, 트로이)

라피타이족Lapiths 라
피타이족은 테살리아 북부
에 살았다고 하는 전설상의
부족이다. 페네오스의 딸과 아폴
론 사이에 태어난 라피토스의 후손이라고
도 하고, 익시온의 후손이라고도 한다. 만약 익시온
의 후손이라면, 라피타이족의 왕 페이리토오스의 결
혼식에서 그들과 다툰 켄타우로스족과는 이복형제 사
이가 된다. 결혼식에서 켄타우로스족은 술에 취해 라피
타이족의 여성들을 겁탈하려 들었다. 이 무도한 행위로
촉발된 전쟁의 결과 그들은 테살리아에서 쫓겨났다. 아테
네인은 라피타이족과 켄타우로스족 간의 이 전쟁이 그리스
와 페르시아 사이에 실제로 벌어졌던 페르시아 전쟁을 상징
적으로 보여준다고 생각했다. (라피타이족, 아테네, 아폴론, 익시온,
켄타우로스족, 테살리아, 페네오스(신), 페이리토오스)

레다Leda 레다는 아이톨리아의 왕 테스티오스와 왕비 에우리테미
스의 딸이다. 칼리돈의 영웅 멜레아그로스의 어머니 알타이아, 예언자
암피아라오스의 어머니 히페름네스트라와 자매간이다. 레다는 스파르타의 왕 틴다
레오스와 결혼하여, 훗날 미케네의 왕비가 되는 클리타임네스트라와 쌍둥이 형제
카스토르와 폴룩스(G폴리네우케스)를 낳았다. 백조로 둔갑한 제우스와 정을 통하
여 잉태한 아이는 아름다운 헬레네였다. 몇몇 전승에서는 카스토르와 폴룩스 역시
제우스의 자식이라고도 한다. (멜레아그로스, 미케네, 스파르타, 알타이아, 암피아라오스, 제우
스, 카스토르, 칼리돈, 테스티오스, 틴다레오스, 폴룩스, 헬레네, 히페름네스트라)

레무스Remus 레무스는 베스타(G헤스티아)를 섬기는 무녀 레아 실비아와 마르
스(G아레스) 사이에 태어난 아들로, 로마를 건설한 로물루스의 쌍둥이 형제이다.
형제는 티베르 강에 버려졌지만 살아남았고, 성인이 되자 그들만의 도시 건설이라
는 꿈을 품게 되었다. 형제는 나이가 같았으므로, 누가 도시의 이름을 짓고 왕위에
오를지 결정하기가 쉽지 않았다. 둘 사이에 다툼이 일어났을 때 레무스가 아직 완
성되지 않은 성벽을 훌쩍 뛰어넘으며 로물루스를 조롱하자, 로물루스는 분노하여

형제를 살해했다. (레아 실비아, 로마, 로물루스, 마르스, 베스타, 티베르 강)

레아 실비아 Rhea Silvia 레아 실비아는 트로이의 영웅 아이네이아스의 아들인 아스카니오스가 이탈리아에 건설한 도시 알바 롱가의 왕 누미토르의 딸이다. 누미토르는 프로카스 왕의 장남으로 정당한 왕위 계승자였지만, 로마 역사가 리비우스에 따르면 동생 아물리우스에게 왕위를 빼앗겼다고 한다. 아물리우스는 거기에 그치지 않고 누미토르의 아들들까지 죽였고, 누미토르에게 손자가 생기지 않도록 그의 딸 레아 실비아를 베스타(ⓖ헤스티아)의 무녀로 만들었다. 베스타의 무녀들은 그 여신을 섬기는 동안에는 순결을 지켜야 했고, 이를 어기면 사형에 처해졌다. 이 모든 대책이 무색하게도 레아 실비아는 군신 마르스(ⓖ아레스)의 아이를 잉태했다. 아물리우스는 레아 실비아를 감금하고, 그녀가 낳은 쌍둥이 형제 로물루스와 레무스를 바구니에 담아 티베르 강에 띄워 보내라는 명령을 내렸다. 물론 아물리우스는 쌍둥이 형제가 죽으리라 예상했지만, 그들은 암늑대에게 구조되었다. 로마인의 '어머니' 레아 실비아는 성인이 된 아들들에 의해 풀려났다. (레무스, 로마, 로물루스, 마르스, 베스타, 아스카니오스, 알바 롱가, 티베르 강)

레안드로스Leandros 레안드로스는 헬레스폰트의 아시아 쪽 해안 마을 아비도스에 살았던 청년이다. 그는 반대편 해안의 세스토스에 살고 있던 여인 헤로와 사랑에 빠졌다. 그러나 헤로는 아프로디테를 섬기는 무녀로서 순결을 지켜야 했으므로 두 사람의 사랑은 금지되어 있었다. 이런 까닭에 레안드로스는 밤마다 헤로의 탑에 밝혀진 불빛을 등대 삼아 거센 바닷물을 헤엄쳐 갈 수밖에 없었다. 하지만 그들의 사랑은 아프로디테에게 발각되었고, 레안드로스는 연인을 만나러 가기 위해 헤엄치던 도중 물에 빠져 죽었다. 레안드로스의 죽음에 괴로워하던 헤로는 헬레스폰트의 바닷물에 스스로 몸을 던졌다. (아비도스, 아프로디테, 헤로, 헬레스폰트)

레우키포스Leucippus 레우키포스는 페르세우스의 손자이다. 그의 자식들로는, 치유의 신 아스클레피오스의 어머니로 가끔 언급되는 아르시노에, 그리고 일명 '레우키피데스(레우키포스의 딸들)의 납치' 사건에서 디오스쿠로이에게 납치되는 포이베와 힐라에이라가 있었다. (디오스쿠로이, 아리스노에, 아스클레피오스, 카스토르, 페르세우스, 폴룩스)

렘노스 섬의 여인들 Lemnian Women 그리스 시인인 로도스의 아폴로니오스는 황금 양피를 찾아 떠난 영웅 이아손의 모험을 다룬 작품에서 렘노스 섬의 여인들에 관한 이야기를 생생하게 들려준다. 이아손이 섬에 도착하기 일 년 전, 그 여인들은 (한 명을 제외한) 모든 남자 주민들을 죽였다. 남편들이 그들을 버리고 트라키아의 여자들을 첩으로 삼은 데 분노하여 이런 대량 학살을 저지른 것이다. 렘노스 섬의 여인들은 아프로디테에게 올리는 제사를 소홀히 하다가 그 벌로 남편들로부터 외면받게 된 터였다. 이아손과 아르고호 원정대가 나타났을 때, 섬의 여왕인 힙시필레는 이들을 받아주면 주민을 다시 늘리고 이웃 나라의 침략을 막는 데에도 도움을 얻을 수 있다며 여인들을 설득했다. 아르고호 원정대는 여인들의 환대를 누렸지만 오래 머물지는 않았다. 후에 렘노스 섬의 여인들은 힙시필레가 전왕인 그녀의 아버지 토아스를 살려줬었다는 사실을 알고는 토아스를 죽이고 힙시필레를 노예로 팔아버렸다. (아르고호 원정대, 아프로디테, 이아손, 토아스, 트라키아, 힙시필레)

로물루스Romulus 로물루스와 그의 쌍둥이 형제 레무스는 베스타〔Ⓖ헤스티아〕를 섬긴 무녀 레아 실비아와 군신 마르스〔Ⓖ아레스〕 사이에 태어났다. 그들의 출생은 전혀 뜻밖의 일이었다. 레아 실비아의 숙부인 아물리우스가 그녀의 잉태를 막기 위해 그녀를 베스타의 무녀로 만들었기 때문이다. 베스타의 무녀들은 순결 서약을 어기면 사형에 처해졌다. 쌍둥이가 태어나자마자 레아 실비아는 감금되었고, 로물루스와 레무스는 바구니에 담겨 티베르 강에 띄워졌다. 강물이 빠지자 암늑대 한 마리가 바구니와 그 안의 소중한 내용물을 발견하여 쌍둥이에게 젖을 먹였다. 그 후 파우스툴루스라는 양치기가 아기들을 우연히 보고 집으로 데려갔다. 자식이 없던 그와 그의 아내 라렌티아는 쌍둥이를 친자식처럼 키웠다. 장성한 형제는 사냥을 즐겼으며, 강도들에게서 약탈한 물건을 양치기들에게 나누어 주었다. 레무스는 붙잡혀서 그의 할아버지인 누미토르 앞으로 끌려갔지만, 누미토르는 그의 진짜 정체를 의심했다. 바로 그때 양치기 파우스툴루스는 로물루스에게 쌍둥이 형제의 태생에 관한 의혹을 털어놓았다. 이리하여 로물루스와 레무스는 왕위를 찬탈한 아물리우스를 쫓아내기 위해 각자 지원군을 이끌고 갔고, 로물루스가 아물리우스를 죽인 후 적법한 왕 누미토르는 알바 롱가의 통치자로 복귀했다. 로물루스와 레무스는 이제 그들만의 독자적인 도시를 세우려 했지만, 쌍둥이인지라 둘 중 누가 도시의 이름을 짓고 통치할지 결정하기가 어려웠다. 그래서 그들은 신들의 판단에 맡기기로 하고, 레무스는 아벤티노 언덕에서, 로물루스는 팔라티노 언덕에서 하늘의 계시를 기다렸다. 먼저 레무스에게 독수리 여섯 마리가 나타나더니, 그다음엔 로물루스에게 열두 마리가 나타났다. 양쪽 추종자들은 서로 자기네의 승리라 주장하며 싸웠다. 분

로물루스와 레무스 로마를 건설한 쌍둥이 형제

노한 레무스는 축조 중이던 성벽을 뛰어넘어 형제를 모욕했고, 이에 로물루스는 레무스를 죽인 뒤 왕이 되었으며 자신의 이름을 따서 새 도시를 로마라 불렀다. 로물루스는 법체계뿐만 아니라 종교적 관행과 사제 제도를 확립했으며, 새로운 삶을 원하는 모든 이들을 너그럽게 받아들여 인구를 늘렸다. 그런데 한 가지 문제가 있었으니, 도시에 남자 주민들만 넘쳐났다. 로물루스는 이웃 도시들에 사절단을 보내어 동맹과 결혼을 협상하려 했지만, 모든 곳이 로마인을 거부했다. 그래서 로물루스는 한 가지 계책을 세웠다. 넵투누스(ⓖ포세이돈)를 기리는 행사를 열고, 사비니족을 비롯한 이웃 주민들을 초대한 것이다. 이웃 주민들은 여인들과 아이들을 데리고 기꺼운 마음으로 참석했다. 손님들이 구경거리에 한눈을 파는 사이, 로마인은 처녀들을 납치했다. 이 때문에 전쟁이 벌어졌고, 첫 승리를 거둔 로물루스는 로마에 최초의 유피테르(ⓖ제우스) 신전을 지었다. 그러나 전쟁은 계속되어, 마지막으로 사비니족이 로마를 공격했다. 로마군 지휘관의 딸인 타르페이아가 로마를 배신하면서 사비니족은 로마의 요새까지 뚫었다. 이렇게 치열한 전쟁이 이어지던 중 사비니족 여인들이 남편들과 아버지들에게 휴전과 화친을 간청했다. 그들의 간청대로 전쟁은 끝나고, 두 민족은 하나로 합쳐졌다. 사비니족의 왕 티투스 타티우스가 죽은 후 로물루스는 두 민족을 함께 다스리다가 신비로운 죽음을 맞고 신격화되었다. 신비로운 죽음이라 함은, 로물루스가 캄푸스 마르티우스에서 군대를 사열하고 있을 때 갑자기 폭풍우가 일더니 구름이 그를 에워쌌고, 날이 개고 나니 그는 사라지고 없었던 일을 가리킨다. 로물루스가 하늘로 올라갔다는 공표가 나왔고, 그때부터 그는 퀴리누스라는 신으로 숭배받았다. (넵투누스, 레아 실비아, 로마, 마르스, 베스타, 사비니족, 유피테르, 퀴리누스, 타르페이아, 티베르 강)

로이코스Rhoecus 크니도스의 로이코스는 막 쓰러지려는 참나무 한 그루를 발견하고는 노예들에게 그 나무를 받치게 했다. 그 나무에 깃들어 있던 님페 하마드리아스는 이에 대한 보답으로 로이코스에게 한 가지 소원을 들어주기로 했다. 로이코스가 그녀와 동침하고 싶다고 하자, 그녀는 승낙했다. 그러면서 그에게 변심하지 말라고 경고하며, 적절한 때가 되면 벌 한 마리를 전령으로 보내겠다고 말했다. 그녀가 벌을 보냈을 때, 마침 장기를 두고 있던 로이코스는 그 의미를 잊은 채 벌에게 짜증을 부렸다. 분노한 님페는 그의 눈을 멀게 만들었다. 핀다로스는 로이코스가 다른 여자와 부정을 저질러 벌에 쏘였다는 변형된 이야기를 전한다. (하마드리아데스)

로토파고이Lotophagoi 트로이에서 이타카 섬까지 10년의 귀향 여정 중에 오디세우스와 부하들은 로토파고이('로토스 열매를 먹는 자들')의 땅에 다다랐다. 오디세우스는 이 땅에 어떤 사람들이 사는지 정찰하고 오라며 부하 세 명을 보냈다. 로토파고이는 그들을 따뜻하게 맞으며, 꿀처럼 다디단 로토스 열매를 대접했다. 이 친절한 환대는 사실 위험한 덫이었다. 그 열매를 먹은 자들은 친구와 가족, 귀향은 다 잊은 채 로토파고이와 함께 그 땅에 머물고 싶다는 생각만 들었다. 오디세우스가 직접 찾아가 부하들을 억지로 데려왔다. 그 열매의 유혹에 넘어가는 사람이 또 생기기 전에 오디세우스 일행은 부랴부랴 배를 띄웠다.

오디세우스가 방문했던 모든 장소들이 그렇듯, 로토파고이의 땅이 어디인지 밝히려는 시도가 고대에도 있었다. 의견이 분분하지만, 그리스 역사가 헤로도토스를 비롯한 몇몇은 로토파고이가 리비아의 해안에 살았다고 주장한다. 로토스의 정체를 밝히려는 작업도 이루어졌는데, 대추나무 열매라는 설이 가장 그럴듯하다. (오디세우스, 트로이)

루툴리족Rutulians 루툴리족은 라티움 남부에 살던 이탈리아인들이다. 그들의 수도는 아르데아였고, 그들의 왕 투르누스는 라우렌툼의 왕인 라티누스의 딸 라비니아를 아내로 맞고 싶어 했다. 아이네이아스가 이탈리아로 건너왔을 때 라티누스가 라비니아를 아이네이아스와 결혼시키겠다고 약속하자, 루툴리족은 다른 라틴인들과 함께 아이네이아스와 그의 동맹자들에 맞서 싸웠다. (라비니아, 라티누스, 라티움, 아이네이아스, 투르누스)

리노스Linus 명성 높은 음악가 리노스는 원래 제의적인 통곡의 의인화였으나, 시간이 흐르면서 그를 둘러싼 복잡한 신화가 생겨났다. 리노스의 부모로는 무사(우라니아, 칼리오페, 테르프시코레, 에우테르페 중 한 명)와 아폴론이 거론되는데, 그렇다면 그는 신의 자손이 된다. 그러나 포세이돈의 아들 암피마로스 혹은 트라키아의 왕 오이아그로스가 그의 아버지이며, 아르고스의 왕 크로토포스의 딸 프사마테 혹은 포세이돈의 딸 아이투사가 그의 어머니라는 설도 있다.

여행 작가 파우사니아스가 전해주는 이야기는 리노스와 통곡의 연관성을 설명한다. 리노스의 어머니 프사마테는 아폴론의 아이를 잉태한 사실을 아버지가 알게 되면 진노할까 두려워 리노스를 낳자마자 내다 버렸다. 숲속에서 리노스가 크로토포스의 사냥개들에게 물려 죽자, 아폴론은 아르고스에 역병을 일으켜 보복했다. 역병에서 벗어나기 위해 아르고스의 여인들은 리노스를 애도하는 의식을 열었다. 다른 전승에 따르면, 리노스가 그의 음악 실력을 질투한 아폴론의 손에 죽었다고도 하고, 제자인 헤라클레스를 꾸짖었다가 발끈한 그에게 살해되었다고도 한다. 전설상의 음유시인들 오르페우스와 타미리스 역시 리노스의 제자로 거론된다. (무사이, 아르고스, 아폴론, 에우테르페, 오르페우스, 우라니아, 칼리오페, 타미리스, 테르프시코레, 트라키아, 포세이돈, 헤라클레스)

리카온Lycaon 리카온은 아르카디아의 악명 높은 왕이다. 그는 그리스의 전설 속 토착민인 펠라스고이인의 시조 펠라스고스의 아들이었다. 그의 어머니는 오케아노스의 딸 멜리보이아 또는 산의 님페 킬레네였다. 리카온은 수많은 아내를 맞아, 50명의 아들과 두 딸 디아와 칼리스토를 얻었다. 칼리스토는 유피테르(ⓖ제우스)의 구애를 받고 쫓기다가 곰으로 변했다. 로마 시인 오비디우스는 리카온의 변신 이야기를 극적으로 들려준다. 신을 무시하는 데다 사악하기까지 한 리카온은 인간의 도덕적 해이를 상징하는 인물이 되었다. 유피테르는 이런 리카온의 부패를 몸소 체험하게 된다. 인간의 심각한 타락을 전해 들은 유피테르가 상황을 직접 알아보기로 했던 것이다. 그는 인간으로 변장한 채 아르카디아에 있는 리카온의 궁으로 찾아갔다. 유피테르가 자신의 정체를 알리자 모두가 기도를 올렸지만, 리카온만은 다른 이들의 신심을 조롱했다. 그뿐 아니라 유피테르가 정말 불사의 신인지 알아보기 위해 그가 잠든 사이 죽일 계획을 세웠고, 설상가상으로 인질 한 명을 죽여 온기도 채 가시지 않은 인육을 유피테르에게 대접했다. 이런 만행을 참다못한 유피테르는 궁에 벼락을 내리치고, 리카온을 그의 본성에 걸맞은 짐승인 잔인한 늑대로 만들었다. 리카온과의 만남을 계기로 유피테르는 대홍수를 일으켜 인간을 몰살하기로 결심했고, 여기에서 데우칼리온과 피라만 기적적으로 살아남게 된다. (데우칼리온, 아르카디아, 오케아노스(신), 유피테르, 칼리스토, 펠라스고스, 피라)

리코메데스Lycomedes 리코메데스는 스키로스 섬의 돌로페스족을 다스린 왕이다. 어린 아들 아킬레우스가 트로이 전쟁에 끌려가지 않도록 도와달라는 바다의 여신 테티스의 요청에 따라 리코메데스는 그를 자신의 딸들 사이에 숨겼다. 리코메데스의 딸들 중 한 명인 데이다메이아가 아킬레우스의 아이를 잉태하여 아들 네오프톨레모스를 낳았다. 한편, 아킬레우스는 스키로스 섬에 찾아온 오디세우스의 속임수에 넘어가 정체를 들켜버리고 만다. 아테네의 왕 테세우스는 스키로스 섬에 왔을 때 그리 환대받지 못했다. 전기 작가 플루타르코스에 따르면, 테세우스에게 왕국을 빼앗길까 두려웠던 리코메데스는 절벽에서 그를 밀어 죽여버렸다. (네오프톨레모스, 데이다메이아, 스키로스 섬, 아킬레우스, 오디세우스, 테세우스, 테티스)

리코스Lycus 그리스 로마 신화에는 리코스라는 이름의 인물이 여럿 등장하지만, 가장 극적인 이야기의 주인공은 보이오티아의 리코스이다. 리코스의 형제 닉테우스는 적법한 왕위 계승자인 라브다코스가 성인이 되기 전까지 테베의 섭정을 맡기로 했다. 닉테우스의 딸 안티오페는 제우스의 아이를 잉태한 후 달아나 시키온의 왕에게 몸을 의탁했다. 왕위를 이어받은 리코스는 형제의 요청에 따라 안티오페를 데려와 감금했다. 안티오페의 갓 태어난 두 아들 제토스와 암피온은 키타이론 산에 버려졌다. 리코스의 아내 디르케는 안티오페를 핍박했고, 후에 안티오페가 탈출했을 때 리코스와 디르케는 죽음으로 죗값을 치렀다. (디르케, 라브다코스, 보이오티아, 안티오페, 제토스, 키타이론 산, 테베)

리쿠르고스Lycurgus 드리아스(혹은 아레스)의 아들이며, 트라키아의 에도니족을 다스린 왕 리쿠르고스는 불경한 오만죄를 상징하는 인물이 되었다. 호메로스에 따르면, 디오니소스와 그의 유모들이 트라키아에 왔을 때 리쿠르고스는 그들을 공격하여 쫓아내려 했다. 리쿠르고스가 소몰이 막대기를 휘둘러대자 유모들은 뿔뿔이 흩어졌고, 겁에 질린 디오니소스는 바다의 여신 테티스에게로 달아났다. 이 무례한 행태에 분노한 신들이 리쿠르고스를 맹인으로 만들었다. 신화 기록가 아폴로도로스가 전하는 이야기는 다르다. 디오니소스는 여성 신도들인 바칸테스와 함께 트라키아로 왔다. 사티로스족과 함께 디오니소스의 추종 세력을 형성하고 있던 바칸테스는 리쿠르고스의 명령으로 감금되었다. 디오니소스는 갇혀 있던 추종자들을 풀어주고 리쿠르고스에게 광기를 불어넣었다. 정신착란을 일으킨 리쿠르고스는 자신의 아들을 포도 덩굴로 착각하고 난도질해 죽였다. 이제 트라키아는 불모의 땅이 되어버렸고, 리쿠르고스를 죽여야 문제를 해결할 수 있다는 신탁이 내려왔다. 에도니족은 족쇄를 채운 왕을 팡가이오스 산으로 끌고 가서 그곳의 말들에게 먹잇감으로 던져주었다.

　　신화에는 이 사악한 리쿠르고스보다 덜 유명한 동명이인이 여러 명 있다. 예를 들면, 렘노스 섬의 여왕 힙시필레를 노예로 사들인 네메아의 왕, 그리고 이아손과 아르고호 원정대의 모험에 합류한 안카이오스의 아버지인 아르카디아의 왕이 있다. (디오니소스, 렘노스 섬, 바칸테스, 사티로스족, 아레스, 아르고호 원정대, 아르카디아, 안카이오스, 이아손, 테티스, 트라키아, 힙시필레)

린케우스Lynceus 린케우스는 아이깁토스의 아들 50명 중 한 명이자 이집트의 왕 벨로스의 손자이다. 다나오스가 자신의 딸 50명을 아이깁토스의 아들 50명과 결혼시키면서 첫날밤에 남편들을 죽이라 명했을 때, 린케우스의 아내 히페름네스트라만은 아버지의 뜻을 거역했다. 후에 린케우스는 다나오스를 이어 아르고스의 왕이 되고, 히페름네스트라와의 사이에 태어난 아들 아바스에게 왕위를 물려준다. (벨로스, 아르고스, 아바스, 아이깁토스, 히페름네스트라)

마르페사Marpessa 마르페사는 아레스의 아들인 에베노스의 딸이었다. 아름다운 마르페사가 아폴론의 구애를 받고 있던 와중에 아파레우스의 아들 이다스가 포세이돈에게 선물 받은 날개 달린 전차로 그녀를 납치했다. 에베노스는 자신의 전차를 직접 몰아 그 뒤를 쫓았다. 이다스를 따라잡을 수 없으리라는 사실을 깨달은 에베노스는 리코르마스 강에 이르자 말들을 죽이고 강물 속으로 뛰어들었다. 이후 그곳은 에베노스 강으로 불리게 되었다. 한편, 마르페사와 이다스가 메세네에 도착했을 때, 아폴론은 마르페사를 빼앗으려 했다. 이다스와 아폴론 사이에 다툼이 벌어지자, 제우스가 상황을 해결하기 위해 마르페사에게 혼인 상대를 고르게 했다. 마르페사는 늙으면 신에게 버림받으리라는 두려움 때문에 인간인 이다스를 선택했다. 이다스와 마르페사 사이에 태어난 딸 클레오파트라는 훗날 멜레아그로스의 아내가 된다. (멜레아그로스, 아레스, 아폴론, 이다스, 포세이돈)

마이나데스Maenades 디오니소스를 추종한 여성 신도들은 바칸테스라 불렸지만, 신에게 홀렸을 때 경험하는 '광증mania'에서 따온 이름인 마이나데스라 칭해지기도 했다. 그리스어 '마니아mania'에서 유래한 이 '광증'에는 '자신의 밖에 서다'라는 의미의 그리스어 '엑스타시스ek-stasis', 즉 황홀경이 따라왔다. 집안일에서 벗어날 기회가 거의 없었던 고대 그리스의 여인들에게 디오니소스 숭배는 반가운 해방감을 주었다. 비극 작가 에우리피데스의 희곡 『바쿠스의 여신도들』에 생생하게 묘사되어 있듯이, 디오니소스를 섬기는 이 여성들은 베틀, 가족, 집을 떠났다. 이들은 디오니소스를 상징하는 포도주를 함께 마시며 머리칼을 풀어헤치고, 새끼 사슴 가죽을 몸에 걸치고, 티르소스(담쟁이덩굴에 휘감겨 있는 회향 지팡이)를 손에 든 채 산으로 가서 춤을 추고 자연과 교감했다. 신과 함께하는 또 다른 방법으로, 작은 짐승을 갈가리 찢어(스파라그모스sparagmos) 날고기를 먹는(오모파기아omophagia) 의식도 치렀다. 디오니소스는 모든 종류의 생명수(이 경우엔 피)를 관장하는 신이었기 때문이다. (디오니소스, 바칸테스)

메가라Megara 메가라는 오이디푸스와 그의 아들들이 죽은 후 테베를 다스린 크레온의 딸이다. 크레온은 보이오티아에 공물을 바쳐야 하는 처지에서 테베를 구해 준 영웅 헤라클레스에게 보답하는 의미로 메가라를 주었다. 메가라의 죽음에 관해서는 여러 이야기가 전해진다. 메가라는 헤라클레스와의 사이에 세(혹은 다섯) 아들을 낳았다. 비극 작가 에우리피데스에 의하면, 열두 과업을 마치고 돌아온 헤라클레스는 그를 평생 괴롭혀 온 헤라가 불어넣은 광기로 인해 메가라와 아이들을 몽둥이와 활로 죽였다. 반면, 신화 기록가 아폴로도로스는 순간의 광기에 휩싸인 헤라클레스가 자기 자식들과 형제 이피클레스의 두 아들을 불길 속으로 집어 던진 후 스스로 유배를 떠났다고 전한다. 헤라클레스는 어디로 가서 살아야 할지 묻기 위해 델포이 신탁소를 찾았다. 그러자 티린스로 가서 12년 동안 에우리스테우스 왕을 섬기며 왕이 명하는 과업을 완수하라는 응답이 내려왔다.

메가라는 코린토스 지협에 있는 어느 그리스 도시의 이름이기도 했다. (델포이, 메가라(장소), 에우리스테우스, 오이디푸스, 이피클레스, 크레온, 테베, 티린스, 헤라, 헤라클레스)

메넬라오스Menelaus 메넬라오스는 트로이 전쟁 이야기에 주요 인물로 등장한다. 그의 형인 미케네의 왕 아가멤논은 당시 그리스의 강력한 통치자였다. 메넬라오스와 아가멤논은 '아트레이다이Atreidae(아트레우스의 아들들)'라 불렸으며, 악명 높은 탄탈로스의 증손자들이었다. 메넬라오스는 아름다운 헬레네의 수많은 구혼자들 중 한 명이었는데, 아버지 틴다레오스에게서 선택권을 받은 헬레네가 그를 남편감으로 골랐다. 헬레네와 결혼한 덕에 메넬라오스는 틴다레오스의 뒤를 이어 스파르타의 왕이 될 수 있었다. 트로이의 왕자 파리스가 스파르타에 오면서 그의 운은 기울기 시작했다. 메넬라오스가 잠깐 크레타 섬으로 떠나 있는 사이, 파리스가 헬레네를 데리고 트로이로 달아나 버린 것이다. 그러자 아가멤논은 그리스 최고의 전사들을 소집하여, 헬레네를 되찾아 오기 위한 원정을 떠났다. 호메로스의 『일리아스』에서, 메넬라오스는 이 10년 전쟁에 종지부를 찍기 위해 파리스와 일대일 결투를 벌이는데, 아프로디테의 방해로 파리스를 죽이지 못한다. 호메로스의 『오디세이아』에 따르면, 메넬라오스는 전쟁이 끝난 후 귀향하는 도중에 많은 함선을 잃지만, 이집트에서 얼마간의 시간을 보낸 후 결국 헬레네와 함께 스파르타로 돌아간다. (미케네, 스파르타, 아가멤논, 아트레우스, 아프로디테, 탄탈로스, 트로이, 틴다레오스, 파리스, 헬레네)

메노이케우스Menoeceus 그리스 로마 신화에는 메노이케우스라는 이름의 중요한 인물이 두 명 있다. 그중 한 명은 오이디푸스와 그의 아들들이 죽은 후 테베의 섭정이 된 크레온의 아버지이다. 신화 기록가 히기누스에 따르면, 그는 카드모스가 테베에 뿌린 용의 이빨들에서 태어난 전사들, 일명 스파르토이Spartoi의 후손이었다. 크레온이 아내 에우리디케와의 사이에 얻은 아들의 이름 역시 메노이케우스였다. 오이디푸스의 두 아들인 폴리네이케스와 에테오클레스의 세력 간에 다툼이 일어나 테베가 곤경에 처했을 때, 예언자 테이레시아스는 더 어린 메노이케우스를 아레스에게 바쳐야 도시를 구할 수 있다고 공표했다. 테이레시아스에 따르면, 스파르토이를 탄생케 한 이빨들의 주인인 용을 카드모스가 죽인 일 때문에 아레스의 분노가 아직 풀리지 않았다는 것이었다. 스파르토이는 테베의 토착 원주민들이었으므로, 모계 쪽으로나 부계 쪽으로나 스파르토이의 후손인 메노이케우스가 죽어야 했다. 크레온은 아들을 지키려 했지만, 메노이케우스는 성벽에서 뛰어내려 자신의 목숨을 바쳤다. (아레스, 에우리디케〔인간〕, 에테오클레스, 오이디푸스, 카드모스, 크레온, 테베, 테이레시아스, 폴리네이케스)

메데이아Medea 메데이아는 콜키스의 왕 아이에테스와 이디이아(오케아니스) 사이에 태어난 딸이다. 그녀의 할아버지는 태양신 헬리오스였고, 그녀의 고모는 마법사 키르케였다. 메데이아 자신은 헤카테를 섬기는 무녀로, 마법의 약초와 마력, 주문을 사용하는 데 능했다. 그녀의 극적인 인생에 관해서는 여러 이야기가 전해지는데, 로도스의 아폴로니오스의 서사시『아르고나우티카』(아르고호의 모험)와 에우리피데스의 비극『메데이아』에 담긴 내용이 가장 유명하다. 영웅 이아손이 황금 양피를 찾아 콜키스에 도착했을 때, 헤라와 아프로디테는 메데이아가 이아손과 사랑에 빠져 그를 돕도록 만들었다. 콜키스의 왕 아이에테스는 이아손에게 황금 양피를 내어주는 조건으로 불가능해 보이는 과제들을 내렸다. 불을 뿜는 황소 두 마리에게 멍에를 씌워 밭을 갈고 용의 이빨을 뿌린 다음, 그 이빨에서 자라난 전사들을 죽이라는 것이었다. 이 모든 일을 단 하루 만에 해치워야 했다. 메데이아는 이아손을 도왔고, 이아손은 감사의 표시로 그녀와 결혼하겠노라 약속했다. 메데이아는 황소가 내뿜는 불로부터 그를 지켜줄 연고를 주고, 용의 이빨에서 태어난 전사들을 처리하는 방법을 일러주었다. 그들 사이로 돌을 던져 서로 싸우게 만드는 것이었다. 이아손이 과제를 완수한 후, 메데이아는 아레스에게 봉헌된 성스러운 숲에서 양피를 지키고 있던 무시무시한 용을 잠재우고, 그리스로 돌아가는 이아손 일행에 합류했다. 동생 압시르토스가 추격해오자 메데이아는 기습 전략으로 그를 죽였다. 이아손과 메데이아는 파이아케스족의 섬에서 결혼하고 살인죄를 씻었다. 마침내 그들이 테살리아에 당도했을 때 펠리아스는 이아손에게 왕위를 넘겨주겠다는 약속을 어겼고, 메데이아는 그를 처벌할 음모를 꾸몄다. 그녀가 늙은 숫양을 토막 내어 가마솥에 집어넣자 숫양은 멀쩡히 되살아났다. 메데이아는 펠리아스의 딸들에게 그들의 노부도 이렇게 만들 수 있다고 꼬드겼다. 펠리아스의 딸들은 그녀의 제안을 받아들였지만, 왕의 토막 난 몸이 들어간 가마솥에는 마법의 묘약이 들어 있지 않았다. 펠리아스가 죽자 이아손과 메데이아는 이올코스에서 코린토스로 달아났다. 그곳에서 이아손은 코린토스의 왕 크레온의 딸인 글라우케와 약혼했다. 한편, 코린토스 사람들은 메데이아를 위험한 마녀로 여겨 쫓아내려 했다. 이러한 모욕에 분노한 메데이아는 크레온과 글라우케, 그리고 자신의 자식들을 죽였다. 글라우케는 독이 묻은 머리 장식과 망토를 결혼 선물로 받았고, 그것들을 몸에 걸치자 살이 불타며 녹아내렸다. 글라우케의 아버지 크레온이 글라우케를 도우려 했지만, 그도 딸의 옷에 달라붙고 말았다. 자식들을 제 손으로 직접 죽인 메데이아는 헬리오스의 전차를 타고 참혹한 현장에서 달아나 아테네의 왕 아이게우스와 결혼했다. 아테네에서 메데이아는 아이게우스와 아이트라 공주 사이에 태어난 테세우스를 독살하려다가 발각되어 또 추방당했다. 그러자 그녀는 아이게우스와의 사이에 얻은 아들 메도스를 데리고 콜키스로 돌아갔다. 훗날 메도스는 자신의 이름을 딴 메디아 왕국을 세운다. 몇몇 전승에 따르면, 메데이아는 죽은 후 축복받은 자들의 섬에서 아킬레우스와 결혼했다고 한다. (아레스, 아르고호 원정대, 아이게우스, 아이에테스, 아이트라, 아킬레우스, 아프로디테, 압시르토스, 오케아니데스, 이아손, 이올코스, 코린토스, 콜키스, 크레온, 키르케, 테살리아, 테세우스, 파이아케스족, 펠리아스, 헤라, 헤카테, 헬리오스)

메로페Merope 그리스 로마 신화에는 메로페라는 이름의 인물이 여럿 등장한다. 그중 한 명은 키오스 섬의 왕 오이노피온의 딸 메로페(아이로라고도 불렸다)이다. 섬에 찾아온 사냥꾼 오리온은 메로페를 신부로 삼으려 했거나, 혹은 변형된 이야기에 따르면 그녀를 겁탈했다. 신화 기록가 아폴로도로스에 의하면, 분노한 오이노피온이 오리온을 술에 취해 잠들게 만든 후, 그의 눈알을 뽑고 해변으로 던져버렸다.

또 다른 메로페는 헤라클레스의 후손인 메세니아의 왕 크레스폰테스의 아내이다. 크레스폰테스의 재위는 짧게 끝나고 말았다. 형제 폴리폰테스가 반란을 일으켜 왕을 죽이고 메로페와 결혼했기 때문이다. 반란이 일어났을 때 메로페가 멀리 보내 살렸던 크레스폰테스의 아들 아이피토스는 아버지의 원수를 갚기 위해 왕국으로 돌아왔다가 그를 알아보지 못한 어머니의 손에 죽을 뻔했다. 결국 어머니와 아들은 힘을 합하여 폴리폰테스를 죽였고, 아이피토스는 왕이 되었다.

세 번째 메로페(또는 페리오보이아)는 코린토스의 왕 폴리보스의 아내이자 오이디푸스의 양어머니이다.

이 세 명의 메로페는 인간들로, 플레이아데스 중 한 명인 메로페와 구별해야 한다. 님페 메로페는 2세대 티탄족 아틀라스의 딸이자 시시포스의 아내이며, 영웅 벨레로폰의 아버지인 글라우코스의 어머니이다. (글라우코스, 메로페(님페), 벨레로폰, 시시포스, 아이피토스, 아틀라스, 오리온, 오이디푸스, 코린토스, 키오스 섬, 티탄족, 폴리보스, 플레이아데스)

메젠티우스Mezentius 베르길리우스의 『아이네이스』에 따르면, 메젠티우스는 에트루리아의 폭군이었다. 산 사람을 고문할 때 시체와 마주 보도록 쇠사슬로 한데 묶어 섬뜩한 죽음을 맞게 만들 정도로 잔인하기 그지없었다. 백성들은 반란을 일으켜 궁에 불을 지르고 근위병들을 죽였다. 메젠티우스는 왕비와 함께 탈출하여, 라틴인들인 루툴리족의 왕 투르누스에게 몸을 의탁했다. 후에 투르누스와 라틴인이 아이네이아스를 위시한 트로이 유민들과 전쟁을 벌였을 때, 사악한 메젠티우스와 그의 아들 라우수스는 전장에서 아이네이아스와 맞닥뜨렸다. 라우수스는 부상당한 메젠티우스를 무사히 내보낸 뒤 아이네이아스의 검에 찔려 죽었다. 아들이 죽자 비탄에 잠긴 메젠티우스는 아이네이아스와 다시 한번 싸우기로 마음먹고 용맹하게 싸우다, 아들과 마찬가지로 아이네이아스의 손에 최후를 맞았다. (라우수스, 라틴인, 루툴리족, 아이네이아스, 에트루리아, 투르누스, 트로이)

멜라니온Melanion 달리기 시합에서 사냥꾼 아탈란타를 이겨 그녀와 결혼한 청년은 히포메네스로 알려져 있지만, 어떤 작가들의 저작에는 멜라니온이라는 이름으로 등장한다. 그는 아프로디테에게 받은 황금 사과들로 아탈란타를 유혹하여 경주로에서 이탈시키는 전략으로 그녀를 이겼다. (아탈란타, 아프로디테, 히포메네스)

멜레아그로스Meleagros 멜레아그로스는 아이톨리아의 도시인 칼리돈의 왕 오이네우스와 그의 조카딸 알타이아 사이에 태어난 아들이다. 신화 기록가 히기누스에 따르면, 멜레아그로스가 태어났을 때 운명의 세 여신이 나타나 그의 운명을 예견했다고 한다. 클로토는 그가 고결한 자가 되리라 말했고, 라케시스는 그가 용맹한 자가 되리라 말했지만, 아트로포스는 화로 속에서 불타고 있는 장작 한 토막을 보고는 이렇게 말했다. "이 장작이 다 타버리면 아이의 목숨도 다할 것이다." 이 말을 들은 알타이아는 얼른 화로로 가서 장작을 끄집어내어, 아들의 목숨을 지키기 위해 숨겨두었다. 멜레아그로스는 황금 양피를 찾아 떠난 이아손의 아르고호 원정대에도 합류했지만, 칼리돈의 무시무시한 멧돼지를 사냥할 때 펼친 활약으로 가장 유명하다. 그의 아버지 오이네우스는 신심이 깊은 사람이었는데, 첫 열매 수확을 감사하는 의미로 신들에게 제사를 올릴 때 웬일인지 아르테미스를 간과하고 말았다. 분노한 아르테미스는 멧돼지(일명 칼리돈의 멧돼지)를 한 마리 보내어 그곳의 땅과 과수원을 쑥대밭으로 만들게 했다. 사냥을 위해 가장 강하고 용맹한 자들이 모였지만, 멧돼지를 죽인 영웅은 멜레아그로스였다. 호메로스의 『일리아스』에 따르면, 사냥에 참여한 이웃 땅의 쿠레테스족과 아이톨리아인 사이에 다툼이 일어났다. 다툼의 원인은 사냥의 전리품인 멧돼지의 머리와 가죽이었다. 싸우는 과정에서 알타이아의 형제들 중 한 명이 죽었고, 아들에게 분노한 알타이아는 멜레아그로스에게 죽음을 요구했다. 어머니의 저주에 고통스러워하며 멜레아그로스가 싸움에서 물러나자, 쿠레테스족이 승세를 잡았다. 멜레아그로스의 아내인 클레오파트라, 도시의 원로들, 그의 부모, 누이, 친구 들이 그에게 선물까지 바쳐가며 전장으로 돌아가라고 간청했지만, 그는 꿈쩍도 하지 않았다. 쿠레테스족이 도시에 불을 지르자 그제야 그는 아내의 설득으로 마음을 돌렸다. 로마 시인 오비디우스와 신화 기록가 히기누스 같은 후대의 작가들은 다른 세부 내용을 추가했다. 멧돼지에게 처음 상처를 입혀 멜레아그로스가 그 짐승을 처치할 수 있도록 도와준 이는 발 빠른 처녀 사냥꾼 아탈란타였다. 이 사실을 알아챈 멜레아그로스가 아탈란타에게 멧돼지의 머리를 전리품으로 주자, 외숙부들이 불만을 드러냈다. 험악한 다툼이 벌어졌고, 그 과정에서 멜레아그로스가 외숙부들을 죽이고 말았다. 멜레아그로스는 그 싸움에서 죽었다고도 하고, 형제를 잃고 절망한 알타이아가 오래전 숨겨둔 장작을 화로 속으로 던진 탓에 때 이른 최후를 맞았다고도 한다. (아르고호 원정대, 아르테미스, 아탈란타, 알타이아, 오이네우스, 운명의 세 여신, 이아손, 칼리돈)

미노스Minos 미노스는 막강한 해군력을 자랑하는 크레타 섬을 다스렸다고 전해지는 전설상의 왕이다. 그는 크노소스의 궁전에 기거하며 통치했고, 크레타 섬에서 발달한 청동기 문명(기원전 3000년~기원전 1150년경)은 그의 이름을 따서 미노아 문명이라 불렸다. 미노스는 제우스가 페니키아의 공주 에우로페를 크레타 섬으로 납치하여 얻은 아들로, 라다만토스, 아이아코스, 사르페돈 등과 형제간이었다. 미노스는 에우로페의 인간 남편인 아스테리오스의 뒤를 이어 크레타 섬의 왕이 되었고, 그의 계승권에 의문이 제기되자 그는 신들에게 왕위를 인정받았다고 주장했다. 신화 기록가 아폴로도로스에 따르면, 미노스는 신들과의 가까운 관계를 증명해 보이기 위해, 자신이 무슨 요청을 하든 포세이돈이 응답해 줄 것이라고 말했다. 그가 포세이돈에게 요구한 것은 황소였다. 바다에서 황소를 보내주면, 후에 그 황소를 제물로 바치겠노라 약속했다. 과연 황소가 나타났지만, 미노스는 너무 멋진 그 짐승을 보내기가 아까워 다른 놈을 제물로 바쳤다. 그러자 포세이돈은 왕비 파시파에가 그 황소에게 욕정을 품게 만들었다. 욕정이 도무지 사그라들지 않자 파시파에는 당시 크레타 섬에 살고 있던 장인 다이달로스에게 부탁하여 황소와 정을 통할 수 있는 장치(속이 텅 빈 목조 암소)를 만들게 했다. 파시파에는 황소의 아이를 잉태하여, 반인반수의 괴물 미노타우로스('미노스의 황소')를 낳았다. 혈족 살인을 피하고 싶었던 미노스는 미노타우로스를 죽이지 않고, 다이달로스에게 그 괴물을 가두어둘 미궁을 짓도록 명했다. 미노스는 미노타우로스에게 인간을 먹이로 주었다. 그 먹잇감들은 미노스의 아들 안드로게오스를 죽게 만든 아테네인에게 9년마다 공물로 받은 일곱명의 청년과 일곱 명의 처녀였다. 세 번째로 온 제물들 중에는 아테네 왕의 아들인 테세우스도 끼어 있었다. 미노타우로스를 죽이는 임무를 띠고 온 테세우스는 그에게 반한 미노스의 딸 아리아드네의 도움을 받아 그 일을 해내지만, 곧 그녀를 버린다. 테세우스의 승리에 다이달로스가 어떤 식으로든 가담했으리라 의심한 미노스는 다이달로스를 감금했다. 장인은 깃털과 밀랍으로 만든 날개를 달고 탈출에 성공하지만, 하늘을 날던 중 어린 아들 이카로스를 잃고 말았다. 시칠리아까지 다이달로스를 추격한 미노스는 그곳에서 전투를 벌이다 죽었다. 일설에는 시칠리아 왕의 딸들에게 살해당했다고도 한다. 죽은 후 미노스는 자신의 형제 라다만토스처럼 지하세계에서 망자들의 재판관이 되었다고 한다. (다이달로스, 라다만토스, 미노타우로스, 사르페돈, 아리아드네, 아이아코스, 아테나, 아테네, 안드로게오스, 에우로페, 이카로스, 제우스, 지하세계, 크노소스, 크레타 섬, 테세우스, 파시파에, 포세이돈)

미니아스인Minyans 미니아스인은 미니아스의 후손들이라 전해지는 민족 혹은 부족이다. 미니아스는 비교적 알려지지 않은 인물로, 제우스나 포세이돈, 아레스 등이 아버지로 거론되었으며, 할아버지는 아이올로스였다고 한다. 미니아스인은 보이오티아 북부에 살면서 오르코메노스를 세력의 본거지로 삼았고, 굉장히 부유한 것으로 유명했다. 테베의 섭정 크레온은 테베로부터 공물을 강제로 거둬가고 있던 미니아스인들을 퇴치해 준 헤라클레스에게 그의 딸 메가라를 신부로 주었다.

영웅 이아손과 함께 황금 양피를 찾아 떠난 아르고호 원정대는 미니아스인들이라 불렸지만, 엄밀히 따지면 미니아스의 후손은 이아손뿐이었다. (메가라(인간), 보이오티아, 아르고호 원정대, 아이올로스(인간), 이아손, 제우스, 크레온, 테베, 포세이돈, 헤라클레스)

미다스Midas 프리기아의 왕 미다스는 역사상 실재한 인물로, 수많은 전설에 등장한다. 그는 고르디온을 건설했다고 전해지는 고르디아스의 아들이다. 그러나 미다스가 고르디온을 창건하고, 도시에 아버지의 이름을 붙였다는 설도 있다. 로마 시인 오비디우스에 따르면, 늙은 실레노스가 디오니소스와 그의 추종자들인 사티로스족과 마이나데스에게서 떨어져 길을 잃었을 때, 미다스는 그를 열흘 동안 극진히 대접한 다음 디오니소스에게 돌려보냈다. 이에 대한 보답으로 디오니소스가 미다스에게 소원을 들어주겠다고 하자, 미다스는 자신이 만지는 모든 것이 황금으로 변하게 해달라고 빌었다. 이것이 얼마나 어리석은 소원인지는 금방 드러났다. 먹을 것도 마실 것도 단단한 황금이 되어버렸으니 말이다. 미다스가 신에게 용서를 구하자 디오니소스는 선뜻 그러마 하며, 팍톨로스 강에 손을 씻으라고 일렀다. 이후 그 강물에 닿은 흙은 전부 황금으로 변했다. 훗날, 갈대 피리를 부는 판이 리라를 연주하는 아폴론에게 음악 대결을 신청했을 때, 미다스는 판의 승리를 선언했다. 분노한 아폴론은 미다스가 인간의 귀를 가지고 있게 내버려 둘 수 없다며 그의 귀를 당나귀 귀로 만들어버렸다. 그 후로 미다스는 항상 머리를 가리고 다녔기 때문에 그의 이발사만이 비밀을 알고 있었다. 하지만 시간이 흐를수록 비밀을 혼자만 간직하기가 힘들어진 이발사는 땅에 구덩이를 파고 그 속에다 비밀을 털어놓았다. 그런 다음 홀가분해진 기분으로 구덩이를 덮었다. 그러나 이런 조심스러운 노력이 무색하게도, 그곳에서 자란 갈대들이 바람에 바스락거리며 비밀을 속삭여댔다. (고르디아스, 디오니소스, 마이나데스, 사티로스족, 실레노스, 아폴론, 팍톨로스 강, 판, 프리기아)

미르라Myrrha 몇몇 원전에서 스미르나로 등장하는 미르라는 키프로스 섬의 왕 키니라스의 딸이다. 그녀는 수많은 구혼자들을 모두 거절하고 금지된 사랑에 빠지고 만다. 바로 자신의 아버지에게 연모의 정을 품게 된 것이다. 몇몇 전승에 따르면, 미르라의 어머니가 아프로디테에게 밉보인 탓이라고 한다. 미르라는 스스로 목숨을 끊으려 했지만, 유모는 그녀를 구해주고 그녀가 밤의 어둠을 틈타 아버지와 동침할 수 있도록 계획을 꾸몄다. 마침 왕비는 헤라를 기리는 축제에 참여하느라 궁을 비웠고, 미르라는 여러 날 밤 키니라스를 찾아갔다. 끔찍한 진실을 알게 된 키니라스는 아이를 잉태한 미르라를 검으로 찌르려 했다. 달아난 그녀는 산달이 가까워지자, 산 자들과 죽은 자들 모두에게 독이 되는 자신을 어떻게든 도와달라고 신들에게 빌었다. 그러자 미르라는 아직도 그녀의 이름으로 불리는 귀한 몰약나무myrrh로 변했고, 그녀가 흘리는 눈물은 향기로운 송진이 되었다. 아홉 달이 차자 나무껍질이 갈라지면서 아도니스가 태어났다. (아도니스, 아프로디테, 키니라스, 키프로스 섬, 헤라)

미르미돈족Myrmidons '개미 인간' 미르미돈족은 원래 개미들이었다가, 아이기나 섬의 왕 아이아코스의 요청에 따라 인간으로 변한 사람들이다. 역병으로 백성들이 대부분 죽어 나가자 아이아코스는 그의 아버지인 제우스에게 개미들을 인간으로 만들어달라는 기도를 올렸다. 미르미돈족은 테살리아로 이주했으며, 트로이 전쟁이 벌어졌을 때 미르미돈족 전사들은 아킬레우스의 지휘하에 싸웠다. (아이기나섬, 아킬레우스, 제우스, 테살리아, 트로이)

미르틸로스Myrtilus 미르틸로스는 헤르메스의 아들로, 피사의 왕 오이노마오스의 전차를 모는 마부였다. 오이노마오스는 전차 경주에서 자신을 이기는 자에게 딸 히포다메이아를 신부로 주겠다고 발표했다. 그가 이길 수밖에 없는 이 경주에서 패한 자들은 참수당했다. 탄탈로스의 아들 펠롭스는 이에 굴하지 않고 오이노마오스를 이길 수 있는 방법을 찾았다. 히포다메이아와의 하룻밤과 왕국의 절반을 약속하며 미르틸로스를 매수한 것이다. 미르틸로스는 이 제안을 받아들이고, 오이노마오스의 전차에서 바퀴를 굴대에 고정하는 핀을 빼버렸다. 그 결과 경주가 한창 진행 중일 때 바퀴가 풀렸고, 오이노마오스는 전차에서 떨어져 치명상을 입었다. 경주에서 승리를 거둔 펠롭스는 약속을 지키지 않고 미르틸로스를 바다로 던져 죽였다. 미르틸로스는 죽기 직전 펠롭스와 그의 후손들에게 저주를 퍼부었다. (오이노마오스, 탄탈로스, 펠롭스, 헤르메스, 히포다메이아)

바우키스Baucis 로마 시인 오비디우스는 '상냥한 자' 바우키스와 그녀의 남편인 '친절한 자' 필레몬의 이야기를 들려준다. 그들은 프리기아의 늙은 농부들이었다. 어느 날 유피테르(G제우스)와 메르쿠리우스(G헤르메스)가 인간으로 변장한 채 그들의 마을을 찾았다. 여행에 지친 그들은 쉴 곳과 먹을 것을 구하기 위해 집집마다 돌아다니며 문을 두드렸지만 계속 박대당했고, 그들을 받아준 이는 바우키스와 필레몬뿐이었다. 노부부는 어려운 형편에도 지극정성으로 그들을 접대했다. 손으로 짠 덮개를 씌운 투박한 의자, 얼마 남지 않은 불씨, 오래오래 비축해 두었던 훈제 돼지, 풀로 속을 채운 침상, 접시에 담은 올리브, 버찌, 치즈, 사과, 포도, 그리고 포도주. 신기하게도 포도주 잔은 비기가 무섭게 다시 채워졌다. 신들이 내린 축복 덕분이었다. 부부가 한 마리밖에 없는 거위까지 대접하려 들자, 신들은 그들을 말리며 신성을 드러냈다. 바우키스와 필레몬은 근처의 언덕 꼭대기로 올라가라는 지시를 들었고, 마을과 그 주민들은 사악함의 징벌로 물에 잠겼다. 그러나 바우키스와 필레몬의 오두막은 아무런 피해도 입지 않고 신전으로 변했다. 가장 큰 소원이 무엇이냐는 물음에 부부는 신전의 사제이자 수호자로 여생을 보내고 싶다고 답했다. 또한 같은 날 죽게 해달라고 간청했다. 그들의 소원은 이루어졌다. 그들은 죽는 날까지 성실하게 신들을 모시다가 때가 되자 나란히 선 참나무와 보리수가 되었다. (유피테르, 메르쿠리우스, 프리기아)

바칸테스Bacchantes(Bacchae) 바칸테스(혹은 바카이)는 포도주의 신 바쿠스〔ⓖ디오니소스〕를 따르는 여성 신도들이었다. 바칸테스는 '마니아mania('광기'를 뜻하는 그리스어)'에서 따온 이름인 마이나데스로 불리기도 했다. 바쿠스에게 홀렸을 때 광기가 그들을 덮쳤기 때문이다. (디오니소스, 마이나데스, 바쿠스)

바토스Battus 바토스는 어느 부자의 하인이자 가난한 목자였다. 로마 시인 오비디우스에 따르면, 메르쿠리우스〔ⓖ헤르메스〕가 아폴로의 소 떼를 훔치는 현장을 목격한 바토스는 뇌물을 받고 입을 닫기로 약속했다. 그러나 메르쿠리우스는 바토스를 시험하기 위해 다른 모습으로 둔갑한 후 그에게 더 큰 보상을 제시하며 정보를 달라고 했다. 주저 없이 이 새로운 제안을 받아들인 바토스는 곧장 돌로 변했다. 이 돌은 판단의 척도 혹은 기준인 '시금석'의 기원이 된다. (아폴로, 메르쿠리우스)

벨레로폰Bellerophon 영웅 벨레로폰은 천마 페가수스를 길들이고, 몸의 앞쪽은 사자, 뒤쪽은 용, 가운데는 불을 내뿜는 염소인 머리 셋 달린 괴물 키마이라를 죽인 무용담으로 가장 유명하다. 벨레로폰의 인생을 간단히 표현하자면, 화려한 비상과 불명예스러운 추락의 이야기라 할 수 있다. 그는 시시포스의 아들인 코린토스의 왕 글라우코스의 '의붓아들'로, 어머니는 에우리메데 혹은 에우리노메였다. 그의 친아버지는 포세이돈으로 알려졌다. 벨레로폰은 어쩌다 한 남자의 죽음을 초래하고 말았다. 전승에 따라 그의 형제였다고도 하고, 코린토스의 참주僣主 벨레로스였다고도 한다. 벨레로폰의 원래 이름은 히포노스였는데, 벨레로스가 죽은 후 '벨레로스의 살인자(-폰테스-phontes)'라는 뜻의 벨레로폰으로 불리기 시작했다는 것이다. 손에 피를 묻힌 벨레로폰은 코린토스에서 달아나, 티린스의 왕인 프로이토스에게 의탁했다. 프로이토스 왕의 아내 스테네보이아(혹은 안테이아)는 벨레로폰에게 마음을 빼앗겼지만, 그는 왕비의 구애를 거절했다. 이 모욕을 갚기 위해 스테네보이아는 벨레로폰이 자신에게 음탕한 수작을 걸었다고 비난하며 그를 벌해야 한다고 주장했다. 그 청년을 직접 벌해 손님과 주인 간의 계율을 깨기가 꺼려진 프로이토스는 스테네보이아의 아버지인 이오바테스 왕에게 편지를 전해달라며 벨레로폰을 리키아로 보냈다. 벨레로폰은 몰랐지만, 그 편지에는 스테네보이아를 농락한 그를 죽이라는 내용이 담겨 있었다. 역시 살인죄를 피하고 싶었던 이오바테스는 벨레로폰에게 살아 돌아오기 힘든 임무를 맡겼다. 리키아의 시골을 쑥대밭으로 만들고 있던 키마이라를 죽이는 일이었다. 벨레로폰은 미네르바(ⓖ아테나)의 도움으로 천마 페가수스를 길들인 다음, 하늘 높이 날아올라 화살로 키마이라를 죽였다. 신화 기록가 아폴로도로스에 따르면, 깜짝 놀란 이오바테스는 벨레로폰에게 또 다른 주문을 했다. 대단히 난폭한 솔리모이족을 물리쳐 달라는 것이었다. 이 과제마저 완수하고 돌아온 벨레로폰에게 이오바테스는 다음으로 아마조네스에 대한 공격을 명했다. 벨레로폰이 모든 싸움에서 이기자, 이오바테스는 가장 뛰어난 부하들을 보내 매복 공격으로 그를 살해하려 했지만, 작전은 실패로 돌아갔다. 이제 벨레로폰의 용맹함과 실력에 깊이 감명받은 이오바테스는 그를 자신의 딸 필로노에와 결혼시키고, 그에게 왕위를 물려주겠다고 선언했다. 이 소식을 전해 들은 스테네보이아는 원통해하며 스스로 목숨을 끊었다(다른 전승에서는, 벨레로폰이 페가수스에 함께 타고 있던 그녀를 떨어뜨려 죽였다고도 한다). 벨레로폰의 최후에 관해서는 여러 다른 이야기들이 전해진다. 호메로스의 『일리아스』에서 그는 신들의 미움을 사게 된다. 시인 핀다로스가 말한 대로, 벨레로폰이 인간의 한계를 뛰어넘으려 했기 때문일지도 모른다. 제우스가 살고 있는 천상까지 페가수스를 타고 오르려다 땅으로 떨어진 벨레로폰은 세상 사람들에게 버림받은 채 홀로 정처 없이 떠돌아다녔다.

벨레로폰은 리키아와 코린토스에서 숭배받았다. 여행 작가 파우사니아스는 코린토스의 크라네움이라는 사이프러스 숲에서 벨레로폰의 성역과 아프로디테 신전을 봤다고 썼다. (글라우코스(인간), 리키아, 미네르바, 솔리모이족, 시시포스, 아마조네스, 아프로디테, 안테이아, 이오바테스, 제우스, 코린토스, 키마이라, 티린스, 페가수스, 포세이돈, 프로이토스)

벨로스Belus 벨로스는 전설상의 이집트 왕이다. 신화 기록가 아폴로도로스에 따르면, 벨로스는 에파포스와 멤피스의 딸인 리비아와 포세이돈 사이에 태어난 아들이다. 그의 쌍둥이 형제 아게노르는 페니키아의 왕이 된다. 이집트에 남은 벨로스는 이집트의 섭정이 되었고, 닐루스의 딸 안키노에와 결혼하여 쌍둥이 아들 아이깁토스와 다나오스를 자식으로 두었다. 훗날 다나오스에게는 리비아를, 아이깁토스에게는 아라비아를 물려주었다. 아이깁토스는 50명의 아들을, 다나오스는 50명의 딸을 얻었다. 아이깁토스가 다나오스에게 서로의 자식들을 결혼시키자고 제안하자, 다나오스는 왕국을 병합하려는 속셈이라 여겨 달아났다. 결국 다나오스는 자식들

간의 결혼에 동의했지만, 딸들에게 결혼 첫날밤 각자의 남편을 죽이라는 지시를 내렸다. 그의 딸들, 즉 다나이데스는 죽은 후 지하세계에서도 악명을 떨쳤다.

카르타고의 여왕 디도와 페르시아의 왕들도 벨로스의 후손이었다고 한다. (다나오스, 다나이데스, 디도, 아이깁토스, 에파포스, 카르타고, 포세이돈)

브리세이스Briseis 브리세이스는 트로이 부근에 있는 도시 리르네소스의 왕 미네스의 아내였다. 영웅 아킬레우스는 이 도시를 약탈했고, 트로이 전쟁이 벌어진 10년 동안 브리세이스의 남편뿐만 아니라 그녀의 세 형제도 죽였다. 브리세이스는 전쟁 포로로 붙잡혀 아킬레우스의 첩이 되었다. 트로이 전쟁 10년째, 아가멤논은 자신의 첩인 크리세이스를 아폴론의 사제인 그녀의 아버지 크리세스에게 돌려보낼 수밖에 없었다. 그 대신 아가멤논은 아킬레우스에게 브리세이스를 달라고 요구했다. 브리세이스는 자신의 용맹함의 증거였기에 아킬레우스는 당연히 이 무례한 요구에 분노했다. 브리세이스를 빼앗긴 그는 전쟁에서 물러난 후, 자신의 어머니인 여신 테티스에게 제우스를 설득하여 트로이가 승리하게 해달라고 부탁했다. 아가멤논이 자신의 교만하고 어리석은 행위의 결과를 금방 볼 수 있도록 말이다. 마침내 아가멤논이 브리세이스를 돌려주었을 땐, 아킬레우스의 가장 절친한 벗 파트로클로스를 비롯해 수많은 그리스 병사들이 전사한 후였다. (아가멤논, 아킬레우스, 아폴론, 제우스, 크리세이스, 테티스, 트로이, 파트로클로스)

비톤Biton 비톤과 그의 형제 클레오비스는 강인하고 고결한 청년들로, 그들의 어머니와 여신 헤라를 위해 몸을 사리지 않고 영웅적인 활약을 한 뒤 인간으로서 누릴 수 있는 최고의 영예를 누렸다. 가장 고귀한 업적을 이룬 날 숨을 거둔 것이다. (클레오비스, 헤라)

사르페돈Sarpedon 두 명의 유명한 사르페돈이 있는데, 할아버지와 손자 사이이다. 할아버지 사르페돈의 아버지는 제우스이며, 어머니는 카드모스의 누이 에우로페 혹은 벨레로폰의 딸 라오다메이아였다. 크레타 섬에서 자란 그는 소아시아로 넘어가 전설상의 솔리모이족을 물리치고 그들의 땅을 다스렸으며, 후에는 아테네의 리코스(리키아인의 시조)와 함께 통치했다. 고대에도 사르페돈과 그의 손자 사르페돈은 혼동되었다. 호메로스의 『일리아스』에서는 손자 사르페돈 역시 제우스의 아들로 등장하며, 사촌인 글라우코스와 함께 리키아군을 이끌고 트로이 편에서 싸운다. 전투 중에 그는 아킬레우스의 절친한 벗 파트로클로스와 맞닥뜨렸고, 그의 아버지인 제우스는 아들을 잃게 되리라는 생각에 심란해졌다. 아들을 구할지 말지 고민하던 제우스가 헤라에게 조언을 구하자, 그녀는 모든 신에게 인간 자식들이 있는데 그들을 구해주고 편애하면 갈등이 일어날 것이라 지적했다. 대신 히프노스('수면')와 타나토스('죽음')를 시켜 사르페돈의 주검을 전장에서 리키아로 보내어 적절한 장례를 치를 수 있게 해주라고 제안했다. (글라우코스[인간], 리키아, 벨레로폰, 솔리모이족, 아킬레우스, 에우로페, 제우스, 카드모스, 크레타 섬, 타나토스, 파트로클로스, 헤라, 히프노스)

사비니족Sabines 사비니족은 로물루스가 건설한 도시 로마의 북동부에 살던 이탈리아인들이다. 로마가 건설될 당시 사비니족의 왕이었던 티투스 타티우스는 사비니족과 로마인들이 하나의 민족으로 합친 후에 로물루스와 함께 그들을 다스렸다. 로마인들이 사비니족 여인들을 훔친 후 격렬한 전쟁이 벌어졌을 때, 사비니족 여인들이 남편들과 아버지들에게 화친을 호소하여 갈등이 풀리고 두 민족 간의 화합이 이루어졌다. 티투스 타티우스는 로물루스와 함께 5년간 통치한 후 한 무리의 라우렌툼 사람들에게 살해당했고, 이로써 로물루스가 단독 통치자가 되었다. 로물루스가 세상을 떠난 후 사비니족 누마 폼필리우스가 로마의 2대 왕이 되었다. (누마, 로마, 로물루스)

살모네우스Salmoneus 살모네우스의 아버지는 헬렌의 아들이자 아이올리아인의 시조인 아이올로스였다. 신화 기록가 히기누스에 따르면, 살모네우스는 원래 테살리아에 살았지만 후에 엘리스로 옮겨가 살모네라는 도시를 세웠다. 매우 교만하여 제우스와 동등한 위치에 오르려 한 그는 심지어 자신이 제우스라고 주장하며 제우스에게 바쳐진 제물들을 강탈하고, 전차 뒤에 주전자들을 매달고 질질 끌어 천둥 같은 소리를 내기까지 했다. 횃불을 허공으로 던져 제우스의 번개를 흉내 내기도 했다. 그러자 제우스는 벼락을 내리쳐 그를 죽이고, 살모네의 주민들과 모든 것을 깨끗이 지워버렸다. 역사가 디오도로스 시켈로스는 이 이야기에 살모네우스의 딸 티로의 사연을 더한다. 모든 신들을 모독하며 불경을 저지르던 살모네우스는 티로가 포세이돈의 아이를 잉태했다는 사실을 믿지 못하고 그녀를 학대했으며, 이는 제우스에게 벼락을 맞은 또 다른 이유가 되었다. 변형된 전설에서는 살모네우스의 아내 시데로가 티로를 괴롭히고, 티로의 아들이 원수를 갚는다. (시데로, 제우스, 티로, 포세이돈)

세멜레Semele 아름다운 세멜레는 그녀가 맞은 특이한 죽음으로 유명하다. 그녀는 테베의 창건 왕 카드모스와 하르모니아 사이에 태어난 딸이었다. 숱한 아름다운 처녀들이 그랬듯, 그녀 역시 바람둥이 제우스의 눈을 피하지 못하고 그의 아이를 잉태했다. 이 사실을 알게 된 헤라는 세멜레의 늙은 유모로 변장한 채 세멜레에게 그녀의 연인이 신이 아닐지도 모른다는 의심을 불어넣었다. 그러면서 그가 제우스인 척하는 인간이 아니라는 사실을 꼭 확인해보라고 다그쳤다. 걱정에 휩싸인 세멜레는 다음에 제우스가 찾아왔을 때 한 가지 부탁을 들어달라고 청했다. 제우스는 무슨 부탁이든 들어주겠다고 답했다. 세멜레는 그에게 완전한 신성을 보여달라고 했다. 약속의 신성함을 수호하는 신으로서 제우스는 그녀의 부탁을 거절할 수 없었다. 그래서 제우스는 폭풍우와 번개의 신으로서의 본모습을 그녀 앞에 드러냈다. 세멜레는 아이를 잉태한 채 불에 타 죽었지만, 제우스는 그녀의 태내에서 아기를 꺼내어 자기 허벅지에 집어넣고 꿰매었다. 산달이 차자 제우스의 허벅지에서 디오니소스가 태어났다. 비극 작가 에우리피데스의 『바쿠스의 여신도들』에서, 세멜레의 자매들인 아가우에, 아우토노에, 이노는 신의 어머니가 된 세멜레를 시기하여, 디오니소스가 신이 아니며 세멜레의 연인이 인간이라는 소문을 퍼뜨린다. 이에 대한 벌로 자매들은 광기에 사로잡혀 아가우에의 아들 펜테우스를 살해하고 만다. 로마 시인 오비디우스는 이노가 한동안 디오니소스를 돌봤지만, 후에는 니사 산의 님페들이 그를 맡아 키웠다고 전한다. (니사, 디오니소스, 아가우에, 아우토노에, 이노, 제우스, 카드모스, 테베, 펜테우스, 하르모니아, 헤라)

세미라미스Semiramis 아시리아의 여왕 세미라미스는 역사적 인물이지만, 그녀의 생애와 업적에 관한 이야기는 전설로 범벅되어 있다. 대단한 미인으로 알려진 세미라미스는 근동에서 섬겨진 풍요의 여신 아타르가티스[ⓖ데르케토]의 딸로 태어나 비둘기들에게 양육되다가, 목자들에게 발견되어 그들의 손에 자랐다고 한다. 역사가 디오도로스 시켈로스에 따르면, 세미라미스는 아시리아의 관리와 결혼했지만 니노스 왕이 그녀에게 눈독을 들여 아내로 삼고 싶어 했다. 니노스의 협박으로 남편이 자살하면서 세미라미스는 왕비가 되었고, 니노스가 죽은 후에는 여왕으로 등극했다. 로마 시인 오비디우스가 전하는 바빌론의 불운한 연인 피라모스와 티스베의 이야기에서 세미라미스는 바빌론의 건설자로 등장하며, 여러 차례의 원정에서 승리를 거두는 공적도 세운다. (바빌론, 피라모스)

솔리모이족Solymoi 호메로스와 후대 작가들에 따르면, 솔리모이족은 리키아 동부에 살았던 호전적인 부족이다. 리키아의 왕 이오바테스의 명에 따라 천마 페가

수스를 타고 공격해 온 영웅 벨레로폰에게 제압당했다. (리키아, 벨레로폰, 이오바테스, 페가수스)

스코이네우스Schoeneus 스코이네우스는 보이오티아의 왕으로, 불운한 남매 프릭소스와 헬레의 아버지이기도 했던 아타마스의 아들이다. 스코이네우스는 발 빠른 사냥꾼 아탈란타의 아버지로 가장 잘 알려져 있다. 아탈란타는 간계를 쓰지 않고는 그 누구도 이길 수 없을 만큼 빨리 달렸다. (보이오티아, 아타마스, 아탈란타, 프릭소스, 헬레)

스키론Sciron 몇몇 전승에 따르면 포세이돈의 아들 혹은 펠롭스의 손자라고 하는 스키론은 메가라 지방의 동쪽 해안에 있는 사로니코스 만의 스키론 암벽에 살던 전설 속의 악당이다. 그 암벽을 따라 아테네로 가는 길이 나 있었는데, 스키론은 지나가는 나그네들에게 그의 발을 씻겨달라고 요구했다. 나그네가 몸을 굽혀 발을 씻고 있으면, 스키론은 그를 절벽 너머로 던져버렸다. 신화 기록가 아폴로도로스에 따르면, 거대한 거북이가 바다로 떨어지는 나그네들을 집어삼켰다고 한다. 영웅 테세우스는 스키론과 똑같은 수법으로 그를 처치하여 암벽을 안전하게 만들었고, 로마 시인 오비디우스는 후에 스키론의 뼈가 굳어 해안의 바위가 되었다고 전한다. (메가라(장소), 아테네, 테세우스, 펠롭스, 포세이돈)

스킬라Scylla 스킬라는 그리스 도시 메가라의 왕 니소스의 딸이자 공주였다. 크레타 섬의 왕 미노스가 메가라에 쳐들어왔을 때, 스킬라는 첫눈에 그에게 반하고 말았다. 미노스가 전쟁에서 이길 수 있게 도와주면 그의 마음을 얻으리라 생각한 그녀는, 신탁에 의하면 메가라를 무적의 왕국으로 지켜준다는 니소스의 자주색 머리카락 한 올을 잘랐다. 로마 시인 오비디우스는 스킬라의 배신을 상세히 묘사한다. 그녀는 아버지가 잠든 사이 그의 머리카락을 잘라 미노스에게 주었지만, 그녀의 뻔뻔한 반역 행위에 깜짝 놀란 미노스는 그녀를 내쳤다. 그러고는 서둘러 크레타 섬으로 떠났고, 스킬라는 바다로 뛰어들어 그를 뒤쫓아 헤엄쳐 갔다. 그러나 그녀가 크레타의 함선에 다다랐을 때, 물수리로 변한 니소스가 그녀에게 달려들어 배를 붙잡지 못하도록 막았다. 이제 그녀는 바닷새, 혹은 신화 기록가 히기누스에 의하면 물고기가 되었다. 여행 작가 파우사니아스가 전하는 스킬라의 최후는 다르다. 미노스가 그녀의 두 발을 배의 고물에 묶어 그녀를 익사시킨다.

님페였다가 괴물로 변한 스킬라와 혼동해서는 안 된다. (니소스, 메가라(장소), 미노

스, 스킬라(괴물), 크레타 섬)

시논Sinon 베르길리우스의 『아이네이스』에는 트로이군을 속여 넘긴 시논의 활약이 생생하게 그려져 있다. 트로이 전쟁에 참가한 그는 그리스군에게 인간 제물로 지명되어 탈영한 척했다. 사제 라오콘은 트로이군에게 트로이 목마를 조심하라 경고했지만, 시논은 거짓 이야기를 들려주었다. 게다가 라오콘까지 죽음을 맞자 트로이군은 목마가 무해하다고 믿게 되었다. 시논은 팔라디온Palladion이라는 오래된 신상을 훔친 율리시스와 디오메데스에게 분노하여 전세를 그리스에 불리하게 만든 미네르바(ⓖ아테나)를 달래기 위해, 그리스군이 고향으로 떠나면서 목마를 제물로 남겨두었다고 말했다. (디오메데스, 라오콘, 미네르바, 아테나, 율리시스, 트로이)

시니스Sinis 그리스 시인 바킬리데스에 의하면 시니스는 포세이돈의 아들이었으며, 코린토스 지협에 기거한 지독한 악당이었다. 피티오캄프테스Pityokamptes('소나무를 구부리는 자')라고도 불린 시니스는 지나가는 나그네의 팔다리를 두 소나무에 묶은 다음 소나무를 땅까지 구부렸다가 다시 펴서 불운한 희생자의 몸을 갈가리 찢어놓았다. 트로이젠에서 아테네로 돌아가는 길이었던 젊은 영웅 테세우스는 똑같은 수법을 써서 이 악당을 제거했다. 신화 기록가 히기누스와 아폴로도로스가 전하는 시니스의 고문 방식은 조금 다르다. 시니스는 나그네들에게 소나무를 구부려달라고 혹은 구부리는 것을 도와달라고 부탁한 다음, 소나무가 구부려졌을 때 손을 놓아버려 순진한 희생자를 하늘로 날려 보냈다. (아테네, 코린토스, 테세우스, 포세이돈)

시데로Sidero 시데로는 엘리스의 살모네를 다스린 불경한 왕 살모네우스의 딸 티로의 계모이다. 티로를 핍박하던 그녀는 손자 펠리아스(혹은 펠리아스와 그의 형제 넬레우스)의 손에 죽는다. (넬레우스, 살모네우스, 티로, 펠리아스)

시시포스Sisyphus 지하세계의 중죄인들 중 한 명이었던 시시포스는 바위를 언덕 위로 밀어 올리는 영원한 형벌을 받았다. 바위는 언덕 꼭대기에 이르기만 하면 다시 굴러 떨어졌다. 시시포스는 헬렌의 아들 아이올로스의 아들이자 벨레로폰의 할아버지로, 몇몇 전승에 의하면 코린토스를 세웠다고 한다. 시시포스는 교활하기로 유명했는데, 신들이 보기에는 그 교활함이 지나쳤다. 예를 들어, 헤르메스의 아들 아우톨리코스가 시시포스의 소들을 수차례 훔치면서 소들의 외양을 바꾸어(검은 소는 흰 소로, 뿔 달린 소는 뿔 없는 소로) 그 사실을 숨기자, 시시포스는 남아 있는 소들의 발굽 바닥에 표식을 해두었다. 고대 원전들을 보면, 그가 지하세계에서 영벌을 받는 이유 중의 하나는 타나토스('죽음')를 붙잡아두었기 때문이다. 그 탓에 죽는 사람이 한 명도 생기지 않자, 아레스가 끼어들어 타나토스를 풀어주고 시시포스를 지하세계로 끌고 갔다. 반면, 신화 기록가 아폴로도로스는 시시포스가 하천신 아소포스의 딸 아이기나를 납치한 제우스의 비밀을 폭로한 죄로 지하세계에서 벌을 받게 되었다고 말한다. (벨레로폰, 아이기나, 아이올로스(인간), 지하세계, 코린토스, 타나토스, 헤르메스, 헬렌)

시카이오스Sichaeus 시카이오스는 카르타고의 여왕 디도의 살해당한 남편이다. 베르길리우스의 『아이네이스』에 따르면, 시카이오스는 페니키아에서 가장 부유한 지주였고, 티레의 왕이었던 디도의 오라비 피그말리온이 그의 재산을 몹시 탐냈다. 탐욕에 눈이 먼 피그말리온은 시카이오스를 살해하고 이 악행을 디도에게 숨겼다. 얼마 후 시카이오스의 망령이 디도의 꿈에 피투성이 모습으로 나타나 진상을 폭로하면서 재물을 숨겨둔 곳을 알려주고, 나라를 떠나라고 당부했다. 그녀는 폭군 피그말리온을 증오하거나 두려워하는 자들을 모았다. 그리고 이 유민들과 함께 항해를 떠나 당도한 리비아에 새로운 도시 카르타고를 건설했다. 트로이의 영웅 아이네이아스와의 불운한 연애 후 디도는 자살했지만, 지하세계에서 사랑하는 시카이오스와 재회했다. (디도, 아이네이아스, 지하세계, 카르타고, 피그말리온)

아가멤논Agamemnon 아트레우스의 아들 아가멤논은 트로이 전쟁이 발발했을 당시 미케네의 왕이었다. 미케네는 그리스에서 인구가 가장 많은 데다 군사력도 가장 강하리라 짐작되는 왕국이었기에, 그곳의 통치자인 아가멤논이 그리스 연합군의 총사령관을 맡아 그리스의 왕들과 군대를 이끌었다. 트로이로 향한 연합군은 그 규모가 어마어마해서 병사들을 모두 싣는 데 천 척의 함선이 필요했다. 중요한 사실은 아가멤논이 스파르타의 왕 메넬라오스의 형제이기도 했다는 점이다. 메넬라오스의 아내 헬레네가 트로이의 왕자 파리스에게 납치된 사건이 바로 이 전쟁의 도화선이었다. 또한, 탄탈로스의 아들 펠롭스의 후손으로서 아가멤논은 가문에 내려진 저주를 피하지 못했다.

신화에서 아가멤논은 트로이 전쟁과 그 후에 벌어진 사건의 주요 인물로 등장한다. 그리스군이 아울리스 항에 집결하고 있을 때, 아가멤논은 아르테미스에게 봉헌된 성스러운 사슴을 무심결에 죽여버렸다. 이 죄로 인해 그리스군과 아가멤논은 큰 대가를 치러야 했다. 분노한 아르테미스가 항해에 불리한 바람을 일으켰고, 굶주린 병사들이 동요하기 시작한 것이다. 예언자 칼카스가 내놓은 해결책은 아가멤논의 딸 이피게네이아를 아르테미스에게 바치는 것이었다. 마음은 찢어질 듯 아프지만 가족보다 나라가 중요했던 아가멤논은, 이피게네이아를 아킬레우스와 결혼시킬 것이라는 거짓말로 클리타임네스트라 왕비를 속여 딸을 아울리스로 보내게 했다. 잔인무도한 일이 행해졌고, 그리스군은 출항했다. 그러나 결코 아가멤논을 용서하지 않은 클리타임네스트라는 그가 오랫동안 자리를 비운 사이 아가멤논의 사촌 아이기스토스를 정부로 삼고 그와 함께 아가멤논을 향한 복수를 계획했다. 한편, 트로이 전쟁이 10년째 접어들었을 때 아폴론은 그리스군 진영에 역병을 퍼뜨렸고, 이 사태를 끝내는 유일한 해결책은 아가멤논의 첩 크리세이스를 그녀의 아버지에게 돌려보내는 것이었다. 이렇게 첩을 잃어버린 아가멤논은 아킬레우스의 전리품이자 첩인 브리세이스를 빼앗아 그 영웅을 전장에서 내몰고 말았다. 이렇듯 아킬레우스를 무시한 아가멤논의 처사로 인해 그리스군은 큰 고통을 겪었고 수많은 병사들이 목숨을 잃었다. 전사자들 중에는 아킬레우스가 사랑한 벗 파트로클로스도 있었다. 친구를 잃은 아킬레우스는 복수심에 불타 한 번 더 싸우기로 했다. 영웅 오디세우스의 트로이 목마 계책으로 트로이가 몰락한 후 아가멤논은 귀향했지만, 목욕을 하던 중 아내 클리타임네스트라에게 칼에 찔려 죽었다. 딸을 제물로 바친 것도 모자라 트로이에서 무녀 카산드라를 첩으로 데려온 남편에게 분노한 클리타임네스트라는 카산드라 역시 살해했다. 훗날 아가멤논의 아들 오레스테스가 아버지의 죽음을 되갚는다. (메넬라오스, 미케네, 브리세이스, 스파르타, 아르테미스, 아울리스, 아이기스토스, 아킬레우스, 아트레우스, 오디세우스, 오레스테스, 이피게네이아, 카산드라, 칼카스, 크리세이스, 클리타임네스트라, 트로이, 파리스, 파트로클로스, 헬레네)

아가우에Agave 아가우에는 테베의 창건 왕 카드모스와 하르모니아 사이에 태어난 딸이다. 그녀는 카드모스가 뿌린 용의 이빨에서 솟아나온 전사들 중 한 명인 에키온과 결혼하여 펜테우스를 낳았다. 펜테우스는 테베의 섭정이 되었을 때 디오니소스를 신으로 인정하지 않는 치명적인 실수를 저지르고 만다. 아가우에는 자매 세멜레가 제우스의 아이 디오니소스를 잉태했을 때, 다른 자매들인 이노, 아우토노에와 함께 세멜레를 비방했다가 디오니소스에게 벌을 받아 광기에 휩싸여 아들 펜테우스를 갈가리 찢어 죽였다. 아가우에는 자신이 무슨 짓을 저질렀는지 모른 채 자기가 죽인 것이 새끼 사자라 믿고 펜테우스의 머리를 카드모스에게 가져가 보여주었다. 그 벌로 아가우에와 자매들은 추방당했다. (디오니소스, 세멜레, 아우토노에, 에키온, 이노, 제우스, 카드모스, 테베, 펜테우스, 하르모니아)

아게노르Agenor 신화 기록가 아폴로도로스에 따르면, 아게노르는 리비아(멤피스와 에파포스의 딸)와 포세이돈 사이에 태어난 아들이다. 그의 쌍둥이 형제 벨로스는 이집트의 왕이 되고, 아게노르는 페니키아의 시돈 혹은 티레를 다스렸다. 아게노르는 텔레파사와 결혼하여, 딸 에우로페와 세 아들 포이닉스, 킬릭스, 그리고 미래의 테베 창건자 카드모스를 자식으로 두었다. 에우로페가 제우스에게 납치되었을 때, 아게노르는 아들들에게 누이를 찾아오라고 보내면서 빈손으로는 돌아오지 말라 명했다. 그들 중 아무도 에우로페를 찾지 못했고, 결국엔 저마다 다른 곳에 정착했다. (벨로스, 시돈, 에우로페, 제우스, 카드모스, 포세이돈)

아글라우로스Aglauros 아글라우로스는 아티카(아테네의 영토)의 초대 왕인 뱀-인간 케크롭스의 딸이다. 신화 기록가 히기누스에 따르면, 대지에서 신비로운 아기 에리크토니오스가 태어났을 때 미네르바(ⓖ아테나)는 그를 나무 궤에 넣은 뒤 아글라우로스와 그녀의 자매들인 판드로소스와 헤르세에게 맡기면서, 무슨 일이 있어도 궤를 열어보지 말라고 명했다. 그러나 그들은 호기심을 이기지 못했고, 그 벌로 광기에 휩싸여 바다로 몸을 던졌다. (미네르바, 아테네, 아티카, 에리크토니오스, 케크롭스)

아글라이아Aglaia 인간 아글라이아는 만티네오스의 딸로, 아르고스의 왕 아바스와 결혼하여 쌍둥이 아들 아크리시오스와 프로이토스를 낳았다. 아크리시오스는 제우스가 황금빛 소나기로 변신하여 정을 통한 다나에의 아버지가 된다. 프로이토스에 관해 이야기하자면, 그의 아내 스테네보이아는 영웅 벨레로폰에게 반하여 치명적인 결과를 낳는다. (다나에, 벨레로폰, 아르고스, 아바스, 아크리시오스, 제우스, 프로이토스)

아낙사레테Anaxarete 아낙사레테는 테우크로스의 후손인 귀족이다. 로마 시인 오비디우스에 따르면, 아낙사레테는 미천한 신분의 청년 이피스의 구애에 번번이 퇴짜를 놓았다. 이 거절에 대한 답으로 이피스는 그녀의 집 대문에 목을 맸다. 가여운 청년의 어머니는 절망하여 울부짖으며 신들에게 복수를 부탁했다. 그 결과, 창밖으로 목을 빼고 이피스의 장례 행렬을 지켜보던 아낙사레테는 돌로 변해버렸다. (이피스)

아도니스Adonis 그리스인 아도니스의 신화와 숭배는 그를 사랑한 아프로디테와 떼려야 뗄 수 없는 관계에 있었으며, 아프로디테와 마찬가지로 아도니스 역시 근동 지역에서 기원한 것으로 보인다. 아도니스는, 대지 여신의 남편으로 계절에 따른 초목의 성장과 시듦, 죽음, 휴면을 관장했던 동방의 한 자연신이 그리스화된 인물일 수도 있다. 신화 기록가 아폴로도로스에 따르면, 아도니스는 아시리아 왕 테이아스의 아름다운 딸 스미르나의 아들이었다. 스미르나는 수많은 구혼자들에게 퇴짜를 놓아 아프로디테에게 모욕감을 안겼고, 그 결과 큰 대가를 치러야 했다. 아프로디테는 스미르나가 자신의 아버지와 사랑에 빠지게 만들었다. 로마 시인 오비디우스 역시 이 이야기를 전하지만, 스미르나를 키프로스 섬의 공주 '미르라'로 설정한다. 여기서 미르라에게 아버지인 키니라스 왕에 대한 정염의 불꽃을 지피는 이는 아프로디테가 아니라 운명의 세 여신이다. 키니라스는 상대가 딸이라는 사실을 모른 채 미르라와 동침하여 그녀를 잉태시켰다. 그녀의 죄가 발각되자마자 왕은 분노에 휩싸여 딸을 죽이려 했고, 미르라는 수치스러워하며 왕국에서 달아났다. 자신이 산 자와 죽은 자를 모두 더럽힐 존재라고 생각한 그녀는 신들에게 구원을 청했다. 이 기도가 응답을 받아 그녀는 영원히 송진을 눈물처럼 흘리며 몰약을 만들어내는 몰약나무myrrh로 변했다. 여신 루키나(ⓖ에일레이티이아)의 도움으로 미르라는 나무껍질로 뒤덮인 배에서 아도니스를 낳았다.

아프로디테의 아도니스에 대한 사랑에 관해서는 여러 이야기가 전해진다. 미르라에게 너무 가혹한 벌을 내린 것을 후회했는지, 아니면 아도니스가 태어나자마자 첫눈에 그에게 반했는지, 아프로디테는 아기를 지하세계의 왕비 페르세포네에게 데려가 지켜달라고 부탁했다. 그러나 페르세포네 역시 아도니스에게 반해 나중에 그를 돌려주지 않으려 했다. 제우스 혹은 무사 칼리오페가 여신들의 양육권 분쟁을 중재하여, 아도니스에게 각각의 여신과 일 년의 3분의 1씩 함께 보내고, 나머지 3분의 1은 혼자 보내라는 명령을 내렸다. 오비디우스의 유명한 이야기는 다르다. 쿠피도(ⓖ에로스)의 화살에 맞은 베누스(ⓖ아프로디테)는 장성한 아도니스에게 푹 빠진 나머지 안락한 생활을 버리고, 사냥꾼 디아나(ⓖ아르테미스)처럼 그를 따라 야생으로 나가 사냥을 했다. 베누스는 아도니스에게 사냥의 위험을 경고했지만 소용없었다. 결국 그는 자신이 상처를 입힌 멧돼지의 엄니에 찔리고 말았다.

아도니스 신화는 여러 식물과 꽃의 기원에 관한 이야기의 기반이다. 여기에는 몰약나무뿐만 아니라 붉은 장미와 아네모네도 포함된다. 원래 흰색이었던 장미가 붉은빛을 띠게 된 이유는 아프로디테가 상처 입은 아도니스에게 달려갈 때 가시에 발을 긁혀 흘린 피에 물들었기 때문이다. 그 후 비탄에 잠긴 아프로디테는 신들의 음료인 향기로운 넥타르를 그의 피에 뿌렸고, 거기에서 아름답지만 빨리 져버리는 핏빛의 아네모네가 피어났다. 그녀가 흘린 눈물에서도 붉은 장미가 자라났다.

신화 속의 아도니스는 필멸의 존재였지만, 그리스인은 그를 신으로 받들고 아도네이아Adoneia라는 한여름 축제를 열어 그를 기렸다. 축제에서 사람들은 작은 아도니스 조각상을 들고 행진했으며, 싹이 빨리 트는 곡물, 상추, 약초의 씨앗을 작은 항아리나 바구니에 뿌렸다. 그런 다음 이른바 이 '아도니스의 정원'을 옥상과 테라스로 가져갔다. 그러면 싹은 금방 텄다가 또 금방 시들었고, 애도의 의례는 다시 시작되었다. (루키나, 무사이, 미르라, 아르테미스, 아프로디테, 에로스, 제우스, 지하세계, 칼리오페, 키니라스, 키프로스 섬, 페르세포네)

아드라스토스Adrastus 아드라스토스는 테베의 운명에 큰 영향을 미친 아르고스 왕이다. 오이디푸스의 아들 폴리네이케스와 오이네우스의 아들 티데우스는 아르고스로 망명했고, 그곳에서 서로 싸우기 시작했다. 그들과 우연히 마주친 아드라스토스는 그의 딸들을 멧돼지와 사자에게 결혼시켜야 한다는 예언을 떠올렸다. 그래서 폴리네이케스와 티데우스에게 자신의 두 딸을 신부로 주겠다고 제안했다. 두 청년의 방패에 각각 새겨져 있는 멧돼지와 사자의 형상을 본 것이다. 아드라스토스는 또 그들에게 고국 땅을 되찾게 해주겠다고 약속했다. 폴리네이케스가 일 년의 통치 기간을 지키지 않은 형제 에테오클레스로부터 테베의 왕위를 빼앗도록 돕기 위해, 아드라스토스는 일곱 명의 명장들로 이루어진 이른바 테베 공략 7장군을 결성하여 테베로 진군했다. 참패하리라는 예언자 암피아라오스의 경고를 무시한 처사였다. 이 7장군 가운데 아드라스토스만이 살아남았고, 전사한 장군들의 아들들이 훗날 아버지의 죽음에 복수하기 위해 테베를 공격했을 때 아드라스토스의 아들은 지휘관들 중 유일하게 목숨을 잃었다. (아르고스, 암피아라오스, 에테오클레스, 오이디푸스, 테베, 티데우스, 폴리네이케스)

아드메테Admete(Admeta) 아드메테(혹은 아드메타)는 헤라클레스에게 열두 과업을 명령하는 아르고스(미케네와 티린스가 포함되기도 한다)의 왕 에우리스테우스의 딸이다. 그 과업들 중의 한 가지는 아마조네스의 여왕 히폴리테의 허리띠를 아드메테의 선물로 가져오는 것이었다. (아르고스, 아마조네스, 에우리스테우스, 헤라클레스, 히폴리테)

아드메토스Admetus　아드메토스는 페레스(테살리아 지방의 페라이를 건설한 왕)와 페리클레메네(미니아스인의 시조인 미니아스의 딸)의 아들이다. 아드메토스가 아버지의 뒤를 이어 섭정이 되었을 때, 제우스는 그에게 아폴론을 하인으로 보냈다. 제우스가 아폴론의 아들 아스클레피오스를 죽이자 아폴론이 그에 대한 복수로 키클로페스를 죽여서 받게 된 벌이었다. 아드메토스는 아주 친절한 주인이었고, 그 보답으로 아폴론은 여러 차례 그를 도와주었다. 신화 기록가 아폴로도로스에 따르면, 아드메토스는 이올코스의 왕 펠리아스의 딸인 알케스티스를 아내로 맞고 싶어 했는데, 펠리아스는 사자와 멧돼지를 전차에 맬 수 있는 남자에게만 딸을 주겠다고 했다. 아폴론이 아드메토스 대신 이 과제를 마쳤고, 이렇게 해서 아드메토스는 알케스티스를 아내로 얻었다. 아폴론은 또 아드메토스를 위해 운명의 세 여신으로부터 파격적인 선처를 받아냈다. 아드메토스가 죽어야 할 때 그 대신 죽겠다는 사람이 나타나면 그의 죽음을 면해주겠다는 것이었다. 아직 젊은 나이에 중병에 걸린 아드메토스는 부모에게 그를 구해달라고 부탁해보았지만 거절당했다. 그러나 그의 헌신적인 아내 알케스티스가 나섰고, 타나토스('죽음')가 그녀를 데려가자 아드메토스는 실의에 빠졌다. 다행스럽게도 마침 이때 페라이를 지나가고 있던 헤라클레스가 아드메토스의 환대에 대한 보답으로 타나토스와 씨름 대결을 하여 알케스티스를 남편에게 돌려보냈다. 에우리피데스는 아드메토스와 알케스티스 부부의 이야기를 소재 삼아 『알케스티스』라는 비극을 썼다. (미니아스, 미니아스인, 아스클레피오스, 아폴론, 알케스티스, 운명의 세 여신, 이올코스, 제우스, 타나토스, 테살리아, 페라이, 펠리아스, 헤라클레스)

아라크네Arachne　로마 시인 오비디우스의 묘사에 따르면, 아라크네는 평민 출신의 젊은 여성이었지만 베 짜는 솜씨만은 범상치 않았다. 그녀는 리디아의 작은 마을 히파이파에 살았다. 그녀의 아버지는 모직 염색 기술자였으며, 어머니는 세상을 떠나고 없었다. 미천한 신분에 상관없이 아라크네는 베 짜기의 명인으로 이름을 널리 알렸다. 그곳의 님페들까지도 찾아와 그녀의 솜씨에 감탄할 정도였다. 실을 잣고 옷감을 짜는 기술은 미네르바(ⓖ아테나)가 관장하는 영역이었건만, 아라크네는 그 여신이 자신의 스승임을 인정하려 들지 않았다. 오히려 미네르바에게 기꺼이 베 짜기 대결을 신청하겠노라 큰소리쳤다. 발끈한 미네르바는 노파로 변장한 채 아라크

네를 찾아가, 오만하게 신들을 모욕하지 말라 경고했다. 그래도 아라
크네가 고집을 꺾지 않자 미네르바는 자신의 본모습을 드러냈다.

이렇게 대결이 시작되었다. 미네르바는 아테네의 수호신 자리를
두고 넵투누스〔ⓖ포세이돈〕와 펼친 대결에서 자신이 올리브 나무를
만들어 승리한 장면을 천에 짜 넣었다. 아라크네를 향한 경고로서 신
들에게 도전했다가 끔찍한 벌을 받은 다수의 인간들도 표현했다. 한
편, 아라크네는 신들의 악행을 주제로 삼았다. 먼저 유피테르〔ⓖ제우
스〕가 황소로 둔갑하여 에우로페를 유혹하고, 백조의 모습으로 레다
에게 추근거리고, 알크메네의 남편으로 변신하여 그녀와 동침하고,
황금빛 소나기로 다나에의 감옥을 뚫고 들어가고, 불길이 되어 아이
기나에게 접근하는 장면들이 완성되었다. 넵투누스도 등장했다. 돌고
래로 변신하여 멜란토를 쫓고, 새가 되어 메두사에게 접근하고, 숫양,
강, 종마 등의 모습으로 여인들에게 추근거리는 바다의 신. 아폴로〔ⓖ
아폴론〕와 바쿠스〔ⓖ디오니소스〕, 사투르누스〔ⓖ크로노스〕의 비열
한 행각도 아라크네의 도안에 담겼다.

아라크네의 작품은 미네르바의 눈에도 흠잡을 데 없
이 완벽했다. 화가 머리끝까지 치솟은 여신은 아라크네
가 짠 천을 북북 찢어버리고 아라크네의 머리를 때렸다.
견디다 못한 아라크네는 결국 스스로 목을 매어 죽었다.
그러나 아라크네는 다시 살아났다. 흉측한 꼴이지만, 평
생 실을 뽑을 수 있는 거미로. (넵투누스, 다나에, 레다, 리디아,
메두사, 바쿠스, 아이기나, 아테네, 아폴로, 미네르바, 알크메네, 유피테르)

아레테Arete '미덕'이라는 뜻의 아레테는 선한 파이아케스족의 왕비이자 알키
노오스의 아내였다. 그녀의 딸 나우시카는 배가 난파하여 파이아케스족의 섬 스케
리아까지 표류해 온 오디세우스에게 궁으로 가는 길을 가르쳐주었다. 그러면서 궁
에 도착하면 알키노오스 왕보다 아레테 왕비를 먼저 만나라고 조언한 걸 보면, 그
녀의 영향력이 그만큼 컸음을 알 수 있다. 이와 무관한 또 다른 신화에서 아레테는
황금 양피를 훔친 후 스케리아 섬까지 쫓겨 온 이아손과 메데이아를 콜키스 추격대
에 넘기지 않고 지켜준다. (나우시카, 메데이아, 스케리아 섬, 알키노오스, 오디세우스, 이아손,
콜키스, 파이아케스족)

아룬스Aruns(Arruns) 아룬스는 베르길리우스의 서사시 『아이네이스』에 등장하는 에트루리아 전사이다. 라티움의 뛰어난 사냥꾼이자 귀족인 카밀라가 그의 손에 때 이른 죽음을 맞았다. 카밀라는 이탈리아로 건너와 라티움의 공주 라비니아와의 혼인을 제안받은 트로이 영웅 아이네이아스에 대항하여 싸우고 있었다. (라비니아, 라티움, 아이네이아스, 에트루리아, 카밀라, 트로이)

아르고호 원정대 Argonautai(Argonauts) 아르고호 원정대는 이아손과 함께 황금 양피를 찾아 떠난 영웅들이다. 그들이 타고 간 배의 이름이 아르고호였다. 전승에 따라 인류 최초의 대형 선박이었다고도 하고, 세계에서 가장 크고 신비로운 배였다고도 한다. 말을 할 줄 아는 배였기 때문이다. 로도스의 아폴로니오스가 저술한 『아르고나우티카』(아르고호의 모험)에는 오르페우스, 텔라몬, 아드메토스, 펠레우스, 헤라클레스, 힐라스, 카스토르와 폴룩스〔ⓒ폴리데우케스〕, 멜레아그로스, 제테스와 칼라이스 등의 원정대원들이 등장한다. (멜레아그로스, 아드메토스, 오르페우스, 이아손, 제테스, 카스토르, 텔라몬, 헤라클레스, 힐라스)

아르시노에Arsinoe 몇몇 문헌에는 레우키포스의 딸 아르시노에가 아폴론과의 사이에 치유의 신 아스클레피오스를 낳았다고 기록되어 있다. 그러나 대부분의 작가들은 코로니스가 아스클레피오스의 어머니라고 주장한다. (레우키포스, 아스클레피오스, 아폴론, 코로니스)

아르카스Arcas 아르카스는 아르카디아의 왕 리카온의 딸인 칼리스토와 제우스 사이에 태어난 아들이다. 헤라의 질투 때문에 칼리스토가 곰으로 변해버린 후 아르카스는 헤르메스의 어머니인 마이아의 손에 자랐다. 아르카스가 할아버지 리카온에게 돌아가자 리카온은 그를 토막 내어 국을 끓였고, 마침 변장한 채 아르카디아를 방문 중이던 제우스에게 대접했다. 리카온은 이 야만적인 행위에 대한 벌로 늑대가 되었고, 아르카스는 성한 몸으로 되살아났다. 여행 작가 파우사니아스에 따르면, 아르카디아의 왕위를 계승한 아르카스는 문화 영웅(문명과 문화의 전파자) 트리프톨레모스에게서 배운 경작을 도입하고, 빵 만드는 법과 옷감 짜는 법을 백성들에게 가르쳤다고 한다. 이런 아르카스를 기리는 뜻에서 그의 왕국은 펠라스기아가 아닌 아르카디아로, 그 백성들은 펠라스고이인이 아닌 아르카디아인으로 불리게 되었다. 훗날 사냥을 나간 아르카스가 실수로 자신의 어머니를 죽일 뻔하자, 제우스는 두 모자를 함께 하늘로 올려 보내 별자리들인 목동자리('곰을 감시하는 자')와 큰곰자리로 만

들었다. (리카온, 마이아, 아르카디아, 제우스, 칼리스토, 트리프톨레모스, 펠라스고스, 헤라, 헤르메스)

아리마스포이족Arimaspoi(Arimaspi) 그리스 역사가 헤로도토스에 따르면, 아리마스포이족은 세상의 북쪽 끝, 이세도네스족(중앙아시아의 한 민족)의 나라 너머 그리페스의 땅 근처에 살았던 신화 속의 외눈 종족이다. 아리마스포이족은 수차례 그리페스의 황금을 노렸다. (그리페스)

아리아드네Ariadne 아리아드네는 크레타 섬의 왕 미노스와 왕비 파시파에 사이에 태어난 딸이다. 아리아드네는 그녀의 이부형제인 미노타우로스의 먹잇감으로 바쳐진 열네 명의 청년과 처녀 속에 끼어 있던 아테네의 왕자 테세우스와 사랑에 빠졌다. 테세우스는 미궁에 갇혀 있는 미노타우로스를 죽이기 위해 온 것이었다. 흠모하는 이를 돕고 싶었던 아리아드네는 그에게 실뭉치를 하나 주며 실을 풀면서 미궁으로 들어가라고 일렀다. 테세우스는 미노타우로스를 죽인 다음, 앞서 풀어놓았던 실을 따라 무사히 미궁에서 빠져나올 수 있었다. 아리아드네의 도움에 대한 보답으로 테세우스는 그녀를 그리스로 데려가겠다고 약속했지만, 그 일은 성사되지 못했다. 몇몇 전승에 따르면, 테세우스는 디아 섬(지금의 낙소스 섬)에 아리아드네를 버렸고, 디오니소스가 그녀를 발견하여 신부로 삼았다고 한다. 반면, 디오도로스 시켈로스는 테세우스가 아리아드네를 섬에 두고 떠나자 디오니소스가 그녀를 납치했다고 쓴다. 그녀가 죽자 디오니소스는 그녀를 하늘로 올려 보내 북쪽왕관자리라는 별자리로 만들었다.

테세우스의 전기를 쓴 플루타르코스는 아리아드네의 운명에 관해 전해지는 다양한 이야기를 기록한다. 테세우스에게 버림받고 스스로 목을 매어 죽었다는 설도 있고, 선원들에 의해 낙소스 섬으로 끌려갔다가 그곳에서 디오니소스를 모시는 사제와 정착했다는 설도 있고, 테세우스가 다른 여인을 사랑하여 버림받았다는 설도 있고, 테세우스와의 사이에 여러 명의 아들을 낳았다는 설도 있다. 아리아드네는 낙소스 섬과 (한 전승에 의하면 그녀가 묻혔다고 하는) 키프로스 섬의 밀교에서 숭배되었다. (낙소스 섬, 디오니소스, 미노스, 미노타우로스, 아테네, 크레타 섬, 키프로스 섬, 테세우스, 파시파에)

아리온Arion 레스보스 섬의 아리온은 유명한 시인이자 역사적 인물로, 그의 일대기 중 일부는 신화화되었다. 그리스 역사가 헤로도토스는 아리온(기원전 7세기 후반)이 최초로 디티람보스dithyrambos(디오니소스에게 바치는 찬가)를 짓고 그 이름을 정하여, 코린토스에서 공연했다고 말한다. 아리스토텔레스의 주장대로 디티람보스가 연극 공연의 전신이라면, 아리온의 작품은 연극의 발전에 기여한 셈이다. 또·헤로도토스가 전하기를, 아리온은 코린토스의 참주僭主 페리안드로스의 궁정에서 일생의 대부분을 보냈지만, 어느 시점에 이탈리아와 시칠리아 섬으로 여행하여 그곳에서 공연으로 큰돈을 벌었다고 한다. 코린토스의 뱃사람들을 가장 신뢰한 아리온은 코린토스인의 배를 타고 귀향하기로 했다. 그러나 그가 품고 있던 재물을 알아챈 선원들은 그에게 스스로 목숨을 끊든가 아니면 배 밖으로 뛰어내리라고 명령했다. 아리온은 마지막 공연을 위해 옷을 차려입고는 류트®를 손에 든 채 바닷물 속으로 뛰어들었다. 그때 돌고래 한 마리가 나타나 그를 싣고는 육지까지 안전하게 데려다주었다. 아리온에게 이 모험담을 전해 들은 페리안드로스는 그 배의 선원들을 처형했다. 신화 기록가 히기누스는 아리온의 뛰어난 키타라 연주 실력 때문에 아폴론이 아리온과 돌고래를 별자리로 만들었다고 덧붙인다. (디오니소스, 아폴론, 코린토스)

아마조네스Amazones 아마조네스는 궁술과 승마술에 능한 여성 전사들로 이루어진 전설적인 부족이다. 활과 화살을 사용하는 데 방해가 되는 오른쪽 가슴을 없애버렸기 때문에 '가슴이 없다'라는 뜻의 '아-마조스a-mazos'에서 그 이름이 유래했다고 한다. 남성 중심의 그리스 문화에 반하는 만큼 문명 세계의 변두리인 캅카스 지방에 살았던 부족으로 알려졌지만, 역사학자 디오도로스 시켈로스는 리비아의 아마조네스도 언급한다. 벨레로폰, 헤라클레스, 테세우스, 아킬레우스 등의 엄청난 그리스 영웅들이 아마조네스와 조우했다. 아마조네스의 여왕들 중에는 히폴리테, 펜테실레이아, 안티오페가 특히 유명하다. 펜테실레이아는 프리아모스와 트로이인을 지원하기 위해 트로이 전쟁에 참전했다. 그녀는 아킬레우스에게 살해당했는데, 아킬레우스는 그녀를 죽이는 순간 그녀와 사랑에 빠지고 만다. 히폴리테는 그녀의 허리띠를 구하기 위해 찾아온 헤라클레스에게 살해당했다. 비극 작가 에우리피데스에 의하면, 히폴리테는 헤라클레스와 동행한 아테네의 왕 테세우스와의 사이에 히폴리토스를 낳았다고 한다. 그러나 몇몇 문헌에는 히폴리테의 자매인 안티오페가 히폴리토스의 어머니로 등장한다. 테세우스가 안티오페 혹은 히폴리테를 납치했다는 이유로 아마조네스는 아테네를 공격했다. 이 전쟁은 파르테논 신전의 조각

• 　류트lute: 기타와 유사한 발현악기

장식에 묘사되어 있었다. (벨레로폰, 아킬레우스, 아테네, 안티오페, 캅카스 산맥, 테세우스, 파르테논 신전, 펜테실레이아, 헤라클레스, 히폴리테, 히폴리토스)

아마타Amata 아마타는 아이네이아스와 트로이 유민들이 이탈리아의 라티움에 당도했을 때 그곳을 다스리고 있던 라티누스 왕의 아내였다. 루툴리족의 왕자 투르누스를 사위로 삼고 싶었던 아마타는 딸 라비니아와 아이네이아스의 결혼을 반대했지만, 트로이인과의 결합이 라비니아의 운명임을 암시하는 징조들이 나타났다. 이미 아이네이아스에게 반감을 품고 있던 아마타는 이탈리아와 트로이인 간의 전쟁을 원하는 유노〔ⓖ헤라〕가 이용해 먹기에 더없이 완벽한 사람이었다. 유노는 푸리아이〔ⓖ에리니에스〕 중 한 명인 알렉토를 아마타에게 보냈다. 알렉토의 무기인 뱀이 아마타의 몸을 기어 다니며 독을 퍼뜨려, 이미 부글부글 끓고 있던 증오에 불을 지폈다. 아마타는 미친 사람처럼 길길이 날뛰며, 수도인 라우렌툼의 여인들에게 자신과 함께 행동하기를 촉구했다. 나중에 트로이인과 라틴인 간에 전쟁이 벌어졌을 때 아마타는 자신이 아끼는 투르누스가 살해당했다고 믿고 자살했다. (라비니아, 라티누스, 라티움, 루툴리족, 아이네이아스, 알렉토, 에리니에스, 투르누스)

아미모네Amymone 아미모네는 남편을 살해한 50명의 악명 높은 다나이데스(다나오스의 딸들) 중 한 명이다. 다나오스는 리비아의 왕이었지만, 고국을 버리고 아르고스로 달아나 그곳의 왕위를 넘겨받았다. 그때 아르고스는 가뭄에 시달리고 있었다. 아르고스의 수호신 자리를 차지하기 위한 대결에서 헤라에게 밀려나 앙심을 품은 포세이돈이 모든 샘물을 말려버렸기 때문이다. 다나오스는 딸들을 보내 물을 찾게 했다. 물을 찾아 헤매던 아미모네는 사슴 한 마리를 쫓다가 창을 던졌고, 그 창은 잠들어 있던 사티로스를 우연히 맞히고 말았다. 깜짝 놀랐지만 늘 그렇듯 정욕이 넘친 사티로스는 곧장 그녀를 덮치려 했다. 하지만 포세이돈이 삼지창을 던져 사티로스를 쫓아냈다. 그런 다음 아미모네는 포세이돈과 동침했고, 감사의 표시로 포세이돈은 땅에서 삼지창을 뽑아내어 이후 '아미모네'라 불리는 샘 또는 강을 만들어냈다. 이 강은 레르나의 샘으로도 알려졌는데, 훗날 무시무시한 히드라가 그곳에 살게 된다. 아미모네가 포세이돈과의 결합으로 낳은 아들 나우플리오스는 펠로폰네소스 반도에 나우플리아라는 도시를 세운다. (다나오스, 다나이데스, 레르나, 레르나의 히드라, 사티로스족, 아르고스, 포세이돈, 헤라)

아바스Abas 아바스는 아르고스의 왕으로, 그의 자식들이 왕위를 이어받아 아르고스를 다스렸다. 신화 기록가 아폴로도로스에 따르면, 아바스는 다나이데스 중 한 명인 히페름네스트라와 린케우스 왕 사이에 태어난 아들이다. 아바스 자신은 만티네오스의 딸 아글라이아와 결혼하여, 아크리시오스와 프로이토스라는 쌍둥이 아들을 얻었다. 쌍둥이 형제는 어머니의 자궁 속에 있을 때부터 서로 다투었다고 하는데, 훗날 아버지의 왕국을 차지하기 위해 전쟁을 벌였고 그 과정에서 방패를 발명하기도 했다. 전쟁에서 이긴 아크리시오스는 프로이토스를 아르고스에서 쫓아냈다. 프로이토스는 리키아의 왕 이오바테스에게 몸을 의탁하면서, 그의 딸 안테이아(혹은 스테네보이아)와 결혼했다. 이오바테스의 지원을 등에 업은 프로이토스는 아르고스로 돌아갔다. 형제는 도시의 영토를 반으로 나누어, 아크리시오스는 아르고스를, 프로이토스는 자신이 건국한 도시 티린스를 다스리기로 했다. (다나이데스, 리키아, 린케우스, 아글라이아(인간), 아르고스, 아크리시오스, 티린스, 프로이토스, 히페름네스트라)

아스카니오스Ascanius 아스카니오스는 아이네이아스와 그의 트로이인 아내 크레우사 사이에 태어난 아들이다. 베르길리우스의 『아이네이스』에서, 아스카니오스는 트로이가 패망하기 전까지는 트로이의 별칭인 일리움에서 따온 이름 일로스로 불린다. 트로이가 몰락한 후에는, 율리우스 카이사르와 아우구스투스 황제를 배출하는 율리우스 씨족의 시조임을 강조하여 이울루스로 알려졌다. 아스카니오스는 아버지와 함께 트로이를 떠나 이탈리아로 향했다. 이탈리아에서 지내는 사이 그는 라티누스 왕의 직속 목자인 티루스의 딸 실비아가 키우던 수사슴에게 활을 쏘아, 라틴인과 최근 들어온 트로이인들 사이에 불화를 일으켰다. 갈등이 풀린 후 아스카니오스는 30년 동안 라비니움을 다스리다가 수도 알바 롱가를 건설했고, 로물루스와 레무스가 로마를 세우기 전까지 그의 자손들이 300년간 군림했다. (라티누스, 라티움, 레무스, 로마, 로물루스, 아이네이아스, 이울루스, 일리움, 크레우사, 트로이)

아스클레피오스Asclepius(Aesculapius) 아스클레피오스(혹은 아이스쿨라피우스)는 아폴론의 아들이자 명의였다. 나중에 신격화되었기 때문에 보통은 치유와 의학의 신으로 알려져 있다. (아폴론, 아스클레피오스(신))

아스티아낙스Astyanax '도시의 왕'이라는 뜻의 아스티아낙스는 트로이의 용맹한 수호자 헥토르와 그의 아내 안드로마케 사이에 태어난 아들이다. 헥토르는 트로이의 강인 스카만드로스의 이름을 따서 그를 스카만드리오스라 불렀다. 호메로스의 『일리아스』에서 아스티아낙스는 외동아들이며, 따라서 안드로마케는 헥토르가 전사하면 아들의 운명이 어떻게 될지를 염려할 수밖에 없었다. 후대 작가들은 아스티아낙스가 그리스군의 손에 죽었다고 설명한다. 프리아모스 왕의 후손은 한 명도 살아남지 못하도록, 오디세우스나 다른 그리스 병사가 아스티아낙스를 트로이 성벽에서 내던져 버렸다는 것이다. (스카만드로스 강, 안드로마케, 오디세우스, 트로이, 프리아모스, 헥토르)

아에로Aero 코린토스의 왕 오이노피온과 헬리케 사이에 태어난 딸 메로페는 주로 메로페라는 이름으로 알려졌지만 아에로라고 불리기도 했다. 메로페는 사냥꾼 오리온의 끈질긴 구혼을 받은 이야기로 가장 잘 알려져 있다. 오리온은 결국 눈을 잃게 된다. (메로페(인간), 오리온, 코린토스)

아에로페Aerope 아에로페는 크레타 섬의 왕 카트레우스의 딸이었다. 왕은 자신이 손주(혹은 자신의 딸들)의 손에 죽을 운명이라는 예언을 들었다. 그래서 카트레우스는 아에로페를 나우플리아의 왕 나우플리오스에게 보내며, 죽이거나 팔라고 했다. 하지만 아에로페는 노예로 팔리지도 죽지도 않고 미케네의 왕 아트레우스와 결혼하여, 두 영웅 아가멤논과 메넬라오스를 낳았다. (메넬라오스, 미케네, 아가멤논, 아트레우스, 크레타 섬)

아우게이아스Augeas(Augeias) 아우게이아스는 펠로폰네소스 반도의 엘리스를 다스린 왕이다. 그의 아버지는 헬리오스라고도 하고, 포세이돈이라고도 한다. 그는 어마어마한 수의 소를 기르고 있는 것으로 유명했는데, 그 소들이 내보내는 배설물의 양은 더 엄청났다. 헤라클레스는 다섯 번째 과업으로 아우게이아스의 축사를 청소해야 했고, 불가능해 보이는 그 일을 하루 만에 해냈다. 알페이오스 강과 페네오스 강의 방향을 바꾸어 물줄기가 축사를 통과하게 만든 것이다. 그러자 아우게이아스는 소 떼의 10분의 1을 주겠다는 약속을 어기고 그를 왕국에서 쫓아냈다. 훗날 헤라클레스는 이 악행에 복수하기 위해 군대를 이끌고 돌아가 엘리스를 약탈했다. 몇몇 전승에 의하면, 이 전쟁에서 헤라클레스가 아우게이아스를 죽였다고 한다. (알페이오스 강, 헬리오스, 헤라클레스, 페네오스 강, 포세이돈)

아우토노에Autonoe 아우토노에는 테베의 창건 왕 카드모스와 하르모니아 사이에 태어난 딸이다. 하나같이 비극적인 최후를 맞은 이노, 아가우에, 세멜레와 자매간이다. 아우토노에는 농업을 전파한 문화 영웅 아리스타이오스와 결혼하여 악타이온을 낳았다. 악타이온은 어쩌다 알몸의 아르테미스를 목격한 죄로 자신의 사냥개들에게 물려 죽는다. 훗날 아우토노에와 이노, 아가우에는 아가우에의 아들 펜테우스를 갈가리 찢어 죽이는 무시무시한 짓을 저지른다. (세멜레, 아리스타이오스, 악타이온, 이노, 카드모스, 테베, 펜테우스, 하르모니아)

아이게스토스 ⇒ 아케스테스

아이게우스Aegeus 아이게우스는 전설상의 아테네 왕으로, 판디온 왕의 아들(혹은 양아들)이었다. 아이게우스는 여러 번 결혼했지만 자식을 보지 못하여, 조언을 구하기 위해 델포이의 아폴론 신탁소를 찾아갔다. 그래서 받은 신탁은 집으로 돌아갈 때까지 포도주 부대(염소 가죽으로 만든 포도주 용기)를 풀지 말라는 것이었다. 아이게우스는 친구인 트로이젠의 왕 피테우스에게 신탁의 내용을 알려주었고, 그 진짜 의미를 곧장 간파한 피테우스는 손을 써서 자신의 딸 아이트라를 술에 취한 아이게우스와 동침시켰다. 아이게우스는 트로이젠을 떠나기 전에 아이트라에게 만약 그녀가 아들을 낳는다면 바위 밑에 넣어둔 검과 샌들을 꺼낼 만큼 아이가 강해졌을 때 아테네로 보내라고 일렀다. 훗날 아테네에 찾아간 아이트라의 아들 테세우스는 그를 독살하려는 아이게우스의 새 아내 메데이아의 음모에서 살아남았고, 크레타 섬으로 가서 미노타우로스를 죽이겠다고 자원했다(아니, 갈 수밖에 없었다). 아들의 죽음을 염려한 아이게우스는 테세우스에게 아테네로 돌아올 때 무사 귀환의 신호로 배에 흰 돛을 달라고 당부했다. 하지만 테세우스는 아버지의 부탁을 잊어버렸고, 비탄에 잠긴 늙은 왕은 아들을 기다리며 서 있던 아크로폴리스에서 바다로 몸을 던졌다. (델포이, 메데이아, 미노타우로스, 아이트라, 아크로폴리스, 아테네, 아폴론, 크레타 섬, 테세우스, 피테우스)

아이기스토스Aegisthus 아이기스토스는 티에스테스가 자신의 딸 펠로페이아와 정을 통하여 가진 아들이다. 아이기스토스의 할아버지는 자신의 모든 자손을 저주의 늪에 빠뜨린 펠롭스였다. 호메로스의 『오디세이아』에서 아이기스토스는 최고의 그리스 전사들이 트로이에서 싸우는 동안 아가멤논 왕의 아내인 클리타임네스트라를 유혹하고 아가멤논 살해를 계획하는 인물로 그려진다. 연회에서 그는 클리타임네스트라의 도움을 받아, 여물통에 머리를 박고 있는 황소 죽이듯 아가멤논을 살해했다. 그러나 비극 작가 아이스킬로스는 클리타임네스트라 혼자 아가멤논을 죽였다고 썼으며, 후대 작가들은 이 버전을 택했다. 반면 아이기스토스는 겁쟁이로 묘사되었다. 아가멤논의 아들 오레스테스는 어른이 되자 어머니와 아이기스토스를 죽여 복수했다. (아가멤논, 오레스테스, 클리타임네스트라, 티에스테스, 펠롭스)

아이깁토스Aegyptus 아이깁토스와 그의 쌍둥이 형제 다나오스는 이집트의 왕 벨로스의 아들이다. 벨로스는 아이깁토스에게 아라비아를, 다나오스에게 리비아를 물려주었다. 50명의 아들이 있었던 아이깁토스는 그들을 다나오스의 딸 50명과 결혼시키려 했다. 다나오스는 영토를 넓히려는 아이깁토스의 계책이 아닐까 의심하여 이 혼인 연맹을 거절했지만, 나중에는 어쩔 수 없이 받아들였다. 그러나 다나오스는 딸들에게 결혼 첫날밤에 남편들을 죽이라는 지시를 내렸다. 아이깁토스의 아들들은 히페름네스트라가 살려준 린케우스를 제외하고 모두 죽었다. 아이깁토스는 펠로폰네소스 반도에서 생애를 마치고 그곳에 매장되었다. (다나오스, 다나이데스, 린케우스, 벨로스, 히페름네스트라)

아이네이아스Aeneas 아이네이아스는 로물루스와 더불어 로마의 가장 중요한 영웅이었다. 그는 트로이의 왕족이자 다르다니아의 왕인 안키세스와 여신 아프로디테 사이에 태어난 아들이다. 아이네이아스는 이다 산에서 태어나 그곳 님페들의 손에 길러졌고, 나중에는 트로이 전쟁에 참여하여 용맹하게 싸웠다. 트로이가 그리스에 패하여 도시 전체가 화염에 휩싸였을 때, 자신의 어린 아들의 머리 위로 무해한 불꽃이 징조로 나타난 데 이어 헥토르의 망령과 아프로디테까지 나서서 재촉하자 아이네이아스는 나이 든 아버지 안키세스를 어깨에 짊어지고 아들의 손을 잡은 채 트로이를 떠났다. 그의 아내 크레우사는 그들을 바짝 뒤쫓아 갔다. 하지만 곧 아내가 없어진 것을 깨달은 아이네이아스가 돌아가려 하자 아내의 망령이 나타나, 그는 큰일을 할 운명이니 계속 가라고 재촉했다. 그에게 숙명으로 주어진 일은 트로이 유민들을 이끌고 이탈리아로 가서 새로운 도시를 세우고, 그 과정에서 로마인의 조상이 되는 것이었다. 중요한 점은, 아이네이아스가 항해를 시작했을 때만 해도 이탈리아가 종착점이 되리라는 걸 몰랐다는 사실이다. 그는 그저 트로이인의 옛 고향을 찾아야 한다는 것만 알고 있었다. 그 여정은 트로이 전쟁 후 귀향하는 오디세우스의 모험만큼이나 길고도 험난했으며, 이런 의미에서 로마판 오디세이아라 할 만했다. 맨 처음 트라키아에 도착한 트로이 유민들은 그곳이 예언 속의 새 도시라고 착각했지만, 트로이 왕자 폴리도로스의 망령으로부터 트라키아의 위험을 경고받고는 곧 떠났다. 그 후 아이네이아스 일행은 델로스 섬을 거쳐 크레타 섬에 정착하려 했다가 지독한 기근을 겪었다. 가정의 수호신들이 아이네이아스에게 환영으로 나타나, 어서 떠나라고 명령했다. 항해 도중에 트로이인은 하르피아이의 공격을 받았으며, 시칠리아에 도착했을 때는 안키세스가 세상을 떠났다. 아이네이아스는 여행을 이어나갈 수 없을 정도로 지쳐버린 유민들을 시칠리아의 왕이자 그의 친척인 아케스테스에게 맡겨둔 채 떠났다. 트로이 유민들을 기꺼이 받아준 이들 중에는 카르타고를 세운 여왕 디도가 있다. 아프로디테의 술책으로 그녀는 아이네이아스와 사랑에 빠졌다. 아이네이아스가 자신의 숙명을 따르기 위해 떠나자 디도는 자살로 비극적인 최후를 맞았다. 아폴론을 모시는 무녀이자 예언자인 시빌레의 고향 쿠마이에서 아이네이아스는 처음으로 이탈리아 해안에 발을 디뎠다. 시빌레의 안내를 받아 지하세계로 들어간 아이네이아스는 타르타로스를 지나, 이제 그의 아버지 안키세스가 머물고 있는 엘리시온으로 갔다. 그곳에서 안키세스는 아들에게 로마의 영광스러운 미래를 알려주고, 곧 다가올 전쟁을 경고했다. 아이네이아스가 라티움에 도착한 후 머지않아 싸움이 벌어졌다. 라티움의 왕 라티누스는 그를 반갑게 맞아주면서, 예언이 실현되도록 자신의 딸 라비니아와 결혼할 것을 제안했다. 이에 라비니아와 결혼을 약속했던 루툴리족의 왕자 투르누스, 그리고 라티움의 왕비 아마타는 분노했다. 그때 여신 유노〔ⓖ헤라〕까지 개입하면서, 투르누스를 중심으로 연합한 이탈리아(라틴) 부족들이 아이네이아스에게 대항하였다. 이제 제2의 아킬레우스나 다름없었던 아이네이아스는 미래에 로마가 세워질 땅을 다스리고 있던 에반드로스 왕과 연맹하여 투르누스를 죽이고, 라틴인들에게 승리를 거두었다. 그 후 아이네이아스는 라틴인들과 화해하고 라비니아와 결혼한 다음, 라티움에 라비니움이라는 도시를 건설했다. 아이네이아스의 아들인 아스카니오스(율리우스 씨족과 율리우스 카이사르의 선조로서 이울루스라고도 불렸다)는 로물루스와 레무스가 로마를 건설하기 전까지 라티움에서 가장 강력한 도시였던 알바 롱가를 세웠다. (님페, 다르다니아, 디도, 라비니아, 라티누스, 라티움, 시칠리아, 아마타, 아니카니오스, 아케스테스, 아킬레우스, 아폴론, 아프로디테, 안키세스, 알바 롱가, 엘리시온, 오디세우스, 유노, 이다〔장소〕, 이울루스, 지하세계, 카르타고, 쿠마이, 쿠마이의 시빌레, 크레우사, 타르타로스, 투르누스, 트라키아, 트로이, 트로이인, 폴리도로스, 하르피아이아이, 헥토르)

아이아스〔대〕Ajax the Great 대 ✶ 아이아스(텔라몬의 아이아스라고도 불린다)는 살라미스의 왕 텔라몬과 페리보이아(혹은 에리보이아) 사이에 태어난 아들이다. 신화 기록가 아폴로도로스에 의하면, 텔라몬은 헤라클레스가 트로이의 왕 라오메돈을 공격할 때 그를 도와주었다. 헤라클레스가 이에 대한 보답으로 텔라몬에게 아들을 내려달라고 기도를 올리자 독수리(그리스어로 아이에토스aietos)가 나타났고, 그래서 텔라몬의 아들에게 아이아스라는 이름이 붙었다고 한다. 헬레네의 구혼자 중 한 명이었던 아이아스는 서약에 따라 열두 척의 함선을 끌고 살라미스에서 트로이로 향했다. 트로이에서 그는 아킬레우스 다음으로 용맹하게 싸웠으며, 키는 가장 컸다. 호메로스의 『일리아스』에서 아이아스는 직사각형의 대형 방패로 무장하고 방어에 능숙한 전사로 묘사되는데, 오일레우스의 아들인 소◦ 아이아스와 나란히 용맹을 떨치는 장면이 많다. 전쟁 중에 그는 헥토르와 일대일 결투를 벌여 그에게 상처를 입혔지만, 해 질 무렵 두 전사는 휴전을 선언하고 우정의 선물을 주고받았다. 나중에 아이아스는 트로이군이 강탈하려는 아킬레우스의 벗 파트로클로스의 주검을 지켰고, 더 나중에는 그의 위대한 벗 아킬레우스의 주검을 전장 밖으로 옮겼다. 살아남은 그리스 병사 가운데 가장 뛰어난 전사들인 아이아스와 오디세우스가 아킬레우스의 무구를 차지할 자격이 있었다. 제비뽑기를 통해, 혹은 전쟁에서 가장 큰 공훈을 세운 자를 뽑는 투표를 통해, 오디세우스가 아이아스를 이겼다. 이 패배에 낙심한 데다 아테나의 농간으로 광기까지 찾아든 아이아스는 트로이에서 전리품으로 데려온 가축들을 그리스군으로 오해하여 공격했다. 제정신으로 돌아온 그는 수치스러운 나머지 자신의 검으로 자살했다. (라오메돈, 살라미스, 아이아스〔소〕, 아킬레우스, 아테나, 오디세우스, 트로이, 파트로클로스, 헤라클레스, 헥토르, 헬레네)

아이아스〔소〕Ajax the Lesser 호메로스의 『일리아스』에서 소◦ 아이아스는 텔라몬의 아들인 대☆ 아이아스와 나란히 용맹을 떨치며 싸운다. 두 사람을 한데 묶어 아이안테스Aiantes라 부르기도 한다. 소 아이아스는 그리스 중부 로크리스의 왕 오일레우스의 아들로, 로크리스군을 이끌고 트로이로 갔다. 신화에서 그는 영웅적인 활약상보다는 악행을 저지르고 처벌받은 사건으로 더 유명할 것이다. 트로이가 몰락한 후 프리아모스 왕의 딸 카산드라가 아테나 신전으로 피신했을 때, 아이아스는 그녀를 밖으로 끌어냄으로써 신들에게 구원을 청하는 탄원자의 권리를 짓밟는 신성모독을 범했다. 그가 받은 처벌에 관해서는 다양한 이야기가 전해진다. 비극 작가 에우리피데스의 『트로이의 여인들』에 따르면, 아테나의 요청을 받은 제우스와 포세이돈이 항해 중인 그리스 함대를 전멸하다시피 하여 대부분의 병사들은 귀향하지 못했다. 아이아스가 저지른 죄 때문에 그리스군 전체가 고통을 겪은 것이다. 호메로스는 덧붙이기를, 포세이돈이 아이아스와 그의 함선을 암초와 충돌시키지만 영웅의 익사는 막아주었다고 한다. 신들의 분노에도 살아남았다고 떠벌리지만 않았어도 아이아스는 목숨을 부지했을 것이다. 이 무례한 언동을 참다못한 포세이돈은 아이아스가 서 있던 거대한 바위를 삼지창으로 내리쳤고, 아이아스는 바위와 함께 바

닷속으로 침몰했다. (아이아스[대], 아테나, 제우스, 카산드라, 텔라몬, 트로이, 포세이돈, 프리아모스)

아이아코스Aeacus 아이아코스는 강의 신 아소포스의 딸 아이기나의 아들이다. 제우스는 아이기나를 납치하여 오이노네 섬으로 데려간 후 섬의 이름을 아이기나로 바꾸었다. 그곳에서 아이기나는 아이아코스를 낳았다. 로마 시인 오비디우스에 따르면, 유피테르[ⓒ제우스]와 아이기나의 불륜에 분노한 유노[ⓒ헤라]는 그 섬에 끔찍한 역병을 퍼뜨려 수많은 주민을 죽였다. 그러자 아이아코스는 유피테르에게 자신의 아버지가 맞는다면 도와달라고 기도했다. 근처의 참나무를 기어오르는 개미들과 같은 수의 사람들로 섬을 다시 채워주거나, 아니면 그가 동포와 함께 죽게 해달라고 말이다. 나무가 바르르 떨리더니 개미들이 인간으로 변하고, 아이아코스를 그들의 왕으로 선언했다. 이 사람들은 개미를 뜻하는 그리스어 '미르멕스myrmex'에서 따온 이름인 미르미돈족이라 불렸고, 그들의 기원인 개미처럼 소박하고 부지런했다.

아이아코스는 가끔 케이론의 딸로 거론되는 엔데이스와 결혼하여 텔라몬을 자식으로 두었다. 훗날 텔라몬은 대★아이아스와 펠레우스의 아버지가 되고, 펠레우스는 아킬레우스의 아버지가 된다. (아소포스, 아이기나[신과 장소], 아이아스[대], 아킬레우스, 유노, 유피테르, 제우스, 케이론, 텔라몬, 펠레우스)

아이아키데스Aeacides 아이아키데스는 '아이아코스의 후손들'을 뜻하는 부계父系 이름이다. 이 이름은 그리스 영웅 펠레우스와 그의 아들 아킬레우스, 그리고 손자 네오프톨레모스에게 적용되었다. (네오프톨레모스, 아이아코스, 아킬레우스, 펠레우스)

아이에테스Aeetes 아이에테스는 흑해 동부 해안의 콜키스 왕국을 다스리는 섭정이었으며, 왕국의 수도인 아이아Aea에는 헤파이스토스가 지어준 왕궁이 있었다고 한다. 아이에테스는 태양신 헬리오스와 페르세(오케아니스)의 아들이었다. 마법사 키르케, 미노타우로스의 어머니 파시파에와 남매지간이었으며, 그의 자식들 중에는 아들 압시르토스와 딸 메데이아가 가장 유명했다. 콜키스는 영웅 이아손이 황금 양피를 찾아 떠난 원정의 목적지였다. 신비로운 황금 숫양이 프릭소스를 업고 콜키스에 도착한 후, 아이에테스는 숫양을 제물로 바치고 그 양피를 아레스에게 봉헌된 숲의 한 나무에 걸어놓고는, 용을 감시자로 붙여 철통같이 지켰다. 그는 보이오티아에서 피신해 온 프릭소스를 받아주고, 자신의 딸 칼키오페와 결혼시켰다. 그런가 하면 이아손은 아이에테스에게 그리 큰 환대를 받지 못했다. 그리스 시인인 로도스의 아폴로니오스에 따르면, 이아손이 황금 양피를 요구하자 아이에테스는 불을 내뿜는 황소 두 마리에게 멍에를 씌워 밭을 갈고 용의 이빨을 뿌린 다음 거기서 솟아나오는 무장한 남자들을 죽이라고 말한다. 아이에테스는 이아손이 이 과제를 완수하지 못하고 죽으리라 예상했지만, 이아손은 메데이아의 도움을 얻었다. 이아손이 황금 양피와 메데이아를 모두 훔쳐 달아나자 아이에테스는 아들 압시르토스를 보내 추격하게 하지만, 메데이아는 교묘한 수법으로 압시르토스를 죽였다. (메데이아, 미노타우로스, 아레스, 압시르토스, 오케아니데스, 이아손, 콜키스, 키르케, 파시파에, 프릭소스, 헤파이스토스, 헬리오스)

아이올로스Aeolus 아이올로스는 '바람의 지배자'였다. 호메로스의 『오디세이아』에 등장하는 아이올로스는 히포테스의 아들로, 청동 성곽으로 둘러싸인 채 바다를 둥둥 떠다니는 섬 아이올리아에 살았다. 신들의 총애를 받은 아이올로스에게는 여섯 명의 딸과 여섯 명의 아들이 있었는데, 그들끼리 짝을 맞추어 결혼했다. 아이올로스는 트로이에서 귀향 중이던 오디세우스 일행을 꼬박 한 달 동안 정성껏 대접해 주었고, 그들이 떠날 때는 귀중한 선물을 주었다. 그를 집까지 빨리 실어다 줄 바람을 담은 자루였다. 그러나 이타카 섬에 가까워졌을 때, 오디세우스의 부하들은 그 안에 금은보화가 들어 있는 줄 알고 자루를 열었다. 결국 쏟아져 나온 바람 때문에 배는 경로를 크게 벗어나 아이올로스의 섬으로 되돌아가고 말았다. 그들이 돌아오자 아이올로스는 이 그리스인들이 신들에게 미움을 받고 있는 것이 틀림없다고 생각하여 도와주지 않으려 했다. 그렇다면, 이탈리아로 향하던 트로이인 아이네이아스에게는 어떻게 했을까. 유노〔ⓒ헤라〕에게 매수된 아이올로스는 동굴 속에 가둬두었던 바람들, 즉 에우로스와 노토스, 제피로스, 아프리쿠스를 풀어 아이네이아스의 배들을 박살냈다.

바람의 신으로 알려지게 된 아이올로스는 헬렌과 님페 오르세이스의 아들인 동명의 아이올로스와 혼동되고 융합되기도 했다. 헬렌이 아이올로스와 그의 두 형제들 도로스와 크수토스에게 그리스를 나누어주었을 때, 아이올로스는 테살리아를 물려받았다. 이 아이올로스는 아이올리아인의 시조이며, 아타마스, 살모네우스, 시시포스, 카나케, 알키오네 등의 자식을 두었다. (노토스, 도로스, 살모네우스, 시시포스, 아이네이아스, 알키오네, 에우로스, 오디세우스, 유노, 이타카 섬, 제피로스, 카나케, 크수토스, 테살리아, 트로이, 헬렌)

아이톨로스Aetolus 아이톨로스는 피라와 함께 대홍수에서 살아남은 데우칼리온의 후손이라고도 하고, 셀레네가 사랑한 엘리스의 왕 엔디미온의 아들이라고도 한다. 아이톨로스는 장제 경기에서 뜻하지 않게 한 남자를 죽인 후 아켈로오스 강 부근으로 망명을 떠났고, 자신의 이름을 따서 그 땅을 아이톨리아라 불렀다. (데우칼리온, 셀레네, 아켈로오스[장소], 엔디미온, 피라)

아이트라Aethra 아이트라는 펠롭스의 아들이자 펠로폰네소스 반도 북동부의 도시 트로이젠의 왕인 피테우스의 딸이었다. 피테우스는 왕국에 찾아온 아테네의 왕 아이게우스와 자신의 딸을 동침시켰다. 자식이 없는 아이게우스는 왕국의 운명을 염려하여 델포이에 신탁을 구하러 갔었다. 그가 받은 신탁은 아테네에 도착할 때까지 포도주 자루(포도주를 담는 데 쓰인 염소 가죽)를 풀지 말라는 것이었다. 아이게우스는 신탁을 이해하지 못했지만, 피테우스는 그 의미를 간파하고 아이게우스에게 포도주를 잔뜩 먹였다. 이렇게 취한 상태에서 아이게우스는 아이트라를 잉태시켰고, 같은 날 밤 포세이돈도 그녀를 찾았다. 아이게우스는 아테네를 떠나기 전 아이트라에게 만약 아들을 낳거든 아버지가 누군지 알려주지 않고 키우다가, 무거운 바위 밑에 넣어둔 검과 샌들을 빼낼 수 있을 정도로 아이가 강해지면 아테네로 보내라고 말했다. 그녀의 아들 테세우스는 아이게우스의 왕위를 이었다. 훗날 아이트라는 카스토르와 폴룩스[ⓖ폴리데우케스]에게 포로로 잡혀 트로이로 끌려갔다. 트로이가 멸망하자 그녀는 그리스로 돌아와 그곳에서 생을 마감했다. (델포이, 디오스쿠로이, 아이게우스, 아테네, 제우스, 카스토르, 테세우스, 트로이, 펠롭스, 포세이돈, 폴룩스, 피테우스)

아이피토스Aepytus 아이피토스는 메세니아의 왕 크레스폰테스와 메로페 사이에 태어난 아들로, 헤라클레스의 수많은 후손 중 한 명이었다. 메세니아에 반란이 일어나 남편과 맏아들, 둘째 아들을 잃은 메로페는 젖먹이 아들 아이피토스를 자신의 아버지 킵셀로스가 다스리던 아르카디아로 보냈다. 또 다른 전승에서는 아이톨리아로 보냈다고도 한다. 성인이 된 아이피토스는 메세니아로 돌아가, 그의 아버지를 죽이고 어머니와 결혼한 원수 폴리폰테스에게 복수한 뒤 왕위에 앉았다. 신화 기록가 히기누스에 따르면, 폴리폰테스는 아이피토스(신화 기록가 히기누스는 그를 텔레폰테스라 부른다)를 죽이는 자에게 상을 내리겠노라 약속했었다. 아이피토스가 궁으로 돌아갔을 때 그를 알아보는 자는 아무도 없었다. 이 사실을 이용하여 그는 자신이 아이피토스를 죽였으며, 상을 받으러 왔다고 주장했다. 비탄에 빠진 메로페는 그를 죽이려 했지만, 마지막 순간 아들을 알아보았다. 어머니와 아들은 폴리폰테스를 살해할 음모를 꾸몄고, 그가 제사를 올리는 동안 계획을 실행에 옮겼다. 왕위 찬탈자가 죽고 없어지자 아이피토스는 아버지의 왕국을 되찾고 섭정이 되었다. (메로페〔인간〕, 메세니아, 아르카디아, 킵셀로스, 폴리폰테스, 헤라클레스)

아카이아인Achaeans 그리스 시인 호메로스는 모든 그리스인을 아카이아인, 헬라스인, 아르고스인이라 칭한다. 엄밀히 말해 아카이아는 펠로폰네소스 반도의 북부 해안에 불과했지만, 아카이아인들은 헬렌의 아들 크수토스와 아테네 왕 에레크테우스의 딸 크레우사의 후손이었다. 크수토스의 자손들은 여러 일족으로 갈라졌다. 테살리아의 아카이아인들은 크수토스의 아들 아카이오스가 다스렸으며, 아카이오스의 아들들이 아르고스로 이주하여 최종적으로 정착한 펠로폰네소스 북부의 땅도 아카이아라 불렀다. (아르고스, 아테네, 에레크테우스, 크레우사, 크수토스, 헬렌)

아카테스Achates 로마 시인 베르길리우스의 서사시 『아이네이스』에서, 아카테스는 트로이 유민들을 이끌고 이탈리아로 떠나는 아이네이아스의 가장 든든한 동료로 등장한다. (아이네이아스, 트로이)

아케스테스Acestes(Aegestus) 아케스테스(혹은 아이게스토스)는 시칠리아 섬의 에릭스를 다스린 왕이다. 아케스테스 자신은 트로이 혈통이었다. 로마 시인 베르길리우스에 따르면, 그는 시칠리아의 하천신 크리니소스와 트로이인 어머니 사이에서 태어났다고 하지만, 또 다른 전승에서는 그의 어머니가 트로이의 님페 에게스타라고도 한다. 아케스테스는 트로이가 멸망한 후 이탈리아로 피신하던 중 시칠리아 섬에 다다른 아이네이아스와 트로이 유민들을 따뜻하게 맞아주었다. 결국 아이네이아스는 여행에 지친 자들을 시칠리아 섬에 남겨두고 떠났다. (님페, 시칠리아 섬, 아이네이아스, 트로이)

아케테스Acetes(Acoetes) 로마 시인 오비디우스에 따르면, 아케테스(혹은 아코이테스)는 티레니아 해를 항해하는 배의 선장이었는데, 그 선원들이 잠든 아이 디오니소스를 포로로 붙잡았다. 그 어린 신은 선원들에게 낙소스 섬으로 데려다 달라고 부탁했고, 그들은 이를 승낙하는 척했다. 왕자 같은 외모의 소년을 본 선원들은 몸값을 받거나 아니면 다른 돈벌이라도 되리라는 기대에 부풀었다. 그러나 첫눈에 소년의 신성을 감지한 선장 아케테스는 기도를 읊조렸고, 어린 신을 배에 태우고 떠나려는 선원들을 어떻게든 막으려 했지만 실패하고 말았다. 그런데 바다로 나간 배가 갑자기 멈추더니 제자리에서 꼼짝도 하지 않고 담쟁이덩굴에 휘감기기 시작했다. 신의 발밑에는 호랑이, 스라소니, 표범 들의 유령이 드러누워 있었다. 겁에 질려 바다로 뛰어내린 선원들은 돌고래로 변했다. 디오니소스는 아케테스에게 두려워 말라고 했다. 이렇게 해서 아케테스는 디오니소스를 그의 목적지인 낙소스 섬까지 데려다주었고, 그의 추종자이자 사제가 되었다. (낙소스 섬, 디오니소스)

아코이테스 ⇒아케테스

아크리시오스Acrisius 아크리시오스와 프로이토스는 공포를 불러일으켜 공격 기세를 애초에 꺾어버리는 방패를 가진 아르고스 왕 아바스와 아글라이아(카리스) 사이에 태어난 쌍둥이 아들이다. 쌍둥이 형제는 남편들을 죽여 악명 높은 자매 다나이데스의 아버지 다나오스 왕의 증손자들이다.

이 형제는 어머니의 자궁에서부터 사이가 안 좋았다고 한다. 아바스 왕은 자신이 세상을 떠난 후 두 아들이 교대로 나라를 통치하기를 원했지만, 아크리시오스는 이를 거부했다. 그래서 전쟁이 발발했다. 그 결과 아크리시오스는 아르고스를, 프로이토스는 자신이 세운 티린스를 다스리게 되었다.

아크리시오스는 에우리디케(혹은 아가니페)와의 사이에 태어난 딸 다나에를, 뚫고 들어갈 수 없는 방(몇몇 전승에서는 탑이라고도 한다)에 가두었다. 그가 손자의 손에 죽으리라는 신탁이 실현되는 것을 막기 위해서였다. 하지만 이런 방책도 제우스에게는 통하지 않았다. 제우스는 황금빛 소나기로 변신하여 방 안으로 스며들어가 다나에에게 페르세우스를 수태시킨다. 혈족 범죄를 피하고 싶었던 아크리시오스는 다나에와 아들을 나무 궤에 넣어 바다에 띄워 보냈다. 세리포스 섬에서 한 어부에게 구조된 다나에는 그와 결혼하고, 성인으로 장성한 페르세우스는 고르곤 메두사의 목을 베는 과업을 마친 후 아르고스로 돌아갔다. 그러나 아크리시오스는 자신의 손자가 아직 살아 있다는 소문을 들은 후 신탁이 실현될까 봐 두려워 테살리아의 도시 라리사로 피신해 있었다. 페르세우스는 라리사에서 그곳 섭정의 죽음을 기리는 장제 경기에 참가했다가 원반을 잘못 던져 본의 아니게 아크리시오스를 죽이고 만다. (고르고네스, 다나에, 다나오스, 다나이데스, 라리사, 메두사, 세리포스 섬, 아글라이아, 아르고스, 에우리디케(인간), 제우스, 테살리아, 티린스, 페르세우스)

아키스Acis 삼림의 신 파우누스〔ⓖ판〕와 그리 유명하지 않은 바다의 님페 시마이티스 사이에 태어난 잘생긴 아들 아키스는 겨우 열여섯 살에 갈라테이아(네레이스)

182

의 구애를 받았다. 갈라테이아 자신은 폴리페모스(키클롭스)에게 끈질긴 구애를 받고 있었다. 그녀가 폴리페모스에게 느끼는 혐오감은 아키스에 대한 사랑만큼이나 깊었다. 질투에 눈이 먼 폴리페모스는 거대한 바위로 아키스를 뭉개버렸다. 갈라테이아가 아키스를 살려달라고 기도하자 땅이 갈라지더니 아키스가 생전보다 더 커진 몸으로 나타났다. 그는 청록색을 띤 강의 신으로 환생했고, 그 강은 아직도 아키스 강이라 불린다. (갈라테이아, 네레이데스, 키클로페스, 파우누스, 폴리페모스)

아킬레우스Achilles 트로이 전쟁에서 그리스군 최고의 전사였던 아킬레우스는 테살리아 지방 프티아의 왕 펠레우스와 바다의 여신 테티스 사이에서 태어났다. 아킬레우스가 아직 젖먹이 아기였을 때 테티스는 아들을 불사의 몸으로 만들려 시도했지만 성공하지 못했다. 밤에는 타고 남은 장작불 속에 아들을 넣고, 낮에는 암브로시아를 발라주었다고 한다. 그러던 어느 날 아들이 타 죽을까 봐 걱정한 펠레우스가 훼방을 놓았다. 또 다른 전승에 따르면 테티스는 아킬레우스를 스틱스 강에 담갔고, 그때 그의 발목을 붙잡는 바람에 '아킬레스건'이 그의 유일한 약점이 되었다. 어린아이였을 때 아킬레우스는 현명한 켄타우로스 케이론 밑에서 자라며 가르침을 받았고, 훗날 프티아로 돌아가서는 가장 아끼는 벗 파트로클로스를 종자從者로 삼았다. 트로이에서 최후를 맞을 아킬레우스의 운명을 알게 된 테티스는 아들이 전쟁에 불려 나가지 않도록 스키로스 섬의 리코메데스 왕에게 그를 보냈다. 아킬레우스는 공주로 위장한 채 리코메데스의 딸들 사이에 숨어 지냈다. 그러던 중 데이다메이아 공주가 아킬레우스의 아들 네오프톨레모스를 낳았다. 네오프톨레모스 역시 자신의 아버지처럼 후일 트로이 전쟁에 참여하게 된다. 결국 아킬레우스는 그리스군 사절로 스키로스 섬에 찾아온 오디세우스에게 위장을 간파당하고 말았다. 영악한 오디세우스는 아킬레우스가 스스로 정체를 드러내도록 교묘한 꾀를 썼다. 공주들 앞에 선물들을 늘어놓았는데, 그중에는 보석 같은 여성스러운 장신구뿐만 아니라 검과 방패도 있었다. 그때 공격의 신호인 나팔 소리가 울리자, 아킬레우스는 냉큼 무기로 달려들어 자신의 정체를 드러냈다. 호메로스의 『일리아스』에 따르면, 트로이에 도

착한 후 미르미돈족의 지휘관 아킬레우스와 그리스군은 트로이 주변을 수차례 약탈했다. 이 과정에서 아킬레우스는 브리세이스를 포로로 잡고, 그녀의 남편과 형제들과 부모를 죽인 뒤 첩으로 삼았다. 브리세이스는 그의 용맹함을 증명해 주는 전리품이었기에, 그리스 연합군의 지휘관인 아가멤논이 그녀를 가로채자 아킬레우스는 전쟁에서 손을 뗐다. 아킬레우스의 체면을 구긴 대가로 그리스군은 트로이에 된통 당했다. 사실 이는 아킬레우스가 어머니에게 도움을 요청한 결과였다. 그리스군은 아킬레우스를 다시 참전시키려 애썼고, 아가멤논이 수많은 선물로 회유했지만 아킬레우스는 결심을 꺾지 않았다. 그러다 그가 사랑하는 벗 파트로클로스가 트로이 영웅 헥토르에게 살해되자 그제야 전장으로 돌아갔다. 그의 목적은 그리스의 승리가 아니라 복수였다. 마침내 아킬레우스는 헥토르를 죽여 그의 갑옷을 벗겼고, 주변에 있던 그리스 병사들이 시체를 칼로 잔혹하게 찔러댔다. 짐승처럼 냉혹해진 아킬레우스는 헥토르의 시신을 전차에 매어 열이틀 동안 트로이 성벽 주위로 끌고 다녔다. 결국 신들이 끼어들 수밖에 없었다. 테티스는 아킬레우스를 찾아가, 프리아모스 왕에게 몸값을 받고 그의 아들 헥토르의 시신을 돌려주라고 설득했다. 프리아모스는 맹수 같은 아킬레우스의 막사로 용감하게 들어가 몸값을 건넸다. 프리아모스와 얼굴을 맞댄 아킬레우스는 자신의 아버지를 떠올렸고, 두 사람은 슬픔을 함께 나누었다. 이로써 아킬레우스의 인간성이 회복되었다.

헥토르가 전사한 뒤 아킬레우스는 아마조네스의 여왕 펜테실레이아와 맞붙었고, 비통하게도 그녀에게 치명상을 입히는 순간 그녀와 사랑에 빠지고 말았다. 아킬레우스는 트로이에서 생을 마감했다. 헬레네를 납치한 트로이 왕자 파리스가 그의 유일한 약점인 발뒤꿈치에 화살을 쏜 것이다. 아킬레우스의 주검을 되찾아 온 대★ 아이아스는 헤파이스토스가 만들어 누구나 탐낼 만한 아킬레우스의 갑옷을 차지하기 위해 오디세우스와 경쟁을 벌였다. 이 대결에서 오디세우스가 이겼고, 아이아스는 자살했다. 아킬레우스의 장례식 후 그의 혼이 무덤 위로 나타나, 트로이 공주 폴릭세네를 제물로 바칠 것을 요구했다. (네오프톨레모스, 아이아스(대), 데이다메이아, 리코메데스, 미르미돈족, 브리세이스, 스키로스 섬, 스틱스(장소), 아가멤논, 아마조네스, 오디세우스, 제우스, 케이론, 켄타우로스족, 테살리아, 테티스, 트로이, 파리스, 파트로클로스, 펜테실레이아, 펠레우스, 폴릭세네, 프리아모스, 헤파이스토스, 헥토르, 헬레네)

아타마스Athamas 아타마스는 보이오티아 지방의 도시 오르코메노스를 다스린 왕이다. 그의 아내들은 차례로 네펠레, 테베 왕 카드모스의 딸인 이노, 테살리아의 왕 힙세우스의 딸인 테미스토였다. 이노와 결혼하면서 아타마스는 수많은 말썽에 휘말리게 된다. 이노는 아타마스의 첫 아내 네펠레의 자식들인 프릭소스와 헬레를 시기했다. 그래서 아이들을 죽음으로 내몰 계책을 꾸몄지만, 남매는 극적인 방법으로 그녀의 마수에서 벗어났다. 위기의 순간에 나타난 황금 숫양이 프릭소스를 끝까지 안전하게 지켰다. 나중에 제우스는 아기 디오니소스를 아타마스와 이노에게 맡겼지만, 분노한 헤라가 부부에게 광기를 불어넣었다. 아타마스는 아들 레아르코스를 사슴(혹은 사자)으로 착각하여 실수로 죽였고, 이노는 아들 멜리케르테스를 펄펄 끓는 가마솥 안으로 던졌다. 몇몇 전승에 따르면, 그녀가 아들을 품에 안은 채 사로니코스 만으로 뛰어들었고, 그곳에서 둘이 죽어 바다의 신들인 레우코테아와 팔라이몬이 되었다고 한다. (네펠레, 디오니소스, 레우코테아, 보이오티아, 이노, 제우스, 테살리아, 프릭소스, 헤라, 헬레)

아탈란타Atalanta 아탈란타는 뛰어난 사냥꾼으로 발이 굉장히 빨랐다. 그녀의 아버지는 보이오티아의 왕 스코이네우스라고도 하고(작가 오비디우스, 스타티우스, 파우사니아스, 테오크리토스), 미니아스인의 선조인 미니아스의 딸 클리메네를 아내로 둔 아르카디아의 왕 이아소스라고도 한다(작가 칼리마코스, 프로페르티우스, 아폴로도로스). 아탈란타는 태어나자마자 딸을 원하지 않은 아버지 때문에 산에 버려졌다. 아르테미스의 뜻에 따라 친절한 암곰이 우연히 그녀를 발견하여 키웠고, 이후 사냥꾼들이 그녀를 데려갔다. 아르테미스는 아탈란타에게 사냥을 가르쳤다. 시인 로도스의 아폴로니오스에 따르면, 장성한 아탈란타는 황금 양피를 찾아 떠나는 이아손의 원정대에 합류하려 했으나 이아손은 그녀를 아낀다는 핑계로 거절했다고 한다. 하지만 아탈란타는 칼리돈의 왕 오이네우스와 알타이아의 아들인 멜레아그로스가 멧돼지를 처치하기 위해 모집한 사냥대에는 합류했다. 아르테미스가 보낸 무시무시한 멧돼지가 칼리돈의 시골을 쑥대밭으로 만들고 있었다. 신심 깊은 오이네우스가 첫 수확을 감사하는 제사에서 웬일인지 아르테미스를 홀대하고 만 것이다. 세상에서 가장 강하고 용맹한 남자들이 사냥에 참여했지만, 처음으로 멧돼지에게 상처를 입혀 멜레아그로스가 짐승을 끝장낼 수 있게 도와준 이는 처녀 아탈란타였다. 이 사실을 알아챈 멜레아그로스는 멧돼지의 머리를 전리품으로 그녀에게 주었고, 이 행동은 외숙부들의 심기를 건드렸다. 이어서 격렬한 전쟁이 벌어지고, 멜레아그로스가 요절하리라는 예언이 실현되었다.

아탈란타는 아르테미스처럼 처녀 사냥꾼처럼 남고 싶었지만, 수많은 남자들의 구애를 받았다. 결혼을 고려해 달라는 아버지의 간청에 못 이겨 그녀는 자신보다 빨리 달리는 남자라면 누구든 결혼하겠다고 약속했다. 많은 남자들이 그녀를 아내로 맞으려다 실패하고 그 대가로 목숨을 잃었다. 그래도 배짱 두둑한 한 남자는 성공했다. 오비디우스에 따르면 그 남자가 포세이돈의 증손자 히포메네스라 하고, 파우사니아스를 비롯한 다른 작가들은 멜라니온이라 한다. 이 청년은 아프로디테에게 도움을 청했고, 여신은 키프로스 섬에 있는 자신의 성역에서 황금 사과 세 개를 따다 그에게 주었다. 달리기 시합이 시작되자, 멜레아그로스는 경주장 가장자리로 사과를 하나씩 던졌다. 그 사과들이 궁금해서 견딜 수 없었던 아탈란타는 굴러가는 사과들을 차례로 주웠다. 마지막 사과를 향해 아탈란타가 황급히 달려가는 사이 청년은 그녀를 앞질렀고 결국 그녀를 신부로 맞았다. 아탈란타 역시 그에게 애정을 품기 시작했지만, 그들의 기쁨도 오래가지 못했다. 승리에 도취한 히포메네스가 깜빡 잊고 아프로디테에게 감사 인사를 올리지 않은 것이다. 분노한 여신은 그에게 갑작스럽고 격렬한 욕정을 불러일으켜, 키벨레(ⓒ레아)의 신전에서 아탈란타와 사랑을 나누는 신성모독을 저지르게 했다. 키벨레는 그 벌로 두 사람을 사자로 만들어 자신의 전차에 매어놓았다. (멜라니온, 멜레아그로스, 미니아스, 보이오티아, 스코이네우스, 아르카디아, 아르테미스, 아프로디테, 알타이아, 오이네우스, 이아손, 칼리돈, 클리메네, 키벨레, 키프로스 섬, 포세이돈, 히포메네스)

아트레우스Atreus

아트레우스는 피사의 왕 펠롭스와 히포다메이아 사이에 태어난 아들이다. 그와 그의 형제자매들, 그리고 그의 후손들 모두 공모자를 배신한 펠롭스에게 내려진 저주에서 자유롭지 못했다. 아트레우스와 그의 형제 티에스테스는 어머니의 요구에 따라 이복형제인 크리시포스를 살해했다가 피사에서 추방당했다. 아트레우스는 크레타 섬의 공주 아에로페와 결혼하여, 미래에 각자 미케네와 스파르타의 왕이 될 아가멤논과 메넬라오스를 자식으로 두었다. 그의 아내 아에로페는 티에스테스에게 음욕을 품었거나 혹은 그에게 유혹당했다. 어느 쪽이든, 그녀는 미케네의 왕위가 비었을 때 아트레우스를 배신했다. 신화 기록가 아폴로도로스에 따르면, 아트레우스는 아르테미스에게 바쳐야 할 황금빛 새끼 양을 가지고 있었다. 티에스테스는 아에로페의 도움으로 그 양을 훔쳐서 죽이고 가죽을 벗긴 다음, 황금 양피를 가진 자가 미케네의 왕이 되어야 한다고 주장했다. 아트레우스도 동의했지만, 양이나 양피가 더 이상 자신의 수중에 없다는 사실을 알고는 깜짝 놀랐다. 아트레우스의 이의 제기에 그 결정은 재검토되었고, 태양의 경로를 바꿀 수 있는 사람이 왕좌에 오르기로 했다. 아트레우스는 제우스의 도움으로 왕위를 차지했다. 이제 그의 아내와 불륜을 저지른 티에스테스를 벌하기로 마음먹은 아트레우스는 티에스테스의 자식들로 국을 끓여 그에게 먹인 다음 나라에서 추방했다. 떠나 있는 사이 티에스테스는 자신의 딸 펠로피아와 동침하여 아이를 잉태시켰다. 아트레우스에게 최고의 복수를 하려면 그래야 한다는 신탁을 받은 것이다. 그렇게 태어난 아들 아이기스토스는 성인이 되자 과연 아트레우스를 죽였다. 티에스테스가 왕위를 이어받았지만, 머지않아 아트레우스의 두 아들 아가멤논과 메넬라오스에 의해 미케네에서 쫓겨났다. 장남인 아가멤논이 미케네의 왕이 되었으며, 펠롭스에게 내려진 저주대로 그 역시 살해당했다. (메넬라오스, 미케네, 아가멤논, 아르테미스, 아에로페, 제우스, 티에스테스, 펠롭스, 히포다메이아)

악타이온Actaeon 영웅 악타이온은 농사에 능한 아리스타이오스(아폴론의 아들)와 아우토노에(테베의 왕 카드모스의 딸) 사이에 태어난 아들이다. 디오니소스, 그리고 훗날 테베의 섭정이 되어 디오니소스 신앙을 거부하는 펜테우스와 사촌지간이었다. 악타이온은 현명한 켄타우로스 케이론에게 가르침을 받은 사냥꾼이었다. 로마 시인 오비디우스는 그의 참혹한 죽음을 생생하게 묘사한다. 개들을 데리고 사냥을 나간 악타이온은 한낮의 더위를 피할 곳을 찾다가, 연못에서 목욕하고 있는 디아나(ⓒ아르테미스)와 님페 시녀들을 발견했다. 악타이온이 그들의 알몸을 본 건 우연이었지만, 격노한 디아나는 그에게 물을 끼얹어 수사슴으로 만들어버렸다. 그러자 그의 사냥개들이 주인을 알아보지 못하고 미친 듯이 날뛰며 그를 물어뜯어 죽였다. 이로써 디아나의 화가 풀렸다. 신화 기록가 아폴로도로스는 악타이온이 벌을 받게 되는 조금 특이한 이유를 들려준다. 그에 따르면, 훗날 제우스와의 사이에서 디오니소스를 잉태하는 세멜레에게 악타이온이 관심을 보이자 이를 질투한 제우스가 그를 벌했다고 한다. (디아나, 디오니소스, 세멜레, 아르테미스, 아리스타이오스, 아우토노에, 아폴론, 제우스, 카드모스, 케이론, 테베, 펜테우스)

안드로게오스Androgeus 안드로게오스는 크레타 섬의 왕 미노스와 파시파에 사이에 태어난 아들이다. 운동 실력이 뛰어났던 그는 아테네의 판아테나이아 제전 Panathenaic Games(아테나를 기리는 운동 경기)에서 우승을 차지했다. 신화 기록가 아폴로도로스는 안드로게오스가 자신에게 패했던 남자의 손에 최후를 맞았다고 쓰지만, 여행 작가 파우사니아스는 아테네인들이 안드로게오스에게 무시무시한 마라톤의 황소를 퇴치하도록 시켰다고 전한다. 그 황소는 마주치는 모든 인간을 죽였는데, 안드로게오스도 예외가 아니었다. 그가 어떤 이유로 죽었건 간에, 미노스는 아테네인들에게 책임을 지우고 그들을 공격했으며, 미노타우로스에게 먹이로 던져줄 일곱 명의 청년과 일곱 명의 처녀를 9년마다 공물로 바치도록 했다. (미노스, 미노타우로

안드로마케Andromache 안드로마케는 트로이 근처 킬리키아의 테베를 다스린 왕 에에티온의 딸이다. 그녀는 트로이의 왕자 헥토르와 결혼하여, 아들 아스티아낙스를 낳았다. 아킬레우스가 그녀의 아버지와 일곱 형제를 죽였기 때문에 그녀에게 남은 가족은 헥토르뿐이었고, 그래서 그녀는 헬레네와 신의 없는 아우 파리스를 위해 목숨을 걸고 그리스군과 싸우려는 헥토르를 말렸다. 헥토르가 죽고 트로이가 멸망하고 아스티아낙스가 살해당한 뒤 포로로 붙잡힌 안드로마케는 아킬레우스의 아들인 네오프톨레모스의 첩이 되어 세 아들을 낳았다. 비극 작가 에우리피데스에 따르면, 네오프톨레모스의 아내 헤르미오네는 그녀를 질투하여 살해 음모를 꾸몄지만 성공하지 못했다. 그 후 안드로마케는 헥토르의 형제 헬레노스와 결혼하면서 소아시아로 돌아왔다. (네오프톨레모스, 아스티아낙스, 아킬레우스, 트로이, 헤르미오네, 헥토르, 헬레노스)

안드로메다Andromeda 안드로메다 공주는 에티오피아의 왕 케페우스와 카시오페이아의 딸이다. 신화 기록가 아폴로도로스에 의하면, 카시오페이아는 님페들인 네레이데스보다 자기가 더 아름답다며 떠벌리고 다녔고, 그 결과 안드로메다는 바닷가의 험한 절벽에 쇠사슬로 묶이는 신세가 되고 말았다. 그러나 시인 오비디우스와 히기누스는 카시오페이아가 자랑한 건 안드로메다의 미모라고 전한다. 네레이데스가 당한 치욕을 갚아주기 위해 포세이돈은 바다 괴물을 보내어 에티오피아를 황폐케 했다. 케페우스 왕은 아몬 신탁소를 찾았고, 그의 딸 안드로메다를 괴물에게 제물로 바치라는 지시를 받았다. 어쩔 수 없이 케페우스는 안드로메다를 괴물의 먹잇감으로 바닷가에 두었다.

안드로메다는 그녀의 숙부 피네우스와 약혼했지만, 그도 그녀를 구해주지 못했다. 하지만 마침 운 좋게도 영웅 페르세우스가 메두사의 잘린 머리를 손에 든 채 하늘을 날고 있다가 그녀를 보았다. 바로 사랑에 빠진 페르세우스는 케페우스에게 괴물을 왕국에서 쫓아줄 테니 안드로메다를 신부로 달라고 제안했다. 계약이 성사되자, 페르세우스는 괴물을 죽이고 안드로메다를 차지했다. 그때 피네우스가 결혼을 막기 위해 페르세우스를 공격했지만, 영웅은 메두사의 머리를 들어 올려 적들을 돌로 만들어버렸다. 안드로메다는 남편을 따라 그리스로 가서 세 아들과 세 딸을 낳았다. 그녀가 죽자 아테나는 그녀를 하늘로 올려 보내 동명의 별자리로 만들어주었다. (네레이데스, 메두사, 아몬, 아테나, 에티오피아, 카시오페이아, 케페우스, 페르세우스, 피네우스)

안드로메다 카시오페이아와 케페우스의 딸이자 공주

안카이오스Ancaeus 안카이오스는 아르카디아의 왕 리쿠르고스의 아들이다. 갑옷까지 숨겨가며 만류하는 할아버지의 걱정을 뒤로하고, 이아손의 원정대에 합류하여 황금 양피를 찾아 떠났다. 그는 칼리돈을 쑥대밭으로 만들고 있던 멧돼지를 사냥하는 모험에도 참여했다. 사냥 과정에서 안카이오스는 멧돼지의 엄니에 받혀 목숨을 잃었다. (아르카디아, 이아손, 칼리돈)

안키세스Anchises 안키세스는 트로스의 자손이자 트로이의 초기 통치자인 카피스의 아들이다. 그의 어머니는 하천신 시모에이스의 딸 히에롬네메라고도 하고, 트로이의 왕 일로스의 딸이자 미래의 트로이 왕 라오메돈의 누이인 테미스테라고도 한다. 따라서 안키세스는 트로이 창건자들의 후손이었다. 『호메로스 찬가』 아프로디테 편에 따르면, 아프로디테는 이다 산에서 소를 치고 있던 미남 청년 안키세스와 사랑에 빠졌다. 그녀가 인간을 사랑하게 된 건, 필멸의 존재에게 추파를 던지는 제우스와 남신들을 조롱한 그녀에게 제우스가 내린 벌이었다. 아프로디테는 변장한 모습으로 안키세스에게 접근하여, 자신이 프리기아의 왕 오트레우스의 딸이며 헤르메스가 그의 신부로 자신을 보냈다고 말했다. 아프로디테의 눈부신 미모를 보고 여신이 아닐까 두려워하던 안키세스는 그녀가 지어낸 이야기에 넘어가 그녀를 기꺼이 자기 침대로 받아들였다. 그러나 다음 날 아침, 아프로디테는 그에게 자신의 정체를 드러내며 아이를 가졌다고 밝혔다. 그러면서 그들의 아들인 아이네이아스는 산의 님페들이 키울 것이고, 그녀가 직접 아이를 안키세스에게 데려다주겠다고 설명했다. 그녀에 따르면 아이네이아스는 왕이 될 운명이었다. 또한 아이를 트로이로 데려가되 어머니의 정체는 절대 밝히지 말라고 당부했다. 신화 기록가 히기누스는, 안키세스가 취중에 비밀을 발설했다가 제우스의 벼락에 맞아 죽었다고 말한다. 하지만 베르길리우스의 『아이네이스』에 담긴 더 유명한 이야기는 그의 죽음을 다르게 전한다. 트로이가 그리스에 참패하여 화염에 휩싸였을 때, 아이네이아스는 아버지 안키세스에게 함께 트로이를 떠나자고 어렵사리 설득했다. 아이네이아스는 가정의 수호신 조각상들을 들고 있는 연로한 아버지를 어깨에 짊어지고, 아들의 손을 잡은 채 도시를 떠났다. 그의 아내 크레우사도 그들의 뒤를 따랐다. 이 사건으로 아이네이아스는 효심의 아이콘이 되었다. 아이네이아스는 안키세스와 트로이 유민들을 이끌고 트로이 선조들의 땅인 이탈리아로 항해를 떠났다. 이 여정 중에 안키세스는 시칠리아 섬에서 고령으로 세상을 떠났다. 그러나 안키세스는 죽고 나서도 아이네이아스를 옳은 방향으로 인도해 주었다. 아들의 꿈에 나타나, 이탈리아까지 가기 힘든 노약자들을 남겨두고 떠나라고 설득한 것이다. 나중에 아이네이아스가 쿠마이의 시빌레에게 안내받아 지하세계로 내려가서 엘리시온에 있는 안키세스를 만난 일화는 유명하다. 그곳에서 안키세스는 로마의 영광스러운 미래와 널리 뻗어 나갈 그의 후손들을 아들에게 보여주었다. (시칠리아 섬, 아이네이아스, 아프로디테, 엘리시온, 이다(장소), 제우스, 지하세계, 쿠마이, 쿠마이의 시빌레, 크레우사, 트로스, 트로이, 트로이인, 프리기아, 헤르메스)

안테이아Anteia(Antea) 안테이아(또는 안테아)는 호메로스가 티린스의 왕 프로이토스의 아내인 스테네보이아를 부른 이름이다. 안테이아는 티린스를 찾아온 청년 벨레로폰에게 완전히 마음을 빼앗겼지만, 그는 그녀의 구애에 퇴짜를 놓았다. 민망함에 복수를 결심한 안테이아는 벨레로폰이 그녀에게 부적절한 접근을 했다고 비난하며 남편에게 그를 벌하라고 요구했다. 프로이토스는 리키아의 왕 이오바테스에게 벨레로폰을 보내어 처벌을 맡겼고, 이오바테스는 벨레로폰에게 고르곤 메두사의 머리를 베어 가져와 달라고 부탁했다. (고르고네스, 리키아, 메두사, 벨레로폰, 티린스)

안티고네Antigone 안티고네는 오이디푸스와 이오카스테의 딸이다. 형제들로는 자매 이스메네와 오라비들인 에테오클레스와 폴리네이케스가 있다. 안티고네의 이야기는 그리스 비극을 통해 잘 알려져 있다. 오이디푸스는 자신도 모르게 어머니와 결혼하고 아버지를 죽였다는 사실을 깨닫자마자 스스로 눈을 찌르고 유배를 떠났다. 오이디푸스는 안티고네와 함께 그리스를 여기저기 떠돌아다녔다. 두 사람이 아티카의 아테네 영토인 콜로노스 성역에 도착했을 때 아테네의 왕 테세우스는 그들을 따뜻하게 맞았고, 오이디푸스는 그곳에서 마지막 안식처를 찾았다. 이제 안티고네는 테베로 돌아갔다. 오이디푸스가 떠난 후 그녀의 형제들은 테베 왕국을 일 년씩 번갈아 가며 통치하기로 약속했었다. 먼저 왕위에 오른 에테오클레스는 그 약속을 어겼다. 그러자 폴리네이케스는 아르고스의 왕 아드라스토스에게 도움을 청했고, 아드라스토스는 테베 공략 7장군이 이끄는 군대와 함께 공격에 나섰다. 침략군은 패했고, 폴리네이케스와 에테오클레스 모두 전투에서 목숨을 잃었다. 왕비 이오카스테의 동생 크레온이 섭정 자리에 올랐고, 그는 폴리네이케스를 국가의 적으로 간주하며 그의 매장을 금했다. 반면 도시의 수호자 에테오클레스에게는 장례식을 치러주었다. 안티고네는 사람들에게 돌팔매질을 당할 위험도 무릅쓰고 크레온의 칙령에 거역했다. 죽은 자를 묻어주지 않으면 망혼이 편히 쉬지 못한다는 신성한 율법(노모스nomos)을 지키는 것이 그녀의 의무라고 느꼈기 때문이다. 폴리네이케스의 시신에 흙을 뿌리며 장례식을 치르다가 현행범으로 붙잡힌 안티고네는 동굴에 갇혔고, 그녀의 약혼자인 크레온의 아들 하이몬도 그녀를 구해주지 못했다. 갇혀 있는 동안 안티고네는 스스로 목을 맸고, 그녀의 죽음을 알게 된 하이몬은 검으로 자살했다. 이 비극적인 소식을 전해 들은 크레온의 아내 에우리디케 역시 스스로 목숨을 끊었다. 결국 크레온은 경솔하게 고집을 부린 대가로 모든 걸 잃고 말았다. (아드라스토스, 아르고스, 아테네, 에우리디케(인간), 오이디푸스, 이스메네, 이오카스테, 콜로노스, 크레온, 테베, 테베 공략 7장군, 테세우스, 폴리네이케스, 하이몬)

안티노오스Antinous 안티노오스라는 이름을 대강 번역하자면 '몰지각한 자'라는 뜻이다. 그는 오디세우스가 트로이에서 전사했다고 믿고 이타카의 왕비인 페넬로페에게 청혼한 남자들 가운데 가장 시끄럽고 악랄했다. 구혼자들은 차일피일 결정을 미루는 페넬로페의 선택을 기다리며, 그녀와 그녀의 아들 텔레마코스의 재산을 축내고 있었다. 안티노오스는 앞장서서 텔레마코스 살해 음모를 꾸몄으며, 거지로 변장하고 궁에 나타난 오디세우스에게 발판을 던졌다. 당연히도 그는 구혼자들 중 제일 먼저 오디세우스에게 살해되었다. (오디세우스, 이타카, 텔레마코스, 트로이, 페넬로페)

안티오페Antiope 신화에는 중요한 안티오페가 두 명 등장한다. 한 명은 테베의 왕 닉테우스의 딸이다. 몇몇 전승에서 이 안티오페는 바람기 심한 제우스의 눈에 띄어 사티로스로 둔갑한 그의 아이를 잉태했다. 수치스러운 일을 감추기 위해 안티오페는 시키온으로 달아나 그곳의 왕인 에포페우스와 결혼했다. 반면, 에포페우스가 안티오페를 납치하고 잉태시켜 그녀의 아버지에게 보복당했다는 설도 있다. 어느 쪽이든, 닉테우스는 형제인 리코스에게 테베의 섭정 자리를 물려주면서, 에포페우스와 안티오페를 벌해 그가 당한 모욕을 갚아달라고 당부했다. 리코스는 에포페우스를 죽이고 안티오페를 감금했다. 신화 기록가 아폴로도로스에 따르면, 안티오페는 테베로 가는 도중에 쌍둥이 아들 제토스와 암피온을 낳고, 리코스는 두 아이를 키타이론 산에 버렸다. 나중에 한 양치기가 형제를 발견하여 키웠고, 안티오페는 테베에서 감금당한 채 리코스의 아내 디르케에게 핍박받았다. 시간이 흘러 탈출에 성공한 안티오페는 키타이론 산으로 가서 양치기의 오두막을 찾아갔다. 그곳에서 그녀는 제토스와 암피온을 발견하고, 양치기는 형제에게 그녀가 그들의 어머니임을 알려준다. 이제 두 청년은 리코스를 죽이고(혹은 왕국에서 쫓아내고) 디르케에게 끔찍한 형벌을 내렸으니, 그녀는 황소에게 묶인 채 질질 끌려다니다 죽었다.

또 다른 안티오페는 아마조네스의 여왕이다. 안티오페(몇몇 문헌에서는 히폴리테라고도 한다)는 아테네의 영웅 테세우스에게 납치되어 아테네로 끌려갔다. 그곳에서 히폴리토스의 어머니가 되고, 테세우스의 또 다른 아내 파이드라는 그에게 비극적인 욕망을 품었다. (디르케, 사티로스족, 아마조네스, 아테네, 암피온, 제우스, 제토스, 키타이론산, 테베, 테세우스, 파이드라, 히폴리테, 히폴리토스)

안틸로코스Antilochus 호메로스의 『일리아스』와 『오디세이아』에 따르면, 안틸로코스는 필로스의 현명한 왕 네스토르의 장남이었다. 안틸로코스는 아버지와 함께 트로이로 가서 용맹하게 싸웠다. 아킬레우스에게 그의 사랑하는 벗 파트로클로스가 전사했다는 비보를 전해준 이가 바로 그였다. 파트로클로스를 기리는 장제 경기에서 안틸로코스는 속임수를 써서 2등을 차지했지만, 나중에 사과하고 상을 돌려주겠다고 제안했다. 안틸로코스는 아버지를 지키다 목숨을 잃었으며, 아킬레우스, 파트로클로스와 함께 묻혔다. (네스토르, 아킬레우스, 트로이, 파트로클로스, 필로스)

알렉산드로스Alexandros 알렉산드로스는 트로이의 왕 프리아모스와 왕비 헤카베 사이에 태어난 아들 파리스의 별칭이었다. 그는 스파르타에서 아름다운 헬레네를 납치해 와 트로이 전쟁을 일으켰다. (스파르타, 트로이, 파리스, 프리아모스, 헤카베, 헬레네)

알로에우스Aloeus 바람의 지배자 아이올로스의 딸인 카나케와 포세이돈 사이에 태어난 알로에우스는, 무모하게도 신들을 공격한 거인 형제 오토스와 에피알테스의 아버지(아니, 좀 더 정확히는 계부)로 가장 잘 알려져 있다. (아이올로스, 오토스, 카나케)

알카이오스Alcaeus 알카이오스는 영웅 페르세우스와 그가 바다 괴물로부터 구한 안드로메다 공주 사이에 태어난 아들이다. 알카이오스의 아내는 펠롭스의 딸 아스티다메이아였다. 알카이오스의 자식들 가운데 한 명이 암피트리온으로, 그의 아내 알크메네는 제우스와 관계하여 헤라클레스를 낳는다. (안드로메다, 알크메네, 암피트리온, 제우스, 페르세우스, 펠롭스, 헤라클레스)

알케스티스Alcestis 알케스티스는 테살리아 지방 이올코스의 왕 펠리아스의 맏

딸로, 페라이의 왕 아드메토스와 결혼했다. 알케스티스를 아내로 맞고 싶었던 아드메토스는 펠리아스로부터 불가능한 과제를 요구받지만, 아폴론의 도움으로 성공했다. 훗날 아드메토스가 젊은 나이에 죽게 되었을 때 그를 대신하여 죽겠다고 나선 이는 충실한 아내 알케스티스뿐이었다. 죽음의 대리자를 찾는 건 아폴론이 아드메토스에게 얻어준 특혜였다. 아드메토스가 두려워하던 대로 알케스티스는 죽었지만, 헤라클레스가 타나토스와의 씨름 대결에서 이겨 그녀를 아드메토스에게 돌려주었다. (아드메토스, 아폴론, 이올코스, 타나토스, 테살리아, 페라이, 펠리아스, 헤라클레스)

알크마이온Alcmaeon 알크마이온은 예언자 암피아라오스와 에리필레(아르고스의 왕 아드라스토스의 누이) 사이에 태어난 아들이다. 아드라스토스는 오이디푸스의 아들 폴리네이케스를 테베의 섭정으로 세우기 위해 대규모 군대를 이끌고 테베를 침략한다. 폴리네이케스는 선조 하르모니아의 악명 높은 목걸이(영원한 젊음과 아름다움, 그리고 불행을 가져다준다)로 에리필레를 매수하여, 자신의 죽음을 예견하고 테베 원정에 참여하지 않으려 하는 남편 암피아라오스를 설득하게 했다. 암피아라오스는 서약에 매여 있어 그녀의 소원을 무조건 들어줄 수밖에 없었지만, 알크마이온과 그의 형제에게 그들의 어머니를 기만죄로 죽일 것을 명했다. 그러나 형제는 어머니를 죽이지 않았고, 나중에 또 한 번 매수당한 에리필레는 앞선 전쟁에서 목숨을 잃은 장군들의 자식들이 아버지의 죽음에 복수하기 위해 테베로 떠나는 원정에 두 아들을 합류시켰다. 알크마이온은 테베로 가서 싸웠으며, 몇몇 전승에 따르면 테베의 젊은 왕 라오다마스를 죽였다고도 한다. 이즈음 알크마이온은 델포이의 신탁을 받은 후 어머니를 죽였고, 그때부터 복수의 여신들 에리니에스에게 쫓기며 정신 착란을 일으켰다. 페게이아까지 간 그는 아르시노에와 결혼하여, 그녀에게 하르모니아의 목걸이를 선물했다. 훗날 다시 한번 신탁의 조언을 얻은 알크마이온은 아이톨리아의 아켈로오스 강으로 살인죄를 씻으러 갔다. 아이톨리아에 있는 동안 알크마이온은 강의 신 아켈로오스의 딸인 칼리로에를 두 번째 아내로 맞았다. 안타깝게도 칼리로에는 하르모니아의 목걸이에 대해 알게 되었고, 알크마이온은 그녀에게 목걸이를 가져다주기 위해 페게이아로 돌아가 그 목걸이를 델포이 신탁소에 바칠 것이라는 거짓말을 했다. 그의 계략을 알게 된 페게이아의 왕자들이 그를 살해했다. (델포이, 아드라스토스, 아르시노에, 아켈로오스[신과 장소], 암피아라오스, 에리니에스, 에리필레, 오이디푸스, 테베, 폴리네이케스, 하르모니아)

알크메네Alcmene(Alcmena) 알크메네(또는 알크메나)는 고르곤을 죽인 영웅 페르세우스와 안드로메다의 아들 엘렉트리온의 딸이다. 알크메네는 사촌 암피트리온과 약혼했는데, 암피트리온이 멀리 떠나 있는 사이 암피트리온으로 변신한 제우스와 하룻밤을 함께 보냈다. 곧 돌아온 암피트리온 역시 그녀와 함께 밤을 보냈다. 그 결과 알크메네는 제우스와 암피트리온의 아이를 한 명씩 잉태하여 쌍둥이를 낳았다. 제우스의 아들은 헤라클레스, 암피트리온의 아들은 이피클레스였다. 제우스가 또 불륜을 저질렀다는 사실에 분노한 헤라는 제우스의 자손인 사내아이가 곧 태어나 미케네와 티린스의 왕이 되리라는 예언을 들었다. 그래서 출산의 여신인 에일레이티아이아를 시켜 알크메네의 분만을 이레 동안 막게 했다. 알크메네는 끔찍한 고통에 시달려야 했다. 그 사이 스테넬로스의 아들 에우리스테우스가 헤라클레스와 이피클레스보다 먼저 태어났다. 스테넬로스는 페르세우스의 아들이었으므로, 에우리스테우스 역시 제우스의 자손이었다. 훗날 에우리스테우스는 엘렉트리온의 뒤를 이어 왕위에 오르고, 헤라클레스에게 열두 가지 과업을 내린다. 알크메네는 자신의 유명한 아들보다 오래 살았으며, 에우리스테우스에 의해 티린스에서 쫓겨나 테베로 간 뒤 크레타 섬의 왕자 라다만토스와 결혼하여 살다가 생을 마감했다. (라다만토스, 미케네, 안드로메다, 암피트리온, 에우리스테우스, 에일레이티아이아, 엘렉트리온, 이피클레스, 제우스, 크레타 섬, 티린스, 페르세우스, 헤라, 헤라클레스)

알키노오스Alcinous 알키노오스는 신들에게 사랑받은 종족인 파이아케스족의 왕으로, 신화 속의 섬 스케리아를 다스렸다. 호메로스의 『오디세이아』에 따르면, 그는 섬에 있는 열세 명의 왕들 중 한 명이었다. 알키노오스의 아버지 나우시토오스는 고향인 히페레이아에서 파이아케스족을 이끌고 스케리아 섬으로 건너왔었다. 근처에 키클로페스가 살고 있어 끊임없이 고통받았기 때문이다. '정신의 강인함'이라는 뜻의 이름이 암시하듯, 알키노오스는 현명하고 너그러웠다. 그는 트로이에서 귀향하던 중 부하를 모두 잃고 홀로 궁전에 나타난 오디세우스를 친절하게 맞아주었다. 그리고 오디세우스가 자신의 정체와 모험담을 상세히 전할 수 있는 시간과 기회를 주었다. 알키노오스의 너그러움은 여기에 그치지 않았다. 그는 배를 준비하여 오디세우스를 이타카 섬까지 실어다주기까지 했다. 그러나 표류자들을 계속 도와주면 포세이돈이 파이아케스족을 벌하리라는 예언을 그도 오래전부터 알고 있었다. '언젠가 포세이돈이 돌아오는 배를 꼼짝 못 하게 만들어버리고, 알키노오스의 도시 위로 산을 쌓으리라.' 오디세우스를 고향에 데려다준 배가 항구로 돌아왔을 때 그 예언이 실현되어 배는 돌로 변해버렸다.

알키노오스의 질서 정연한 왕국은 이상적인 나라로, 오디세우스가 그전까지 마주쳤던 다른 곳들, 특히 무법자들 키클로페스, 식인 거인들 라이스트리고네스, 동굴에 사는 대지의 여신 칼립소, 로토스 열매를 먹고 건망증에 걸린 로토파고이족, 마녀 키르케의 땅과는 현저히 대조되었다. (나우시카, 라이스트리고네스, 로토파고이, 스케리아 섬, 아레테, 오디세우스, 이타카 섬, 칼립소, 키르케, 키클로페스, 포세이돈)

알키데스Alcides 부계父系 이름인 알키데스는 알카이오스의 '아들' 혹은 '자손'이라는 뜻으로, 보통은 암피트리온의 아들이자 알카이오스의 손자인 헤라클레스의 별칭으로 쓰인다. (알카이오스, 암피트리온, 헤라클레스)

알키오네Alcyone 알키오네는 바람의 지배자 아이올로스의 딸로, 트라키스의 왕 케익스와 결혼했다. 케익스가 이오니아의 클라로스 신탁소로 항해를 떠났을 때 그녀는 헤라에게 그의 무사 귀환을 빌었다. 케익스가 바다에서 죽은 후에도 알키오네는 그 사실을 모른 채 계속 기도를 올렸다. 헤라는 꿈의 신 모르페우스를 시켜 케익스의 형상으로 알키오네에게 나타나 남편의 비극적인 최후를 알리게 했다. 알키오네가 바다로 달려가 보니 남편의 시신이 바닷물에 떠 있었다. 신들은 이들 부부를 물총새로 만들고, 그들이 겨울에 둥지를 트는 이레 동안은 바다를 잔잔하게 잠재웠다. (아이올로스, 케익스, 헤라)

알타이아Althaea(Althea) 알타이아는 아르테미스의 노여움을 사서 자신과 왕국에 화를 자초한 칼리돈의 왕 오이네우스의 아내였다. 그녀의 자식들 중에는 비극적인 최후를 맞은 멜레아그로스와 데이아네이라가 가장 유명하다. 헤라클레스와 결혼한 데이아네이라는 자신도 모르게 그의 죽음을 초래하고 만다. 알타이아는 멜레아그로스의 죽음을 초래했다. (데이아네이라, 멜레아그로스, 아르테미스, 오이네우스, 칼리돈, 헤라클레스)

암피아라오스Amphiaraus 영웅 암피아라오스는 예언자 멜람푸스의 후손으로, 그 자신도 예언력을 가지고 있었다. 그의 아버지는 아르고스의 왕 오이클레스라고도 하고, 아폴론이라고도 한다. 암피아라오스는 아르고스의 왕 아드라스토스의 누이인 에리필레와 결혼했다. 암피아라오스, 아드라스토스, 에리필레는 불운하게도 모두 테베의 정세에 휘말리게 된다. 오이디푸스의 두 아들 에테오클레스와 폴리네이케스는 일 년씩 번갈아 가며 테베 왕국을 통치하기로 약속했었다. 그러나 먼저 왕위에 앉은 에테오클레스는 일 년이 지나도 물러나기를 거부했다. 폴리네이케스는 군대를 일으켜 테베를 차지하기로 마음먹었다. 암피아라오스는 그들이 폴리네이케스의 대업에 함께한다면 아드라스토스 혼자 살아남으리라는 걸 알았고, 그래서 테베 침공에 가담하지 않으려 했다. 하지만 폴리네이케스는 암피아라오스의 아내인 에리필레를 매수하여 그녀의 남편과 오라비에게 참전을 설득해달라고 청했다. 뒤이어 벌어진 전쟁에서 에테오클레스와 폴리네이케스 모두 죽었고, 폴리네이케스를 수행했던 암피아라오스와 나머지 다섯 명(이른바 테베 공략 7장군)도 죽었다. 훗날 폴리네이케스의 아들은 7장군의 죽음에 복수하기 위한 전쟁을 준비하면서 에리필레의 아들인 알크마이온을 끌어들이기 위해 그녀를 매수했다. (아드라스토스, 아르고스, 아르카디아, 아폴론, 알크마이온, 에리필레, 에테오클레스, 오이디푸스, 테베, 테베 공략 7장군, 폴리네이케스, 하르모니아)

암피온Amphion 암피온과 그의 쌍둥이 형제 제토스는 테베의 공주 안티오페가 제우스와 관계하여 잉태한 자식들이다. 안티오페는 수치스러운 사실을 감추기 위해 시키온으로 달아나(몇몇 전승에 따르면, 강제로 쫓겨났다고도 한다) 그곳의 섭정인 에포페우스와 결혼했다. 안티오페의 아버지 닉테우스는 스스로 목숨을 끊으면서 형제 리코스를 후계자로 지명하고, 에포페우스와 안티오페를 벌할 것을 명했다. 리코스는 에포페우스를 죽이고, 테베로 오는 도중에 암피온과 제토스를 낳은 안티오페를 감금했다. 리코스는 두 아이를 죽일 생각으로 산에 내다 버렸지만, 친절한 양치기가 그들을 구해 키워주었다. 훗날 안티오페는 탈출하여 두 아들과 재회했고, 형제는 리코스와 그의 아내 디르케에게 복수했다. 안티오페를 핍박했던 디르케는 황소의 뿔에 매인 채 질질 끌려다니다 죽었고, 리코스는 왕위에서 쫓겨났다.

이제 암피온과 제토스가 테베의 공동 섭정이 되었다. 암피온은 헤르메스에게 리라 연주를 배운 뛰어난 음악가로도 알려졌다. 시인 헤시오도스는 암피온이 리라 연주로 돌을 움직여 테베의 성벽을 쌓았다고 전한다. 암피온의 아내는 리디아의 왕 탄탈로스의 딸인 불운한 니오베였다고 한다. 니오베는 여신 레토보다 자기가 더 운이 좋다고 떠벌렸고, 그 결과 니오베와 암피온의 자식 열네 명이 레토의 자식들인 아폴론과 아르테미스의 손에 목숨을 잃었다. 그 후 암피온은 자살했거나, 혹은 광기에 휩싸여 아폴론의 신전을 공격했다가 신에게 살해당했다. (니오베, 디르케, 레토, 리디아, 리코스, 아르테미스, 아폴론, 안티오페, 제우스, 제토스, 탄탈로스, 테베, 헤르메스)

암피트리온Amphitryon 암피트리온은 알카이오스의 아들이자 영웅 페르세우스의 손자였다. 암피트리온의 어머니가 누구인지에 관해서는 설이 분분하다. 신화 기록가 아폴로도로스에 따르면, 펠롭스의 딸 아스티다메이아, 구네우스의 딸 라오노메, 메노이케우스의 딸 히포노메, 펠롭스의 딸 리시디케 중 한 명이었다. 암피트리온의 아내는 그의 삼촌이자 미케네 왕인 엘렉트리온의 딸 알크메네였다. 엘렉트리온은 그의 소 떼를 도둑맞은 사건을 해결하는 과정에서 알크메네와 왕국 모두를 암피트리온에게 맡겼다. 암피트리온은 보상금을 지불하고 소들을 되찾아 엘렉트리온에게 돌려주었지만, 달려드는 황소에게 막대기를 던졌다가 본의 아니게 엘렉트리온을 죽이고 말았다. 그 후 암피트리온은 살인죄를 썼고, 알크메네는 소를 약탈했던 자들에게 목숨을 잃은 오라비들의 죽음에 복수해 준다면 그와 결혼하겠다고 약속했다. 그래서 암피트리온은 여정을 떠났고, 연이은 승리를 거둔 후 테베로 돌아왔다. 그러나 암피트리온이 테베에 당도하기 전에, 암피트리온의 모습으로 둔갑한 제우스가 알크메네를 찾아가 그녀와 동침했다. 나중에 돌아온 진짜 암피트리온은 아내가 미적지근한 반응을 보이자 그 이유를 물었다. 당황스럽게도, 그녀는 전날 밤에도 두 사람이 만났었다고 답했다. 암피트리온은 그녀를 찾아왔던 자가 제우스라는 사실을 예언자 테이레시아스로부터 들었다. 알크메네는 쌍둥이 아들 헤라클레스와 이피클레스를 낳았다. 하룻밤 일찍 잉태된 헤라클레스는 제우스의 아들, 이피클레스는 암피트리온의 아들이었다. (미케네, 안드로메다, 알카이오스, 알크메네, 엘렉트리온, 이피클레스, 제우스, 테베, 테이레시아스, 페르세우스, 펠롭스, 헤라클레스)

압시르토스Apsyrtus 압시르토스는 콜키스의 왕 아이에테스의 아들이자 메데이아의 동생(혹은 이복동생)이다. 그를 둘러싼 이야기는 그의 죽음에 초점이 맞춰져 있는데, 다양한 내용으로 전해져 온다. 로도스의 아폴로니오스에 따르면, 이아손과 아르고호 원정대가 메데이아와 황금 양피를 훔쳐 테살리아로 돌아가고 있을 때 압시르토스는 추격대를 이끌고 그들을 쫓아갔다. 메데이아와 이아손은 교묘한 술책으로 압시르토스를 함정에 빠뜨렸다. 메데이아는 그에게 아르테미스 신전에서 몰래 만나자고 청하며, 황금 양피를 훔쳐 그와 함께 콜키스로 돌아갈 작정이라는 거짓 편지를 보냈다. 신전에 간 압시르토스는 매복해 있던 이아손에게 살해당했고, 이아손은 그의 시신을 숨겼다. 그러나 신화 기록가 히기누스는 아이에테스가 이아손과 메데이아를 추격했으며, 바짝 따라붙은 아버지의 함선을 본 메데이아가 직접 압시르토스를 죽이고 시신을 토막 내어 바다로 던졌다고 전한다. 아이에테스는 어쩔 수 없이 추격을 멈추고 아들의 유해를 수습해 콜키스로 돌아가 장례를 치렀다. (메데이아, 아르고호 원정대, 아르테미스, 아이에테스, 이아손, 콜키스, 테살리아)

에레크테우스Erechtheus 에레크테우스는 전설에 등장하는 아테네의 초기 왕 에리크토니오스의 손자로, 가끔 그와 혼동되기도 했다. 비극 작가 에우리피데스에 의하면, 에레크테우스는 판디온의 아들이자 부테스의 형제였다. 에레크테우스는 프락시테아와 결혼하여, 케크롭스, 판도로스, 메티온 등의 세 아들과 프로크리스, 오레이티이아, 크레우사를 비롯한 다수의 딸을 자식으로 두었다. 에레크테우스는 엘레우시스와의 전쟁에서 한 명의 딸을 제물로 바침으로써 승리를 거두었다. 이 전쟁 중에 에레크테우스는 적군의 수장인 포세이돈의 아들 에우몰포스를 죽였고, 그 벌로 포세이돈에게 삼지창을 맞아 죽었다. 에레크테우스의 사위들 중 한 명인 크수토스는 에레크테우스의 왕위를 이을 후계자로 케크롭스를 선택했다. (아테네, 에리크토니오스, 오레이티이아, 케크롭스, 크레우사, 크수토스, 포세이돈, 프로크리스)

에리시크톤Erysichthon 에리시크톤은 신을 믿지 않는 왕이었다. 로마 시인 오비디우스가 쓰기를, 그는 신들을 경멸하여 제물 공양을 거부했다고 한다. 심지어는 여신 케레스〔ⓒ데메테르〕에게 봉헌된 성스러운 숲에서 오래된 참나무를 베기까지 했다. 그 과정에서 만류하는 남자의 머리를 도끼로 잘랐다. 보복을 경고하는 목소리가 나무에서 새어 나오는데도 에리시크톤은 아랑곳없이 계속 도끼로 나무를 찍어 댔다. 목소리의 주인공은 그 나무에 깃든 님페 드리아스였다. 왕이 도끼를 내리칠 때마다 그녀의 생명은 점차 꺼져갔다. 그래도 그가 멈추지 않자, 케레스는 허기의 여신에게 명하여 그의 뱃속에 채워지지 않는 굶주림을 심도록 했다. 음식을 마련하느라 재산을 탕진한 그는 급기야 딸까지 팔아버렸지만, 변신술을 부릴 줄 알았던 딸은 번번이 노예 상태에서 빠져나왔다. 더 이상 먹을 것이 없어지자 에리시크톤은 자기 몸을 먹었다.

동명이인으로는 아테네의 왕 케크롭스의 아들 에리시크톤이 있지만, 그에 관해서는 알려진 바가 거의 없다. (아테네, 케크롭스, 케레스, 드리아데스)

에리크토니오스Erichthonius 에리크토니오스는 아테네의 초기 왕으로, 그 이름은 양털(에리온erion)과 땅(크톤chthon)을 뜻하는 그리스 단어들이 조합된 것이다. 신화 기록가 아폴로도로스는 아테나와 헤파이스토스의 아들로 태어난 그의 특이한 탄생 이야기를 상세히 들려준다. 어느 날 새 갑옷을 주문하기 위해 찾아온 아테나를 보고 사랑에 빠진 헤파이스토스는 다리를 절름거리며 그녀를 쫓아갔다. 아테나가 넘어지자 헤파이스토스는 그녀를 안으려 했으나, 아테나는 그를 떼어내고 허벅지에 묻은 그의 정액을 양털 옷으로 닦아 땅으로 떨어뜨렸다. 이 정액에서 에리크토니오스가 저절로 생겨났다. 이 이야기는 그들 자신이 자생적인 민족이라는 아테네인의 믿음을 여실히 보여준다. 어린 에리크토니오스를 불사의 몸으로 만들고 싶었던 아테나는 그를 뱀 한 마리와 함께 나무 궤에 집어넣어 케크롭스의 딸들에게 맡기면서 절대 뚜껑을 열지 말라는 엄한 명령을 내렸다. 그러나 그들은 호기심에 못 이겨 뚜껑을 열었다가, 뱀 한 마리가 아기를 휘감고 있는 모습을 보고는 깜짝 놀랐다. 자매들은 그 뱀에 물려 죽었거나, 혹은 광기에 휩싸여 아크로폴리스에서 뛰어내려 죽었다. 에리크토니오스는 아크로폴리스에서 아테나의 손에 자랐으며, 결국 아테네의 왕이 되고 나서는 아테나를 기리는 아테네의 축제 판아테나이아Panathenaic Games를 창설했다. 또 다른 전승에 따르면, 에리크토니오스의 하반신이 뱀의 꼬리 형상을 하고 있었다고 한다. 나무 궤의 뚜껑이 열렸을 때 그는 아테나의 방패 밑으로 미끄러져 들어가 숨었다.

동명이인으로는 다르다니아의 왕이자 트로이인의 선조인 에리크토니오스가 있다. 그는 트로이의 초기 역사에 중요한 두 인물인 다르다노스와 바티에이아(테우크로스의 딸) 사이에 태어났다. 그의 형제는 일로스이며, 일로스가 죽자마자 에리크토니오스가 다르다니아의 왕위를 물려받았다. 에리크토니오스의 아들인 트로스는 트로이인의 명조로, 3,000마리의 경이로운 말들을 소유한 거부가 된다. (다르다노스, 아크로폴리스, 아테나, 아테네, 일로스, 케크롭스, 테우크로스, 트로이, 헤파이스토스)

에리필레Eriphyle 에리필레는 예언자 암피아라오스의 아내로, 탐욕과 배신의 대명사가 된다. 그녀가 암피아라오스와 그의 형제 아드라스토스 간에 벌어진 다툼을 성공적으로 중재한 후, 두 형제는 앞으로 그녀의 결정을 무조건 따르기로 약속했다. 훗날 오이디푸스의 아들 폴리네이케스는 형제 에테오클레스에게서 테베의 섭정 자리를 빼앗기 위해 군사를 모으면서, 아드라스토스와 암피아라오스를 끌어들이려 했다. 아드라스토스를 제외한 원정군의 몰살을 예견한 암피아라오스는 불참하기로 했다. 그러자 폴리네이케스는 자신의 조상인 하르모니아의 아름다운 목걸이로 에리필레를 매수했고, 에리필레는 남편을 설득하여 폴리네이케스의 원정에 참여케 했다. 그의 예견대로 암피아라오스는 전장에서 목숨을 잃었다. 후에 폴리네이케스의 아들 테르산드로스도 에리필레에게 접근했다. 그녀의 두 아들 알크마이온과 암필로코스를 설득하여, 그들 아버지의 죽음에 복수하기 위한 테베 침략에 합류시켜 달라고 부탁한 것이다. 또다시 뇌물(이번에는 하르모니아의 예복이었다) 앞에 무너진 그녀는 두 아들을 새로운 전쟁에 내보냈다. 귀향한 알크마이온은 어머니를 살해했고, 그 후 복수의 여신들 에리니에스에게 쫓겨 다녔다. (아드라스토스, 알크마이

온, 암피아라오스, 에리니에스, 에테오클레스, 오이디푸스, 테르산드로스, 테베, 폴리네이케스, 하르
모니아)

에반드로스Evandros 여행 작가 파우사니아스에 따르면, 아이네이아스와 트로
이 유민들이 이탈리아에 왔을 때 그들의 중요한 동맹자가 되어준 에반드로스는 님
페와 헤르메스 사이에 태어난 자식이라고 한다. 아르카디아 최고의 현자이자 전사
였던 그는 이탈리아에 식민지를 건설하기 위해 와 있던 참이었다. 그는 로마의 일곱
언덕 중 하나로 훗날 팔라티노 언덕이라 불리게 되는 곳에 팔란티움이라는 도시를
건설했다. 티베르 강의 신이 아이네이아스의 꿈에 나타나 에반드로스의 도움을 구
하라 일렀고, 노령의 왕 에반드로스는 자신의 아들 팔라스와 파견대를 트로이 진영
에 보내며 선뜻 힘을 보태주었다. 아이네이아스는 팔라스를 자신의 아들처럼 지키
겠다고 약속했다. 아이네이아스가 에반드로스를 찾아갔을 때, 마침 그와 백성들은
괴물 카쿠스를 처치한 헤라클레스의 공적을 축하하고 있었다. (로마, 아이네이아스, 카
쿠스, 트로이, 티베르 강, 팔라스, 헤라클레스, 헤르메스)

에베노스Evenus 에베노스는 마르페사의 아버지이다. 영웅 이다스가 마르페사
를 데리고 달아나자 에베노스는 직접 전차를 몰아 추격했다. 그러나 이다스를 따라
잡을 길이 없자, 자신과 말들의 목숨을 제 손으로 끊어버렸다. (마르페사, 이다스)

에우로페Europa 에우로페는 페니키아 지방 티레(혹은 시돈)의 왕 아게노르와
왕비 텔레파사 사이에 태어난 딸이다. 포이닉스, 킬릭스, 그리고 테베의 창건자가
될 카드모스와 남매간이었다. 에우로페에게 반한 제우스는 순하고 아름다운 흰 소
로 둔갑하여, 바닷가에서 그녀에게 접근했다. 에우로페는 황소의 아름다움에 홀린
나머지 겁 없이 그에게 화환을 씌워주고 그의 등에 올라탔다. 그러자 제우스는 바다
를 내달려 크레타 섬까지 갔고, 에우로페는 그와의 사이에 미노스, 사르페돈, 라다
만토스를 낳았다. 한편, 아게노르는 에우로페의 오라비들에게 그녀를 찾아오라 명
하면서, 빈손으로는 돌아오지 말라 했다. 결국엔 누이 찾기를 포기한 세 형제는 저
마다 여정을 끝낸 곳에 정착했다. 에우로페는 크레타 섬의 왕자(혹은 왕) 아스테리
오스와 결혼했고, 그는 그녀의 아들들을 친아들처럼 키웠다. (라다만토스, 미노스, 사르
페돈, 시돈, 아게노르, 제우스, 카드모스, 크레타 섬, 테베)

에우리디케Eurydice 신화에는 에우리디케라는 이름의 인물이 여럿 등장한다.

오이디푸스가 죽은 후 테베의 섭정이 되는 크레온의 아내 에우리디케는, 약혼자 안티고네의 자살에 슬퍼하며 스스로 목숨을 끊은 아들 하이몬을 뒤따라 자살한다.

또 다른 에우리디케는 스파르타가 속한 영토 라케다이몬의 명조인 라케다이몬의 딸로, 아크리시오스와 결혼하여 다나에를 낳는다. 다나에는 황금빛 소나기로 둔갑한 제우스와 정을 통하여 아이를 잉태한다.

이들과 다른 님페 에우리디케는 지하세계까지 그녀를 쫓아 내려오는 오르페우스의 아내이다. (님페, 다나에, 스파르타, 아크리시오스, 안티고네, 에우리디케(님페), 오르페우스, 오이디푸스, 제우스, 지하세계, 크레온, 테베, 하이몬)

에우리스테우스Eurystheus 에우리스테우스는 아르고스, 혹은 다른 전승에 따르면 미케네와 티린스를 다스렸다고 하는 신화 속의 왕이다. 그는 헤라의 획책에 따라 헤라클레스에게 그 유명한 열두(혹은 열) 가지 과업을 명한다. 제우스의 아이를 잉태한 알크메네의 출산이 얼마 남지 않았을 때, 제우스는 헤라에게 자신의 피를 물려받은 자손이 곧 태어나 광대한 왕국을 차지하게 되리라 알렸다. 제우스와 알크메네의 사이를 질투한 헤라는 알크메네의 분만을 지연시켜, 알크메네의 아들 헤라클레스보다 에우리스테우스가 먼저 태어나게 만들었다. 마침 에우리스테우스는 영웅 페르세우스를 통해 제우스의 피를 물려받은 후손이었다. 훗날 헤라클레스는 헤라의 농간으로 광기에 휩싸여 아내 메가라와 아이들을 죽이고 말았다. 델포이의 신탁은 헤라클레스에게 에우리스테우스의 궁으로 가서 12년 동안 왕이 명하는 모든 과업을 이행하라는 지시를 내렸다. 그러면 불멸의 생을 얻게 될 것이라고 말이다. 헤라클레스가 과업을 완수한 후 일어난 에우리스테우스의 죽음에 관해서는 여러 이야기가 전해진다. 그가 헤라클레스의 아들 중 한 명에게 살해당했다는 설도 있고, 알크메네의 뜻에 따라 처형되었다는 설도 있다. (델포이, 메가라(인간), 미케네, 아르고스, 알크메네, 제우스, 티린스, 페르세우스, 헤라, 헤라클레스)

에우리알로스Euryalus 에우리알로스라는 이름의 인물이 여러 명 있다. 베르길리우스의 서사시 『아이네이스』에 등장하는 에우리알로스는 니소스의 젊은 벗으로, 두 사람 모두 아이네이아스와 함께 트로이에서 이탈리아로 건너갔다. 어린 에우리알로스를 끔찍이 아낀 그의 어머니는 이탈리아까지 아들과 동행했다. 에우리알로스는 용맹함과 젊은 혈기의 경솔함 때문에 비극적인 죽음을 맞았다. 니소스와 그는 지원군을 모집하러 갔던 아이네이아스를 찾아오겠다고 자발적으로 나서서, 당시 이탈리아군에 포위되어 있던 트로이 진영을 떠났다. 진영을 벗어나자마자 니소스와 에우리알로스는 살인 충동에 휩싸여, 잠든 적군을 여러 명 살해했다. 죽은 전사들 중 한 명의 갑옷을 벗겨 자기 몸에 걸친 것이 에우리알로스의 실수였다. 강탈한 투구에 달빛이 반사되어 적군의 눈에 띄는 바람에 에우리알로스는 포로로 붙잡히고 말았다. 니소스는 죽음을 무릅쓰고 젊은 친구를 구하려 했지만, 결국 두 사람 모두 목숨을 잃었다. (니소스, 아이네이아스, 트로이)

에우리클레이아Eurycleia '널리 퍼져나가는 명성'이라는 뜻의 에우리클레이아는 오디세우스의 유모였으며, 훗날 오디세우스의 아들 텔레마코스도 길러준다. 오디세우스가 20년 만에 이타카 섬에 돌아왔을 때 그의 아내 페넬로페도 그를 알아보지 못하지만, 에우리클레이아는 그가 어렸을 때 멧돼지 사냥을 하다가 입었던 상처를 보고 그의 정체를 간파한다. 오디세우스는 궁의 재산을 탕진하고 있던 페넬로페의 구혼자들을 벌하기 전까지 그의 정체를 비밀에 부쳐달라고 그녀에게 부탁한다. (오디세우스, 이타카 섬, 텔레마코스, 페넬로페)

에우리토스Eurytus 에우리토스는 위치가 분명치 않은 도시 오이칼리아를 다스린 왕이다. 신화 기록가 아폴로도로스에 의하면, 뛰어난 궁수였던 에우리토스는 어린 헤라클레스에게 궁술을 가르쳤다고 한다. 헤라클레스가 모든 과업을 마친 후 신붓감을 찾고 있을 때, 에우리토스는 활쏘기 대회를 열어 자신과 자신의 아들들을 이기는 자에게 딸 이올레를 주겠다고 공표했다. 이 대회에서 헤라클레스가 우승했지만, 에우리토스는 그에게 이올레를 주지 않으려 했다. 헤라클레스가 순간의 광기에 못 이겨 첫 아내와 아이들을 죽인 사실을 알고 있었기에, 자신의 딸 이올레도 그에게 살해될까 두려웠던 것이다. 훗날 헤라클레스는 군대를 이끌고 오이칼리아를 침략하여 에우리토스와 그의 아들들을 죽이고 도시를 점령한 뒤 이올레를 포로로 붙잡았다. 이올레를 질투한 헤라클레스의 새 아내 데이아네이라는 켄타우로스족인 네소스에게 받았던 사랑의 묘약을 헤라클레스의 망토에 뿌렸다. 하지만 그것은 사랑의 묘약이 아니라 독이었고, 그 독은 헤라클레스의 살을 불태웠다.
　　호메로스의 『오디세이아』에서 오디세우스는 자신이 이타카 섬을 비운 사이 그의 재산을 거덜 내면서 그의 가족을 함부로 대한 페넬로페의 구혼자들을 죽일 때 에우리토스의 활을 사용한다. 호메로스는 에우리토스의 죽음에 관해서도 다른 이야기를 전한다. 아폴론에게 활쏘기 대결을 신청했다가 그 벌로 목숨을 잃었다는 것이다. (네소스, 데이아네이라, 아폴론, 오디세우스, 이올레, 이타카 섬, 켄타우로스족, 페넬로페, 헤라클레스)

에우마이오스Eumaeus 호메로스의 『오디세이아』에 에우마이오스의 이야기가 등장한다. 에우마이오스는 왕자로 태어났으나 유괴되어 이타카 섬의 왕 라에르테스에게 노예로 팔려갔으며, 왕실의 돼지치기로 충직하게 왕을 모셨다. 후에는 라에르테스의 아들 오디세우스도 주인으로 모셨다. 오디세우스가 20년 만에 트로이에서 이타카 섬으로 돌아왔을 때, 에우마이오스는 그를 알아보지 못했지만 극진히 대접했다. 이처럼 친절한 마음과 겸손한 아량을 갖춘 에우마이오스와는 정반대로, 염소치기 멜란티오스는 오디세우스의 아내 페넬로페를 차지하려 든 불한당들과 한통속이 되었다. 오디세우스를 하찮은 비렁뱅이로 오해한 멜란티오스는 그에게 욕을 퍼붓고 발길질을 했다. (라에르테스, 오디세우스, 이타카 섬, 트로이, 페넬로페)

에테오클레스Eteocles 에테오클레스는 오이디푸스와 그의 아내 이오카스테 사이에 태어난 아들로, 폴리네이케스와 형제간이다. 누이들로는 안티고네와 이스메네가 있다. 오욕의 나락으로 떨어진 오이디푸스가 맹인이 되어 테베를 떠난 후, 폴리네이케스와 에테오클레스는 일 년씩 번갈아 가며 왕국을 통치하기로 약속했다. 먼저 왕위에 오른 에테오클레스는 첫 임기가 끝난 후 물러나기를 거부했다. 이에 폴리네이케스는 에테오클레스를 퇴위시키기 위하여, 테베 공략 7장군이 이끄는 군대를 일으켰다. 일곱 장군들은 아드라스토스, 암피아라오스, 카파네우스, 티데우스, 히포메돈, 파르테노파이오스, 폴리네이케스였다. 아드라스토스를 제외하고는 모두 전쟁에서 최후를 맞았으며, 에테오클레스와 폴리네이케스는 서로의 손에 죽었다. 테베의 새로운 섭정이 된 크레온은 표면상 도시의 수호자였던 에테오클레스에게는 장례를 치러주고, 폴리네이케스의 장례식은 불허했다.

안티고네는 폴리네이케스를 땅에 묻어주려다 목숨을 잃었다. (아드라스토스, 안티고네, 암피아라오스, 오이디푸스, 이스메네, 이오카스테, 카파네우스, 테베, 파르테노파이오스, 폴리네이케스)

에파포스Epaphus 에파포스는 강의 신 이나코스의 딸 이오와 제우스 사이에 태어난 아들이다. 이오는 암소로 변해 정처 없이 떠돌다 이집트의 나일 강까지 갔고, 제우스의 손길 한 번에 인간의 모습을 되찾았다. 비극 작가 아이스킬로스에 의하면, 그곳에서 이오가 낳은 아들 에파포스는 이집트의 기름진 땅을 다스리게 된다. 신화 기록가 아폴로도로스가 덧붙이기를, 헤라가 쿠레테스에게 사주하여 에파포스를 납치했으나 이를 엿들은 제우스가 쿠레테스를 죽였다고 한다. 한편, 에파포스를 찾아

나선 이오는 시리아의 비블로스 왕의 궁에서 왕비의 보살핌을 받고 있는 아들을 발견했다. 에파포스는 강의 신 닐루스의 딸 멤피스와 결혼하고, 자신이 건설한 도시에 그녀의 이름을 붙였다. 에파포스와 멤피스 사이에는 딸 리비아가 태어났다. 리비아라는 나라 이름은 그녀에게서 유래한 것이다. 에파포스의 후손들 중 한 명인 다나오스는 자신의 딸들 50명을 시켜 형제 아이깁토스의 아들 50명을 죽였다. (다나오스, 리비아, 아이깁토스, 이나코스, 이오, 제우스, 쿠레테스, 헤라)

에페이오스Epeios(Epius)　로마 시인 베르길리우스는 에페이오스(또는 에피오스)가 트로이 목마를 만들었으며, 다른 그리스 전사들과 함께 그 안에 숨었다고 전한다. (트로이)

에피고노이Epigonoi　에피고노이('후손들')는 오이디푸스의 아들 폴리네이케스의 왕위를 되찾기 위해 테베를 공격했던 테베 공략 7장군의 아들들이다. 일곱 명의 장군들은 참패한 그 전쟁에서 총사령관인 아드라스토스를 제외하고 모두 전사했다. 훗날 일곱 장군의 아들들인 에피고노이가 아버지들의 죽음에 복수하기 위해 2차 테베 원정에 나섰다. 그들의 지휘관은 매수당한 어머니 에리필레의 설득으로 합류한 알크마이온이었다. 에피고노이는 전쟁에서 승리를 거두었고, 폴리네이케스의 아들 테르산드로스가 테베의 섭정이 되었다. (아드라스토스, 알크마이온, 암피아라오스, 에리필레, 오이디푸스, 테르산드로스, 테베, 테베 공략 7장군, 폴리네이케스)

엔디미온Endymion　신화 기록가 아폴로도로스에 따르면, 엔디미온은 아이틀리오스(제우스의 아들)와 칼리케(아이올로스의 딸)의 아들, 혹은 제우스의 아들이다. 그는 펠로폰네소스 반도의 엘리스를 다스렸으며, 몇몇 전승에 따르면 그 도시의 창건자이기도 했다. 엔디미온은 보기 드문 미남이었고, 달의 여신 셀레네는 그와 사랑에 빠져 그의 아이 50명을 낳았다. 셀레네는 제우스에게 엔디미온이 자신의 운명을 스스로 선택할 수 있게 해달라고 청했고, 엔디미온은 늙지도 죽지도 않도록 영원히 잠들고 싶다고 했다. 그리스 시인 헤시오도스는 변형된 이야기를 들려준다. 제우스의 총애를 받은 엔디미온은 어떻게 죽을지 선택할 수 있도록 허락받았으나, 헤라에게 추근대다가 하데스로 떨어진다. (셀레네, 아이올로스, 제우스, 하데스(장소), 헤라)

엘렉트라Electra　엘렉트라는 미케네의 왕 아가멤논과 왕비 클리타임네스트라의 딸이다. 형제자매로는 오레스테스, 이피게네이아, 크리소테미스가 있다. 엘렉트라는 아이스킬로스, 소포클레스, 에우리피데스의 비극을 통해 잘 알려져 있다. 엘렉트라가 아직 어렸을 때, 아가멤논은 그리스군이 트로이로 떠나지 못하도록 막고 있던 아르테미스를 달래기 위해 엘렉트라의 언니 이피게네이아를 제물로 바쳤다. 클리타임네스트라는 이 일로 남편을 영영 용서하지 않았으며, 아가멤논이 자리를 비운 사이 아이기스토스와 간통하며 복수를 계획했다. 아가멤논이 돌아오자마자 클리타임네스트라는 욕조에 든 그를 죽였다. 그사이, 엘렉트라(혹은 다른 누군가)는 젖먹이인 오레스테스를 안전하게 다른 곳으로 보냈다. 엘렉트라 자신은 궁에 감금되었거나, 혹은 에우리피데스에 따르면 어느 농부의 신부로 보내졌다. 성인으로 장성한 오레스테스는 미케네로 돌아와 누이와 재회하고, 클리타임네스트라와 아이기스토스를 죽여 복수했다. 에우리피데스의 작품에서는 잔인한 엘렉트라가 어머니 살해에 적극적으로 가담하고, 오레스테스의 충실한 벗 필라데스와 결혼한다.

오케아노스의 딸인 엘렉트라, 플레이아데스 중 한 명인 엘렉트라와 혼동해서는 안 된다. (미케네, 아가멤논, 아르테미스, 아이기스토스, 엘렉트라〔님페〕, 오레스테스, 오케아노스〔신〕, 이피게네이아, 크리소테미스, 클리타임네스트라, 트로이, 플레이아데스, 필라데스)

엘렉트리온Electryon 엘렉트리온은 영웅 페르세우스와 에티오피아의 공주 안드로메다 사이에 태어난 아들로, 미케네의 왕이 된다. 그의 딸은 알크메네이며, 따라서 알크메네가 제우스와 관계하여 낳은 아들 헤라클레스는 그의 손자이다. 엘렉트리온은 사위인 암피트리온에게 우발적으로, 혹은 그와 다투던 중에 살해당한다.
(안드로메다, 알크메네, 암피트리온, 에티오피아, 제우스, 페르세우스, 헤라클레스)

오디세우스Odysseus(Ulysses) 오디세우스(또는 율리시스)는 이타카의 왕 라에르테스와 왕비 안티클레이아 사이에 태어난 아들이다. 그는 노령으로 퇴위한 라에르테스의 뒤를 이어 이타카의 왕이 되었다. 오디세우스의 아내는 이카리오스의 딸 페넬로페였으며, 아들 텔레마코스를 낳았다. 헬레네의 구혼자들 중 한 명으로 서약에 얽매여 있던 오디세우스는 헬레네를 되찾기 위해 트로이로 떠난 대규모의 그리스 연합군에 합류하여 열두 척의 함선을 끌고 갔다. 그는 10년간 이어진 트로이 전쟁에서 큰 활약을 펼쳤다. 몇 가지를 꼽자면, 우선 그리스군과 트로이군 사이에서 평화 협정을 중개하려 시도했다. 그리고 큰 모욕을 당해 전장에서 발을 빼버린 아킬레우스를 설득하기 위해 파견된 사절단의 일원이었다. 마침내 전장으로 돌아온 아킬레우스가 트로이 왕자 파리스에게 살해됐을 때 오디세우스와 대★ 아이아스(텔라몬의 아들)가 그의 주검을 지켰다. 그 후 두 사람은 아킬레우스의 갑옷을 두고 경쟁을 벌였고, 오디세우스가 승리를 거두었다. 꾀가 많기로 유명한 오디세우스는 트로이 목마를 만들어 트로이 안으로 진입하는 계략을 세웠으며, 트로이의 예언자 헬레노스를 포로로 붙잡았다. 헬레노스는 그리스군이 트로이를 무너뜨리려면 렘노스 섬에서 영웅 필록테테스를 데려오고 아킬레우스의 아들 네오프톨레모스를 참전시켜야 한다고 일렀다. 또, 오디세우스는 트로이의 한 신전에 모셔져 있던 팔라디온 Palladion(나무로 만든 아테나 신상)을 디오메데스와 함께 훔쳤다. 이 때문에 아테나의 분노를 산 그리스군은 귀향길에 많은 목숨을 잃었다. 오디세우스(혹은 네오프톨레모스)는 트로이의 공주 폴릭세네를 아킬레우스의 혼에게 제물로 바친 후 트로이를 떠났고, 고향에 도착하기까지 10년을 더 방랑해야 했다. 호메로스의 『오디세이아』에 따르면, 그는 머나먼 땅까지 흘러가 수많은 난관을 겪지만, 융통성과 뛰어난 지략과 인내심으로 모두 이겨냈다. 그의 부하들에게 약탈당한 키콘족, 지나치게 친절한 로토파고이, 키클롭스 폴리페모스, 바람의 지배자 아이올로스의 섬, 식인 거인들 라이스트리고네스, 마녀 키르케, 죽은 자들의 땅, 아름다운 목소리를 가졌지만 치명적인 세이렌들, 무시무시한 괴물 스킬라와 소용돌이 카리브디스, 헬리오스의 소 떼, 매혹적인 대지의 여신 칼립소 등 숱한 위기를 헤쳐 나가야 했다. 칼립소의 섬에 다다랐을 땐 부하들이 모두 죽고 오디세우스 혼자 남아 있었다. 칼립소와 여신 이노의 도움으로 그는 친절한 파이아케스족의 섬에 무사히 당도했고, 그들이 오디세우스를 이타카 섬까지 데려다주었다. 고향에 도착하고 나서도 그의 난관은 끝나지 않았다. 그가 오래 자리를 비운 사이, 페넬로페를 탐낸 젊은 무뢰한들이 궁전을 점거했고, 돼지치기 에우마이오스와 유모 에우리클레이아를 제외한 하인들은 구혼자들과 한통속이 되어 있었다. 오디세우스는 재회한 아들 텔레마코스와 에우마이오스의 도움으로 구혼자들을 처단하면서, 그중 최고 악질인 안티노오스를 제일 먼저 죽였다. 그제야 오디세우스는 페넬로페와 라에르테스에게 자신의 정체를 드러냈고, 살해당한 구혼자들의 부모가 분노하여 쳐들어오자 아버지와 함께 나가 싸웠다. 아테나의 도움으로 이타카 섬은 안정을 되찾았고, 오디세우스는 다시 왕위에 올랐다. 『오디세이아』에는 오디세우스가 세상을 떠돌다 포세이돈에게 제물을 바친 후 바다에서 최후를 맞으리라는 예언이 나오지만, 다른 전승에 따르면 그는 마녀 키르케와의 사이에 태어난 아들 텔레고노스의 손에 죽는다.

호메로스는 오디세우스를 긍정적이고 영웅적인 인물로 묘사했다. 하지만 후대의 작가들이 그를 바라보는 시선은 그리 곱지 않아서, 영악하여 믿을 수 없는 인간으로 그려진다. 같은 맥락으로, 소포클레스의 희곡 『필록테테스』에서 그는 라에르테스가 아닌 시시포스의 아들로 등장한다. (네오프톨레모스, 디오메데스, 라에르테스, 라이스트리고네스, 로토파고이, 세이렌, 스킬라, 시시포스, 아이아스(대), 아이올로스, 아킬레우스, 아테나, 안티노오스, 에우리클레이아, 에우마이오스, 이노, 이타카 섬, 카리브디스, 칼립소, 키르케, 키클로페스, 텔라몬, 텔레마코스, 트로이, 파이아케스족, 페넬로페, 포세이돈, 폴리페모스, 폴릭세네, 필록테테스, 헬레네, 헬레노스, 헬리오스)

오레스테스Orestes 오레스테스는 미케네의 왕 아가멤논과 왕비 클리타임네스트라 사이에 태어난 아들이다. 이피게네이아, 엘렉트라, 크리소테미스와 남매간이며, 아테네의 3대 비극 작가인 아이스킬로스, 소포클레스, 에우리피데스의 작품들에 그의 극적인 생애가 다양한 내용으로 담겨 있다. 아가멤논이 트로이로 떠나고 클리타임네스트라가 아이기스토스와 불륜을 저지르고 있을 때, 아직 어렸던 오레스테스는 포키스의 왕 스트로피오스에게 보내졌다. 적어도 표면상으로는 그의 안전을 위해서였다. 10년간의 트로이 전쟁을 마치고 미케네로 돌아온 아가멤논이 클리타임네스트라에게 살해되자, 델포이의 아폴론 신탁소를 찾은 오레스테스는 미케네로 가서 아버지의 원수를 갚으라는 지시를 받았다. 포키스에서 사귄 벗 필라데스와 함께 오레스테스는 미케네로 돌아가 클리타임네스트라와 아이기스토스를 죽였다. 이후 에리니에스('복수의 정령들')에게 내내 쫓겨 다니던 오레스테스는 아테네의 신성한 재판정 아레오파고스Areopagus에서 살인죄로 재판을 받았다. 아이스킬로스에 의하면, 아테나가 그에게 무죄 판결을 내리고, 에리니에스를 달래어 에우메니데스라는 선한 정령들로 만들었다. 반면, 에우리피데스의 『타우리스의 이피게네이아』에서는 에리니에스에게 쫓기던 오레스테스가 아폴론의 명령에 따라 야만인들의 땅 타우리스로 간다. 하늘에서 떨어진 아주 성스러운 아르테미스 목조 신상을 손에 넣어 아테네로 가져오는 것이 그에게 내려진 과제였다. 필라데스와 동행한 오레스테스는 인간 제물로 바쳐지려다 아르테미스에게 구조된 후 그 여신을 섬기는 무녀가 된 누이 이피게네이아의 도움으로 그 일을 해냈다. 훗날 오레스테스는 미케네와 스파르타를 다스리는 왕이 된다. (델포이, 미케네, 스파르타, 아가멤논, 아이기스토스, 아테네, 아폴론, 에리니에스, 에우메니데스, 엘렉트라(인간), 이피게네이아, 크리소테미스, 클리타임네스트라, 타우리스, 트로이, 필라데스)

오레이티이아Oreithyia(Orithyia) 시인 호메로스는 오레이티이아를 네레이스(바다의 님페)로 묘사하지만, 그녀는 대개 아테네의 왕 에레크테우스와 왕비 프락시테아의 딸로 알려져 있다. 오레이티이아는 일리소스 강을 따라 춤을 추다가 북풍의 신 보레아스의 눈에 띄어 그에게 납치당했다. 오레이티이아는 보레아스와의 사이에 여러 명의 자식을 낳았는데, 그중 날개 달린 형제 제테스와 칼라이스는 영웅 이아손의 원정대에 합류하여 황금 양피를 찾아 떠난다. (네레이데스, 보레아스, 아테네, 에레크테우스, 이아손, 일리소스 강, 제테스, 칼라이스)

오르페우스Orpheus 유명한 가수이자 음악가 오르페우스는 무사 칼리오페와 트라키아의 왕 오이아그로스의 아들이다. 일설에는, 오르페우스에게 리라 연주를 가르쳐준 아폴론이 그의 아버지라고도 한다. 오르페우스는 황금 양피를 찾아 떠난 영웅 이아손의 원정에 참여하기도 했지만, 아내를 잃고 자신도 죽음에 이르게 되는 사연으로 가장 유명하다. 오르페우스는 에우리디케라는 나이아스와 결혼했다. 에우리디케는 그녀를 덮치려는 전원의 신 아리스타이오스를 피해 달아나다가 독사에게 물려 죽었다. 실의에 빠진 오르페우스는 그녀를 따라 지하세계까지 내려갔다. 로마 시인 오비디우스에 따르면, 그곳에서 하데스와 프로세르피나(ⓖ페르세포네), 그리고 모든 죄인들을 그의 음악으로 울렸다고 한다. 지하세계의 왕과 왕비는 오르페우스에게 한 번의 기회를 주기로 했다. 에우리디케를 산 자들의 세계로 데려가되, 죽은 자들의 땅에서 완전히 벗어나기 전까지는 뒤돌아보지 말라는 조건을 붙였다. 오르페우스는 걱정에 못 이겨 뒤를 돌아보고 말았고, 또다시 에우리디케를 빼앗겼다. 그는 슬픔을 가눌 길이 없어 정처 없이 떠돌며 구슬픈 노래로 짐승과 돌, 심지어 나무까지 감동시켰다. 3년이 지나도록 그는 에우리디케를 잊지 못했고, 이런 그에게 퇴짜를 맞아 분노한 트라키아의 몇몇 마이나데스가 그를 갈가리 찢어 죽였다. 그의 잘린 머리와 리라는 헤브로스 강을 따라 떠내려가며 계속 노래 부르고 연주했으며, 이윽고 뛰어난 시인들의 고향 레스보스 섬에 다다랐다. 이제 오르페우스의 혼은 하계로 내려가 에우리디케와 재회했다. (나이아데스, 마이나데스, 무사이, 아리스타이오스, 아폴론, 에우리디케(님페), 이아손, 지하세계, 칼리오페, 트라키아, 프로세르피나, 하데스(신))

오리온Orion 오리온은 거대한 몸집의 유명한 사냥꾼으로, 죽은 후 하늘로 올라가 그의 이름을 지닌 별자리가 되었다. (오리온(괴물))

오이네우스Oeneus 오이네우스는 아이톨리아의 칼리돈을 다스렸다는 전설상의 왕이다. 그의 자식들 중에는 첫 아내 알타이아와의 사이에 얻은 데이아네이라와 멜레아그로스, 그리고 두 번째 아내 페리보이아와의 사이에 얻은 티데우스가 가장 유명하다. 신화 기록가 아폴로도로스와 히기누스는 그의 생애에 관하여 다양한 이야기를 들려준다. 그중에서도, 디오니소스가 자신의 아내 알타이아에게 관심을 보이자 그녀와 하룻밤을 보내도록 허락해 준 일화가 눈에 띈다. 그 결과로 태어난 아이가 바로 데이아네이라였고, 따라서 엄밀히 따지자면 그녀는 오이네우스의 의붓딸이었다. 디오니소스는 오이네우스에게 포도 덩굴을 선물했으며, 오이네우스는 이 귀한 선물을 받은 최초의 인간이었다. 한편, 데이아네이라는 헤라클레스의 눈을 사로잡아 오이네우스의 허락으로 그의 아내가 되는데, 이 혼인은 헤라클레스에게 치명적인 결과를 낳게 된다. 오이네우스는 신심 깊은 왕이었지만, 첫 열매를 수확한 후 신들에게 감사의 의미로 제물을 바칠 때 웬일인지 아르테미스를 홀대하고 말았다. 진노한 아르테미스는 일명 칼리돈의 멧돼지를 보내어 칼리돈의 땅과 과수원을 쑥대밭으로 만들어놓았다. 이 멧돼지와 싸우는 과정에서 멜레아그로스는 외숙부를 살해했고, 그러자 분노한 알타이아가 멜레아그로스를 죽게 만든 후 스스로 목숨을 끊었다. 그 후 오이네우스는 페리보이아와 결혼했다. 전리품으로 그녀를 받았다는 설도 있고, 명예가 실추된 딸을 죽여달라며 그녀의 아버지가 보냈다는 설도 있다. 어느 쪽이든, 페리보이아는 오이네우스와 결혼하여 두 아들을 낳았으며, 그중 한 명인 티데우스는 훗날 영웅 디오메데스의 아버지가 된다. (데이아네이라, 디오니소스, 디오메데스, 멜레아그로스, 아르테미스, 알타이아, 칼리돈, 티데우스, 헤라클레스)

오이노마오스Oenomaus 오이노마오스는 피사의 왕으로, 아버지인 아레스에게서 바람처럼 빠른 한 쌍의 말을 선물로 받았다. 그는 전차 경주에서 자신을 이기는 자에게 딸 히포다메이아를 신부로 주겠노라 발표했다. 자신이 질 리 없다는 사실을 알고 있었기 때문이다. 오이노마오스는 모든 구혼자들을 이긴 뒤 그들을 참수했다. 펠롭스가 등장하기 전까지는 그랬다. 펠롭스는 왕의 전차 마부인 미르틸로스를 매수하여 오이노마오스의 전차를 훼손하는 간계로 왕을 이겼다. 펠롭스는 전차에서 떨어져 치명상을 입은 오이노마오스의 뒤를 이어 왕위에 오르고, 히포다메이아를 신부로 맞았다. (미르틸로스, 아레스, 펠롭스, 히포다메이아)

오이디푸스Oedipus '부어오른 발' 또는 '발에 근거한 지식'이라는 뜻의 오이디푸스는 테베의 왕 라이오스와 왕비 이오카스테 사이에 태어난 아들이다. 라이오스는 아들의 손에 죽으리라는 예언 때문에 갓 태어난 오이디푸스를 키타이론 산의 비탈에 버렸다. 혹여 지나가던 사람에게 구조될까 싶어 아기를 불구의 몸으로 만들 목적으로 두 발목을 한데 묶어놓았다. 그러나 아이를 버리라는 명을 받았던 양치기는 코린토스 왕의 신하에게 아기를 주었고, 그 신하는 오이디푸스를 코린토스의 왕 폴리보스와 왕비 메로페에게 데려갔다. 청년이 된 오이디푸스는 자신이 폴리보스의 친아들이 아니라는 소문을 듣고, 진상을 알기 위해 델포이 신탁소를 찾아갔다. 질문에 대한 직접적인 답 대신, 오이디푸스가 자신의 아버지를 죽이고 어머니와 결혼할 운명이라는 신탁이 내려왔다. 그래서 오이디푸스는 예언이 실현되는 일을 피하고자 다시는 코린토스로 돌아가지 않으리라 결심하며 델포이를 떠났다. 가는 길에 어느 노인이 모는 전차와 맞닥뜨렸다. 교차로에서 시시비비를 따지다 오이디푸스는 노인을 죽이고 말았다. 오이디푸스는 몰랐지만 그 노인이 라이오스였고, 따라서 자신의 아버지를 죽인 것이다. 비극 작가 소포클레스의 두 희곡 『오이디푸스 왕』과 『콜로노스의 오이디푸스』에 따르면, 오이디푸스는 테베로 가서 왕위에 올라 이오카스테를 아내로 맞는다. 테베의 스핑크스가 수수께끼를 내고 못 맞힌 자들을 죽여 백성들이 큰 고통을 받고 있었는데, 오이디푸스가 수수께끼를 풀고 스핑크스를 처치하여 가장 현명한 자임을 증명해 보인 것이다. 오이디푸스와 이오카스테 사이에 두 딸 안티고네와 이스메네, 그리고 두 아들 에테오클레스와 폴리네이케스가 태어났다. 평화롭기만 하던 테베에 역병이 창궐하자, 오이디푸스는 아내의 동생인 크레온을 델포이로 보내 해결책을 알아오게 했다. 라이오스를 죽인 범인을 찾아 도시에서 내쫓아야 한다는 신탁이 내려왔다. 물론 그 범인은 오이디푸스 자신이었지만, 자신의 진짜 정체를 모르는 그로서는 발의 상태가 중요한 실마리라는 사실을 깨닫지 못한 채 진실을 금방 알아채지 못했다. 이오카스테가 제일 먼저 진실을 짐작하고는 목을 매어 자살했다. 충격에 휩싸인 오이디푸스는 스스로 눈알을 뽑았지만, 자신이 죽은 자의 세상과 산 자들의 세상 모두를 더럽히는 존재라 여겨 자살하지 않았다. 테베에서 추방된 그는 딸 안티고네와 함께 왕국의 변두리를 방랑하다가 아테네의 영토인 콜로노스까지 갔고, 에우메니데스를 모시는 성역으로 무심코 들어가고 말았다. 콜로노스의 주민들은 불결한 오이디푸스가 떠나기를 원했는데, 설상가상으로 처남 크레온과 아들 폴리네이케스까지 나타났다. 크레온은 오이디푸스가 있어야 테베가 안전하리라는 예언을 듣고 오이디푸스를 강제로 데려가려 했고, 폴리네이케스 역시 테베 침략에 성공하기 위해 오이디푸스를 손아귀에 넣고 싶어 했다. 그때 테베는 위험한 상황에 처해 있었다. 오이디푸스의 두 아들 에테오클레스와 폴리네이케스가 일 년씩 돌아가며 통치하기로 약속했었지만, 에테오클레스가 왕위에서 내려오기를 거부하자 폴리네이케스는 그에게 대적할 군대를 동원했다. 다행히도 오이디푸스는 아테네의 왕 테세우스에게서 피난처를 얻고 얼마 후 세상에서 사라졌으며, 테세우스만이 그가 묻힌 곳을 알고 있었다. 그때부터 오이디푸스는 아테네를 수호해 준다. 한편, 테베는 폴리네이케스와 테베 공략 7장군에 이어 7장군의 아들들인 에피고노이에게도 침략당했다. 에테오클레스와 폴리네이케스는 오이디푸스가 그들에게 내린 저주대로 첫 전쟁에서 서로의 손에 죽었다. (델포이, 라이오스, 메로페(인간), 스핑크스(테베), 아테네, 안티고네, 에우메니데스, 에테오클레스, 에피고노이, 이스메네, 이오카스테, 코린토스, 콜로노스, 크레온, 키타이론 산, 테베, 테베 공략 7장군, 테세우스, 폴리네이케스, 폴리보스)

옴팔레Omphale 옴팔레는 신화에 등장하는 리디아의 여왕이다. 역사가 디오도로스 시켈로스에 따르면, 헤라클레스는 이올레를 신부로 삼으려다 실패한 후 그녀의 오라비인 이피토스를 살해했다. 그 후 계속 질병에 시달리던 헤라클레스가 아폴론의 신탁소를 찾아가 해결책을 구했더니, 스스로 노예가 되어 그 보수를 이피토스의 아들들에게 주라는 명이 내려왔다. 헤라클레스는 옴팔레에게 팔려간 뒤, 리디아의 골칫거리인 사악한 강도들 케르코페스를 죽이거나 포로로 잡아 처치했다. 또, 지나가는 사람들을 붙잡아 강제로 자신의 포도밭을 갈게 한 실레우스를 괭이로 죽이고, 리디아를 약탈해왔던 도시 이토니를 정벌하여 그 주민들을 노예로 만들었다. 옴팔레 여왕은 기뻐하며 헤라클레스를 노예 신분에서 풀어주고, 그와의 사이에 아들 라모스를 낳았다. (리디아, 아폴론, 이올레, 헤라클레스)

율리시스Ulysses(Ulixes) 율리시스(또는 울릭세스)는 용맹하고 강할 뿐만 아니라 아주 교활하기로 유명한 그리스 영웅 오디세우스의 라틴식 이름이다. 그는 10년이나 이어진 트로이 전쟁에서 그리스군이 마침내 승리를 거두는 데 결정적인 역할을 한 트로이의 목마를 고안했다고 하며, 트로이에서 고향 이타카 섬으로 돌아가는 10년의 여정 동안 수많은 난관을 극복했다. (오디세우스, 트로이)

이노Ino 이노는 인간 여성이었으나 신들의 뜻에 따라 신의 반열에 오른다. 신으로서의 그녀는 레우코테아('백색의 여신')라 불리며, 트로이에서 고향으로 돌아가는 10년의 여정 중에 있던 영웅 오디세우스의 목숨을 구해주기도 한다. 배가 난파되어 파이아케스족의 섬으로 헤엄쳐 가는 그에게 베일을 주어 몸이 바닷물 위에 떠 있도록 도와준 것이다.

이노의 인간으로서의 생애와 변신에 관해서는 다양한 이야기가 전해져 오는데, 상충되는 부분도 있다. 그녀의 삶을 간략하게 설명하자면 다음과 같다. 이노는 테베의 왕 카드모스와 왕비 하르모니아의 딸이었다. 아가우에, 아우토노에, 그리고 제우스의 아이를 잉태하여 디오니소스의 어머니가 되는 세멜레와 자매간이었다. 세멜레가 불에 타서 비극적인 죽음을 맞자 제우스는 그녀의 태내에 있던 아기 디오니소스를 구해내, 이노와 그녀의 남편인 보이오티아의 왕 아타마스에게 맡겨 키우게 했다. 질투심 많은 헤라가 이 사실을 알게 되었다. 그녀는 이노 부부에게 화풀이를 하여, 아타마스가 순간의 광기로 자신의 아들 레아르코스를 죽이게 만들었다. 겁에 질린 이노는 남은 아들 멜리케르테스를 데리고 달아나, 아이를 품에 안은 채 절벽에서 바다로 뛰어내렸다. 시인 오비디우스에 따르면, 이노를 가엾이 여긴 아프로디테가 포세이돈에게 그들 모자를 불사의 존재로 만들어달라고 부탁했다. 반면, 신화 기록가 히기누스는 디오니소스가 자신을 키워준 여인을 곤경으로부터 구해주었다고 쓴다. 인간으로서의 이노는 여러 유명한 이야기에 중심인물로 등장한다. 그녀는 자매 아가우에의 아들 펜테우스를 다른 자매들과 함께 갈가리 찢어 죽였다. 테베의 섭정 자리에 올랐던 펜테우스는 디오니소스 숭배 의식과 그 이득을 백성들에게 알리러 온 디오니소스를 박해했다. 그 벌로, 광란 상태에 빠진 그의 어머니와 이모들의 손에 죽은 것이다. 이노는 황금 양피를 찾아 떠난 영웅 이아손의 모험에도 간접적으로 연루된다. 아타마스 왕은 이노를 아내로 맞기 전 네펠레('구름')와 결혼했었다(혹은 이노와 동시에 결혼했다는 설도 있다). 네펠레의 자식들이 보이오티아의 왕위를 물려받으리라는 사실을 알고 있던 이노는, 왕국의 저장고에 비축된 곡물의 씨앗을 오염시켜(몇몇 전승에 따르면, 불태워) 싹을 틔우지 못하게 만드는 음모를 꾸몄다. 그 결과 흉작이 들자 아타마스는 델포이 신탁소에 해결책을 물었으나, 이노는 이 임무를 맡은 사자들에게 허위 답변을 가져오도록 명했다. 네펠레의 자식들인 프릭소스와 헬레를 제물로 바쳐야 한다는 답이었다. 아타마스는 어쩔 수 없이 제사를 준비했지만, 네펠레가 아이들을 먼 곳으로 데려다줄 날개 달린 황금 숫양을 보냈다. 두 아이 중 프릭소스만 살아남아 흑해의 콜키스 해안에 안전하게 도착했다. 콜키스인은 그를 따뜻하게 받아주었고, 아이에테스 왕은 자신의 딸을 그와 결혼시켰다. 한편, 황금 숫양은 신들에게 감사하기 위한 제물로 바쳐졌으며, 벗겨낸 양피는 잠들지 않는 용이 지켰다. 영웅 이아손은 바로 이 양피를 가지러 와서 마녀 메데이아의 도움으로 그 일에 성공한다. 시인 논노스는 이노가 네펠레의 자식들에게 사악한 음모를 꾸몄기 때문에 그에 대한 징벌로 아타마스가 그녀와 아이들을 공격하여 한 아이를 죽이고, 이노가 남은 아이를 안고서 바다로 뛰어들게 된 것이라고 이야기한다. (네펠레, 델포이, 디오니소스, 레우코테아, 메데이아, 보이오티아, 세멜레, 아가우에, 아우토노에, 아이에테스, 아타마스, 아프로디테, 오디세우스, 이아손, 제우스, 카드모스, 콜키스, 테베, 파이아케스족, 펜테우스, 포세이돈, 프릭소스, 하르모니아, 헤라, 헬레)

이다스Idas 이다스는 메세니아의 왕자로, 칼리돈의 멧돼지 사냥과 이아손의 아르고호 원정에 모두 참여했다. 신화 기록가 아폴로도로스에 따르면, 이다스는 독특한 방식으로 신부를 얻었다. 포세이돈에게 선물 받은 날개 달린 전차를 타고 에베노스의 딸 마르페사를 납치한 것이다. 에베노스는 직접 전차를 몰고 추격했지만 이다스를 따라잡을 수 없다는 사실을 깨닫고는, 리코르마스 강에 이르렀을 때 말들을 죽이고 강물 속으로 뛰어들어 자결했다. 역시 마르페사를 탐낸 아폴론도 이다스의 전차를 뒤쫓았다. 이다스와 아폴론이 몸싸움을 벌이자 제우스가 끼어들어 마르페사에게 한 명을 고르게 했다. 그녀는 자신과 같은 인간인 이다스를 택했으며, 그와의 사이에 얻은 딸 클레오파트라는 훗날 멜레아그로스의 아내가 된다. (마르페사, 메세니아, 멜레아그로스, 아폴론, 에베노스, 이아손, 제우스, 칼리돈, 포세이돈)

이스메네Ismene 이스메네는 오이디푸스와 이오카스테 사이에 태어난 자식들 중 한 명이다. 안티고네, 폴리네이케스, 에테오클레스와 남매간이었다. 이스메네는 극작가 소포클레스의 비극 『안티고네』를 통해 가장 잘 알려져 있다. 그녀는 테베의 섭정 클레온이 내린 명을 거역하고 오라비 폴리네이케스의 장례를 치러주자는 안티고네의 제안을 거절한다. 이스메네가 내세우는 논리는, 한낱 연약한 여인들에 불과한 자신들이 할 수 없는 일이라는 것이다. 그녀는 신의 뜻이라고 믿는 일을 위해서라면 목숨이라도 걸 만큼 극도로 용감하고 완강한 안티고네와 정반대되는 인물이다. (안티고네, 에테오클레스, 오이디푸스, 이오카스테, 크레온, 테베, 폴리네이케스)

이아소스Iasus 아르카디아 지방의 테게아를 다스린 이아소스 왕은 발 빠른 사냥꾼 아탈란타의 아버지로 거론되는 인물들 중 한 명이다. 로마 시인 오비디우스가 들려주는 아탈란타에 관한 유명한 이야기에서 그녀의 아버지는 보이오티아의 왕 스코이네우스로 등장하지만, 극작가 에우리피데스는 마이날로스가 그녀의 아버지라고 쓴다. (보이오티아, 스코이네우스, 아르카디아, 아탈란타)

이아손Jason 영웅 이아손의 아버지 아이손은 테살리아의 왕 크레테우스의 아들로, 이올코스의 왕위 계승자였다. 그러나 이복형제 펠리아스에게 그 자리를 빼앗겼다. 갓 태어난 아들 이아손이 걱정된 아이손은 아기가 죽었다고 공표한 후 비밀리에 아이를 켄타우로스 케이론에게 맡겼다. 이아손은 성인이 되자 이올코스의 왕위를 되찾기 위해 떠났다. 도중에 물살이 거센 강을 만났는데, 한 연약한 노파가 강을 건너지 못하고 있었다. 이아손은 몰랐지만 이 노파는 여신 헤라가 변장한 모습이었고, 그녀는 이아손의 친절에 대한 답례로 그의 수호자가 되어주었다. 이아손은 그녀를 어깨에 둘러업고 강을 건너다가 샌들 한 짝을 잃어버렸다. 마침 펠리아스는 샌들을 한쪽만 신고 나타나는 이방인에게 왕국을 빼앗길 거라는 예언을 들은 터였다. 어느 날 샌들을 한 짝만 신은 이방인이 눈에 띄자 펠리아스는 당연히 근심에 빠졌다. 이 청년을 살인으로 제거하고 싶지는 않았던 펠리아스는 이아손을 야만인의 나라 콜키스로 보내면서 황금 양피를 가져오라 했다. 그 양피는 아레스에게 바쳐진 신성한 숲에 보관되어 있었다. 펠리아스는 이아손이 그 양피를 용케 손에 넣는다 해도 그 먼 땅에서 무사히 돌아오지 못하리라 생각했다. 이아손은 그리스에서 가장 용맹한 남자들을 모집한 후, 이 여정을 위해 특별히 건조된 아르고호를 타고 그들과 함께 출항했다. 이 배의 이름을 따서 이아손 일행은 아르고나우타이('아르고호의 선원들')라 불렸다. 콜키스로 가는 여정 중에 이아손과 원정대원들은 렘노스 섬의 여인들, 하르피아이아이, 심플레가데스('충돌하는 바위들') 등의 난관을 만났지만 모두 이겨냈다. 콜키스에 도착하자, 아이에테스 왕은 양피를 넘겨주기 꺼리며 이아손에게 아주 어려운 과제를 내렸다. 불을 내뿜는 황소들에게 멍에를 씌워 밭을 갈고 용의 이빨을 뿌린 다음, 씨에서 솟아나는 무장한 전사들을 죽이라는 것이었다. 이아손은 헤카테를 섬기는 무녀이자 마법사인 메데이아 공주의 도움으로 그 과제를 해냈다. 또, 양피를 지키는 용을 재운 메데이아 덕분에 양피를 손에 넣었다. 메데이아를 데리고 그리스로 돌아가는 길에 아르고호 원정대는 파이아케스족, 스킬라와 카리브디스, 거인 탈로스의 위협을 받았다. 테살리아에 도착한 후 메데이아는 음모를 꾸며 펠리아스를 죽였고, 그녀와 이아손은 코린토스로 달아났다. 그곳에서 이아손은 섭정의 딸과 결혼하려다 비극적인 결과를 맞았다. 그의 자식들이 죽고, 그의 새 신부가 될 공주가 죽었으며, 코린토스의 왕 크레온도 죽었다. 에우리피데스의 비극『메데이아』에서 메데이아는 이아손이 아르고호의 썩은 목재에 맞아 죽으리라 예언한다. (렘노스 섬의 여인들, 메데이아, 스킬라, 심플레가데스, 아레스, 아르고호 원정대, 아이손, 아이에테스, 이올코스, 카리브디스, 케이론, 켄타우로스족, 코린토스, 콜키스, 크레온, 탈로스, 테살리아, 파이아케스족, 펠리아스, 하르피아이아이, 헤라, 헤카테)

이오Io 이오는 아르고스에 흐르는 이나코스 강의 신 이나코스의 딸이다. 그녀의 어머니로는 가끔 오케아니데스 중 한 명이 거론되기도 한다. 아리따운 아가씨들이 대개 그렇듯 그녀 역시 제우스의 눈에 들어 구애를 받았다. 그녀는 달아났지만 신의 힘에 당해낼 재간이 없었으며, 제우스는 자신의 외도를 숨기기 위하여 겁탈 현장을 구름으로 뒤덮었다. 그러나 제우스의 아내 헤라는 화창하던 하늘에 갑자기 구름이 끼자 제우스의 술수가 아닐까 의심하며 금세 낌새를 챘다. 헤라가 다가오자 제우스는 이오를 흰 암송아지로 만들었지만 이를 수상하게 여긴 헤라는 그 암송아지를 자신에게 달라고 청했고, 제우스는 의심을 사지 않으려면 그 부탁을 들어줄 수밖에 없었다. 로마 시인 오비디우스가 이야기하기를, 헤라는 100개의 눈을 가진 괴물 아르고스를 이오에게 붙여 항시 감시하게 했다고 한다. 아르고스는 낮에는 이오를 풀어놓았지만, 밤에는 그녀의 두 발을 묶어두었다. 자매들도 아버지도 그녀를 알아보지 못하자 자신의 신세가 더욱 한탄스러워진 이오는 모랫바닥에 발굽으로 이름을 써서 자신의 정체를 알렸다. 그녀의 고통을 차마 더는 두고 볼 수 없었던 제우스는 결국 헤르메스를 보내어 아르고스를 죽였다. 그래도 이오에 대한 헤라의 핍박은 계속되었으니, 쇠파리를 보내어 이오를 쫓아다니게 했다. 이 괴로움에서 벗어나기 위해 이오는 바다를 헤엄치며 이 대륙에서 저 대륙으로 도망 다녔다. 그녀가 건너간 이오니아 해와 '암소가 지나간 길' 보스포루스 해협('암소의 발' 보스포루스 해협이라 불리기도 한다)은 그녀의 이름을 따온 것이다. 이윽고 그녀는 이집트까지 가서 나일 강에 도착했다. 나일 강이 의인화된 여신 닐루스는 이오의 고통을 가엾이 여겨 제우스에게 도움을 청했다. 그러자 이오는 예전의 모습을 되찾고, 제우스의 아들 에파포스를 낳았다. 이집트 여신 이시스로 경배받게 된 자신의 어머니처럼, 에파포스도 이집트에서 숭배 대상이 되었다. (보스포루스 해협, 아르고스, 에파포스, 오케아니데스, 이나코스, 제우스, 헤라, 헤르메스)

이오니아인Ionians 이오니아인은 그리스인이 나뉘어 형성된 네 부족 혹은 집단 중 하나였다. 이오니아인은 아테네의 왕 이온의 후손들로, 아테네에서 소아시아의 중서부 해안으로 이주했다고 전해지며, 그 땅은 이오니아라 불리게 된다. (아테네, 이오니아, 이온, 헬레네스, 헬렌)

이오바테스Iobates 이오바테스는 리키아의 왕이자, 아르고스의 왕 프로이토스의 아내 스테네보이아의 아버지이다. 영웅 벨레로폰이 프로이토스의 궁에 머무는 사이, 스테네보이아가 그에게 욕정을 품었다. 벨레로폰을 유혹하려다 거절당한 스테네보이아는 그가 자신을 범하려 했다며 죄를 뒤집어씌웠다. 그러자 프로이토스는 벨레로폰을 죽이라는 내용의 편지와 함께 그를 이오바테스에게 보냈다. 이오바테스는 이 요청에 답하여 벨레로폰에게 무시무시한 키마이라를 죽여달라는 무리한 부탁을 했다. 벨레로폰이 키마이라를 처치하고 돌아오자 왕은 자신의 딸 필로노에를 그와 결혼시켰다. (리키아, 벨레로폰, 아르고스, 키마이라, 프로이토스)

이오카스테Jocasta 이오카스테는 테베의 귀족 메노이케우스의 딸이자, 테베의 섭정 자리에 여러 차례 오르는 크레온의 누이이다. 이오카스테는 테베의 왕 라이오스와 결혼하여 오이디푸스를 낳았다. 라이오스는 이오카스테와의 사이에 태어나는 아들이 그를 죽일 거라는 예언을 듣고는 그들의 아기 오이디푸스를 키타이론 산의 비탈에 내다 버렸다. 그러나 오이디푸스는 곧 발견되어 코린토스로 보내졌고, 그곳의 왕에게 입양되었다. 라이오스의 정체를 모른 채 그를 죽인 오이디푸스는 스핑크스의 수수께끼를 푼 공적을 인정받아 테베의 왕위에 올랐다. 이렇게 해서 그는 테베의 왕이 되고 자신의 어머니 이오카스테를 아내로 맞았다. 중요한 점은, 오이디푸스도 이오카스테도 오이디푸스의 진짜 정체를 몰랐다는 것이다. 이오카스테와 오이디푸스는 에테오클레스, 폴리네이케스, 안티고네, 이스메네 등 네 명의 자식을 두었다. 자신의 아들이 라이오스를 죽인 범인이며 자신과 근친상간을 저질렀다는 끔찍한 사실을 알게 된 이오카스테는 스스로 목을 매어 죽었다. (라이오스, 안티고네, 에테오클레스, 오이디푸스, 이스메네, 이오카스테, 코린토스, 크레온, 키타이론 산, 테베, 스핑크스(테베), 폴리네이케스)

이온Ion 이온은 이오니아인이라는 명칭의 기원인 그들의 선조이다. 극작가 에우리피데스의 『이온』에 따르면, 이온은 아테네의 왕 크수토스의 의붓아들이었다. 그의 어머니는 전설상의 아테네 왕인 에레크테우스의 딸 크레우사였다. 크레우사는 아폴론의 아이를 잉태하였다가, 갓 태어난 아들 이온을 그녀가 겁탈당했던 동굴에 버렸다. 아기는 발견되어 델포이의 아폴론 신전으로 보내졌고, 그곳의 사제들 손에 자라 그 자신도 사제가 되었다. 자식이 생기지 않아 델포이에 와서 신탁을 구한 크수토스 왕은 신탁소를 떠나자마자 제일 처음 만나는 사람을 아들로 삼으라는 지시를 받았다. 그의 눈에 맨 먼저 띈 사람은 이온이었고, 그래서 왕은 이온을 친족으로 받아들였다. 아직 델포이에 있을 때, 크레우사는 크수토스가 첩을 통해 낳은 아들이라 여겨 이온을 죽이려 했지만, 모자는 늦지 않게 서로를 알아보았다. 이온은 왕이 되어 네 아들을 얻는데, 그들이 아테네의 네 부족을 형성한다.

이온과 그의 이부형제 아카이오스, 그리고 이온의 삼촌들인 아이올로스와 도로스는 각자 헬레네스* 의 대표적인 네 분파, 즉 이오니아인, 아카이아인, 아이올리아인, 도리아인의 조상이 된다. (델포이, 아이올로스, 아테네, 아폴론, 에레크테우스, 이오니아인,

---

• 헬레네스Hellenes: 그리스인이 스스로를 일컫던 그들의 총칭

이올레Iole 이올레는 오이칼리아의 왕 에우리토스의 딸이다. 에우리토스가 궁술 시합에서 자신을 이기는 자를 사위로 삼겠다고 발표하자, 헤라클레스는 시합에 참가하여 그를 이겼다. 그러나 에우리토스는 약속을 지키지 않았고, 훗날 헤라클레스는 오이칼리아로 쳐들어가 이올레를 납치한 뒤 자신의 첩으로 삼았다. 이올레를 질투한 헤라클레스의 아내 데이아네이라는 남편의 애정을 빼앗기지 않으려 애쓰다 그의 죽음을 초래하고 만다. (데이아네이라, 에우리토스, 헤라클레스)

이울루스Iulus 베르길리우스의 서사시 『아이네이스』에서 이울루스는 트로이의 영웅 아이네이아스와 그의 첫 아내 크레우사 사이에 태어난 아들로 등장한다. 이울루스는 아스카니오스, 또는 트로이를 건설한 선조의 이름을 따 일로스라 불리기도 했다. 이울루스라는 이름은 그가 율리우스 카이사르와 율리우스 씨족의 로마 황제들을 배출한 가문의 시조임을 말해준다. (로마, 아스카니오스, 아이네이아스, 크레우사, 트로이)

이카로스Icarus 이카로스는 장인 다이달로스의 어린 아들이다. 그들 부자가 크레타 섬의 미노스 왕에게 미움받아 감금되었을 때, 다이달로스는 어떻게든 탈출할 방법을 찾으려 애썼다. 그러나 한 가지 난관이 있었으니, 바다와 땅 모두 미노스의 지배하에 있었으므로 그들에게 열린 곳은 오로지 하늘뿐이었다. 그래서 다이달로스는 깃털을 밀랍으로 붙여 날개를 만들었다. 다이달로스가 경고했는데도, 이카로스는 하늘을 날고 있다는 사실에 흥분한 나머지 너무 높이 날아오르다 태양에 가까워졌다. 날개의 밀랍이 녹으면서 소년은 바다로 추락했고, 그곳은 그의 이름을 따 이카리아 해라 불리고 있다. 로마 시인 오비디우스의 『변신 이야기』에 이카로스의 처음이자 마지막 비행이 묘사되어 있다. (다이달로스, 미노스, 크레타 섬)

이피게네이아Iphigeneia '폭력을 위해 태어난'이라는 뜻의 이피게네이아는 미케네의 왕 아가멤논과 왕비 클리타임네스트라 사이에 태어난 딸이다. 아름다운 헬레네를 트로이에서 되찾아 오기 위해 아울리스에 집결한 그리스 연합군은 역풍 때문에 출항하지 못하고 있었다. 이런 상태가 지속되자 병사들은 지치고 굶주리기 시작했다. 예언자 칼카스가 이 고난의 원인을 밝히자, 그리스군의 총사령관인 아가멤논은 난처한 입장에 처하고 말았다. 역풍이 부는 이유는 아르테미스에게 봉헌된 사

슴을 아가멤논이 실수로 죽인 탓에 여신이 분노했기 때문이며, 이 사태를 해결하려
면 이피게네이아를 아르테미스에게 제물로 바치는 수밖에 없다는 것이었다. 가족
보다 그리스인의 이익이 더 중요했던 아가멤논은 이피게네이아를 아킬레우스와 결
혼시킬 것이라는 거짓말로 딸과 아내를 속여 이피게네이아를 아울리스로 불렀다.
비극 작가 아이스킬로스에 따르면, 아가멤논은 살려달라는 이피게네이아의 간청에
도 아랑곳없이 딸을 제물로 바쳤다. 그러나 에우리피데스의 비극 『타우리스의 이피
게네이아』에서는 마지막 순간 아르테미스가 제단 위의 이피게네이아를 사슴으로
바꾸어 그녀를 구해준다. 그런 다음 아르테미스는 이피게네이아를 흑해의 북쪽 해
안에 있는 야만인들의 땅 타우리스로 보낸다. 그곳에서 이피게네이아는 아르테미
스를 섬기는 무녀가 되어, 타우리족의 관습대로 이방인을 인간 제물로 바치는 의식
을 준비하는 역할을 맡는다. 후에 이피게네이아의 남동생 오레스테스가 아폴론의
명에 따라 오래된 아르테미스 신상을 찾으러 그의 벗 필라데스와 함께 타우리스에
왔다. 이피게네이아는 오레스테스가 신상을 손에 넣어 그리스로 향하는 배에 신도
록 도와주었다. 그때 아테나가 나타나 오레스테스에게 신상을 아티카의 할라이로
가져가서 그곳에 아르테미스 신전을 세우라고 일렀다. 이피게네이아는 브라우론으
로 보내져 그곳에서 죽을 때까지 아르테미스를 섬긴다. (미케네, 아가멤논, 아르테미스,
아울리스, 아킬레우스, 아테나, 아티카, 엘렉트라(인간), 오레스테스, 칼카스, 클리타임네스트라, 트
로이, 필라데스)

이피스Iphis   이피스는 미천한 출신의 청년이다. 공주 아낙사레테를 애타게 짝사
랑했지만 번번이 거절당하자 그녀의 집 문에 스스로 목을 맸다. 이피스의 어머니는
아들의 죽음에 복수해달라 기도를 올렸고, 신들은 그의 장례 행렬을 구경하려고 창
밖으로 몸을 내민 아낙사레테를 돌로 만들어 기도에 응답했다. (아낙사레테)

이피클레스Iphicles   이피클레스는 헤라클레스의 이부 쌍둥이 형제이다. 그와
헤라클레스 모두 알크메네의 아들이었지만, 헤라클레스의 아버지는 제우스, 이피
클레스의 아버지는 알크메네의 인간 남편 암피트리온이었다. 헤라가 헤라클레스를
죽이기 위해 아기 침대로 뱀을 보냈을 때 이피클레스는 겁에 질렸지만, 헤라클레스
는 아기로서는 믿기지 않는 용맹함과 힘으로 뱀을 목 졸라 죽여 자신과 형제를 구했
다. 훗날 이피클레스는 칼리돈의 멧돼지 사냥에 참여하고, 헤라클레스와 함께 트로
이와 라오메돈 왕을 공격한다. 신화 기록가 아폴로도로스에 따르면, 이피클레스는
후에 헤라클레스의 스파르타 원정에도 합류했다가 전장에서 목숨을 잃었다고 한

다. (라오메돈, 스파르타, 알크메네, 암피트리온, 제우스, 칼리돈, 트로이, 헤라, 헤라클레스)

익시온Ixion   익시온은 인류 최초의 살인자 혹은 최초의 친족 살인자인 까닭에 죽은 후 지하세계에서 영벌을 받은 인물로 가장 잘 알려져 있다. 그의 아버지로 거론되는 안티온이나 폭력적인 플레기아스는 켄타우로스족과의 전쟁으로 유명한 테살리아의 라피타이족을 다스린 왕들이었다. 익시온의 죄목을 상세히 설명하자면, 그는 데이오네우스의 딸 디아와 약혼하면서 후한 신붓값을 약속했지만 이를 지키지 않았다. 데이오네우스가 익시온의 귀한 암말들을 담보로 잡아가자, 익시온은 약속한 신붓값을 전부 지불하기로 했다. 그러나 익시온은 약속을 지키는 대신 덫을 놓았고, 데이오네우스는 불구덩이에 빠져 죽었다. 역사가 디오도로스 시켈로스에 따르면, 감히 익시온의 혈족 범죄를 씻어주겠노라 나선 이는 아무도 없었지만, 제우스가 그의 죄를 정화해 주고 그를 올림포스 산에 초대하기까지 했다. 신들의 환대를 즐기는 사이 익시온은 헤라에게 욕정을 품고 그녀에게 추근거렸다. 헤라가 이 사실을 고하자 제우스는 아내의 주장을 확인하기 위하여 구름으로 헤라의 형상을 만들었다. 아니나 다를까, 익시온은 구름으로 만들어진 가짜 헤라, 네펠레와 동침하여 켄타우로스족의 조상인 켄타우로스를 잉태시켰다. 제우스는 그 벌로 익시온을 불타는 수레바퀴에 묶어 지하세계를 영원히 돌도록 했다. (네펠레〔신〕, 라피타이족, 올림포스 산, 제우스, 지하세계, 켄타우로스족, 헤라)

일로스Ilus   트로이의 또 다른 이름인 일리온(또는 일리움, 일리오스)은 일로스의 이름을 딴 것이다. 트로이의 창건자 일로스는 트로이의 하천신 스카만드로스의 딸 칼리로에('아름답게 흐르는')와 트로이인의 시조인 트로스 왕 사이에 태어난 아들로 알려져 있다. (스카만드로스 강, 트로스, 트로이)

제테스Zetes   제테스와 그의 쌍둥이 형제 칼라이스는 아테네의 왕 에레크테우스의 딸 오레이티이아가 북풍 보레아스에게 겁탈당해 낳은 아들들이다. 그들은 보레아스의 자식들이라는 의미로 '보레아다이Boreadai'라 불렸다. 이들 형제는 아버지를 닮아 날개를 가지고 있었으나, 로마 시인 오비디우스에 따르면 사춘기에 이르러서야 날개가 자랐다고 한다. 그들은 아르고호 원정대의 일원으로서 이아손과 함께 황금 양피를 찾아 떠났으며, 그 과정에서 하르피이아이에게 음식을 모조리 빼앗기고 고통받고 있던 트라키아의 죄인 피네우스를 구해주었다. 시인인 로도스의 아폴로니오스에 따르면, 쌍둥이 형제는 피네우스에게 벌을 내린 신들로부터 응징당할까 봐 두려워 그를 도와주기를 꺼렸다. 그러나 예언력을 가진 피네우스가 괜찮다고 안심시키자, 그들은 하르피아이를 쫓았다. 그런데 거의 다 따라잡았을 때 여신 이리스(혹은 헤르메스)가 나타나더니, 하르피아이가 다시는 피네우스를 괴롭히지 않을 것이라고 약속했다. 신화 기록가 아폴로도로스는 변형된 이야기를 전한다. 제테스와 칼라이스에게 쫓기던 하르피아이 중 한 명은 펠로폰네소스 반도의 어느 강으로 떨어져 죽고, 다른 한 명은 지쳐 죽었다고 한다. 제테스와 칼라이스는 헤라클레스의 손에 죽음을 맞았다. 헤라클레스는 님페들에게 납치당한 어린 벗이자 연인인 힐라스를 찾아 헤매고 있던 자신을 미시아에 버려두고 떠나자며 아르고호 원정대를 설득한 이들이 바로 그 형제라는 말을 듣고 분노했다. (보레아스, 아르고호 원정대, 아테네, 에레크테우스, 오레이티이아, 이리스, 이아손, 피네우스, 헤라클레스, 헤르메스, 힐라스)

제토스Zethus 제토스와 그의 쌍둥이 형제 암피온은 제우스와 안티오페 사이에 태어난 아들들이다. 그들은 태어난 후 버려졌지만, 양치기들에게 발견되어 그들의 손에 자랐다. 훗날 어머니 안티오페와 재회한 형제는 그녀를 감금하고 고문해온 테베의 왕 리코스와 왕비 디르케에게 복수했다. 테베의 공동 섭정이 된 제토스와 암피온은 함께 성벽을 지었다. 제토스는 무거운 돌을 직접 날랐고, 암피온은 리라 연주로 돌들을 움직였다. 이전에는 창건자인 카드모스의 이름을 따 카드메이아라 불렸던 도시는 이제 제토스의 아내의 이름을 따 테베로 불리게 되었다. (디르케, 리코스, 안티오페, 암피온, 제우스, 카드모스, 테베)

카나케Canace 신화 기록가 아폴로도로스에 의하면, 카나케는 바람의 지배자 아이올로스의 열두 자식 중 한 명이었다. 그녀는 포세이돈과 관계하여 다섯 명의 아들을 낳았는데, 그중 한 명인 알로에우스는 훗날 거인 형제 오토스와 에피알테스의 계부가 된다. 로마 시인 오비디우스는 카나케의 죽음을 둘러싼 극적인 사건들을 기록한다. 카나케는 오라비인 마카레우스와의 근친상간으로 아이를 잉태했고, 그녀의 유모가 낙태를 시도했지만 결국 사내아이가 태어났다. 분노한 아이올로스는 갓 태어난 아기를 개들과 새들에게 먹잇감으로 던져줄 것을 명하고, 카나케에게 검을 주어 스스로 목숨을 끊게 했다. (아이올로스, 알로에우스, 오토스, 포세이돈)

카드모스Cadmus 카드모스는 티레(혹은 시돈)의 왕 아게노르의 아들이었다. 딸 에우로페가 제우스에게 납치되자 아게노르 왕은 그녀를 찾아오라며 아들들을 보냈다. 흩어진 형제들은 결국 누이 찾기를 포기하고, 각자 다른 곳에 식민지를 세웠다.

보이오티아에 도착한 카드모스는 신탁의 조언을 구하기 위해 델포이로 갔다. 신탁이 이르기를, 에우로페를 찾는 일은 그만두고 암소 한 마리가 멈춰 서는 곳에 정착하라고 했다. 이곳에 그는 카드메이아라는 도시를 건설하는데, 훗날 테베로 불리게된다. 신화 기록가 아폴로도로스는 테베의 창건에 대해 아주 상세히 전한다. 카드모스는 감사의 뜻으로 그 암소를 신들에게 바치기로 하고, 부하 몇 명을 보내어 제사용 물을 길어오게 했다. 부하들이 돌아오지 않아 카드모스가 직접 찾아가 봤더니, 아레스에게 봉헌된 성스러운 그 샘을 용 한 마리가 지키고 있었다. 카드모스는 이 용을 죽인 후, 아테나의 지시에 따라 용의 이빨 몇 개를 땅에 뿌렸다. 거기에서 무장한 성인 남자들, 스파르토이Spartoi('씨 뿌려 나온 자들')가 솟아났다. 카드모스가 그들 사이로 돌을 던지자 그들은 당황하여 서로 싸우다가 다섯 명만 남고 모두 죽었다. 후에 제우스는 아프로디테와 아레스의 딸인 하르모니아를 카드모스에게 신부로 주었고, 모든 신들이 그들의 결합을 축하했다. 카드모스는 헤파이스토스가 만든 아름다운 예복과 경이로운 목걸이를 하르모니아에게 결혼 선물로 주었다. 두 선물은 훗날 그들의 후손들 사이에 갈등을 일으킨다. 카드모스와 하르모니아 사이에는 아들 폴리도로스와 네 딸 아우토노에, 이노, 세멜레, 아가우에가 태어났다. 딸들은 하나같이 비극적인 인물이 된다. 이노는 아타마스와, 아우토노에는 아리스타이오스와, 아가우에는 에키온과 결혼했다. 세멜레는 제우스의 아이를 잉태하여 디오니소스의 어머니가 되었다. 아가우에는 카드모스의 뒤를 이어 테베의 섭정이 되는 펜테우스를 낳았다. 펜테우스는 사촌 디오니소스를 신으로 인정하지 않았다가, 디오니소스 숭배 의식에서 광란 상태에 빠진 자신의 어머니와 이모들의 손에 참담한 최후를 맞는다. 아우토노에의 아들 악타이온 역시 사냥개들에게 갈가리 찢겨 처참하게 죽었다. 기묘하게도 카드모스와 하르모니아는 발칸 반도 서부의 외진 땅 일리리아로 추방되어 그곳에서 이방인들을 이끌고 전쟁에 나갔고, 마지막엔 뱀으로 변했다. 카드모스가 아레스의 용을 죽인 데 대한 벌이었을지도 모른다. 제우스는 카드모스와 하르모니아를 엘리시온 들판으로 보내주었다. (델포이, 디오니소스, 보이오티아, 아가우에, 아게노르, 아레스, 아리스타이오스, 아우토노에, 아프로디테, 악타이온, 에우로페, 엘리시온 들판, 이노, 제우스, 테베, 펜테우스, 하르모니아)

카밀라Camilla 카밀라의 아버지인 볼스키족의 폭군 메타보스는 그녀가 아직 갓난아기였을 때 나라에서 쫓겨나는 신세가 되었다. 아마세누스 강에 이르자 그는 카밀라를 물푸레나무 창에 묶은 뒤, 딸이 강을 무사히 건넌다면 디아나(ⓒ아르테미스)에게 딸을 바치겠다고 맹세했다. 이 소원은 이루어졌고, 메타보스는 여신에게 한 약속을 지켜 카밀라를 숲속의 처녀 사냥꾼으로 키웠다. 훗날 그녀는 이탈리아에 들어와 큰 전쟁을 야기한 아이네이아스와 트로이 유민에 맞서 싸우기 위해 루툴리족 왕자 투르누스의 군대에 합류했다. 전장에서 카밀라는 아룬스라는 전사의 비열한 공격에 숨졌고, 라틴인들은 그녀의 죽음을 애통해했다. (디아나, 라틴인, 루툴리족, 아룬스, 아이네이아스, 투르누스, 트로이)

카산드라Cassandra 카산드라는 트로이의 왕 프리아모스와 왕비 헤카베 사이에 태어난 딸이다. 호메로스에 따르면, 카산드라는 아프로디테와 견줄 만큼 미모가 뛰어났다고 한다. 그러나 그녀의 미모는 축복이라기보다는 저주에 가까웠다. 그녀에게 반한 아폴론은 그녀의 마음을 얻을 수 있으리라는 기대로 그녀에게 예언력을 주었다. 그러나 카산드라는 그를 거부했고, 이 모욕을 갚기 위해 아폴론은 카산드라의 예언이 그 누구의 신뢰도 얻지 못하도록 만들었다. 그래서 그녀가 동생 파리스를 스파르타로 보내면 트로이가 파멸에 이르리라 예언했을 때에도 프리아모스 왕은 이를 무시하고 파리스를 함대와 함께 보냈다. 결국 파리스는 스파르타에서 헬레네를 데려왔고, 이는 트로이 전쟁의 직접적인 원인이 되었다. 또 카산드라는 트로이의 목마가 아테나에게 바치는 공물이 아니라 그리스군을 잔뜩 태운 함정이라는 사실을 알고, 트로이군에게 조심하라고 경고했다. 카산드라는 트로이의 아테나 제단에 몸을 숨겼다가, 오일레우스의 아들인 그리스 영웅 소(小) 아이아스에게 겁탈당하는 수모를 겪기도 했다. 이 불경한 만행을 저지른 대가로 아이아스와 그리스군은 아테나와 제우스, 포세이돈에게 벌을 받았다. 아이아스의 배는 트로이에서 귀향하던 중에 난파했고, 그는 번개에 맞았다. 몇몇 전승에서는 바다에 빠져 익사했다고도 한다. 한편, 카산드라는 그리스 연합군의 총사령관인 미케네의 왕 아가멤논에게 첩으로 넘겨졌다. 아가멤논이 카산드라를 데리고 미케네로 돌아가자, 안 그래도 심기가 불편했던 클리타임네스트라 왕비는 화가 머리끝까지 치솟아 둘 다 죽여버렸다. 비극 작가 아이스킬로스의 희곡 『아가멤논』에는 카산드라의 죽음과 그 예견이 생생하게 묘사되어 있다. 또 다른 전승에서는 카산드라와 그녀의 쌍둥이 형제 헬레노스가 어렸을 때 아폴론 신전에서 잠들었다가 뱀들이 그들의 귀를 핥아 예언력을 얻었다고도 한다. (미케네, 스파르타, 아가멤논, 아이아스[소], 아테나, 아폴론, 아프로디테, 제우스, 클리타임네스트라, 트로이, 파리스, 포세이돈, 프리아모스, 헤카베, 헬레네, 헬레노스)

카시오페이아Cassiopeia 카시오페이아는 에티오피아의 왕 케페우스의 아내이자 아름다운 안드로메다의 어머니이다. 그녀는 자신(혹은 자신의 딸)이 해신 네레우스의 딸들인 네레이데스보다 더 아름답다고 오만하게 떠들고 다녔고, 그 벌로 포세이돈이 보낸 바다 괴물이 에티오피아를 쑥대밭으로 만들었다. 유일한 해결책은 그녀의 딸을 제물로 바치는 것이었다. 다행히도, 메두사를 막 처치하고 돌아가던 영웅 페르세우스가 안드로메다를 구해주었다. 카시오페이아가 죽자 포세이돈은 그녀를 별자리로 만들어주었는데, 벌렁 드러누운 자세로 두 발을 위로 쳐들고 있는 듯한 채신없는 자세를 취하고 있다. (네레이데스, 메두사, 안드로메다, 에티오피아, 케페우스, 포세이돈)

카파네우스Capaneus 카파네우스는 오만죄와 그 결말을 보여주는 전형적인 사례이다. 그는 오이디푸스의 아들 폴리네이케스와 함께 테베를 공격한 일곱 장군 중 한 명이었다. 폴리네이케스는 형제인 에테오클레스가 약속을 어기고 테베의 섭정 자리에서 물러나지 않자 전쟁을 계획했다. 비극 작가 아이스킬로스에 따르면, 카파네우스는 제우스의 도움이 있건 없건 간에 자신이 테베를 무너뜨릴 수 있다고 떠벌렸다. 심지어 제우스와의 대결도 겁나지 않는다며, 제우스가 내리치는 벼락의 위력은 한낮의 더위 정도밖에 되지 않는다고 주장했다. 이렇게 큰소리를 떵떵 쳤지만, 그의 불경스러운 행위는 제우스의 분노를 피하지 못했다. 테베의 성벽을 기어오르던 그는 제우스의 벼락에 맞아 죽었다. (에테오클레스, 오이디푸스, 제우스, 테베, 폴리네이케스)

칼라이스Calais 칼라이스와 그의 쌍둥이 형제 제테스는 북풍 보레아스의 아들들로 몸이 재빠르고 날개를 달고 있었으며, 보레아스의 자식들이라는 뜻인 '보레아다이Boreadai'라 불렸다. 두 형제는 음식을 가로채어 가는 하르피이아이 때문에 끊임없이 고통당하고 있던 피네우스 왕을 도와준 일화로 가장 유명하다. (보레아스, 제테스, 피네우스, 하르피이아이)

칼리스토Callisto 칼리스토는 아르카디아의 숲에서 처녀신 디아나(Ⓖ아르테미스)를 모시고 살던 아름다운 아가씨 혹은 님페였다. 많은 작가들에 따르면, 칼리스토의 아버지인 아르카디아의 무자비한 폭군 리카온은 만행을 저지르다가 유피테르(Ⓖ제우스)에게 벌을 받아 포악한 늑대로 변해버렸다고 한다. 우리에게 가장 잘 알려져 있는 칼리스토의 운명은 로마 시인 오비디우스가 들려주는 이야기에서 비롯된다. 아름다운 여인, 님페, 여신 들이 대개 그러했듯, 칼리스토 역시 바람기 많은 유피테르의 눈을 피하지 못했다. 그녀가 목욕하고 있는 모습을 우연히 발견한 유피테르는 참으로 역겨운 계략을 써서 그녀에게 접근했다. 여신 디아나로 둔갑한 것이다. 그래서 칼리스토는 다가오는 그를 경계할 까닭이 없었다. 결국 칼리스토는 겁탈당해 아이를 잉태했다. 그녀는 그 수치스러운 일을 최대한 오랫동안 감추었지만, 어느 날 사냥으로 몸이 달아오르고 지친 디아나가 시녀들에게 그늘진 개울에 다 같이 몸을 담그자고 했다. 칼리스토가 망설이자 다른 시녀들이 그녀의 옷을 벗겼고, 수치스럽게도 점점 부풀어 오르는 배를 들킨 칼리스토는 디아나 무리에서 추방당했다. 칼리스토가 어린 아들 아르카스를 낳았을 땐 유피테르의 아내 유노(Ⓖ헤라)가 남편의 외도에 분노하여 칼리스토를 곰으로 만들어버렸다. 시간이 흘러 장성한 아르카스가 사냥을 나갔다가 자신의 어머니인 곰과 마주쳤을 때 창을 던져 죽이려 하자 유피테르가 막았다. 유피테르는 그 모자를 하늘로 올려 보내 별자리들인 큰곰자리와 작은곰자리로 만들어주었다. 아직도 분이 풀리지 않은 유노는 마지막 징벌을 궁리했다. 두 별자리가 오케아노스 강물에 몸을 담가 쉬지 못하게 했고, 그 결과 그들은 쉴 새 없이 하늘을 빙빙 돌게 되었다. 그리스어로 저술하며 인물들의 이름도 그리스식으로 표기한 신화 기록가 아폴로도로스는 또 다른 이야기를 전한다. 헤라가 아르테미스를 설득하여 칼리스토에게 활을 쏘게 했거나, 혹은 아르테미스가 순결의 서약을 어긴 칼리스토에게 자발적으로 활을 쏘았다는 것이다. 칼리스토가 죽자마자 제우스는 아기를 구해내 아르카스라 이름 짓고, 님페 마이아에게 맡겨 키우게 했다.

(디아나, 리카온, 마이아, 아르카디아, 아르카스, 오케아노스〔장소〕, 유노, 유피테르, 제우스, 헤라)

칼카스Calchas 칼카스는 트로이 전쟁이 일어나는 동안 종종 그리스군에게 조언을 해주던 예언자다. 그의 예언은 앞으로의 사건 전개에 큰 영향을 미치는 경우가 많았다. 예를 들어, 순풍이 불지 않아 그리스 연합군의 함선들이 아울리스에 묶인 채 트로이로 떠나지 못하고 있자, 칼카스는 아르테미스가 분노했기 때문이라며 아가멤논의 딸인 이피게네이아를 아르테미스에게 바쳐야 한다고 말했다. 아가멤논의 아내 클리타임네스트라는 딸을 죽음으로 내몬 남편을 결코 용서하지 않았으며, 이 때 품은 앙심은 훗날 그녀가 아가멤논을 살해하는 직접적인 원인이 된다. 그리고 트로이 성벽 밖에 진을 친 그리스군 진영에 역병이 닥쳤을 때 칼카스는 아가멤논에게 이 위기에서 벗어나려면 그의 첩 크리세이스를 그녀의 아버지인 사제 크리세스에게 돌려주어야 한다고 주장했다. 그러자 아가멤논은 아킬레우스의 첩 브리세이스를 빼앗았고, 아킬레우스는 이 모욕을 참지 못했다. 아폴로도로스, 코인토스 스미르나이오스, 세네카 등의 작가들에 따르면, 칼카스는 아킬레우스의 아들 네오프톨레모스와 필록테테스의 도움을 받지 않으면 그리스가 트로이를 이길 수 없을 거라 예언하기도 했다. 또, 헥토르의 젖먹이 아들 아스티아낙스와 트로이의 공주 폴릭세네를 제물로 바치지 않으면 그리스군이 귀향할 수 없을 거라 주장했다. (네오프톨레모스, 브리세이스, 아가멤논, 아르테미스, 아스티아낙스, 아울리스, 아킬레우스, 이피게네이아, 크리세스, 클리타임네스트라, 트로이, 폴릭세네, 필록테테스, 헤라클레스, 헥토르)

케익스Ceyx 케익스는 저녁샛별 헤스페로스(혹은 아침 샛별 루키페르)의 아들로, 스페르케이오스 계곡에 있는 테살리아의 도시 트라키스를 다스리는 왕이었다. 케익스는 칼리돈의 왕 오이네우스의 궁에 머물다 실수로 그의 인척을 죽인 후 자진하여 유배를 떠난 헤라클레스를 받아주었다. 헤라클레스와 그의 아내 데이아네이라는 트라키스로 가는 길에 켄타우로스 네소스와 마주쳤다. 이 숙명적인 만남으로 인해 머지않아 헤라클레스는 스스로 생을 마감하게 된다. 케익스에 관해 이야기하자면, 그의 삶은 비극적인 사건으로 얼룩져 있었다. 그의 아들 히파소스는 헤라클레스의 오이칼리아 침략에 가담했다가 전장에서 목숨을 잃었다. 케익스의 조카딸 키오네는 헤르메스와 아폴론에게 차례로 겁탈당해 쌍둥이 형제 아우톨리코스와 필라몬을 낳았다. 아우톨리코스는 자신의 아버지 헤르메스처럼 부정직한 모사꾼이었고, 필라몬은 자신의 아버지 아폴론처럼 노래와 리라 연주에 능했다. 신들의 자식을 낳고는 한껏 오만해진 키오네는 자기가 여신 디아나(ⓒ아르테미스)보다 더 아름답다고 떠벌리고 다녔고, 그 벌로 디아나가 쏜 화살에 혀를 맞아 목소리와 목숨을 잃었다. 절망에 빠진 그녀의 아버지(케익스의 형제)는 파르나소스 산의 절벽에서 뛰어내렸지만, 떨어지는 도중에 신들에 의해 매로 변했다. 로마 시인 오비디우스가 전하는 바에 따르면, 형제의 신비한 운명이 마음에 걸린 케익스는 그 연유를 알기 위해 이오니아의 클라로스에 있는 신탁소를 찾아가기로 마음먹었다. 하지만 배를 타고 가는 도중에 풍랑을 만나 목숨을 잃고 말았다. 케익스의 여행을 만류했던 아내 알키오네는 그의 죽음을 모른 채 그의 무사 귀환을 끊임없이 헤라에게 빌었다. 헤라는 꿈의 신 모르페우스를 시켜 케익스의 모습으로 알키오네에게 남편의 비극적인 최후를 전하게 했다. 알키오네가 바다로 달려가 바닷물에 둥둥 떠 있는 남편의 시체를 발견하자, 신들은 부부를 물총새로 만들고 그들이 겨울에 둥지를 트는 이레 동안은 바다를 잔잔하게 잠재웠다. (네소스, 데이아네이라, 디아나, 모르페우스, 아폴론, 알키오네, 오이네우스, 칼리돈, 켄타우로스족, 테살리아, 파르나소스 산, 헤라, 헤라클레스, 헤스페로스)

케크롭스Cecrops 케크롭스는 아테네와 아티카 지역(당시에는 케크로피아라 불렀다)의 초대 왕으로 알려졌다. 그는 땅에서 태어났으며, 하반신이 뱀의 꼬리인 반인반수였다고 한다. 초대 왕인 그는 제우스를 최고 신으로 인정하고, 일부일처제와 장례식을 제도화하고, 인간 공양을 근절하고, 알파벳을 도입하고, 지역 공동체들을 한 도시로 통합하는 등의 업적을 세웠다. 신들이 도시를 하나씩 소유하기로 결정했을 때, 아테나와 포세이돈은 아테네를 원했다. 몇몇 전승에 따르면, 제우스가 두 신들 간에 벌어진 대결의 심판관으로 케크롭스를 지명했다고 한다. 그러나 올림포스 신들 전원, 혹은 케크롭스의 단명한 아들 에리시크톤이 결정을 내렸다는 설도 있다. 포세이돈은 삼지창으로 아크로폴리스의 바위를 내리쳐, 도시의 해군력을 상징하는 해수 샘을 만들어냈다. 아테나는 올리브 나무 한 그루가 자라나게 했다. 올리브가 가장 귀한 선물이라는 판결이 내려졌고, 올리브는 과연 아테네 경제의 중심축이 되었다. 아테나는 포세이돈을 이겨 도시의 수호신이 되었고, 그녀 자신의 이름을 따 아테네라 명명했다. (아크로폴리스, 아테나, 아테네, 아티카, 올림포스 산, 제우스, 포세이돈)

케팔로스Cephalus 케팔로스는 아테네의 공주 프로크리스의 남편이자, 포키스의 왕 데이온의 아들이었다. 그는 새벽의 여신 아우로라(ⓖ에오스)에게 납치되었지만, 아내와의 이별을 슬퍼하다가 풀려났다. 그 후 아우로라의 부추김에 넘어간 케팔로스가 질투심에 휩싸여 아내의 정절을 시험하면서 비극이 일어났다. 그는 아내의 결점을 알게 되었고, 프로크리스는 달아났다. 결국 둘은 화해했지만, 후에 케팔로스는 실수로 아내를 죽이고 만다. (아우로라, 프로크리스)

케페우스Cepheus 그리스 로마 신화에는 케페우스라는 이름의 인간이 여러 명 등장한다. 그중 가장 유명한 이는 바다 괴물에게 제물로 바쳐졌다가 영웅 페르세우스에게 구조된 안드로메다 공주의 아버지일 것이다. 케페우스의 아내 카시오페이아는 네레이데스를 모욕했다가 딸을 잃을 뻔했다. 일반적으로 케페우스는 에티오피아의 왕으로 알려졌지만, 헤로도토스, 헬라니코스, 파우사니아스에 따르면 페르시아인, 바빌로니아인, 혹은 페니키아인이라는 설도 있었다. 케페우스는 안드로메다와 페르세우스의 아들 페르세스를 자신의 후계자로 지명했다. 케페우스와 그의 아내 카시오페이아, 그의 딸 안드로메다는 모두 죽은 후 별자리가 되었다.

덜 유명하긴 하지만, 아르카디아에서 가장 중요한 도시 테게아를 다스린 왕의 이름도 케페우스였다. 그는 황금 양피를 찾아 떠난 아르고호 원정대의 일원이었으며, 영웅 멜레아그로스와 함께 칼리돈의 멧돼지를 사냥했다. 신화 기록가 아폴로도로스가 전하는 바에 따르면, 영웅 헤라클레스는 복수를 위해 스파르타를 공격하기로 마음먹고 케페우스를 전쟁에 끌어들이려 했다. 케페우스는 자신이 자리를 비운 사이 테게아가 공격당할 것이 염려되어 거절하자, 헤라클레스는 도시를 지켜줄 메두사의 머리카락을 케페우스의 딸 스테로페에게 주었다. 도시는 무사했지만, 케페우스는 스파르타와의 전쟁에서 목숨을 잃었다. (네레이데스, 메두사, 멜레아그로스, 바빌론, 스파르타, 아르고호 원정대, 아르카디아, 안드로메다, 에티오피아, 이아손, 카시오페이아, 칼리돈, 페르세우스, 헤라클레스)

켈레오스Celeos(Keleos) 켈레오스는 전설상의 엘레우시스 왕으로, 노파로 변장한 채 딸 페르세포네를 찾아 지상을 헤매던 여신 데메테르를 딸들의 요청에 따라 지극 정성으로 대접하여 큰 보상을 받았다. 켈레오스의 궁에서 지내는 동안 왕의 젖먹이 아들 데모폰의 유모가 된 데메테르는 아기를 불사의 몸으로 만들어주려고 암브로시아를 발라주고 불 속에 집어넣었다. 켈레오스의 아내 메타네이라는 불길 속에 있는 아이를 보고는 아들이 죽을까 두려워 비명을 질렀다. 그러자 데메테르는 신으로서의 본모습을 드러낸 후, 엘레우시스인들에게 그녀의 신전을 짓도록 명하고 그곳에서 행할 비밀스러운 의식을 가르쳐주었다. 켈레오스는 현명하게 순종하여 엘레우시스 비의의 창시자가 되었다. (데메테르, 데모폰, 엘레우시스, 페르세포네)

코로니스Coronis 코로니스라는 이름의 인간 여성이 신화에 여럿 등장하고, 각각에 얽힌 이야기도 아주 다양하다. 그중 가장 유명한 코로니스는 테살리아의 왕 플레기아스의 딸이자, 치유의 신 아스클레피오스의 어머니이다. 여행 작가 파우사니아스는 그녀에 관한 두 가지 이야기를 전한다. 첫 이야기는 에피다우로스가 아스클레피오스의 가장 중요한 성지가 된 이유를 설명해 준다. 플레기아스는 전쟁을 좋아하는 왕이어서 툭하면 이웃 나라를 침략해 농작물과 소들을 훔쳤다. 한 번은 펠로폰네소스 반도의 사람들도 호전적인지 알아보려고 떠난 여행에 왕은 코로니스를 데려갔다. 그는 모르고 있었지만 코로니스의 뱃속에는 아폴론의 아이가 있었고, 에피다우로스에 도착했을 때 코로니스는 아들(아스클레피오스)을 낳아 산에다 버렸다. 그러나 산을 돌아다니던 염소들이 아스클레피오스에게 젖을 먹이고, 어느 양치기의 개가 아기를 지켜주었다. 마침내 양치기가 아기를 발견했지만 데려가지는 않았다. 아기에게서 번쩍이는 번갯불을 보고, 그의 신성을 알아본 것이다. 아스클레피오스의 탄생에 관한 다른 이야기에 따르면, 코로니스는 아폴론의 아이를 잉태한 상태로 이스키스라는 청년과 사랑에 빠져 부정을 저질렀다. 배신당한 형제 아폴론을 위해 아르테미스가 코로니스에게 화살을 날렸지만, 코로니스의 시신이 화장용 장작 위에서 불탈 때 헤르메스가 태내의 아기를 재빨리 구해냈다. (아르테미스, 아스클레피오

스, 아폴론, 테살리아, 헤르메스)

쿠마이의 시빌레 Sibyl of Cumae 시빌레들은 태어날 때 신으로부터 초자연적인 능력을 부여받고, 기나긴 세월을 살면서 그 신을 섬기는 여성 예언자들이었다. 로마 역사가 바로의 기록에 따르면, 페르시아, 리비아, 델포이, 키메리아, 에리트레아, 사모스 섬, 쿠마이, 헬레스폰트, 프리기아, 티부르 등지에 시빌레들이 있었다고 한다. 그중 가장 유명한 이는 이탈리아 캄파니아 해안에 있는 도시 쿠마이의 어느 산속 동굴에 살았던 쿠마이의 시빌레였다. 로마 시인 베르길리우스는 그 광대한 동굴에 100개의 입구가 있었으며, 모든 입구에서 시빌레의 목소리를 들을 수 있었다고 전한다. 영웅 아이네이아스가 조언을 구하러 찾아오자, 아폴로〔Ⓖ아폴론〕를 영접한 그녀는 라티움에서 그가 전쟁을 치르게 되리라 예언하며, 지하세계로 들어가려면 어떤 황금 가지를 꺾어 프로세르피나〔Ⓖ페르세포네〕에게 바치고 죽은 동료 팔리누루스를 땅에 묻어야 한다고 일러주었다. 그녀는 엘리시온 들판까지 그와 동행했고, 그곳에서 아이네이아스는 아버지 안키세스를 만났다. (델포이, 라티움, 아이네이아스, 아폴론, 안키세스, 엘리시온 들판, 지하세계, 쿠마이, 팔리누루스, 프로세르피나, 프리기아, 헬레스폰트)

크레스폰테스Cresphontes 크레스폰테스는 헤라클레스의 3대째 후손이다. 크레스폰테스와 그의 형제 테메노스, 그리고 그들의 죽은 형제 아리스토메도스의 두 아들인 프로클레스와 에우리스테네스는 펠로폰네소스 반도를 나누어 가질 때 제비뽑기로 결정을 내렸다. 메세니아를 원했던 크레스폰테스는 자신의 뜻을 이루기 위한 계책을 꾸몄다. 아르고스, 스파르타, 메세니아가 적힌 세 개의 제비를 물이 가득 찬 항아리에 집어넣었다. 아르고스와 스파르타는 불에 구운 점토 조각에 적고, 메세니아는 불에 굽지 않은 점토 조각에 적어 물에 녹게 만들었다. 크레스폰테스는 맨 마지막에 제비를 뽑겠다고 했고, 스파르타와 아르고스가 적힌 제비들은 물에 녹지 않아 그의 차례가 돌아오기 전에 뽑힐 수밖에 없었다. 그러나 크레스폰테스의 재위는 오래가지 못했다. 반란이 일어난 탓에 크레스폰테스를 비롯해 그의 맏아들과 둘째 아들도 살해당했다. 반란 주동자인 폴리폰테스가 크레스폰테스의 아내 메로페와 결혼하고 왕위에 앉았다. 크레스폰테스의 막내아들 아이피토스는 어머니의 도움으로 마침내 아버지의 원수를 갚고 왕국을 되찾았다. (메로페〔인간〕, 메세니아〔장소〕, 스파르타, 아르고스, 아이피토스, 헤라클레스)

크레온Creon 크레온이라는 이름은 '통치자'를 의미하며, 고전 신화에는 이 이름의 중요한 통치자가 두 명 등장한다. 그중 한 명은 테베의 섭정이자, 오이디푸스의 아내인 이오카스테의 동생이었다. 그는 에우리디케와 결혼하여, 안티고네의 약혼자 하이몬, 헤라클레스의 불운한 아내 메가라, 할아버지(크레온의 아버지)의 이름을 물려받고 테베를 위해 스스로를 희생한 메노이케우스를 자식으로 두었다. 크레온은 여러 차례 테베의 왕위에 앉았다. 라이오스가 죽었을 때, 오이디푸스가 테베를 떠난 후 그의 두 아들 에테오클레스와 폴리네이케스가 너무 어려 나라를 통치할 수 없었을 때, 그리고 에테오클레스와 폴리네이케스가 서로의 손에 죽었을 때 또 다시 섭정 자리에 올랐다. 비극 작가 소포클레스의 작품들인 『안티고네』와 『오이디푸스』에서 크레온은 음흉한 인물로 그려진다. 오이디푸스가 테베를 떠난 후 에테오클레스와 폴리네이케스가 서로 등을 돌렸을 때, 크레온은 안티고네와 함께 아티카로 유배를 떠나 있던 오이디푸스를 찾아 자신의 왕좌를 지키려 했다. 오이디푸스를 손에 넣는 자가 권력을 거머쥘 수 있다는 예언이 있었던 것이다. 그래서 크레온과 폴리네이케스가 그를 찾아 나섰다. 크레온은 속임수와 병력을 통해 자신의 목적을 이루려 했지만, 아테네의 왕 테세우스에게 오이디푸스를 빼앗기고 말았다. 폴리네이케스와 에테오클레스가 모두 죽은 후, 크레온은 조카 폴리네이케스를 땅에 묻어주려고 하는 자는 누구든 사형에 처하겠다고 공표했다. 그의 조카딸 안티고네가 폴리네이케스를 묻어주려 했다는 사실을 안 크레온은 가족의 장례는 반드시 치러줘야 한다는 신성한 율법의 논리 앞에서도 뜻을 꺾지 않았다. 그 결과 안티고네와 하이몬이 자살했고, 크레온은 조카딸과 아들을 모두 잃었다.

또 다른 크레온은 코린토스의 통치자였다. 그는 이올코스의 왕 펠리아스를 죽여 복수한 후 코린토스로 달아난 이아손과 메데이아를 기꺼이 받아준 일화로 가장 유명하다. 그는 이아손에게 자신의 딸 크레우사(몇몇 원전에는 글라우케라는 이름으로 등장한다)를 신부로 주겠다고 제안했고, 분노한 메데이아는 독을 바른 예복과 머리 장식을 자신의 자식들에게 주며 크레우사에게 결혼 선물로 바치라고 했다. 예복을 입고 머리 장식을 쓴 크레우사는 온몸이 불길에 휩싸였다. 크레온도 딸을 도우려다 독 바른 옷에 들러붙어 죽음을 맞았다. (메가라〔인간〕, 메노이케우스, 아테네, 아티카, 안티고네, 에우리디케〔인간〕, 에테오클레스, 오이디푸스, 이올코스, 코린토스, 크레우사, 테베, 테세우스, 펠리아스, 폴리네이케스, 하이몬, 헤라클레스)

크레우사Creusa 크레우사라는 이름의 인물은 여럿 있다. 그중 한 명은 아테네의 왕 에레크테우스와 프락시테아의 딸이다. 그녀는 아폴론의 구애를 받아 그의 아이를 잉태했다. 아들 이온을 낳은 후 그녀는 아크로폴리스 아래의 어느 동굴에 아기를 감추었다. 아폴론의 지시에 따라 헤르메스가 아기를 델포이로 데려갔고, 이온은 사제가 되었다. 크레우사는 훗날 헬렌의 아들 크수토스와 결혼했다. 자식이 생기지 않자 해결책을 찾기 위해 델포이의 아폴론 신탁소로 간 크수토스는 성소를 떠나자마자 제일 처음 만나는 사람을 아들로 삼으라는 조언을 들었다. 그 사람은 우연히도 이온이었다. 이온의 진짜 정체를 모른 채 남편이 숨겨둔 자식이 아닌가 의심하며 질투심에 휩싸인 크레우사는 그를 독살할 뻔했지만, 어머니와 아들은 늦지 않게 서로의 관계를 알아챘다.

몇몇 원전에서 글라우케라 불리기도 하는 또 다른 크레우사는 코린토스의 왕 크레온의 딸이다. 그녀는 이아손과 약혼했고, 이를 질투한 메데이아의 음모로 참혹한 죽음을 맞았다.

또 한 명의 크레우사는 아이네이아스의 트로이인 아내이다. 가족이 다 함께 트로이에서 달아날 때 그녀는 아이네이아스와 그들의 아들 아스카니오스, 그리고 시아버지 안키세스와 헤어지고 말았다. 그녀가 사라진 걸 깨달은 아이네이아스는 불타는 도시로 되돌아가려 했지만, 크레우사의 혼령이 그에게 나타나 이탈리아로 가라고 당부했다. 그는 그곳에서 왕이 되어 새 아내를 맞을 운명이었다. (델포이, 메데이아, 아스카니오스, 아이네이아스, 아크로폴리스, 아테네, 아폴론, 안키세스, 에레크테우스, 이아손, 이온, 코린토스, 크레온, 크수토스, 트로이, 헬렌)

크리세이스Chryseis 크리세이스는 트로이 전쟁의 전개와 아킬레우스의 운명에 큰 영향을 미친 인물이다. 그녀는 아폴론을 모시는 사제 크리세스의 딸이었다. 그리스군에 포로로 붙잡힌 그녀는 미케네의 왕 아가멤논에게 전리품이자 첩으로 넘겨졌다. 나중에 그녀의 아버지가 그리스 군영에 찾아와 후한 몸값을 제시하며 딸을 돌려달라고 했지만, 아가멤논은 자신의 아내 클리타임네스트라보다 크리세이스가 더 마음에 든다며 거부했다. 크리세스는 아폴론에게 도움을 청했고, 그 기도에 대한 답으로 아폴론은 치명적인 역병을 퍼뜨려 수많은 그리스 병사들의 목숨을 앗아갔다. 예언자 칼카스는 크리세이스를 돌려주어야 사태를 해결할 수 있다고 조언했다. 그러자 아가멤논이 크리세이스를 포기하는 대신 아킬레우스의 전리품인 브리세이스를 갖겠다고 고집을 피우는 바람에 아가멤논과 아킬레우스 사이에 심각한 다툼이 벌어졌다. 아가멤논에게 브리세이스를 빼앗긴 그리스 최고의 전사 아킬레우스는 한동안 전쟁에서 물러났다. (미케네, 브리세이스, 아가멤논, 아이기스토스, 아킬레우스, 아폴론, 칼카스, 클리타임네스트라, 트로이)

크리소테미스Chrysothemis 크리소테미스는 미케네의 왕 아가멤논과 왕비 클리타임네스트라 사이에 태어난 자식들 중 한 명이다. 그리스군 함선들이 아울리스에 묶인 채 트로이로 출항하지 못하고 있을 때 아가멤논은 크리소테미스의 동생 이피게네이아를 여신 아르테미스에게 제물로 바쳤다. 다른 형제자매들인 오레스테스와 엘렉트라는 그들의 아버지를 죽인 클리타임네스트라와 그녀의 정부 아이기스토스에게 복수했다. 비극 작가 소포클레스의 희곡『엘렉트라』에서 크리소테미스는 복수의 칼을 가는 언니 엘렉트라의 심정에 공감하면서도, 자신과 언니는 타고나기를 나약한 한낱 여인들일 뿐이라며 복수 계획에 동참하기를 꺼린다. (아가멤논, 아울리스, 클리타임네스트라, 엘렉트라〔인간〕, 미케네, 오레스테스, 트로이)

크수토스Xuthus 크수토스는 그리스인의 전설적 조상인 헬렌의 아들이자, 도로스와 아이올로스의 형제이다. 헬렌이 세 아들에게 그리스 영토를 나누어줄 때 크수토스는 펠로폰네소스 반도를 받았지만, 더 넓은 땅을 노리다가 형제들에게 쫓겨났다. 그는 아테네로 가서 에레크테우스 왕의 딸 크레우사와 결혼했다. 크레우사와 크수토스 사이에 태어난 아들 이온은 그의 이름을 딴 이오니아인들의 영웅이 되며, 또다른 아들 아카이오스는 아카이아를 건설한다. 비극 작가 에우리피데스는 크수토스가 에레크테우스의 왕위를 이어받았다고 쓰지만, 파우사니아스는 크수토스가 에레크테우스의 아들 케크롭스에게 왕위를 양보했다고 전한다. (도로스, 아이올로스, 아카이아인, 아카이오스, 아테네, 에레크테우스, 이오니아인, 이온, 케크롭스, 크레우사, 헬렌)

클레오비스Cleobis 그리스 역사가 헤로도토스는 클레오비스와 비톤 형제의 신비로운 이야기를 전한다. 아테네의 정치가 솔론이 엄청난 부호인 리디아의 왕 크로이소스를 찾아간 일화에 그 이야기가 등장한다. 크로이소스는 솔론에게 세상에서 가장 운 좋은 사람이 누구냐고 물었는데, "그대, 크로이소스 왕이십니다."라는 답이 돌아오지 않자 깜짝 놀랐다. 솔론은 텔로스라는 사람이 최고의 행운아라고 답했다. 텔로스는 적당한 재산을 갖고, 다섯 아이를 낳았으며, 모든 자식에게서 손주를 보았고, 도시를 위해 일하다 영예로운 죽음을 맞았다는 것이었다. 솔론은 두 번째로 운 좋은 사람으로 아르고스의 쌍둥이 형제 클레오비스와 비톤을 꼽았다. 이 형제는 강한 데다 고결했다. 헤라를 기리는 축제가 열렸을 때, 그들의 어머니인 무녀 키디페는 늦지 않게 헤라의 신전에 도착해야 했다. 하지만 황소들이 어딘가로 사라져 나타나지 않자, 그녀의 두 아들이 직접 멍에를 쓰고 신전까지 먼 거리(45스타디온, 대략

7,000미터)를 수레를 끌고 갔다. 주민들의 한호를 받으며 제시간에 도착한 키디페는 헤라의 신상 앞에서 두 아들의 깊은 신심에 최고의 상을 내려주십사 빌었다. 그후 청년들은 신전 바닥에서 잠들었고 다시는 깨어나지 않았다. 가장 영예로운 순간에 최후를 맞은 것이다. 아르고스 사람들은 두 형제를 가장 훌륭한 인간들로 여겨, 그들의 조각상을 델포이에 바쳤다. 솔론은 이 교훈적인 이야기를 마치며, 어떤 이의 최후를 알기 전까지는 그가 행복한지, 운이 좋은지 판단할 수 없다고 크로이소스에게 말한다. (델포이, 리디아, 아르고스, 헤라)

클리타임네스트라Clytaemnestra(Clytemnestra) 클리타임네스트라는 스파르타의 왕 틴다레오스와 왕비 레다의 딸이었다. 형제자매들로는 절세의 미녀인 트로이(와 스파르타)의 헬레네, 디오스쿠로이인 카스토르와 폴룩스(ⓖ폴리데우케스)가 있었다. 미케네의 왕 아가멤논은 그녀의 첫 남편인 탄탈로스(티에스테스의 아들)를 죽이고 그녀를 아내로 취했다. 클리타임네스트라의 비극은 모성애로부터 시작되었다. 그녀는 아가멤논과의 사이에 이피게네이아(또는 이피아나사), 엘렉트라(또는 라오디케), 크리소테미스, 오레스테스를 낳았다. 그리스 연합군이 역풍 때문에 트로이로 출항하지 못하고 굶주림과 질병에 시달리자, 예언자 칼카스는 아가멤논이 아르테미스에게 봉헌된 사슴을 실수로 죽여 여신을 분노케 했기 때문이라고 밝혔다. 그리스군이 곤경에서 빠져나가는 방법으로 칼카스가 내놓은 끔찍한 해결책은 이피게네이아를 아르테미스에게 제물로 바치는 것이었다. 아가멤논은 이피게네이아를 불러들이기 위해 간계를 썼다. 아울리스에서 이피게네이아를 아킬레우스와 혼인시킬 것이라고 클리타임네스트라를 속인 것이다. 남편의 이 잔인한 행동과 기만을 클리타임네스트라는 결코 용서하지 않았으며, 그가 트로이에서 돌아오자마자 욕조에 든 그를 칼로 찔러 죽였다. 클리타임네스트라는 아가멤논의 첩 카산드라도 살해했다. 카산드라는 남편의 부정함을 상기시키는 불쾌한 존재일 뿐이었다. 클리타임네스트라와 그녀의 연인 아이기스토스는 아버지의 죽음에 복수하라고 부추기는 아폴론의 꾀임에 넘어간 오레스테스에게 살해당했다. 아이스킬로스의 비극『에우메니데스』에서는 아테나가 오레스테스의 모친 살해에 무죄 판결을 내린다. (레다, 미케네, 아가멤논, 아르테미스, 아울리스, 아이기스토스, 아킬레우스, 아폴론, 에우메니데스, 엘렉트라, 오레스테스, 이피게네이아, 제우스, 카산드라, 칼카스, 크리소테미스, 탄탈로스, 트로이, 티에스테스)

클리티아Clytia 클리티아는 태양신 헬리오스의 연인들 중 한 명이었다. 헬리오스가 페르시아의 왕 오르카모스의 딸인 레우코토에에게 관심을 보이자, 상심한 클리티아는 그 일을 오르카모스에게 알렸다. 딸의 경솔함을 전해 듣고 분노한 오르카모스는 레우코토를 산 채로 땅속에 묻어버렸다. 로마 시인 오비디우스가 쓴 바에 의하면, 헬리오스는 무덤을 파서 그녀를 되살리려 했으나 때늦은 시도였다. 슬픔에 잠긴 헬리오스는 그녀의 시신과 땅에 넥타르를 뿌렸고, 그녀의 시신이 있던 곳에서는 귀한 유향나무가 자라났다. 한편, 헬리오스의 관심이 다시 자신에게 돌아오기를 바랐던 클리티아는 먹지도 자지도 않고 해가 뜨고 지는 모습을 아흐레 밤낮으로 지켜보며 부질없이 기다렸다. 결국 그녀는 땅에 뿌리를 내리고, 언제나 태양만 바라보는 꽃 헬리오트로피움heliotropium이 되었다. (아폴론, 헬리오스)

키니라스Cinyras 키니라스는 키프로스 섬을 다스린 전설상의 왕이다. 신화에서 그는 아프로디테와 강한 유대 관계를 맺고 있다. 키프로스 섬에 그 여신의 신전을 짓고 아프로디테 신앙을 도입한 사람이 바로 키니라스라고 전해진다. 또 그는 키프로스 섬의 도시 파포스의 건설자로도 알려졌다. 그의 혈통에 관해서는 설이 분분하다. 로마 시인 오비디우스에 의하면, 그는 피그말리온과 그의 조각상 아내 갈라테이아 사이에 태어난 아들이었다. 그러나 다른 작가들은 그가 아시리아나 킬리키아에서 에오스(새벽의 여신)와 티토노스의 후손으로 태어났다고 주장한다. 키니라스는 자신도 모르게 아도니스의 아버지가 되었고, 끔찍하게도 아이의 어머니는 자신의 딸 미르라(몇몇 문헌에서는 스미르나로 등장한다)였다. 미르라는 수많은 남자의 구애를 받았지만, 자신의 아버지만큼 훌륭한 자가 없어 모두 거절했다. 키니라스를 향한 연모의 감정은 애써 외면하려 할수록 나날이 커져만 갔다. 그녀는 이 부정한 사랑에서 벗어나려면 스스로 목을 매어 죽는 수밖에 없다고 생각했다. 그러나 미르라의 유모가 그녀의 자살을 막고, 그녀가 아버지의 침대로 몰래 들어갈 수 있도록 도왔다. 마침내 키니라스가 자신도 모르게 가담한 범죄를 깨닫고 검을 빼들자 미르라는 달아났다. 그녀는 아홉 달 동안 아라비아를 떠돌다 저 멀리 사바 땅까지 갔고, 산달이 차자 절망에 빠져 신들에게 도움을 청했다. 이 세상 사람들에게도 저 세상 사람들에게도 불결한 존재인 자신을 다른 것으로 바꾸어달라 빌었다. 그녀의 기도가 응답을 받아 그녀는 귀한 몰약나무myrrh가 되었다. 그녀가 끊임없이 흘리는 눈물은 향기로운 송진이 되었으며, 나무껍질에서는 훗날 아프로디테의 사랑을 받게 될 아름다운 아도니스가 태어났다. (갈라테이아, 미르라, 아도니스, 아프로디테, 에오스, 키프로스 섬, 티토노스, 파포스, 피그말리온)

키디페Cydippe 키디페는 헤라를 모시는 무녀이자, 세상에서 가장 운 좋은 사람들로 기억될 클레오비스와 비톤 형제의 자랑스러운 어머니였다. 그녀의 두 아들은 어마어마한 힘을 쏟아부어 고결한 공적을 세웠고, 키디페는 이런 두 아들에게 가장 큰 상을 내려주십사 헤라에게 빌었다. 기도의 결과, 클레오비스와 비톤은 헤라의 신전에서 잠들었다가 다시는 깨어나지 않았다. (클레오비스, 헤라)

키레네Cyrene 역사가 디오도로스 시켈로스에 따르면, 키레네는 강의 신 페네오스의 아들인 힙세우스의 딸이었다. 펠리온 산에서 키레네를 발견한 아폴론은 그녀를 납치해서 리비아로 데려가, 그녀의 이름을 딴 도시를 세웠다. 그곳에서 키레네가 낳은 아리스타이오스는 훗날 인간들에게 양봉과 농경을 가르치는 문화 영웅이 된다. (아리스타이오스, 아폴론, 키레네〔장소〕, 페네오스〔신, 장소〕, 펠리온 산)

키크노스Cycnus 고전 신화에는 키크노스라는 이름의 인간이 여럿 등장한다. 그중 하나는 군신 아레스의 아들 키크노스다. 그는 델포이로 향하는 순례자들에게 전차 경주를 신청하고, 항상 자신이 이겨 그들의 재물을 빼앗는 강도질을 했다. 게다가 패자들의 머리를 베어, 아버지의 신전을 그들의 해골로 장식했다. 키크노스는 결국 영웅 헤라클레스의 손에 파멸하고 만다. 헤라클레스는 전차 기수인 이올라오스와 여신 아테나의 도움을 받아 경주에서 이기고 키크노스를 죽였다. 신화 기록가 히기누스에 의하면, 그 결과로 헤라클레스는 아레스와 한판 붙게 되고, 제우스는 벼락을 던져 둘을 떼어놓았다.

로마 시인 오비디우스의 작품에는 파에톤의 먼 친척인 키크노스가 등장한다. 파에톤이 헬리오스의 전차를 몰다가 제우스의 손에 죽자, 리구리아의 왕 키크노스는 숲속과 강가를 정처 없이 떠돌며 애통해하다 백조가 되어 새된 울음소리만 낼 수 있게 되었다.

또 한 명의 키크노스는 포세이돈과 님페 칼리케 사이에 태어난 아들이다. 그는 트로이 부근의 도시 콜로나이를 다스리는 왕이었다. 로마 시인 오비디우스의 『변신이야기』에 따르면, 트로이의 동맹자인 무적의 키크노스는 아킬레우스와 맞붙어 싸운다. 좀처럼 쓰러지지 않는 키크노스 때문에 화가 치솟은 아킬레우스는 그의 머리를 수차례 잔인하게 때리고 목을 졸랐다. 키크노스가 죽었다고 생각한 아킬레우스가 그의 갑옷을 벗기니 그 안에는 백조 한 마리밖에 없었다. (델포이, 아레스, 아킬레우스, 아테나, 제우스, 트로이, 파에톤, 포세이돈, 헤라클레스, 헬리오스)

타르페이아Tarpeia 타르페이아는 사비니족의 공격으로부터 카피톨리노 언덕을 지키는 임무를 맡은 로마 장군 스푸리우스 타르페이우스의 딸이다. 타르페이아는 사비니족이 왼팔에 찬 물건을 받는 대가로 그들에게 로마의 성문을 열어주어 로마를 배신했다. 타르페이아가 탐낸 것은 묵직한 금팔찌였던 듯하지만, 사비니족은 그녀의 도움에 방패로 보답했다. 배신자에게 걸맞은 죽음이라며 방패로 그녀를 짓눌러 죽인 것이다. 그녀의 이름을 딴 카피톨리노 언덕의 타르페이아 절벽은 훗날 반역자들을 떨어뜨려 죽이는 처형 장소로 사용되었다. (로마, 사비니족, 카피톨리노 언덕)

타미리스Thamyris 타미리스는 호메로스의『일리아스』에서 노래를 잘하고 키타라 연주도 뛰어난 트라키아의 음유시인으로 등장한다. 그러나 그는 자신의 실력이 무사이보다 더 낫다고 어리석게 떠벌리고 다니는 오만죄를 저질렀다. 무사이는 건방진 그를 맹인으로 만들고 그의 음악적 재능을 빼앗았다. 타미리스는 최초의 동성연애자로도 알려져 있다. 그가 사랑을 품은 대상은 스파르타 청년 히아킨토스였다. (무사이, 스파르타, 트라키아, 히아킨토스)

타우리족Taurians 타우리족은 흑해의 크림 반도에 살았던 민족이다. 그들을 다스린 왕들 중에는 페르세스와 토아스가 유명하다. 페르세스는 콜키스의 왕 아이에테스의 형제이며, 토아스는 이피게네이아가 아버지 아가멤논의 손에 죽을 뻔하다가 여신 아르테미스에게 구조되어 타우리스로 보내졌을 당시의 왕이었다. 이방인들을 아르테미스에게 제물로 바치는 것이 타우리족의 관습이었고, 이피게네이아는 아르테미스에게 바칠 인간 제물을 준비하는 무녀로 지내다가 형제인 오레스테스에게 구조되었다. (아가멤논, 아르테미스, 아이에테스, 오레스테스, 이피게네이아, 콜키스, 토아스)

탄탈로스Tantalus 탄탈로스는 전설상의 리키아 왕으로, 시시포스, 익시온과 더불어 하데스에서 영벌을 받은 죄인들 중 한 명이다. 탄탈로스가 지하세계에서 받은 벌은 이러했다. 연못 안에 서 있는 그가 물을 마시려고 고개를 숙이면 물이 줄어들어 버리고, 열매가 주렁주렁 달린 나뭇가지가 머리 위에 있어 열매를 따려고 손을 뻗기만 하면 바람이 불어 나뭇가지가 멀어져 버렸다. 그뿐 아니라, 바로 위에 바위 하나가 당장이라도 떨어질 듯 아슬아슬하게 매달려 있어 끊임없이 위협을 가했다. 그는 제우스의 아들로서 신들에게 총애를 받았지만, 그들에게 중죄를 저질러 형벌을 받게 되었다. 어떤 죄를 지었는가에 관해서는 다양한 이야기가 전해진다. 그리스 시인 핀다로스는 두 가지 이유를 거론한다. 신들이 탄탈로스에게 그를 불사의 몸으로 만들어줄 신성한 음식인 넥타르와 암브로시아를 선물했지만, 탄탈로스는 그 음식을 자신의 인간 벗들과 나누어 먹었다. 다음에 보답의 의미로 신들을 초대한 탄탈로스는 그들의 지혜를 시험해볼 심산으로 자신의 아들 펠롭스를 국으로 끓여 내놓았다. 다행히도 신들은 뭔가가 잘못됐다는 것을 간파했지만, 딸 페르세포네를 잃고 시름에 잠겨 있던 데메테르는 무심코 국을 조금 먹고 말았다. 그러자 제우스는 펠롭스의 토막 난 몸을 다시 이어 맞추어 그를 되살렸다. 데메테르가 씹어 먹은 갈비뼈는 상아로 대체되었다. 펠롭스 그 자신도 탄탈로스의 딸 니오베와 마찬가지로 비극적인 인물이 된다. (니오베, 데메테르, 리디아, 시시포스, 익시온, 제우스, 지하세계, 페르세포네, 펠롭스, 하데스〔장소〕)

테레우스Tereus 전쟁의 신 아레스의 아들로 알려진 테레우스는 끔찍한 범죄를 저지른 대가로 끔찍한 보복을 당한 트라키아의 왕이다. 아테네가 공격당했을 때, 테레우스는 군대를 이끌고 가서 아테네의 왕 판디온을 도와주었다. 그의 친절에 대한 보답으로 판디온은 자신의 딸 프로크네를 그에게 신부로 주었다. 5년이 흘러 자매 필로멜라가 그리워진 프로크네는 테레우스에게 자신을 아테네로 보내주거나 아니면 자매를 불러달라고 청했다. 테레우스는 아내의 뜻에 따라 필로멜라를 데리러 아테네로 떠났다. 그러나 필로멜라를 보는 순간 욕정에 사로잡히고 말았다. 트라키아에 도착하자 테레우스는 필로멜라를 숲속의 오두막으로 끌고 가서 겁탈했다. 필로멜라가 그의 범죄를 폭로하겠다고 협박하자, 그는 검으로 그녀의 혀를 잘라버렸다. 프로크네는 필로멜라가 바다에서 죽었다는 소식을 들었다. 필로멜라는 말을 할 수 없었지만, 자신의 고통을 전할 방법을 찾아냈다. 베틀을 이용하여 자신의 사연을 태피스트리로 짠 뒤 시중을 들던 노파에게 준 것이다. 이렇게 해서 테레우스의 범죄를 알게 된 프로크네는 자매를 구했고, 두 사람은 테레우스에 대한 복수를 계획했다. 그들은 테레우스의 어린 아들 이티스를 살해한 다음, 그 시신으로 국을 끓였다. 테레우스가 이 섬뜩한 음식을 맛있게 먹고는 아들을 찾자, 필로멜라가 이티스의 머리를 들고 나타났다. 끔찍한 진실을 알게 된 테레우스는 검으로 두 자매를 공격했다. 달아나던 필로멜라는 나이팅게일이 되고, 프로크네는 제비가 되었다. 테레우스는 도가머리가 화려한 후투티가 되었다. (아레스, 아테네, 트라키아, 프로크네, 필로멜라)

테르산드로스Thersandrus 테르산드로스는 폴리네이케스(오이디푸스의 아들)와 아르게이아(아르고스의 왕 아드라스토스의 딸) 사이에 태어난 아들이다. 아드라스토스는 폴리네이케스를 테베의 왕으로 앉히기 위해 테베 공략 7장군을 이끌고 테베를 공격했었다. 7장군이 전쟁에서 패해 아드라스토스를 제외하고 모두 전사하자,

테르산드로스는 7장군의 아들들인 에피고노이를 지휘관으로 내세워 2차 테베 침 공을 감행하기로 마음먹었다. 자신의 아버지가 그랬듯, 테르산드로스 역시 군대를 일으키기 위해 뇌물을 썼다. 예언자 암피아라오스의 아내 에리필레에게 누구나 탐 내는 하르모니아의 예복(혹은 목걸이)을 주면서, 그녀의 아들 알크마이온이 원정에 참여토록 설득해달라고 했다. 이 전쟁으로 테베는 무너지고, 테르산드로스가 섭정 이 되었다. 테르산드로스는 트로이 전쟁에도 출정했다고 전해진다. 습격 과정에서 미시아의 왕 텔레포스에게 살해당했다는 설도 있고, 습격에서 살아남아 다른 그리 스 전사들과 함께 트로이의 목마 작전에 참여했다는 설도 있다. (아드라스토스, 아르고 스, 알크마이온, 암피아라오스, 에리필레, 에테오클레스, 에피고노이, 테베, 테베 공략 7장군, 텔레포 스, 트로이, 하르모니아)

테베 공략 7장군 Seven Against Thebes   테베 공략 7장군은 아르고스의 왕 아 드라스토스가 오이디푸스의 아들이자 자신의 사위인 폴리네이케스가 형제 에테오 클레스로부터 테베의 왕위를 빼앗을 수 있도록 돕기 위해 소집한 일곱 명의 명장들 이다. 폴리네이케스와 에테오클레스는 일 년씩 번갈아 가며 테베를 통치하기로 약 속했었는데, 먼저 왕권을 잡은 에테오클레스가 왕위에서 내려오기를 거부했다. 7장 군의 정체에 관해서는 의견이 분분하지만, 대개는 아드라스토스, 폴리네이케스, 티 데우스(디오메데스의 잔인한 아버지), 오만하고 불경한 카파네우스, 히포메돈, 파르테 노파이오스, 그리고 이 원정이 실패하리라는 사실을 내다본 예언자 암피아라오스 등이 언급된다. 아드라스토스를 제외한 모두가 전사했고, 훗날 그들의 아들들인 에 피고노이가 원수를 갚아준다. (디오메데스, 아드라스토스, 아르고스, 암피아라오스, 에테오클 레스, 에피고노이, 오이디푸스, 카파네우스, 테베, 티데우스, 파르테노파이오스)

테세우스Theseus   테세우스는 전설상의 아테네 왕이자 아테네에서 가장 유명한 영웅이다. 고대의 전기 작가 플루타르코스와 신화 기록가 아폴로도로스가 그의 파 란만장한 생애를 상세히 기록했다. 테세우스의 아버지는 아테네의 왕 아이게우스 와 포세이돈으로 알려졌다. 헤라클레스와 비슷한 이런 특이한 혈통에는 다음과 같 은 사연이 숨어 있었다. 아이게우스는 자식이 생기지 않아 델포이 신탁소를 찾은 후 돌아가는 길에, 벗인 피테우스가 다스리고 있는 트로이젠을 방문했다. 아이게우스 는 집에 도착하기 전까지 포도주 부대(염소 가죽으로 만든 포도주 용기)를 풀지 말라 는 신탁의 내용을 이해하지 못해 당황해하고 있었지만, 피테우스는 그 의미를 곧장 간파하고 아이게우스를 술에 취하게 만든 다음 자신의 딸 아이트라를 그와 동침시

컸다. 공교롭게도 바로 그날 밤 포세이돈도 아이트라를 찾았다. 다음 날 아이게우스는 아테네로 떠나면서 아이트라에게 이르기를, 만약 아들을 낳으면 그가 바위 밑에 숨겨둔 검과 샌들을 꺼낼 수 있을 만큼 컸을 때 아테네로 보내라고 했다. 아이트라는 정말 아들을 낳았고, 아이는 건장한 청년으로 장성하여 아이게우스가 숨겨둔 물건들을 바위 밑에서 꺼냈다. 플루타르코스에 따르면, 숨겨둔 물건들을 의미하는 그리스어 테시스thesis를 따서 아이트라가 아들의 이름을 테세우스로 지었거나, 아니면 후에 아이게우스가 그를 자신의 아들이자 계승자임을 공식적으로 인정(테메노스themenos)하면서 이름이 정해졌다고 한다. 세상의 수많은 해악을 제거한 불세출의 영웅 헤라클레스를 동경하여 모방하고 싶었던 테세우스는 아테네로 떠날 때 더 빠르고 쉬운 바닷길 대신 육로인 코린토스 지협을 택했다. 그곳에서 그는 다양한 악당과 마주쳤고, 그럴 때마다 그들과 똑같은 수법을 써서 그들을 처치했다. 청동 몽둥이로 나그네들의 머리를 때려서 죽인 페리페테스, 행인들을 구부러진 소나무에 묶었다가 나무를 펴서 그들을 허공으로 날려 보내 죽인 시니스, 자신의 발을 씻어주는 친절한 사람들을 절벽에서 밀어 죽인 스키론, 나그네들에게 침상을 제공해 주고는 침상의 크기에 맞추어 그들의 팔다리를 늘이거나 잘라버린 프로크루스테스. 테세우스가 아테네에 도착하자 아이게우스는 그를 반갑게 맞았지만, 후계자를 낳아주기로 약속하고 아이게우스와 결혼한 메데이아에게 테세우스는 눈엣가시였다. 그녀는 독을 탄 포도주로 테세우스를 죽이려 했다. 그러나 메데이아의 농간으로 테세우스를 의심하게 된 아이게우스가 테세우스의 검을 알아보고는, 테세우스가 들어 올린 술잔을 내동댕이쳤다. 아이게우스가 테세우스를 왕위 계승자로 공표하자, 아이게우스의 조카들이 반대하며 들고일어났다. 테세우스는 그를 기습 공격하려 한 사촌들의 수하들을 제거한 뒤 아테네 백성들의 환심을 사기 위한 작업에 착수했다. 먼저, 시골을 돌아다니며 쑥대밭으로 만들고 있던 마라톤의 황소를 붙잡았다. 마라톤의 황소는 크레타 섬의 왕 미노스의 아내인 파시파에를 매혹하여 미노타우로스까지 낳게 만든 바로 그 황소였다. 이때 아테네는 9년마다 젊은 남녀를 일곱 명씩 미노타우로스의 먹잇감으로 크레타 섬에 보내야 했다. 미노스의 아들 안드로게오스의 죽음에 대한 보상이었다. 테세우스는 자신이 직접 공물이 되어 미노타우로스를 죽이겠다고 나섰다. 그는 미노스의 딸 아리아드네의 도움으로 그 일을 해냈다. 테세우스에게 첫눈에 반한 아리아드네는 그에게 실뭉치를 주면서, 미노타우로스를 가둔 미궁으로 들어갈 때 실을 풀라고 일렀다. 그 덕에 그는 미궁에서 나오는 길을 쉽게 찾을 수 있었다. 테세우스는 아리아드네를 아내로 맞아 아테네로 데려가겠다고 약속했다. 하지만 그는 디아 섬(낙소스 섬)에 아리아드네를 버렸고, 다행히도 그녀는 디오니소스에게 구조되었다(테세우스의 이 행동에 대해서는 고대 작가들 사이에 의견이 분분하다). 한편, 아이게우스는 테세우스의 귀환을 애타게 기다리고 있었다. 승리의 표시로 흰 돛을, 죽음의 표시로 검은 돛을 올리라고 아들에게 일러둔 터였다. 테세우스는 정신이 없어 깜박 잊고 흰 돛을 올리지 않았고, 아이게우스는 아크로폴리스에서 뛰어내려 자살했다. 이제 왕이 된 테세우스는 흩어져 있던 촌락들을 통합하여 아테네를 진정한 의미의 국가로 만들었다. 아테네를 통치하던 중에 테세우스는 헤라클레스와 아마조네스의 다툼에 가담했고, 이는 아마조네스의 아크로폴리스 공격으로 이어졌다. 여기서 승리를 거둔 테세우스는 아마조네스의 여왕 히폴리테(혹은 안티오페)와의 사이에 히폴리토스를 아들로 얻었다. 후에 테세우스의 아내이자 미노스의 딸인 파이드라는 히폴리토스를 사랑하다 스스로 목숨을 끊었고, 테세우스는 히폴리토스에게 치명적인 저주를 퍼부었다. 점입가경으로 테세우스는 겨우 열두 살인 스파르타의 헬레네를 납치하려 했고, 그다음엔 지하세계의 왕비 페르세포네를 납치해 아내로 맞으려는 라피타이족의 왕 페이리토오스를 도왔다. 테세우스와 페이리토오스 모두 지하세계에 붙잡혀 있었지만, 테세우스는 헤라클레스의 도움으로 풀려났다. 그가 돌아갔을 때 아테네는 혼란에 빠져 있었고, 이전의 동맹자들은 그에게 등을 돌렸다. 그래서 그는 아테네를 떠나 스키로스 섬으로 향했다. 그곳의 왕 리코메데스는 자신의 섬에 그토록 영향력 있는 사람이 있는 것이 두려워 그를 죽였다. 죽은 후 테세우스는 페르시아 전쟁(기원전 499년~기원전 449년)이 일어났을 때 아테네를 도왔다 하여 아테네 사람들에게 신처럼 숭배받았다. (낙소스 섬, 델포이, 디오니소스, 라피타이족, 리코메데스, 메데이아, 미노스, 미노타우로스, 스키로스 섬, 스키론, 시니스, 아리아드네, 아마조네스, 아이게우스, 아이트라, 아크로폴리스, 아테네, 안드로게오스, 안티오페, 코린토스, 크레타 섬, 파시파에, 파이드라, 페르세포네, 페이리토오스, 포세이돈, 프로크루스테스, 피테우스, 헤라클레스, 헬레네, 히폴리테, 히폴리토스)

테스티오스Thestius 테스티오스는 신화 속의 아이톨리아 왕으로, 그의 아버지는 아레스라고도 하고, 도로스의 후손인 아게노르라고도 한다. 신화 기록가 아폴로도로스에 따르면, 테스티오스는 클레오보이아의 딸 에우리테미스와 결혼하여 여러 명의 자식을 얻었다. 딸들은 모두 신화에서 유명한 인물들이다. 멜레아그로스의 어머니인 알타이아, 스파르타(와 트로이)의 헬레네 · 클리타임네스트라 · 디오스쿠로이의 어머니인 레다, 예언자 암피아라오스의 어머니인 히페름네스트라가 그들이다. 테스티오스의 아들들은 칼리돈의 멧돼지 사냥에 참여했다. 멜레아그로스가 큰 공을 세운 사냥꾼 아탈란타에게 멧돼지 가죽을 전리품으로 주자, 그들은 전리품을 여자에게 주는 것은 망신스러운 일이라며 아탈란타에게서 가죽을 강탈했다. 멜레아그로스는 무례한 그들을 살해했고, 형제들의 죽음에 분노한 멜레아그로스의 어머니 알타이아는 아들의 목숨이 달려 있던 장작을 불 속으로 던져버렸다. (도로스, 디오스쿠로이, 레다, 멜레아그로스, 아게노르, 아레스, 아탈란타, 알타이아, 암피아라오스, 칼리돈, 클리타임네스트라, 헬레네, 히페름네스트라)

테우크로스Teukros 신화에는 테우크로스라는 이름의 인간이 두 명 등장한다. 그중 한 명은 트로아스(훗날 건설될 트로이의 주변 지역)의 이다 산에 깃든 님페 이다이아와 강의 신 스카만드로스 사이에 태어난 아들이다. 그가 크레타 섬에서 이주해 왔다는 설도 있다. 트로아스의 초대 왕이었던 그의 이름을 따서 트로이인을 테우크로이인이라 부르기도 했다. 테우크로스의 딸과 결혼한 다르다노스가 왕위를 계승했다. 테우크로스와 다르다노스의 후손들이 장차 트로이를 다스리게 된다.

또 다른 테우크로스는 트로이의 왕 라오메돈의 딸인 헤시오네와 영웅 텔라몬 사이에 태어난 아들이다. 그는 이복형제 대 아이아스와 나란히 트로이 전쟁에서 싸웠다. (다르다노스, 라오메돈, 아이아스(대), 이다(장소), 크레타 섬, 텔라몬, 트로이, 헤시오네)

테이레시아스Teiresias(Tiresias) 테이레시아스(또는 티레시아스)는 테베의 예언자였다. 그는 테베의 창건 왕 카드모스가 용의 이빨을 뿌린 땅에서 솟아 나온 스파르토이Spartoi('씨 뿌려 나온 자들')의 후손이다. 신에게 예언력을 선물 받은 자들이 대개 그렇듯 그 역시 맹인이었고, 신화 기록가 아폴로도로스는 그 연유로 몇 가지 설을 든다. 그가 신들의 비밀을 인간들에게 폭로했다거나, 아테나의 알몸을 봤다거나, 성교를 통해 여성이 남성보다 더 큰 쾌락을 얻는다고 주장하여 헤라의 분노를 샀다거나. 사실 마지막 문제를 판단하는 데 있어서 테이레시아스만 한 적격자도 없었다. 그는 남성과 여성의 삶을 모두 경험했기 때문이다. 어느 날 수컷 뱀과 교미하고 있는 암컷 뱀을 밟은 그는 여자로 변했고, 후에 수컷을 밟자 다시 남자가 되었다.

테이레시아스는 3대에 걸쳐 테베에 충실히 봉사했다. 디오니소스가 자신의 숭배 의식을 그리스에 전하기 위해 테베로 왔을 때, 테이레시아스는 젊은 섭정 펜테우스에게 자신과 늙은 카드모스가 그랬던 것처럼 그 신을 받아들이라고 현명한 조언을 해주었다. 후에는 오이디푸스에게 테베의 왕 라이오스를 살해한 범인이 어느 이름 모를 강도가 아니라 바로 오이디푸스 자신이며, 따라서 오이디푸스가 자신도 모르게 어머니와 근친상간을 저질렀다는 사실을 폭로했다. 테이레시아스는 또한 테베의 섭정이 된 크레온이 오이디푸스의 아들 폴리네이케스의 장례를 금한 것은 잘

못된 판단이며 재앙을 초래하리라는 사실도 알았다. 죽어서도 예언력을 잃지 않은 테이레시아스는 오디세우스 앞에 망령으로 나타나, 그 영웅이 앞으로 겪을 모든 시련을 예언했다. (디오니소스, 라이오스, 아테나, 오디세우스, 오이디푸스, 카드모스, 크레온, 테베, 펜테우스, 폴리네이케스, 헤라)

텔라몬Telamon 텔라몬은 아이기나 섬의 왕 아이아코스의 아들이자, 아킬레우스의 아버지로 유명한 펠레우스의 형제이다. 텔라몬과 펠레우스는 이복형제 포코스를 죽인 후 아버지에게 쫓겨나 망명을 떠났다. 펠레우스는 테살리아로 갔고, 텔라몬은 살라미스 섬으로 가서 왕의 딸인 글라우케와 결혼했다가 왕이 죽자 섬의 섭정이 되었다. 글라우케가 죽은 후 텔라몬은 페리보이아(또는 에리보이아)와 결혼하여, 훗날 그리스 최고의 전사로 활약하는 아이아스(대★ 아이아스 혹은 '텔라몬의 아이아스')의 아버지가 되었다. 텔라몬과 펠레우스는 칼리돈의 멧돼지 사냥과 이아손의 아르고호 원정에 모두 참여했지만, 텔라몬과 관련하여 가장 유명한 이야기는 복수를 위해 트로이를 침략한 헤라클레스를 도운 일화일 것이다. 트로이의 왕 라오메돈은 바다 괴물로부터 딸 헤시오네를 구해준 헤라클레스에게 제우스의 선물인 신마神馬를 주기로 약속해 놓고 그 약속을 어겼다. 텔라몬이 제일 먼저 트로이 성벽을 뚫고 들어가자, 남에게 지는 걸 싫어한 헤라클레스는 그를 죽이려 했다. 텔라몬은 헤라클레스를 기리는 제단을 짓자는 말로 위기를 넘겼고, 헤라클레스는 그에게 헤시오네를 전리품으로 주었다. 그녀는 훗날 텔라몬과의 사이에 테우크로스를 낳는다. (라오메돈, 살라미스 섬, 아이기나〔장소〕, 아이아스〔대〕, 아이아코스, 아킬레우스, 이아손, 칼리돈, 테살리아, 테우크로스, 트로이, 펠레우스, 헤라클레스, 헤시오네)

텔레마코스Telemachus '멀리 떨어진 전사' 텔레마코스는 이타카 섬의 왕 오디세우스와 왕비 페넬로페 사이에 태어난 아들이다. 오디세우스가 트로이 전쟁에 참전하기 위해 트로이로 떠났을 땐 텔레마코스는 젖먹이에 불과했지만, 20년 후 그의 아버지가 돌아왔을 땐 아버지가 페넬로페의 파렴치한 구혼자들로부터 집과 왕국을 되찾을 수 있도록 조력자 역할을 톡톡히 했다. 호메로스의 『오디세이아』에는 텔레마코스의 성장 과정이 담겨 있다. 그는 섬의 백성들을 소집하면서 처음으로 존재감을 드러냈다. 아주 오랫동안 섬에서 없었던 일이었다. 그리고 그는 필로스의 늙은 왕 네스토르와 스파르타의 메넬라오스로부터 아버지의 소식을 듣기 위해 그리스 본토로 떠났다. 한 전승에 따르면, 텔레마코스는 그와 그의 어머니 페넬로페를 불사의 몸으로 만들어준 마녀 키르케와 결혼했다고 한다. (네스토르, 메넬라오스, 스파르타,

텔레포스Telephus 텔레포스는 아우게 공주(아테나를 모시는 무녀이자 테게아의 왕 알레오스의 딸)와 헤라클레스 사이에 태어난 아들이다. 아우게는 사생아 텔레포스를 낳아 아테나의 성역에 버렸고, 이후 그녀의 아버지 알레오스가 아기를 발견했다. 알레오스는 텔레포스를 파르테니오스 산에 버리라 명했지만, 갓 새끼를 낳은 암사슴의 젖을 먹고 살아남은 아기는 후에 몇몇 양치기들에게 구조되었다. 한편, 아우게는 노예로 팔려가거나 익사를 당할 운명이었지만, 미시아 지방의 테우트라니아를 다스린 왕 테우트라스의 눈에 띄어 그의 아내(혹은 양녀)가 되었다. 또 다른 전승에 따르면, 알레오스가 딸 아우게와 텔레포스를 나무 궤에 넣어 바다로 띄워 보냈지만 예상과 달리 그들은 살아남아 미시아에 도착했고, 훗날 텔레포스는 미시아의 섭정이 되었다. 그리스인들이 트로이로 가던 중 미시아에 상륙했을 때 텔레포스는 아킬레우스에게 부상을 당했고, 그 부상은 나을 기미가 보이지 않았다. 상처의 근원만이 치료해 줄 수 있으리라는 아폴론의 신탁에 따라 텔레포스는 아킬레우스를 찾아 나섰고, 아킬레우스는 선뜻 도와주겠다면서도 자신은 치유자가 아니라고 말했다. 신화 기록가 히기누스에 따르면, 아킬레우스가 아니라 아킬레우스의 창이 필요하다고 설명한 이는 율리시스(오디세우스)였다. 그가 창끝의 녹을 상처에 바르자마자 곧장 치료되었다. 이에 대한 보답으로 텔레포스는 그리스군에게 트로이로 가는 길을 알려주었다. (아킬레우스, 아테나, 아폴론, 율리시스, 트로이, 헤라클레스)

토아스Thoas 그리스 로마 신화에는 토아스라는 이름의 인물이 여럿 등장한다. 그중 한 명은 타우리족이라는 야만인들의 왕이다. 그는 아가멤논의 딸 이피게네이아가 여신 아르테미스에 의해 타우리스로 보내졌을 당시 그곳을 다스리고 있었다. 타우리스에서 이피게네이아는 아르테미스를 섬기는 무녀가 되어, 이방인들을 제물로 바치는 타우리족의 관습에 따라 제물을 준비하는 일을 맡았다.

또 다른 토아스는 렘노스 섬의 왕으로, 섬의 여인들(이른바 렘노스 섬의 여인들)이 남자 주민들을 몰살했을 때 유일하게 살아남은 남자였다. 딸 힙시필레의 도움으로 몸을 숨긴 그는 섬에서 탈출했다는 설도 있고, 후에 여인들에게 발견되어 살해당했다는 설도 있다.

세 번째 토아스는 아이톨리아의 왕으로, 트로이 전쟁에 참전하여 용맹하게 싸웠으며 끝까지 살아남았다. (렘노스 섬, 렘노스 섬의 여인들, 아가멤논, 아르테미스, 이피게네이아, 타우리족, 트로이, 힙시필레)

투르누스Turnus 투르누스는 라티움 남부에 살던 루툴리족(이탈리아인)의 젊고 잘생긴 왕이다. 그는 라우렌툼의 왕 라티누스의 딸인 라비니아와 결혼하고 싶어 했고, 라티누스의 아내 아마타 왕비도 그들의 혼인을 강하게 지지했다. 그러나 라비니아의 아버지는 예언에 따라 딸을 투르누스가 아닌 트로이의 영웅 아이네이아스에게 주려 했다. 여신 유노〔ⓖ헤라〕의 부추김으로 투르누스는 다른 라틴인들을 이끌고 아이네이아스와 전쟁을 벌였다. 전투 과정에서 투르누스는 아이네이아스의 동맹자인 에반드로스의 아들 팔라스를 죽였고, 이에 대한 보복으로 아이네이아스에게 무참히 살해되었다. (라비니아, 라티누스, 라티움, 루툴리족, 아마타, 아이네이아스, 에반드로스, 유노, 팔라스)

트로스Tros 트로스는 다르다노스가 건설한 다르다니아의 왕 에리크토니오스의 아들로, 트로이인의 시조이다. 강의 신 스카만드로스의 딸 칼리로에와 결혼하여, 훗날 트로이를 건설하는 일로스를 아들로 얻었다. 몇몇 전승에 따르면, 제우스에게 납치되어 올림포스 산에서 그의 술 시중을 든 미소년 가니메데스도 트로스의 아들이라 한다. (가니메데스, 다르다노스, 스카만드로스 강, 에리크토니오스, 올림포스 산, 일로스, 제우스, 트로이, 트로이인)

트로일로스Troilus 트로일로스는 트로이의 왕 프리아모스와 여왕 헤카베의 수많은 자식들 가운데 한 명으로 알려져 있지만, 신화 기록가 아폴로도로스는 그가 사실은 헤카베와 아폴론 사이에 태어난 아들이라고 전한다. 트로일로스는 영웅 아킬레우스의 손에 죽은 이야기로 가장 유명한데, 그 세부 내용은 작가들마다 다르다. 예를 들어, 아폴론의 성역에서 아킬레우스에게 붙잡혀 그곳의 제단에서 살해되었다고도 하고, 해변에서 말을 훈련시키다가 살해되었다고도 한다. (아킬레우스, 아폴론, 트로이, 프리아모스, 헤카베)

트리프톨레모스Triptolemus 트리프톨레모스는 인류 최초로 씨를 뿌려 농사를 지었다고 전해지는 문화 영웅(문명과 문화를 전파하는 자)이다. 그는 여신 데메테르와 그녀를 섬기는 엘레우시스의 성소와 밀접한 관계에 있었다. 그의 부모에 관해서는, 엘레우시스의 왕 켈레오스와 왕비 메타네이라라는 설도 있고, 오케아노스와 가이아라는 설도 있다. 로마 시인 오비디우스에 따르면, 케레스〔ⓖ데메테르〕는 날개 달린 용 두 마리가 끄는 전차를 트리프톨레모스에게 주면서, 경작지와 같지 않은 땅 모두에 낟알을 뿌리게 했다. (가이아, 데메테르, 엘레우시스, 오케아노스(신), 케레스, 켈레오스, 페르세포네)

티데우스 Tydeus 티데우스는 칼리돈의 왕 오이네우스의 아들이자, 트로이 전쟁에서 맹활약한 최고의 그리스 전사 디오메데스의 아버지이다. 티데우스는 칼리돈에서 추방당해 아르고스로 갔고, 그곳의 왕 아드라스토스는 먼저 폴리네이케스에게 테베의 왕위를 찾아준 다음, 티데우스가 칼리돈의 왕이 될 수 있도록 도와주겠다고 약속했다. 티데우스는 아드라스토스와 함께 그 유명한 테베 공략 7장군의 원정에 참여했고, 전투에서 치명상을 입었다. 신화 기록가 아폴로도로스에 의하면, 아테나는 티데우스를 불사의 몸으로 만들어주려 했으나, 티데우스가 그에게 부상을 입힌 멜라니포스의 머리를 달라고 한 뒤 그의 골을 파먹자 아테나는 진저리를 치며 그를 도와주려던 마음을 접었다. (디오메데스, 아드라스토스, 아르고스, 아테나, 칼리돈, 테베, 테베 공략 7장군, 트로이, 폴리네이케스)

티로 Tyro 티로는 오만하게 제우스를 흉내 내다 그 죗값으로 목숨을 잃은 살모네우스의 아름다운 딸이다. 호메로스에 따르면, 티로는 아이올로스의 아들이자 이올코스의 왕인 크레테우스와 결혼했지만, 강의 신 에니페우스와 사랑에 빠졌다. 티로를 탐낸 포세이돈은 에니페우스로 둔갑한 채 그녀를 안아, 이올코스의 왕이 될 펠리아스와 필로스의 왕이 될 넬레우스를 잉태시켰다. 신화 기록가 아폴로도로스가 덧붙여 전하기를 티로가 아이들을 내다 버렸으며, 펠리아스를 발굽으로 걷어찬 말의 주인이 아이들을 데려다 키웠다고 한다. 후에 어머니와 재회한 형제는 티로를 구박한 그녀의 계모 시데로에게 복수했다. 시데로는 여신 헤라의 성역에 숨었지만, 형제는 그에 아랑곳하지 않고 그녀를 죽였다. 티로와 크레테우스 사이에 페레스와 아이손이 태어났는데, 페레스는 아드메토스의 아버지가 되고, 아이손은 이올코스의 왕이자 영웅 이아손의 아버지가 된다. (넬레우스, 살모네우스, 시데로, 아드메토스, 아이올로스, 이아손, 이올코스, 제우스, 펠리아스, 포세이돈, 필로스, 헤라)

티스베 Thisbe 바빌론에서 가장 아름다운 소녀 티스베는 이웃 청년인 피라모스에게 사랑받았다. 그들의 비극적이고 금지된 사랑에 얽힌 극적인 이야기는 뽕나무 열매가 붉은 이유를 설명해 준다. (바빌론, 피라모스)

티아데스 Thyiades(Thyades) '마구 날뛰는 자들' 티아데스는 디오니소스를 섬긴 여성 신도들 마이나데스의 별칭이다. 이 이름은 그들이 신에게 홀린 상태에서 추는 광란의 춤과 관련되어 있다. (디오니소스, 마이나데스, 바칸테스)

티에스테스Thyestes 티에스테스는 펠롭스와 히포다메이아의 아들이다. 펠롭스는 아내를 얻도록 도와준 자를 배신했고, 그 결과 그와 후손들에게 저주가 내려졌다. 그래서인지 티에스테스의 삶은 비극으로 얼룩져 있었다. 티에스테스와 그의 형제 아트레우스는 어머니의 요구에 따라 이복형제 크리시포스를 죽였다가 고향인 피사에서 추방당했다. 아트레우스는 크레타 섬의 공주 아에로페와 결혼하여, 아가멤논과 메넬라오스의 아버지가 되었다. 티에스테스는 후에 아에로페를 유혹했고 (혹은 아에로페가 그와 사랑에 빠졌고), 그녀는 아트레우스가 아르테미스에게 바치지 않고 숨겨두고 있던 황금 양피를 티에스테스의 손에 넘겨주었다. 미케네의 왕위가 비어 펠롭스의 두 아들 중 한 명을 왕으로 뽑으라는 신탁이 내려졌을 때, 형제 모르게 황금 양피를 갖고 있던 티에스테스는 양피를 가진 자가 왕위에 올라야 한다고 말했다. 그리하여 티에스테스가 미케네의 왕이 되었지만, 아트레우스는 보복에 나섰다. 부정행위가 있었다고 주장하면서, 태양을 반대 방향으로 움직일 수 있는 자에게 왕권을 주자고 제안했다. 그리고 제우스의 도움으로 그 일을 해낸 아트레우스가 미케네의 왕이 되었다. 그런 다음 그는 티에스테스를 연회에 초대하여 티에스테스의 아들들로 만든 음식을 대접한 다음, 그 증거로 희생자들의 머리와 손을 티에스테스 앞에 쭉 늘어놓았다. 티에스테스는 추방당했고, 자신의 딸 펠로페이아와 동침하여 아이기스토스를 잉태시켰다. 그 후 펠로페이아는 아이를 가진 상태로 아트레우스와 결혼했고, 아트레우스는 아이기스토스가 자신의 아들이라 믿었다. 미케네에 기근이 닥치자, 아트레우스가 티에스테스를 찾아 다시 데려와야 한다는 델포이의 신탁이 내려왔다. 이 지시를 따른 아트레우스는 아이기스토스에게 그를 죽이라는 명을 내렸지만, 아이기스토스의 검이 자신의 것임을 알아본 티에스테스는 아이기스토스에게 자신이 친부임을 밝혔다. 그러자 아이기스토스는 아트레우스를 죽였다. 티에스테스가 다시 미케네의 왕이 되었지만 그것도 잠시, 아트레우스의 두 아들 아가멤논과 메넬라오스를 지원한 스파르타의 왕 틴다레오스에 의해 왕위에서 쫓겨났다. (델포이, 메넬라오스, 미케네, 스파르타, 아가멤논, 아에로페, 아이기스토스, 아트레우스, 제우스, 크레타 섬, 탄탈로스, 틴다레오스, 펠롭스, 히포다메이아)

티토노스Tithonus 티토노스는 트로이의 왕 라오메돈의 아들이자, 트로이 전쟁 당시 트로이의 왕이었던 프리아모스의 형제이다. 빼어난 미남이었던 티토노스는 새벽의 여신 에오스에게 납치되었고, 그에게 푹 빠진 에오스는 제우스에게 그를 불사의 몸으로 만들어달라 청했다. 그러나 영원히 늙지 않게 해달라는 부탁은 깜박 잊고 말았다. 티토노스는 나이가 들면서 점점 쇠약해졌고, 에오스는 그런 그를 가두어버렸다. 마지막에 그에게는 찌르르 하고 우는 소리밖에 남지 않았다. 몇몇 전승에 따르면, 그는 매미(혹은 메뚜기)가 되었다고 한다. (라오메돈, 에오스, 제우스, 트로이, 프리아모스)

틴다레오스Tyndareus 틴다레오스는 전설상의 스파르타 왕이다. 그의 부모는 스파르타의 왕 오이발로스와 나이아스(물의 님페) 바티에이아라고도 하고, 페리에레스(헬렌의 손자)와 고르고포네(영웅 페르세우스의 딸)라고도 한다. 신화 기록가 아폴로도로스에 의하면, 형제(혹은 이복형제)에 의해 스파르타에서 쫓겨난 틴다레오스는 아이톨리아의 왕 테스티오스에게 몸을 의탁하고, 그의 딸 레다와 결혼했다. 헤라클레스의 도움으로 그는 스파르타로 돌아가 왕이 되었다. 스파르타의 왕비 레다는 틴다레오스와 제우스의 아이를 낳았다. 레다의 아이 중 아름다운 헬레네(몇몇 원전에 따르면, 폴룩스와 어쩌면 카스토르도 포함)의 아버지는 제우스이며, 클리타임네스트라와 아마도 카스토르와 폴룩스의 아버지는 틴다레오스로 여겨졌다. 헬레네의 혼기가 차자 그리스의 모든 귀족들이 구혼자로 줄을 서는 바람에 틴다레오스는 아주 난처해졌다. 그때 영악한 오디세우스가 묘수를 내놓기를, 장차 헬레네의 결혼 생활에 문제가 생기면 남편으로 선택된 남자를 지켜주겠다는 서약을 모든 구혼자로부터 받아내라고 했다. 그러면 구혼자들 사이에 어떤 다툼도 일어나지 않을 터였다. 틴다레오스 혹은 헬레네가 아가멤논의 아우인 메넬라오스를 택했고, 메넬라오스는 틴다레오스의 뒤를 이어 스파르타의 왕이 되었다. 후에 트로이의 왕자 파리스가 헬레네를 데리고 트로이로 달아났을 때, 헬레네의 모든 구혼자들은 서약에 따라 메넬라오스가 그녀를 되찾아올 수 있도록 도와야 했다. 틴다레오스의 또 다른 유명한 자식들(혹은 의붓자식들) 중에 클리타임네스트라는 미케네의 왕비가 되어 훗날 남편을 살해하며, 쌍둥이 형제 카스토르와 폴룩스는 신이 되었다. (나이아데스, 레다, 메넬라오스, 미케네, 스파르타, 아가멤논, 오디세우스, 제우스, 카스토르, 트로이, 파리스, 페르세우스, 폴룩스, 헬레네, 헬렌)

파르테노파이오스Parthenopaeus 파르테노파이오스는 테베 공략 7장군(오이디푸스의 아들 폴리네이케스를 비롯하여, 테베를 공격한 일곱 장군들)의 한 명이자 아르고스의 왕 아드라스토스의 형제라고도 하고, 멜레아그로스가 아프로디테의 도움으로 발 빠른 사냥꾼 아탈란타와 결혼하여 얻은 아들이라고도 한다. (멜레아그로스, 아드라스토스, 아르고스, 아탈란타, 아프로디테, 에테오클레스, 오이디푸스, 테베, 테베 공략 7장군, 폴리네이케스)

파리스Paris Alexandros 파리스 알렉산드로스 혹은 간단하게 알렉산드로스('사람들을 돕는 자')라고도 불린 파리스는 트로이의 왕 프리아모스와 왕비 헤카베 사이에 태어난 아들이다. 그의 형제자매들로는 트로이의 든든한 수호자 헥토르, 예언력을 가진 쌍둥이 카산드라와 헬레노스, 인간 제물로 바쳐질 폴릭세네 등이 있었다. 헤카베와 프리아모스는 그들의 아이가 트로이의 몰락을 가져오리라는 사실을 암시하는 불길한 꿈 때문에, 갓 태어난 파리스를 왕실 양치기에게 건네며 이다 산 근처의 기슭에 내다 버리게 했다. 며칠 후 그곳으로 돌아간 양치기는 곰의 젖을 먹고 살아남은 아기를 보고는 자신의 집으로 데려갔다. 훗날 파리스는 트로이에서 프리아모스가 개최한 장제 경기(누군가가 죽었을 때 열리는 운동 경기)에 참가하여 우승을 휩쓸고 왕실에 입성했다. 사실 그는 다른 참가자인 그의 형제 데이포보스에게 살해될 뻔했지만, 카산드라가 그를 알아보았다. 나중에 파리스가 이다 산에서 양을 돌보고 있을 때, 헤라와 아테나, 아프로디테가 그를 찾아와 그 유명한 황금 사과를 세 여신 중 가장 아름다운 이에게 주라고 했다. 파리스가 심판관으로 선택된 이유는 그 자신이 제일가는 미남이었기 때문이다. 그 사과는 여신 에리스('불화')가 펠레우스와 테티스에게 결혼 선물로 준 것이었다. 세 여신은 파리스의 결정을 운에 맡기지 않고, 그에게 각자 뇌물을 제안했다. 헤라는 광범위한 통치권을, 아테나는 전쟁에서의 승리를, 그를 제대로 간파한 아프로디테는 세상에서 가장 아름다운 여인을 주겠노라 약속했다. 파리스로서는 고민할 필요가 전혀 없었다. 그는 아프로디테를 선택했고, 그 대가로 받을 선물은 스파르타의 왕 메넬라오스의 아내 헬레네였다. 그래서 파리스는 스파르타로 향했고, 그곳에서 극진한 대접을 받다가 메넬라오스가 외국으로 나간 사이 헬레네를 데리고 트로이로 달아났다. 헬레네가 자발적으로 따라나섰다는 설도 있고, 그렇지 않다는 설도 있다. 한편 그리스의 모든 귀족들이 헬레네의 구혼자로 줄을 섰을 때, 그녀의 아버지가 그들에게 서약을 받은 일이 있었다. 그의(혹은 헬레네의) 결정을 존중하고, 선택된 신랑에게 문제가 생기면 언제든 그를 지켜주어야 한다는 것이었다. 그래서 메넬라오스가 곤경에 처하자 그리스 전사들이 대거 집결했으며, 메넬라오스의 형제인 미케네의 왕 아가멤논이 이끄는 1,000척의 함선들이 헬레네를 되찾고 트로이인을 벌하기 위하여 트로이로 향했다. 그리스와 트로이는 10년 동안 싸웠고, 호메로스의 『일리아스』에 따르면, 10년째에 드디어 파리스와 메넬라오스는 전쟁에 종지부를 찍을 목적으로 일대일 결투를 벌였다. 그러나 파리스가 패하여 살해당하려 할 찰나 아프로디테가 그를 구해주었고, 전쟁은 계속되었다. 트로이를 지켜줄 최고의 희망이었던 파리스의 형제 헥토르는 결국 아킬레우스의 손에 최후를 맞았다. 후에 파리스는 활을 쏘아 아킬레우스를 죽였고, 파리스 자신은 그리스 영웅 필록테테스에게 살해되었다. 필록테테스가 파리스에게 쏜 헤라클레스의 화살에는 독이 묻어 있었다. (메넬라오스, 미케네, 스파르타, 아가멤논, 아킬레우스, 아테나, 아프로디테, 에리스, 이다(장소), 카산드라, 테티스, 트로이, 펠레우스, 폴릭세네, 프리아모스, 필록테테스, 헤라, 헤카베, 헥토르, 헬레네, 헬레노스)

파에톤Phaethon 로마 시인 오비디우스는 파에톤('빛나는 자')과 그의 비극적인 운명에 관한 이야기를 생생하게 들려준다. 파에톤은 시인 오비디우스가 아폴로(ⓖ아폴론)와 동일시하는 헬리오스와 님페 클리메네 사이에 태어난 아들이었다. 태양의 신이 아버지라는 사실을 확인하고 싶었던 파에톤은 그 증거를 볼 수 있도록 한 가지 부탁을 들어달라고 아버지에게 청했다. 만물을 꿰뚫어 보는 신이 이번만은 앞일을 내다보지 못한 채 파에톤에게 무슨 부탁이든 들어주겠노라 약속했다. 파에톤의 소원은 아버지의 전차를 모는 것이었고, 이는 참혹한 결과를 낳았다. 전차를 몰고 너무 높이 날아오른 탓에 별자리를 보고 깜짝 놀란 파에톤은 말들을 제대로 부리지 못해 구름과 지상 전체를 불태워 버렸다. 온 우주가 혼란에 빠져 멸망 직전에까지 이르자, 유피테르(ⓖ제우스)가 몸소 개입하여 파에톤에게 벼락을 내리쳤다. 소년은 에리다누스 강에 빠져 죽었다. 그의 누이들인 헬리아데스는 하염없이 울다가 호박琥珀 눈물을 흘리는 포플러로 변했고, 친척인 키크노스는 파에톤의 죽음을 슬퍼하다가 백조가 되어 영원히 구슬픈 노래를 불렀다. (아폴로, 에리다누스 강, 유피테르, 클리메네, 키크노스, 헬리아데스, 헬리오스)

파이드라Phaedra 파이드라는 크레타 섬의 왕 미노스와 왕비 파시파에 사이에 태어난 딸이다. 자신의 어머니와 마찬가지로 파이드라 역시 부적절한 사랑의 희생자가 된다. 파이드라의 경우, 연모의 대상은 남편인 테세우스의 아들 히폴리토스였다. 히폴리토스는 처녀신 아르테미스를 숭배하여 순결을 지켰다. 파이드라는 감정을 억누르려 애썼지만, 그녀의 고통을 눈치챈 늙은 유모가 그녀의 속내를 억지로 알아내고는 도와주기로 약속했다. 그러나 유모에게서 파이드라의 마음을 전해 들은 히폴리토스는 기겁을 했다. 체면이 땅에 떨어진 파이드라는 스스로 목숨을 끊었지만, 그전에 히폴리토스가 자신을 욕보이려 했다는 내용의 유서를 남편에게 남겼다.

이 모함으로 인해 히폴리토스는 테세우스에게 저주를 받고 죽었다. (미노스, 아르테미스, 크레타 섬, 테세우스, 파시파에, 히폴리토스)

파이아케스족Phaeacians 파이아케스족은 스케리아 섬에 살면서 신들에게 사랑받았던 종족이다. 이 유명한 해양 부족은 원래 히페리아 섬에서 살았는데, 이웃에 사는 키클로페스의 괴롭힘이 심해지자 나우시토오스가 주민들을 이끌고 스케리아 섬으로 이주했다. 스케리아 섬에서 나우시토오스는 질서 정연한 도시를 세웠으며, 알키노오스가 왕위를 계승했다. 그와 왕비 아레테 사이에 태어난 나우시카 공주는 오디세우스를 아버지의 궁으로 안내하여 극진한 대접을 받을 수 있게 했다. 계속 표류자들을 도와주다간 그들의 도시가 멸망하리라는 예언을 알고 있으면서도 파이아케스족은 그들의 배로 오디세우스를 이타카 섬까지 데려다주었다. 포세이돈은 이타카에서 돌아온 그들의 배를 돌로 만들어버렸다. (나우시카, 스케리아 섬, 아레테, 알키노오스, 오디세우스, 이타카 섬, 키클로페스, 포세이돈)

파트로클로스Patroclus 파트로클로스는 메노이티오스의 아들로, 그리스 중부의 로크리스 지역에서 태어났다. 그는 아주 어렸을 때 주사위 놀이를 함께 하던 소년을 죽인 바람에 아버지와 함께 망명을 떠나게 되었다. 그들은 프티아의 왕 펠레우스에게 몸을 의탁했고, 파트로클로스는 펠레우스의 아들 아킬레우스와 막역한 친구 사이가 되었다. 트로이 전쟁 10년째에 아킬레우스가 전장에서 물러나자 파트로클로스 역시 싸우지 않았지만, 얼마 후 아킬레우스의 무구로 무장한 채 그를 대신하여 전장에 나갔다. 트로이군을 그리스군 진영에서 격퇴하면 바로 돌아오라는 아킬레우스의 경고를 무시하고, 파르토클로스는 전장에 계속 남아 용맹하게 싸우면서 제우스의 아들 사르페돈을 비롯해 많은 적군을 죽였다. 결국 파트로클레스는 아폴론과 전사 에우포르보스의 공격에 부상을 입은 후 헥토르에게 살해되었다. 홀로 틀어박혀 있던 아킬레우스가 자리를 박차고 전장으로 나간 것은 파트로클로스의 죽음 때문이었다. 그의 목적은 오직 하나, 친구의 죽음에 복수하는 것뿐이었다. 그는 헥토르를 죽인 후, 신들마저 혀를 차며 개입하기 전까지 주검을 심히 모욕했다. (사르페돈, 아킬레우스, 아폴론, 제우스, 트로이, 펠레우스, 헥토르)

판다로스Pandarus 판다로스는 야만적인 행태로 늑대가 되어버린 아르카디아의 왕 리카온의 아들이다. 트로이 전쟁에서 트로이의 동맹자였던 판다로스는 아테나의 농간으로 스파르타의 왕 메넬라오스에게 화살을 날려 부상을 입힘으로써, 그리스와 트로이 간에 이루어졌던 평화 협정을 깼다. 교전이 다시 시작되었고, 판다로스는 그리스 영웅 디오메데스에게 살해되었다. (디오메데스, 리카온, 메넬라오스, 아르카디아, 아테나, 트로이)

판도라Pandora '모든 것을 주는 자'라는 뜻의 판도라는 그리스 시인 헤시오도스에 따르면 인류 최초의 여성이다. 헤파이스토스가 제우스의 명에 따라 흙과 물로 빚어낸 그녀는 인간을 도운 프로메테우스에 대한 징벌의 수단으로 만들어졌다. 프로메테우스는 인간을 위해 신들로부터 불을 훔쳤을 뿐만 아니라, 인간들이 짐승을 제물로 바쳤을 때 제우스를 속여 맛있는 부위를 인간들에게 빼돌렸다. 신들은 각자 판도라에게 선물을 내렸다. 아테나는 베 짜는 법을 가르치고 번쩍이는 옷을 입혔으며, 아프로디테는 우아함과 미모를, 삼미신과 페이토(설득의 여신)는 금목걸이를 선물했고, 호라이(시간의 여신들)는 그녀의 머리에 화관을 씌워주었다. 그러나 헤르메스는 그녀에게 뻔뻔함과 부정직함, 그리고 뛰어난 말솜씨를 주었다. 판도라는 이름대로 앞으로 닥쳐올 문제를 내다볼 프로메테우스('선견지명')가 아닌 그의 형제 에피메테우스('나중에 생각하는 자')에게 보내졌다. 에피메테우스가 그녀를 받아들이자마자 판도라는 열지 말라고 경고받았던 상자를 열었다. 그러자 인류에게 이로운 많은 것들과 더불어 인간들이 이제껏 몰랐던 슬픔, 질병 등 온갖 고통도 튀어나왔다. 상자 뚜껑 밑에 들러붙어 유일하게 빠져나오지 않은 것은 희망이었다. (삼미신, 아테나, 아프로디테, 에피메테우스, 제우스, 프로메테우스, 헤르메스, 헤파이스토스)

팔라스Pallas 그리스 로마 신화에는 팔라스라는 이름의 인물이 여럿 있다. 티탄족과 기간테스 중에 한 명씩 있으며, 아테나 역시 그 이름으로 불렸다. 그 이름의 가장 유명한 인간 영웅이 베르길리우스의 서사시 『아이네이스』에 등장한다. 그는 훗날 로마의 팔라티노 언덕이라 불리게 될 팔란티움Pallantium이라는 도시를 건설한 아르카디아의 왕 에반드로스의 아들이다. 에반드로스는 트로이에서 이탈리아로 건너온 아이네이아스와 동맹을 맺었다가, 이탈리아 토착민들의 저항에 부딪혔다. 에반드로스는 소중한 아들 팔라스를 아이네이아스에게 맡겼지만, 팔라스는 루툴리족의 왕자 투르누스에게 살해당하고 말았다. 그래서 서사시의 끝에 아이네이아스는 투르누스를 살려주지 않고 잔인하게 죽이면서, 그의 죽음을 팔라스에게 바친다고 말한다. (기간테스, 로마, 루툴리족, 아르카디아, 아이네이아스, 에반드로스, 투르누스, 트로이, 티탄족, 팔라스〔신〕)

팔리누로스Palinurus 팔리누로스는 아이네이아스와 함께 트로이에서 이탈리아로 피신한 트로이 유민들 중 한 명이다. 그러나 그는 이탈리아 해안에서 비극적인 최후를 맞았다. 아이네이아스의 키잡이였던 팔리누로스는 수면의 신 솜누스〔ⓖ히프노스〕의 농간에 잠들어 배 밖으로 떨어졌고, 해안으로 떠밀려 가서는 주민들에게 공격당해 죽었다. 아이네이아스는 지하세계의 스틱스 강변에서 그의 혼을 만났다. 그는 제대로 된 장례를 치르지 못해 강을 건너지 못하고 있었다. 아이네이아스와 동행했던 시빌레는 때가 되면 그의 장례식이 치러질 것이고, 이탈리아 서부 해안의 곶이 그의 이름으로 불리게 되리라 이르며 아이네이아스를 안심시켰다. (솜누스, 스틱스〔장소〕, 아이네이아스, 지하세계, 쿠마이의 시빌레, 트로이)

페넬로페Penelope 스파르타의 왕 이카리오스의 딸 페넬로페는 오디세우스의 아내이자 텔레마코스의 어머니로, 정숙한 아내의 표본으로 통한다. 오디세우스가 트로이 전쟁 후 돌아오지 않아 이타카의 수많은 청년들이 구혼했을 때, 그녀는 시아버지 라에르테스의 수의를 다 짜기 전까지는 결정을 내리지 않겠다며 그들을 뿌리쳤다. 페넬로페는 밤마다 낮에 짰던 천을 다시 풀었지만, 구혼자들은 그녀의 계략을 알아채고 결단을 종용했다. 다행히도 머지않아 오디세우스가 돌아왔다. 남편만큼이나 영리하고 용의주도한 페넬로페는 오랜 세월이 흐른 만큼 오디세우스가 진짜 남편인지 확신하지 못하여 그를 시험하기로 했다. 오디세우스가 보는 앞에서 유모 에우리클레이아에게 그들 부부의 침대를 옮겨 이제 막 도착한 오디세우스의 잠자리를 마련하라고 명했다. 그 일이 불가능하다는 사실은 오로지 오디세우스만이 알고 있었다. 왜냐하면 그 침대는 오디세우스가 궁을 지을 때 그 중심에 있던 올리브나무를 깎아 만든 것이었기 때문이다. (라에르테스, 스파르타, 에우리클레이아, 오디세우스, 이타카 섬, 텔레마코스, 트로이)

페르딕스Perdix 페르딕스는 아테네의 왕 에레크테우스의 증손자이자 장인 다이달로스의 조카이다. 로마 시인 오비디우스를 비롯한 몇몇 작가들은 페르딕스가 톱과 나침반을 발명했고, 이를 시기한 다이달로스가 그를 아크로폴리스에서 떠밀어 죽였다고 전한다. 그러나 장인들의 수호신인 미네르바〔ⓖ아테나〕가 그를 구하여 자고새로 만든다. 그리스어로 자고새는 그의 이름을 따 '페르딕스'라 불린다. (다이달로스, 미네르바, 아크로폴리스, 아테네, 에레크테우스)

페르세우스Perseus 그리스 영웅 페르세우스는 그리스 도시 아르고스를 다스린 아크리시오스 왕의 딸 다나에 공주와 제우스 사이에 태어난 아들이다. 아크리시오스는 손자의 손에 죽으리라는 신탁을 듣고는 딸의 잉태를 막기 위하여 그녀를 감금해 두었다. 신화 기록가 아폴로도로스에 의하면, 그 감옥은 아무도 뚫고 들어갈 수 없는 지하의 청동 방이었다. 시인 오비디우스는 청동 탑이었다고 하고, 신화 기록가 히기누스는 돌로 만든 요새였다고 한다. 어느 쪽이든 제우스에게는 아무런 문제가 되지 않았다. 그는 황금빛 물줄기가 되어 감옥을 뚫고 들어가 다나에와 정을 통하고 그녀를 잉태시켰다. 불안에 떨면서도 살인은 피하고 싶었던 아크리시오스는 딸과 아기를 나무 궤에 집어넣어 바다로 떠내려 보냈다. 부질없는 짓이었다. 나무 궤와 그 안에 탄 모자는 세리포스 섬에 무사히 당도하여, 그곳의 어부인 딕티스에게 발견되었다. 딕티스의 보살핌을 받고 있던 다나에는 그의 형제인 폴리덱테스 왕의 눈에 띄어 구혼을 받았다.

이제 성인이 된 페르세우스가 결혼에 반대해서였는지, 아니면 그저 다나에를 독차지하고 싶은 욕심에서였는지, 폴리덱테스는 간계를 써서 여느 평범한 인간이라면 도저히 손에 넣을 수 없을 것을 페르세우스에게 결혼 선물로 요구했다. 바로 고르곤 메두사의 머리였다. 페르세우스는 아테나와 헤르메스의 도움으로 그라이아이('늙은 자들' 혹은 '백발의 자매들')를 찾아갔다. 고르고네스의 자매인 그들에게서 메두사의 행방을 알아내기 위해서였다. 그러나 그들이 쉽사리 입을 열지 않자, 페르세우스는 그들이 나누어 쓰고 있던 단 하나의 눈과 이빨을 강탈했다. 결국 그라이아이는 페르세우스에게 북쪽의 님페들을 찾아가, 그의 임무를 완수하는 데 필요한 장비를 얻으라고 일렀다. 페르세우스는 이 님페들에게서 가죽 가방과 날개 달린 샌들, 그리고 그를 투명 인간으로 만들어줄 마법의 모자를 받았다. 헤르메스로부터는 낫을, 아테나로부터는 윤이 나는 방패를 받았다. 온몸이 비늘에 뒤덮이고 뿔이 달렸으며 뱀 머리카락을 가진 고르고네스와 눈이 마주치면 돌로 변해버리기 때문에, 그 방패를 거울 삼아 그들의 위치를 파악할 수 있을 터였다. 고르고네스가 지내고 있는 굴을 발견한 페르세우스는 마법의 모자를 써서 그들의 눈에 띄지 않은 채, 잠든 메두사의 머리를 잘라 가방 속에 집어넣었다. 메두사의 자매들은 깨어나자마자 그를 뒤쫓았지만, 페르세우스는 날개 달린 샌들 덕분에 가뿐히 달아날 수 있었다. 메두사의 목, 혹은 거기서 쏟아진 피로부터 천마 페가수스와 상대적으로 덜 유명한 크리사오르가 태어났다. 페르세우스는 여전히 피가 뚝뚝 떨어지는 메두사의 머리를 든 채 독사들이 우글거리는 땅 위를 날았다.

세리포스 섬으로 돌아가는 길에 페르세우스는 전에 그를 홀대했던 아틀라스에게 들러 복수했다. 페르세우스가 메두사의 머리를 들어 올리자, 아틀라스는 돌로 변해 아틀라스 산맥이 되었다. 페르세우스는 이집트에도 들렀다. 다나오스의 후손인 페르세우스는 그 나라와 인연이 있었고, 훗날 그곳의 밀교에서 숭배받았다. 또 그는 에티오피아 해안의 바위에 묶여 있는 안드로메다 공주를 보고는 첫눈에 반했다. 그녀의 아버지인 케페우스 왕이 딸을 바다 괴물에게 제물로 바치기 위해 그렇게 해둔 것이었다. 왕비 카시오페이아가 바다의 님페들인 네레이데스보다 자기가 더 아름답다고 떠벌리고 다니자 포세이돈이 그 벌로 보낸 괴물이 바다를 휘젓고 다녔고, 왕은 님페들에게 속죄하는 뜻으로 딸을 바치기로 했다. 괴물뿐만 아니라 안드로메다의 숙부이자 구혼자인 피네우스까지 처치한 페르세우스는 그녀를 신부로 맞아 세리포스 섬으로 데려갔다. 그곳에서 그는 또 한 번 메두사의 머리를 꺼내어, 딕티스와 다나에를 핍박한 폴리덱테스를 돌로 만들었다. 이제는 필요 없어진 날개 달린 샌들과 마법의 모자는 님페들에게 돌려주라며 헤르메스에게 주었다. 메두사의 머리는 아테나에게 선물했고, 아테나는 그것을 흉갑 혹은 방패에 문장紋章으로 박아두었다.

페르세우스는 딕티스를 세리포스 섬의 왕위에 앉힌 후, 어머니 다나에와 함께 할아버지 아크리시오스를 찾아 나섰다. 손자가 살아 있다는 소식을 듣고 신탁이 실현될까 두려웠던 아크리시오스는 아르고스에서 어디론가 떠나고 없었다. 그러나 라리사에서 열린 운동 경기에 참가한 페르세우스가 본의 아니게 원반으로 아크리시오스를 죽이면서 신탁의 예언은 이루어졌다. 아르고스로 돌아가고 싶지 않았던 페르세우스는 사촌 메가펜테스를 아르고스의 왕으로 만들고, 메가펜테스 대신 자신이 티린스의 왕위에 앉았다. 몇몇 전승에서는, 페르세우스가 물을 발견한 곳 혹은 그의 칼집이 떨어진 곳에 미케네를 세웠다고 한다.

페르세우스와 안드로메다는 페르세이드 왕조의 시조로서 일곱 명의 자식을 두었다. 그중 유명한 이들을 꼽자면, 페르시아 왕들의 조상인 페르세스, 암피트리온의 아버지인 알카이오스, 영웅 헤라클레스에게 과업을 내린 에우리스테우스의 아버지 스테넬로스, 헤라클레스의 외할아버지인 엘렉트리온 등이 있다.

고대의 여행 작가 파우사니아스는 페르세우스가 이집트에서 영웅 대접을 받았을 뿐만 아니라, 사후에 아테네와 세리포스 섬, 그리고 아르고스와 미케네 부근에서도 추앙받았다고 전한다. 카시오페이아, 케페우스, 안드로메다, 페르세우스 모두 죽은 후에는 **별자리가 되었다.** (고르고네스, 그라이아이, 다나에, 딕티스, 라리사, 메두사, 미케네, 세리포스 섬, 아르고스, 아크리시오스, 아테나, 아틀라스, 안드로메다, 알카이오스, 알크메네, 에우리스테우스, 에티오피아, 엘렉트리온, 제우스, 카시오페이아, 케페우스, 크리사오르, 티린스, 페가수스, 페르세스, 폴리덱테스, 피네우스, 헤라클레스, 헤르메스)

페이리토오스Peirithous(Pirithous) 페이리토오스(또는 피리토오스)는 테살리아에서 라피타이족을 다스린 왕이다. 제우스의 아들이라는 설도 있고, 지하세계에서 불타는 수레바퀴에 묶여 영벌을 받은 죄인 익시온의 아들이라고도 한다. 페이리토오스는 아주 다양한 모험담에 얽히는데, 그중에는 아테네의 영웅 테세우스와 함께 저지른 납치 미수 사건들도 있다. 두 사람은 메넬라오스와 결혼하기 전이었던 스파르타의 헬레네를, 그다음엔 하데스의 왕비인 페르세포네를 납치하려 시도했다. 페이리토오스와 관련된 신화 중 가장 유명한 이야기는 이웃한 켄타우로스족과 벌인 전쟁이다. 페이리토오스는 자신의 결혼식에 켄타우로스족을 초대했지만, 연회에서 술에 취한 그들은 페이리토오스의 신부인 히포다메이아〔펠롭스의 아내인 동명의 여인과 혼동하면 안 된다〕와 라피타이족 여인들을 납치하려 했다. 곧 격전이 벌어졌고, 켄타우로스족은 테살리아에서 쫓겨났다. (라피타이족, 아테네, 익시온, 제우스, 지하세계, 켄타우로스족, 테살리아, 테세우스, 페르세포네, 하데스〔신〕, 헬레네, 히포다메이아)

펜테실레이아Penthesileia 펜테실레이아는 아마존 전사로, 그리스 시인 코인토스 스미르나이오스가 전하는 바에 따르면 전쟁의 신 아레스의 딸이었다. 헥토르가 죽은 후 그녀는 트로이로 가서 트로이군의 동맹자로 싸웠다. 사냥을 하다가 자매인 히폴리테를 실수로 살해한 중죄를 씻기 위해서였다. 펜테실레이아는 수많은 그리스 병사들을 죽이며 용맹하게 싸웠지만, 아킬레우스의 거대한 물푸레나무 창에 맞아 말과 함께 쓰러졌다. 그녀가 죽어갈 때, 아킬레우스는 그녀의 아름다움에 반해 사랑에 빠지고 만다. (아레스, 아마조네스, 아킬레우스, 트로이, 헥토르, 히폴리테)

펜테우스Pentheus 펜테우스는 테베의 왕 카드모스의 딸인 아가우에와, 카드모스가 땅에 뿌린 용의 이빨에서 솟아난 전사들(스파르토이) 중 한 명인 에키온 사이에 태어난 아들이다. 카드모스가 늙자 펜테우스는 테베의 섭정이 되었다. 그때 펜테우스의 사촌인 디오니소스가 자신의 숭배 의식을 전하기 위하여 그리스로 왔는데, 그리스의 모든 도시 중 가장 먼저 도착한 곳이 테베였다. 이제 막 신이 되었다는 디오니소스의 신성을 믿지 않은 펜테우스는 그의 신도가 된 테베 시민들과 함께 그를 감금하려 했다. 그 숭배자들 중에는 카드모스, 예언자 테이레시아스, 자신의 어머니 아가우에, 그리고 이모들인 이노와 아우토노에도 끼어 있었다. 역시나 펜테우스에게는 너무나 강력한 상대였던 디오니소스는 자신이 당한 수모를 앙갚음해 준다. 펜테우스는 디오니소스의 여성적인 면모를 불편하게 여기면서도 다른 한편으로는 호기심이 생겼고, 여성 신도들〔ⓖ마이나데스 ⓡ바칸테스〕이 의식에서 무엇을 하는지 궁금해졌다. 후에 그들이 산으로 가서 황홀경에 빠져 춤을 추고, 눈에 띄는 짐승 새끼들에게 젖을 먹인다는 이야기가 들려왔다. 몰래 염탐하던 펜테우스가 바칸테스에게 발각되자 의식의 분위기는 험악해졌다. 아가우에를 위시한 여성 신도들은 펜테우스를 짐승으로 착각하여 그의 사지를 뜯고, 고대에 바칸테스가 행했다고 알려진 의식인 '스파라그모스sparagmos'(갈가리 찢기)와 '오모파기아omophagia'(날고기 먹기)의 제물로 삼았다. (디오니소스, 바칸테스, 아가우에, 아우토노에, 이노〔인간〕, 카드모스, 테베, 테이레시아스)

펠라스고스Pelasgus 펠라스고스는 유사 시대 이전부터 그리스에 거주했다고 하는 펠라스고이인의 시조이다. 그가 다스린 지역은 아르고스나 아르카디아 혹은 테살리아라 하며, 그의 부모로는 제우스와 니오베가 거론된다. 그리스 시인 헤시오도스는 펠라스고스가 땅에서 태어났다고 말한다. 아르카디아에서 펠라스고스는 오두막을 짓고 짐승 가죽으로 옷 만드는 법을 사람들에게 전수해 준 문화 영웅으로 알려졌다. 그는 오케아니스인 멜리보이아(몇몇 전승에 따르면, 님페 킬레네)와 결혼하여 리카온을 아들로 얻었다. 로마 시인 오비디우스에 의하면, 리카온은 잔인무도한 행각을 벌이다 늑대로 변해버린다. (니오베, 리카온, 아르고스, 아르카디아, 오케아니데스, 제우스, 테살리아)

펠레우스Peleus 테살리아의 프티아를 다스린 펠레우스는 아무래도 아킬레우스의 아버지로 가장 유명하지만, 그 자신도 뛰어난 전사였다. 그는 아이기나 섬의 왕 아이아코스의 아들이자, 텔라몬의 형제였다. 펠레우스와 텔라몬은 이복형제를 죽인 후 아이기나 섬에서 추방되었고, 펠레우스는 프티아로 갔다. 그곳에서 에우리티온 왕의 딸 안티고네와 결혼했지만, 후에 안티고네는 펠레우스의 외도를 오해하여 스스로 목숨을 끊었다. 펠레우스는 칼리돈의 멧돼지 사냥에서 장인 에우리티온을 실수로 죽였다. 그는 황금 양피를 찾아 떠난 아르고호 원정대의 일원이기도 했다. 세상에서 가장 훌륭한 남자라는 이유로, 여신 테티스의 남편으로 낙점되었다. 테티스를 탐내던 제우스나 포세이돈이 자신보다 강한 아들이 태어나는 것을 꺼려 그녀를 포기했다는 설도 있다. 한 전승에 따르면, 펠레우스는 짐승과 불로 변신하는 테티스와 몸싸움을 벌여 힘겹게 신부를 손에 넣었다고 한다. 결혼식에 모든 신이 참석했지만, 에리스('불화')만은 초대받지 못했다. 이는 트로이의 왕자 파리스가 판결한 미모 '대결'과 트로이 전쟁으로 이어졌다.

펠레우스와의 사이에 아킬레우스를 낳은 테티스는 아들을 불사의 몸으로 만들려 했다. 그래서 타고 있는 숯불 위에 아기를 들고 있었는데, 이 모습을 목격한 펠레우스가 질겁하자 그녀는 단념하고 바다로 떠났다. 또 다른 전승에서 테티스는 아킬레우스를 스틱스 강에 담그는 방법을 쓴다. 어쨌든 펠레우스는 아들보다 오래 살았다. 불사의 몸이 되지 못한 아킬레우스가 트로이 전쟁의 막바지에 트로이의 왕자 파리스에게 살해되었기 때문이다. (스틱스〔장소〕, 아이기나, 아이아코스, 아킬레우스, 에리스, 이아손, 제우스, 칼리돈, 테살리아, 테티스, 트로이, 파리스, 포세이돈)

펠롭스Pelops 펠롭스는 신들에게 접근할 수 있는 특권을 남용한 인간 탄탈로스와 여신 디오네 사이에 태어난 아들이다. 탄탈로스가 저지른 가장 큰 죄는 펠롭스를 잘게 토막 내어 그것으로 끓인 국을 신들에게 대접한 것이다. 대부분의 신들은 탄탈로스의 만행을 늦지 않게 알아챘다. 딸 페르세포네를 잃은 슬픔에 정신이 산만했던 데메테르만은 자기 앞에 놓인 국을 맛보다가 펠롭스의 어깨뼈를 씹어 먹고 말았다. 이후 제우스가 펠롭스의 조각 난 몸을 다시 온전하게 이어 붙일 때, 어깨뼈는 상아 조각으로 대체되었다. 성인으로 장성한 펠롭스는 피사의 왕 오이노마오스의 딸인 아름다운 히포다메이아를 신붓감으로 점찍었다. 숱한 남자들이 그녀에게 구혼했다가 실패하고 그 대가로 목숨을 잃었다. 오이노마오스는 구혼자들에게 자신이 이길 수밖에 없는 전차 경주를 신청했고, 그 대결에서 패한 자들을 참수했던 것이다. 펠롭스는 오이노마오스의 전차 마부인 미르틸로스를 매수하여 왕의 전차 바퀴를 굴대에 고정하는 못을 제거한 덕에, 전차 경주에서 이겼을 뿐만 아니라 피사의 왕위에도 올랐다. 오이노마오스가 훼손된 전차에서 떨어져 죽었기 때문이다. 그러나 펠롭스는 미르틸로스에게 했던 약속을 지키기는커녕 그를 절벽에서 떨어뜨려 죽였다. 미르틸로스는 숨이 넘어가기 직전 펠롭스와 그의 후손들에게 저주의 말을 퍼부었다. 펠롭스의 후손들 가운데 티에스테스는 간통을 저질렀고, 그의 형제 아트레우스의 아들 아가멤논은 아내에게 살해당했으며, 또 다른 아들 메넬라오스는 아름다운 헬레네를 아내로 두었다. 이들은 모두 비극적인 운명을 맞았다. 펠롭스 자신은 저주에 걸리지 않고 강력한 통치자로 세력을 떨쳐, 펠로폰네소스 반도('펠롭스의 섬') 전체에 그의 이름이 붙게 되었다. 전승에 따르면, 오이노마오스와 펠롭스의 전차 경주를 시작으로, 피사의 영토였던 올림피아에 있는 제우스의 성역에서 올림피아 제전 **Olympic Games**이 열리게 되었다고 한다. (데메테르, 디오네, 메넬라오스, 미르틸로스, 아가멤논, 아트레우스, 오이노마오스, 올림피아, 제우스, 탄탈로스, 티에스테스, 헬레네, 히포다메이아)

펠리아스Pelias 펠리아스는 테살리아의 이올코스를 다스린 왕으로, 에니페우스 강으로 위장한 포세이돈이 티로를 겁탈하여 잉태시킨 아들이다. 티로는 펠리아스와 그의 쌍둥이 형제 넬레우스를 내다 버렸지만, 양치기들이 두 아이를 발견하여 키웠다. 신화 기록가 아폴로도로스가 전하기를, 펠리아스라는 이름은 양치기들의 말에 차여 이마에 생긴 상처('펠리온pelion')에서 비롯되었다고 한다. 어머니와 재회한 펠리아스는 티로를 핍박한 그녀의 계모 시데로를 죽였다. 시데로는 헤라를 모시는 성역으로 피신해 숨어 있었으므로, 절대 그녀를 해쳐서는 안 될 일이었다. 그 후로도 펠리아스의 악행은 계속 이어졌다. 왕위 계승 서열 1위였던 이복형제 아이손을 이올코스에서 쫓아내고 스스로 왕이 되었다. 훗날 아이손의 아들 이아손이 왕위를 되찾기 위해 왔을 때, 펠리아스는 목숨을 부지하기 어려운 임무를 그에게 맡겼다. 그 임무란, 야만인들의 땅 콜키스에서 황금 양피를 가져오는 것이었다. 온갖 역경을 딛고 이올코스로 돌아온 이아손의 곁에는 콜키스의 공주 메데이아가 있었다. 그녀는 마법을 사용하여 펠리아스의 목숨을 끊어놓았다. 펠리아스의 딸들에게 그들의 아버지를 다시 젊게 만들 수 있다고 설득했다. 늙은 숫양을 토막 낸 뒤 마법의 묘약이 들어 있는 가마솥에 던져 넣었는데, 그 속에서 되살아난 어린 양을 보여준 것이다. 펠리아스의 딸들은 그들의 아버지에게 똑같은 처방을 쓰는 데 동의했지만, 메데이아는 물만 담긴 가마솥에 펠리아스의 사지를 던져 넣음으로써 이아손을 대신하여 복수해 주었다. (넬레우스, 메데이아, 시데로, 아이손, 이아손, 이올코스, 콜키스, 테살리아, 티로, 포세이돈, 헤라)

포이아스Poeas 포이아스는 헤라클레스가 생을 마감하기 위해 누운 화장용 장작더미에 불을 붙여준 벗 필록테테스의 아버지이다. 포이아스는 이아손의 아르고호 원정에 참여했으며, 콜키스에서 돌아오던 길에 시칠리아 섬의 거인 탈로스에게 치명상을 입혔다. (시칠리아 섬, 아르고호 원정대, 이아손, 탈로스, 필록테테스, 헤라클레스)

폴리네이케스Polyneices 폴리네이케스는 '큰 불화'를 의미하는 이름에 걸맞게 테베에 많은 갈등을 일으킨다. 그는 테베의 왕 오이디푸스와 왕비 이오카스테 사이에 태어난 아들이다. 그는 형제 에테오클레스와 함께 아버지의 저주를 받았다. 비극 작가 소포클레스에 따르면, 형제가 오이디푸스의 추방을 두 손 놓고 방관했기 때문이라고 한다. 성인이 된 형제는 일 년씩 번갈아 가며 테베를 통치하기로 약속했지만, 먼저 왕위에 오른 에테오클레스는 왕위에서 물러나기를 거부했다. 그래서 폴리네이케스는 장인인 아드라스토스를 앞세워 군대를 일으킨 뒤 테베를 공격했다. 군대를 지휘한 테베 공략 7장군은 아드라스토스를 제외한 모두가 전사했다. 폴리네이케스와 에테오클레스는 서로의 손에 죽었고, 이로써 그들의 아버지가 내린 저주가 실현되었다. 이제 테베의 섭정이 된 이오카스테의 동생 크레온은 폴리네이케스를 테베의 적으로 간주하고 그의 장례를 금지했는데, 폴리네이케스의 누이 안티고네는 그 명을 거역했다가 목숨을 잃었다. 훗날 테베 공략 7장군의 아들들인 에피고노이가 아버지들의 원수를 갚았다. (아드라스토스, 안티고네, 에테오클레스, 에피고노이, 오이디푸스, 이오카스테, 크레온, 테베, 테베 공략 7장군)

폴리덱테스Polydectes 폴리덱테스와 그의 형제 딕티스는 바람의 신 아이올로스와 나이아스(물의 님페)의 손자들이다. 폴리덱테스는 세리포스 섬의 왕이 되었고, 딕티스는 어부가 되었다. 폴리덱테스는 아기 페르세우스와 함께 나무 궤에 넣어진 채 섬으로 떠내려온 다나에에게 마음을 빼앗겼다. 다나에를 신부로 맞고 싶었던 폴리덱테스는 일설에 의하면 결혼에 반대했다고 하는 페르세우스를 제거할 계획을 꾸몄다. 그는 피사의 공주 히포다메이아와의 결혼을 발표하면서, 결혼 선물로 명마를 바칠 것을 요구했다. 딕티스의 손에 어부로 자란 페르세우스는 그런 선물을 마련할 형편이 되지 않았기에, 그 대신 고르곤 메두사의 머리를 바치겠다고 제안했다(혹은 그렇게 강요받았다). 불가능한 일인 것 같았지만, 예상을 깨고 페르세우스는 고르곤의 머리를 들고 세리포스 섬으로 돌아왔고, 메두사를 본 폴리덱테스와 조신들은 돌로 변해버렸다. 신화 기록가 히기누스가 그리는 폴리덱테스는 좀 더 친절하다. 그는 다나에와 결혼하여 미네르바(ⓖ아테나)의 신전에서 페르세우스를 키운다. 아크리시오스가 딸과 손자인 다나에와 페르세우스를 잡으러 오자, 폴리덱테스는 할아버지와 손자가 화해할 수 있도록 중재한다. 페르세우스는 절대 아크리시오스를 죽이지 않겠다고 맹세하지만, 후에 원반을 던지다 실수로 죽이고 만다. (고르고네스, 나이아데스, 다나에, 딕티스, 메두사, 미네르바, 세리포스 섬, 아이올로스, 아크리시오스, 페르세우스)

폴리도로스Polydorus 그리스 로마 신화에는 폴리도로스('많은 선물을 주는 자')라는 이름의 인간이 여럿 등장한다. 그중 한 명은 트로이의 왕 프리아모스와 왕비 헤카베 사이에 태어난 아들이다. 로마 시인 베르길리우스에 따르면, 트로이 전쟁이 터졌을 때 그의 부모는 아들을 안전하게 지키기 위하여 트라키아의 비스토네스족을 다스린 왕 폴리메스토르에게 보냈다. 그러나 폴리메스토르는 함께 보내진 황금을 탐내어 아이를 살해했다. 트로이가 몰락한 후 헤카베는 그리스군에게 포로로 붙잡혀 트라키아로 갔다가 아들의 시신을 발견하고는 폴리메스토르에게 복수했다.

이탈리아로 향하던 트로이의 영웅 아이네이아스도 트라키아에서 폴리도로스가 묻힌 곳을 우연히 발견했다. 아이네이아스가 도금양과 산딸나무의 가지를 꺾자 피가 흘러나오더니 폴리도로스의 목소리가 들렸다. 폴리도로스의 혼령이 아이네이아스에게 자신의 참혹한 죽음을 알렸다. 아이네이아스는 제물을 바쳐 제대로 된 장례를 치러준 후 서둘러 트라키아를 떠났다.

또 다른 폴리도로스는 카드모스와 하르모니아의 아들로, 라브다코스의 아버지가 된다. 일설에는 그가 잠깐 테베의 왕위에 올랐다가 젊은 나이에 죽었다고도 한다. (라브다코스, 아이네이아스, 카드모스, 테베, 트라키아, 트로이, 프리아모스, 하르모니아, 헤카베)

폴리보스Polybus 신화에 등장하는 폴리보스 중 가장 유명한 이는 아마도 코린토스의 왕 폴리보스일 것이다. 그와 왕비 메로페(혹은 페리보이아)는 젖먹이 오이디푸스를 입양하여 친자식처럼 키웠다. 오이디푸스는 델포이 신탁소에서 자신이 아버지를 죽이고 어머니와 결혼할 운명이라는 예언을 듣고 코린토스를 떠났지만, 여행 중에 뜻하지 않게 친아버지 라이오스를 살해했다. 오이디푸스는 테베의 왕위를 물려받고 어머니와 결혼하여 여러 명의 자식을 두었다.

코린토스의 왕 폴리보스와 자주 혼동되는 시키온의 왕 폴리보스는 테베 공략 7장군 중 한 명인 아드라스토스의 아버지이다. (델포이, 라이오스, 메로페(인간), 아드라스토스, 오이디푸스, 코린토스, 테베, 테베 공략 7장군)

폴리이도스Polyidos(Polyeidos) '많이 아는 자' 폴리이도스(또는 폴리에이도스)는 기적을 행할 줄 아는 코린토스의 예언자였다. 그리스 시인 핀다로스에 의하면, 폴리이도스는 키마이라를 죽이는 임무를 맡은 영웅 벨레로폰을 도왔다. 그는 벨레로폰에게 아테나 신전의 제단에서 하룻밤을 보내라고 일렀다. 벨레로폰의 꿈에 아테나가 황금 굴레를 들고 나타났다. 벨레로폰으로부터 이 꿈을 전해 들은 폴리이도스는 꿈속의 아테나가 지시한 대로 포세이돈에게 제물을 바친 뒤 아테나에게도 제물을 바치고, 실물로 나타난 굴레를 사용하여 페가수스를 길들이라고 조언했다. 폴리이도스는 크레타 섬의 왕 미노스가 어린 아들 글라우코스를 찾도록 도와주고, 아이를 찾은 후에 되살린 일화도 유명하다. 글라우코스는 꿀 항아리에 빠진 채 발견되었고, 폴리이도스는 죽은 뱀을 또 다른 뱀이 살리는 모습을 관찰한 덕에 아이를 기적적으로 되살렸다. (글라우코스, 미노스, 벨레로폰, 아테나, 코린토스, 크레타 섬, 키마이라, 페가수스, 포세이돈)

폴리폰테스Polyphontes 폴리폰테스는 헤라클레스의 후손으로, 메세니아의 왕 크레스폰테스의 왕위를 빼앗았다. '많은 사람을 죽인 자' 폴리폰테스는 크레스폰테스뿐만 아니라 그의 장남과 차남까지 살해했다. 왕비 메로페(아르카디아 왕 킵셀로스의 딸) 덕분에 목숨을 부지한 막내 아이피토스는 성인이 되자 아버지의 원수를 갚고 메세니아의 왕이 되었다. (메로페[인간], 메세니아, 아이피토스, 크레스폰테스, 헤라클레스)

폴릭세네Polyxene 폴릭세네는 트로이의 왕 프리아모스와 왕비 헤카베 사이에 태어난 딸이다. 잘 알려진 형제자매로는 파리스(알렉산드로스), 헥토르, 데이포보스, 헬레노스, 카산드라, 폴리도로스, 트로일로스 등이 있다. 폴릭세네는 그녀의 죽음과 관련된 이야기로 가장 유명하다. 자신의 무덤 위로 혹은 꿈속에 나타난 아킬레우스의 망령이 폴릭세네를 제물로 바치라고 요구하면서, 그렇지 않으면 그리스 병사들이 트로이에서 귀향하지 못하리라 경고했다. 몇몇 전승에 따르면, 아킬레우스의 아들 네오프톨레모스가 그 인신 공양을 행했다고 한다. (네오프톨레모스, 데이포보스, 아킬레우스, 카산드라, 트로이, 트로일로스, 폴리도로스, 프리아모스, 헤카베, 헥토르, 헬레노스)

프로크네Procne 프로크네는 전설상의 아테네 왕 판디온의 딸이다. 그녀의 형제자매 중에는 에레크테우스와 필로멜라가 가장 유명하다. 판디온은 프로크네를 트라키아의 왕 테레우스와 결혼시켰고, 그녀는 아들 이티스를 낳았다. 후에 테레우스가 자신과 자매간인 필로멜라를 감금하고 수차례 겁탈했다는 사실을 알게 된 프로크네는 필로멜라와 함께 무시무시한 복수를 계획했다. 테레우스에게 그의 아들을 음식으로 내놓은 것이다. 분노한 테레우스를 피해 달아나던 프로크네는 제비가 되었고, 필로멜라는 나이팅게일이 되었다. (아테네, 에레크테우스, 테레우스, 필로멜라)

프로크루스테스Procrustes 신화 기록가 히기누스에 따르면, '늘이는 자'라는 뜻의 이름을 지닌 악당 프로크루스테스는 넵투누스[ⓖ포세이돈]의 아들이었다. 그는 밤을 지낼 곳을 찾는 나그네들에게 침대를 내어줬지만, 그들의 몸을 침대에 꼭 맞게 만들었다. 침대보다 큰 자들은 사지를 잘라버리고, 침대보다 짧은 자들은 사지를 잡아 늘였다. 청년 테세우스는 아테네로 가던 도중에 프로크루스테스를 만나, 그가 사용했던 것과 똑같은 수법으로 그를 죽였다.

　　프로크루스테스는 폴리페몬이나 다마스테스라는 이름으로 불리기도 했다. (넵투누스, 아테네, 테세우스)

프로크리스Procris 프로크리스는 전설상의 아테네 왕 에레크테우스의 딸로, 포키스의 왕 데이온의 아들 케팔로스와 결혼했다. 이 부부의 비극적인 사랑은 로마 시인 오비디우스의 이야기로 가장 잘 알려져 있다. 갓 결혼한 케팔로스는 사냥을 나갔다가 새벽의 여신 아우로라(ⓖ에오스)에게 납치당했다. 프로크리스는 그의 실종에 괴로워했고, 케팔로스 역시 아내와의 이별을 고통스러워했다. 이 사실에 분노한 아우로라는 케팔로스를 풀어주면서, 프로크리스와의 결혼을 후회하게 될 거라고 말했다. 여신의 이 말에 의심을 품게 된 케팔로스는 자신이 자리를 비운 사이 프로크리스가 부정을 저지르지 않았을까 궁금해졌다. 그래서 그는 다른 남자로 변장하여 돈을 주고 잠자리를 요구하는 방식으로 그녀를 시험해 보았다. 프로크리스는 계속 거절하다가 케팔로스가 단 하룻밤의 대가로 엄청난 돈을 제안하자 고집을 꺾었다. 분노한 케팔로스가 정체를 드러내자, 수치심에 휩싸인 프로크리스는 숲으로 달아나 사냥의 여신 디아나(ⓖ아르테미스)의 시녀가 되었다. 케팔로스는 사과한 후 그녀를 되찾았고, 두 사람은 행복한 나날을 보냈다. 그러나 후에 다시 사냥을 나간 케팔로스는 낮의 무더위를 피해 그늘에서 쉬다가 시원한 산들바람이 불자, 자신을 위로해 주고 기운을 다시 북돋아달라고 중얼거렸다. 그러나 그가 아우라에게 건네는 이 다정한 말을 누군가가 엿들었다. 아우라는 여인의 이름이기도 했지만, '산들바람'을 뜻하는 단어이기도 했다. 남편의 부정에 관한 이야기를 전해 들은 프로크리스는 다음 날 숲속으로 남편을 따라 들어갔다. 부스럭거리는 소리를 들은 케팔로스는 사냥감이라 생각하고 창을 던졌다. 그가 발견한 것은 짐승이 아니라 창에 맞아 죽은 사랑하는 프로크리스였다.

신화 기록가 아폴로도로스는 이와 다른 이야기를 전한다. 케팔로스가 떠나 있는 사이 프로크리스는 다른 남자의 유혹에 넘어간다. 그 후 크레타 섬으로 달아나고, 그녀를 탐한 미노스 왕이 그녀에게 사냥개와 창을 선물한다. 선물을 받은 대가로 그녀는 미노스의 정부들을 죽음으로 몰아넣은 왕의 병을 고쳐주고 그와 동침한다. 미노스의 아내 파시파에에게 화를 당할까 두려워 아테네로 돌아온 프로크리스는 남편과 화해한다. 그러나 둘이 함께 사냥을 나갔을 때 케팔로스가 실수로 프로크리스를 죽인다. 히기누스는 앞의 두 이야기를 뒤섞은 또 다른 버전을 전한다. 프로크리스는 크레타 섬으로 달아나 디아나의 열성 신도가 되고, 청년으로 변장한 채 남편과 재회한다. 케팔로스는 '청년'의 훌륭한 사냥개와 창을 갖고 싶어 그와 하룻밤을 보내기로 약속한다. 밤에 두 사람이 만났을 때 프로크리스의 정체가 드러난다. 훗날 그녀는 사냥 중에 벌어진 사고로 죽지만, 케팔로스와의 사이에 아르케시오스를 낳는다. 아르케시오스는 라에르테스의 아버지이자, 영웅 오디세우스의 할아버지이다. (디아나, 라에르테스, 미노스, 아우로라, 아테네, 에레크테우스, 오디세우스, 케팔로스, 크레타 섬, 파시파에)

프로테실라오스Protesilaus '첫 번째 사람'이라는 뜻의 프로테실라오스(본명은 이올라오스)는 이피클레스(혹은 악토르)와 디오메데이아(혹은 아스티오케)의 아들이다. 스파르타의 헬레네에게 구혼한 수많은 남자들 중 한 명으로 트로이 전쟁에 참여할 의무가 있었던 그는 40척의 함선을 이끌고 테살리아를 떠났다. 신화 기록가 히기누스에 의하면, 그는 트로이의 해안을 제일 먼저 밟는 자가 제일 처음 목숨을 잃으리라는 신탁에도 아랑곳하지 않고 용맹하게 해안으로 뛰어내렸다. 그리고 곧장 헥토르의 손에 죽었다. 그와 갓 결혼한 라오다메이아(아카스토스의 딸)는 남편의 죽음을 슬퍼하며, 그와 단 세 시간만 얘기를 나눌 수 있게 허락해 달라고 신들에게 빌었다. 신들은 이 부탁을 들어주었지만, 프로테실라오스가 또다시 죽자 슬픔을 견딜 수 없었던 라오다메이아는 제물을 바친다는 핑계로 남편과 똑같이 생긴 청동상을 만들라고 지시한 다음, 그 청동상을 자신의 방에 둔 채 슬픔을 달랬다. 그러나 청동상을 껴안고 있는 그녀를 본 하인이 조각상을 살아 있는 남자로 오해하여, 라오다메이아에게 애인이 생겼다고 그녀의 아버지에게 알렸다. 곧 진상을 알게 된 그녀의 아버지는 딸의 고통을 끝내기 위해 조각상을 불태웠다. 슬픔이 한층 더 깊어진 라오다메이아는 장작더미로 몸을 던졌다. (스파르타, 테살리아, 트로이, 헥토르, 헬레네)

프릭소스Phrixus 프릭소스는 보이오티아 지방의 오르코메노스를 다스린 아타마스 왕과 네펠레 사이에 태어난 아들이다. 아타마스의 후처 이노는 자기 자식들보다 먼저 태어나 왕위 계승 서열이 더 높은 프릭소스와 헬레 남매를 제거하기로 마음먹었다. 그래서 곡물의 씨들을 썩혀 싹을 틔우지 못하게 만들었다. 그러자 아타마스는 이 재앙의 해결책을 알아보기 위해 델포이 신탁소로 사자들을 보냈다. 사자들은 이노의 강요에 못 이겨, 프릭소스와 (몇몇 전승에 따르면) 헬레를 제물로 바쳐야 한다는 신탁을 받았다고 거짓 보고를 올렸다. 그러나 네펠레는 아이들을 안전한 곳으로 실어다 줄 날개 달린 황금 숫양을 보내어 아이들을 구했다. 숫양을 타고 가던 중에 헬레는 균형을 잃어 바닷물로 빠졌고, 그 후로 그곳은 '헬레의 바다' 헬레스폰트(지금의 다르다넬스 해협)라 불렸다. 한편, 프릭소스는 흑해의 동쪽 해안에 있는 콜키스의 마을 아이아에 무사히 도착했다. 콜키스의 왕 아이에테스는 프릭소스를 반갑게 맞아주었고, 프릭소스는 감사의 뜻으로 숫양을 제물로 바쳤다. 신화 기록가 히기누스는 숫양을 아레스에게 바친 거라 말하고, 아폴로도로스는 제우스에게 바친 거라 말한다. 숫양의 모피를 선물로 받은 아이에테스는 아레스에게 봉헌한 숲에 있는 어느 참나무 가지에 그것을 걸어놓고 용을 감시자로 붙여놓았다. 영웅 이아손이 아르고호 원정대와 함께 찾으러 온 것이 바로 이 양피였다. 아이에테스는 프릭소스를 자신의 딸 칼키오페와 결혼시켰지만, 이방인에게 왕국을 잃으리라는 예언을 들은 뒤 프릭소스와 그의 아들들을 두려워하게 되었다. 그래서 그들을 살해할 음모를 꾸몄으나, 적어도 프릭소스의 아들들은 탈출에 성공하여 표류하다 이아손을 만나 구조되었다. (네펠레[인간], 델포이, 보이오티아, 아레스, 아르고호 원정대, 아이에테스, 아타마스, 이노, 이아손, 제우스, 콜키스, 헬레, 헬레스폰트)

프시케 Psyche 프시케('영혼')의 이야기는 로마 작가 아풀레이우스의 소설 『황금 당나귀』에 담겨 있다. 프시케는 아리따운 세 공주 중 한 명이었는데, 그중 가장 아름다웠다. 그녀의 미모가 널리 알려지면서 사람들은 그녀를 마치 여신 베누스[G아프로디테]의 화신처럼 숭배하기 시작했고, 여신의 제단은 바쳐지는 제물 하나 없이 휑하니 비어버렸다. 분노한 베누스는 아들 쿠피도[G에로스]에게 프시케가 세상에서 가장 미천한 자와 사랑에 빠지게 만들라는 지시를 내렸다. 한편, 프시케의 아버지는 딸에게 구혼하는 남자가 아무도 없어 애를 태우고 있었다. 모두가 그녀를 마치 조각상처럼, 감히 넘볼 수 없는 존재처럼 우러러보기만 했다. 아폴론의 신탁에 조언을 구한 왕은 프시케를 암벽에 버려두면 괴물이 나타나 그녀를 신부로 맞으리라는 응답을 받았다. 암벽에 있던 프시케는 바람에 실려 어느 아름다운 초원으로 갔고, 그곳의 멋진 궁전에서 목소리만 들리고 모습은 보이지 않는 시녀들의 시중을 받으며 행복한 나날을 보냈다. 남편도 생겼는데, 바로 쿠피도였다. 그는 어두운 밤에만 찾아왔기 때문에 프시케는 남편의 생김새를 알 수 없었다. 쿠피도의 만류를 무시한 채 프시케는 자매들이 궁전에 방문할 수 있도록 허락했다. 그녀의 호화로운 생활을 시기한 자매들은 그녀의 남편이 정말 괴물일지도 모른다며 어떻게 생겼는지 확인해보라고 부추겼다. 불안해진 프시케는 잠든 남편을 등불로 비추어 보았다. 그 모습에 황홀해졌지만 등불의 기름이 쿠피도에게 떨어졌고, 그는 깨어나자마자 그대로 떠나버렸다. 프시케는 아이를 잉태한 채 쿠피도를 찾아 지상을 떠돌며 온갖 시련을 겪다가 베누스의 노예가 되었다. 베누스는 엄청난 양의 곡식 낟알 분류하기, 황금 양털 모아 오기, 스틱스 강물 퍼오기 등 그녀에게 어려운 과제들을 연이어 냈다. 프시케는 개미들, 말하는 갈대, 유피테르[G제우스]의 독수리에게 차례로 도움을 받으며 모든 과제를 성공적으로 해냈다. 마지막 과제는 지하세계의 왕비인 프로세르피나[G페르세포네]에게서 바르면 아름다워지는 크림을 받아 오는 것이었다. 이번에도 프시케는 도움을 얻었다. 탑에서 뛰어내려 지하세계로 가려는 그녀에게 탑이 조언을 해준 것이다. 지하세계에서 온갖 역경을 겪은 후 크림을 손에 넣은 프시케는 호기심을 이기지 못해 상자를 열고 말았다. 그 안에는 크림이 아니라 죽음의 잠이 들어 있었고, 쿠피도가 그녀를 구해주었다. 쿠피도와 재결합한 프시케는 불사의 몸이 되어 그와의 사이에 볼룹타스('쾌락')를 낳았다. (스틱스(장소), 유피테르, 제우스, 지하세계, 쿠피도, 프로세르피나)

피그말리온Pygmalion 그리스 로마 신화에는 피그말리온이라는 이름의 유명한 인물이 두 명 등장한다. 그중 한 명은 키프로스 섬의 왕이었는데, 로마 시인 오비디우스에 따르면, 그는 섬 여인들의 문란함에 치를 떨며 독신의 삶을 선택했다. 조각가이기도 했던 그는 상아를 깎아 여인상을 만들었고, 너무도 아름다운 그녀에게 반해 온갖 선물을 바쳤다. 아프로디테를 기리는 축제가 열린 날, 그는 여신에게 제물을 바치며 기도를 올렸다. 조각상과 똑같이 생긴 여인을 아내로 맞게 해달라고 말이다. 그의 소원은 이루어졌다. 조각상은 피와 살을 가지고 살아 움직이는 여인이 되었다. 고전 시대 이후의 작가들은 이 여인에게 갈라테이아라는 이름을 붙였다. 피그말리온과 그녀 사이에 딸 파포스가 태어났으며, 파포스의 아들 키니라스는 훗날 팔라이파포스Palaipaphos(고대 파포스)라는 도시를 세운다. 물에서 태어난 아프로디테가 제일 처음 밟은 땅인 그곳은 아프로디테 신앙의 중심지가 된다.

또 다른 피그말리온은 페니키아 지방의 티레를 다스린 왕으로, 베르길리우스의 『아이네이스』에 의하면 디도의 오라비였다. 디도는 이탈리아로 가서 로마인의 시조가 되는 영웅 아이네이아스의 여정 중에 희생당한 수많은 사람 중 한 명이다. 디도의 남편이 가진 재산을 탐낸 피그말리온은 그를 살해하고는 이 사실을 디도에게 숨겼다. 그러나 밤에 남편 시카이오스의 망령이 피투성이가 된 채 디도에게 나타나, 피그말리온에게 살해당한 사실을 알리며 나라를 떠나라 당부했다. 디도는 폭군 피그말리온을 증오하거나 두려워하는 사람들을 이끌고 아프리카 북부의 비르사Byrsa로 건너갔다. 그리고 남편의 망령이 알려준 곳에 숨겨져 있던 재물로 그곳의 땅을 샀다. (디도, 시카이오스, 아이네이아스, 아프로디테, 키니라스, 키프로스 섬, 파포스)

피네우스Phineus 눈먼 예언자 피네우스의 부모에 관해서는 설이 분분하다. 포세이돈, 티레의 아게노르, 아게노르의 아들 포이닉스 등이 그의 아버지로 거론된다. 피네우스는 바람의 신 보레아스와 오레이티이아의 딸인 클레오파트라와 결혼했다가, 후에 다르다노스의 딸 이다이아를 아내로 맞았다. 그가 맹인이 된 사연은 여러 가지 이야기로 전해진다. 신화 기록가 아폴로도로스는, 보레아스가 아르고호 원정대의 도움을 받아 그의 눈을 멀게 했다고 쓴다. 보레아스의 손자들이 이다이아를 범하려 했다고 믿은 피네우스가 그들의 눈을 멀게 했기 때문이다. 또는, 피네우스가 인간들에게 미래를 알려주어 너무 많은 것을 알게 했기 때문에 제우스에게 벌을 받은 것이라고도 한다. 로도스의 아폴로니오스가 저술한 『아르고나우티카』(아르고호의 모험)에서 피네우스는 그가 먹으려고 하는 음식을 채가고 나머지 음식을 더럽혀 놓는 하르피이아이 때문에 고통받는다. 그러나 아르고호 원정대의 일원들인 보레아스의 두 아들 제테스와 칼라이스의 도움으로 구원받고, 이에 대한 감사의 표시로 피네우스는 아르고호가 심플레가데스('충돌하는 바위들')를 무사히 통과할 수 있는 방법을 알려준다. (다르다노스, 보레아스, 심플레가데스, 아게노르, 아르고호 원정대, 오레이티이아, 제테스, 칼라이스, 포세이돈, 하르피이아이)

피라Pyrrha 피라는 선과 악으로 가득 찬 치명적인 판도라의 상자를 혼수로 가져온 인류 최초의 여성 판도라와 2세대 티탄 신 에피메테우스 사이에 태어난 딸이다. 피라는 백부인 프로메테우스의 아들 데우칼리온과 결혼했으며, 그들 부부는 인간의 타락에 분노하여 인류를 완전히 없애기로 마음먹은 제우스가 일으킨 대홍수에서 유일하게 살아남았다. 지상을 뒤덮은 물바다에서 비죽 튀어나와 있는 파르나소스 산 꼭대기로 그들의 배가 떠밀려 올라가자, 제우스는 그들을 가엾이 여겨 홍수를 거두어들였다. 이제 피라와 데우칼리온은 세상을 인간으로 다시 채우기 시작했다. 여신 테미스가 일러준 대로 어깨 뒤로 돌을 던지자, 그 돌들이 현재의 강인한 인류가 되었다. 후에 데우칼리온과 피라는 여섯 명의 자식을 두었는데, 그중 헬레네스(그리스인이 스스로를 일컫던 총칭)의 조상인 헬렌이 가장 유명하다. (데우칼리온, 에피메테우스, 제우스, 테미스, 티탄족, 파르나소스 산, 판도라, 프로메테우스, 헬렌)

피라모스Pyramus 바빌론에 사는 피라모스와 티스베는 불운한 연인이었다. 그들의 비극적인 이야기를 생생하게 들려준 로마 시인 오비디우스에 따르면, 두 사람은 매일 남몰래 만나 두 집 사이의 담장에 생긴 구멍 사이로 사랑의 말을 속삭였다. 그들의 부모는 둘의 각별한 우정을 반대하며, 그들이 만나거나 결혼하지 못하도록 막았다. 더는 이별을 견딜 수 없었던 그들은 부모에게서 벗어나기 위해 밤을 틈타 집과 도시를 떠나기로 했다. 약속 장소는 쉽게 찾을 수 있는 곳으로 정했다. 바빌로니아의 여왕 세미라미스의 아버지인 니누스의 무덤이었다. 그 무덤가에는 흰 열매가 주렁주렁 달린 뽕나무가 심겨 있었다. 어둠이 내려앉자 티스베가 먼저 집에서 탈출하여 홀로 약속 장소에 도착했다. 그때 마침 암사자 한 마리가 이제 막 무언가를 잡아먹은 듯 입에 피를 묻힌 채 그녀에게 다가왔다. 겁에 질린 티스베는 베일을 떨어뜨리며 달아났지만, 그저 물을 마시기 위해 온 암사자는 그녀를 뒤쫓지 않았다. 암사자는 티스베의 베일에 입을 문지른 후 떠났고, 뒤이어 피라모스가 도착했다. 그의 눈에 띈 것은 티스베가 아니라, 피투성이가 된 그녀의 베일이었다. 연인이 살해당했다고 착각한 그는 자신의 검으로 자살했다. 그의 피가 뽕나무의 열매들을 붉게 물들이고, 뿌리까지 흠뻑 적셨다. 숨어 있던 티스베가 나와서 나무의 색깔이 이상하게 변한 걸 보고는 그 원인을 금세 알아챘다. 절망에 빠진 그녀 역시 검으로 자신의 몸을 찔렀다. 그때부터 쭉 뽕나무는 붉은 열매로 연인의 비극적인 최후를 기렸다. 피라모스와 티스베가 죽은 뒤 적어도 그들의 유해만은 한 항아리에 담겨 함께할 수 있었다. (바빌론, 세미라미스, 티스베)

피로스Pyrrhus 피로스는 아킬레우스의 아들인 네오프톨레모스의 별칭이다. (네오프톨레모스, 아킬레우스)

피에로스Pierus 마케도니아의 왕 피에로스는 아홉 명의 딸 피에리데스의 아버지로 가장 잘 알려져 있다. 이 젊은 여성들은 노래 부르는 목소리가 아름다웠고, 자신들의 노래 실력이 무사이에 견줄 만하거나 더 낫다고 자부했다. 로마 시인 오비디우스는 그들 간에 벌어진 대결을 전한다. 늘 그렇듯 신들인 무사이가 이겼고, 패배를 깨끗하게 인정하지 않은 피에로스의 딸들은 끝까지 오만을 부린 죄로 깍깍거리는 까치가 되어버렸다. 피에로스는 무사이와 음유시인 오르페우스의 고향인 피에리아의 명조로 여겨졌다. (마케도니아, 무사이, 오르페우스, 피에리데스, 피에리아)

피테우스Pittheus 피테우스는 펠롭스(탄탈로스의 아들)와 히포다메이아(피사의 왕 오이노마오스의 딸) 사이에 태어난 아들이다. 피테우스는 펠로폰네소스 반도의 북동부에 있는 트로이젠의 왕이 되며, 영웅 테세우스의 생애에 중요한 역할을 한다. 아테네의 왕 아이게우스는 자식이 생기지 않아 델포이의 아폴론 신탁소를 찾아갔고, 돌아가던 중 트로이젠에 들러서 피테우스에게 자신이 이해하지 못한 신탁의 내용을 들려주었다. 집으로 돌아가기 전까지 포도주 부대(염소 가죽으로 만든 포도주 용기)를 풀지 말라는 내용이었다. 그 의미를 간파한 피테우스는 손을 써서 자신의 딸 아이트라를 아이게우스와 동침시켰고, 아이트라는 테세우스를 잉태했다. 훗날 장성한 테세우스는 아테네로 가서 왕위에 오른다. (델포이, 아이게우스, 아이트라, 아테네, 아

폴론, 오이노마오스, 탄탈로스, 테세우스, 펠롭스, 히포다메이아)

필라데스Pylades 필라데스는 그리스 중부의 포키스를 다스린 왕 스트로피오스의 아들이다. 그는 미케네의 왕 아가멤논의 아들인 오레스테스의 절친한 벗이 되어 그의 곁을 충실히 지켜주었다. 몇몇 전승에 따르면, 오레스테스는 필라데스의 사촌으로, 그의 어머니 클리타임네스트라와 정부 아이기스토스가 아가멤논을 살해한 후 스트로피오스에게 보내졌다. 필라데스는 오레스테스가 미케네로 돌아가 아버지의 원수를 갚을 때도, 아르테미스 목조 신상을 가지러 야만인들인 타우리족의 땅에 갈 때도 그와 동행했다. 오레스테스는 자신을 내내 쫓아다니는 에리니에스로부터 해방되기 위해 그 신상을 아테네로 가져와야 했다. 필라데스는 오레스테스의 누이 엘렉트라와 결혼하여 두 아들을 얻었다. (미케네, 아가멤논, 아르테미스, 아이기스토스, 아테네, 에리니에스, 엘렉트라(인간), 오레스테스, 클리타임네스트라, 타우리족)

필레몬Philemon 필레몬은 바우키스의 남편이다. 유피테르(ⓖ제우스)와 메르쿠리우스(ⓖ헤르메스)가 나그네로 변장한 채 프리기아의 한 마을을 떠돌 때 이 농민 부부만이 그들을 정성스럽게 대접했다. 아주 어려운 형편에도 너그러움을 베푼 바우키스와 필레몬은 그 상으로 두 신들의 사제가 되었다. 그들의 누추한 오두막은 신전이 되고, 신들이 완전히 없애버린 마을은 호수로 변했다. 부부는 신들에게 청하여 한날한시에 죽은 후 참나무와 보리수가 되었다. (메르쿠리우스, 바우키스, 유피테르, 프리기아)

필로멜라Philomela 필로멜라('나이팅게일')는 아테네의 공주로, 언니 프로크네의 남편인 트라키아의 왕 테레우스에 의해 감금되어 수차례 겁탈당했다. 필로멜라가 이 만행을 폭로하겠다고 협박하자, 테레우스가 그녀의 혀를 잘라버렸다. 그러나 필로멜라는 이 사연을 태피스트리로 짜서, 자신이 죽었다고 믿고 있던 언니에게 보냈다. 자매는 테레우스를 향한 무시무시한 복수를 계획했고, 분노에 차 뒤쫓아 오는 테레우스를 피해 달아나던 필로멜라는 나이팅게일이 되었다. (아테네, 테레우스, 트라키아, 프로크네)

필록테테스Philoctetes 필록테테스는 그리스 연합군의 일원으로 트로이를 향해 떠났지만, 대부분의 전사들과 달리 단번에 트로이 해안에 닿지 못했다. 그리스군이 제사를 지내기 위해 테네도스 섬에 들렀을 때 필록테테스는 뱀에게 물리고 말았다. 상처가 곪자 그는 고통스러워하며 욕을 퍼붓고 울부짖었다. 오디세우스는 필록테테스의 비명이 불운을 가져올 것이라며, 그를 렘노스 섬에 버려두고 가자고 그리스군을 설득했다. 필록테테스는 10년 동안 렘노스 섬에서 홀로 살았다. 그에게 있는 무기라곤, 생을 마감하고 싶어 하는 헤라클레스를 위해 장작에 불을 붙여준 대가로 받았던 헤라클레스의 활과 화살뿐이었다. 헤라클레스는 그의 아내 데이아네이라가 사랑의 묘약으로 착각한 독물에 당해 괴로워하고 있었다. 후일 그리스군은 헤라클레스의 활과 화살을 가진 필록테테스가 있어야 트로이를 무너뜨릴 수 있다는 예언을 듣고는 그를 버리고 온 것을 후회했다. 아킬레우스의 아들 네오프톨레모스와 오디세우스가 필록테테스를 데리러 갔지만, 당연히 아직 화가 풀리지 않은 필록테테스는 그들의 요청에 응하지 않으려 했다. 그러나 결국 그는 트로이로 가서 상처를 치료했고, 헬레네를 납치하여 전쟁의 직접적인 원인을 제공했던 트로이의 왕자 파리스를 죽였다. (네오프톨레모스, 렘노스 섬, 아킬레우스, 오디세우스, 트로이, 파리스, 헤라클레스, 헬레네)

하이몬Haemon 하이몬은 오이디푸스가 죽은 후 테베의 섭정이 된 크레온의 아들이다. 비극 작가 소포클레스의 희곡 『안티고네』를 통해 가장 잘 알려진 하이몬은 오이디푸스의 딸 안티고네의 약혼자로 등장한다. 하이몬은 도시의 적으로 공언된 폴리네이케스를 땅에 묻어주려 한 안티고네가 돌팔매 형으로 죽는 것을 막기 위해 아버지에게 선처를 호소한다. 아버지를 설득하는 데 실패한 하이몬은 안티고네의 시신 옆에서 검으로 자결한다.

또 다른 전승에서 하이몬은 오이디푸스가 그 유명한 수수께끼를 풀기 전에 테베를 공포에 몰아넣었던 스핑크스에게 희생당한다. (안티고네, 크레온, 오이디푸스, 폴리네이케스, 스핑크스〔테베〕, 테베)

헤라클레스Heracles(Hercules) 헤라클레스는 그리스의 영웅들 가운데 가장 중요하고 유명한 인물이다. 그의 이름은 '헤라의 영광'이라는 뜻으로, '영광'을 의미하는 그리스 단어 '클레오스kleos'와 여신 헤라의 이름을 결합한 것이다. 역설적이게도, 헤라클레스는 평생토록 헤라에게 핍박받으며 극한 역경 속에서도 인내한 덕분에 명성을 얻었다. 헤라클레스는 티린스의 전왕 엘렉트리온의 딸인 알크메네의 아들이었다. 알크메네는 사촌 암피트리온과 결혼했지만, 암피트리온이 자리를 비운 사이 남편으로 둔갑한 제우스와 동침하여 아이를 잉태했다. 얼마 지나지 않아 집으로 돌아온 암피트리온도 그녀와 동침하여, 또 한 번 그녀를 잉태시켰다. 아홉 달이 지나 알크메네가 아기를 낳으려 할 때, 제우스는 그날 태어나는 자기 자손이 광대한 왕국의 왕이 되리라 자랑스레 떠벌렸다. 제우스가 또 외도를 저질렀다는 사실에 분노하고 질투에 휩싸인 헤라는 알크메네의 분만을 지연시켜, 스테넬로스의 아들 에우리스테우스가 헤라클레스보다 먼저 태어나게 만들었다. 마침 에우리스테우스는 할아버지 페르세우스(제우스와 다나에의 아들)를 통해 제우스의 피를 물려받은 자손이었다. 훗날 티린스와 미케네의 왕이 될 에우리스테우스가 태어난 후, 알크메네는 테베에서 쌍둥이를 낳았다. 제우스의 아들 헤라클레스, 그리고 암피트리온의 아들 이피클레스였다. 헤라클레스와 이피클레스가 아기 침대에 누워 있을 때, 헤라가 그들을 죽이기 위해 뱀들을 보냈다. 평범한 아기였던 이피클레스는 아무것도 하지 못했지만, 헤라클레스는 벌떡 일어나 뱀들을 옥죄어 죽였다. 성인이 된 헤라클레스는 강한 힘뿐만 아니라 뛰어난 궁술과 씨름 실력으로도 이름을 날렸다. 그에게 리라를 가르치던 스승 리노스를 홧김에 죽인 걸 보면 음악에는 별로 소질이 없었던 듯하다. 헤라클레스는 식탐이 많고 여색을 밝히는 것으로도 유명하여, 이웃 왕국의 통치자인 테스피오스의 딸 50명 모두와 동침할 정도였고, 그 결과 숱한 자식들을 두었다. 헤라클레스의 수많은 위업을 엄밀하게 연대순으로 정리하기는 힘들다. 그의 생애가 워낙 파란만장하기도 했지만, 수백 년이 흐르는 동안 그 공적의 수와 내용이 부풀려졌기 때문이다. 어느 시점에 헤라클레스는 테베로부터 공물을 강제로 거두고 있던 미니아스인과 얽히게 되었다. 그는 젊은 전사들을 모아서 미니아스인의 도시 오르코메노스를 침략하여 궁을 불태웠다. 미니아스인의 위협으로부터 테베를 구해준 헤라클레스에게 테베의 왕 크레온은 자신의 딸 메가라를 신부로 주었다. 메가라와 헤라클레스 사이에 세(혹은 다섯) 명의 아들이 태어났다. 헤라클레스는 그의 영원한 적 헤라가 그에게 불어넣은 광기에 휩싸여 자신의 아이들과 두 조카, 그리고 메가라까지 죽이고 말았다. 자신이 저지른 만행에 경악한 헤라클레스는 테베를 떠났고, 혈족 범죄를 씻고 난 후에도 아폴론의 신탁을 받기 위해 델포이로 갔다. 신탁의 내용은 그가 에우리스테우스의 노예가 되어 그가 명하는 모든 과제를 완수해야 한다는 것이었다. 그러면 불사의 삶을 얻을 수 있을 것이라고 했다. 에우리스테우스는 앞서 언급했듯 헤라의 간섭으로 헤라클레스보다 먼저 태어난 제우스의 자손이었다. 헤라클레스는 세상의 먼 구석구석을 돌아다니며 그 유명한 열두 가지 과업을 마쳤다. 무시무시한 네메아의 사자를 죽이고, 머리가 여럿 달린 괴물 레르나의 히드라를 제거하고, 황금 가지 뿔을 가진 케리네이아의 암사슴을 포획하고, 난폭한 에리만토스의 멧돼지를 붙잡고, 아우게이아스의 거대한 축사를 청소하고, 깃털을 무기처럼 쏘아대는 스팀팔로스 호수의 새들을 퇴치하고, 트라키아의 왕 디오메데스가 인육을 먹여 키우는 암말들을 잡고, 아마조네스의 여왕 히폴리테의 허리띠를 손에 넣고, 세 개의 몸통을 가진 게리온이 지키는 소 떼를 훔치고, 헤스페리데스의 정원에서 황금 사과를 가져오고, 지옥문을 지키는 개 케르베로스를 지상으로 데리고 나왔다. 이런 과업들 사이사이에, 이아손의 아르고호 원정대에 합류하여 황금 양피를 찾아 떠나고, 훗날 로마가 세워질 곳에서 무시무시한 괴물 카쿠스를 처치하고, 캅카스 산맥에 붙잡혀 있던 프로메테우스를 풀어주고, 지하세계에서 아드메토스의 아내 알케스티스를 데리고 나오고, 트로이의 왕 라오메돈의 딸을 바다 괴물로부터 구해주고, 델포이 신탁소에서 무녀 피티아의 삼각대를 훔치려다 아폴론과 씨름 대결을 하고, 피티아의 명에 따라 리디아의 여왕 옴팔레를 주인으로 섬기고, 훗날 저도 모르게 헤라클레스를 죽음으로 내몰 데이아네이라를 아내로 맞기 위해 강의 신 아이올로스와 결투를 벌이고, 데이아네이라를 납치하려는 켄타우로스 네소스를 죽였다. 훗날 헤라클레스가 오이칼리아의 공주 이올레를 첩으로 삼자, 이를 질투한 데이아네이라는 네소스에게 받았던 사랑의 묘약으로 헤라클레스의 옷을 적셔 그에게 건넸다. 하지만 그것은 사랑의 묘약이 아니라 독이었고, 그 독은 헤라클레스의 살을 태웠다. 고통 속에 몸부림치며 헤라클레스는 테살리아의 오이타 산에 올라가, 그의 아들 힐로스에게 화장용 장작더미를 쌓으라 이른 다음 그 위로 기어 올라갔다. 그 누구도 감히 장작에 불을 붙이지 못했지만, 영웅 필록테테스는 용감하게 그 위대한 영웅의 고통을 끝내주었다. 이에 대한 보상으로 필록테테스는 헤라클레스의 명성 높은 활과 화살을 받았으며, 헤라클레스는 신의 반열에 올랐다. (게리온, 네메아의 사자, 네소스, 데이아네이라, 델포이, 디오메데스, 라오메돈, 레르나의 히드라, 리노스, 리디아, 메가라(인간), 미니아스인, 미케네, 스팀팔로스 호수의 새들, 아드메토스, 아르고호 원정대, 아마조네스, 아우게이아스, 아켈로오스(신), 아폴론, 알케스티스, 알크메네, 암피트리온, 에리만토스의 멧돼지, 에우리스테우스, 엘렉트리온, 오이타 산, 옴팔레, 이아손, 이올레, 이피클레스, 제우스, 지하세계, 카쿠스, 캅카스 산맥, 케르베로스, 케리네이아의 암사슴, 켄타우로스족, 크레온, 테베, 테살리아, 트라키아, 트로이, 티린스, 프로메테우스, 필록테테스, 헤라, 헤스페리데스, 히폴리테)

헤로Hero　헤로는 아프로디테를 모시는 젊은 무녀로, 헬레스폰트의 유럽 쪽 해안에 살았다. 그녀는 반대쪽 해안의 아비도스에 살고 있던 청년 레안드로스와 사랑에 빠졌다. 레안드로스는 밤마다 남몰래 헬레스폰트의 험한 물살을 헤치고 그녀를 찾아갔다. 그러나 아프로디테가 이 연인을 발견했고, 레안드로스는 사랑하는 헤로를 만나기 위해 헤엄쳐 가던 중에 죽었다. 헤로는 탑에서 몸을 던져 스스로 목숨을 끊었다. (레안드로스, 아비도스, 아프로디테, 헬레스폰트)

헤르미오네Hermione　헤르미오네는 스파르타의 왕 메넬라오스와 헬레네의 딸이며, 호메로스에 따르면 헬레네의 유일한 자식이었다. 헬레네는 파리스와 함께 트로이로 떠나면서, 자신의 자매이자 아가멤논의 아내인 클리타임네스트라에게 아홉 살배기 딸을 맡겼다. 헤르미오네는 클리타임네스트라의 아들 오레스테스와 약혼하지만, 그 결혼은 성사되지 못했다. 몇몇 전승에 따르면, 오레스테스가 어머니를 살해하는 죄를 범하여 종교적이고 제의적인 의미에서 불결한 몸이 되었기 때문이라고 한다. 후에 헤르미오네는 아킬레우스의 아들 네오프톨레모스를 매수하여 트로이 전쟁에 참전시키려는 메넬라오스의 책략으로 인해 네오프톨레모스의 약혼자가 된다. 이 결혼은 이루어졌지만, 헤르미오네는 자식을 얻지 못했다. 비극 작가 에우리피데스의 희곡 『안드로마케』에서 헤르미오네는 안드로마케에게 시기심을 품는다. 전사한 트로이의 영웅 헥토르의 아내였던 안드로마케는 트로이가 멸망한 후 네오프톨레모스의 첩이 되어 그의 자식들을 낳았다. 헤르미오네는 안드로마케가 자신에게 저주를 내렸다고 비난하며 그녀를 죽이려 음모를 꾸미지만 성공하지 못한다. 결국에는 오레스테스가 등장하여 네오프톨레모스를 죽이고, 헤르미오네를 데려간다. (네오프톨레모스, 스파르타, 아가멤논, 아킬레우스, 안드로마케, 오레스테스, 클리타임네스트라, 트로이, 파리스, 헥토르)

헤시오네Hesione　헤시오네는 전설상의 트로이 왕 라오메돈의 딸로, 바다 괴물에게 제물로 바쳐질 뻔하다가 헤라클레스에게 구조된다. 헤라클레스는 아마조네스 여왕 히폴리테의 허리띠를 손에 넣는 아홉 번째 과업을 완수한 후 트로이를 찾아갔다. 당시 그 땅은 이중고를 겪고 있었다. 아폴론이 역병을 내린 데다, 포세이돈이 보낸 바다 괴물이 백성들을 납치해 가고 있었다. 이 모두는 라오메돈에 대한 징벌이었다. 신화 기록가 아폴로도로스가 쓴 바에 따르면, 라오메돈의 악행을 전해 들은 신들은 그를 시험하기 위하여 인간으로 변장한 뒤, 트로이 성벽을 쌓아줄 테니 보수를 달라고 제안했다. 그들이 일을 마쳤을 때 라오메돈은 보수를 주지 않았고, 그 대가로 왕과 나라는 벌을 받고 있었던 것이다. 라오메돈은 그의 딸을 바다 괴물에게 바쳐야 이 문제들을 해결할 수 있다는 신탁을 듣고, 헤시오네를 바닷가 벼랑에 묶어두었다. 그곳에서 그녀를 본 헤라클레스는 그녀를 구해주겠다면서 한 가지 대가를 원했다. 제우스가 아들 가니메데스를 잃은 라오메돈에게 보상으로 주었던 아름다운 암말들이었다. 헤라클레스는 괴물을 죽이고 헤시오네를 구했지만, 아폴론과 포세이돈이 그랬듯 보수를 받지 못했다. 이런 연유로 헤라클레스는 후에 전사들을 이끌고 돌아가 트로이를 정복했다. 헤라클레스는 헤시오네를 붙잡아 그의 벗 텔라몬에게 전리품으로 주었다. 헤시오네는 남동생 프리아모스를 구하기 위해 몸값을 지불했고, 프리아모스는 훗날 트로이의 왕이 된다. (가니메데스, 라오메돈, 아마조네스, 아폴론, 제우스, 테우크로스, 텔라몬, 트로이, 포세이돈, 프리아모스, 헤라클레스, 히폴리테)

헤카베 Hecabe(Hecuba) 헤카베(또는 헤쿠바)는 트로이의 왕 프리아모스의 아내이자, 헥토르, 파리스, 트로일로스, 헬레노스, 폴리도로스, 카산드라, 폴릭세네의 어머니이다. 그리스 시인 핀다로스는 헤카베가 파리스를 임신했을 때 불을 휘두르는 헤카톤케이르('100개의 손을 가진 자')를 낳는 꿈을 꾸었다고 쓴다. 신화 기록가 아폴로도로스에 따르면, 헤카톤케이르가 아니라 횃불이었다고 한다. 이 꿈에 카산드라의 예언까지 더해지자, 헤카베는 트로이를 화염 속에 멸망케 할 운명의 아들 파리스를 낳자마자 내다 버리기로 했다. 호메로스의 『일리아스』에서 헤카베는 아테나에게 도움을 청하지만 아무런 답도 받지 못했으며, 목숨을 걸고 아킬레우스와 결투하려는 헥토르를 만류하지만 이 역시 부질없는 짓이었다. 트로이 전쟁이 진행되는 동안, 그리고 그 후에 헤카베는 남편과 많은 자식들의 죽음을 목격했다. 그녀 자신은 포로로 붙잡혀 오디세우스에게 전리품으로 넘겨졌다. 로마 시인 오비디우스의 기록에 따르면, 헤카베는 딸 폴릭세네의 주검 옆에서 눈물을 흘리고 있다가, 트라키아의 왕 폴리메스토르의 보호를 받고 있는 줄 알았던(그렇기를 바랐던) 아들 폴리도로스가 살해된 채 쓰러져 있는 모습을 발견했다. 폴리메스토르가 재물을 탐해 폴리도로스를 죽였다는 사실을 알게 된 헤카베는 그에게 달려들어 그의 눈알을 뽑아버렸다. 그러자 폴리메스토르는 그녀를 뒤쫓기 시작했고, 그녀는 개로 변하여 달아났다. (아킬레우스, 아테나, 오디세우스, 카산드라, 트라키아, 트로이, 트로일로스, 파리스, 폴리도로스, 폴릭세네, 프리아모스, 헤카톤케이레스, 헥토르, 헬레노스)

헥토르 Hector 헥토르는 트로이 전쟁에서 트로이군을 이끈 트로이 최고의 전사였다. 그는 트로이의 프리아모스 왕과 헤카베 왕비의 아들이었으며, 형제들로는 헬레네를 납치한 파리스, 예언력을 가진 쌍둥이 헬레노스와 카산드라, 불행한 운명의 폴릭세네, 그리고 아킬레우스의 매복 공격으로 살해당하는 트로일로스 등이 있었다. 헥토르의 아내는 킬리키아 테베의 공주 안드로마케였다. 안드로마케와 헥토르의 아들 아스티아낙스는 트로이 전쟁이 끝났을 때 아킬레우스의 아들 네오프톨레모스 혹은 오디세우스의 손에 트로이 성벽 아래로 내던져져 죽었다. 헥토르의 운명은 그가 아킬레우스의 절친한 벗이자 동지인 파트로클로스를 죽였을 때 이미 결정된 셈이었다. 전쟁에서 발을 뺐던 아킬레우스는 복수심에 불타 전장으로 돌아와서는 특히 헥토르를 노렸다. 헥토르를 죽이고 나서도 아킬레우스의 분노는 사그라지지 않았다. 아킬레우스는 헥토르의 주검을 자기 전차에 매달고 날이면 날마다 트로이 성벽 주위로 질질 끌고 다녔다. 이 잔인무도한 행위에 신들마저 혀를 찼다. 결국 헥토르의 아버지 프리아모스는 두려움을 무릅쓰고 아킬레우스의 막사로 찾아가 아들의 주검을 되찾았다. 헥토르의 장례식과 함께 호메로스의 『일리아스』는 막을 내린다. 트로이가 불길에 휩싸여 멸망할 것을 예고하기라도 하듯, 화장용 장작더미가 활활 불타오른다. (네오프톨레모스, 아스티아낙스, 아킬레우스, 안드로마케, 오디세우스, 카산드라, 트로이, 트로일로스, 파트로클로스, 폴릭세네, 프리아모스, 헤카베, 헬레노스)

헬레Helle 보이오티아 지방 오르코메노스의 왕 아타마스와 네펠레 사이에 태어난 딸이다. 아타마스의 두 번째 아내 이노는 자기 자식들보다 먼저 태어나 왕위 계승 서열이 더 높은 헬레와 프릭소스 남매를 제거할 음모를 꾸몄다. 먼저, 곡물 씨앗을 썩혀 싹을 틔우지 못하게 만들었다. 아타마스 왕은 이 재앙을 해결하기 위하여 델포이의 신탁소로 사자들을 보냈다. 그러나 이노의 강요에 따라 사자들은 프릭소스와 (몇몇 전승에 따르면) 헬레를 제물로 바치라는 신탁을 받았다며 거짓 보고를 했다. 네펠레는 마지막 순간에 날개 달린 황금 숫양을 보내어 아이들을 안전한 곳으로 데려가게 했다. 그러나 숫양을 타고 하늘을 날아가던 중 헬레는 균형을 잃고 아래의 바닷물로 빠지고 말았다. 그 후로 그곳은 '헬레의 바다' 헬레스폰트라 불렸는데, 바로 지금의 다르다넬스 해협이다. (네펠레, 델포이, 보이오티아, 아타마스, 이노, 프릭소스, 헬레스폰트)

헬레네Helene 여성 시인 사포가 '가장 아름다운 인간'으로 묘사하는 헬레네는 '트로이의 헬레네'가 되기 전에 '스파르타의 헬레네'였다. 그녀의 출생에 관해서는 다양한 이야기가 전해진다. 그녀의 어머니 레다는 아이톨리아의 왕 테스티오스의 딸로, 스파르타의 왕 틴다레오스와 결혼했다. 헬레네는 레다가 백조로 둔갑한 제우스와 정을 통하여 낳은 알에서 태어났다고도 하고, 거위로 변신한 복수의 여신 네메시스가 백조 모습의 제우스와 관계하여 낳은 알에서 태어났다고도 한다. 또 다른 이야기에서는 레다가 네메시스의 알을 발견하여(혹은 받아서) 부화할 때까지 안전하게 지킨다. 헬레네의 형제자매로는 미케네의 왕비가 되는 클리타임네스트라, 그리고 신성한 쌍둥이 카스토르와 폴룩스〔ⓒ폴리데우케스〕가 있었다. 클리타임네스트라, 카스토르, 폴룩스가 헬레네와 같은 알에서 태어났다는 설도 있고, 각기 다른 알을 깨고 나왔다는 설도 있고, 제우스와 레다가 동침한 날 역시 레다와 동침한 틴다레오스의 자식들이라는 설도 있다.

미모로 이름을 날리던 헬레네는 페이리토오스와 테세우스에게 납치되지만, 형제들인 카스토르와 폴룩스에게 구조된다. 후에 헬레네의 혼기가 차자, 틴다레오스는 수많은 구혼자들 가운데 한 명을 고르기란 불가능하다고 여겨 딸에게 선택을 맡겼다. 그녀는 아가멤논의 동생인 메넬라오스를 택했고, 그는 혼인을 통해 스파르타의 섭정이 되었다. 헬레네는 메넬라오스와의 사이에 외동딸인 헤르미오네를 낳고, 스파르타에서 행복하게 살고 있었다. 그러던 어느 날 트로이의 왕자 파리스가 와서 그녀를 납치했다. 몇몇 전승에 따르면 그녀가 자진해서 떠났다고도 한다. 파리스는 세 여신 아프로디테, 헤라, 아테나 가운데 가장 아름다운 이를 결정하는 그 유명한 판결을 내린 후 약속받은 상을 챙기기 위해 스파르타에 온 것이었다. 아프로디테가 그를 성공적으로 매수할 수 있었던 것은 세상에서 가장 아름다운 여인 헬레네를 주겠다고 제안했기 때문이다. 헬레네가 떠난 뒤 아가멤논은 그리스 최고의 전사들을 소집했다. 이런 일이 가능했던 이유는, 틴다레오스가 현명하게도 헬레네의 모든 구혼자들에게 그녀의 선택을 존중하고 그 부부에게 위기가 닥치면 도와주겠노라 맹세하도록 시켰기 때문이다. 그리스군은 그녀를 되찾기 위해 10년 동안 트로이군과 싸웠다. 전쟁 10년째에 파리스가 죽자 헬레네는 파리스의 형제 데이포보스의 아내로 넘겨졌지만, 로마 시인 베르길리우스에 따르면 데이포보스는 메넬라오스에게 참혹한 죽음을 맞았다. 호메로스의 『오디세이아』에서 헬레네는 결국 스파르타로 돌아가고, 그녀와 메넬라오스는 아버지의 행방을 수소문하고 있던 오디세우스의 아들 텔레마코스를 따뜻이 받아준다. 헬레네와 메넬라오스가 트로이에서 스파르타로 돌아가던 길에 잠깐 이집트에 머물렀다는 설도 있다.

그리스 시인 스테시코로스에 따르면, 헬레네는 트로이에 간 적이 없고 신들에 의해 이집트로 보내졌으며, 후에 메넬라오스가 그곳에서 헬레네를 찾았다고 한다. 비극 작가 에우리피데스는 이 변형된 이야기를 자신의 작품에 반영하여, 파리스를 따라가는 건 헬레네의 환영이라고 전한다. 여행 작가 파우사니아스는 그녀의 최후에 관하여 여러 가지 이야기를 전한다. 그녀가 로도스 섬에서 교수형에 처해졌다고도 하고, 죽자마자 흑해의 레우케(흰 섬)에서 아킬레우스와 결혼했다고도 한다. (네메시스, 레다, 메넬라오스, 미케네, 스파르타, 아가멤논, 아킬레우스, 아테나, 아프로디테, 오디세우스, 제우스, 카스토르, 클리타임네스트라, 테세우스, 텔레마코스, 트로이, 틴다레오스, 파리스, 페이리토오스, 폴룩스, 헤라, 헤르미오네)

헬레노스Helenus 헬레노스는 트로이의 왕 프리아모스와 왕비 헤카베의 아들로, 예언자 카산드라의 쌍둥이 형제였다고 한다. 카산드라와 마찬가지로 헬레노스도 예언력을 갖고 있었으며, 호메로스는 그를 '단연 최고의 선견자'라 불렀다. 그는 파리스가 스파르타로 가서 헬레네를 데려오면 재앙이 일어날 거라 예견했다. 후에 그는 그리스군이 팔라디온Palladion이라는 오래된 아테나 신상을 손에 넣고, 아킬레우스의 아들인 네오프톨레모스와 헤라클레스의 활을 가진 영웅 필록테테스를 참전시키면 트로이를 이길 수 있다는 사실을 알려줌으로써 그리스군의 승리에 도움을 주었다. 베르길리우스의 서사시 『아이네이스』에서 헬레노스는 네오프톨레모스의 왕국을 물려받고, 자신처럼 그리스군의 포로로 붙잡혀 온 형수 안드로마케와 결혼한다. (네오프톨레모스, 스파르타, 아킬레우스, 아테나, 안드로마케, 카산드라, 트로이, 프리아모스, 필록테테스, 헤라클레스, 헤카베, 헬레네)

헬렌Hellen 역사가들인 투키디데스와 디오도로스 시켈로스, 그리고 그리스 시인 헤시오도스에 따르면, 헬렌은 제우스가 타락한 인간 종족을 몰살하기 위해 일으킨 대홍수에서 유일하게 살아남은 데우칼리온과 피라의 아들이다. 그리스의 주요 부족들은 헬렌의 아들들과 손자들, 이를테면 도로스(도리아인의 시조), 이온(이오니아인의 시조), 아카이오스(아카이아인의 시조), 아이올로스(아이올리아인의 시조) 등의 후손들이라고 한다. (데우칼리온, 도로스, 아이올로스(인간), 아카이아인, 이온, 제우스, 피라)

히아킨토스Hyacinthus(Hyacinth) 히아킨토스는 일반적으로 테살리아 라피타이족의 선조인 라피토스의 딸 디오메데와 스파르타의 왕 아미클라스 사이에 태어난 아들로 알려져 있다. 무사 클리오와 스파르타의 왕 오이발로스(틴다레오스의 아버지)가 그의 부모라는 설도 있다. 히아킨토스는 용모가 무척이나 아름다워 아폴론과 서풍의 신 제피로스뿐만 아니라, 남성을 탐낸 최초의 인간 남성으로 알려진 뛰어난 음유시인 타미리스의 구애도 받았다. 히아킨토스의 비극적인 최후에 관해서는 로마 시인 오비디우스의 이야기가 가장 잘 알려져 있다. 사냥을 나간 아폴론과 히아킨토스는 잠시 한숨을 돌리며 원반던지기를 했다. 먼저 아폴론이 원반을 던졌고, 그것을 받기 위해 몸을 굽히던 히아킨토스는 땅에서 튀어 오른 원반에 머리를 세게 맞고 목숨을 잃었다. 여행 작가 파우사니아스는 그들의 사이를 질투한 제피로스가 돌풍을 일으켜 이 사고를 일으켰다고 전한다. 역설적이게도 치유의 신인 아폴론은 히아킨토스를 구하지 못했다. 비탄에 잠긴 아폴론은 히아킨토스가 쓰러진 곳에서 꽃이 피어나게 하고, 그 꽃잎에 애통한 심정을 새겨 넣었다.

히아킨토스는 그를 기리는 축제 히아킨티아Hyacinthia에서 문화 영웅으로 숭배받았다. 역사가 헤로도토스와 여행 작가 파우사니아스가 남긴 기록에 따르면, 히아킨티아는 히아킨토스를 애도하는 의식, 소년들과 청년들의 음악 공연과 운동 경기, 연회와 춤, 처녀들의 행렬, 아폴론에게 예복을 바치는 의식으로 구성되어 있었다. 히아킨토스의 무덤이 있는 스파르타 근처의 아미클라이는 그를 섬기는 밀교의 중심지가 되었다. (라피타이족, 무사이, 스파르타, 아폴론, 제피로스, 클리오, 타미리스, 테살리아, 틴다레오스)

히페르보레오이족Hyperboreans '북풍(보레아스) 너머'의 사람들, 히페르보레오이족은 세상의 북쪽 끝자락, 즉 캅카스 산맥이나 바로 그 너머에 살았다고 전해지는 신화 속 민족이다. 히페르보레오이족은 신들과 가까운 곳에서 더할 나위 없이 행복한 삶을 누렸는데, 특히 아폴론은 일 년 중 얼마 동안은 그들의 땅에서 지냈다. 그리스 시인 핀다로스에 따르면, 히페르보레오이족의 땅은 뱃길을 통해서도 걸어서도 닿을 수 없는 곳이라, 영웅 페르세우스는 날개 달린 샌들을 신고서야 그곳에 당도할 수 있었다고 한다. 핀다로스는 또 그들이 플루트와 리라를 연주하며 무사이를 찬미했고, 아폴론의 가장 중요한 신목인 황금빛 월계수로 화관을 만들어 썼으며, 병에 걸리지도 늙지도 않았다고 쓴다. (무사이, 보레아스, 아폴론, 캅카스 산맥, 페르세우스)

히페름네스트라Hypermnestra 히페름네스트라는 다나오스 왕의 딸 50명을 일컫는 다나이데스 중 한 명이다. 악명 높은 자매들과 달리 그녀는 결혼 첫날밤 남편을 죽이라는 아버지의 명을 어겼다. 반면, 49명의 자매들은 아버지의 지시에 따랐다. 그들의 신랑들은 다나오스가 다스리고 있던 땅에 눈독 들인 그의 쌍둥이 형제 아이깁토스의 아들들이었기 때문이다. 히페름네스트라는 남편 린케우스를 죽이는 대신 도망칠 수 있게 도와주었다. 다나오스는 자신을 거역한 그녀를 감금했지만, 신화 기록가 아폴로도로스에 따르면, 그녀는 후에 남편과 재회했다. 반면, 여행 작가 파우사니아스는 히페름네스트라가 재판에 회부되었다가 아르고스 백성들에게 무죄 판결을 받았다고 기록한다. 그녀와 린케우스 사이에는 아바스라는 아들이 태어났다.

동명이인인 테스티오스의 딸 히페름네스트라는 예언자 암피아라오스의 어머니이다. (다나오스, 다나이데스, 아르고스, 아이깁토스, 암피아라오스, 테스티오스)

히포다메이아Hippodamia 신화에는 그리스어로 '말을 길들이는 자'라는 뜻의 히포다메이아라는 이름을 가진 아름다운 인간이 여럿 등장한다. 그중 한 명은 피사의 왕 오이노마오스와 왕비 스테로페의 딸이다. 딸을 사랑해서인지, 아니면 사위에게 살해되리라는 예언 때문인지, 오이노마오스는 딸의 결혼을 막기 위한 대책을 강구했다. 모든 구혼자들에게 전차 경주를 요구한 것이다. 아레스에게 선물 받은 그의 말들은 바람보다 빨랐으므로 누구를 상대해서도 이길 자신이 있었다. 경주에서 패배한 자들은 참수되어, 다른 구혼자들에 대한 경고로 그 머리가 궁 밖에 내걸렸다. 그러나 탄탈로스의 아들 펠롭스는 그에 굴하지 않고, 오이노마오스를 이기기 위한 계략을 꾸몄다. 오이노마오스의 전차를 모는 마부 미르틸로스를 매수하여, 왕의 전차 바퀴의 축을 빼놓으면(밀랍 못으로 바꿔 끼우도록 했다는 설도 있다) 그 대가로 히포다메이아와의 하룻밤과 왕국의 절반을 갖게 해주겠노라 제안했다. 경주가 진행되는 동안, 훼손된 바퀴가 풀려버리고 오이노마오스는 목숨을 잃었다. 펠롭스는 미르틸로스에게 한 약속을 지키기는커녕 그를 절벽에서 밀어 죽여버렸다. 미르틸로스는 죽기 전 펠롭스와 그의 후손에게 저주를 퍼부어, 그들 가문에 재앙의 씨를 뿌렸다. 히포다메이아와 펠롭스 사이에 태어난 자식들 가운데 아트레우스와 티에스테스는 비극적인 운명을 맞고, 피테우스는 아테네의 영웅 테세우스의 할아버지가 된다.

또 다른 히포다메이아는 라피타이족의 왕 페이리토오스의 신부였다. 그들의 결혼식에 이웃인 켄타우로스족도 초대받았다. 술에 취한 켄타우로스들은 히포다메이아와 라피타이족 여인들을 납치하려 했다. 결국 그들 사이에 전쟁이 벌어졌고, 켄타우로스족은 그 땅에서 쫓겨났다. (라피타이족, 미르틸로스, 스테로페, 아레스, 아테네, 아트레우스, 오이노마오스, 켄타우로스족, 탄탈로스, 테세우스, 티에스테스, 페이리토오스, 펠롭스, 피테우스)

히포메네스Hippomenes 시인 오비디우스에 따르면, 히포메네스는 포세이돈의 증손자이자, 보이오티아의 왕 메가레우스의 아들이었다. 그러나 다른 원전에는 메가레우스가 히포메네스의 자손으로, 히포메네스가 포세이돈의 손자로 등장한다. 가족 관계가 어떻든, 히포메네스는 아름다운 사냥꾼 아탈란타의 수많은 구혼자들 중 한 명이었다. 자신이 신봉하는 아르테미스처럼 처녀로 남고 싶었던 아탈란타는 결혼을 안 하겠다고 버티다가, 결국엔 그녀보다 빨리 달리는 자와 결혼하는 데 동의했다. 많은 청년들이 도전했고, 하나같이 목숨으로 그 값을 치렀다. 하지만 히포메네스는 이 위험천만한 대결에 겁먹지 않고 아프로디테에게 도움을 청했다. 여신은 그에게 황금 사과 세 알을 주었고, 그는 경주 중에 사과를 하나씩 던졌다. 그때마다 아탈란타는 전속력으로 달려가 사과를 주웠고, 마지막 사과를 주울 때 그에게 추월 당하고 말았다. 이렇게 해서 히포메네스는 신부를 얻었지만, 들뜬 마음에 깜박 잊고 아프로디테에게 감사 인사를 올리지 않았다. 이에 대한 벌로 그는 키벨레의 신전에서 갑자기 욕정이 불타올라 신부와 동침하여 그곳을 더럽혔다. 그러자 키벨레는 두 연인을 사자로 만들어 자신의 마차를 끌게 했다.

몇몇 전승에서 이 이야기의 주인공은 히포메네스가 아니라 아르카디아의 청년 멜라니온이다. (멜라니온, 보이오티아, 아르카디아, 아탈란타, 아프로디테, 키벨레, 포세이돈)

히폴리테Hippolyte 히폴리테는 지금의 터키에 흐르던 테르모돈 강에서 살았다고 전해지는 여성 전사 부족 아마조네스의 여왕이다. 신화 기록가 아폴로도로스는 위대한 영웅 헤라클레스의 아홉 번째 과업이 히폴리테의 허리띠를 가져오는 것이었다고 이야기한다. 한때 아레스의 것이었던 그 귀중한 허리띠는 비극 작가 에우리피데스의 묘사에 따르면 황금으로 수놓아져 있었다고 하며, 히폴리테는 전쟁에서 맹활약한 상으로 그 허리띠를 받았다. 에우리스테우스의 딸 아드메테가 그 허리띠를 탐내어, 헤라클레스는 배 한 척에 동료들을 태우고 아마조네스의 땅으로 향했다. 헤라클레스 일행이 당도했을 때 히폴리테는 그들이 원하는 것이 무엇이냐고 물었고, 허리띠라는 답을 듣고는 헤라클레스에게 주겠노라 약속했다. 그러나 헤라클레스를 가만둘 리 없는 헤라가 아마조네스로 변장하여, 손님들이 여왕을 데리고 달아날 작정이라는 소문을 퍼뜨렸다. 깜짝 놀란 아마조네스는 공격에 나섰고, 그 싸움에서 헤라클레스는 히폴리테를 죽였다. 그러고는 그녀의 허리띠를 챙겨 그리스로 돌아갔다. (아드메테, 아레스, 아마조네스, 에우리스테우스, 헤라, 헤라클레스)

히폴리토스Hippolytus 히폴리토스는 극작가 에우리피데스의 비극 『히폴리토스』를 통해 가장 잘 알려져 있다. 그는 아테네의 왕 테세우스와 아마조네스의 여왕 히폴리테(혹은 안티오페) 사이에 태어난 아들이다. 히폴리토스는 순결한 사냥꾼이자 아르테미스의 추종자였고, 이에 앙심을 품은 아프로디테는 테세우스의 아내 파이드라가 히폴리토스와 사랑에 빠지게 만들었다. 파이드라는 부적절한 감정을 억누르지 못해 급기야 유모에게 털어놓았고, 유모로부터 사실을 전해 들은 히폴리토스는 충격에 휩싸인다. 위신이 땅으로 떨어지고 조롱거리가 된 파이드라는 히폴리토스가 그녀를 범하려 했다는 허위 유서를 남긴 채 스스로 목을 매었다. 유서를 읽은 테세우스는 자신의 아버지 포세이돈에게 히폴리토스의 죽음을 소원으로 빌었다. 얼마 후 히폴리토스가 전차를 몰고 해변을 달리고 있을 때, 황소 한 마리가 바다에서 나왔다. 말들이 깜짝 놀라는 바람에 히폴리토스는 전차 밖으로 떨어져 질질 끌려가다가 치명상을 입었다. 그의 숨이 넘어가기 직전 아르테미스가 나타나, 새로 제정된 성인식에서 트로이젠의 처녀들이 그를 기리며 영원히 기억해 주리라 약속했다. (아르테미스, 아마조네스, 아테네, 아프로디테, 안티오페, 테세우스, 파이드라, 포세이돈, 히폴리테)

힐라스Hylas 힐라스는 오리온의 딸인 님페 메노디케와 드리오페스족의 왕 테이오다마스 사이에 태어난 아들이다. 로도스의 아폴로니오스에 따르면, 헤라클레스는 밭을 갈고 있던 테이오다마스의 소를 요구했다가 거절당하자 홧김에 왕을 죽인 후 힐라스를 데려다 키웠다. 어린 힐라스는 헤라클레스의 연인이 되어, 황금 양피를 찾아 떠난 이아손의 아르고호 원정대에 헤라클레스와 함께 합류했다. 아르고호 원정대가 미시아라는 나라에 도착했을 때 힐라스는 물을 찾아 나섰다. 그때 마주친 물의 님페 나이아스는 그를 보자마자 그의 미모에 반했다. 그녀는 힐라스를 남편으로 삼고픈 욕심에 다짜고짜 그를 물속으로 끌어당겼다. 헤라클레스는 정신없이 힐라스를 찾다가 결국엔 아르고호를 놓치고 말았다. 시인 테오크리토스에 따르면, 물병을 든 힐라스를 물속으로 끌어당긴 님페는 한 명이 아니라 여럿이었다. (나이아데스, 아르고호 원정대, 오리온, 이아손, 헤라클레스)

힙시필레Hypsipyle 힙시필레는 렘노스 섬의 왕 토아스의 딸이다. 렘노스 섬의 여인들이 섬의 남자들을 모조리 죽였을 때 힙시필레는 아버지 토아스를 죽이지 않고 숨겨주었다. 신화 기록가 히기누스는 그녀가 남몰래 아버지를 배에 태워 안전한 곳으로 피신시켰다고 기록한다. 남자들이 몰살되고 일 년이 지났을 때, 이아손과 아르고호 원정대가 섬에 나타났다. 당시 렘노스를 다스리고 있던 힙시필레는 다른 여인들에게 원정대를 반갑게 맞이하여 섬에 머물게 하자고 설득했다. 아르고호 원정대가 계속 머물지는 않았지만, 힙시필레는 이아손과 관계하여 두 아들을 낳았다. 전왕 토아스가 아직 살아 있다는 사실을 알게 된 여인들은 그를 죽였고, 힙시필레는 네메아의 왕 리쿠르고스에게 노예로 팔려가 왕의 어린 아들을 돌보는 유모가 되었다. (렘노스 섬, 렘노스 섬의 여인들, 리쿠르고스, 아르고호 원정대, 이아손, 토아스)

3부

괴물
·
반인반수
·
혼종

게리온Geryon 게리온은 헤라클레스의 기둥들 너머 서쪽 끝에 있던 신화 속의 섬 에리테이아('붉은 섬')를 다스린 삼두三頭 혹은 삼신三身의 괴물이다. 게리온은 메두사의 아들 크리사오르와 칼리로에(오케아니스) 사이에 태어난 자식으로, 그가 가진 진홍색의 멋진 소 떼로 유명했다. 그 소 떼를 훔치는 것이 헤라클레스의 열 번째 과업이었다.

붉은 섬으로 가는 길에 헤라클레스는 유럽 대륙과 아프리카 대륙에 자신의 이름을 딴 기둥을 하나씩 세웠다. 기둥을 세우는 동안 사정없이 내리쬐는 뙤약볕에 짜증이 난 헤라클레스는 태양신 헬리오스에게 화살을 쏘았다. 헤라클레스의 기백에 감탄한 신은 소들을 잡은 후 실어 나를 때 쓰라며 그에게 마법의 배를 내주었다. 헤라클레스는 소 떼를 지키고 있던 거인과 머리 둘 달린 개를 죽였다. 게리온은 헤라클레스에게 화살을 맞아 죽었다. (메두사, 에리테이아, 오케아니데스, 크리사오르, 헤라클레스, 헬리오스)

고르고네스Gorgones 고르고네스(단수형은 고르곤)는 리비아 땅의 동굴에서 살던 세 명의 괴물 자매들이다. 그들의 이름은 각각 스테노, 에우리알레, 메두사였으며, 바다의 신 포르키스와 그의 누이 케토 사이에 태어난 자식들로 알려졌다. 또 다른 전승에서는, 올림포스 신들과 기간테스 간에 전쟁이 벌어졌을 때 대지의 여신 가이아가 동맹군으로 삼기 위해 그들을 낳았다고도 한다. 고르고네스 자매 중에 메두사만 필멸의 존재였으며, 바로 그 이유 때문에 페르세우스는 그녀의 머리를 가지러 갔다. 신화 기록가 아폴로도로스에 따르면, 고르고네스는 뱀 머리카락과 멧돼지의 엄니, 청동 손, 황금 날개를 갖고 있었다고 한다. 그들의 모습이 어찌나 소름 끼쳤는지 그들을 똑바로 쳐다보는 자들은 모두 돌로 변해버렸다. (메두사, 페르세우스, 포르키스)

그라이아이Graiae(Graeae) '늙은이들' 혹은 '백발을 가진 자들'이라는 뜻의 그라이아이는 고르고네스와 마찬가지로 바다의 신 포르키스와 그의 누이 케토 사이에 태어난 딸들이다. 그들은 포르키스의 자식들로서 포르키데스Phorcides라는 통칭으로 알려졌으며, 아폴로도로스는 그들이 태어날 때부터 노파의 몸이었다고 전한다. 그들의 이름은 각각 에니오('공포'), 펨프레도(혹은 페프레도, '경계'), 데이노('두려움', 혹은 히기누스에 따르면 페르시스, 즉 '파멸')였다. 그들은 단 하나의 눈과 이빨을 나누어 썼다. 페르세우스는 그들의 자매들인 고르고네스의 행방을 알아내기 위해 그 눈과 이빨을 훔쳤다. 그라이아이는 그리스인들에게 세상의 서쪽 끝으로 알려진 리

비아에 살았다. (고르고네스, 에니오, 페르세우스, 포르키스)

그리페스Grypes(Griffins) 그리페스는 날개 달린 사자의 몸에 맹금의 머리를 한 리비아의 혼종 괴물들이었다. 이 괴물들은 고대 근동에서 탄생하여, 그리스의 사상과 물질문화로 수입되고 흡수되었다. 시인들에서부터 역사가들, 지리학자들에 이르는 고전 시대 작가들은 히페르보레오이족과 스키타이족(흑해와 캅카스 산맥 지역에 근거지를 둔 역사적인 유목 민족)의 땅과 가까운 북쪽 산맥에서 엄청난 양의 황금이 발견되어, 그리페스가 감시자 역할을 했다고 말한다. 외눈의 기마 부족 아리마스피가 그 황금을 탐내어 수차례 훔치려 했다고 한다. (아리마스피, 캅카스 산맥, 히페르보레오이족)

기간테스Gigantes 청동 거인 탈로스, 천상을 공격한 오토스와 에피알테스, 키클롭스 폴리페모스, 사냥꾼 오리온 등 그리스 로마 신화에는 유명한 거인들이 다수 등장한다. 그러나 이들과 구별되는 거인들 '기간테스(단수형은 기가스)'는 그리스 시인 헤시오도스의 설명에 따르면, 크로노스가 학대받은 어머니 가이아('대지')를 위한 보복으로 아버지 우라노스를 거세했을 때 땅에 떨어진 피에서 태어난 형제들이다. 우라노스의 피로부터 에리니에스(복수의 정령들)도 태어났으며, 우라노스의 잘린 성기가 바다로 떨어져 끓어오른 거품에서는 아프로디테가 태어났다. 헤시오도스가 묘사하는 기간테스는 거대한 몸집에 반짝이는 갑옷을 입고 기다란 창을 들고 있다. 후에 신화 기록가 아폴로도로스는, 비길 데 없는 거대한 몸과 너무도 강력한 힘 때문에 그들을 이길 자가 없었다고 말한다. 머리카락과 턱수염이 기다랗게 자라 있고 하반신이 뱀 비늘로 뒤덮여 있어, 보는 것만으로도 무서운 존재들이었다.

기간테스와 연관된 굵직굵직한 사건들 중에 가장 유명한 것은 신들과 기간테스 간에 벌어진 전쟁 기간토마키아Giganthomachia였다. 이 전쟁에서 기간테스는 제우스와 그의 형제자매들에게 패했다. 고전 시대의 작가들은 그전에 올림포스 신들(제우스와 형제자매들)과 티탄족(구세대 신들)이 세상의 지배권을 두고 벌였던 전쟁과 기간토마키아를 혼동하고 융합했다. 기간토마키아라는 권력 다툼은 알키오네우스라는 기가스가 태양신 헬리오스의 소 떼를 훔치고, 가이아가 알키오네우스를 불사의 몸으로 만들려 시도한 일 때문에 촉발되었다. 두 사건 모두 신들에게는 직접적인 위협이었다. 기간테스를 제압하려면 인간의 도움이 필요하다는 사실을 깨달은 올림포스 신들은 헤라클레스에게 도움을 청했고, 헤라클레스는 알키오네우스를 비롯한 기간테스를 차례차례 죽였다. 알키오네우스를 제외하고 가장 유명한 기가스들은 엔켈라도스와 포르피리온이다. 신화 기록가 아폴로도로스에 따르면, 포르피리온은 헤라클레스를 공격하고, 헤라에게 억누를 수 없는 욕정을 품어 그녀를 겁탈하려 했다. 결국 그는 제우스에게는 벼락을, 헤라클레스에게는 화살을 맞아 죽었다. 엔켈라도스는 아테나가 던진 시칠리아 섬에 깔렸다. (가이아, 아테나, 아프로디테, 에리니에스, 엔켈라도스, 오리온, 오토스, 우라노스, 제우스, 크로노스, 키클로페스, 탈로스, 티탄족, 폴리페모스, 헤라, 헤라클레스)

기에스Gyes(Gyges) '대지의 아들'이라는 뜻의 기에스(또는 기게스)는 헤카톤케이레스 3형제 중 한 명이다. 대지의 여신 가이아와 우라노스 사이에 태어난 헤카톤케이레스는 100개의 손과 50개의 머리를 가진 괴물들이었다. 기에스의 형제자매들로는 외눈박이 3형제 키클로페스와 티탄 12신이 있었다. (가이아, 브리아레오스, 올림포스 산, 우라노스, 제우스, 키클로페스, 티탄족, 헤카톤케이레스)

네메아의 사자 Nemean Lion 적수가 없는 네메아의 사자를 죽이는 것이 헤라클레스의 첫 번째이자 가장 유명한 과업이었다. 펠로폰네소스 반도 동부의 네메아에 살고 있던 이 사자는 반인반사半人半蛇 에키드나와 티폰의 자식이라고도 하고, 에키드나와 그녀의 아들 오르토스(머리 둘 달린 개, 거인 게리온의 소 떼를 지켰다) 사이에 태어났다고도 한다. 그리스 시인 헤시오도스에 따르면, 헤라가 기르다가 네메아의 산비탈에 풀어놓은 그 사자는 주민들을 잡아먹기 시작했다. 헤라클레스는 사자에게 화살을 쏘려 했지만, 무엇으로도 그 가죽을 뚫을 수 없다는 사실을 금세 깨달았다. 놈을 제압하려면 계략과 힘 모두 필요했다. 헤라클레스는 사자가 숨어든 동굴로 살금살금 들어가 맨몸으로 씨름을 벌여 사자를 죽였다. 이 과업을 마치자마자 헤라클레스는 사자의 가죽을 벗겨 그 후로 항상 몸에 걸치고 다녔다. 고전 시대의 예술 작품에서는 사자 가죽과 그 유명한 몽둥이로 헤라클레스를 쉽게 알아볼 수 있다. (게리온, 네메아, 에키드나, 티폰, 헤라클레스)

네소스Nessus 켄타우로스 네소스는 헤라클레스의 아내 데이아네이라를 겁탈하려 시도하고, 간접적으로 헤라클레스의 죽음을 초래한 이야기로 가장 유명하다. 헤라클레스와 그의 아내가 에베노스 강에 왔을 때, 네소스는 물살이 거세니 자신이 데이아네이라를 건네주겠다고 제안했다. 데이아네이라가 손에 들어오자 네소스는 그녀를 겁탈하려 했지만, 헤라클레스는 치명적인 화살을 쏘아 그를 저지했다. 죽어가던 네소스는 자신의 피를 사랑의 묘약으로 사용하면 남편의 사랑이 영원히 변치 않으리라고 데이아네이라를 설득했다. 데이아네이라가 네소스의 피를 간직하고 있다가 실제로 사용한 것은 비극이었다. 그 피는 사랑의 묘약이 아니라, 헤라클레스의 화살에 묻은 독(그 전에 헤라클레스가 죽인 괴물 레르나의 히드라의 독액)으로 오염되어 있었기 때문이다. (데이아네이라, 레르나의 히드라, 켄타우로스족, 헤라클레스)

라돈Ladon 100개의 머리가 달린 뱀 혹은 용 라돈은 바다의 신 포르키스와 그의 누이 케토 사이에 태어났다고도 하고, 괴물 티폰(또는 티포에우스)과 에키드나의 자식이라고도 한다. 땅에서 솟아 나왔다는 설도 있다. 잠을 잘 필요가 없어 항상 주변을 살필 수 있었기에, 헤스페리데스의 황금 사과를 지키는 감시자가 되었다. 열한 번째 과업으로 황금 사과를 가져가야 했던 헤라클레스에게 살해당한 라돈은 뱀주인자리라는 별자리가 되었다. (에키드나, 티폰, 포르키스, 헤라클레스, 헤스페리데스)

라이스트리고네스Laestrygones 라이스트리고네스〔단수형은 라이스트리곤〕는 신화에 등장하는 종족, 아니 좀 더 정확히는 식인 거인들이다. 오디세우스 일행은 트로이 전쟁 후 10년의 험난한 귀향 여정 중에 이들과 마주쳤다. 포세이돈의 아들이 건설한 라이스트리고네스의 도시 텔레필로스에 다다른 오디세우스 일행은 그 주민들로부터 환영받으리라 생각했다. 라이스트리고네스의 왕 안티파테스의 딸이 물을 길러 해변으로 나왔다가 그리스인들을 발견하여 아버지의 궁으로 데려갔다. 그곳에 가보니, 산만큼이나 거대한 체구의 무서운 왕비가 있었다. 왕비가 남편을 불러오자, 왕은 그리스인 두 명을 낚아채더니 그들을 먹으려 했다. 다른 그리스인들은 배로 달아났다. 그러나 오디세우스가 탄 배만 섬에서 무사히 달아났다. 수많은 라이스트리곤들이 달려 나와 바위를 던져 나머지 배들을 박살 내고 거기에 탄 사람들을 죽였다. (오디세우스, 트로이, 포세이돈)

레르나의 히드라 Hydra of Lerna 거대한 뱀 히드라의 머리는 9개(50개나 100개라는 설도 있다)였는데, 그중 하나는 불사의 머리였다. 그의 아버지는 거인 티폰, 어머니는 상반신은 여인이고 하반신은 뱀인 반인반수로 '모든 괴물의 어머니'라 불린 에키드나였다. 히드라는 아르고스 근처의 늪지대인 레르나에서 살았다. 헤라클레스의 두 번째 과업이 바로 히드라를 죽이는 것이었다. 그러나 헤라클레스가 머리를 하나 잘라낼 때마다 그 자리에서 두 개의 머리가 솟아났다. 그뿐 아니라, 히드라의 곁을 지키는 거대한 게까지 싸움에 끼어들었다. 헤라클레스의 영리한 조카이자 조력자인 이올라오스가 한 가지 해결책을 제안했다. 헤라클레스가 머리를 잘라내는 순간, 잘린 목 부분을 이올라오스가 불로 지지겠다는 것이었다. 이렇게 해서 불사의 머리 하나만 남았다. 헤라클레스는 이 머리를 베어 바위 밑에 묻은 후, 히드라의 치명적인 독을 자신의 화살에 묻혔다. 헤라는 헤라클레스에게 살해당한 히드라와 게 모두 하늘로 올려 보내 별자리로 만들었다. (레르나, 아르고스, 에키드나, 티폰, 헤라클레스)

마르시아스Marsyas 마르시아스는 프리기아의 사티로스(혹은 실레노이)였는데, 아테나가 버린 피리를 우연히 주운 것이 그의 불행의 시작이었다. 아테나는 이 악기를 연주하는 자신의 모습을 연못에 비추어봤다가 볼이 불룩해진 얼굴을 보고는 불쾌해져서 피리를 버렸다. 마르시아스는 새로 얻게 된 기술에 흥이 난 나머지 아폴론에게 도전장을 내밀었다. 키타라를 연주한 아폴론이 이변 없이 이겼지만, 그 승리의 경위에 관해서는 여러 가지 이야기가 전해진다. 악기를 거꾸로 들고 연주해야 한다는 조건을 걸었다는 설도 있고(피리로는 불가능한 일이었다), 키타라 반주에 노래를 곁들여 더 아름다운 음악을 만들어냈다는 설도 있다. 어느 쪽이든, 이 대결의 결과는 무시무시했다. 아폴론은 감히 신에게 도전한 마르시아스를 아주 높은 나무에 매달고 산 채로 살가죽을 벗겼다. 그렇게 벗겨진 가죽은 포도주 부대로 만들어졌다고도 하고, 그대로 나무에 걸려 있었다고도 한다. 시인 오비디우스에 따르면, 가죽이 벗겨진 채 살아 있는 모습이 너무도 참혹하여 모든 사티로스들과 전원의 신들이 눈물을 흘렸고, 그 눈물은 강을 이루어 마르시아스라 불렸다고 한다. (사티로스족, 실레노이, 아테나, 아폴론, 프리기아)

메두사Medusa 메두사는 너무도 흉측하게 생겨 눈을 마주치는 모든 자를 돌로 만들어버리는 고르고네스 세 자매 중 한 명이다. 세 명 중 유일하게 필멸의 존재인 메두사는 한때는 포세이돈의 구애를 받은 아름다운 여인이었다. 그녀의 미모를 질투했는지, 아니면 포세이돈과 그녀가 아테나의 성소에서 동침하여 그곳을 더럽힌 것에 분노했는지, 아테나는 메두사를 뱀 머리카락을 가진 괴물로 만들어버렸다.

페르세우스가 메두사의 목을 베었을 때, 메두사와 포세이돈의 자식들인 페가수스와 크리사오르가 완전히 장성한 모습으로 그녀의 목에서 솟아 나왔다. 비극 작가 에우리피데스의 『이온』에서 아테나는 메두사의 피 두 방울을 아테네의 왕 에리크토니오스에게 준다. 한 방울로는 병을 치료할 수 있었고, 다른 한 방울은 치명적이었다. 이 이야기의 다른 버전에서는, 아테나가 치유의 신 아스클레피오스에게 메두사의 피를 주어, 질병을 고치고 죽은 사람을 되살리는 데 사용하도록 한다.

로마 전승에 따르면, 메두사와 불카누스〔ⓖ헤파이스토스〕 사이에서 불을 내뿜는 거인 카쿠스가 태어난다. (고르고네스, 불카누스, 아스클레피오스, 아테나, 에리크토니오스, 카쿠스, 크리사오르, 페가수스, 포세이돈)

미노타우로스Minotauros 미노타우로스('미노스의 황소')는 황소의 머리에 인간의 몸을 가진 반인반수로, 크레타 섬에 살았다. 미노타우로스는 크레타 섬의 왕비 파시파에가 잘생긴 흰 소에게 뜨거운 욕정을 품은 결과물이다. 이 흰 소는 포세이돈이 미노스 왕의 기도에 답하여 크레타 섬에 보내준 것이었다. 미노스는 포세이돈이 자신의 청이라면 무엇이든 들어줄 것이라 호언장담하며, 소를 받으면 포세이돈에게 제물로 바치겠노라 약속했다. 그러나 미노스는 약속을 어겼고, 이 모욕을 갚아주기 위해 포세이돈은 미노스의 아내 파시파에가 소와 사랑에 빠지게 만들었다. 욕정을 억누르지 못해 애가 탄 파시파에는 당시 섬에 살고 있던 장인 다이달로스에게 그녀의 욕망을 채울 수 있게 도와달라고 부탁했다. 다이달로스는 속이 텅 빈 목조 소를 만들어주었고, 파시파에는 그 속으로 들어가 소와 정을 통했다. 그 결과 괴물 미노타우로스가 태어났고, 그를 몸소 죽일 수 없었던 미노스는 다이달로스가 만든 미궁 같은 감옥 라비린토스Labyrinthos에 그를 가두어놓았다.

후에 미노스의 아들 안드로게오스가 아테네에서 목숨을 잃자, 그 도시에 역병이 돌았다. 델포이의 아폴론 신탁소에 찾아가 조언을 구한 아테네인들은 9년마다 청년과 처녀를 일곱 명씩 미노타우로스의 먹이로 바침으로써 안드로게오스의 죽음에 속죄하라는 지시를 받았다. 이 끔찍한 조공을 끝낸 것은 아테네의 왕 아이게우스의 아들 테세우스였다. 제물이 되겠다고 스스로 나선 테세우스는, 크레타 섬으로 가서 미노스의 딸 아리아드네의 도움을 받아 미노타우로스를 죽인 후 라비린토스를 탈출할 수 있었다. 첫눈에 그에게 반한 아리아드네는 그에게 실뭉치를 주면서, 미노타우로스의 위험한 집으로 들어갈 때 실을 풀라고 했다. 무사히 빠져나온 테세우스는 아리아드네를 아테네로 데려가겠다고 약속해 놓고는 낙소스 섬에 그녀를 버리고 떠났다. 아리아드네는 디오니소스에게 구조되어 그의 신부가 되었다. 테세우스의 이런 행동은 단죄를 받았다. 그는 집으로 돌아갈 때 승리의 표시로 흰 돛을 올리는 걸 깜빡 잊고 말았고, 아들의 무사 귀환만 애타게 기다리고 있던 그의 아버지 아이게우스는 비탄에 빠져 바다로 몸을 던졌다. (낙소스 섬, 다이달로스, 디오니소스, 미노스,

아리아드네, 아이게우스, 아테네, 크레타 섬, 테세우스, 파시파에, 포세이돈)

브론테스Brontes '천둥을 일으키는 자' 브론테스는 우라노스와 가이아 사이에 태어난 외눈박이 키클로페스 중 한 명이다. 그리스 시인 헤시오도스에 따르면, 아르게스와 스테로페스가 그의 형제들이었다. (가이아, 우라노스, 키클로페스)

브리아레오스Briareus 오브리아레오스 혹은 아이가이온으로도 불린 브리아레오스('강력한 자')는 헤카톤케이레스 중 한 명이다. 대지의 여신 가이아와 우라노스 사이에 태어난 세 명의 괴물 헤카톤케이레스는 100개의 손과 50개의 머리를 갖고 있었다. 시인 헤시오도스에 따르면, 브리아레오스의 형제들로는 외눈박이 3형제 키클로페스와 티탄 12신이 있었다. 헤카톤케이레스 중에 단독 신화를 가진 자는 브리아레오스뿐이다. 호메로스의 작품에서 그는 포세이돈의 아들로 등장하며, 포세이돈과 헤라와 아테나가 반란을 일으켜 제우스를 쇠사슬로 묶어두었을 때 테티스가 브리아레오스에게 제우스를 구해달라고 청한다. 그런가 하면, 파우사니아스는 포세이돈이 코린토스 지협을 차지하게 된 연유를 설명한다. 코린토스 지협의 지배권을 두고 포세이돈과 태양의 신 헬리오스 사이에 다툼이 벌어졌을 때, 브리아레오스가 중재하여 합의를 끌어냈다. 그 협상에 따라, 포세이돈이 지협을 소유하고 헬리오스가 코린토스의 아크로폴리스, 즉 아크로코린토스Acrocorinthos를 갖기로 했다. 후에 헬리오스는 아크로코린토스를 아프로디테에게 넘긴다. (가이아, 아이가이온, 아프로디테, 올림포스 산, 우라노스, 제우스, 코린토스, 키클로페스, 티탄족, 포세이돈, 헤카톤케이레스)

사티로스족Satyrs 사티로스족은 반인반마의 남성 혼종 괴물들이다. 비슷한 반인반마이지만 네 발을 가진 켄타우로스족과 달리 그들은 똑바로 서서 걸었으며, 원래는 말의 꼬리와 귀, 기다란 머리카락과 턱수염, 볼록한 이마, 들창코를 가진 모습으로 구상되었다. 예술 작품에서도 말의 다리와 발굽, 그리고 크게 발기한 음경을 가진 형상으로 묘사되곤 했다. 헬레니즘 시대(알렉산드로스 대왕이 죽은 기원전 323년 이후)에 들어서야 사티로스족은 전원의 신 판처럼 꼬리가 짧고 뿔이 달린 염소 같은 외양을 띠게 되었다. 초기에는 실레노이와 구분되지 않은 사티로스족은 야생에 기거한 숲의 정령들 혹은 다이몬(신에 가까운 존재 또는 신과 인간과의 중간격 존재)들로서, 산이나 숲, 동굴에서 님페들과 함께 뛰놀기도 하고, 그들에게 음당하게 추근거리기도 했다. 음탕함, 포도주에 대한 열정, 그리고 장난기가 그들의 특징이었다. 사티로스족과 실레노이는 님페들과 더불어, 변신에 능한 신 디오니소스를 수행했다.

세이렌 뱃사람들을 유혹하여 죽음으로 내몬 여성 혼종 괴물들

신화에서 가장 유명한 사티로스는 그 운명도 가장 비극적이었다. 아테나가 버린 피리를 주웠다가 자신의 연주 실력을 발견하고는 아폴론에게 연주 대결을 신청하는 끔찍한 실수를 저지른 마르시아스이다. 그는 오만한 죄로 산 채로 가죽이 벗겨지는 벌을 받았다. 이름을 알 수 없는 또 다른 사티로스는 아미모네(다나이스)를 덮치려다 포세이돈에게 퇴치당했다. 그 후 포세이돈 자신이 아미모네와 관계를 맺었다.

(님페, 디오니소스, 마르시아스, 실레노이, 아미모네, 아테나, 아폴론, 켄타우로스족, 포세이돈)

세이렌Seiren 세이렌들은 인간의 머리에 새의 몸을 가진 여성 혼종 괴물들이었다. 가끔 그들은 인간의 팔로 악기를 들고 있는 모습으로 묘사되기도 했다. 그들이 특히 위험했던 이유는 노래로 뱃사람들을 홀려 죽음으로 내몰았기 때문이다. 호메로스의 작품에 등장하는 세이렌은 두 명이며, 외모가 묘사되어 있지 않지만 후대 작가들(과 화가들)은 그들을 세 명의 반인반조半人半鳥로 그린다. 세이렌들은 오디세우스와의 만남으로 가장 잘 알려져 있다. 여신 키르케는 오디세우스에게 세이렌들의 유혹적인 노래를 들으면 귀향을 잊게 된다고 경고했다. 그래서 섬의 해안은 희생자들의 번들거리는 해골로 뒤덮여 있었다. 키르케는 세이렌들을 지나갈 때 부하들의 귀를 밀랍으로 막고, 오디세우스 자신은 돛대에 몸을 묶어 트로이 전쟁에 관한 세이렌들의 노래를 안전하게 즐기라고 조언했다. 오디세우스가 키르케의 충고를 따른 것은 다행스러운 일이었다. 그는 세이렌들의 목소리에 홀려 부하들에게 그를 풀어달라고 요청했지만, 다행히도 그들은 오디세우스의 목소리를 듣지 못했다. 서사시인 로도스의 아폴로니오스에 따르면, 영웅 이아손과 그의 동료들 역시 세이렌들과 마주쳤다. 황금 양피를 가지고 콜키스로 돌아가던 이아손 일행은 세이렌들이 살고 있는 안테모사 섬을 지나갔다. 음유시인 오르페우스가 리라 연주에 맞추어 큰 목소리로 노래를 불러 세이렌들의 노래를 제압해 버린 덕분에, 배 밖으로 뛰어내린 한 명을 제외하고는 모두가 무사히 통과할 수 있었다.

아폴로니오스를 비롯한 몇몇 작가들은 세이렌들이 강의 신 아켈로오스와 무사 테르프시코레(혹은 멜포메네) 사이에 태어난 딸들이라고 말한다. 세이렌들은 데메테르의 딸 페르세포네가 하데스에게 납치당하기 전에 그녀를 모시던 시녀들이었다고 한다. 로마 시인 오비디우스는 세이렌들의 몸에 황금 깃털이 나 있었으며, 그들

이 반인반조로 변한 까닭은 페르세포네를 찾을 때 최대한 빨리 움직이기 위해서였다고 덧붙인다. (데메테르, 멜포메네, 무사이, 아켈로오스[신], 오디세우스, 오르페우스, 이아손, 콜키스, 키르케, 테르프시코레, 페르세포네, 하데스[신])

스킬라Scylla 스킬라는 괴물로 변한 바다의 님페였다. 그녀의 어머니로는 비밀에 싸인 인물들인 크라타이이스나 라미아, 바다의 여신 에키드나, 마법의 여신 헤카테 등이 거론되며, 그녀의 아버지는 바다의 신 포르키스(또는 티폰이나 트리톤)라 한다. 로마 시인 오비디우스에 따르면, 스킬라는 수많은 구혼자들을 외면한 채 바다의 님페들 사이에 숨어 지냈다. 바다의 신 글라우코스 역시 그녀에게 눈독을 들이고 구애했지만, 아무 소용이 없었다. 그녀가 그를 두려워하며 달아나자, 글라우코스는 상사병을 치료하고 스킬라를 벌할 방법을 찾기 위해 마녀 키르케를 찾아갔다. 키르케는 그의 청에 답하여, 스킬라가 자주 목욕하는 연못에 독을 탔다. 스킬라가 더럽혀진 연못으로 들어가 허리까지 몸을 담갔을 때, 물에 잠긴 하반신이 흉측하게 변하더니 으르렁거리는 개들의 머리가 솟아 나왔다. 결국 스킬라는 우뚝 솟은 험한 바위로 변했다. 또 다른 전승에서는 암피트리테나 포세이돈이 그녀를 괴물로 만들어버린다. 스킬라가 제일 먼저 등장하는 문헌인 호메로스의 『오디세이아』에서 그녀는 어린 개처럼 깽깽거리고, 열두 개의 발과 여섯 개의 목, 그리고 세 줄의 날카로운 이빨을 가진 괴물이다. 그녀는 동굴 속에 숨어 있다가 물고기들과 불운한 뱃사람들을 잡아먹었는데, 그 희생자들 중에는 오디세우스의 부하 여섯 명도 있었다. 이아손과 아르고호 원정대의 영웅들은 바다의 여신 테티스의 도움으로 스킬라를 피했으며, 트로이의 영웅 아이네이아스도 이탈리아로 가는 길에 그녀를 무사히 피해 갔다.

소용돌이 카리브디스 위로 솟은 거대한 벼랑과 그 맞은편에 스킬라가 은신해 있던 암벽과 곶을 찾아내려고 시도한 이들이 고대에도 있었다. 예를 들어, 역사가 투키디데스는 스킬라와 카리브디스의 암벽들이 메시나 해협의 양쪽에 있었다고 말한다. 그 해협은 레기온과 메사나 사이의 좁은 수로로, 물살이 거칠어서 배가 지나가기 힘들었다.

크레타의 왕 미노스에게 반해 조국인 메가라를 배신한 공주의 이름도 스킬라였다. (글라우코스(신), 메가라(장소), 미노스, 스킬라(인간), 아르고호 원정대, 아이네이아스, 에키드나, 오디세우스, 이아손, 카리브디스, 크레타 섬, 트리톤, 티폰, 포르키스, 포세이돈, 헤카테)

스테노Stheno 고르곤 스테노('강한 자')는 메두사의 두 불사신 자매들 중 한 명이다. (고르고네스, 메두사, 에우리알레)

스테로페스Steropes '번개' 혹은 '밝게 비추는 자'라는 뜻의 스테로페스는 태초의 자연신들인 가이아와 우라노스 사이에 태어난 외눈박이 거인 키클롭스이다. 브론테스('천둥을 일으키는 자'), 아르게스('번쩍이는 자')와 형제지간이었다. 키클로페스의 이름들은 그들이 제우스를 위해 번개 벼리는 일을 했음을 암시한다. (가이아, 우라노스, 제우스, 키클로페스)

스팀팔로스 호수의 새들 Stymphalian Birds 신화 기록가 아폴로도로스에 따르면, 악명 높은 스팀팔로스 호수의 새들은 아르카디아의 도시 스팀팔로스 부근에 있는 스팀팔로스 호수 옆의 울창한 숲에 살았다. 여행 작가 파우사니아스는 그들이 사람을 먹었다고 쓰고, 히기누스는 그 새들이 깃털을 무기처럼 쏘았다고 전한다. 그들이 어떤 위협을 가했든 간에, 이 새들을 죽이거나 쫓아내는 것이 헤라클레스의 여섯 번째 과업이었다. 그는 아테나에게 받은 청동 딸랑이를 울려 은신처에 숨어 있던 새들을 날아오르게 한 다음, 그들에게 화살을 쏘았다. (스팀팔로스, 아르카디아, 아테나, 헤라클레스)

스핑크스(테베) Sphinx of Thebes 스핑크스는 이집트와 근동 지방에서 그리스로 넘어온 혼종 괴물들이다. 그들은 청동기 시대(기원전 3000년~기원전 1150년경)에 이미 그리스 예술 작품 속에서 날개 달린 사자의 몸에 인간의 머리를 한 모습으로 묘사되었지만, 문학 전승에는 훨씬 더 후에 등장했다. 그리스 문헌의 스핑크스는 여성이지만, 미술 작품에서는 남성인 경우도 있다. 고전 시대 작가들은 이 괴물들의 혈통에 대

해 다양한 이
야기를 전한다.
시인 헤시오도스는 스
핑크스가 반인반사半
人半蛇 에키드나(혹은 키마이
라)와 괴물견 오르토스 사이에 태어난 자식이라고
말한다. 다수의 스핑크스가 있었다고 가정해도, 이름을 떨친
것은 악명 높은 테베의 스핑크스뿐이었다. 고대 작가들이 '스핑크스'를
언급할 때는 테베를 괴롭힌 그 괴물을 지칭하는 것이다. 신화 기록가 아폴로도로스
는 에키드나와 괴물 티폰 사이에 태어난 스핑크스가 여인의 얼굴에 사자의 가슴과
발과 꼬리, 새의 날개를 갖고 있었다고 쓴다. 또 그는 비극 작가 소포클레스의 걸작
『오이디푸스 왕』을 통해 잘 알려진 이야기를 전하면서, 몇 가지 배후 사정을 덧붙인
다. 스핑크스는 헤라가 테베의 주민들을 괴롭히기 위해 보낸 괴물로, 아주 어려운
수수께끼를 낸 후 정답을 맞히지 못하는 자들을 죽였다. 테베의 섭정 크레온은 수
수께끼를 풀어 스핑크스를 제거하는 자에게 자신의 누이인 이오카스테 왕비를 신
부로 주겠다고 선언했다. 오이디푸스는 아침에는 네 발로, 정오에는 두 발로, 저녁
에는 세 발로 걷는 존재가 무엇이냐는 스핑크스의 수수께끼에 인간(기어 다니는 아
기, 두 발로 걷는 성인, 지팡이를 짚고 다니는 노인)이라고 답했다. 오이디푸스의 예기치
않은 정답을 듣자마자 스핑크스는 절벽에서 스스로 몸을 던져 죽었다. 그 후 오이
디푸스는 테베의 왕이 되어, 뜻하지 않게 자신의 어머니인 이오카스테와 결혼했다.

(에키드나, 오르토스, 오이디푸스, 이오카스테, 크레온, 키마이라, 테베, 티폰, 헤라)

실레노스Silenus 실레노스는 늙은 사티로스들인 실레노이 중 가장 유명한 인물
이다. 실레노이는 숲의 다이몬들로, 원래는 반인반마였지만 시간이 지나면서 염소
같은 외양을 띠게 되었다. 문학과 미술 작품에서 실레노스는 아주 유쾌하고 통통하
며 머리가 벗어진 모습으로 묘사된다. 다른 실레노이와 사티로스들처럼 그도 포도
주와 음악, 춤을 좋아했다. 그의 출생에 관해서는 설이 분분하다. 시인 논노스는 그
가 가이아('대지')로부터 태어났다고 말하지만, 수사학자 아엘리아누스는 그가 님페
의 아들로 불사의 몸이었다고 전한다. 실레노스는 디오니소스를 항상 수행하며 그
와 각별하게 지냈다. 한 전승에 따르면, 세멜레의 비극적인 죽음 후 제우스가 아기
디오니소스를 실레노스에게 맡겨 키우게 했다고 하며, 역사가 디오도로스 시켈로
스는 실레노스가 디오니소스의 수행원이자 조언자, 스승이었다고 전한다. 프리기

아의 왕 미다스가 실레노스와 우연히 만났다고 하는데, 그를 마법의 정원에 가두어 놓고 미래를 예언하게 했다는 설도 있고, 술에 취해 디오니소스 일행과 떨어진 그를 구해주었다는 설도 있다. 디오니소스는 실레노스를 구해준 미다스에게 한 가지 소원을 들어주겠다고 했고, 미다스는 자신의 손에 닿는 모든 것이 황금으로 변하게 해 달라고 빌었다. (가이아, 님페, 디오니소스, 미다스, 세멜레, 실레노이, 제우스, 프리기아)

실레노이Silenoi 실레노이는 원래 숲의 정령들인 반인반마 사티로스족과 구분되지 않았다. 그러나 시간이 흐르면서 실레노이는 늙은 사티로스들의 통칭으로 사용되었고, 그들 중 가장 유명한 자는 실레노스였다. (사티로스족, 실레노스)

아르게스Arges '번쩍이는 자' 아르게스는 태초의 자연신들인 우라노스('하늘')와 가이아('대지') 사이에 태어난 외눈박이 거인들 키클로페스 중 한 명이다. 그리스 시인 헤시오도스의 『신들의 계보』에 따르면, 그의 형제들로는 브론테스와 스테로페스가 있었다. (가이아, 우라노스, 키클로페스)

아르고스Argos 파놉테스('모든 것을 보는 자')라 불린 거인 아르고스는 시인 헤시오도스에 따르면 4개의 눈을, 비극 작가 아이스킬로스에 따르면 1,000개의 눈을 갖고 있었다. 신화 기록가 아폴로도로스는 그의 온몸이 눈알로 뒤덮여 있었다고 말하며, 시인 오비디우스는 아르고스의 눈 100개 중에 항상 2개만 감겨 있었다고 전한다. 그의 외양만큼이나 태생에 관해서도 설이 분분하다. 아폴로도로스는 그의 아버지로 네 명의 인간을 후보로 거론하는 반면, 아이스킬로스는 그가 땅에서 바로 태어났다고 말한다. 아르고스는 제우스가 탐한 아름다운 아가씨 이오의 감시자로 가장 유명하다. 제우스는 질투심 많은 아내 헤라로부터 자신의 외도를 숨기기 위하여 가여운 이오를 암송아지로 만들어버렸다. 수상한 낌새를 알아차린 헤라가 제우스에게 암송아지를 선물로 달라고 하자, 그는 거절할 수 없었다. 이오를 받자마자 헤라는 아르고스를 감시자로 붙였지만, 헤르메스가 아르고스를 처치하고 이오를 구했다. 이 사건으로 헤르메스는 '아르고스를 죽인 자'라는 뜻의 '아르게이폰테스Argeiphontes'라는 별칭을 얻었다. 헌신적인 하인에 대한 감사의 표시로 헤라는 아르고스의 눈알들을 그녀의 신조神鳥인 공작새의 꼬리 깃털에 붙여놓았다.

  아폴로도로스는 아르고스이 덜 알려진 위업들을 전한다. 괴력의 소유자였던 아르고스는 아르카디아를 쑥대밭으로 만들던 황소, 아르카디아의 소들을 훔친 사티로스, 나그네들을 괴롭히던 괴물 에키드나, 펠로폰네소스 반도의 왕 아피스를 살해

한 범인들을 죽였다. (사티로스족, 아르카디아, 에키드나, 이오, 제우스, 헤라, 헤르메스)

아이가이온Aegaeon 아이가이온은 헤카톤케이레스 중의 하나인 브리아레오스의 또 다른 이름이다. 헤카톤케이레스는 100개의 손과 50개의 머리를 가진 괴물들로, 대지의 여신 가이아의 자식들이다. 호메로스의 서사시 『일리아스』의 설명에 따르면, 인간들은 그를 아이가이온이라 부르고, 신들은 브리아레오스라 불렀다. 시간이 흐르면서 몇몇 괴물들은 다른 괴물들과 융합되거나 혼동되었다. 아이가이온의 경우가 그러했는데, 로마 시인 오비디우스는 그를 바다의 신으로 묘사하는 반면, 베르길리우스의 『아이네이스』에서 그는 제우스와 그의 형제자매들, 이른바 올림포스 신들을 공격한 기간테스 중 한 명이자 불을 내뿜는 괴물로 등장한다. 심지어 아이가이온을 외눈박이 키클로페스 중 한 명과 동일시하는 작가도 있었다. (가이아, 기간테스, 브리아레오스, 올림포스 산, 제우스, 키클로페스, 헤카톤케이레스)

안타이오스Antaeus 안타이오스는 리비아 땅에 살던 거인으로, 포세이돈과 가이아('대지')의 아들이었다. 신화 기록가 아폴로도로스에 의하면, 안타이오스는 리비아를 지나가는 나그네들에게 씨름 시합을 강요했고, 그 대결은 언제나 그의 승리로 끝났다. 시인 핀다로스는 그가 희생자들의 해골을 사용하여 아버지 포세이돈에게 바치는 신전의 지붕을 만들었다고 덧붙인다. 이런 안타이오스도 호적수를 만났으니, 바로 헤라클레스였다. 헤라클레스는 헤스페리데스의 황금 사과를 찾으러 가는 길에 리비아를 지나가고 있었다. 그는 안타이오스가 땅(그의 어머니)과의 접촉을 통해 힘을 얻는다는 사실을 깨닫고, 그를 허공으로 들어 올려 숨통을 끊어놓았다. (가이아, 포세이돈, 헤라클레스, 헤스페리데스)

에리만토스의 멧돼지Erymanthian Boar 에리만토스의 멧돼지는 아르카디아의 에리만토스 산을 어슬렁거리며 프소피스 주민들의 땅을 망치고 다니던 거대한 짐승이다. 이 멧돼지를 산 채로 포획하는 것이 헤라클레스의 네 번째 과업이었다. 헤라클레스는 깊이 쌓인 눈 더미로 짐승을 몰아넣어 생포했다. 헤라클레스가 멧돼지를 어깨에 짊어진 채 미케네에 나타나자, 겁을 집어먹은 에우리스테우스 왕은 큰 항아리 속으로 숨었다. (미케네, 아르카디아, 에리만토스 산, 에우리스테우스, 헤라클레스)

에우리알레Euryale '넓게 활보하는 자' 에우리알레는 고르곤이다. 고르고네스 중에 메두사를 제외한 두 자매는 불사의 몸이었다. 비극 작가 아이스킬로스의 묘사

295

에 따르면, 세 자매는 뱀 머리카락을 갖고 있었으며 인간들에게 몹시 미움받았다. (고르고네스, 메두사)

에키드나Echidna 시인 헤시오도스에 따르면, 에키드나는 상반신은 아름다운 여인, 하반신은 뱀인 반인반수이며 동굴에서 살았다. 그녀의 부모는 바다의 신 포르키스와 그의 누이 케토라고도 하고, 크리사오르와 칼리로에라고도 하고, 타르타로스와 가이아라고도 한다. 그녀는 괴물 티폰(티파온 혹은 티포에우스)과의 사이에 다수의 괴물을 낳았다. 삼두삼신의 괴물 게리온의 사냥개로 머리가 둘 달린 오르토스, 하데스의 문을 지키는 감시견으로 머리가 셋 달린 케르베로스, 헤라클레스에게 살해당하는 괴물 뱀으로 머리가 여럿 달린 레르나의 히드라, 수많은 머리를 가진 용 라돈 등이 그들의 자식들이다. 에키드나는 자신의 아들인 오르토스와도 관계하여, 헤라클레스에게 살해당한 일화로 유명한 네메아의 사자, 그리고 오이디푸스의 꾀에 져서 죽음에 이른 테베의 스핑크스를 낳았다고 한다. 동굴에 살면서 오디세우스의 부하들을 잡아먹은 괴물 스킬라, 프로메테우스의 간을 영원히 쪼아 먹은 독수리, 벨레로폰에게 살해당한 혼종 괴수 키마이라 역시 에키드나의 자식으로 알려져 있다. (네메아의 사자, 라돈, 벨레로폰, 스킬라[괴물], 오디세우스, 오이디푸스, 케르베로스, 타르타로스, 스핑크스[테베], 티폰, 포르키스, 프로메테우스)

에피알테스Ephialtes 에피알테스와 그의 쌍둥이 형제 오토스는 키가 15미터를 훌쩍 넘는 대단한 미남이었지만, 오만하기 이를 데 없었다. 그들은 수차례 신들을 모독하다가 급기야 습격하기에 이르렀고, 그에 마땅한 벌을 받았다. (오토스)

엔켈라도스Enceladus 엔켈라도스는 제우스를 비롯한 올림포스 신들과 전쟁을 벌인 기간테스 중 한 명이다. 엔켈라도스는 이 전투에서 아테나에게 살해당했다. 아테나가 시칠리아 섬 전체, 혹은 에트나 산을 던져 그를 깔아뭉갰다고 한다. 에트나 산의 분화구에서는 아직도 그의 숨이 불을 토해내고 있다. (기간테스, 시칠리아 섬, 아테나, 제우스)

오리온Orion 오리온은 거대한 체구의 유명한 사냥꾼으로, 죽은 후 하늘로 올라가 그와 똑같은 이름의 별자리가 되었다. 그의 출생과 모험에 관해서는 아주 다양한 이야기가 전해지고 있다. 크레타 섬의 왕 미노스의 딸인 에우리알레와 포세이돈이 그의 부모로 알려졌지만, 자식이 없어 제우스, 포세이돈, 헤르메스에게 아들을 내려달라 청했던 트라키아의 왕 히리에우스가 그의 아버지라는 설도 있다. 로마 시인 오비디우스에 따르면, 신들은 히리에우스의 청을 들어주기 위하여 황소 가죽이 묻힌 땅에다 오줌을 누었고, 아홉 달이 지나자 그 자리에서 오리온이 태어났다고 한다. 신화 기록가 아폴로도로스는 오리온의 생애를 간략하게 설명하면서, 포세이돈이 그에게 바닷물 위를 걷거나 바다를 활보할 수 있는 능력을 주었다고 말한다. 그의 첫 아내인 시데는 자신의 미모가 헤라와 견줄 만하다고 자만하다가 지하세계로 쫓겨났다. 오리온이 다음으로 탐낸 상대는 키오스 섬의 왕 오이노피온의 딸인 메로페였다. 오이노피온이 둘의 혼인을 자꾸 미루자, 참을성 없는 오리온은 술에 취해 메로페를 겁탈했다. 그러자 오이노피온은 잠든 오리온의 눈을 멀게 했지만, 오리온은 태양신 헬리오스의 도움으로 시력을 되찾았다. 그의 연인 중에는 그를 델로스 섬으로 납치한 여신 에오스도 있었다. 그의 최후에 관해서도, 아르테미스와 고리 던지기 대결을 하다가 죽었다거나, 오피스라는 이름의 히페르보레오이족 여인을 겁탈하려다 죽었다거나, 전갈에 물려 죽었다는 등 여러 가지 이야기가 전해진다. 마지막 버전에서는 전갈과 오리온 모두 별자리가 된다. (메로페〔인간〕, 미노스, 아르테미스, 에오스, 제우스, 지하세계, 크레타 섬, 포세이돈, 헤라, 헤르메스, 헬리오스, 히페르보레오이족)

오토스Otus 호메로스에 따르면, 오토스와 그의 쌍둥이 형제 에피알테스는 지상에서 (오리온 다음으로) 가장 잘생겼을 뿐만 아니라 키도 엄청나게 큰 거인들이었다. 겨우 아홉 살에 몸통이 아홉 완척(4미터), 키가 아홉 발(16미터)이나 되었다. 쌍둥이 형제는 '알로에우스의 아들들'이라는 뜻의 알로아다이Aloadae라 불렸다. 알로에우스는 바람의 지배자 아이올로스의 딸 카나케와 포세이돈 사이에 태어난 아들이었다. 그러나 알로아다이의 친아버지는 알로에우스가 아니라, 그들의 어머니 이피메데이아가 사랑한 포세이돈이었다. 신화 기록가 아폴로도로스는 이피메데이아가 포세이돈에게 푹 빠진 나머지 툭하면 해변으로 나가 바닷물로 허벅지를 씻었고, 그래서 포세이돈이 그녀를 만나러 왔다고 전한다.

　안타깝게도 이 경이로운 쌍둥이 형제는 너무도 오만하여, 극악무도한 짓을 연이어 저질렀다. 그들은 사나운 군신 아레스를 붙잡아 쇠사슬로 묶은 채 청동 가마솥 안에 열세 달이나 가두어두었다. 호메로스에 따르면, 쌍둥이 형제의 새 계모 에리보이아에게 귀띔을 받은 헤르메스가 풀어주지 않았다면 아레스는 가마솥 안에서 서서히 쇠약해지다 죽었을 것이다. 심지어 알로아다이는 천상에 있는 신들의 안전한 거처까지 공격하기로 마음먹고, 올림포스 산과 오사 산과 펠리온 산을 차곡차곡 쌓아 기어 올라갔다. 이에 그치지 않고 여신들을 범하려 했다. 오토스는 아르테미스를, 에피알테스는 헤라를 덮쳤다. 이 범죄에 대해 빠르고도 최종적인 벌이 내려졌다. 낙소스 섬에서 아르테미스는 사슴으로 변신하여 그들 사이로 뛰어들었다. 형제는 이 사슴을 죽이려다 실수로 서로를 죽이고 말았다.

여행 작가 파우사니아스가 전하는 한 전승에 따르면, 흥미롭게도 두 거인은 헬리콘 산에서 무사이를 섬긴 최초의 신도들이었다고 한다. (낙소스 섬, 무사이, 아레스, 아르테미스, 아이올로스, 알로에우스, 오리온, 오사 산, 올림포스 산, 카나케, 펠리온 산, 포세이돈, 헤라, 헤르메스, 헬리콘 산)

카리브디스Charybdis 여성 괴물로 구상된 소용돌이 카리브디스는 좁은 해협에 스킬라와 마주 보고 있었다. 호메로스에 따르면, 그녀 위 바위에서 자라고 있던 무화과나무가 그녀의 정확한 위치를 알려주는 표식이었고, 그 덕분에 오디세우스가 무사히 그녀를 피할 수 있었다고 한다. 카리브디스는 하루에 세 번 물을 휘저었는데, 그 소용돌이가 어찌나 강한지 거기에 갇힌 배는 포세이돈도 구하지 못할 정도였다. 오디세우스는 카리브디스를 피하기 위해 스킬라의 동굴을 가까이 지나갈 수밖에 없었고, 그 과정에서 몇몇 부하를 잃었다. 이아손은 콜키스에서 돌아가던 길에, 아이네이아스는 이탈리아로 향하던 중에 카리브디스를 무사히 피해 갔다. 고대 사람들은 카리브디스가 위험한 메시나 해협에 실제로 존재한다고 생각했다. (스킬라〔괴물〕, 아이네이아스, 오디세우스, 이아손, 콜키스, 포세이돈)

카쿠스Cacus 카쿠스('악한 자')는 불을 내뿜는 잔인한 반인반수로, 불카누스〔ⓖ헤파이스토스〕의 아들이었다. 로마 시인 베르길리우스의 서사시 『아이네이스』에 담긴 카쿠스의 이야기가 그 후에도 계속 반복되는데, 아우구스투스 황제 시대의 다른 시인들이 그 세부 내용을 살짝 바꾸었다(이는 베르길리우스가 그 이야기의 원작자임을 암시한다). 헤라클레스가 게리온의 소들을 몰고 이탈리아를 지나고 있을 때, 카쿠스는 그 소들을 훔칠 계략을 짰다. 헤라클레스가 소들에게 풀을 먹이기 위해 여정을 멈추었을 때, 카쿠스는 밤의 어둠을 틈타 여덟 마리의 꼬리를 붙들어 자신의 동굴로 끌고 갔다. 훗날 로마의 유적이 될 아벤티노 언덕 밑에 있는 동굴이었다. 이런 식으로 소들을 옮겨가니 헤라클레스로서는 그 흔적을 찾을 길이 없었다. 그러나 후에 헤라클레스가 그 동굴 근처를 지나갈 때, 남은 소들 가운데 한 마리가 큰 소리로 울자 도둑맞은 소들 중 한 마리가 음매 하고 답했다. 이렇게 소들의 행방을 알게 되어 분기탱천한 헤라클레스는 동굴의 지붕 역할을 하고 있던 들쭉날쭉한 산봉우리를 뜯어내고, 거인에게 화살과 나뭇가지와 바위 들을 퍼부어댔다. 거인이 무력해지자 헤라클레스는 그를 목 졸라 죽였다. 그의 죽음은 주변 주민들에게 경사였다. 그들은 골 칫거리를 없애준 헤라클레스를 영웅으로 떠받들고, 그를 기리기 위하여 '헤라클레스의 위대한 제단Great Altar of Heracles'을 지었다. (게리온, 불카누스, 헤라클레스)

케르베로스Cerberus 호메로스가 '하데스의 사냥개'라고 부른 케르베로스는 상 반신은 여인, 하반신은 뱀인 에키드나와 티폰 사이에 태어난 괴물들 중 하나이다. 레르나의 히드라, 키마이라와 형제간이다. 그의 머리는 50개나 100개라고도 하고, 3개라고도 한다. 신화 기록가 아폴로도로스가 묘사하는 케르베로스는 머리가 셋 달 린 개로, 용의 꼬리를 가졌으며 등에는 뱀의 머리들이 솟아 있다. 시인 헤시오도스 는 케르베로스가 날고기를 먹었고, 청동이 서로 부딪치는 듯한 소리로 짖었다고 말 한다. 케르베로스의 임무는 죽은 자들을 하데스의 집으로 들이고, 들어오려는 산 자 들과 나가려는 죽은 자들을 막는 것이었다. 영웅 아이네이아스는 쿠마이의 시빌레 가 일러준 대로 약을 탄 꿀떡을 케르베로스에게 던져주고 하데스로 들어갔다. 케르 베로스와 연관된 신화 중에는 헤라클레스의 마지막 열두 번째(몇몇 전승에 따르면, 열 번째) 과업에 관한 이야기가 가장 유명하다. 케르베로스를 지하세계에서 데려 나 오라는 명을 받은 헤라클레스는 무기도 사용하지 않고 그 짐승을 제압하여 과업을 완수했다. 시인 오비디우스에 따르면, 산 자들의 세상에 도착하자마자 케르베로스 는 고통스러워하며 길길이 날뛰었고, 그의 주둥이에서 거품이 흘러나와 떨어진 땅 에서 바꽃aconite이 피어났다. 마녀 메데이아가 영웅 테세우스를 죽이려 시도할 때 사용한 바로 그 독초이다. (레르나의 히드라, 메데이아, 아이네이아스, 에키드나, 지하세계, 쿠 마이의 시빌레, 키마이라, 테세우스, 티폰, 하데스[신과 장소])

케리네이아의 암사슴Cerynitian Hind 황금 가지뿔이 달린 케리네이아의 암 사슴은 아르테미스에게 봉헌된 짐승으로, 아르카디아에서 발원하여 아카이아를 거 쳐 바다로 흘러 들어가는 케리니테스 강에서 그 이름을 따 왔다. 이 사슴을 잡아서 산 채로 미케네까지 데려가는 것이 헤라클레스의 세 번째 과업이었다. 신화 기록가 아폴로도로스에 따르면, 사슴을 죽이거나 해치고 싶지 않았던 헤라클레스는 꼬박 일 년 동안 그 짐승을 뒤쫓기만 했다. 마침내 지친 사슴은 아르테미시온 산으로 피 했다가 라돈 강으로 가던 도중에 헤라클레스에게 화살을 맞아 다쳤다. 암사슴을 어 깨에 짊어지고 가던 헤라클레스는 분노한 아르테미스와 그녀의 형제 아폴론을 마 주쳤다. 이런 명령을 내린 에우리스테우스 왕의 잘못이라는 헤라클레스의 해명을 듣자, 신들은 사슴을 빼앗지 않고 미케네까지 데려가도록 허락했다. (미케네, 아르카디

케르베로스 지하세계의 문을 지키는 '하데스의 사냥개'

아, 아르테미스, 아폴론, 에우리스테우스, 헤라클레스)

케이론Cheiron(Chiron) 케이론은 인간의 상체와 말의 몸통을 가진 켄타우로스
지만, 교양 있고 현명하며 온화하다는 점에서 여타 켄타우로스와 달랐다. 그는 의술
에 능했으며, 신화 기록가 히기누스에 따르면 최초로 약초를 사용해 수술을 했다.
뛰어난 치료자였을 뿐만 아니라 쌍둥이 신들 아폴론과 아르테미스에게 전수받은
기술들인 예언, 음악, 체육에도 능통했다. 케이론은 다른 켄타우로스들처럼 죄인 익
시온과 구름의 여신 네펠레 사이에 태어난 자식으로도 묘사된다. 혹은 그의 격상된
지위를 반영하듯, 크로노스와 2세대 티탄족 필리라(오케아노스의 딸)의 자식으로도
알려졌다. 신화 기록가들인 아폴로도로스와 히기누스, 그리고 시인들인 칼리마코
스와 아폴로니오스에 따르면, 필리라와의 외도를 아내 레아에게 들킨 크로노스가
종마로 변신했기 때문에 반인반마의 자식이 태어났다고 한다. 그러나 다른 전승에
서는 제우스가 케이론의 아버지로 등장한다. 아무튼 케이론은 수많은 기술로 명성
을 날렸고, 그래서 많은 영웅을 키우고 가르쳤다. 그중 아킬레우스, 이아손, 아스클
레피오스, 악타이온, 쌍둥이 형제 카스토르와 폴룩스〔ⓖ폴리데우케스〕가 유명하다.

　　케이론은 테살리아 연안에 있는 펠리온 산의 어느 동굴에서 오래 살았지만, 이
웃인 라피테스족에 의해 다른 켄타우로스들과 함께 테살리아에서 쫓겨나 펠로폰네
소스 반도의 말레아 곶으로 갔다. 바로 그곳에서 헤라클레스가 실수로 독화살을 쏘
아 케이론의 죽음을 초래하게 된다. 불사의 몸이었던 케이론은 너무 고통스러운 나
머지 죽음을 원했다. 그의 최후에 관해서는 여러 가지 이야기가 전해져 내려온다.
예를 들어, 시인 오비디우스는 케이론을 불쌍히 여긴 제우스가 그를 하늘로 올려 보
내 궁수자리라는 별자리로 만들었다고 전한다. 그러나 케이론이 지하세계에서 영
원한 고문을 당하고 있던 프로메테우스와 운명을 바꾸고 싶어 했다는 설도 있다.
(네펠레, 라피테스족, 레아, 아르테미스, 아스클레피오스, 아킬레우스, 아폴론, 악타이온, 오케아노스
〔신〕, 이아손, 익시온, 제우스, 지하세계, 카스토르, 켄타우로스족, 크로노스, 테살리아, 티탄족, 펠리
온 산, 프로메테우스, 헤라클레스)

케크롭스Cecrops 케크롭스는 아테네와 그곳이 속한 아티카(당시에는 케크로피
아라 불렸다) 지역을 다스린 초대 왕으로 알려졌다. 그는 땅에서 태어났으며, 하반신
이 뱀의 꼬리였다고 한다. (케크롭스〔인간〕)

켄타우로스족Kentauros '소를 살해하는 자'라는 뜻의 켄타우로스족은 일반

적으로 인간의 상체와 말의 몸통을 가진 반인반수로 알려져 있지만, 한 전승(이를테면, 역사가 디오도로스 시켈로스가 기록한)에서는 그들이 최초의 기마 민족으로 암말들과 교미하여 1세대 히포켄타우로스족('황소를 살해하는 말들')을 낳았다고도 한다. 디오도로스를 비롯한 몇몇 작가들은 켄타우로스족을 제우스가 아내 헤라의 형상으로 만든 구름의 여신 네펠레와 죄인 익시온 사이에 태어난 자식들로 묘사한다. 그러나 그들이 익시온과 네펠레의 괴물 아들인 켄타우로스의 자식들이라는 설도 있고, 포세이돈과 스틸베(강의 신 페네오스와 나이아스 크레우사의 딸) 사이에 태어났다는 설도 있다. 시인 핀다로스는 켄타우로스가 암말들과 교미하여 반인반마인 켄타우로스족이 태어났다고 말한다. 그런가 하면, 시인 논노스는 말로 둔갑한 제우스가 익시온의 아내인 디아와 정을 통하여 켄타우로스족을 탄생시켰다고 설명한다.

켄타우로스족은 이웃한 라피테스족의 왕자인 페이리토오스에게 초대받아 참석한 결혼식에서 라피테스족과 전투를 벌인 일화로 가장 유명하다. 술에 취해 통제력을 잃었는지, 아니면 그들처럼 익시온의 후손인 페이리토오스가 왕위를 물려받으리라는 사실에 배알이 뒤틀렸는지, 켄타우로스족은 결혼식에서 라피테스족 여인들을 납치하려 했다. 격렬한 전투 끝에 라피테스족이 이겼다. 이 유명한 전투는 야만인에 대한 그리스인의 승리, 야만성에 대한 문화의 승리를 상징하는 사건으로서, 파르테논 신전과 올림피아의 제우스 신전에 조각되었다. 켄타우로스족 가운데 다수가 자신만의 개별적인 신화를 갖고 있다. 어린 아킬레우스를 키운 현명하고 박식한 케이론, 그리고 헤라클레스의 아내 데이아네이라를 겁탈하려 한 네소스가 그중 유명하다. (나이아데스, 네소스, 네펠레, 데이아네이라, 라피테스족, 아킬레우스, 아폴론, 올림피아, 익시온, 제우스, 케이론, 파르테논 신전, 페이리토오스, 헤라클레스)

켈라이노Celaeno 로마 시인 베르길리우스에 따르면, 켈라이노는 아이네이아스가 이끄는 트로이 유민들과 죄 많은 왕 피네우스가 음식을 먹으려고만 하면 가로채면서 그들을 괴롭힌 무시무시한 반인반조半人半鳥 하르피아이아이 중 한 명이다. 트로이인들이 검으로 하르피아이아이를 공격하자, 켈라이노는 그들이 목적지인 이탈리아 해안에 닿기는 하겠지만 심한 기근에 시달릴 것이라는 예언으로 그들을 겁주었다. 흥미롭게도 베르길리우스가 켈라이노를 푸리아이〔ⓖ에리니에스〕 중 한 명으로 묘사하는 걸 보면, 하르피아이아이가 그 복수의 여신들과 융합되었을지도 모른다. 칼레이노라는 이름의 오케아니스도 있으니 혼동해서는 안 된다. (아이네이아스, 오케아니데스, 트로이인, 푸리아이, 피네우스, 하르피아이아이)

코토스Cottus '격노한 자'라는 뜻의 코토스는 헤카톤케이레스 3형제 중 한 명이다. 헤카톤케이레스는 대지의 여신 가이아와 우라노스 사이에 태어난 괴물들로, 100개의 손과 50개의 머리를 갖고 있었다. 그의 형제자매들로는 외눈박이 3형제 키클로페스와 티탄 12신이 있다. (가이아, 올림포스 산, 우라노스, 제우스, 키클로페스, 티탄족, 헤카톤케이레스)

크리사오르Chrysaor '황금 검'이라는 뜻의 크리사오르는 포세이돈과 고르곤 메두사 사이에 태어난 전사였으며, 괴물이었을 가능성도 있다. 그는 페르세우스에게 머리를 잘린 메두사의 목에서 완전히 장성한 모습으로 솟아 나왔다. 크리사오르는 오케아노스의 딸인 칼리로에와 관계하여, 머리 셋 달린(몇몇 전승에 따르면, 몸통이 셋인) 괴물 게리온의 아버지가 된다. (게리온, 고르고네스, 메두사, 오케아노스〔신〕, 페가수스, 페르세우스, 포세이돈)

키마이라Chimaera 키마이라는 혼종 여성 괴물로, 시인 헤시오도스에 따르면 반인반수 에키드나와 티파온 사이에 태어났다. 후대 작가들은 제멋대로 날뛰는 괴물 티파온을 100개의 머리가 솟아 있는 티폰(혹은 티포에우스)과 혼동하거나 융합했다. 키마이라의 형제자매들 역시 괴물로, 게리온의 사냥개 오르토스, 지옥문을 지키는 개 케르베로스, 머리가 여럿 달린 레르나의 히드라 등이었다. 헤시오도스가 묘사하는 키마이라는 몸이 거대하고 무시무시하며 발이 빠르고 힘이 세다. 그녀는 머리가 셋이었는데, 제일 앞쪽에는 사자의 머리, 몸통에는 불을 내뿜는 염소의 머리, 뒤쪽에는 뱀의 머리가 달려 있었다. 영웅 벨레로폰은 리키아의 왕 이오바테스의 부탁으로, 도시 외곽을 쑥대밭으로 만들고 있던 이 괴물을 죽이러 갔다. 벨레로폰은 신들의 도움으로 길들인 천마 페가수스를 타고 높이 날아올라 화살로 괴물을 죽였다. (게리온, 레르나의 히드라, 리키아, 벨레로폰, 에키드나, 이오바테스, 티폰, 페가수스)

키클로페스Cyclopes '둥근 눈을 가진 자들' 키클로페스는 생김새만 보면 신 같은 거인들이었지만, 다만 이마에 둥그런 눈 하나만 박혀 있다는 점이 달랐다. 그들의 탄생에 대해 가장 먼저 이야기한 시인 헤시오도스에 따르면, 각각 아르게스('번쩍이는 자'), 브론테스('천둥을 일으키는 자'), 스테로페스('번개')라는 이름을 가진 키클로페스 3형제는 태초의 자연신들인 가이아와 우라노스 사이에서 티탄족 다음에 태어났다. 그들의 아버지 우라노스는 키클로페스와 그 형제들인 헤카톤케이레스를 끔찍이 싫어하여, 갓 태어난 그들을 가이아('대지') 속으로 도로 밀어 넣어버렸다. 이 모욕과 고통을 참다못한 가이아는 복수의 칼을 갈고, 티탄족의 막내인 크로노스에게 도움을 청했다. 크로노스는 아버지를 거세하고 신들 위에 군림했지만, 그것도 제우스가 등장하기 전까지였다. 크로노스는 쿠데타를 일으킬 때 키클로페스를 지하에서 꺼내어 지원군으로 써먹고는 다시 그들을 감금했다. 제우스 역시 크로노스에 맞서 싸우면서 그들의 도움을 청했지만, 거사를 끝낸 후 그들을 풀어주었다. 풀려난 키클로페스는 제우스를 위해 벼락을 버리는 일을 맡았고, 로마 시인 베르길리우스에 따르면, 그들의 대장간은 시칠리아 섬의 에트나 산 밑에 있었다고 한다. 신화 기록가 아폴로도로스는, 아들 아스클레피오스를 제우스의 손에 잃은 아폴론이 그에 대한 보복으로 키클로페스를 죽였다고 전한다.

키클로페스 중에 가장 유명한 자는 무시무시한 양치기 폴리페모스이다. 그는 오디세우스와 부하들을 자신의 동굴에 가두어두었고, 영악한 오디세우스의 계략이 아니었다면 그들을 모두 먹어치웠을 것이다. 오디세우스는 그 섬에서 폴리페모스뿐만 아니라 그와 가까이 살고 있던 거칠고 야만적인 다른 키클로페스도 만나는데, 그들은 헤시오도스를 비롯한 여러 작가들이 이야기한, 벼락을 버린 키클로페스와 뚜렷한 관계가 없다. 방종하고 미개한 그들은 동굴에서 지내며, 농사를 짓지 않고도 자급자족해 먹고 살았다. 풍부한 곡물과 포도를 내려주는 신들에게 의지하면서도 신들을 업신여겼다. (가이아, 시칠리아 섬, 아스클레피오스, 아폴론, 오디세우스, 우라노스, 제우스, 크로노스, 티탄족, 폴리페모스, 헤카톤케이레스)

탈로스Talos 청동 거인 탈로스는 살아 있는 조각상 혹은 일종의 로봇으로 묘사되어 왔지만, 실은 감각을 가진 생물이다. 시인인 로도스의 아폴로니오스는 탈로스가 고대 청동 종족의 후손이며, 제우스가 에우로페에게 준 선물이었다고 말한다. 그는 크레타 섬 주위를 하루에 세 번씩 돌며 외부의 침략으로부터 섬을 지켰다. 전승에 따르면, 인류의 다섯 시대 혹은 종족이 있었다고 한다. 황금의 종족, 은의 종족, 청동의 종족, 영웅의 종족, 그리고 현재의 결함 많은 철의 종족. 탈로스의 몸통과 팔다리는 청동이었으므로 어떤 공격에도 끄떡없었지만, 단 하나의 혈관으로만 피가 흐르는 발목은 약점이었다. 탈로스는 마녀 메데이아와 동행한 이아손의 아르고호 원정대와의 대결로 가장 유명하다. 황금 양피를 손에 넣고 귀향하던 아르고호 원정대는 크레타 섬의 항구에 정박하려 했지만, 탈로스가 그들에게 바위를 던졌다. 그러나 메데이아가 그에게 마법을 걸었고, 탈로스는 바위를 들어 올리다가 자신의 발목을 건드려 치명상을 입었다.

신화 기록가 아폴로도로스는 탈로스의 태생과 외모에 관하여 조금 다른 이야기를 들려준다. 헤파이스토스는 탈로스를 만들어 크레타 섬의 왕 미노스에게 선물했다. 헤파이스토스의 이 피조물은 단 하나의 혈관이 목에서 발목까지 쭉 이어져 있고, 그 끝에 청동 못이 박혀 있었다. 메데이아는 그에게 광기를 불어넣어서, 혹은 그를 불사의 몸으로 만들어주겠노라 꼬드기고 혈관을 고정해놓은 못을 뽑아서 그를 죽였다. (메데이아, 미노스, 아르고호 원정대, 에우로페, 이아손, 제우스, 크레타 섬, 헤파이스토스)

테스피아이의 사자 Thespian Lion 테스피아이의 사자는 키타이론 산을 휘젓고 다니며, 헤라클레스의 계부인 암피트리온과 테스피아이의 왕 테스피오스의 가축들을 잡아먹었다. 신화 기록가 아폴로도로스에 의하면, 헤라클레스는 겨우 열여덟 살에 이 골칫거리를 제거하는 일을 맡았다. 그는 보름 낮과 밤 동안 테스피오스 왕의 궁전에서 지내며 마침내 그 사자를 처치했다. 헤라클레스가 인간 이상의 힘을 가지고 있음을 깨달은 테스피오스는 그의 후손을 갖고 싶은 욕심에 밤마다 자신의 딸들을 한 명씩 헤라클레스에게 보냈고, 어쩐 일인지 헤라클레스는 자기가 한 여자와 동침하고 있다고 감쪽같이 속아 넘어갔다. (암피트리온, 키타이론 산, 헤라클레스)

티티오스Tityus 거인 티티오스는 보이오티아의 영웅 오르코메노스의 딸인 엘라라와 제우스 사이에 태어난 아들이다. 신화 기록가 아폴로도로스에 의하면, 자신의 무분별한 행동을 아내 헤라로부터 숨기고 싶었던 제우스는 아이를 잉태한 엘라라를 땅 밑에 숨겨두었다. 산달이 차자 티티오스가 땅에서 솟아 나왔고, 이런 이유로 그는 땅에서 태어난 자라 불렸다. 그러나 훗날 티티오스는 죄를 지어 지하로 돌아갔고, 이번에는 지하세계에서 죄인들이 거하는 타르타로스로 떨어졌다. 그는 쌍둥이 신들인 아폴론과 아르테미스의 어머니 레토를 겁탈하려다 남매 신들에게 화살을 맞아 죽었다. 지하세계로 들어간 오디세우스와 아이네이아스는 아홉 에이커〔약 36,000제곱미터〕나 되는 땅에 거대한 몸을 큰 대자로 뻗은 채 독수리들에게 간을 쪼아 먹히는 영벌을 받고 있는 티티오스를 목격한다. (레토, 보이오티아, 아르테미스, 아이네이아스, 아폴론, 오디세우스, 제우스, 지하세계, 타르타로스)

티포에우스Typhoeus 티포에우스는 가이아와 타르타로스 사이에 태어난 거대한 반인반수 티폰의 또 다른 이름이다. (가이아, 타르타로스〔신과 장소〕, 티폰)

티폰Typhon(Typhoeus) 괴물 티폰(또는 티포에우스)은 일찍부터 티파온과 혼동되고 융합되었다. 그리스 시인 헤시오도스에 따르면, 가이아('대지')는 대지의 축축한 심연을 의인화한 타르타로스와 결합하여 티폰을 낳았다. 티폰은 괴력을 가진 무시무시한 괴물이었다. 시커먼 혀를 날름거리는 100개의 뱀 머리를 몸에 달고서, 사자, 황소, 개, 뱀 등 온갖 짐승의 소리를 냈다. 그의 눈에서는 불이 타올랐다. 여성 괴물인 에키드나와 결합하여 숱한 괴물들을 자식으로 두었다. 삼신일체 괴물 게리온의 사냥개 오르토스, 하데스의 감시견 케르베로스, 다두 괴물인 레르나의 히드라, 불을 내뿜는 키마이라 등이 그들이다. 티폰이 자신의 군림에 위협이 되리라 감지한 제우스는 천둥을 내리쳐 천상과 바다를 뒤흔들었다. 신과 괴물 사이에 무시무시한 전투가 벌어졌고, 대지와 하늘과 바다가 강력한 바람, 지진, 불로 부글부글 끓어올랐다. 지반 밑의 하데스조차 진동했다. 결국 제우스가 불타는 벼락으로 적수를 쓰러뜨려 타르타로스 깊숙이 던져버렸다. 신화 기록가 아폴로도로스는 이 거인의 외양을 좀 더 상세히 전한다. 그의 체구는 너무나 거대하여 머리가 산들을 넘어 별에 닿을 정도였다. 날개 달린 이 거인은 두 팔에서 100개의 뱀 머리가 튀어나와 있었으며, 다리가 있어야 할 곳에 독사들이 똬리를 틀고 쉿쉿 하는 소리를 냈다. 아폴로도로스, 핀다로스, 오비디우스 등의 작가들은 티폰을 제압한 제우스가 그를 시칠리아 섬의 에트나 산 밑으로 던져 넣었기 때문에 그 산의 화산 활동이 시작되었다고 전한다. (가이아, 게리온, 레르나의 히드라, 시칠리아 섬, 에키드나, 제우스, 케르베로스, 키마이라, 타르타로스〔신과 장소〕, 하데스〔신과 장소〕)

파우누스Faunus 파우누스는 숲이나 야생 지대를 관장한 이탈리아의 목신牧神으로, 가축의 다산과 들판의 비옥함도 책임졌다. 그는 그리스 신 판과 융합되거나 동일시되면서, 염소 같은 외모를 취하게 되었다. 파우누스는 자연과 풍요의 신일 뿐만 아니라 예언력도 갖고 있었다. (파우누스〔신〕)

파우니Fauns 로마 신화에 등장하는 파우니〔파우누스의 복수형〕는 숲의 정령들 혹은 반신들로, 반인반수의 특징을 띠게 되면서 사티로스족과 동일시되거나 혼동되었다. 사티로스족이나 예언력을 가진 전원의 신 파우누스처럼, 그들도 숲과 산에서 살고, 염소나 양과 연관되며, 님페들을 사랑한 것으로 여겨졌다. 그들의 외양에 관해 말하자면, 대부분은 인간의 모습이었지만 염소의 꼬리, 귀, 뿔을 가지고 있었다.
(님페, 사티로스족, 파우누스)

페가수스Pegasus 천마 페가수스는 고르곤 메두사와 포세이돈의 자식이었다.
페가수스와 그의 형제인 거인 크리사오르는 평범한 방식으로 태어나지 않고, 페르
세우스에게 머리를 잘린 메두사의 목에서 완전히 성장한 모습으로 솟아 나왔다. 시
인 헤시오도스에 따르면, 페가수스라는 이름은 그가 태어난 곳과 가까운 오케아노
스의 샘들 '페가이pegai'에서 유래했으며, 마지막에 페가수스는 신들과 함께 살면서
제우스의 천둥과 벼락을 실어 나르는 일을 맡았다고 한다.

페가수스는 영웅 벨레로폰과의 모험으로 가장 유명하다. 시인 핀다로스는 벨레
로폰이 아테나에게서 받은 황금 굴레로 페가수스를 길들였다고 말한다. 아테나는
페가수스의 아버지인 포세이돈에게 흰 소를 제물로 바쳐야 그 말에 안전하게 다가
갈 수 있다는 조언도 해주었다. 젊은 영웅은 페가수스를 탄 채 아마조네스를 공격하
고, 불을 내뿜는 키마이라를 죽이고, 리키아의 호전적인 부족인 솔리모이족을 처치
했다. 핀다로스의 또 다른 작품에서 벨레로폰은 오만한 인간의 전형으로 묘사된다.
벨레로폰이 제우스를 만나기 위해 신들의 거처까지 올라가려 하자 페가수스는 그
를 등에서 떨어뜨렸다. 덜 극적이긴 하지만 그래도 주목할 만한 일화로는, 페가수스
가 발굽으로 땅을 쳐서 여러 개의 샘물을 터뜨린 이야기가 있다. 그중 헬리콘 산의
히포크레네 샘은 무사이에게 봉헌되었으며, 벨레로폰이 처음으로 페가수스에게 굴
레를 씌운 곳이기도 한 페이레네 샘은 코린토스인들에게 아주 중요한 의미를 가졌
다. 벨레로폰은 코린토스의 왕 글라우코스의 아들이었기 때문에, 코린토스와 그 식
민지들에서 주조된 동전에 페가수스가 도시의 상징으로 새겨진 것은 우연이 아니
었다. (고르고네스, 메두사, 무사이, 솔리모이족, 아마조네스, 아테나, 오케아노스[장소], 제우스, 코
린토스, 크리사오르, 키마이라, 페르세우스, 페이레네 샘, 포세이돈, 헬리콘 산, 히포크레네 샘)

포르피리온Porphyrion 포르피리온은 기간테스 중 한 명이다. 거세당한 우라
노스의 피에서 태어난 기간테스는 하반신이 뱀의 꼬리인 포악한 거인들로, 제우스
와 그의 형제자매를 상대로 전쟁을 벌였다. 포르피리온은 형제들 가운데에서도 가
장 힘이 셌던 것으로 보이며, 그리스 시인 핀다로스는 그를 기간테스의 우두머리 혹
은 왕이라 불렀다. 그는 제우스의 간계로 헤라에게 욕정을 품어 그녀를 겁탈하려다
가 제우스에게 벼락을 맞은 후 헤라클레스의 화살을 맞고 죽는다. (기간테스, 우라노스,
제우스, 헤라, 헤라클레스)

폴리페모스Polyphemus　호메로스의 『오디세이아』에 따르면, 폴리페모스는 키클로페스 중 가장 강력한 자로, 바다의 신 포르키스의 딸인 님페 토오사와 포세이돈 사이에 태어난 아들이다. 다른 키클롭스들처럼 그도 거인이었으며(오디세우스는 그를 '산처럼 거대한 자'라고 불렀다) 이마 한복판에 동그란 눈알 하나만 박혀 있었다. 또한, 다른 키클롭스들처럼 동굴에 사는 무법자였다. 키클로페스의 섬에 다다른 오디세우스는 그곳에 어떤 사람들이 사는지 알아내기 위해 열두 명의 부하들을 데리고 내륙으로 들어가다가 폴리페모스의 동굴을 발견했다. 뜰에는 울타리가 쳐져 있고, 염소와 양을 가둔 우리도 있었다. 폴리페모스가 가축들에게 풀을 먹이기 위해 나가 있는 사이, 오디세우스 일행은 동굴로 들어가 치즈를 마음대로 집어먹었다. 부하들은 이제 떠나자고 했지만, 오디세우스는 그대로 머물고 싶어 했다. 그리스 세계에서는 우연이든 아니든 집을 찾은 손님에게 선물을 주는 것이 관례였다. 그래서 오디세우스는 선물을 받을 수 있지 않을까 기대했던 것이다. 그러나 관례나 문화 따위에는 전혀 신경 쓰지 않는 폴리페모스는 그리스인들을 동굴에 가두어놓고, 오디세우스의 부하 두 명을 붙잡아 패대기쳐서 먹어 치웠다. 폴리페모스가 또 한 번 그런 식사를 마친 후, 오디세우스는 동굴에서 탈출하기 위한 간계를 짰다. 오디세우스가 물을 타지 않은 독한 포도주를 권하자, 폴리페모스는 넙죽 받아 게걸스럽게 마셨다. 문명인이라면 포도주에 물을 타서 묽게 만들었을 것이다. 이제야 오디세우스는 자기 이름을 알려주었지만, 우티스outis('아무도 아니다')라는 가짜 이름이었다. 곧 폴리페모스가 술에 취해 곯아떨어지자, 오디세우스 일행은 거대한 올리브 가지를 날카롭게 갈고 그 끝을 불에 달군 후 그것으로 폴리페모스의 외눈을 찔러 뽑아냈다. 폴리페모스는 이웃들에게 도움을 청하며 울부짖었지만, 그들은 웃으며 외면했다. 폴리페모스가 "나를 해친 자는 아무도 아니다."라고 소리친 셈이기 때문이다. 오디세우스 일행은 폴리페모스의 거대하고 털이 많은 숫양들의 배에 매달려 동굴에서 빠져나갈 수 있었다. 폴리페모스의 눈을 멀게 한 일로 포세이돈에게 미운털이 박힌 오디세우스의 귀향길은 더욱더 험난하고 길어졌다.

　　네레이스 갈라테이아에게 구애할 때의 폴리페모스는 그나마 조금 더 부드러운 면모를 보여준다. 그녀의 호감을 얻기 위해 외모를 가다듬고, 피리 연주에 맞추어 사랑 노래를 부르는 수고를 마다하지 않았다. 그러나 갈라테이아는 숲의 신 파우누스〔ⓒ판〕와 바다의 님페 사이에 태어난 미소년 아키스를 사랑하는 만큼 폴리페모스를 증오했다. 두 연인이 함께 있는 모습을 보고 발끈한 폴리페모스는 거대한 바위를 던져 아키스를 깔아뭉갰다. 갈라테이아가 아키스를 구해달라는 기도를 올리자, 땅이 갈라지고 아키스는 강의 신으로 환생했다. (갈라테이아, 네레이데스, 아키스, 오디세우스, 키클로페스, 파우누스, 포르키스, 포세이돈)

피톤Python 피톤은 델포이의 어느 샘 근처에 살던 거대한 용 혹은 뱀이다. 로마 시인 오비디우스는 대홍수로 인류가 거의 몰살된 후 진흙으로 뒤덮인 가이아('대지')에서 그 괴물이 태어났다고 쓴다.『호메로스 찬가』아폴론 편에 따르면 피톤은 여성이었으며, 무시무시한 괴물 티폰을 키웠다고 한다. 그녀는 수많은 인간들을 죽이다가 아폴론의 화살에 맞아 숨통이 끊어졌다. 피톤의 사체는 햇볕 속에 썩어갔고, 지리학자 스트라본과 여러 작가들이 이야기하기를, 이 괴물의 이름은 사체의 부패를 뜻하는 그리스어 '피테스타이pythesthai'와 그녀가 죽은 지역의 이름인 피토, 아폴론의 별칭인 피티안, 그리고 델포이 신탁소에서 아폴론을 섬긴 무녀 피티아에서 비롯되었다고 한다.

여행 작가 파우사니아스 등의 작가들은 가이아 혹은 테미스가 피톤을 델포이 신탁소의 감시자로 세워두었는데, 아폴론이 피톤을 죽임으로써 그 유명한 신탁소의 주인이 되었다는 전설을 전한다. 아폴론은 피톤을 죽인 자신의 위업을 기리기 위하여 4년마다 열리는 범그리스 피티아 제전Pan-Hellenic Pythian Games을 창설했다고 한다. (가이아, 델포이, 아폴론, 테미스, 헤라)

하르피이아이Harpyiai '가로채는 자들' 혹은 '강탈자들'이라는 뜻의 하르피이아이〔단수형은 하르피아〕는 폭풍의 예측 불허하고 악마적이며 사나운 힘을 의인화한, 무시무시한 여성 다이몬들(엄밀히 따지면 신들)이다. 원전에 따라, 둘이라고도 하고 셋이라고도 한다. 시인 헤시오도스는 그들이 두 명이며, 타우마스〔태초의 자연신들인 폰토스('바다')와 가이아('대지')의 아들〕와 엘렉트라 사이에 태어난 딸들이라고 설명한다. 헤시오도스가 전하는 그들의 이름은 각각 아일로('폭풍')와 오키페테('빠른 발')이다. 호메로스는 하르피이아이 중 '빠른 발을 가진'이라는 뜻의 이름을 가진 포다르게가 아킬레우스의 신마神馬들을 낳았다고 말한다. 후대의 작가들은 켈라이노('거무스레한 자')와 니코테('재빠른 승리자')를 비롯한 다른 이름들도 언급한다.

하르피이아이의 외양은 원래 명확히 정해져 있지 않았지만, 시간이 흐르면서 인간의 머리를 가진 날개 달린 괴물들로 묘사되었다. 호메로스의『오디세이아』에서 하르피이아이는 오디세우스의 실종을 초래하는 존재에 불과하지만, 베르길리우스의 작품에서는 '처녀의 얼굴에 새의 몸, 악취 풍기는 피가 흘러내리는 배, 날카로운 발톱이 달린 손, 굶주려서 창백한 얼굴'을 가진 '세상에서 가장 지독하고 야만적인'

괴물들로 등장한다. 하르피이아이는 아폴론에게 선물 받은 예언력을 남용한 트라키아의 왕 피네우스를 괴롭혀 벌한 일화로 가장 유명하다. 그들은 피네우스가 먹으려고 하는 음식을 부리나 발톱으로 낚아채고, 남은 음식들은 그들의 역겨운 악취로 망쳐놓았다. 영웅들인 이아손과 아이네이아스는 각각의 일행들과 함께 하르피이아이와 마주쳤다. 이아손의 동료들 가운데, 북풍 보레아스의 재빠른 두 아들 제테스와 칼라이스가 피네우스의 요청을 받아 하르피이아이를 추격했다. 여신 이리스가 끼어들지 않았다면, 형제는 그 괴물들을 따라잡아 죽였을 것이다. 그 후로 하르피이아이는 피네우스를 더 이상 괴롭히지 않았다. 트로이의 영웅 아이네이아스의 경우엔, 그와 일행들이 직접적인 피해자였다. 트로이에서 이탈리아까지의 기나긴 여정 동안 하르피이아이는 그들의 음식을 두 차례 훔쳤다. 아이네이아스와 부하들이 검을 들이대자, 켈라이노는 분노하여 무시무시한 예언을 뱉어냈다. 트로이 유민들이 결국 이탈리아 해안에 닿겠지만, 큰 기근이 닥쳐 식탁을 씹어 먹게 되리라는 예언이었다. (보레아스, 아이네이아스, 아킬레우스, 오디세우스, 오케아니데스, 이리스, 이아손, 제테스, 칼라이스, 켈라이노, 트라키아, 트로이인, 피네우스)

헤카톤케이레스Hecatoncheires

코토스, 브리아레오스, 기에스(혹은 기게스) 등의 헤카톤케이레스('100개의 손을 가진 자들', 단수형은 헤카톤케이르) 3형제는 대지의 여신 가이아와 우라노스 사이에 태어난 괴물 자식들로, 형제자매로는 키클로페스와 티탄족이 있었다. 시인 헤시오도스에 따르면, 각각의 헤카톤케이르는 100개의 팔과 50개의 머리를 갖고 있었고, 극악무도하고 강하며 아주 오만했다. 우라노스는 그들을 몹시 싫어하여, 그들이 갓 태어났을 때 어머니 가이아 속으로 다시 밀어 넣었다. 엄청난 고통을 참다못한 가이아는 낫을 만든 다음, 자식들인 티탄족에게 복수를 부탁했다. 그녀의 요청에 선뜻 응한 자식은 막내 크로노스뿐이었다. 낫으로 무장한 크로노스는 밤에 가이아와 동침하기 위해 찾아오는 우라노스를 기다렸다가 기습 공격하여 그를 거세했다. 그러나 헤카톤케이레스는 지하의 심연인 타르타로스에 여전히 갇힌 신세였다. 후에 제우스가 크로노스를 비롯한 티탄 신들과 전쟁을 벌일 때 도움을 얻기 위해 헤카톤케이레스를 풀어주었지만, 전쟁이 끝난 후 그곳으로 다시 돌려보냈다. 신화 기록가 아폴로도로스가 덧붙이기를, 타르타로스로 돌아간 헤카톤케이레스는 제우스에게 패하여 그곳에 갇힌 티탄족을 감시했다고 한다. (가이아, 우라노스, 크로노스, 키클로페스, 타르타로스, 티탄족)

4부

장소
·
지형지물

낙소스 섬 Naxos 그리스의 낙소스 섬은 에게 해의 키클라데스 제도에서 가장 크고(430제곱킬로미터) 가장 비옥한 섬이다. 고대에도 이 섬은 포도와 포도주로 유명했으니, 디오니소스와 특별한 관계에 있었던 것도 놀라운 일이 아니다. 역사가 디오도로스 시켈로스에 따르면, 낙소스 섬은 디오니소스가 태어나거나 자란 곳으로 거론되는 여러 장소 중 하나였다. 디오니소스가 자신의 신부인 아리아드네를 발견한 곳도 낙소스 섬이었다. 크레타 섬의 왕 미노스의 딸인 아리아드네는 아테네의 영웅 테세우스가 미노타우로스를 죽일 수 있게 도와주었으나 그에게 잔인하게 버림받았다. 오만한 거인들 오토스와 에피알테스가 아르테미스의 계략으로 최후를 맞은 곳도 낙소스 섬이었다고 한다. (기간테스, 디오니소스, 미노스, 미노타우로스, 아르테미스, 아리아드네, 에게 해, 오토스, 크레타 섬, 테세우스)

네메아Nemea 고대의 네메아는 제우스에게 바쳐진 성역으로, 펠로폰네소스 반도의 북동쪽(현대 도시 네메아의 바로 동쪽)에 있었다. 지명은 그 지역의 하천신 아소포스의 딸인 님페 네메아에서 따왔다고 한다. 네메아 성역에서는 영웅 아드라스토스가 창설했다고 전해지는 범그리스 네메아 제전Pan-Hellenic Nemean Games이 열렸다. 네메아는 헤라클레스가 첫 번째 과업으로 네메아의 사자를 죽인 곳이기도 하다. 헤라클레스는 천하무적이라는 그 짐승을 꺾은 기념으로 놈의 가죽을 몸에 걸치고 다녔다. (네메아의 사자, 아드라스토스, 제우스, 헤라클레스)

니사Nysa 신화에서 니사는 불에 타 죽은 세멜레의 유해에서 제우스가 구해낸 아기 디오니소스를 히아데스(니사의 님페들이라고도 불렸다)가 키운 곳으로 유명하다. 고대에는 니사의 위치와 그 정확한 정체(산인지 도시인지 평원인지 계곡인지)에 관해서 의견이 분분했다. 호메로스의 『일리아스』에서 니사는 산이 아니며, 『호메로스 찬가』에서는 평원으로 등장한다. 역사가 헤로도토스는 니사를 에티오피아의 도시로, 아리아누스는 인도의 도시로 묘사하고, 디오도로스 시켈로스는 아라비아와 페니키아를 후보지로 제안한다. 반면, 로마의 『박물지』 집필자 대 ★ 플리니우스는 니사를 지금의 시리아 남부와 팔레스타인 북부에 해당하는 트란스요르단 지역의 도시로 언급한다. 16세기의 지리 전문 작가인 비잔티움의 스테파누스는 여기에 헬리콘 산, 낙소스 섬, 트라키아, 캅카스 산맥 등을 더한다. 이렇듯 다양하게 거론되는 신화 속의 도시 니사는 카리아의 도시 니사와 구분해야 한다. 카리아의 니사는 플루톤과 코라(페르세포네의 별칭)의 성역과 가까운 데다, 치료 효과가 있는 유황천과 기력을 회복시켜 주는 동굴 덕분에 번영했다. (디오니소스, 세멜레, 에티오피아, 캅카스 산맥, 코라, 트

델로스 섬Delos 표면적 3.4제곱킬로미터의 작은 무인도 델로스 섬은 에게 해의 원형 군도 키클라데스의 중앙에 있다. 고대 그리스에서 이 섬은 아폴론(몇몇 전승에 따르면, 그의 쌍둥이 누이 아르테미스도)이 태어난 곳이라 하여 아주 성스럽게 여겨졌다. 델로스 섬이 이전에는 2세대 티탄 신인 아스테리아와의 인연으로 아스테리아 혹은 오르티기아('메추라기')라 불렸다는 설도 있다. 아스테리아는 제우스의 구애를 피해 메추라기로 변신하여 바다로 뛰어든 후 이 섬이 되었다. 델로스 섬은 레토가 그곳에서 쌍둥이 신들 아폴론과 아르테미스를 낳기 전까지는 바다 밑바닥에 고정되어 있지 않고 바다를 떠다녔다고 한다. 헤라와 제우스, 아테나 모두 델로스 섬에서 숭배되었지만, 이곳의 종교 활동은 레토와 아르테미스, 특히 아폴론에 집중되어 있었다.

정치적 역사를 이야기하자면, 이 섬은 페르시아 전쟁 후 페르시아의 재침공에 대비하기 위하여 그리스의 도시 국가들이 기원전 478년에 결성한 델로스 동맹 Delian League의 중심지로서, 동맹의 금고를 보관했다. 후에 아테네의 정치인이자 장군인 페리클레스가 금고를 아테네로 옮기고 델로스 동맹을 아테네 제국으로 만들어버리자, 펠로폰네소스 전쟁(기원전 431년~기원전 404년)이 일어나고 아테네는 정치적 패권을 잃었다. (레토, 아르테미스, 아스테리아, 아테나, 아테네, 아폴론, 오르티기아 섬, 제우스, 티탄족, 헤라)

델포이Delphi 아폴론의 가장 중요한 성역과 신탁소가 있는 델포이는 고대 그리스에서 가장 성스러운 곳으로 여겨졌다. 그 위치도 극적이어서, 그리스 중부(고대의 포키스 지방)에 있는 파르나소스 산의 가파른 남서쪽 비탈 아래에 자리했다. 성역의 맞은편에는 키르피스 산맥의 플레이스토스 협곡이 있다. 유적에서 겨우 10킬로미터 떨어진 코린토스 만도 보인다. 델포이에는 청동기 시대(기원전 15세기)부터 사람이 살았으며, 그곳에서 아폴론이 숭배되었다는 사실은 기원전 8세기 유물로

증명된다. 대강 직사각형을 띠고 있는 성역(테메노스temenos)은 벽으로 둘러싸여 있고, 벽 안에는 그리스의 여러 도시 국가가 세워놓은 기념물들과 신전처럼 생긴 작은 보물창고들, 극장, 아폴론을 섬긴 최초의 무녀들이 앉아서 예언을 읊조렸다고 하는 시빌레의 바위, 히에라 호도스*를 따라 비탈을 올라가면 만날 수 있는 아폴론 신전 등이 있었다. 신전 안의 신탁소에서는 무녀 피티아가 삼각대에 앉아, 그 아래 틈에서 솟아 나오는 증기를 맡으며 아폴론에게 영감을 받아 황홀경 상태에서 신의 말씀을 전했다. 그리스뿐만 아니라 그 너머에서도 순례자들이 델포이까지 찾아와, 아폴론의 대변자인 피티아를 통해 신에게 질문을 던졌다. 피티아가 시처럼 읊은 예언은 사제들이 해석했다. 신탁의 뜻을 잘못 이해하는 경우가 빈번했다고 하는데, 오이디푸스도 그중 한 사례이다.

델포이는 온갖 설화로 넘쳐나는 유적이다. 제우스가 지상의 양쪽 끝에서 독수리를 한 마리씩 날려 보내 그들이 만나는 지점을 델포이 신탁소의 장소로 선택했기 때문에, 그곳이 곧 세계의 중심이었다고 한다. 세계의 중심이니 세상의 '배꼽', 즉 '옴팔로스omphalos'였고, 아폴론 신전 안에는 엄청난 크기로 조각된 옴팔로스가 놓여 있었다. 전설에 따르면 이 신탁소의 주인은 원래 가이아였으며, 피톤(혹은 피토)이 그 감시자였지만 아폴론에게 살해당했다. 피톤의 이름을 따서 신탁소는 피토, 무녀들은 피티아라 불렸다. 『호메로스 찬가』의 피티안 아폴론 편에 따르면, 델포이라는 이름은 돌고래를 뜻하는 그리스어 '델피스delphis'에서 유래했다. 돌고래로 둔갑한 아폴론이 크레타 섬 사람들의 배에 올라타 그들을 자신의 사제로 삼았기 때문이다. 아폴론 신전은 여섯 차례 건설되었다고 한다. 첫 신전은 템페 계곡의 월계수 가지들로, 두 번째는 깃털들과 밀랍으로 만들어졌으며, 세 번째는 헤파이스토스가 청동으로 손수 지었고, 네 번째는 트로포니오스와 아가메데스의 설계에 따라 돌로 지어졌으며, 기원전 548년에 네 번째 신전이 무너지자 그 위에 다섯 번째 석조 신전을 올렸고, 이것이 손상되자 여섯 번째의 석조 신전(기원전 320년 완공)이 지어졌다. 이 마지막 신전은 390년까지 건재하다가, 기독교에 대한 이교도의 강력한 위협을 뿌리 뽑고자 했던 로마 황제 테오도시우스 1세의 명에 따라 파괴되었다. (가이아, 아폴론, 오이디푸스, 제우스, 크레타 섬, 템페 계곡, 파르나소스 산, 피토)

---

* 히에라 호도스Hiera Hodos: 고대 그리스의 아테네부터 엘레우시스까지 이어져 있던 성스러운 길.

도도나Dodona 도도나는 제우스의 가장 유명한 신탁소가 있었던 곳이다. 그리스에서 가장 오래된 이 신탁소가 들어선 도도나 성역은 현재 그리스와 알바니아에 속해 있는 고대 지방 에피로스에 있었다. 도도나 신탁소에서는 제우스의 신목神木인 참나무의 이파리들이 바스락거리는 소리나 비둘기들이 비행하는 모습, 또는 나뭇가지에 앉아 우는 소리를 통해 신의 말씀이 전해졌다고 한다. 그리스 역사가 헤로도토스는 신탁소가 세워진 경위와 비둘기의 역할에 관하어 두 가지 다른 설명을 내놓는다. 헤로도토스가 도도나에서 들은 이야기에 따르면, 이집트의 테베에서 검은 비둘기 두 마리가 날아왔는데, 한 마리는 도도나의 참나무에 앉아 인간의 목소리를 내었고, 다른 한 마리는 미래에 제우스 아몬의 신탁소가 세워질 리비아로 갔다고 한다. 반면, 테베의 사제들은 다른 주장을 펼쳤다. 테베의 무녀 둘이 페니키아인들에게 납치되어 한 명은 리비아로, 다른 한 명은 그리스로 끌려간 뒤 각자의 새로운 집에 성소를 지었는데, 현지인들이 알아듣지 못하는 언어를 사용했기 때문에 '비둘기'라 불렸다는 것이다. (아몬, 제우스)

라리사Larissa 라리사는 그리스 북동부의 테살리아 지방에서 가장 중요한 도시로 여겨졌다. 페네오스 강의 남쪽 기슭에 위치한 라리사는 신화에서 아르고스의 왕 아크리시오스가 그의 손자이자 고르곤을 처치한 영웅 페르세우스의 손에 우발적인 죽음을 맞는 곳이다. (고르고네스, 아르고스, 아크리시오스, 테살리아, 페네오스 강, 페르세우스)

라티움Latium 이탈리아의 한 지방인 라티움은 라틴인(라틴어로 라티니)이라는 이탈리아 부족이 살던 곳이다. 그들의 이름을 따서 라틴인의 언어가 '라틴어'라 불리게 되었다. 역사 속의 초기 라틴인들이 살던 라티움은 동쪽으로는 아펜니노 산맥, 북쪽으로는 아니오 강과 티베르 강을 끼고 있었지만, 신화 속의 라티움은 그 경계선이 명확하지 않은 것 같다. 로마 시인 베르길리우스에 따르면, 이탈리아의 황금 시대를 연 사투르누스〔ⓖ크로노스〕에 이어 전원의 신들인 피쿠스와 파우누스〔ⓖ판〕가 차례로 라티움을 다스리다가 라티누스가 왕위를 물려받았다. 그의 딸 라비니아는 트로이의 아이네이아스와 결혼하며, 로마인의 조상이 된다.

'라티움'이라는 이름의 기원은 불분명하다. 사투르누스가 이곳에 숨어 지냈다 하여 '숨다'라는 뜻의 라틴어 동사 '라테레latere'에서 유래했다는 설도 있고, 알바니 구릉의 너비와 관련하여 '넓다'라는 뜻의 라틴어 '라투스latus'에서 유래했다는 설도 있다. (라티누스, 라틴인, 로마, 사투르누스, 아이네이아스, 투르누스, 트로이, 파우누스, 피쿠스)

레르나Lerna 펠로폰네소스 반도 아르고스 지방의 남쪽에 있는 레르나는 청동기 시대(대략 기원전 3000년~기원전 1200년)에 중요한 취락이었다. 그리스 전승에 따르면, 아르고스 지방에 가뭄이 닥쳤을 때 아리따운 아미모네가 물을 구하러 레르나에 오자, 그녀를 사랑한 포세이돈이 그곳에 샘을 만들어주었다고 한다. 훗날 이 샘은 머리 여럿 달린 뱀 히드라의 집이 되는데, 헤라클레스는 열두 과업 중 두 번째 과업으로 그 괴물을 살해한다. (레르나의 히드라, 아르고스, 아미모네, 포세이돈, 헤라클레스)

렘노스 섬Lemnos 에게 해의 북부에 있는 렘노스 섬은 대장간의 신 헤파이스토스와 인연이 깊다. 그가 어머니인 헤라 편을 들었다가 제우스의 손에 올림포스에서 내던져졌을 때 떨어져서 극진한 보살핌을 받은 곳이기 때문이다. 신화 속에서 렘노스 섬은 남성 친족들을 몰살한 렘노스 섬의 여인들(힙시필레 공주는 제외)의 집이자, 그리스 전사들이 트로이로 원정을 떠나던 중 뱀에 물린 영웅 필록테테스를 버리고 간 섬으로도 중요하게 등장한다. (렘노스 섬의 여인들, 올림포스 산, 제우스, 트로이, 필록테테스, 헤라, 헤파이스토스, 힙시필레)

로마Rome 고대 도시 로마는 바다에서 30킬로미터 정도 떨어진 티베르 강의 왼쪽 강둑(동안)에 있었다. 로마 역사가 리비우스가 저술한 기념비적인 역사서의 한 등장인물은, 공기가 맑고 강이 넓으며 바다와 너무 가깝지도 너무 멀지도 않아서 물품 수송이 용이하고 외세의 침략에서 비교적 자유로운 터를 도시의 건설지로 선택한 것을 찬양한다. 게다가 넓게 트인 공간이 충분히 있어서 확장에도 유리했다. 로마 전승에 따르면, 로마는 트로이 영웅 아이네이아스의 아들인 아스카니오스(이울루스)가 건설한 라틴계 도시 알바 롱가의 식민지였다. 로마를 건설한 이들은 알바 롱가의 왕자들인 로물루스와 레무스였다. 형제는 태어나자마자 티베르 강에 버려졌지만 암늑대에게 구조되었다. 둘이 팔라티노 언덕에 새 도시를 짓기 시작했을 때, 로물루스는 다툼 끝에 레무스를 죽인 후 자신의 이름을 따서 도시를 로마라 명명하고 초대 왕이 되었다. 로마인은 이웃인 사비니족의 여인들을 훔치는 등 강제적인 방식으로 인구를 늘렸다. 전승에 따르면, 로마는 일곱 언덕(팔라티노, 카피톨리노, 아벤티노, 에스퀼리노, 퀴리날레, 비미날레, 첼리오)에 고대 도시의 중심부가 될 부락을 형성하고, 그들 사이에 있던 늪지대의 물을 빼서 포로 로마노Foro Romano로 변신시켰다고 한다. 이 전승을 대체로 뒷받침해 줄 고고학적 증거가 나왔다. 청동기 시대(기원전 1400년경)에 사람이 기주했던, 적이도 존재했던 흔적이 팔라티노, 카피톨리노, 에스퀼리노 언덕에서 발견된 것이다. 정착촌의 명확한 증거인 오두막의 흔적이 팔라티노 언덕에 남아 있는데, 기원전 10세기 후반이나 기원전 9세기 초반의 것으로 추정된다. 그리고 기원전 8세기(기원전 753년이라는 전설상의 건국 연대와 일치한다)에 팔라티노가 확장되고 요새화되었음을 암시하는 증거도 나왔다. 후에 로마의 가장 신성한 언덕이 되는 카피톨리노 언덕에도 이 시기에 사람들이 거주했던 것으로 보인다. 팔라티노 언덕의 부락이 확장되면서 묘지가 에스퀼리노 언덕과 퀴리날레 언덕으로 옮겨지고, 팔라티노 언덕 기슭의 늪지대가 일부 메워져 초기 형태의 포로 로마노가 들어섰다. 이렇듯 시작은 미비하였지만, 로마는 이탈리아의 일개 도시에서 세계적인 도시, 로마 시인 베르길리우스의 말을 빌리자면 '무한한 제국'의 중심부로 발전했다. 점차 통제 불능 상태로 치닫던 제국은 4세기부터 쇠퇴하기 시작하여 5세기 후반에 멸망하였다. (로물루스, 사비니족, 알바 롱가, 카피톨리노 언덕, 티베르 강)

리디아Lydia 리디아는 소아시아의 서부 지방으로, 북쪽으로는 미시아, 동쪽으로는 프리기아, 남쪽으로는 카리아와 접해 있었다. 시간이 흐르면서 동쪽과 남쪽의 국경선이 변했으며, 가장 전성기에는 소아시아에서 리키아를 제외한 할리스 강 서쪽 전역을 지배했다. 리디아는 천연자원이 풍부했을 뿐만 아니라, 역사 속에 실존한 왕이자 엄청난 부호였던 크로이소스(기원전 560년경~기원전 547년 재위)를 둘러싼 전설이 증명해 주듯, 아나톨리아의 나머지 지역과 바다 사이의 중요한 무역로에 위치해 있어 그리스와 로마 문화에 막대한 부와 권세를 가져다주었다. 이 땅을 탐낸 페르시아(기원전 546년~기원전 334년)와 알렉산드로스 대왕에게 연이어 정복당했다가, 기원전 129년에는 로마에 흡수되어 아시아 속주의 일부가 되었다.

리디아는 그리스 로마 신화의 주요 무대 중 하나이다. 예를 들어, 에우리피데스의 비극 『바쿠스의 여신도들』에서 디오니소스는 자신의 숭배 의식을 그리스에 전파하기 위해 고향인 리디아에서 신도들을 데려왔다고 말한다. 지하세계에서 영벌을 받게 되는 탄탈로스는 리디아의 왕이었다. 탄탈로스의 자식들로는 펠로폰네소스라는 지명의 유래가 된 펠롭스, 그리고 여신 레토보다 많은 자식을 둔 자신이 더 복이 많다고 떠벌리고 다니다 비참한 최후를 맞은 니오베가 있었다. 여신을 모욕한 니오베는 레토의 두 자식인 아폴론과 아르테미스의 손에 모든 자식을 잃었다. 비탄에 빠진 그녀는 눈물을 흘리는 바위가 되었다. 리디아는 감히 아테나에게 도전장을 내미는 실수를 저질렀다가 여생을 거미로 살게 된 뛰어난 직공 아라크네가 살던 곳이기도 하다. (니오베, 디오니소스, 레토, 리키아, 아라크네, 아르테미스, 아테나, 아폴론, 지하세계, 크로이소스, 탄탈로스, 펠롭스, 프리기아)

리키아Lycia 리키아는 소아시아의 남서부(현재 터키의 남서부 해안)에 있는 한 지방이었다. 그리스 역사가 헤로도토스는 이곳과 관련한 신화 겸 역사를 이야기하면서, 크레타 섬의 왕 미노스의 형제인 사르페돈이 크레타 섬 주민들을 이끌고 가서 리키아에 정착했다고 전한다. 헤로도토스에 따르면, 사르페돈과 미노스는 제우스가 잘생긴 흰 소로 둔갑하여 납치한 페니키아 공주 에우로페와의 사이에 얻은 아들들이었다. 또 헤로도토스는 아테네의 왕 판디온의 아들인 리코스가 형제 아이게우스에 의해 아테네에서 쫓겨난 후 리키아로 왔으며, 이후로 그곳 주민들은 그의 이름을 따서 리키아인이라 불리고, 그들의 땅은 리키아라 불렸다고 덧붙인다. 트로이 전쟁이 일어났을 때 리키아는 트로이 편에서 싸웠으며, 제우스가 막아볼까 고민하기도 했지만 사르페돈은 그 전쟁에서 목숨을 잃었다. 사르페돈 외에 영웅 벨레로폰도 리키아로 와서, 리키아의 외곽을 공포에 빠트리고 있던 괴수 키마이라를 죽였다. (벨레로폰, 사르페돈, 아이게우스, 아테네, 에우로페, 제우스, 크레타 섬, 키마이라, 트로이)

마케도니아Macedonia 그리스 시인 헤시오도스에 따르면, 마케도니아는 피에리아와 올림포스 산, 요컨대 테살리아의 북쪽, 악시오스(현재의 바르다르) 강의 서쪽, 트라키아의 남쪽에 살던 마케도니아 부족들의 영토였다. 마케도니아는 알렉산드로스 대왕의 아버지인 필리포스 2세(기원전 359년~기원전 336년 재위)에 의해 정치적으로 통일된 후 역사에서 제일 처음 두각을 드러내기 시작했다.

마케도니아라는 지명이 누구의 이름에서 기원했는지는 아르카디아의 왕 리카온의 아들, 제우스의 아들, 아이올로스의 아들 등 다양한 인물이 거론된다. 전설 속의 마케도니아 왕들 중 한 명인 피에로스는 무사이와 노래 대결을 벌인 피에리데스의 아버지이다. (리카온, 무사이, 아르카디아, 아이올로스, 올림포스 산, 제우스, 테살리아, 트라키아, 피에로스, 피에리데스)

메가라Megara 사로니코스 만에서 1.5킬로미터도 떨어지지 않은 메가라는 지금도 주민들이 거주하는 도시로, 코린토스와 아테네 사이의 코린토스 지협에 위치해 있다. 메가라가 속해 있던 메가리스 지방은 남쪽으로는 바다, 서쪽으로는 게라니아 산맥, 북동쪽으로는 케라타 산, 파테라스 산, 키타이론 산과 접해 있었다.

메가라와 연관된 가장 흥미진진한 신화는 스킬라 공주 이야기이다. 그녀는 크레타 섬의 왕 미노스에게 홀딱 반했고, 이 그릇된 사랑 때문에 가족과 명예를 저버리고 인간으로서의 삶까지 잃고 말았다. 도시 이름의 유래에 관해서는 설이 분분하다. 여행 작가 파우사니아스에 따르면, '메가라'는 전설 속의 한 왕이 데메테르를 모시기 위해 메가론 양식*으로 지은 두 신전에서 비롯되었다고 한다. 그런가 하면, 보이오티아인들은 스킬라의 아버지 니소스가 미노스의 침략을 받았을 때 포세이돈의 아들 메가레우스가 보이아티아군을 이끌고 가서 도왔다고 믿었다. 이 전쟁에서 메가레우스는 목숨을 잃었고, 그전까지 니사라고 불리던 도시는 그를 기리는 뜻에서 이름을 메가라로 바꾸었다.

물론, 같은 이름의 인간과 혼동해서는 안 된다. (니소스, 데메테르, 메가라(인간), 미노스, 보이오티아, 스킬라(인간), 아테네, 코린토스, 크레타 섬)

메세니아Messenia 메세니아는 펠로폰네소스 반도의 남서부 지방으로, 북쪽으로는 엘리스와 아르카디아, 동쪽으로는 스파르타와 접해 있었다. 메세니아는 땅이 기름졌다. 또한 샘, 강, 눈, 비로 물이 부족하지 않아 흉작을 걱정할 필요가 없었으며, 청동기 시대부터 이미 사람이 거주하였다. 청동기 시대가 끝나갈 무렵인 기원전 1400년~기원전 1150년에는 필로스에 네스토르 궁전이라는 유명한 건물이 지어졌다. 메세니아의 후대 역사는 대부분 스파르타와 얽혀 있다. 스파르타는 메세니아의 상당 부분을 흡수하고, 그 주민들을 지리학자 스트라본이 말하는 헤일로타이 Heilotai, 즉 '국유 노예'로 전락시켰다.

신화적으로는, 필로스의 현명한 왕 네스토르가 호메로스의 서사시들에서 중요한 인물로 등장한다. 메세니아는 헤라클레스와도 인연이 있다. 헤라클레스의 수많은 후손들 중 한 명인 크레스폰테스, 그리고 크레스폰테스의 아들 아이피토스가 차례로 메세니아를 다스렸다고 한다. (네스토르, 스파르타, 아르카디아, 크레스폰테스, 필로스, 헤라클레스)

미케네Mycenae 그리스 로마 신화에서 미케네는 1,000척의 함선을 이끌고 트로이로 원정을 떠난 그리스 연합군의 총사령관 아가멤논의 왕궁이 있는 곳으로서 중요한 의미를 띤다. 기원전 1400년경 지어져 기원전 1200년경 무너진 그 청동기 시대 궁전의 웅장한 유적은 펠로폰네소스 반도 아르고스 평원의 남동쪽 구석에 있는 험준한 언덕에 자리했다. 왕궁은 언제든 사방을 볼 수 있어 전략적으로 유리한 언덕 꼭대기에 지어졌으며, 거대한 요새 벽(키클로페스가 쌓았다는 말이 나올 정도로 돌 하나

• 메가론 양식Megaron: 앞면에 주랑 현관이 있고 삼면이 벽으로 둘러싸여 있으며, 실내 중앙에 난로가 있는 건축 양식.

하나의 크기가 엄청나다)으로 판단컨대 방어가 가장 중요한 목적이었을 것이다. 청동기 시대 초기(기원전 3000년)에 사람이 살았던 흔적이 남아 있지만, 미케네가 부유한 강국으로 우뚝 선 것은 청동기 시대 후반(기원전 1600년~)이었다. 이 시기의 것으로 추정되는 묘소에서 발굴된 수많은 보물은 미케네에 '황금이 넘쳐난다'는 호메로스의 묘사가 틀리지 않았음을 증명해 준다. 19세기의 유적 발굴자 하인리히 슐리만은 성벽 밖의 원뿔형 무덤들에 '아트레우스(아가멤논의 아버지)의 묘', '클리타임네스트라(아가멤논의 아내)의 묘', '아이기스토스(클리타임네스트라의 정부)의 묘'라는 이름을 붙였다. 그리고 슐리만은 유적의 두 원형 무덤군 중 한 곳에서 나온 황금 장례 가면을 아가멤논의 것이라 믿었지만, 이 모든 주장은 그의 추측일 뿐이다. 미케네에서 너무도 많은 유물이 발굴되어, 청동기 시대 그리스의 문화 전체를 미케네 문명이라 일컫게 되었다. (아가멤논, 아르고스, 아이기스토스, 아트레우스, 클리타임네스트라, 키클로페스, 트로이)

바빌론Babylon 고대 도시 바빌론은 지금의 이라크 남부인 유프라테스 강 부근에 건설되었다. 비옥한 초승달 지대*에 위치하고 있어 적어도 기원전 3000년부터 주민들이 정착했으며, 법전 제정으로 유명한 함무라비의 재위 기간(기원전 1792년~기원전 1750년)에 고대 근동의 정치적·종교적·문화적 중심지로 부상하였다. 고대 7대 불가사의 중 하나지만 고고학자들이 아직 발견하지 못한 바빌론의 공중 정원은 그로부터 1000년 후 네부카드네자르 2세(기원전 604년~기원전 562년 재위)가 만든 것으로 알려져 있다. 그의 통치하에 바빌론은 다시 한번 전성기를 맞았으며, 그리스 역사가 헤로도토스에 따르면, 세계에서 가장 화려한 도시가 되었다고 한다. 네부카드네자르의 광대한 건설 계획으로, 바빌론의 수호신 마르두크를 섬기는 신전 에사길Esagil도 축조되었고, 성탑 에테메난키Etemenanki는 하늘과 대지를 잇는 중심축 역할을 하며 바벨탑이라 알려지게 되었다. 로마 시인 오비디우스가 들려주는 바빌론의 불운한 연인 피라모스와 티스베의 이야기는 이 도시와 연관된 가장 유명한 신화인데, 여기에서 전설상의 아시리아 여왕인 세미라미스는 바빌론과 그 놀라운 성벽을 건설한 인물로 등장한다. (세미라미스, 티스베, 피라모스)

---

* 비옥한 초승달 지대Fertile Crescent: 나일 강과 티그리스 강과 페르시아 만을 연결하는 고대 농업 지대를 지칭하는 용어로, 이어진 모양이 초승달을 닮았다 하여 비옥한 초승달 지대라 불린다.

보스포루스 해협 Bosphorus(Bosporus) 보스포루스 해협은 흑해(고대의 에욱시네 해)와 마르마라 해(고대의 프로폰티스 해)를 잇는 좁은 해협이다. 보스포루스 해협과 헬레스폰트는 유럽 대륙과 아시아 대륙을 분리하며, 지중해와 흑해 사이의 뱃길이 되어주었다. 그리스의 비극 작가 아이스킬로스에 따르면, 인간 이오가 헤라의 질투로 암소가 된 후 쇠파리에게 괴롭힘을 당하며 그리스에서 이집트까지 쫓겨 갈 때 건넌 바다라 하여 보스포루스 해협이라는 이름이 붙었다고 한다. 고대 그리스어로 '보스Bos'는 '소', '포로스phorus'는 '건너다'라는 뜻이다. (이오, 제우스, 헤라, 헬레스폰트)

보이오티아Boeotia 보이오티아는 그리스 중부의 한 지방으로, 고대보다 지금(비오티아)의 면적이 조금 더 넓다. 고대의 보이오티아는 아테네의 북서쪽에 있었으며, 키타이론 산과 파르니사 산을 경계로 아테네와 메가라에 접해 있었다. 서쪽으로는 헬리콘 산을 경계로 포키스와 접해 있었고, 남서쪽으로는 코린토스 만, 북동쪽으로는 에우보이아 만이 지리적 경계선이 되었다. 보이오티아는 구석기 시대에 이미 주민들이 정착했으며, 청동기 시대(기원전 2000년)에는 첫 전성기를 맞아 오르코메노스와 테베에 유명한 미케네 궁전이 지어졌다. 이중 테베는 보이오티아 지역에서 가장 강력한 도시가 되었고, 이런 연유로 테베와 연관된 신화도 아주 풍부하다. 예를 들어, 카드모스가 뿌린 용의 이빨에서 솟아 나온 전사들이 테베의 시민들이 되었으며, 오이디푸스의 고향 또한 테베였다. 보이오티아 지방은 자신만을 사랑한 나르키소스의 고향이자, 무사이에게 봉헌된 헬리콘 산이 있는 곳이기도 했다. (나르키소스, 메가라(장소), 무사이, 오이디푸스, 제우스, 카드모스, 키타이론 산, 테베, 헬리콘 산)

살라미스 섬 Salamis 기원전 480년에 그리스가 페르시아 왕 크세르크세스의 해군과 격전을 벌여 승리를 거둔 곳으로 가장 유명한 살라미스 섬은, 아테네가 속한 아티카 지방의 해안에서 조금 떨어진 사로니코스 만에 있다. 지금은 살라미나라고 불리는 이 섬은 펠로폰네소스 반도의 하신 아소포스의 딸 살라미스에서 이름을 따왔다고 한다. 살라미스는 포세이돈과의 사이에 키크레우스를 낳았다. 여행 작가 파우사니아스에 따르면, 키크레우스는 위험한 뱀 한 마리를 처치하여 섬을 사람이 살 수 있는 곳으로 만든 후 섬에 어머니의 이름을 붙였다. 섬의 초대 왕인 키크레우스에게는 아들이 없었기에, 아이기나 섬 출신의 텔라몬을 자신의 딸 글라우케와 결혼시키고 그에게 왕위를 물려주었다. 텔라몬과 글라우케 사이에 태어난 대 아이아스는 훗날 트로이 전쟁에서 그리스군 전사로 맹활약을 펼친다. 파우사니아스가 덧붙이기를, 아이아스의 손자 필라이오스는 아테네 시민권을 받은 후 섬을 아테네에 넘겨주었다고 한다. 키크레우스는 섬에 지어진 그의 성역에서 반인반사半人半蛇의 형상으로 숭배받았다. 살라미스 해전이 벌어졌을 때 키크레우스가 뱀의 형상으로 나타나 아테네군을 도와주었다는 설도 있다. (아이아스〔대〕, 아테네, 아티카, 텔라몬)

세리포스 섬Seriphus 세리포스 섬은 아폴론에게 봉헌된 성스러운 섬 델로스를 에워싼 키클라데스('원을 이루는 섬들'라는 에게 해의 군도에 속해 있다. 황금 소나기로 둔갑한 제우스와 정을 통하여 아이를 잉태한 다나에와 그의 갓 태어난 아들 페르세우스가 바다를 떠돌다 떠밀려 간 곳이 바로 이 섬의 해안이었다. 다나에를 아내로 맞고 싶었던 세리포스 섬의 왕 폴리덱테스는 결혼에 걸림돌이 되는 페르세우스를 제거하기 위해 그에게 고르곤 메두사의 머리를 베어 오라는 임무를 내린다. (다나에, 델로스 섬, 메두사, 아폴론, 에게 해, 제우스, 페르세우스, 폴리덱테스)

스카만드로스 강Scamandros River 스카만드로스(현재의 카라멘데레스) 강은 지금의 터키에 있는 이다 산에서 발원하여 헬레스폰트(다르다넬스 해협)로 흘러든다. 스카만드로스 강은 트로이를 둘러싼 전설에서 중요한 역할을 한다. 이 강의 신 스카만드로스의 아들 테우크로스는 훗날 트로이의 지배를 받게 되는 트로아스의 초대 왕이었다고 한다. 스카만드로스의 자식들 중 한 명인 칼리로에는 트로이를 건설하는 일로스(그는 트로이를 처음 세웠을 때 자신의 이름을 따 '일리움'이라 불렀다)의 할머니가 된다. 트로이의 왕자 헥토르의 아들인 아스티아낙스가 스카만드리오스라는 이름으로도 불렸다는 사실은 스카만드로스가 트로이에 아주 중요한 강이었음을 알려주는 증거이다. (아스티아낙스, 이다〔장소〕, 일로스, 테우크로스, 트로이, 헥토르, 헬레스폰트)

스케리아 섬Scheria(Scherie) 스케리아는 파이아케스족이 살았다는 신화 속의 섬 왕국이다. 호메로스의 『오디세이아』에 따르면, 그들의 선왕인 나우시토오스가 이웃인 키클로페스의 끊임없는 괴롭힘에서 벗어나기 위하여 백성들을 그곳으로 데려갔다고 한다. 스케리아 섬에 도착한 오디세우스는 질서가 바로잡힌 사회를 목격

하고, 알키노오스 왕과 그의 가족, 그리고 섬의 백성들에게 극진한 대접을 받았다. 스케리아 섬은 오디세우스가 10년간의 귀향 여정에서 이타카 섬으로 돌아가기 전 마지막으로 머문 외지였다. 고전 시대 후기의 작가들은 호메로스의 스케리아 섬을 코르키라(코르푸) 섬과 동일시했다. (알키노오스, 오디세우스, 이타카 섬, 키클로페스, 파이아케스족)

스키로스 섬 Scyros(Scyrus) 스키로스 섬은 에게 해에 있으며, 에우보이아 섬의 동쪽에 있는 스포라데스 제도에 속한다. 이 섬은 아킬레우스와 테세우스 같은 영웅들과 인연이 깊다. 여신 테티스는 어린 아들 아킬레우스가 트로이 전쟁에 끌려가지 않도록 이 섬으로 그를 보냈다. 아킬레우스가 그 전쟁에서 죽을 운명임을 알았기 때문이다. 아킬레우스는 여장을 한 채 리코메데스 왕의 딸들 사이에서 지내다가, 그를 찾으러 온 오디세우스의 계략에 넘어가 정체를 들키고 말았다. 그 섬에 있는 동안 아킬레우스가 라오메돈의 딸 데이다메이아를 잉태시켜 태어난 아들 네오프톨레모스는 훗날 역시 트로이 전쟁에 참여해, 전사로서의 기량을 뽐내는 동시에 남달리 잔인한 면모도 드러낸다. 아테네의 영웅 테세우스는 헬레네와 페르세포네를 납치하려 시도한 후 민심을 잃고 아테네 백성들에게 더 이상 왕으로 인정받지 못하자 스키로스 섬으로 피신했다고 한다. 신화 기록가 아폴로도로스에 따르면, 리코메데스 왕은 테세우스를 절벽에서 밀어 죽여버린다. 그리스의 역사가이자 전기 작가인 플루타르코스가 전하기를, 마라톤 전투(기원전 490년)가 벌어졌을 때 테세우스의 망령이 나타나 그리스군을 도와준 후, 기원전 476~475년에 아테네인들이 테세우스의 것이라 알려진 유해를 스키로스 섬에서 아테네로 옮겨왔다고 한다. (네오프톨레모스, 리코메데스, 아킬레우스, 아테네, 에게 해, 오디세우스, 테세우스, 테티스, 트로이, 페르세포네, 헬레네)

스틱스 강 Styx River 그리스 로마 신화에서 스틱스(호메로스는 '공포의 물'이라는 뜻의 '스티고스 히도르Stygos Hydor'라 부른다)는 지하세계의 주요 강이다. 초기 그리스 시인 헤시오도스가 묘사하는 스틱스는 부분적으로 인격화되어 있으며, 3,000명의

딸을 둔 오케아노스의 구세대 딸들 가운데 가장 중요한(그리고 가장 나이든) 자식이다. 헤시오도스는 또 스틱스가 젤로스('경쟁'), 니케('승리'), 크라토스('강인함'), 비아('폭력')를 낳았다고 기록한다. 제우스는 티탄족과의 전쟁에서 도움을 준 스틱스를 서약의 수호신이자 보증자로 만들었고, 그 후로 서약은 스틱스 강의 이름을 걸고 이루어졌다. 로마 시인 베르길리우스가 그리는 지하세계에서는 인격화되지 않은 스틱스 강이 망자의 땅을 아홉 번 휘감으며, 뱃사공 카론은 산 자의 세계에서 죽은 자의 세계로 넘어가야 하는 망혼들을 싣고 이 강(혹은 아케론 강)을 건넌다.

고대 작가들인 스트라본과 대大 플리니우스는, 유독하고 가는 물줄기로 흐르는 스틱스 강이 아르카디아에서 잠깐 지상으로 올라온다고 믿었다. 고대에는 기원전 323년 서른두 살의 나이로 바빌론에서 생을 마감한 알렉산드로스 대왕이 아르카디아의 스틱스 강물(너무 차갑고 부식성이 강해 속이 텅 빈 발굽으로만 뜰 수 있었다)에 독살당했다는 소문이 돌았다. (니케, 바빌론, 아르카디아, 아케론 강, 오케아노스[신, 장소], 제우스, 카론, 티탄족)

스팀팔로스Stymphalus 스팀팔로스는 한 도시와 그 도시 부근에 있는 호수의 이름이었다. 2세기에 스팀팔로스를 방문한 여행 작가 파우사니아스는, 스팀팔로스의 구시가지에 신시가지가 들어섰으며, 당대의 스팀팔로스는 아르고스 지방의 도시 연맹에 속해 있다고 설명한다. 또, 스팀팔로스는 원래 아르카디아의 일부였다고도 덧붙인다. 그 건설자인 스팀팔로스가 아르카디아의 전설적인 명조인 아르카스의 손자였기 때문이다. 아르카스는 제우스의 불운한 연인 칼리스토의 아들이었다. 파우사니아스는 스팀팔로스에 있는 한 샘이 겨울에 작은 호수를 이루었다고 기록한다. 전설에 따르면, 헤라클레스의 여섯 번째 과업은 깃털을 무기처럼 쏘는(몇몇 전승에 따르면, 인육을 먹는) 새들을 스팀팔로스 호수에서 쫓아내는 것이었다. (스팀팔로스 호수의 새들, 아르고스, 아르카디아, 아르카스, 칼리스토, 헤라클레스)

스파르타Sparta 스파르타는 펠로폰네소스 반도 남부 라코니아 지방의 중심 도시였다. 라코니아 지방은 서쪽으로는 메세니아, 북쪽으로는 아르카디아와 아르고스, 남쪽과 동쪽으로는 바다와 접해 있었다. 스파르타는 타이게토스 산과 파르논 산 사이의 계곡에 흐르는 에우로타스 강에 자리하고 있었다. 기원전 7세기에 스파르타는 그리스의 최강대국이었지만, 역사가 투키디데스(기원전 5세기)가 지적했듯이, 스파르티(리게다이몬Lacedaemon이라고도 불렀다)의 인구가 줄어들고 공공건물들의 토대와 신전들만 남게 되어, 후세는 스파르타의 드높았던 명성을 믿기 힘들었을지도 모른다. 그러나 이어지는 투키디데스의 설명에 따르면, 스파르타는 펠로폰네소스 반도의 5분의 2를 점령하고 그 나머지도 이끌었으며, 수많은 동맹국까지 있었다. 건물들이 밀집해 있지도 않고 웅장한 신전이나 공공건물로 꾸며져 있지도 않았던 스파르타는 여러 촌락들의 집합체에 가까워서 그 유적도 그리 인상적이지 않다. 반면 아테네가 똑같은 불운을 겪었다면, 그 장엄한 건물들 때문에 실제보다 두 배는 더 강력한 도시로 보였을 것이다.

신화 기록가 아폴로도로스는 스파르타와 관련된 신화를 간략하게 들려준다. 아틀라스의 딸 타이게테와 제우스 사이에 태어난 아들 라케다이몬은 스파르타가 장악하게 될 영토의 왕이자 명조가 되었다. 라케다이몬은 스파르타와 결혼하여, 수도에 아내의 이름을 붙였다. 스파르타는 에우로타스의 딸이자, 땅에서 태어나 라코니아의 첫 주민이 된 렐렉스의 손녀였다. 라케다이몬과 스파르타 사이에서 아들 아미클라스와 딸 에우리디케가 태어났다. 에우리디케는 아르고스의 왕 아크리시오스와 결혼하고, 아미클라스는 연인인 아폴론이 던진 원반에 맞아 우발적인 죽음을 맞는 미소년 히아킨토스의 아버지가 된다.

전설에 등장하는 스파르타의 왕들 중 한 명인 틴다레오스는 디오스쿠로이(카스토르와 폴룩스)와 클리타임네스트라(아가멤논을 죽인 아내)의 아버지이자, 스파르타의 왕비가 되는 아름다운 헬레네의 계부였다. 아가멤논의 형제 메넬라오스는 헬레네와 결혼하여 스파르타의 왕이 되고, 그가 왕위에 있을 때 트로이의 왕자 파리스가 헬레네를 데리고 달아나 트로이 전쟁을 촉발한다. (디오스쿠로이, 메넬라오스, 아가멤논, 아르고스, 아크리시오스, 아폴론, 에우리디케〔님페〕, 카스토르, 클리타임네스트라, 트로이, 틴다레오스, 파리스, 폴룩스, 헬레네, 히아킨토스)

시돈Sidon 시돈(현재의 레바논)은 페니키아의 가장 강력한 도시였으나, 기원전 1000년 초반부터 페니키아의 도시 티레에게 정치적으로나 경제적으로나 밀려나기 시작했다. 페니키아 전체를 시돈이라 부르던 때도 있었다. 신화에서 페니키아 출신의 유명한 인물들에는 티레 또는 시돈의 왕으로 알려진 아게노르, 에우로페, 카드모스 등이 있다. 아게노르의 딸 에우로페는 아름답고 순한 흰 소로 둔갑한 제우스에게 납치당했으며, 아게노르의 아들 카드모스는 테베라는 도시를 건설하고 용의 이빨을 뿌려 거기서 태어난 사람들을 백성으로 삼았다. (아게노르, 에우로페, 제우스, 카드모스, 테베)

시칠리아 섬Sicilia 표면적 25,711제곱킬로미터의 시칠리아 섬은 지중해에서 가장 큰 섬으로, 수많은 신화의 무대가 된다. 시칠리아라는 이름은 기원전 2000년 말 이탈리아 본토에서 섬으로 넘어와 거주한 것으로 보이는 시켈로이족에서 유래한다. 신화에서 헬리오스의 소 떼가 사는 트리나크리아 섬은 시칠리아 섬과 동일시되었고, 로마 시인 베르길리우스에 따르면, 트로이의 영웅 아이네이아스는 이탈리아로 가던 도중 시칠리아 섬에 들렀다가 유민의 일부를 섬에 남겨 아케스테스 왕에게 맡겼다고 한다. 장인 다이달로스는 크레타 섬의 왕 미노스에게 감금되어 있다가 시칠리아 섬으로 탈출했으며, 님페 아레투사는 그녀를 범하려는 강의 신 알페이오스를 피해 시라쿠사 해안 부근의 오르티기아 섬까지 달아났다. 올림포스 산의 신들을 공격한 기간테스 중 하나인 엔켈라도스는 에트나 산에 깔린 후로 지금까지도 산의 분화구로 불을 뿜어내고 있다. 에트나 산의 불길이 뿜어져 나온 곳이 또 한 군데 있었으니, 키클로페스가 제우스의 번개를 만들던 땅속 깊은 곳의 대장간이었다. (기간테스, 다이달로스, 미노스, 아레투사(님페, 장소), 아이네이아스, 아케스테스, 알페이오스(신, 장소), 엔켈라도스, 오르티기아 섬, 올림포스 산, 제우스, 크레타 섬, 키클로페스, 트로이, 트리나크리아 섬, 헬리오스)

심플레가데스Symplegades '충돌하는 바위들' 심플레가데스는 두 개의 바위섬으로, 고대 사람들은 보스포루스 해협과 에욱시네 해(흑해)가 만나는 지점의 바로 서쪽에 있는 두 바위섬, 키아네아 암벽들과 동일시했다. 그리스 시인인 로도스의 아폴로니오스에 따르면, 테살리아의 영웅 이아손이 이끈 아르고호가 이 바위들 사이를 무사히 지나간 최초이자 유일한 배였다고 한다. 예언자 피네우스는 이아손과 원정대원들에게 이 바위섬들이 바다 밑바닥에 박혀 있는 것이 아니기 때문에 자주 충돌한다고 일러주었다. 황금 양피가 있는 콜키스로 가려면 원정대는 이 바위섬들을 꼭 통과해야 했다. 피네우스는 먼저 비둘기를 날려 보내 그 비둘기가 무사히 지나가면, 있는 힘껏 노를 저어 최대한 빨리 바위섬 사이를 지나가라고 조언했다. 비둘기는 꽁지깃의 끝부분만 잃고 성공적으로 통과했고, 아르고호 역시 고물만 약간 망가진 채 무사히 지나갔다. 아테나의 보살핌으로 아르고호가 무사히 빠져나간 후 심플레가데스는 서로 떨어져 제자리에 고정되었다. (보스포루스 해협, 아르고호 원정대, 아테나, 에욱시네 해, 이아손, 콜키스, 테살리아, 피네우스)

아레투사 샘Arethusa 아레투사 샘(이탈리아어로 폰테 아레투사Fonte Aretusa)은 시칠리아 섬의 도시 시라쿠사의 역사적 중심지인 오르티기아 섬에 있는 샘이다. 이 샘의 이름은 펠로폰네소스 반도의 님페 아레투사에서 따왔다고 한다. 아레투사는 그녀를 겁탈하려는 강의 신 알페이오스를 피해 오르티기아 섬까지 달아났고, 그곳에서 샘이 되었다. 이 샘을 의인화한 님페 아레투사는 고대 시라쿠사에서 발행된 주화에 도시의 상징으로 새겨져 있었다. (시칠리아 섬, 알페이오스〔신, 장소〕, 오르티기아 섬)

아르고스Argos 해안에서 5킬로미터 정도 떨어진 아르고스는 펠로폰네소스 반도 동부 아르골리스 지역의 주요 도시였으며, 지금도 같은 이름의 도시가 존재한다. 그리스 지리학자 스트라본(기원전 64년~기원후 19년)에 따르면, 아르고스는 대부분 평원으로 이루어졌다. 라리사라는 성채가 있었는데, 적당히 요새화된 언덕으로 그 위에 제우스 신전이 세워져 있었다. 아르고스는 그리스에서 가장 오래된 도시로 알려졌으며, 고대에도 복잡하고 혼란스러운 신화가 그곳과 얽혀 있었다. 몇몇 전승에서 아르고스는 원래 펠라스고스의 조상들이 살던 곳으로 묘사된다. 펠라스고스는 그리스인 이전에 그리스의 원주민이었던 펠라스고이인의 시조이자, 아르고스의 하천신 이나코스의 후손이었다. 신화 기록가 아폴로도로스는 아르고스의 명조인 아르고스가 펠라스고스의 형제였다고 쓴다. 청동기 시대 아르고스의 촌락과 성채들의 유적을 보면 그 시기에, 특히 기원전 14세기 후반부터 기원전 13세기까지 아르고스가 얼마나 중요한 도시였는지 알 수 있다. 그러나 도시의 최고 전성기는 소위 아르카익 시대인 기원전 8세기 중반부터 기원전 6세기까지였으며, 그때 아르고스의 영토는 파르논 산맥의 동쪽에서부터 키테라 섬까지 확장되었다. 아르고스는 이웃 국가인 스파르타에 영토와 세력을 잃었지만, 미케네와 티린스, 레르나를 지배했다. 이 지역들은 아르고스와 함께 신화에서 중요한 역할을 했다. 신화에 등장하는 아르고스의 유명한 인물들로는 이나코스의 딸이자 암소가 되어버린 이오, 이타적인 영웅들인 클레오비스와 비톤, 황금 소나기로 변신하여 감옥을 뚫고 들어온 제우스와 정을 통하여 고르곤 살해자 페르세우스를 낳은 다나에, 테베 공략 7장군의 우두머리인 아드라스토스, 그리고 헤라클레스에게 과업을 명한 에우리스테우스 왕 등이 있다. 아르고스인이 가장 극진히 모신 신은 헤라였다. (고르고네스, 다나에, 레르나, 미케네, 스파르타, 아드라스토스, 에우리스테우스, 이나코스, 이오, 제우스, 클레오비스, 테베 공략 7장군, 티린스, 페르세우스, 펠라스고스, 헤라, 헤라클레스)

아르카디아Arcadia 아르카디아는 펠로폰네소스 중부의 험준한 산악 지대로, 농경보다는 사냥이나 축산업에 더 알맞은 곳이었다. 주로 산들이 그 경계선을 이루었으며(북동쪽의 에리만토스 산부터 시계 방향으로: 킬레네 산, 아로아니아 산, 올리기르토스 산, 파르테니오스 산, 파르논 산맥과 타이게토스 산맥 기슭의 작은 산들, 노미아 산, 엘라이온 산), 현재의 아르카디아보다는 면적이 약간 더 좁았다. 아르카디아에서 가장 중요한 강인 알페이오스 강은 펠로폰네소스 반도의 주요 강이기도 하다. 신화에서 유명한 아르카디아의 수역으로는 위험한 스팀팔로스의 새들이 사는 스팀팔로스 호수, 그리고 지하세계의 스틱스 강이 있다. 스틱스 강은 아르카디아 지역에서 지상으로 올라와 짧게 흐르다가 다시 지하로 내려갔다. 아르카디아인은 가장 오래전 그리스에 정착한 펠라스고이인이 자신들의 조상이라고 주장했다. 펠라스고이인의 시조는 오두막을 짓고 짐승 가죽으로 옷 만드는 법을 아르카디아인에게 알려준 문화 영웅 펠라스고스였다. 아르카디아라는 이름은 제우스와 곰-여인 칼리스토 사이에 태어난 아들 아르카스에서 따온 것이라 한다. 그 전원적인 성격에 걸맞게 아르카디아는 판의 집이자 헤르메스의 고향, 그리고 아르테미스가 즐겨 찾는 사냥터로 알려졌다. (스틱스(장소), 스팀팔로스, 아르카스, 아르테미스, 알페이오스 강, 에리만토스 산, 제우스, 칼리스토, 판, 펠라스고스, 헤르메스)

아비도스Abydus 아비도스는 다르다넬스 해협(고대에는 헬레스폰트라 불렸다)의 가장 좁은 구역에 자리한 도시였다. 기원전 7세기에 건설된 이 도시는 아시아 쪽 해협에 있었으며, 그리스 역사가 헤로도토스는 페르시아의 왕 크세르크세스가 바로 이곳에 다리를 지었다고 전한다. 거대한 페르시아 군대가 헬레스폰트를 건너 그리스로 진입할 수 있도록 하기 위함이었다. 그리스 로마 신화에서 아비도스는 청년 레안드로스가 살던 곳으로 유명하다. 그는 헬레스폰트의 반대편 해안인 세스토스에서 살며 아프로디테를 섬긴 무녀 헤로를 사랑했다. 레안드로스는 밤마다 바다를 헤엄쳐 가서 그녀를 만났지만, 그의 익사에 이어 헤로가 자살하면서 그들의 밀회는 비극적인 최후를 맞았다. (레안드로스, 아프로디테, 헤로, 헬레스폰트)

아울리스Aulis 아울리스는 에우보이아와 그리스 본토를 가르는 에우리포스 해협의 바로 남쪽, 보이오티아의 동쪽 해안에 있는 도시였다. 아울리스를 방문한 여행작가 파우사니아스는 그곳의 이름이 전설상의 보이오티아 왕인 오기고스의 딸에서 유래했다고 말한다. 파우사니아스는 그곳에서 아르테미스 신전을 보았는데, 대리석으로 만들어진 두 개의 아르테미스 신상이 모셔져 있었다고 한다. 그중 하나는 횃불을 들고 있고, 다른 하나는 활을 쏘는 모습이었다. 또 그는 트로이 전쟁 때 중요한 징조를 보여주었던 플라타너스도 보았다. 그리스인이 그곳에 집결하기 전에 뱀 한 마리가 나타나 그 나무의 줄기를 타고 올라가더니, 참새 새끼 여덟 마리와 어미를 집어삼켰다. 호메로스에 따르면, 이 광경을 본 그리스의 예언자 칼카스는 그리스가 트로이에 승리를 거두겠지만 전쟁이 9년 동안 이어질 것이고 10년째에 트로이가 몰락하리라는 징조로 해석했다. 아울리스는 트로이로 원정을 떠난 그리스군의 집결지였으며, 미케네의 왕 아가멤논이 아르테미스의 명에 따라 자신의 딸 이피게네이아를 제물로 바친 곳으로 가장 유명하다. (보이오티아, 아가멤논, 아르테미스, 에우보이아, 이피게네이아, 칼카스, 트로이)

아이기나 섬 Aegina 아이기나 섬은 아테네에서 서남쪽으로 약 20킬로미터 떨어진 사로니코스 만에 있다. 기원전 4000년에 이미 인간이 정착했던 이 섬은 풍요의 여신 아파이아에게 바쳐진 웅장한 신전 유적으로 가장 유명하다. 신전의 조각 장식에는 그 섬의 신화와 연관된 제1차, 제2차 트로이 전쟁의 장면들이 묘사되어 있었다. 전설에 따르면, 제우스가 님페 아이기나를 오이노네 섬으로 납치한 후 섬의 이름을 아이기나로 바꾸었다고 한다. 아이기나와 제우스 사이에 태어난 아이아코스는 훗날 아이기나 섬의 왕이 되는데, 역병으로 대부분의 주민들이 죽자 개미 인간들로 섬을 다시 채웠다. 아이아코스는 아킬레우스의 아버지가 될 펠레우스, 그리고 대 아이아스의 아버지가 될 텔라몬을 자식으로 두었다. 아킬레우스와 아이아스는 가장 유명한 제2차 트로이 전쟁에서 활약했으며, 텔라몬은 그 전에 벌어진 트로이 전쟁에서 헤라클레스를 도와 트로이의 왕 라오메돈과 싸웠다. (라오메돈, 아이아스(대), 아이아코스, 아킬레우스, 제우스, 텔라몬, 트로이, 펠레우스, 헤라클레스)

아이아이아 섬 Aeaea 아이아이아 섬은 마녀이자 여신인 키르케가 살던 신화 속의 섬이다. 키르케는 트로이에서 고향으로 돌아가는 10년의 여정 중이던 오디세우스를 꼬박 1년 동안 붙들어 두었다. 호메로스의 『오디세이아』에 따르면, 아이아이아 섬에서 키르케는 길들인 늑대들과 사자들을 거느리고 님페들과 함께 살았다. 영웅 이아손도 잔인한 메데이아 공주와 함께 그 섬을 찾았다. 메데이아의 고모인 키르케의 도움으로 살인죄를 씻기 위해서였다. 고대에도 이 섬의 위치에 관해서 의견이 분분했다. 세상의 동쪽 끝에 있다고 주장하는 사람이 있는가 하면, 로마 시인 베르길리우스는 시빌레가 살던 쿠마이와 트로이 영웅 아이네이아스가 이끈 트로이 유민들이 마지막으로 정착한 라티움 사이의 이탈리아 해안 부근이라고 믿었다. (라티움, 메데이아, 아이네이아스, 오디세우스, 이아손, 쿠마이, 쿠마이의 시빌레, 키르케, 트로이)

아케론 강 Acheron River 아케론 강은 지하세계의 주요 강들 중 하나로 여겨졌는데, 시간이 흐르면서 그 성격이 변하였다. 사실 강의 이름 자체가 지하세계를 지칭하기도 했다. 아케론 강의 위치와 성격을 제일 먼저 이야기한 호메로스에 따르면, 아케론 강은 산 자의 세계를 에워싼 오케아노스 강 너머, 페르세포네의 숲 부근에 있었다고 한다. 코키토스 강(스틱스 강의 지류)과 플레게톤 강이 아케론 강으로 흘러 들어가는 지점에서 오디세우스는 구덩이를 파 망혼들을 불러냈다. 반면, 베르길리우스의 『아이네이스』에서는 아케론 강이 스틱스 강과 동일시되며, 카론이 망자들의 혼을 배에 태운 뒤 이 강을 건너준다. (스틱스[장소], 아이네이아스, 오디세우스, 오케아노스[신, 장소], 지하세계, 카론, 코키토스 강, 페르세포네, 플레게톤 강)

아켈로오스 강 Achelous River 아켈로오스 강은 그리스에서 가장 긴 강(대략 220킬로미터) 가운데 하나이다. 핀도스 산맥에서 발원하여 이오니아 해로 흘러 들어가는데, 고대에는 그리스 중부 지역들인 아이톨리아와 아카르나니아의 자연적 경계선이었다. 워낙 중요한 강이라 그것을 의인화한 신 아켈로오스는 모든 강들의 신으로 숭배받기도 했으며, 강으로서도 신으로서도 다수의 신화에 등장한다. 예를 들어, 아켈로오스는 무사이에게 봉헌된 성스러운 카스탈리아 샘의 기원인 님페 카스탈리아의 아버지로 알려져 있다. 테베 공략 7장군 중 한 명의 아들인 알크마이온은 배신을 거듭한 어머니 에리필레를 죽인 후 아켈로오스 강의 물로 죄를 씻었다. 그리고 헤라클레스는 마지막 아내 데이아네이라를 얻기 위해 아켈로오스와 씨름 대결을 했다. 시합 과정에서 아켈로오스는 뱀으로, 그다음엔 황소로 둔갑했다고 한다. 지리학자 스트라본은 이 신화들을 강의 물리적 특징과 연관하여 설명한다. 이 강의 물길은 기어가는 뱀처럼 꾸불꾸불하며, 그 거센 물살은 황소 울음소리 같은 굉음을 낸다. (데이아네이라, 무사이, 알크마이온, 카스탈리아 샘, 테베 공략 7장군, 헤라클레스)

아크로폴리스Acropolis 아크로폴리스는 아티카 평원에 거대하게 솟은, 윗면이 평평한 화강암 노두로, 아테네의 성채 역할을 하다가 나중에는 종교적 중심지가 되었다. 높이가 150미터에 달하며, 최장 길이와 폭은 각각 270미터, 156미터 정도이다. '높은 도시' 또는 '도시의 가장 높은 곳'을 의미하는 단어 '아크로폴리스'는 모든 그리스 도시의 고지 마을에 적용할 수 있다. 방어를 위해 언덕 꼭대기에 촌락을 짓고 성벽을 쌓는 경우가 많았으며, 인구가 늘어나면서 원래의 마을 중심부 주변으로 정착촌이 지어졌다. 그중 가장 유명한 아테네의 아크로폴리스는 청동기 시대(기원전 13세기)에 요새화되었고, 당시에는 궁전 같은 으리으리한 건물 한 채가 서 있었다. 그 건물이 무너지고 청동기 시대가 끝난 후, 도시의 상징적 중심이 된 아크로폴리스에는 여러 단계에 걸쳐 신전과 기념물이 건설되었다. 그중 가장 큰 규모는 기원전 6세기의 참주 페이시스트라토스와 기원전 5세기의 정치인이자 장군 페리클레스가 진행한 공사였다. 현재 아크로폴리스에서 볼 수 있는 건축 유적은 아테네를 그리스의 전시장이자 '학교'로 만들고자 했던 페리클레스의 야심이 남긴 산물이다.

아테네의 수호신 아테나는 아크로폴리스의 건축물들에 그 묵직한 존재감을 드러냈다. 기원전 447년~기원전 432년에 파르테노스(처녀 신) 아테나에게 봉헌된 파르테논 신전에는 엄청난 크기(11.5미터)의 신상이 세워져 있었다. 금과 상아로 만들어진 그 아테나 신상은 스핑크스, 그리페스, 페가수스로 장식한 투구를 쓰고, 메두사의 머리가 박힌 흉갑을 입은 전사이자 신으로 묘사되어 있었다. 신상의 왼손에 들린 방패에는 테세우스가 이끄는 아테네인들과 아마조네스 사이에 벌어진 전설적인 전쟁, 그리고 올림포스 신들과 기간테스 간에 벌어진 전쟁의 장면들이 새겨져 있었으며, 신상의 오른손에는 날개 달린 니케(승리를 의인화한 신)의 작은 조각상이 얹어져 있었다. 신상의 샌들에는 라피테스족과 켄타우로스족 간의 전투가, 신상의 기부에는 판도라의 신화가 등장했다. 신상의 발치에는 아테네의 초기 왕 에레크테우스를 의미하는 뱀 한 마리가 구불구불 몸을 뒤틀고 있었다. 이 신상에 표현된 신화들은 파르테논 신전의 조각 장식에도 되풀이되었는데, 특히 라피테스족과 켄타우로스족, 아테네인들과 아마조네스, 올림포스 신들과 기간테스 사이에 벌어진 싸움은 트로이 전쟁과 더불어 페르시아 전쟁(기원전 492년~기원전 449년)에서 그리스인이 페르시아인에게 거둔 승리, 즉 문명화된 그리스가 '야만인'에게 거둔 승리를 상징하는 것으로 해석되었다. 신전의 페디먼트에는 아테나가 제우스의 머리에서 태어나는 극적인 장면과 아테나의 수호신 자리를 두고 포세이돈과 대결하여 승리하는 장면이 묘사되어 있었다.

파르테논 신전 밖에는, 저 멀리 수니온 곳에서도 보인다는 아테나 청동상이 아크로폴리스 상부로 들어가는 정식 입구 옆에 서 있었다. 도시의 수호자로서 앞장서 싸우는 자, 즉 프로마코스Promachos 아테나의 신상이었다. 아크로폴리스에는 에레크테이온Erechtheum이라는 신전도 있었는데, 여인상 기둥들로 둘러싸인 현관이 특징적이며, 아테나 폴리아스Polias(도시의 수호자)와 전설상의 아테네 왕들인 에레크테우스와 케크롭스, 그리고 포세이돈을 모셨다. 포세이돈이 아크로폴리스의 바위에 삼지창을 내리친 흔적이 신전 안에 남아 있었다. 에레크테이온 바로 옆에는 아테나가 포세이돈과 대결할 때 만들어낸 올리브 나무가 자리했다. 아크로폴리스에는 승리의 여신 니케를 모시는 작은 신전과 아르테미스 사당도 지어졌다. 아크로폴리스 아래에는 포도주의 신일 뿐만 아니라 극장의 수호신이기도 한 디오니소스의 극장이 있었다. (고르고네스, 그리페스, 기간테스, 니케, 디오니소스, 라피테스족, 메두사, 스핑크스,

아르테미스, 아마조네스, 아테나, 아테네, 아티카, 에레크테우스, 제우스, 케크롭스, 켄타우로스족, 테세우스, 트로이, 파르테논 신전, 판도라, 페가수스, 포세이돈)

아테네 Athenae(Athens)　전설에 따르면 그 수호신인 아테나에서 이름을 따왔다는 아테네는 지금도 변함없이 아티카 지방의 주요 도시이다. 아테네는 에갈레오 산, 파르니사 산, 펜텔리콘 산, 히메토스 산에 둘러싸인 평원에 자리하고 있다. 사로니코스 만의 북동쪽 끝자락에 있는 피레우스 항구는 일리소스 강과 에리다누스 강 사이에 지어진 약 6킬로미터 길이의 긴 성벽(벽으로 둘러친 통로)을 통해 아테네 본토와 연결되었다. 아테네에 우뚝 솟은 아크로폴리스는 이 고대 도시의 성채이자 종교적 중심지로서, 아테나의 가장 중요한 신전인 파르테논이 세워져 있었다. 고대에 이미 아크로폴리스는 아테네의 신화적 역사를 알려주는 박물관과도 같아서, 수호신인 아테나의 수많은 역할을 알리는 건축물들이 지어졌다. 그뿐 아니라 전설상의 도시 건설자들과 초기 왕들도 건축의 주제가 되었는데, 땅에서 태어난 케크롭스, 뱀-인간 에레크테우스, 그리고 크레타 섬의 미노타우로스를 처치하고 아티카의 여러 촌락을 통일했으며 아마조네스의 공격을 격퇴한 것으로 유명한 영웅 테세우스 등을 꼽을 수 있다. (미노타우로스, 아마조네스, 아크로폴리스, 아테나, 아티카, 에레크테우스, 일리소스 강, 케크롭스, 크레타 섬, 테세우스)

아티카 Attica　아티카(현대의 아티키)는 아테네가 속해 있는 지방이다. 고대의 아티카는 그리스 중부의 동쪽 끝자락에 있는 삼각형 반도로, 북쪽으로는 파르니사 산과 키타이론 산을 경계로 보이오티아와 접했고, 서쪽으로는 케라타 산을 경계로 메가라와 접해 있었다. 오늘날에는 메가라, 사로니코스 제도, 키테라 섬, 그리고 펠로폰네소스 반도 일부를 포함하고 있어 조금 더 넓다.

　아테네가 주도권을 잡기 전에 아티카에는 다수의 개별적인 공동체들이 있었으며, 전승에 따르면 전설상의 왕 케크롭스의 시대에는 열두 곳의 공동체가 있었다고 한다. 결국 이들은 단일 국가 아테네로 통합되었으며, 그 중심에는 아테네의 영웅 테세우스가 있었다. 아티카에는 데메테르와 그녀의 딸 페르세포네를 섬긴 엘레우시스(현재의 엘레프시나) 성역과 아르테미스를 섬긴 브라우론(현재의 브라브로나) 성역도 있었다. 전자는 아테네 중심부의 북서쪽에, 후자는 동남쪽에 자리했다. 아티카의 콜로노스 또한 신화적으로 중요한 의미를 띠고 있다. 아테네 성벽의 외곽인 콜로노스에는 에우메니데스에게 바쳐진 성스러운 숲이 있었으며, 오이디푸스가 사망하고 영웅으로 받들어진 곳도 그곳이었다. (데메테르, 메가라(장소), 아르테미스, 아테네, 에우

알바 롱가 Alba Longa 알바 롱가는 로마 동남쪽 라티움 지역의 알바누스 산(현재의 몬테카보 산)에 세워진 도시였다. 전설에 의하면, 트로이 전쟁에서 그리스에 패한 트로이의 유민들을 이탈리아로 데려간 아이네이아스의 아들 아스카니오스가 알바 롱가를 건설했다고 한다. 알바 롱가는 로물루스가 로마를 건설하기 전까지 라티움의 수도였으며, 기원전 7세기 중반 로마의 왕 툴루스 호스틸리우스의 손에 멸망했다는 설이 있다. (라티움, 로마, 로물루스, 아스카니오스, 아이네이아스, 트로이)

알페이오스 강 Alpheus River 알페이오스 강(현재의 알피오스 강)은 펠로폰네소스 반도에서 가장 큰 강이며, 그리스 전체에서도 손에 꼽힐 정도로 길다. 아르카디아 남부에서 발원하여 올림피아를 거쳐 이오니아 해로 흘러드는 이 강의 길이는 110킬로미터에 이른다. 알페이오스 강은 헤라클레스의 과업 신화에 등장한다. 헤라클레스는 이 강의 물길을 바꾸어 아우게이아스의 축사를 청소했다. 모든 강들이 그렇듯, 알페이오스는 강 자체일 뿐만 아니라 이 강을 의인화한 신이기도 했다. 신으로서의 알페이오스는 오케아노스의 수많은 자식 중 한 명이었으며, 님페 아레투사를 탐하여 시칠리아 섬까지 쫓아갔다. 그곳에서 아레투사는 샘이 되고, 알페이오스의 물과 뒤섞였다. (시칠리아 섬, 아레투사, 아르카디아, 아우게이아스, 알페이오스〔신〕, 오케아노스〔신〕, 헤라클레스)

애도의 들판 Fields of Mourning 지하세계의 한 구역인 애도의 들판(라틴어로 캄피 루겐테스Campi Lugentes)은 로마 시인 베르길리우스의 창조물인 듯하다. 영웅 아이네이아스와 그의 안내자 시빌레는 머리 셋 달린 개 케르베로스가 지키고 있는 하데스 입구를 지난 후, 실연으로 죽은 자들이 거하는 광대한 구역으로 간다. 이곳에서 아이네이아스는 그가 매몰차게 버렸던 전 연인이자 카르타고의 여왕 디도를 만난다. 베르길리우스에 따르면, 파이드라, 프로크리스, 파시파에 등 비극적인 운명을 맞은 여인들의 망혼이 애도의 들판에 머물고 있다. (디도, 아이네이아스, 지하세계, 카르타고, 케르베로스, 쿠마이의 시빌레, 파시파에, 파이드라, 프로크리스, 하데스〔신, 장소〕)

에게 해 Aegean Sea 그리스 역사가 헤로도토스의 정의를 따르자면, 에게 해는 그리스와 터키 사이의 바다로, 헬레스폰트에서 크레타 섬까지 뻗어 있다. 이 바다의 이름이 아테네의 왕 아이게우스에서 유래했다는 설도 있다. 그는 미노타우로스를 처치하러 갔던 자신의 아들 테세우스가 죽었다고 믿고 이 바다에 몸을 던져 죽었다. (미노타우로스, 아이게우스, 아테네, 테세우스)

에레보스Erebus 에레보스는 지하세계와 동의어가 되었지만, 원래는 땅속 깊은 곳의 암흑을 의미했다. 그리스 시인 헤시오도스의 『신들의 계보』에서 에레보스는 거의 의인화된 신으로, 닉스('밤')와 결합하여 헤메라('낮')와 아이테르('상층부의 대기')의 아버지가 된다. (지하세계)

에리다누스 강Eridanus River 에리다누스 강은 아버지 아폴론(헬리오스)의 태양 전차를 잘못 모는 바람에 천상의 별자리와 지상의 존속 자체를 위험에 빠트리는 파에톤의 신화에서 중요한 역할을 한다. 파에톤은 에리다누스 강에 빠져 죽고, 그의 누이들인 헬리아데스는 이 강의 기슭에서 포플러로 변해 영원히 비탄에 잠긴 채 호박琥珀 눈물을 흘렸다. 영웅 헤라클레스 역시 에리다누스 강으로 가서, 이 강의 신에게 헤스페리데스의 정원을 찾을 수 있는 방법을 물었다.

신화적으로 유명한 곳이지만, 에리다누스 강과 그 위치에 관해서는 고대에도 의견이 분분했다. 지리학자 스트라본과 역사가 헤로도토스를 비롯한 몇몇 작가들은 그 존재 자체를 의심했다. 이 강의 정체를 밝히려는 시도에서 중요한 열쇠는 호박이었다. 그 이유로 포 강이 유력한 후보로 떠올랐지만, 그라니코스 강, 에브로 강, 라인 강, 나일 강, 그리고 세상을 감싸고 흐른다는 허구의 오케아노스 강도 신화 속의 에리다누스 강으로 거론되었다. (아폴론, 오케아노스[장소], 파에톤, 헤라클레스, 헤스페리데스, 헬리아데스, 헬리오스)

에리만토스 산Mount Erymanthus 에리만토스 산은 고대 아르카디아의 남서쪽에 있었지만, 지금은 아카이아와 엘리스 지방에 속해 있다. 에리만토스 산의 울창한 숲은 아르테미스의 사냥터였으며, 에리만토스의 멧돼지가 사람들을 죽이며 휘젓고 다닌 곳이기도 하다. 네 번째 과업으로 이 멧돼지를 산 채로 붙잡아야 했던 헤라클레스는 멧돼지를 깊은 눈 더미로 몰아넣음으로써 포획에 성공했다. (아르카디아, 아르테미스, 에리만토스의 멧돼지, 헤라클레스)

에리테이아 섬Erytheia(Erythea) 신화에서 '붉은 섬' 에리테이아(또는 에리테아)는 세 개의 몸통을 가진 괴물 게리온의 왕국이다. 그 섬은 세상의 서쪽 끝에 있었기 때문에 태양이 오케아노스 강물 속으로 지면 그 석양에 '붉게' 물들었고, 저녁샛별 헤스페로스의 딸들 중 한 명 혹은 게리온의 딸에게서 이름을 따왔다고 한다. 헤라클레스는 열 번째 과업으로 게리온의 소 떼를 잡기 위해 이 섬으로 갈 때, 태양신 헬리오스에게 받은 거대한 잔을 타고 오케아노스 강을 건넜다. 그리스 지리학자 스트라본은 에리테이아 섬의 위치를 스페인 남서부의 가데스(현재의 카디스)와 그 부근의 섬들로 추정했다. (게리온, 오케아노스(장소), 헤라클레스, 헤스페로스, 헬리오스)

에욱시네 해 Euxine Sea 에욱시네 해는 흑해의 옛 이름이다. '에욱시네'는 그리스어로 '손님을 환대하다' 혹은 '타인에게 친절하다'라는 뜻이지만, 모순적이게도 이 바다는 모진 폭풍이 자주 휘몰아치고 야만족들에게 둘러싸여 있었다. 역사가 스트라본은 이 바다의 예전 이름이 실제로 '불친절하다'라는 뜻의 '아크세노스Axenos'였다고 역설하며, 이방인들을 제물로 바치고 그들의 살을 먹으며 술잔으로 그들의 해골을 사용한 스키타이인들의 위험성을 기록했다. 스트라본이 덧붙이기를, 후에 이오니아의 그리스인들이 그 해안에 정착촌을 형성하면서 바다의 이름이 에욱시네로 바뀌었다고 한다. 전설에 따르면, 이아손과 아르고호 원정대는 심플레가데스('충돌하는 바위들')를 통과함으로써 배편으로 에욱시네 해에 접근하는 데 최초로 성공했다. (심플레가데스, 아르고호 원정대, 이아손)

에트루리아Etruria 에트루리아는 로마가 건설되기 전에 에트루리아인이 거주했던 이탈리아의 한 지방이다. 에트루리아인의 기원에 관해서는 고대에도 설이 분분하여, 이탈리아의 토착민이라고도 하고, 근동의 리디아에서 이탈리아로 넘어온 이주민이라고도 한다. 로마의 정치인 마르쿠스 포르키우스 카토에 따르면, 한때 에트루리아인은 이탈리아의 거의 전역을 지배할 정도로 위세가 대단했으며, 로마에 문화적으로 지대한 영향을 미쳤다. 이탈리아 북부의 알프스(포 계곡)부터 살레르노까지 광범위한 지역에서 그들의 존재가 고고학적으로 증명되었다. 그러나 그들 권력의 중심지는 아르노 강과 티베르 강 사이의 이탈리아 북서부였다. 로마인은 에트루리아인의 종교적·정치적 관습과 건축 양식을 전수받았으며, 기원전 510년에 왕정이 폐지되고 공화정이 시작되기 전까지 에트루리아계 왕들의 통치를 받았다. 로마와 에트루리아는 정치적 주도권을 놓고 경쟁을 벌이며 주기적으로 교전을 벌였는데, 기원전 91년~기원전 87년의 동맹시同盟市 전쟁이 종식되면서 에트루리아는 로마에 흡수되었다.

　로마인과 에트루리아인 사이의 갈등은 로마의 건국 신화에도 반영되어 있다. 로마인의 조상 아이네이아스가 트로이 유민들을 데리고 이탈리아로 건너오자, 에트루리아의 왕 메젠티우스와 루툴리족의 왕자 투르누스가 그에 대항하여 동맹을 맺고, 라티움의 왕 라티누스는 아이네이아스의 편에 선다. (라티누스, 라티움, 로마, 루툴리족, 메젠티우스, 아이네이아스, 투르누스, 트로이)

에티오피아Ethiopia(Aethiopia) '빛나는' 혹은 '불에 탄' 지방이라는 뜻의 에티오피아(또는 아이티오피아)는 고대 이집트의 남쪽 땅에 있었다. 대략 나일 강의 첫 폭포에서부터 뻗어 나가, 현재 수단의 수도인 하르툼의 북쪽에 있던 고대 도시 메로에의 영토를 포함했다. 신화에는 다른 모습의 에티오피아가 등장한다. 『오디세이아』에서 호메로스는 세상의 양쪽 끝, 해가 뜨는 곳과 지는 곳에 살고 있는 두 무리의 에티오피아인들에 대해 이야기한다. 에티오피아는 영웅 페르세우스와 에티오피아의 공주 안드로메다의 이야기가 펼쳐지는 무대로 가장 유명하다. 안드로메다의 아버지는 딸을 무시무시한 바다 괴물에게 제물로 바치기 위해 험준한 벼랑에 쇠사슬로 묶어놨었다. (안드로메다, 페르세우스)

엘레우시스Eleusis(Elefsina) 아티카 지방에 속해 있던 엘레우시스(현재의 엘레프시나)는 아테네에서 서쪽으로 20킬로미터 정도 떨어져 있었고, 아테네부터 코린토스 지협을 거쳐 코린토스로 이어지는 길의 도중, 바다와 가까운 낮은 언덕에 자리해 있었다. 엘레우시스는 데메테르와 페르세포네의 성지로 널리 알려져 있었는데, 그들을 기리는 유명한 엘레우시스 비의에 입문하기 위해 그리스 전역에서 신도들이 몰려들었다. 엘레우시스는 데메테르와 아주 인연이 깊은 곳이었다. 엘레우시스의 왕 켈레오스는 페르세포네를 찾아 지상을 헤매던 데메테르를 받아준 뒤, 데메테르의 성역을 짓고 비의를 시행했다. 여행 작가 파우사니아스는, 헤르메스와 다에이라(오케아노스의 딸) 사이에 태어난 아들 엘레우시스에서 이 도시의 이름이 유래했다는 전설을 기록한다. 신화 기록가 아폴로도로스가 전하는 몇몇 전승에 따르면, 엘레우시스는 데메테르와 밀접하게 연관된 문화 영웅(문명과 문화를 전파하는 자) 트리프톨레모스의 아버지였다고 한다. 그러나 데메테르에게 선물 받은 날개 달린 전차를 타고 지상 방방곡곡에 곡물을 뿌린 트리프톨레모스가 엘레우시스의 왕 켈레오스의 아들이었다는 설도 있다. (데메테르, 아테네, 아티카, 오케아노스(신), 켈레오스, 코린토스, 트리프톨레모스, 페르세포네, 헤르메스)

엘리시온Elysium(Elysian Fields) 엘리시온(또는 엘리시온 들판)은 원래 영웅들이 하데스의 집으로 들어가는(다시 말해, 죽는) 대신 머무는 낙원으로 구상되었지만, 시

엘리시온 들판   사후 세계에 존재한다는 낙원

간이 흐르면서 숭고하고 고결한 생애를 산 자들만 갈 수 있는 지하세계의 한 구역으로 변화했다. 엘리시온은 호메로스의 『오디세이아』에서 처음으로 묘사되는데, 영웅 메넬라오스가 죽지 않을 것이고 때가 되면 신들이 그를 지상의 끝, 오케아노스 강의 서쪽 끝자락에 있는 엘리시온 들판으로 데려가리라는 예언이 나온다. 엘리시온에는 눈이 내리지 않고 겨울의 추위가 없으며, 오케아노스가 일으키는 미풍과 북풍 보레아스가 더위를 식혀준다. 필멸의 존재들이 편안하게 살 수 있는 이 땅은 라다만토스가 다스린다. 호메로스가 그린 엘리시온은 역시 세상의 끝에 있다고 여겨진 '축복받은 자들의 섬'이라는 개념과 융합되었다. 그리스 시인 핀다로스에 따르면, 축복받은 자들의 섬은 햇빛이 가득하며, 그곳에서는 힘들게 일할 필요가 없다. 시원한 미풍이 불고, 황금빛 꽃들과 나무숲들로 아름답게 꾸며져 있다. 화관을 쓰고 있는 그곳의 주민들 중에는 영웅 펠레우스, 카드모스, 아킬레우스도 있다. 베르길리우스는 서사시 『아이네이스』에서 엘리시온에 관한 이전의 전승들을 융합하고 변형하여, 지하세계의 모습을 아주 상세히 전한다. 지하세계의 한 구역인 엘리시온은 문이 달려 있어서, 죄인들이 거하는 눅눅하고 무시무시한 타르타로스와 분리된다. 베르길리우스의 엘리시온에서는 그곳만의 태양과 별들이 뜨며 장밋빛 햇살이 내리쬔다. 그곳에 머무는 자들은 그늘이 드리워진 숲이나 햇빛 가득하고 윤기 흐르는 풀밭을 자유로이 돌아다니며 운동이나 노래, 춤, 연회를 즐긴다. 로마인의 조상인 아이네이아스는 트로이에서 이탈리아로 가는 여정 중에 세상을 떠난 아버지 안키세스를 만나기 위해 엘리시온을 찾아간다. (라다만토스, 로마, 메넬라오스, 보레아스, 아이네이아스, 아킬레우스, 안키세스, 오디세우스, 오케아노스, 지하세계, 카드모스, 트로이, 펠레우스, 하데스〔신, 장소〕)

오르티기아 섬 Ortygia 그리스에는 오르티기아('메추라기의 땅')라는 이름의 장소가 여럿 있었는데, 모두 아르테미스와 연관되어 있다. 그중 한 곳은 델로스 섬이다. 이 섬의 예전 이름은 아스테리아와 오르티기아였다. 신화에 따르면, 티탄 신 레토의 자매인 아스테리아가 그녀를 범하려는 제우스를 피하기 위해 메추라기로 변신해 바다로 뛰어들었다고 한다(혹은 제우스에게 내던져졌다고도 한다). 신화 기록가 히기누스에 따르면, 아스테리아의 몸이 물 위를 둥둥 떠다니는 섬이 되었고, 후에 델로스라 불린 이 섬에서 레토가 쌍둥이 신들인 아폴론과 아르테미스를 낳았다고 전한다. 아르테미스의 탄생에 관한 또 다른 전승에서, 그녀의 형제 아폴론은 델로스 섬에서 태어나지만, 그녀는 에페소스라는 도시 부근의 성스러운 숲인 오르티기아에서 태어난다.

신화에 등장하는 세 번째 오르티기아는 시칠리아 섬의 시라쿠사 해안에서 조금 떨어진 섬이다. 아레투사는 강의 신 알페이오스의 맹렬한 추격을 피해 지하로 뛰어들었다가 바로 이 섬에서 다시 지상으로 올라와 샘이 되었다. 그녀가 도망갈 수 있도록 도운 이는 아르테미스였다. (델로스 섬, 레토, 시칠리아 섬, 아레투사, 아르테미스, 아스테리아, 아폴론, 알페이오스〔신, 장소〕, 제우스)

오사 산 Mount Ossa 오사(현재의 키사보스) 산은 남서쪽의 펠리온 산과 북쪽의 올림포스 산 사이에 자리한 테살리아 지방의 산이다. 올림포스 산과의 경계에는 유명한 템페 계곡이 있다. 전설에 따르면, 거인들인 오토스와 에피알테스는 올림포스 산 위에 오사 산을, 오사 산 위에 펠리온 산을 쌓아서 천상으로 올라가 올림포스 신들을 공격하려 했다. (기간테스, 오토스, 올림포스 산, 테살리아, 템페 계곡, 펠리온 산)

오이타 산 Mount Oeta 오이타(현대 그리스어로 이티Iti) 산은 그리스 중부의 테살리아 남부에 있는 핀도스 산맥의 한 줄기이다. 헤라클레스가 독으로 인한 고통을 끝내고자 장례용 장작더미 위로 기어 올라가 최후를 맞은 곳이 바로 이 산이었다. (테살리아, 헤라클레스)

오케아노스Oceanus 대양강大洋江이라고도 불리는 오케아노스는 원반 모양의 지상을 에워싸고 흐르며 땅과 하늘을 구분 짓는다고 여겨진 우주적 강이다. 그리스 시인 헤시오도스의 『신들의 계보』에 의하면, 오케아노스는 가이아('대지')와 우라노스('하늘')의 자식이다. 호메로스는 오케아노스를 모든 강과 샘과 바다의 원천인 깊은 물로 묘사한다. 오케아노스를 의인화한다면, 세상의 모든 수역은 그의 자식들이 된다. 태양신 헬리오스는 오케아노스의 동쪽 물줄기에서 날아올라 반대편으로 내려앉은 후, 밤에 황금 잔을 타고 강을 건너 동쪽으로 돌아갔다고 한다. 오케아노스는 지상의 경계를 이루었기 때문에, 이 강의 기슭에 온갖 괴물과 신화 속 종족이 산다고들 했다. 시인들인 호메로스와 헤시오도스는 에티오피아인들, 탐욕스러운 하르피아이아이, 세 개의 몸뚱이를 가진 게리온, 황금 사과를 돌본 헤스페리데스 등을 언급한다. 초기에는 엘리시온과 지하세계도 그곳에 있는 것으로 여겨졌다.

시간이 흘러 지리적 지식이 늘어나면서, 사람들은 오케아노스를 지브롤터 해협 너머의 대양이나 외해外海로 생각하기 시작했다. (가이아, 게리온, 에티오피아, 엘리시온, 오케아노스〔신〕, 우라노스, 지하세계, 하르피아이아이, 헤스페리데스, 헬리오스)

올림포스 산 Mount Olympus　올림포스 산은 그리스에서 가장 높은 산으로, 정상이 2,917미터에 달한다. 테살리아와 마케도니아의 평원들 사이에 솟아 있어, 그리스 역사가 헤로도토스는 테살리아의 일부로, 지리학자 스트라본은 마케도니아의 일부로 여겼다. 그리스 시인 호메로스가 묘사하는 올림포스 산은 높고 험준하며 습곡이 많고, 그 꼭대기에는 비와 눈이 내리지 않고 바람도 불지 않는다. 엄청난 높이에 걸맞게 올림포스 산은 기상 현상의 신 제우스를 위시한 마지막 3세대 신들의 거처로 여겨졌다. 올림포스 신이 열두 명이라는 전승이 있기는 하지만, 올림포스 산에서 지낸 신들의 수에 관해서는 의견이 분분했고, 지하세계의 신들을 제외한 모두를 포함하기도 했다. 일반적으로는 형제자매들인 제우스, 헤라, 헤스티아, 포세이돈, 그리고 제우스의 자식들인 아테나, 헤베, 아르테미스, 아프로디테, 헤르메스, 아레스, 아폴론, 헤파이스토스가 올림포스 신들로 일컬어진다. 그러나 데메테르와 디오니소스도 여기에 끼워 넣을 수 있으며, 심지어는 무사이와 헤라클레스도 올림포스 산에서 시간을 보냈다. 올림포스 신들은 각자 자신만의 궁전을 갖고 있었고, 손재주 좋은 헤파이스토스가 그 안의 가구들을 만들어주었다고 한다. 그 꼭대기가 너무 높아서 인간들은 오를 수 없다 여겨서인지, 가끔 신화에서 올림포스 산은 천상과 동일시되기도 한다. (데메테르, 디오니소스, 마케도니아, 무사이, 아레스, 아르테미스, 아테나, 아폴론, 아프로디테, 제우스, 지하세계, 테살리아, 포세이돈, 헤라, 헤라클레스, 헤르메스, 헤베, 헤스티아, 헤파이스토스)

올림피아Olympia　델포이와 더불어 고대 그리스의 가장 중요한 종교적 중심지였던 올림피아의 범그리스적 성역은 펠로폰네소스 반도 북서부의 엘리스 지방에 있다. 올림포스 신들의 우두머리인 제우스를 주신으로 모신 올림피아는 클라데오스 강과 알페이오스 강이 흐르는 계곡에서 알페이오스 강의 기슭에 자리하고 있다. 벽으로 둘러싸인 성역 알티스에는 제우스 신전(기원전 470년~기원전 456년 건립), 헤라 신전, 제단, 봉헌상 들이 늘어서 있었다. 제우스 신전에는 유명한 조각가 페이디아스가 금과 상아로 만든 거대한 제우스 좌상(11~12미터)이 모셔져 있었다. 이 신상은 고대 7대 불가사의 중 하나로 꼽혔으며, 그리스 지리학자 스트라본은 만약 이 제우스 상이 서 있었다면 신전의 지붕을 뚫고 나갔을 것이라고 기록했다. 신전은 올림피아와 연관된 신화의 장면들로 장식되어 있었다. 신전의 동쪽 (주요) 페디먼트에는 영웅 펠롭스와 피사의 왕 오이노마오스 간에 벌어진 전차 경주의 긴박한 순간이 묘사되어 있었다. 전승에 따르면, 기원전 776년부터 4년에 한 번씩 열린 올림피아 제전은 오이노마오스와 펠롭스의 이 전차 경주에서 유래했다고 한다. 서쪽 페디먼트에는 라피테스족과 켄타우로스족의 전쟁이 묘사되어 있었는데, 이는 페르시아 전쟁에서 그리스가 페르시아에 거둔 승리를 상징하는 것이라 한다. 한편, 신전의 앞쪽과 뒤쪽 현관에는 헤라클레스의 열두 과업이 조각되어 있었다. 그리스 시인 핀다로스에 의하면, 헤라클레스가 알티스를 벽으로 둘러싸 아버지에게 바치고, 올림피아 제전을 창설했다고 한다. (라피테스족, 오이노마오스, 제우스, 켄타우로스족, 펠롭스, 헤라, 헤라클레스)

이다 산Mount Ida 그리스 로마 신화에는 이다라는 이름의 중요한 산이 두 곳 등장한다. 그중 하나는 크레타 섬의 이다 산(현대 그리스어로 이디 산), 다른 하나는 지금의 터키 북서쪽에 있는 이다 산(현재의 카즈 산)이다. 크레타 섬의 이다 산은 해발 2,456미터로 섬의 동서를 가로지르는 산맥의 최고봉이며, 제우스가 태어난 곳으로 알려져 있다. 그리스 역사가 디오도로스 시켈로스는 이 이야기를 뒷받침해 주는 실질적인 유적이 있다면서, 예전부터 쭉 제우스의 성지였던 이다 산의 비탈에 실제로 존재하는 크고 튼튼한 동굴을 그 증거로 제시한다. 바로 이 동굴에서 레아가 제우스를 낳은 후 님페들과 쿠레테스에게 양육을 맡겼다고 한다. 아시아의 이다 산 역시 제우스와 연관되어 있지만, 그 외에도 많은 신화와 얽혀 있다. 아시아의 이다 산은 해발 1,770미터로, 그곳에 세워진 고대 도시 다르다니아는 한때 그 지역을 지배했다. 훗날 다르다니아의 건국자인 다르다노스의 자손이 트로이를 건설했다. 바로 이 산에서 제우스는 가니메데스 왕자를 납치하여 자신의 술 시중을 들게 했으며, 트로이의 왕자 파리스는 헤라와 아테나와 아프로디테 가운데 아프로디테를 '가장 아름다운 이'로 선택하여 트로이 전쟁의 빌미를 만들었다. 아프로디테가 안키세스를 유혹하여, 로마의 건국자들인 로물루스와 레무스의 조상 아이네이아스를 잉태한 곳도 이다 산이었다. 이다 산의 이름은 그곳에 살던 님페 이다이아에서 따온 듯하며, 디오도로스 시켈로스는 이다이아가 강의 신 스카만드로스와 결합하여 트로이의 초대 왕이 될 테우크로스를 낳았다고 전한다. (가니메네스, 다르다노스, 레아, 로물루스, 스카만드로스 강, 아이네이아스, 아테나, 아프로디테, 안키세스, 제우스, 쿠레테스, 테우크로스, 트로이, 파리스, 헤라)

이오니아Ionia 소아시아 서쪽 해안의 중부 지방은 이오니아라 불렸다. 아테네 왕 이온의 후손이라는 이오니아 부족의 그리스인들이 이곳 도시들을 건설했기 때문이다. 이오니아는 대략 스미르나(현재의 이즈미르)에서 남쪽으로 밀레투스까지 뻗어 있었다. 밀레투스는 메안드로스 강(터키의 뷔유크 멘데레스 강) 어귀와 가까웠으

며, 현재의 터키 마을 발라트 부근이었다. (아테네, 이오니아인, 이온)

이올코스Iolcos 이올코스(현재의 볼로스)는 펠리온 산에서 파가사이 만으로 흘러드는 아나우로스 강 부근의 테살리아 도시였다. 이올코스는 영웅 이아손을 둘러싼 전설의 중요한 무대이다. 이아손은 아르고호 원정대와 함께 야만인들의 땅 콜키스로 가서, 메데이아 공주의 도움으로 황금 양피를 손에 넣는다. 과거 이아손의 아버지는 이올코스 왕국의 적법한 왕이었지만 이복형제 펠리아스에게 쫓겨났다. 펠리아스는 이아손이 자신의 왕위에 위협이 되리라 판단하여 그를 콜키스로 보냈던 것이다. 이아손은 아나우로스 강을 건너려는 헤라를 도와준 후로 쭉 그녀의 보호를 받게 되며, 아르고호는 파가사이 만에서 출항했다. (아르고호 원정대, 메데이아, 이아손, 콜키스, 테살리아, 펠리아스, 헤라)

이타카 섬Ithaca 이타카(현재의 이타키) 섬은 그리스 서쪽 해안 부근의 이오니아 제도에 속한 일곱 섬들 중 하나이다. 총면적 96제곱킬로미터의 이 작은 섬은 예나 지금이나 오디세우스의 왕국으로 통한다. 『오디세이아』에서 호메로스는 이 섬을 햇볕 잘 들고, 가까운 다른 섬들에 둘러싸여 있으며, 지형이 험하고, 소년을 키우기에 아주 적합한 곳으로 묘사한다. 오디세우스는 열두 척의 함선에 병사들을 싣고 이타카 섬에서 트로이로 출항했다. 그들 중 이타카 섬으로 돌아온 이는 오디세우스뿐이었다. 그는 트로이에서 10년간 싸운 후 10년을 더 바다에서 떠돌다 천신만고 끝에 고향으로 돌아왔다. (오디세우스, 트로이)

일리소스 강Ilissus River 일리소스 강은 아티카 지방의 아테네에 있는 히메투스 산의 샘들에서 발원하는 작은 강이다. 12세기 전반에 물길이 지하로 바뀐 이 강은 아테네의 중심에 있는 오래된 요새 구역의 남동쪽과 남쪽을 흐르며, 수로가 바뀌기 전에는 케피소스(현재의 키피소스) 강의 지류였다. 아테네의 대표적인 두 강 중 하나인 만큼, 아테네의 전설에도 등장한다. 일리소스 강변은 아테네의 왕 에레크테우스의 딸인 오레이티이아가 북풍의 신 보레아스에게 납치되어 트라키아로 끌려간 곳이라 한다. 역사가 헤로도토스에 따르면, 페르시아 전쟁이 일어났을 때 아테네인들은 그들의 사위인 보레아스에게 도움을 청하라는 신탁을 받았고, 보레아스가 폭풍우를 일으켜 야만인들의 함대를 섬멸하자 아테네인들은 일리소스 강 부근에 보레아스를 모시는 성역을 지었다. (보레아스, 아테네, 에레크테우스, 오레이티이아, 트라키아)

일리온Ilion(Ilium, Ilios) 일리온(혹은 일리움, 일리오스)은 일로스가 세운 트로이의 또 다른 이름이다. (일로스, 트로이)

지하세계Underworld 그리스 로마 신화에서 지하세계는 하데스, 하데스의 집, 아케론, 타르타로스 등 여러 이름으로 불리며, 세월이 흐르면서 죽음과 내세에 관한 믿음이 변함에 따라 사람들이 상상하는 지하세계의 모습도 달라졌다. 베르길리우스의 서사시 『아이네이스』에서 영웅 아이네이아스가 방문하는 지하세계의 광경이 가장 완전하고 다채롭게 묘사되어 있기는 하지만, 애매모호함이 아예 없는 건 아니다. 예언자인 쿠마이의 시빌레가 사는 동굴 근처에는 아베르누스 호수가 있었다. 물이 괴어서 썩고 음침하며 증기가 뿜어져 나오는 그 호수는 지하세계의 입구였다. 시빌레의 동굴을 통해서 하데스의 집으로 넘어갈 수 있으며, 하데스의 곁방에는 근심, 질병, 노령, 두려움, 기근, 잠, 그리고 죽음의 형제 등 무시무시한 것들이 모여 있었다. 그 너머에는 거짓 꿈들이 득시글거리는 거대한 느릅나무, 전쟁, 에우메니데스의 무쇠 방, 발광한 불화의 여신, 켄타우로스족, 스킬라, 고르고네스, 하르피이아이, 헤카톤케이르('100개의 손을 가진 자'), 히드라가 있었다. 하나같이 무시무시한 괴물들이라 아이네이아스는 두려워하며 검을 뽑아 들었다. 바로 그 너머에서 코키토스 강과 아케론 강이 만나 질척질척한 진흙을 토하며 소용돌이를 일으키고, 스틱스 강둑에는 강을 건너고 싶어 안달 난 망혼들이 모여 있었다. 눈에서 불길이 활활 타오르는 누추한 행색의 뱃사공 카론은 장례식을 치른 자들의 혼만 데려가며, 무덤에 매장되지 않은 자들은 백 년 동안 강가를 배회해야 했다. 스틱스 강 너머에서는 목에 머리를 곤두세운 뱀들이 나 있는 감시견 케르베로스가 동굴에서 지하세계를 지키고 있었다. 케르베로스로부터 그리 멀지 않은 곳에는 인생을 제대로 시작해보지도 못하고 죽어 구슬프게 울어대는 갓난아기들, 부당하게 처형된 자들, 자살한 자들, 그리고 망자들의 거처(타르타로스 혹은 엘리시온)를 정해주는 재판관 미노스가 보였다. 이 중립적인 구역에는 카르타고의 여왕 디도처럼 실연으로 죽은 자들을 위한 애도의 들판과 요절한 자들을 위한 거처도 있었다. 이 구역들 너머에는 각기 타르타로스와 엘리시온으로 향하는 두 갈래 길이 있었다. 절벽 밑에 있는 무시무시한 타르타로스는 세 겹의 벽이 쳐져 있고, 불타는 플레게톤 강에 둘러싸여 있었다. 푸리아이〔ⓖ에리니에스〕 중 한 명인 티시포네가 채찍을 손에 들고서 그곳을 감시하다가, 재판관 라다만토스의 판결이 떨어지면 곧장 악한들을 내리쳤다. 벽 안에는 타르타로스가 시커멓고 깊숙한 아가리를 떡 벌린 채 시시포스, 티티오스, 익시온 같은 자들을 붙들고 있었다. 엘리시온은 선하고 고결한 인생을 산 자들을 위한 내세의 낙원이다.

어두컴컴하고 을씨년스러운 타르타로스와 달리, 이 구역은 탁 트여 있고 초목이 무성하며 밝고, 꽃들이 흐드러져 있다. (고르고네스, 디도, 라다만토스, 레르나의 히드라, 미노스, 스킬라(괴물), 스틱스(장소), 시시포스, 아이네이아스, 아케론 강, 에우메니데스, 엘리시온, 익시온, 카론, 카르타고, 케르베로스, 켄타우로스족, 코키토스 강, 타르타로스, 티시포네, 티티오스, 푸리아이, 플레게톤 강, 하르피이아이, 헤카톤케이레스)

카르타고Carthago 전승에 따르면, 카르타고는 기원전 9세기 후반 페니키아의 식민지 개척자들이 지금의 북아프리카 튀니지 해안에 건설한 도시였다. 전략적 요충지였던 까닭에 카르타고는 로마의 경쟁 상대가 되었고, 강력한 두 도시의 불가피한 충돌로 포에니 전쟁(기원전 264년~기원전 146년)이 일어났다. 전쟁 중에 카르타고의 장군 한니발은 알프스 산맥을 넘어 이탈리아까지 진입하면서 로마인들을 공포에 빠뜨렸다. 카르타고는 기원전 146년에 로마에 의해 멸망했다가 한 세기 후 다시 일어서지만, 로마의 아프리카 속주의 수도로 전락했다.

로마와 카르타고 간의 경쟁은 전설상의 카르타고 건설자인 페니키아인 여왕 디도의 이야기에 잘 나타나 있다. 디도는 트로이의 영웅 아이네이아스와의 치명적인 연애로 위엄과 목숨을 모두 잃었다. 아이네이아스는 이탈리아로 가서 로마인들의 조상이 될 운명이었다. 로마 시인 베르길리우스에 따르면, 훗날 한니발이 디도의 원수를 갚아주기 위해 나선다. (디도, 로마, 아이네이아스, 트로이)

카스탈리아 샘Castalian Spring 델포이의 아폴론 성역 부근 파르나소스 산의 기슭에 있는 카스탈리아 샘은 그곳에 깃든 님페 카스탈리아에게서 이름을 따왔다고 한다. 강의 신 아켈로오스의 딸인 카스탈리아는 아폴론의 구애를 피해 샘물 속으로 뛰어들었다. 그 샘은 무사이에게 봉헌되었고, 사람들은 그 물을 마시면 음악적·시적 영감을 얻을 수 있다고 생각했다. 여행 작가 파우사니아스는 그 샘물의 맛이 달콤하고, 그 물로 씻으면 쾌적하다고 묘사했다. 델포이의 신탁을 구하는 자들은 이 샘으로 몸을 정화했다. (델포이, 무사이, 아켈로오스(신), 아폴론, 파르나소스 산)

카피톨리노 언덕Capitolino Hill 로마의 일곱 언덕 중 하나인 카피톨리노 언덕은 크기는 제일 작지만 그 중요성은 가장 커서, 원래는 정착촌의 성채였다가 후에 도시의 종교적·정치적 중심지가 되었다. 아르크스Arx로 알려진 북동쪽 정상은 성채의 역할을 했으며, 포로 로마노Foro Romano를 굽어보는 서남쪽 정상은 카피톨리움Capitolium이라 불렸다. 로마 역사가 리비우스에 의하면, 유피테르(ⓖ제우스) 페레트리우스 신전은 카피톨리노 언덕에 지어진 최초의 신전이었고, 승전을 도와준 유피테르를 기리기 위해 신전 축조를 의뢰한 자는 바로 로마의 건설자 로물루스였다. 카피톨리노 언덕에 지어진 신전 중 가장 중요한 것은 이른바 카피톨리노 삼주신三主神인 유피테르 옵티무스 막시무스, 유노(ⓖ헤라), 미네르바(ⓖ아테나)를 모신 카피톨리움의 신전이었다. 개선장군들과 새로 취임한 행정관들은 바로 이 신전에서 제물을 바쳤다. 신전과 언덕 전체가 '카피톨리움'이라 불렸는데, 로마의 역사가 리비우스가 말하기를, 이 이름은 신전을 짓던 자들이 부지에서 엄청나게 큰 인간 해골을 발견한 것에서 비롯되었다고 한다. 이 발견은 로마가 천하의 '머리(라틴어로 카푸트caput)', 즉 위대한 도시가 될 운명임을 예견하는 징조로 해석되었다. 카피톨리노 언덕에는 사당들이나 기념 건축물뿐만 아니라, 로마를 배신한 타르페이아의 이름을 딴 벼랑도 있었다. 그곳은 반역자들을 떨어뜨려 죽이는 처형 장소로 사용되었다. 카피톨리노 언덕 기슭의 포로 로마노에는 한때 언덕의 주인이었던 사투르누스(ⓖ크로노스)의 웅장한 신전이 세워져 있었다. (로마, 로물루스, 미네르바, 사투르누스, 유노, 유피테르, 타르페이아)

칼리돈Calydon 칼리돈은 고대 그리스 중서부의 아이톨리아에 흐르던 에베노스 강 부근에 세워진 도시였다. 전설에 따르면, 이 도시의 이름은 건설자인 칼리돈에서 따온 것이라 한다. 칼리돈은 아이톨리아의 명조인 아이톨로스의 아들이자, 달의 여신 셀레네의 연인이 되는 엘리스의 왕 엔디미온의 손자였다. 훗날 칼리돈의 섭정 오이네우스는 아르테미스에게 제물을 바치지 않았고, 그 벌로 아르테미스는 멧돼지 한 마리를 보내어 칼리돈을 쑥대밭으로 만들어놓았다. 이로 인해 그 유명한 칼리돈의 멧돼지 사냥 사건이 일어났고, 그 결과 영웅 멜레아그로스는 때 이른 죽음을 맞았다. 그의 어머니가 그의 목숨이 달린 장작을 불 속으로 던져버렸기 때문이다. (멜레아그로스, 셀레네, 아르테미스, 아이톨로스, 아이톨리아, 엔디미온, 오이네우스)

캅카스 산맥Caucasus Mountains 길이 1,100킬로미터, 최대 너비 160킬로미터의 캅카스 산맥은 흑해(에욱시네 해)부터 카스피 해까지 쭉 뻗어, 유럽과 아시아 간의 자연적 경계선이 되고 있다. 그리스인들은 이 산맥이 문명 세계의 북쪽 끝이라 여겼고, 따라서 다양한 신화 속 괴물들과 전설적인 '야만족'들이 캅카스 지역에 산다고 믿었다. 몸의 반은 새, 반은 사자인 혼종 괴물 그리페스, 호전적인 아마조네스, 신비에 싸인 아리마스피, 행복한 삶을 누린 히페르보레오이족 등… 티탄족 프로메테우스가 인간을 도운 죄로 쇠사슬에 묶인 채 영원히 독수리에게 간을 쪼아 먹히는 형벌을 받은 곳도 캅카스 산맥이었다고 한다. (그리페스, 아리마스피, 아마조네스, 에욱시네해, 티탄족, 프로메테우스, 히페르보레오이족)

케피소스 강 Cephissus River　그리스에는 케피소스라는 이름의 강이 보이오티아에 하나, 아테네 지방에 둘, 아르고스 지방에 하나를 비롯해 더 있었다. 보이오티아의 케피소스 강을 의인화한 신은 자신을 너무 사랑한 나머지 야위어간 미소년 나르키소스의 아버지였다고 한다. 아르고스의 케피소스는 아르고스의 수호신 자리를 두고 헤라와 포세이돈이 경쟁했을 때 심판을 맡아, 다른 심판관들과 함께 헤라의 편을 들었다. (나르키소스, 보이오티아, 아르고스, 아테네, 포세이돈, 헤라)

코린토스Corinthos　펠로폰네소스 반도와 보이오티아를 가르는 지협의 서쪽 끝에 있던 고대 도시 코린토스는 현재의 코린토스에서 3킬로미터 정도 떨어져 있었다. 아크로코린토스Acrocorinthos의 고지에 웅장한 성채가 지어져 있던 이 도시는, 북쪽에서부터 이어진 길들이 펠로폰네소스 반도로 접어들고 지협을 통해 배들이 동쪽과 서쪽을 오가는 지점이었으므로 전략적으로 중요한 요충지였다.

　코린토스의 신화적 역사는 복잡해서 작가들마다 세부 내용이 다르다. 신화 기록가 아폴로도로스는 아이올로스의 아들 시시포스가 코린토스(당시의 이름은 에피라Ephyra 혹은 에피라이아Ephyraea)를 건설했다고 말한다. 여행 작가 파우사니아스에 따르면, 코린토스의 첫 이름인 에피라는 그곳에 살았던 오케아노스의 딸에게서 유래했지만, 후에 헬리오스의 후손의 이름을 따 코린토스로 바뀌었다고 한다.

　시시포스는 아틀라스의 딸 메로페(님페)와 결혼하여 글라우코스라는 아들을 낳았고, 글라우코스는 괴물 키마이라를 처치한 영웅 벨레로폰의 아버지가 되었다. 벨레로폰이 키마이라를 죽이기 위해 길들인 천마 페가수스는 발굽으로 코린토스 땅을 쳐서 페이레네 샘을 만들었다. 코린토스는 오이디푸스 신화와도 밀접하게 관련되어 있다. 부모에게 버려진 아기 오이디푸스를 입양한 이들이 바로 코린토스의 왕 폴리보스와 왕비 메로페였기 때문이다. 헬리오스의 후손인 마녀 메데이아도 코린토스와 인연이 있어 영웅 이아손을 이곳으로 데려갔다. 그러나 이아손은 코린토스의 왕 크레온과 동맹을 맺기 위해 그의 딸인 크레우사(혹은 글라우케)와 혼인하려 했다. (글라우케, 글라우코스(인간), 메데이아, 메로페(님페, 인간), 벨레로폰, 시시포스, 아이올로스, 아틀라스, 오이디푸스, 오케아노스(신), 이아손, 크레온, 크레우사, 키마이라, 페가수스, 페이레네 샘, 폴리보스, 헬리오스)

코키토스 강 Cocytus River 코키토스 강은 지하세계에 흐르는 강들 중 하나로, 그 이름은 '통곡하다'라는 뜻의 고대 그리스어 '코키에인kokyein'에서 유래했다. 따라서 코키토스 강은 통곡의 강이다. 호메로스에 따르면, 코키토스 강은 스틱스 강의 한 지류로, 플레게톤 강과 함께 아케론 강으로 흘러들었다. 로마 시인 베르길리우스가 덧붙인 세부 내용은 영웅 아이네이아스가 지하세계로 내려가는 장면의 공포감을 고조시킨다. 지하세계에 들어가기 전 아이네이아스와 그의 인도자 시빌레는 어떤 길을 따라 아케론 강까지 가는데, 아케론 강의 지류들이 모이는 지점에서 거대한 소용돌이가 부글부글 끓어오르며, 코키토스 강의 시커먼 물에 실려 온 걸쭉한 진흙을 뿜어낸다. (시빌레, 아이네이아스, 아케론 강, 지하세계, 플레게톤 강)

콜로노스Colonus 작은 언덕을 뜻하는 그리스어 '콜로노스kolonos'에서 이름을 따온 콜로노스는 아테네의 북쪽 외곽에 있어, 플라톤이 철학을 가르친 학교 아카데미아와 가까웠다. 콜로노스는 비극 작가 소포클레스의 고향이며, 맹인이 되어 딸 안티고네와 함께 방랑하던 오이디푸스는 바로 그곳에서 에우메니데스의 성역인 숲으로 우연히 들어가게 된다. 결국 콜로노스에서 신비로운 최후를 맞은 오이디푸스는 아테네인들에게 그들의 수호자이자 은인으로 숭배받았다. (아테네, 안티고네, 에우메니데스, 오이디푸스)

콜키스Colchis 흑해(에욱시네 해)의 동쪽 끝에 있는 콜키스는 비옥하고 천연자원이 풍부한 지역으로, 대大 캅카스 산맥과 소小 캅카스 산맥에 둘러싸여 있었다. 기원전 3000년에 이미 정착민들이 있었으며, 기원전 6세기에 그리스의 식민지가 되었다. 그리스인에게 콜키스는 야만인들의 신비로운 땅이었고, 신화에서는 인간 제물이 될 위기에 처한 어린 프릭소스가 황금 숫양을 타고 피신하는 곳으로 등장한다. 당시에 콜키스는 헬리오스의 아들이자 마녀 메데이아의 아버지인 아이에테스 왕의 왕국이었다. 황금 숫양이 제물로 바쳐지고 그 양피가 아레스의 성역에 걸린 뒤, 테살리아의 영웅 이아손은 황금 양피를 손에 넣기 위해 아이에테스의 왕국으로 떠났다. (메데이아, 아레스, 아이에테스, 에욱시네 해, 이아손, 테살리아, 프릭소스, 헤라)

쿠마이Cumae 쿠마이는 이탈리아의 캄파니아 해안에 있었던 도시이다. 기원전 18세기 중반에 건설된 쿠마이는 이탈리아 본토에 세워진 최초의 그리스 식민지였다. 신화에서 트로이의 영웅 아이네이아스를 지하세계로 안내한 예언자 시빌레는 쿠마이의 산속 동굴에 살았다. 시빌레의 동굴은 하데스의 입구인 깊숙한 유황 호수

아베르누스와 가까이 있었다. (아이네이아스, 지하세계, 쿠마이의 시빌레, 트로이, 하데스(장소))

크노소스Knossos   미노스 왕의 궁전으로 유명한 유적지 크노소스는 크레타 섬의 현대 도시 헤라클리온의 남동쪽에 있는 비옥한 계곡에 자리하고 있다. 이 유적에는 신석기 시대(기원전 7000년)부터 이미 사람들이 살았으며, 다층 구조의 광대한 궁전은 기원전 2000년 초반에 처음 지어진 후 기원전 1300년경 무너지기 전까지 여러 차례 변형을 거쳤다. 12세기 초반에 최초로 궁전을 체계적으로 발굴한 아서 에번스 경은 여러 권으로 구성된 저작 『크노소스의 미노스 궁전』을 발표했다. 에번스와 그 후계자들의 노력으로 크노소스는 크레타 섬에서 꽃핀 미노아 문명의 정치적·종교적·예술적 중심지로 인정받게 되었다. 신화에서 크노소스의 궁전은 미노스 왕의 통치 중심지일 뿐만 아니라 라비린토스가 있는 곳이기도 하다. 미노스의 아내 파시파에는 황소에게 억누를 수 없는 정욕을 품어 미노타우로스라는 괴물을 낳았다. 그러자 미노스는 그리스의 장인 다이달로스에게 미노타우로스를 가둘 미궁 라비린토스를 짓게 했다. (다이달로스, 미노스, 미노타우로스, 크레타 섬, 파시파에)

크레타 섬 Creta   총면적이 8,336제곱킬로미터에 달하는 크레타 섬은 그리스에서 가장 큰 섬으로, 그리스 본토에서 남쪽으로 160킬로미터 정도 떨어져 있다. 이 섬은 산지가 많고 지형이 다채로우며, 이집트, 키프로스 섬, 소아시아로부터 이어지는 지중해 무역로에서 중요한 위치를 점하고 있어 청동기 시대(대략 기원전 3000년~기원전 1150년)에 문화적·정치적 강국으로 부상했다. 청동기 시대에 크레타 섬에서는 전설상의 왕 미노스의 이름을 딴 미노아 문명이 번성했는데, 기원전 2000년경 파이스토스, 말리아, 자크로, 크노소스에 다수의 왕궁이 지어졌다. 그중 가장 유명한 크노소스 궁전은 미노스 왕의 관저였으며, 유명한 장인 다이달로스가 괴물 미노타우로스를 가둘 미궁을 그곳에 지었다고 한다. 제우스가 태어난 곳이 크레타 섬의 이다 산이라고도 하고 딕테 산이라고도 한다. (다이달로스, 미노스, 미노타우로스, 이다(장소), 제우스, 크노소스)

키레네Cyrene   키레네는 기원전 61년에 테라 섬의 그리스인들이 리비아 동쪽 해안에 건설한 식민 도시로, 아폴론에게 봉헌되었다는 키레 샘 부근에 있었다. 한 전승에 따르면, 그 도시의 이름은 강의 신 페네오스의 손녀인 키레네에서 유래했다고 한다. 키레네는 아폴론에게 납치되어, 바로 그 도시에서 아들 아리스타이오스를 낳았다. 훗날 아리스타이오스는 인간들에게 농경 기술을 가르쳐준다.

곡물, 올리브유, 그리고 향료나 향수, 약으로 사용된 식물 실피움Silphium이 풍부했던 키레네 주변 지역은 '키레나이카Cyrenaica'로 불리며, 로마 제국과 비잔틴 제국의 일부가 되었다. (아리스타이오스, 아폴론, 키레네〔인간〕, 페네오스〔신〕)

키오스 섬 Chios 에게 해의 키오스 섬은 그리스령이지만 소아시아의 해안과 비교적 가깝다(7킬로미터). 한 전승에 따르면, 기원전 9세기에 에우보이아 섬의 그리스인들이 키오스 섬을 식민지로 삼았다고 한다. 이 섬은 땅이 비옥하고 기름지며, 소나무가 잘 자라는 곳으로 유명하다. 그리스 역사가 투키디데스는 키오스 섬의 번영을 언급하면서, 이 섬의 주민들이 그리스에서 가장 부유하다고 이야기한다. 키오스 섬을 다스렸다는 전설상의 왕 오이노피온은 그의 딸 메로페를 겁탈하거나 혹은 탐한 거인 오리온의 눈알을 뽑았다고 한다. (메로페〔인간〕, 에게 해, 오리온)

키타이론 산 Mount Kithairon 키타이론 산은 코린토스 지협의 북쪽에 있는 산, 아니 정확히는 산맥이다. 아테네 지역(아티카)과 메가라를 보이오티아와 가르는 경계선이다. 키타이론 산은 제우스, 디오니소스, 헤라, 판 등 다수의 신들에게 봉헌된 성스러운 곳인 만큼 수많은 신화에 등장한다. 디오니소스는 이 산의 한 동굴에서 양육되었고, 아기 오이디푸스는 이 산의 비탈에 버려졌다. 오이디푸스는 살아남았지만, 그의 조상인 악타이온은 이 산에서 사냥을 하다가 비극적인 최후를 맞았다. 디오니소스의 사촌 펜테우스 역시 이 산에서 처참하게 죽었다.

여행 작가 파우사니아스에 따르면, 아내 헤라의 질투심에 곤욕을 치르던 제우스를 약삭빠른 꾀로 도와준 전설 속의 보이오티아 왕 키타이론에서 이 산의 이름이 유래했다고 한다. 키타이론은 바람둥이 제우스에게 새 애인의 형상으로 만든 목각상을 마차에 실어 헤라의 눈에 띄게 하라고 조언했다. 그 머리에 씌워진 베일을 들어 올린 헤라는 남편의 수중에 있는 것이 여인이 아니라 조각상이라는 걸 알고 안도했다. (디오니소스, 메가라〔장소〕, 악타이온, 오이디푸스, 제우스, 판, 펜테우스, 헤라)

키테라 섬 Cythera(Kythira) 키테라(또는 키티라) 섬은 펠로폰네소스 반도의 남동쪽 끝에서 조금 떨어져, 그리스 본토와 크레타 섬 사이에 있다. 좋은 항구들과 무역에 유리한 위치 때문에 아르고스, 스파르타, 아테네, 로마의 표적이 되어, 잇따라 그 도시들에 예속되었다. 신화에서 키테라 섬은 주로 아프로디테와 연관되어 있다. 아프로디테의 중요한 성지였던 키테라 섬의 주민들은 아프로디테가 바다에서 태어난 후 제일 처음 발을 디딘 곳이 자기네 섬의 해안이라고 주장했다. 키프로스 섬 사람들도 자기네 섬에 대해 똑같은 주장을 했다. (로마, 스파르타, 아르고스, 아테네, 아프로디테, 키프로스)

키프로스 섬 Cyprus 표면적 9,251제곱킬로미터의 키프로스 섬(현재의 키프로스 공화국)은 지중해에서 세 번째로 큰 섬으로, 지중해의 동쪽 끝, 터키의 남쪽, 시리아와 레바논의 서쪽, 이스라엘과 팔레스타인의 북서쪽, 이집트의 북쪽에 위치해 있다. 동양과 서양을 잇는 전략적 위치 때문에 아나톨리아, 그리스, 페니키아의 식민지가 되었고, 아시리아, 이집트, 페르시아, (알렉산드로스 대왕 통치하의) 마케도니아, 로마 같은 제국들에 흡수되기도 했다. 신화에서 키프로스 섬은 아프로디테와 인연이 깊다. 그녀가 바다의 거품에서 태어난 후 제일 처음 발을 디딘 땅이라는 키프로스 섬의 파포스에 가장 중요한 아프로디테 성역이 있었다. 아프로디테가 사랑한 아도니스는 키프로스 섬의 공주 미르라가 자신의 아버지 키니라스 왕과 관계하여 낳은 아들이었다. 키프로스의 또 다른 왕 피그말리온은 자신이 만든 조각상과 사랑에 빠지는데, 그 조각상은 아프로디테가 불어넣어준 생명으로 살아 움직이게 된다. 아프로디테는 키프로스 섬과의 인연 때문에 '키프리스'라 불리기도 했다. (로마, 미르라, 아도니스, 아프로디테, 키니라스, 파포스(장소), 피그말리온)

킨토스 산 Mount Cynthus 킨토스 산은 델로스 섬에 있는 산이다. 산의 기슭에는 헤라 신전이, 꼭대기에는 제우스와 아테나를 섬기는 성역이 있었다. 신화에서 아폴론과 아르테미스 남매는 킨토스 산에서 태어났기 때문에 '킨티아'라는 별칭으로 불리기도 한다. (델로스 섬, 아르테미스, 아테나, 아폴론, 제우스, 헤라)

타르타로스Tartarus 타르타로스는 지하세계의 가장 깊고 어두우며 무서운 구역이었다. 그리스 시인 헤시오도스에 따르면, 타르타로스는 우주가 탄생할 때 카오스의 거대한 공허로부터 가이아('대지')와 함께 생겨났다. 제우스는 자신의 권위에 도전한 티탄 신들을 바로 여기 타르타로스에 감금했으며, 그들이 갇힌 감옥에서 지상까지의 거리는 하늘에서 땅까지의 거리와 맞먹었다. 헤시오도스가 전하기를, 청동 모루를 하늘에서 떨어뜨리면 아흐레 낮과 밤 동안 떨어진 후 열흘째에 땅에 닿았으며, 지표면에서 땅밑으로 떨어뜨리면 또 아흐레 낮과 밤이 지난 후에야 타르타로스에 닿았다고 한다. 헤시오도스가 상상한 타르타로스는 청동 담장이 둘러 있고, 어두컴컴한 밤이 마치 목걸이처럼 세 겹으로 그곳을 감싸고 있다. 지옥의 감시견 케르베로스가 지키는 하데스의 집이 이곳에 있으며, 히프노스('잠'), 타나토스('죽음'), 스틱스 강도 타르타로스에 거한다. 타르타로스 위에서 대지와 불모의 바다가 뿌리를 내린다. 로마 시인 베르길리우스는 타르타로스의 이런 정경을 확대하여, 지하세계에서 엘리시온(엘리시온 들판)과 확실히 대응하는 별개의 구역으로 만들었다. 뾰족뾰족하니 험준한 바위의 밑부분에 있는 베르길리우스의 타르타로스는 세 겹의 벽이 둘러쳐 있고, 불타는 플레게톤 강이 그 주위를 에워싸며 흘렀다. 불멸의 금속 아다만트adamant로 만들어진 대문은 절대 뚫고 들어갈 수 없으며, 철탑에서는 복수의 여신들인 푸리아이[Ⓖ에리니에스] 중 한 명인 티시포네가 죄수들을 감시하고 있었다. 벽 안에서는 죄인들의 신음 소리와 그들이 차고 있는 쇠사슬이 철컹거리고 질질 끌리는 소리가 들렸다. 타르타로스의 입구들은 괴물 히드라가 지키고 있고, 타르타로스는 땅에서 하늘까지의 거리보다 두 배나 더 깊었다. 타르타로스에는 티탄족, 거인들인 오토스와 에피알테스, 그리고 죄인들인 탄탈로스, 시시포스, 익시온이 거했다. 살인범, 사기꾼, 거짓말쟁이, 간통자, 전쟁광 등 온갖 악인들이 이곳으로 떨어졌다. (가이아, 기간테스, 솜누스, 스틱스[장소], 시시포스, 엘리시온, 오토스, 익시온, 제우스, 카오스, 케르베로스, 타나토스, 탄탈로스, 티시포네, 티탄족, 푸리아이, 플레게톤 강, 하데스[신, 장소], 히프노스)

타르페이아 절벽Tarpeian Rock 타르페이아 절벽은 로마 카피톨리노 언덕의 남동쪽에 있는 벼랑이었다. 살인범들과 반역자들을 이 절벽에서 떨어뜨려 처형했다고 한다. 이 절벽의 이름은 탐욕 때문에 사비니족과 내통하여 로마를 배신한, 로마군 지휘관 스푸리우스 타르페이우스의 딸 타르페이아에서 따 왔다. 그녀는 이 절벽에서 제일 처음 떨어져 죽은 반역자였다. (로마, 사비니족, 카피톨리노 언덕, 타르페이아)

테베Thebes 고대 도시 테베(현재의 티바 마을이 있는 곳)는 그리스 중부 보이오티아 지방의 남부 평원에 자리하고 있었으며, 키타이론 산맥을 경계로 경쟁국인 아테네와 접해 있었다. 빈약한 유적을 보면 이 도시가 청동기 시대(기원전 14세기 중엽)부터 쭉 세력을 떨친 강대국이었음을 알아채기 힘들지만, 테베와 관련된 넘쳐나는 신화를 보면 그 반대임을 알 수 있다. 전설에 따르면, 테베를 건설한 카드모스는 용의 이빨을 뿌려 거기서 태어난 사람들을 백성으로 삼았다. 카드모스는 잘생긴 황소로 둔갑한 제우스에게 혹해 납치당한 페니키아의 공주 에우로페의 오라비였다. 카드모스는 하르모니아와 결혼하여 세멜레를 자식으로 두었으며, 세멜레는 제우스와 정을 통하여 디오니소스를 잉태한다. 카드모스의 손자 펜테우스는 신성한 사촌을 비방했다가 키타이론 산에서 섬뜩한 최후를 맞는다. 테베는 리코스 왕의 사악한 아내 디르케가 황소에게 질질 끌려다니다 끔찍한 최후를 맞은 곳이기도 하다. 신화 기록가 아폴로도로스에 의하면, 디르케를 벌한 제토스가 아내의 이름을 따서 도시의 이름을 테베로 바꾸었다고 한다. 영리한 오이디푸스는 테베의 통치자가 되었지만, 자기도 모르게 아버지를 살해하고 어머니와 결혼했다는 사실을 깨닫고는 비극적으로 삶을 마감한다. 오이디푸스의 두 아들 폴리네이케스와 에테오클레스는 왕국을 차지하려 다툼을 벌이다, 그들의 후손들에게까지 이어지는 비극적인 결과를 초래하고 만다. 테베가 헤라클레스의 고향이라는 사실도 잊어서는 안 된다. (디르케, 디오니소스, 리코스, 보이오티아, 세멜레, 아테네, 에우로페, 오이디푸스, 제우스, 제토스, 카드모스, 키타이론 산, 펜테우스, 폴리네이케스, 하르모니아, 헤라클레스)

테살리아Thessalia 현재 그리스 북부의 행정 구역인 테살리아는 고대의 테살리아와 얼추 일치한다. 고대의 테살리아는 동쪽의 오사 산과 펠리온 산, 북쪽의 올림포스 산, 서쪽의 핀도스 산, 남쪽의 오트리스 산 등 아주 높은 산들에 둘러싸여 있었다. 이 가운데 올림포스 산, 오사 산, 펠리온 산이 신화에서 중요한 무대로 등장한다. 올림포스 산은 올림포스 신들의 집이었고, 거인들인 오토스와 에피알테스는 올림포스 산과 오사 산, 펠리온 산을 차곡차곡 쌓아 신들을 공격하려 했다. 펠리온 산은 켄타우로스 케이론의 집이었다. 테살리아의 중요한 지형으로 템페 계곡과 페네오스 강도 있다. 페네오스 강의 신은 불운한 다프네의 아버지였다.

테살리아에는 구석기 시대(기원전 9000년경)부터 이미 수렵채집인들이 거주했으며, 신석기 시대(기원전 4000년~기원전 2000년경)에는 특히 비옥했던 동부 저지대에 인구가 밀집해서 농사를 지었다고 한다. 신화의 관점에서 보면, 그 후 청동기 시대에 이아손과 아르고호 원정대의 본거지인 이올코스가 중심국으로 부상한 것도 놀라운 일은 아니다. 테살리아는 신화 속 주요 인물들의 고향이기도 하다. 트로이 전쟁에서 최고의 그리스 전사로 싸운 아킬레우스, 아폴론의 친절한 주인이었던 아드메토스, 그리고 반인반수인 켄타우로스족의 고향이기도 하다. (다프네, 아르고호 원정대, 아킬레우스, 아폴론, 오사 산 , 오토스, 올림포스 산 , 이올코스, 제우스, 케이론, 켄타우로스족, 템페 계곡, 트로이, 페네오스(신, 장소), 펠리온 산)

템페 계곡 Vale of Tempe 템페(현재의 템비) 계곡은 길이 10킬로미터, 폭 27~50미터의 협곡으로, 올림포스 산과 오사 산 사이의 테살리아 지방에 있다. 페네오스 강이 템페 계곡을 지나 에게 해로 흘러드는데, 이 푸릇푸릇하고 좁은 계곡과 연관된 가장 유명한 신화는 강의 신 페네오스의 딸인 다프네의 이야기일 것이다. 아폴론의 구애를 피해 달아나던 다프네는 아버지에게 도움을 청하여 월계수로 변하고, 월계수는 아폴론의 신목神木이 된다. 이 계곡은 아폴론과 또 다른 인연이 있는데, 아폴론이 델포이 신탁소의 감시자였던 뱀 혹은 용 피톤을 죽인 후 페네오스 강물로 죄를 씻어냈다고 한다. (다프네, 델포이, 아폴론, 에게 해, 오사 산, 올림포스 산, 테살리아, 페네오스〔신, 장소〕, 피톤)

트라키아Thracia 대략 세상의 북쪽 끝으로 여겨진 고대의 트라키아는 그 경계가 분명하지 않았는데, 기본적으로 유럽 전체와 마케도니아의 북쪽과 동쪽, 에게 해와 흑해의 끝자락까지 포함하고 있었다. 그리스 로마 신화가 워낙 폭력적인 이야기들로 얼룩져 있긴 하지만, 이 기묘하고 야만적인 땅에서 유난히 폭력적인 사건들이 많이 일어난 듯하다. 신화에 등장하는 트라키아의 왕들 가운데 테레우스는 처제를 강간한 뒤 불구로 만들었고, 디오메데스는 자신의 말들에게 인육을 먹였으며, 폴리메스토르는 돈 때문에 트로이의 어린 왕자 폴리도로스를 죽였고, 리쿠르고스는 디오니소스와 그의 유모들을 공격했다. 한 무리의 트라키아 여인들은 뛰어난 음유시인 오르페우스가 아내의 죽음을 슬퍼하며 자신들에게 눈길조차 주지 않자 그의 몸을 갈가리 찢어버렸다. (디오니소스, 디오메데스, 리쿠르고스, 마케도니아, 에게 해, 오르페우스, 테레우스, 트로이, 폴리도로스)

트로이Troy 트로이 유적은 고대에 아나톨리아 지방에 속했던 터키령 에게 해 연안의 평원을 내려다보는 히사를리크 언덕에 있다. 유적은 해안으로부터 약 6.5킬로미터, 다르다넬스 해협의 남쪽 어귀로부터 4.8킬로미터 떨어져 있으며, 터키의 현대 도시 차낙칼레와 가깝다. 트로이가 자리했던 만은 몇백 년에 걸쳐 스카만드로스 강과 시모에이스 강이 실어 온 토사로 메워졌고, 이 때문에 발칸 반도와 아나톨리아, 에게 해, 흑해 사이의 문화적 가교로서 이 도시가 맡았던 막대한 역할이 묻혀버리는 면이 있다. 그만큼 탐내는 자들이 많았던 트로이는 한 번이 아니라 여러 번 전쟁과 멸망을 겪은 듯하다. 1820년에 제일 처음 찰스 매클래런이, 그 뒤를 이어 1863년과 1865년에 프랭크 캘버트가, 그리고 1870년부터 1890년까지 발굴을 시행한 하인리히 슐리만이 히사를리크를 트로이의 유적지로 주장했다. 그 유적에서는 지금까지도 고고학적 발굴이 계속 이어지고 있다. 히사를리크에서 층층이 쌓여 있는 아홉 층의 부락 유적이 발견되었다. 가장 오래된 트로이 1기는 청동기 시대 초반(기원전 3000년~기원전 2500년경)까지 거슬러 올라간다. 트로이 2기(기원전 2550

년~기원전 2300년경)의 유적층에서 금과 은, 호박색의 금은 합금, 홍옥수, 청금석으로 만들어진 수많은 공예품과 더불어 웅장한 가옥들이나 건축물들의 잔재가 발굴되자, 슐리만은 이곳이 호메로스의 트로이라는 결론을 내렸다. 그러나 호메로스가 이야기한 트로이 전쟁은 그보다 훨씬 더 후대의 일이므로 요새화가 잘 되어 있는 트로이 6기(기원전 1750~기원전 1300년)의 유적층이 호메로스의 트로이라는 주장이 대두되었지만, 이 역시 너무 이르다는 결과가 나왔다. 더 소박하긴 하지만 트로이 7a기(기원전 1300년~기원전 1180년)가 가장 그럴듯한 선택지로 보였으나, 아마 호메로스의 트로이는 여러 시기의 트로이를 융합한 결과물일 것이다.

고대 문헌에서, 영웅 트로스(에리크토니오스의 아들)의 이름을 딴 트로이는 그 건설자인 일로스의 이름을 따라 일리오스나 일리온이라 불리기도 한다. 반면, 트로이인은 트로아스의 전설적인 초기 왕들인 다르다노스와 테우크로스(스카만드로스 강의 신과 이다 산의 님페 사이에 태어난 아들)를 기리는 뜻에서 다르다니아인이나 테우크로이인이라 불렸다. 일로스의 도시는 후에 라오메돈이 다스렸고, 더 후의 통치자인 프리아모스 왕의 시대에 트로이 전쟁이 일어났으며, 그의 아들 파리스는 아름다운 헬레네를 스파르타에서 납치해 와 전쟁을 초래했다. 트로이에서 싸운 영웅들 가운데 그리스 진영의 아킬레우스, 아가멤논, 메넬라오스, 대★ 아이아스, 오디세우스, 그리고 트로이 진영의 헥토르 왕자가 가장 유명하다. 10년의 전쟁 후 오디세우스의 계략(아테나에게 바치는 제물인 양 속이 텅 빈 거대한 목마를 만든 다음 전사들이 그 속에 숨어 트로이 안으로 진입했다)으로 트로이는 몰락했다. (다르다노스, 라오메돈, 메넬라오스, 스파르타, 아가멤논, 아이아스[대], 아킬레우스, 아테나, 에리크토니오스, 오디세우스, 이다[님페, 산], 일로스, 테우크로스, 트로스, 파리스, 프리아모스, 헥토르, 헬레네)

트리나크리아 섬 Trinacria 신화에서 트리나크리아('세 개의 점들')는 스킬라와 카리브디스 부근에 있는 섬으로, 호메로스에 따르면 태양신 헬리오스의 소와 양이 350마리씩 살고 있었다. 오디세우스와 그의 부하들이 이 가축들에 전혀 손을 대지 않는다면, 큰 고난을 겪긴 하겠지만 고향으로 돌아갈 수 있으리라는 예언이 있었다. 하지만 그들은 헬리오스의 짐승들을 잡아먹고 말았고, 오디세우스를 제외한 전원이 사망했다. 고대에 트리나크리아 섬은 릴리바이온, 파키노스, 펠로리스 등의 도시들을 꼭짓점으로 가진 삼각형 모양의 시칠리아 섬과 동일시되었다. (스킬라[괴물], 시칠리아 섬, 오디세우스, 카리브디스, 헬리오스)

티린스Tiryns 고대 도시 티린스의 중심부는 펠로폰네소스 반도 북동부 아르골리스 지방의 바위투성이 둔덕에 자리해 있었다. 아르골리스는 훗날 그 지역의 맹주가 되는 아르고스를 비롯하여, 티린스, 미케네, 에피다우로스, 나우플리온(현재의 나프플리오) 등의 도시들을 아우르고 있었다. 바다에서 겨우 1.5킬로미터 정도 떨어진 티린스는 청동기 시대에 전성기를 맞았다. 그 시기에 프레스코 벽화로 장식된 유명한 요새 궁전(기원전 1400년~기원전 1200년)을 지어, 미케네와 더불어 그리스 본토에서 가장 강력한 성을 가진 도시가 되었다. 청동기 시대의 끝 무렵 티린스는 세력이 크게 줄어들어, 점차 이웃 도시 아르고스의 지배를 받다가 기원전 470년에 멸망했다.

　　신화에서 티린스는 벨레로폰, 페르세우스, 헤라클레스 등 중요한 그리스 영웅들과 인연이 있다. 티린스를 건설한 프로이토스 왕은 벨레로폰을 리키아로 보내고, 그곳에서 벨레로폰은 키마이라를 죽이는 임무를 떠맡는다. 페르세우스는 티린스의 왕이 되었다가 미케네를 건설하고, 헤라클레스는 티린스의 또 다른 왕 에우리스테우스의 명에 따라 열두 과업을 수행한다. (리키아, 미케네, 벨레로폰, 에우리스테우스, 키마이라, 페르세우스, 헤라클레스)

티베르 강 Tiber River　티베르는 이탈리아 중부에서 가장 중요한 강이다. 티베르 강은 아펜니노 산맥에서 발원하여 티레니아 해까지 400킬로미터를 흐르면서 상당량의 토사를 실어 나르기 때문에, 로마 시인 베르길리우스가 '플라부스flavus'(황색)라 묘사한 갈색빛을 띤다. 티베르 강의 물은 식수로 사용할 수는 없었지만, 오스티아의 어귀에서 배를 타면 로마까지 갈 수 있었다. 로마는 티베르 강둑을 따라 건설되어 양쪽으로 뻗어 나갔기 때문에, 티베르 강은 로마 신화에서 중요한 역할을 할 수밖에 없다. 로마를 건설한 로물루스와 레무스는 마르스〔Ⓖ아레스〕와 레아 실비아의 쌍둥이 아들로 태어난 후 티베르 강에 띄워 보내졌다. 형제가 죽지 않고 암늑대에게 구조된 곳도 티베르 강이었다. 강의 이름이 어디에서 기원했는지는 불분명하지만, 로마의 문법학자 페스투스에 따르면, 강물의 흰 빛깔(알부스albus) 때문에 알불라 강이라 불리던 때가 있었다. 하지만 후에 그 강에서 죽은 알바 롱가의 왕 티베리누스 실비우스의 이름을 따 티베르라 칭하기 시작했다고 한다. (레무스, 레아 실비아, 로마, 로물루스, 마르스, 알바 롱가)

파르나소스 산 Mount Parnassus　고대 포키스의 영토에 속하는 파르나소스 산은 그리스의 북부와 중부를 가르는 경계선이다. 파르나소스 산에서 신화적으로 가장 유명한 곳은 최고봉의 남서쪽 비탈이다. 이곳에는 아폴론의 유명한 성역이자 신탁소인 델포이가 있고, 무사이에게 봉헌된 카스탈리아 샘도 있다. 제우스가 타락한 인간을 전멸하기 위해 대홍수를 일으켰을 때 데우칼리온과 피라의 배가 떠밀려 올라간 곳도 이 산의 꼭대기였다. 파르나소스 산은 아폴론과 아주 긴밀한 관계에 있었지만, 아폴론은 이곳을 디오니소스와 공유했다. 명료함, 질서, 빛의 신인 아폴론과 무질서, 모호한 경계, 침범의 신인 디오니소스는 서로 상극이었다. (데우칼리온, 델포이, 디오니소스, 무사이, 아폴론, 제우스, 카스탈리아 샘, 피라)

파르테논 신전Parthenon 기원전 447년~기원전 432년 아테네의 아크로폴리스에 펜텔리코스 산의 대리석으로 지어진 파르테논은 아테나 파르테노스(처녀 신)에게 바쳐진 신전이다. 익티노스와 칼리크라테스가 지었으며, 유명한 조각가 페이디아스가 신전의 광범위한 조각 장식을 감독했다. 그 조각 작품들은 아테나의 탄생, 아테네의 수호신 자리를 두고 포세이돈과 벌인 대결에서 승리한 아테나, 그리고 라피테스족과 켄타우로스족, 그리스인과 아마조네스, 신과 기간테스, 그리스인과 트로이인 사이에 벌어진 전쟁 등의 신화 장면을 묘사했다. 전사이자 여신으로서의 아테나를 금과 상아로 조각한 거대한 신상(높이 11.5미터) 역시 페이디아스의 작품으로, 아테나의 지상 거처로 여겨진 신전 안에 모셔져 있었다. 파르테논 신전은 신화로 가득한 역사를 지닌 도시의 박물관이나 마찬가지였던 아크로폴리스의 주요 건축물로서 중요한 상징이었다. (기간테스, 라피테스족, 아마조네스, 아크로폴리스, 아테나, 아테네, 켄타우로스족, 트로이, 파르테노스, 포세이돈)

파포스Paphos 파포스, 구체적으로 말하자면 키프로스 섬의 현대 도시 쿠클리아 부근의 팔라이파포스(고대 파포스)는 아프로디테의 가장 중요한 성지로, 신화에서 그 여신과 깊은 인연이 있다. 바다의 거품에서 태어난 아프로디테가 제일 처음 발을 디딘 곳이 파포스 근처의 키프로스 해안이었다고 한다. 파포스의 건설에 관해서는 서로 모순된 다양한 이야기들이 전해져 내려온다. 이를테면, 신화 기록가 아폴로도로스는 이방의 왕자 키니라스가 키프로스 섬으로 와서 파포스를 건설하고, 섬의 왕 피그말리온의 딸과 결혼하여 훗날 아프로디테의 마음을 사로잡을 미소년 아도니스의 아버지가 된다고 쓴다. 반면, 오비디우스의 『변신 이야기』에 등장하는 피그말리온은 육체적 쾌락을 공공연히 피해왔음에도 자신이 만든 상아 여인상이 너무도 아름다워 그녀에게 완전히 매혹되어 버리는 인물이다. 조각상이 살아 움직이게 해달라는 피그말리온의 애절한 기도가 아프로디테에게 선해지고, 그 둘의 결합으로 딸 파포스가 태어난다. 신화 기록가 히기누스는 앞서 언급된 키니라스를 파포스의 아

파르테논 여신 아테나에게 바쳐진 그리스의 신전

들로 묘사했다. (아도니스, 아프로디테, 키니라스, 키프로스 섬, 피그말리온)

팍톨로스 강Pactolus River 리디아의 팍톨로스(현재의 사르트 차이) 강은 터키 서부에 흐르는 헤르무스(현재의 게디즈) 강의 한 지류이다. 팍톨로스 강은 트몰로스 (현재의 보즈다그) 산맥에서 발원하여 고대 도시 사르디스의 유적을 따라 흐른다. 고대에 팍톨로스 강은 금이 많이 나는 곳으로 유명했는데, 미다스 왕이 그 물로 손을 씻었다는 전설 때문이었다. (리디아, 미다스)

페네오스 강Peneus(Peneius, Pinios) River 그리스에는 페네오스(혹은 페네이오스, 현대 그리스어로는 피니오스)라는 이름의 강이 둘 있었다. 그중 하나는 그리스 북부의 테살리아 지방에 있었다. 이 큰 강은 핀도스 산맥에서 발원하여, 올림포스 산과 오사 산 사이의 아름다운 템페 계곡을 지나 테르마이코스 만으로 흘러들면서 그 지역 대부분에 물을 대어주었다. 신화에서 이 강의 신인 페네오스는 아폴론의 공격적인 구애를 피해 달아나다 월계수가 되어버린 사냥꾼 다프네의 아버지이다.

또 다른 페네오스 강은 펠로폰네소스 반도에 있으며, 아르카디아의 산에서 발원하여 서쪽으로 흘러서 자킨토스 섬 맞은편의 지중해로 유입된다. 올림피아 제전에 참가하려고 올림피아 성역에 찾아온 운동선수들을 위한 체육관, 훈련장, 경주로, 목욕 시설 등을 갖췄던 이웃 도시 엘리스는 이 강의 물을 끌어다 썼다. (다프네, 아르카디아, 아폴론, 오사 산, 올림포스 산, 올림피아, 템페 계곡, 페네오스(신))

페라이Pherae 페라이는 테살리아 지방의 도시로, 신화 기록가 아폴로도로스에 따르면 이올코스의 왕 크레테우스의 아들인 페레스가 건설했다고 한다. 페레스의 아들 아드메토스가 왕위를 물려받았으며, 신화에서 이 도시는 아드메토스와 관련된 이야기로 가장 유명하다. 아드메토스는 한동안 아폴론의 주인 노릇을 했는데, 그의 친절한 대접에 보답하고자 아폴론은 그가 젊은 나이에 죽게 되었을 때 대신 죽어줄 사람을 찾게 해주었다. 안타깝게도 아드메토스는 그를 대신해 죽겠다고 나서는 사람이 자신의 아내 알케스티스일 것이라고는 예견하지 못했다. (아드메토스, 아폴론, 알케스티스, 이올코스, 테살리아, 페레스)

페이레네 샘Peirene(Pirene) 페이레네(혹은 피레네)는 지리학자 스트라본에 따르면 고대 도시 코린토스의 급수원이었다고 전해지는 중요한 샘의 이름이다. 스트라본이 덧붙이기를 그 물이 맑아서 마시기에 좋았다고 하니, 천마 페가수스가 페이레네 샘을 자주 찾고 벨레로폰이 그곳에서 페가수스를 잡은 것도 놀라운 일은 아니다. 여행 작가 파우사니아스는 이 샘의 기원에 관해서, 아르테미스의 손에 아들을 잃고 눈물을 흘리다 샘이 되어버린 님페 페이레네에서 그 이름이 유래했다고 전한다. (벨레로폰, 아르테미스, 코린토스, 페가수스)

펠리온 산Mount Pelion 펠리온(현재의 필리오) 산은 테살리아 지방의 남동부에 있으며, 펠리온 산과 올림포스 산 사이에 끼어 있는 오사 산과 가깝다. 호메로스는 거인들인 오토스와 에피알테스가 올림포스 산 위에 오사 산을 쌓고, 그 위로 또 펠리온 산을 쌓아서 천상의 신들을 공격하려 했다고 전한다. 또 호메로스에 따르면, 켄타우로스 케이론이 펠리온 산의 울창한 숲에서 자라는 물푸레나무로 창을 만들어 펠레우스에게 주었고, 그의 아들인 아킬레우스가 트로이 전쟁에서 그 창을 무기로 사용했다고 한다. 그리스 서사시인 코인토스 스미르나이오스는 아킬레우스의 부모인 펠레우스와 테티스가 결혼식을 올린 곳도 펠리온 산이었다고 덧붙인다. 펠리온 산은 켄타우로스족의 고향이자, 아기 아킬레우스와 (몇몇 전승에 따르면) 영웅 이아손을 키운 케이론의 동굴이 있었던 곳으로도 알려졌다. (기간테스, 아킬레우스, 오사 산, 오토스, 올림포스 산, 이아손, 케이론, 켄타우로스족, 테살리아, 테티스, 트로이, 펠레우스)

프리기아Phrygia 프리기아는 프리기아인이 살던 고대 아나톨리아의 중서부 지역을 일컫는 이름이다. 프리기아인은 인도유럽어족의 언어를 사용한 민족으로, 기원전 9세기에 유럽의 발칸 반도에서 아나톨리아로 넘어간 듯하다. 그리스인과 로마인에게 프리기아는 이국적이고 '야만적'인 동시에 유혹적인 동방 세계였다. 프리기아의 경계선이 어디까지였는지 정확히 말하기는 어렵지만, 프리기아인은 어느 정도 응집력 있는 종교와 문화를 갖고 있었다. 실존했을지도 모를 고르디아스 왕이 건설한 부유한 도시 고르디온이 프리기아 왕국의 중심부로 부상했고, '황금 손'의 미다스 왕은 기원전 8세기에 그곳을 통치한 것으로 보인다. 고르디온은 기원전 800년(혹은 700년)경 킴메리오이라는 유목 민족에게 함락되었다고 한다. 프리기아 자체는 후에 서쪽의 리디아인들에게 정복당했다가, 페르시아, 알렉산드로스 대왕, 로마에 잇따라 합병되었다. 프리기아의 지모신 키벨레가 아테네와 로마로 전해졌으며, 그리스 로마 신화에서 프리기아가 차지하는 존재감은 상당하다. 고르디아스와 미다스뿐만 아니라, 사티로스인 마르시아스와 독실한 부부 바우키스와 필레몬의 고향이기도 하다. (고르디아스, 로마, 리디아, 마르시아스, 미다스, 바우키스, 사티로스족, 아테네, 키벨레)

플레게톤 강 Phlegethon River(Puriphlegethon) 푸리플레게톤('불이 활활 타오르는 강')이라고도 불리는 플레게톤 강('타오르는 강')은 지하세계에 흐르는 강들 중 하나이다. 호메로스는 플레게톤 강을 아케론 강의 한 지류로 묘사하지만, 몇 세기 후의 로마 시인 베르길리우스는 플레게톤 강이 타르타로스를 에워싸며 흐른다고 상상했다. 타르타로스는 지하세계에서 중죄인들이 거하는 곳으로, 세 겹의 벽에 둘러싸여 있었다. (아케론 강, 지하세계, 타르타로스)

피에리아Pieria 피에리아는 올림포스 산과 지금의 테르마이코스(혹은 살로니카) 만 사이에 있었던 고대 그리스의 한 지방이다. 그리스 시인 헤시오도스에 따르면, 예술의 수호신들인 무사이가 태어난 곳도, 오르페우스가 태어난 곳도, 참혹한 죽음을 맞은 오르페우스의 토막 난 시신 대부분이 묻힌 곳도 피에리아였다. 피에리아라는 지명은 전설상의 마케도니아 왕 피에로스에서 유래했는데, 그의 딸 아홉 명은 훗날 무사이와 노래 실력을 겨룬다. 피에로스의 딸들과 무사이 모두에게 피에리데스라는 별칭이 붙었다. 무사이의 경우엔 피에리아가 그들의 고향이라서, 피에로스의 딸들은 아버지의 이름을 따서 그렇게 불렸다. 그러나 일반적으로 그 이름은 무사이에게만 사용되었다. (무사이, 오르페우스, 올림포스 산, 피에로스, 피에리데스)

필로스Pylos 호메로스의 『일리아스』에서 필로스는 트로이로 원정을 떠난 그리스군의 믿음직한 고문이자 현명한 노인 네스토르의 왕국이다. 『오디세이아』에서 오디세우스의 아들 텔레마코스는 20년이나 집으로 돌아오지 않는 아버지의 행방을 알아내기 위해 필로스의 네스토르를 찾아간다. 호메로스가 묘사하기를, 네스토르의 궁전은 '튼튼하게 지어졌고', 필로스 왕국은 '모래투성이'의 땅이지만 알페이오스 강이 가까이 있었다고 한다. 이런 묘사 때문에 고대에도 필로스의 실제 위치에 관해 의견이 분분했다. 지리학자 스트라본은 세 곳의 후보지를 언급한다. 모두 펠로폰네소스 반도의 지역들로, 저마다 자기들이 네스토르의 필로스라고 주장했다. 그 후보지들은 각각 트리필리아(현재의 카코바토스 부근), 청동기 시대 미케네 궁전의 프레스코 유적이 많이 발견된 메세니아(현재의 아노 엥글리아노스 부근), 그리고 엘리스에 있었다.

전설에 의하면, 필로스를 건설한 넬레우스는 열두 명의 아들 중 열한 명과 함께 헤라클레스에게 살해되었으며, 열두 번째 아들 네스토르만 살아남아 왕이 되었다. (네스토르, 넬레우스, 미케네, 알페이오스(장소), 오디세우스, 텔레마코스, 트로이)

하데스Hades '보이지 않는 자'라는 뜻의 그리스어 하데스는 지하세계와 그곳을 다스리는 신의 이름이지만, 좀 더 정확히는 (그 위치가 어디든 간에) 죽은 자들의 땅과 그곳의 왕을 칭한다고 해야 할 것이다. 가장 오래된 고대 문학 작품 중 하나인 호메로스의 서사시 『오디세이아』에는 지하세계의 지형이 명확하게 설명되어 있지 않다. 오디세우스는 예언자 테이레시아스의 조언을 구하기 위해 '하데스의 집'으로 향했다. 하데스의 집으로 들어가는 입구는 세상을 에워싸며 흐르는 강 오케아노스 바로 너머에 있는 듯하다. 깊숙한 에레보스에 거하는 망령들이 땅 구덩이에서 나와 오디세우스와 이야기를 나눴다. 하데스의 집은 지상의 끝자락에 있다가도 어느 순간 땅 밑에 있는 것처럼 보였는데, 그곳에서 오디세우스는 망자들의 재판관 미노스, 아스포델로스가 만발한 들판을 돌아다니는 거인 오리온, 독수리들에게 간을 쪼아 먹히는 티티오스, 아래의 물과 머리 위의 과일을 먹으려 할 때마다 번번이 실패하는 탄탈로스, 언덕 위로 바위를 밀어 올리는 시시포스, 그리고 헤라클레스의 망령을 만났다. 그러나 후대 작가들의 작품에서 하데스는 땅 밑에 있으며, 지하세계의 모습이 좀 더 명확히 그려진다. (미노스, 에레보스, 오디세우스, 오리온, 오케아노스(장소), 지하세계, 탄탈로스, 테이레시아스, 티티오스)

헤라클레스의 기둥 Pillars of Heracles 지브롤터 해협의 양쪽에 있는 암벽들인 헤라클레스의 기둥은 영웅 헤라클레스가 현재의 위치에 만들었거나 박은 것이라 전해진다. 두 기둥 중 하나인 지브롤터 암벽(칼페의 바위산)은 이베리아 반도의 남쪽 끝 부근에, 다른 하나인 아빌라 산(현재 모로코의 제벨 무사)은 지브롤터 암벽 맞은편의 아프리카 대륙에 있다. 그리스 역사가 디오도로스 시켈로스는 헤라클레스의 기둥이 탄생한 경위에 관해 다양한 이야기를 전하지만, 헤라클레스가 열 번째 과업으로 세 개의 몸뚱이를 가진 괴물 게리온의 유명한 소 떼를 훔치러 세상의 서쪽 끝으로 갔을 때 그 기둥들을 만들었다는 사실에는 변함이 없다. 디오도로스에 따르면, 헤라클레스가 그 기둥들을 박은 이유는 당시 그리스인이 알고 있던 세상의 서쪽 끝까지 여행한 일을 기념하기 위해서였거나, 아니면 그 너머의 바다(대서양)에 있는 바다 괴물들이 지중해로 넘어오지 못하도록 해협을 더 좁게 만들기 위해서였다. 또한 디오도로스는 헤라클레스가 원래 하나의 광대한 대륙이었던 땅을 쪼개어 바위 기둥들을 만들면서 유럽과 아프리카가 분리되고 뱃길이 생겼다고 말한다. 디오도로스는 자신이 제시하는 버전들 가운데 어느 것이 옳은가에 관해서는 어떤 의견도 내놓지 않고, 독자들에게 판단을 맡긴다. (게리온, 헤라클레스)

헤브로스 강Hebrus River 지금은 마리차(혹은 현대 그리스어로 에브로스Evros) 강이라 불리는 헤브로스 강은 트라키아의 주요 강으로, 로도피 산맥에서 발원하여 에게 해로 흘러든다. '넓은'이라는 뜻의 그리스어 '에우로스eurus'에서 이름을 따온 헤브로스 강은 신화에서 오르페우스가 트라키아의 디오니소스 신도들에게 몸을 갈가리 찢긴 후 그의 머리가 노래를 부르며 떠내려간 강으로 유명하다. (디오니소스, 에게해, 오르페우스, 트라키아)

헬레스폰트Hellespont 헬레스폰트는 좁고 긴 바다, 즉 해협이다. 지금은 다르다넬스 해협이라 불린다. 유럽 대륙과 아시아 대륙 사이에 위치하면서, 에게 해와 마르마라 해를 연결하고, 보스포루스 해협을 통해 흑해로 나아가는 통로가 되어주기 때문에 오래전부터 전략적 요충지였다. 이 해협의 이름은 여기에 빠져 죽은 소녀 헬레에서 유래한다. 헬레의 계모 이노는 헬레와 프릭소스 남매를 죽이려 음모를 꾸몄지만, 남매의 친어머니 네펠레가 아이들을 구하기 위해 날개 달린 황금 숫양을 보냈다. 남매가 양을 타고 흑해의 동쪽 해안에 있는 콜키스를 향해 날아가던 중 헬레는 균형을 잃고 바닷물로 떨어지고 말았다. 신화에서 이 해협은 불운한 연인 헤로와 레안드로스가 그 물살에 목숨을 잃는 비극적인 이야기에도 등장한다. (네펠레, 레안드로스, 이노, 콜키스, 프릭소스, 헤로, 헬레)

헬리콘 산Mount Helicon 헬리콘 산은 그리스 중부 보이오티아 지방의 서남쪽에 있다. 그리스 시인 헤시오도스에 따르면, 무사이 신앙의 중요한 성지인 이곳에서 무사이가 춤을 추었으며, 가축을 몰고 있던 자신에게 시적 영감의 원천인 월계수 지팡이를 선물해 주었다고 한다. 헬리콘 산에는 무사이에게 봉헌된 샘이 두 곳 있었다. 아가니페 샘과 천마 페가수스가 만든 히포크레네 샘이었는데, 여행 작가 파우사니아스는 둘 모두 무사이의 숲 부근에 있었다고 쓴다. (무사이, 보이오티아, 제우스, 페가수스, 히포크레네 샘)

히포크레네 샘Hippocrene Spring 무사이의 성지인 헬리콘 산에 있는 히포크레네 샘은 그 물을 마시는 사람들에게 시적 영감을 주는 것으로 여겨졌다. 전승에 따르면, '말의 샘'을 의미하는 히포크레네는 천마 페가수스가 발굽으로 땅을 내리쳐서 만든 샘이라고 한다. (무사이, 보이오티아, 페가수스, 헬리콘 산)

그리스 로마 신화 속의 신
·
신화를 기록한 고대 작가 사전
·
찾아보기

그리스/로마의 주요 신

제우스/유피테르

헤라/유노

포세이돈/넵투누스

데메테르/케레스

아테나/미네르바

아폴론/아폴로

아르테미스/디아나

아레스/마르스

아프로디테/베누스

헤파이스토스/불카누스

헤르메스/메르쿠리우스

헤스티아/베스타

디오니소스/바쿠스

하데스 혹은 플루톤/디스 혹은

플루토

태초신

카오스(공허)

가이아(대지)

우라노스(하늘)

우레아(산들)

폰토스(바다)

타르타로스(지하세계)

에레보스(암흑)

닉스(밤)

아이테르(빛)

헤메라(낮)

에오스(새벽)

헬리오스(태양)

셀레네(달)

아이올로스(바람)

바람의 신들

노토스(남풍)

보레아스(북풍)

에우로스(동풍)

제피로스(서풍)

무사이

멜포메네(비극)

에라토(연애시)

에우테르페(음악)

우라니아(천문학)

칼리오페(서사시)

클리오(역사)

탈리아(희극)

테르프시코레(춤)

폴리힘니아(찬가)

삼미신(카리테스)

아글라이아(눈부시게 빛나는 자)

에우프로시네(기쁨)

탈리아(활짝 피는 자)

운명의 세 여신(모이라이)

라케시스(제비를 뽑는 자)

아트로포스(되돌릴 수 없는 자)

클로토(실을 잣는 자)

복수의 세 여신(에리니에스)

메가이라(질투하는 자)

알렉토(무자비한 자)

티시포네(살인을 복수하는 자)

티탄족

디오네(2세대 추정)

레아(1세대)

레토(2세대)

메노이티오스(2세대)

메티스(2세대)

므네모시네(1세대)

셀레네(2세대)

스틱스(2세대)

아스테리아(2세대)

아스트라이오스(2세대)

아틀라스(2세대)

에오스(2세대)

에우리노메(2세대)

에피메테우스(2세대)

오케아노스(1세대)

이아페토스(1세대)

코이오스(1세대)

크로노스(1세대)

크리오스(1세대)

클리메네(2세대)

테미스(1세대)

테이아(1세대)

테튀스(1세대)

페르세스(2세대)

포이베(1세대)

프로메테우스(2세대)

헤카테(3세대)

히페리온(1세대)

논노스Nonnus (5세기 후반 활동 추정): 이집트 도시 파노폴리스(아킴) 출신의 그리스 시인. 그의 서사시 『디오니소스 이야기The Dionysiaca』는 디오니소스의 생애와 모험을 이야기하고 있다.

대✶플리니우스 Pliny the Elder〔가이우스 플리니우스 세쿤두스〕(23/24~79년): 로마의 정치인, 해군 제독, 학자. 베수비오 화산 폭발로 사망했다. 문법, 웅변술, 군사학, 평전 등에 관하여 많은 저서를 남겼으며, 그의 대표작 『박물지The Natural History』에는 천문학, 식물학, 지질학, 원예학, 의학, 광물학, 동물학 등의 주제가 담겨 있다.

디오도로스Diodorus (기원전 60년~기원전 20년경 활동): '시칠리아인' 디오도로스 시켈로스로 알려진 그는 신화 시대부터 카이사르의 갈리아 정복에 이르기까지 광범위한 세계 역사를 다룬 『역사 총서The Library of History』를 저술했다. 그리스어로 쓰인 이 작품은 이집트, 메소포타미아, 인도, 스키티아, 아라비아, 북아프리카, 그리스, 유럽에 관한 논의를 담고 있다.

로도스의 아폴로니오스 Apollonius of Rhodes (기원전 3세기 전반): 황금 양피를 찾아 나선 영웅 이아손의 모험담을 그린 그리스 서사시 『아르고나우티카Argonautica』(아르고호의 모험)의 저자.

리비우스Livy〔티투스 리비우스〕(기원전 59년~기원후 17년): 건국부터 아우구스투스 시대까지 로마의 역사를 저술한 작가. 연재식으로 발표된 142장 구성의 『로마사Ab Urbe Condita』는 즉각적인 찬사를 받았다.

바킬리데스Bacchylides (기원전 520년~기원전 450년?): 케오스 섬(지금의 케아 섬 혹은 지아 섬) 출신의 그리스 서정시인. 서정시는 리라 같은 악기의 반주에 맞추어 부르는 짧은 시였는데, 바킬리데스는 대표적인 서정시인 9명 중 한 명이었다고 한다.

베르길리우스Virgil〔푸블리우스 베르길리우스 마로〕(기원전 70년?~기원전 19년): 로마의 건설과 로마인들의 기원을 이야기한 서사시 『아이네이스Aeneid』를 저술한 걸출한 작가. 아우구스투스 황제의 후원을 받은 베르길리우스는 전원시들을 모아놓은 『목가집Eclogues』, 당대의 사회적·정치적 문제와 더불어 농사에 관해서 이야기한 교훈시『농경시Georgics』도 썼다.

비트루비우스Vitruvius 〔마르쿠스 비트루비우스 폴리오〕 (기원전 80/70년~기원전 15년) : 율리우스 카이사르와 아우구스투스 황제의 치세에 살고 활동했던 로마의 건축가이자 공학자. 건축술에 관한 최초의 저서로 그 분야에 지대한 영향을 미친『건축에 관하여De Architectura』를 저술했다.

사포Sappho (기원전 7세기 후반): 명성이 자자하여 '열 번째 무사'라 불린 고대의 서정 시인. 사포는 그리스의 레스보스 섬에서 태어나 살았다. 그 외에 그녀의 생애에 관해서는 분명하게 밝혀진 바가 없다. 그녀는 열정적이며 여성 중심적인 시를 쓴 것으로 유명하다. 그녀의 시들은 단편적으로만 남아 있다.

세네카Seneca 〔루키우스 안나이우스 세네카〕 (기원전 4년?~기원후 65년): 로마의 정치인, 철학자, 극작가. 스페인의 코르도바에서 태어난 세네카는 로마에서 교육받은 후 네로 황제의 첫 스승이 되었다가 후에는 정치적 고문 역할도 했다. 그의 작품들 중에는 신화적 주제를 다룬 다음과 같은 비극들도 있다.『헤라클레스의 광기Hercules Furens』,『트로이의 여인들Troades』,『페니키아의 여인들Phoenissae』,『메데이아Medea』,『파이드라Phaedra』,『오이디푸스Oedipus』,『아가멤논Agamemnon』,『티에스테스Thyestes』

세르비우스Servius 〔마리우스 세르비우스 호노라투스〕 (400년경 활동): 베르길리우스의 작품에 관한 광범위한 주해서로 유명한 로마의 문법학자이자 주석자.

소포클레스Sophocles (기원전 495년?~기원전 406/405년): 아테네의 극작가로, 당대에 가장 인기가 많았다.『안티고네Antigone』,『오이디푸스 왕Oedipus the King』,『콜로노스의 오이디푸스Oedipus at Colonus』,『필록테테스Philoctetes』,『아이아스Ajax』,『트라키스의 여인들Women of Trachis』,『엘렉트라Electra』등 120편의 희곡을 썼다.

스타티우스Statius 〔푸블리우스 파피니우스 스타티우스〕 (1세기 후반): 로마 시인. 현존하는 작품들로는 테베 공략 7장군의 원정에 초점을 맞춘 서사시『테바이스Thebaid』, 미완으로 남은 서사시『아킬레이스Achilleid』, 여러 가지 소재를 다룬 시집『숲Silvae』

등이 있다.

스테시코로스Stesichorus (기원전 600년~기원전 550년경 활동): 레스보스 섬의 사포와 동시대에 활동한 그리스 서정시인. 많은 시를 썼다고 하지만, 지금은 단편적으로만 남아 있다. 고대에 큰 명성을 누린 스테시코로스는 시칠리아 섬 혹은 이탈리아 남부 태생으로 알려졌다.

스트라본Strabo (기원전 65년~기원후 25년경): 역사가이자 지리학자. 스페인, 갈리아, 이탈리아, 발칸 지역, 소아시아, 인도, 이집트, 북아프리카 등지의 지리에 관한 정보를 집대성한 17부 구성의 저서 『지리지Geographia』가 유명하다.

아라토스Aratus (기원전 315년?~기원전 240년): 소아시아(지금의 터키)의 남부 해안에 있는 킬리키아에서 태어난 그리스 시인. 유일하게 현존하는 그의 작품은 『하늘의 현상Phenomena』이라는 제목의 1,154행 6보격 시이다. 가장 중요한 별들, 별자리들의 위치와 움직임, 그리고 거기에 얽힌 신화를 노래하고 있다.

아리아노스Arrian 〔루키우스 플라비우스 아리아노스〕 (86년~160년경): 그리스 역사가이자 로마 제국의 군사령관 겸 관공리. 터키 중북부의 비티니아에서 태어난 그의 저서 『알렉산드로스 원정기The Anabasis of Alexander』는 알렉산드로스 대왕의 군사적 업적을 알려주는 귀중한 자료이다.

아엘리아누스Aelian 〔클라우디우스 아엘리아누스〕 (170년~235년경): 로마의 수사학자. 저명한 인물들의 교훈적 일화와 짧은 일대기, 세계의 자연경관과 다양한 문화를 담은 문화역사서 『역사 잡록Historical Miscellany』을 그리스어로 저술했다.

아이스킬로스Aeschylos (기원전 525/524년?~기원전 456/455년): 소포클레스, 에우리피데스와 함께 3대 그리스 비극 작가라 불렸다. 70~90편의 비극을 썼다고 전해지지만, 현재는 《오레스테이아The Oresteia》 3부작이라 불리는 『아가멤논Agamemnon』, 『제주祭酒를 바치는 여인들Libation Bearers』, 『에우메니데스Eumenides』 외에 『탄원자들Suppliants』, 『페르시아인들Persians』, 『테베 공략 7장군Seven Against Thebes』, 『결박된 프로메테우스Prometheus Bound』 등 일곱 편만 남아 있다.

아테나이오스Athenaeus (200년 무렵 활동): 로마에서 열린 연회들을 허구적으로 묘사한 그리스어 이야기를 썼다. 『만찬의 감식가들The Connoisseurs in Dining』 혹은 『현자의 연회Learned Diners』로 번역되는 그 작품은 음식을 비롯한 다양한 주제에 관한 손님들의 대화를 담고 있다.

아폴로도로스Apollodorus (1세기 혹은 2세기): 그리스-로마의 신화와 전설을 그리스어로 광범위하게 요약한 저자로 알려져왔지만, 사실이 아닐 가능성이 높다. 그 작품의 제목은 『비블리오테케The Library』(도서관)이다.

아풀레이우스Apuleius 〔루키우스 아풀레이우스〕 (125년경~?): 지금의 알제리에 있는 로마령 베르베르족의 도시 마다우로스에서 태어난 로마의 작가이자 수사학자. 그의 가장 유명한 작품은 유일하게 완전한 형태로 전해져 내려오는 고대의 라틴어 소설이다. 『황금 당나귀The Golden Ass』 또는 『변형담Metamorphoses』이라는 제목들로 알려진 이 작품은 당나귀로 변하는 주인공 루키우스의 모험담을 1인칭으로 서술하고 있다.

안토니노스 리베랄리스 Antoninus Liberalis (2세기 혹은 3세기): 『변신 이야기 모음집 Collection of Tales of Metamorphosis』이라는 신화 모음집을 그리스어로 저술한 문법학자. 그의 삶에 대한 세부적인 내용은 알 수 없으며, 『변신 이야기 모음집』은 유일하게 현존하는 그의 작품이다.

알크만Alcman (기원전 7세기 중반?~후반): 그리스의 서정시인으로, 스파르타에서 활동했지만 아마 리디아(지금의 터키)에서 태어났을 것이다. 리라(혹은 다른 악기)의 반주에 맞추어 낭송된 그의 짧은 시들은 지금 단편적으로만 남아 있다.

에우리피데스Euripides (기원전 485년?~기원전 406년): 아이스킬로스, 소포클레스와 더불어 그리스의 3대 비극 작가 중 한 명. 신화를 소재로 삼은 90편의 희곡들 가운데 다음의 18편이 남아 있다. 『알케스티스Alcestis』, 『메데이아Medea』, 『히폴리토스Hippolytus』, 『안드로마케Andromache』, 『헤카베Hecuba』, 『트로이의 여인들Trojan Women』, 『페니키아의 여인들Phoenician Women』, 『오레스테스Orestes』, 『바쿠스의 여신도들Bacchae』, 『헬레네Helen』, 『엘렉트라Electra』, 『헤라클레이다이Heraclidae』(헤라클레스의 자식들), 『헤라클레스Hercules』, 『탄원하는 여인들Suppliant Women』, 『아울리스의 이피게네이아Iphigenia at Aulis』,『타우리스의 이피게네이아Iphigenia among the Taurians』,『이온Ion』,『키클로페스Cyclops』

오비디우스Ovid 〔푸블리우스 오비디우스 나소〕(기원전 43년~기원후 18년): 가장 유명하고 칭송받은 고대 로마 시인들 중 한 명. 수백 년 동안 그리스 로마 신화와 전설의 일차적인 자료가 되어온 서사시『변신 이야기Metamorphoses』의 저자이다. 그 외에 유혹의 기술을 설명한 문제작『사랑의 기술Ars Amatoria』, 신화 속의 인간 여성들이 연인들에게 보낸 허구의 편지들을 모아놓은 서간집『여인들의 편지Heroides』, 축제들의 날짜와 기원, 신화를 월별로 설명한 시『로마의 축제들Fasti』등을 저술했다.

유베날리스Juvenal 〔데시무스 유니우스 유베날리스〕(1세기 후반~2세기 초반 활동): 로마의 저명한 풍자 작가였지만, 그의 생애에 관해서는 알려진 바가 거의 없다. 작품으로는 풍자시 16편을 모아놓은『풍자시집Satires』이 전해진다.

카토Cato, Marcus Porcius 〔마르쿠스 포르키우스 카토〕(기원전 218년~기원전 202년): 한니발과 카르타고와의 전쟁에서 맹활약한 로마의 정치가이자 군인. 전통적인 생활 방식·도덕률·정부의 확고한 지지자로서, 올리브나 포도 등의 과일 재배와 가축들을 위한 방목지 같은 주제를 다룬『농업론On Agriculture』을 썼다. 기원전 168년에 저술을 시작하여 결국 미완으로 남은 그의 역사서『기원론Origins』은 기원전 149년까지의 로마의 초기 역사를 설명하고 있다.

카툴루스Catullus 〔가이우스 발레리우스 카툴루스〕(기원전 84년?~기원전 55년?): 이탈리아 도시 베로나 출신의 로마 시인으로, 그가「리벨루스Libellus」(소책자)라고 부르는 얇은 시집에 따르면 그는 로마 공화정의 '상류 사회'의 일원이었다. 그 저서에는 연설가이자 정치인인 키케로, 율리우스 카이사르, 그리고 카이사르의 경쟁자인 폼페이우스 마그누스 장군 등에 관한 이야기들이 실려 있다.

칼리마코스Callimachus (기원전 310/305년~기원전 240년경): 지금의 리비아 북동부에 있는 키레네에서 태어나 알렉산드리아를 대표하는 문인이 된 저명한 그리스 시인이자 학자. 엄청난 다작 작가로 알려져 있지만, 신화를 소재로 삼은 시들을 포함하여 그의 작품 대부분은 완전히 소실되거나 단편적으로만 남아 있다.

코인토스 스미르나이오스 Quintus Smyrnaeus (3~4세기): 『일리아스와 오디세이아 사이에 일어난 일들Ta meth' Homeron』이라는 그리스어 서사시를 쓴 저자.

타키투스Tacitus 〔푸블리우스? 코르넬리우스 타키투스〕(55년?~117년): 로마의 역사가이자 정치인. 갈리아에서 태어났지만 75년에 로마로 갔다. 현존하는 그의 작품들로는 『아그리콜라의 일생Agricola』, 『게르마니아Germania』, 『웅변술에 관한 대화Dialogus de oratoribus』, 갈바 황제부터 도미티아누스 황제까지의 치세에 초점을 맞춘 『역사Historiae』, 그리고 티베리우스 황제부터 네로 황제까지의 로마 역사를 서술한 『연대기Annales』 등이 있다.

테오크리토스Theocritus (기원전 3세기 초반): 『목가집Idylls』의 저자인 그리스 시인. 전원시의 창시자로 알려진 테오크리토스는 시라쿠사에서 태어난 후 이집트의 알렉산드리아와 코스 섬에서 활동한 것으로 보인다. 그가 썼다는 『목가집』의 시 30편이 남아 있기는 있지만 사실 그가 전부 쓴 것도 아니고, 모든 시가 (전원생활의 매력을 담은) 전원시인 것도 아니다.

투키디데스Thucydides (기원전 460년?~기원전 400년): 아테네의 장군이자 역사가. 사실에 근거한 최초의 역사서 『펠로폰네소스 전쟁The Peloponnesian War』의 저자로 알려졌다.

파르테니오스Parthenius (기원전 1세기): 아나톨리아 북서부(지금의 터키)의 그리스 도시 니카이아 출신의 학자이자 시인. 전쟁 포로로 이탈리아로 끌려갔다가 후에 풀려난 그는 베르길리우스 같은 로마 시인들에게 큰 영향을 미쳤다. 그리스 시인들의 작품에 실린 이야기들을 모아놓은 산문집 『사랑의 고통Erotika Pathemata』을 제외하고 그의 저작들은 단편적으로만 남아 있다.

파우사니아스Pausanias (115년~180년경): 그리스 본토를 직접 여행한 기록을 남긴 그리스 작가. 『그리스 여행기The Description of Greece』에서 여행 안내자 역할을 맡아, 이제는 사라지고 없는 유적들과 기념비적인 건축물들, 예술 작품들뿐만 아니라 그가 방문한 지역의 풍습과 신앙에 대한 풍부한 정보를 제공해 준다.

페스투스Festus 〔섹스투스 폼페이우스 페스투스〕(2세기 후반): 문법학자 베리우스 플라쿠스(기원전 55년?~기원후 20년?)의 저서 『단어들의 의미에 관하여De Verborum Significatu』의 요약본을 저술한 학자.

프로페르티우스Propertius [섹스투스 프로페르티우스] (기원전 1세기 후반): 이탈리아 도시 아시니움(지금의 아시시)에서 태어난 로마의 비가 시인. 그는 아우구스투스 황제의 후원을 받았으며, 연애시들로 가장 유명하다. 그의 작품 중에는 4권 구성의 『비가Elegies』가 지금까지 전해져 내려오고 있다.

플라톤Plato (기원전 428/427년~기원전 348/347년): 아테네의 철학자이자, 아카데미아라는 철학 공동체의 창설자. (플라톤에게 큰 영향을 미친) 소크라테스가 한 인물로 등장하여 이상 국가에 관해 논하는 『국가The Republic』를 비롯하여 수많은 저작을 남겼다.

플루타르코스Plutarch [루키우스? 메스트리우스 플루타르코스] (45년?~125년): 전기 작가이자 윤리학자. 다작 작가였던 그는 윤리에 관한 저작들이나 그리스와 로마의 저명한 정치인들과 군인들의 전기로 유명하다. 『영웅전Lives of the Noble Greeks and Romans』에는 알렉산드로스 대왕, 전설상의 아테네 왕 테세우스, 전설상의 로마 왕이자 로물루스의 계승자인 누마를 비롯하여 저명한 인물 50인의 전기가 실려 있다.

핀다로스Pindar (기원전 498년~기원전 446년 활동): 올림피아의 제우스 성역과 델포이의 아폴론 성역에서 종교적 의미로 열린 올림피아 제전과 피티아 제전의 승리자들을 찬양한 시들로 유명한 그리스의 서정시인.

할리카르나소스의 디오니시오스Dionysius of Halicarnassus (기원전 60년~기원후 7년?): 기원전 30년 이후 어느 시기에 할리카르나소스에서 로마로 건너간 그리스 역사가이자 수사학자로, 아우구스투스 황제 치하의 로마에서 활동했다. 디오니시오스의 대표작은 로마의 신화적 기원부터 제1차 포에니 전쟁까지의 로마 역사를 다룬 20권(혹은 20장) 구성의 『고대 로마사Roman Antiquities』이다.

헤로도토스Herodotus (기원전 480년?~기원전 425년): '역사의 아버지'라 불리는 그는 최초로 과거의 사건을 조사 대상으로 삼았다. 그리스와 페르시아의 전쟁(기원전 490년~기원전 479년)에 관해 그리스어로 기술한 『역사The Histories』에는 지리적·신화적·정치적·민족지학적 정보가 풍부하게 담겨 있다.

헤시오도스Hesiod (기원전 725년경 활동): 그리스 전승에 따르면, 영향력이 아주 크며 교육용으로도 가치가 높은 두 편의 서사시를 저술한 작가이다. 우주와 신들의 기원을 다룬 『신들의 계보Theogony』와 사회적·종교적 처신에 대한 생각과 농부의 달력을 담은 『노동과 나날Works and Days』이 그것이다.

헬라니코스Hellanicus (기원전 480년?~기원전 395년?): 그리스의 레스보스 섬 출신의 연대기 작가, 신화 기록가, 민족지학자. 단편적으로만 남아 있는 그의 작품들 중에는 아테네의 전 역사를 담은 『아티카기Atthis』와 트로이의 신화-역사를 이야기한 『트로이카Troica』가 있다. 그의 민족지학적 저술은 그리스부터 이집트, 키프로스 섬, 스키타이, 페르시아까지 광범위한 지역을 다루고 있다.

호메로스Homer (기원전 8세기): 그리스 전승에 따르면, 서양 최초의 문학 작품들인 『일리아스Iliad』와 『오디세이아Odyssey』의 저자이다. 그리스의 신들을 찬미하는 작자 미상의 시들을 모아놓은 『호메로스 찬가Homeric Hymns』는 그의 작품으로 잘못 알려져 있다.

히기누스Hyginus (기원전 2세기?): 다양한 그리스 원전들을 엮은 신화 편람 『이야기Fabulae』와 신화적 내용을 함께 버무린 천문학 설명서 『시적 천문학Astronomica』의 저자로 알려졌지만, 사실이 아닐 가능성이 크다.

저역자 소개 ·············

지은이

아네트 기제케 Annette Giesecke 델라웨어 대학의 고전학 교수이자 고대 그리스·로마학과 학과장이다. 에피쿠로스 철학, 호메로스와 베르길리우스의 서사시에서부터 자연 환경에 대한 고대의 태도에 이르기까지 다양한 주제에 관하여 글을 썼다. 『식물의 신화: 고대 그리스와 로마의 식물학적 전승』의 저자이기도 하다. 현재 펜실베이니아주 랜든버그에 거주하고 있다.

일러스트

짐 티어니 Jim Tierney 펜실베이니아주 남동부에 살고 있는 일러스트레이터이자 그래픽 디자이너이다. 이디스 해밀턴의 『그리스 로마 신화』 75주년 기념판의 삽화를 맡았다.

옮긴이

이영아 서강대학교 영어영문학과를 졸업하고 성균관대학교 사회교육원 전문 번역가 양성 과정을 이수했다. 현재 전문 번역가로 활동하고 있다. 옮긴 책으로 『스티븐 프라이의 그리스 신화』, 『쌤통의 심리학』, 『민주주의는 여성에게 실패했는가』, 『라이프 프로젝트』, 『행복은 어떻게 설계되는가』, 『도둑맞은 인생』 등 다수가 있다.

고전 신화 백과

한 권으로 끝내는 그리스 로마 신화 속
신 · 영웅 · 님페 · 괴물 · 장소

초판 인쇄 2022. 3. 14
초판 발행 2022. 3. 23

지은이 아네트 기제케
일러스트 짐 티어니
옮긴이 이영아
펴낸이 김광우
편집 강지수, 문혜영, 박지행 | 마케팅 권순민, 김예진, 박장희
디자인 송지애

펴낸곳 知와사랑 | 주소 경기도 고양시 일산동구 고양대로1021번길 33 402호
전화 02) 335-2964 | 팩스 031) 901-2965 | 홈페이지 www.jiwasarang.co.kr
등록번호 제 2011-000074호 | 등록일 1999. 1. 23
인쇄 동화인쇄

ISBN 978-89-89007-90-6 (03030)
값 35,000원